中華現代學術名著叢書

歐陽竟無内外學

歐陽竟無 著

商務印書館
創于1897 The Commercial Press

2017年·北京

圖書在版編目(CIP)數據

歐陽竟無内外學/歐陽竟無著. —北京:商務印書館,
2015 (2017.4 重印)
(中華現代學術名著叢書)
ISBN 978-7-100-11750-0

Ⅰ.①歐… Ⅱ.①歐… Ⅲ.①佛教—文集 Ⅳ.①
B948-53

中國版本圖書館 CIP 數據核字(2015)第 267375 號

本書據金陵刻經處版,
並參照其他版本排印

中華現代學術名著叢書
歐陽竟無内外學
歐陽竟無 著

商務印書館出版
(北京王府井大街36號 郵政編碼 100710)
商務印書館發行
北京冠中印刷廠印刷
ISBN 978-7-100-11750-0

2015 年 12 月第 1 版　　開本 880×1240 1/32
2017 年 4 月北京第 2 次印刷　　印張 24¾ 插頁 1
定價: 75.00 元

歐陽竟無

(1871—1943)

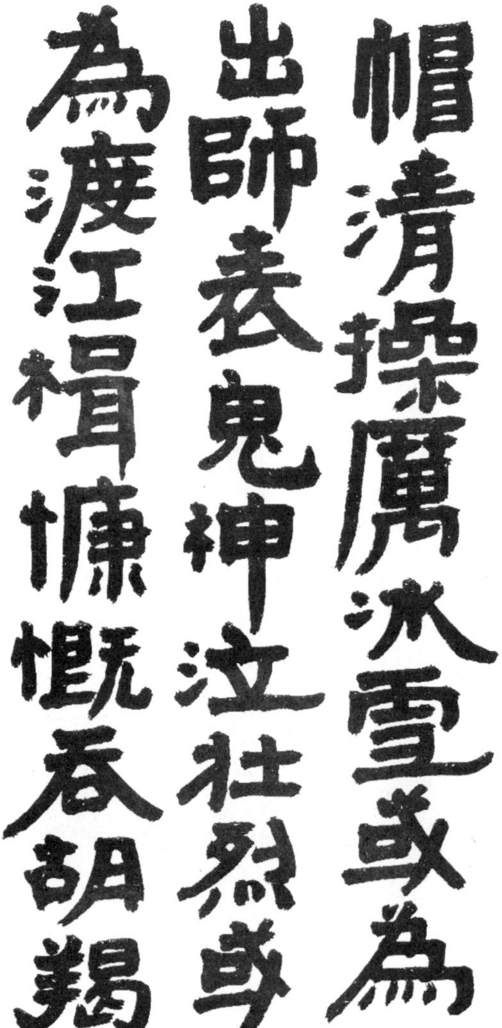

歐陽竟無書文天祥《正氣歌》

出版説明

百年前，張之洞嘗勸學曰："世運之明晦，人才之盛衰，其表在政，其裏在學。"是時，國勢頹危，列强環伺，傳統頻遭質疑，西學新知亟亟而入。一時間，中西學并立，文史哲分家，經濟、政治、社會等新學科勃興，令國人亂花迷眼。然而，淆亂之中，自有元氣淋漓之象。中華現代學術之轉型正是完成於這一混沌時期，於切磋琢磨、交鋒碰撞中不斷前行，涌現了一大批學術名家與經典之作。而學術與思想之新變，亦帶動了社會各領域的全面轉型，爲中華復興奠定了堅實基礎。

時至今日，中華現代學術已走過百餘年，其間百家林立、論辯蜂起，沉浮消長瞬息萬變，情勢之複雜自不待言。温故而知新，述往事而思來者。"中華現代學術名著叢書"之編纂，其意正在於此，冀辨章學術，考鏡源流，收納各學科學派名家名作，以展現中華傳統文化之新變，探求中華現代學術之根基。

"中華現代學術名著叢書"收録上自晚清下至二十世紀八十年代末中國大陸及港澳臺地區、海外華人學者的原創學術名著（包括外文著作），以人文社會科學爲主體兼及其他，涵蓋文學、歷史、哲學、政治、經濟、法律和社會學等衆多學科。

出版“中華現代學術名著叢書”，爲本館一大夙願。自一八九七年始創起，本館以“昌明教育，開啓民智”爲己任，有幸首刊了中華現代學術史上諸多開山之著、扛鼎之作；於中華現代學術之建立與變遷而言，既爲參與者，也是見證者。作爲對前人出版成績與文化理念的承續，本館傾力謀劃，經學界通人擘畫，并得國家出版基金支持，終以此叢書呈現於讀者面前。唯望無論多少年，皆能傲立於書架，并希冀其能與“漢譯世界學術名著叢書”共相輝映。如此宏願，難免汲深綆短之憂，誠盼專家學者和廣大讀者共襄助之。

商務印書館編輯部

二〇一〇年十二月

凡　　例

一、“中華現代學術名著叢書”收録晚清以迄二十世紀八十年代末，爲中華學人所著，成就斐然、澤被學林之學術著作。入選著作以名著爲主，酌量選録名篇合集。

二、入選著作内容、編次一仍其舊，唯各書卷首冠以作者照片、手迹等。卷末附作者學術年表和題解文章，誠邀專家學者撰寫而成，意在介紹作者學術成就，著作成書背景、學術價值及版本流變等情況。

三、入選著作率以原刊或作者修訂、校閲本爲底本，參校他本，正其訛誤。前人引書，時有省略更改，倘不失原意，則不以原書文字改動引文；如確需校改，則出脚注説明版本依據，以“編者注”或“校者注”形式説明。

四、作者自有其文字風格，各時代均有其語言習慣，故不按現行用法、寫法及表現手法改動原文；原書專名（人名、地名、術語）及譯名與今不統一者，亦不作改動。如確係作者筆誤、排印舛誤、數據計算與外文拼寫錯誤等，則予徑改。

五、原書爲直（横）排繁體者，除個别特殊情況，均改作横排簡體。其中原書無標點或僅有簡單斷句者，一律改爲新式標點,專名號從略。

六、除特殊情况外,原書篇後注移作脚注,雙行夾注改爲單行夾注。文獻著録則從其原貌,稍加統一。

七、原書因年代久遠而字迹模糊或紙頁殘缺者,據所缺字數用"□"表示;字數難以確定者,則用"(下缺)"表示。

目　録

内學

内學雜著

外學

雜著

内　學

支那内學院院訓釋

訓支那内學院。舉四句:曰師,曰悲,曰教,曰戒。次第釋之。

釋師訓第一

作師一

有出類拔萃之物類,固應有出類拔萃之人類,即應有出類拔萃之思想,出類拔萃之先覺,與夫先覺覺後覺之事,而師之為物以立。識與識皆充法界,皆相梵網,故人與人、人與有情、有情與人、有情與有情,皆相繫屬,皆相平等,性分質分,莫不皆有師之為物者在。充人之量,充有情之量,天地合其德,日月合其明,四時合其序,鬼神合其吉凶。充人之量,充有情之量,剎剎塵塵,法界法爾,位之育之,無餘而滅度之。是故人之所以為人,有情之所以為有情,莫不皆有作師之責者在。佛者第一義也,師者第一義也,今而欲作師,是之謂作佛。菩提心者第一義也,師者第一義也,今而欲作師,是之謂發心。果之胎孕曰因,因之產生曰果,其為物不二,但厚薄、堅脆、濃淡、終始之差別。第一義之果必本於第一義之因,第二義之因不可得第一義之果。作佛即作佛耳,發心即發心耳,作師而已耳。索食而蒸沙,需潤而陽燧，東的而西矢，北轍而南轅，是故不能。

今天下荒亂矣，推根究極，豈不曰但知有己都不負責之由致耶？夫此但知有己都不負責，又誰實使然耶？澡髮讀書，天壤名立，國人師友，新知舊習，冉冉悠悠，寒暑數十，曾不聞詔之第一義，告之以作師。有英挺之姿，淩霄之志，曰古之人，古之人，非斥大慢，即目狂騃。嗟乎冤哉！此慢若狂，毗盧遮那頂上行，宗門何為贊之？爾見甚輒禮拜，又何為斥之？且孔子又何為惡鄉願而思魯之狂士哉？（今時有謂聖經深理，不適孩提，當廢讀經。嗟乎冤哉！並此冥種而亦蕩然，有死之極無生之氣矣。）反覆沉錮，誰能超然？非無奇士，不甘隨同。然而第二義之因，終不得第一義之果。神明潛蟄，劣菌彌密，徐而移之，回而旋之，終亦必止知有己都不負責而已矣。

又學佛者誰不曰難行苦行，而奈何不曰作師？師者第一義也，難苦第二義也。無所謂難，而後乃能行難，變魚飼虎，稱鷹炙鹿，夫亦晚食安步而已耳。無所謂苦，而後乃能行苦，熱鐵洋銅，青蓮赤蓮，夫亦操縵安絃而已耳。苟作師也，唯曰眾生，念念眾生，悲之所至，無所不至。月在上方，清流濁流，容光等照。如或不然，已視為難，況能行難；已視為苦，況能行苦？僻執舛戾，終以自敗，何足道哉！

難者曰：師者第一義也，若是，則參第一義已耳，何為獨作師？

曰：覰破無明，麟角一人，弘法傳燈，菩薩度眾，宗門澈悟，不少大機，然多獨覺。是故大乘不捨眾生，作師第一。

又難：作之君，作之師，不捨眾生一也，何為獨作師？

曰：能為師，然後能為長；能為長，然後能為君。故師也者，所以學為君也；然君也者，所以學為師也，十王大業，天人師果。由前而言，於師取資；由後而言，於師為的。唯世、出世，胥應作師。嗟乎！天下同心，曷聞斯語，投袂而起？語在《華嚴》：菩薩摩訶薩，常生是心，我當於一切眾生中為首，為勝為大，為妙為微妙，為上為無上，為導為將，為師為尊，乃至為一切智智依此者。語在《瑜伽》：善男子，善女人，見諸濁惡眾生，十隨煩惱之所擾亂，能發下劣聲聞心者，尚難可得，況於無上正等菩提？我當發大菩提心，令此惡世無量有情，隨學於我，起菩提願。

求師二

發願作師，實踐作師，夐乎尚矣。而乃不知師有其眞，作有其法。蒼莽孤特，艱苦卓絕，神之不寧，心之不平，唯私唯隘，唯亂唯慢，大願奇難，復溺而陷，豈不冤哉？以是因緣，作師方便，求師第一。師有二義：一，法爾義；二，善巧義。

法爾義者：凡物滋生，法爾有因，法爾有緣，緣至而因通，緣慳而因塞。孤特無枝，安能扶蘇；錢鎛芟夷，誰若待時；徒涉萬裡，何如舟車？荒漠之指南也，迷茫之洲渚也，歧途之嚮導也，險道之商主也，智慧之於師也，一也。因由自辦，緣必依他，唯先德之他，與同法之他，均足以增上也，一也。

善巧義者：生滅陰陽，苦樂窳良，恩怨憶忘，過現未來，支配迭相，若是者為史事，為言文，為思想，而皆謂之有漏。史事不獲現，言文不可道，思想不能到，絕對不待，唯證乃會，若是者謂之無漏。夫所謂學者，亦史事、言文、思想已耳，不現、不道、不到之境，烏乎能入？學之徑絕，入之術窮，徘徊狐疑，邪見叢起，不忍世間有無漏事。嗟乎冤哉！思想者，獨一無二之物也，天下若有超思之軌，不許超軌之思；既許超軌之思，胡乃不忍世間有無漏事？然而徑絕，然而術窮，望而不能即，思而不能由，其奈之何哉？絕而能融，窮而能通，不謂善巧，豈可得乎？漏但當陽，無漏但藏，非謂眾生無無漏種。既有其種，必得其顯。天下有不可親而引之以同類者，陽燧方諸火騰水液是也。天下有不能真而引之以相似者，噉頤而鳴嚶鳥出林是也。師能聖言，聖言者，無漏之等流也，是之謂同類之引。師能施聞，受聞者，無漏之托變也，是之謂相似之引。初但隨順，浸假相似，浸假臨入，浸假而無漏當陽，漏種潛藏。於斯時也，不謂善巧豈可得乎？師有二義：法爾，善巧。實踐作師，學道歸命，而不求師，豈可得乎？

難者曰：後佛師先佛，先佛師誰佛？心、佛、生無差，不妨我作古。

曰：事無其前，自我作古；古既可因，何勞虛牝？文史不用而遞远結繩，圖籍不探而乘槎通漢，是之謂不知類。

又難：世無孔子，不應在弟子之列；世不出佛，誰可為師？

曰：依法不依人，雪山半偈，羅刹可師，《纓絡》十無盡戒，夫婦六親互為師授。無常迅速，長劫孤露，不應我慢，焦種滅祜。

又難：大丈夫事，超祖越佛，理非佛專，我亦佛說。

曰：諸法法性，若佛出世，若不出世，常住不異，四十九年未說一字。爾若證真，說亦無說，無說已同佛說，誰為超佛？有說尚異佛說，況能超佛？今日且謀證真，固應借徑佛說。嗟乎！天下同心，曷聞斯語，投袂而起。語在《華嚴》：菩薩爾時作如是念，我以一句佛所說法，淨菩薩行故，假使三千大千世界大火滿中，尚欲從於梵天之上投身而下，親自受取，況小火坑而不能入？語在《華嚴》：善男子，若欲成就一切智智，應決定求真善知識，勿生疲懈，勿生厭足，皆應隨順，弗見過失。時善財童子一心憶念，依善知識，事善知識，敬善知識，於善知識起慈母想，於善知識起慈父想，得聞法已，歡喜踴躍，頭頂禮足，繞無數匝，殷勤瞻仰，悲泣流淚，辭退南行。

師體三

師以知見為體,不以得果或但儀式為體。此中理者,《攝大乘論·入所知相》:多聞熏習,如理作意,能悟入者,決定勝解資糧菩薩。若師得果,不能淹貫,而唯顯通,求法弟子從何得聞?聞既無得,憑何作意?意且誤作,安能勝解?若唯儀式,色見聲求,尚行邪道,衣冠優孟,寧容相應?是故《法苑義林》引《十輪經》云:若無初三沙門,必不得已污道中求,其有破戒而不壞見者,親近承事聽聞法要,若破見苾芻誑惑有情,令生惡見,師及弟子俱斷善根,當墮地獄。如是死屍膖脹爛臭,若與交遊共住同事,臭穢薰染,失聖法財。壞戒有見,因得續戒,善根既斷,戒亦隨無,故唯知見是天人師。

此中教者,《妙法蓮華》:諸佛世尊,大事因緣,出現於世,開示悟入,佛之知見。《大涅槃經·四》:諸佛所師,所謂法也。《瑜伽師地》,說有三師,亦主知見:第一大師,所謂如來立聖教者,開許制止一切應作不應作故;其二紹師,第一弟子如彼尊者舍利子等,傳聖教者;其三襲師,謂軌範師若親教師,若同法中能令開悟、能令憶念隨聖教者。紹師、襲師,時時教授教誡轉故,當知三師能說傳說及隨說故。

師以知見為體,理亦如是,教亦如是。濬瀹知見,求以是資,教以是師。是故《顯揚聖教》成就十事,名說法師:一者,解了法義,六法十義善解了故;二者,能廣宣說,多聞聞持,其聞積集故;三者,具足無畏,法不傾動,復何所畏,於刹帝利大眾等中,聲不嘶破,汗不流腋,念無忘故;四者,言詞善巧,語工圓滿,八分成就故;五者,法隨法行,不唯聽聞語言為極故;六者,威儀具足,說正法時,手足不亂故;八者,勇猛精進,聞未聞法,常樂不疲故;九者,說法無厭,常為四眾,廣長宣說故；十者，具足忍力，訶責輕蔑，不報不戚故。若為師者，具有知見，能如《顯揚》十事而行，則能使人踴躍歡喜，則能使人有所悔悟，則能使人當下發心，則能使人即贖慧命。

師道四

師體曰慧，所謂知見。師道曰悲，所謂為人之學，充人之量，天地合其德，日月合其明，四時合其序，鬼神合其吉凶。天地不隅，日月無依，四時不拘，鬼神無私，合天之人，復禮克己。是故學亦是為人之學，教亦是為人之教，師亦是為人之師。是故教人，《大學》曰：古之欲明明德於天下者，教人為仁之方曰：己欲立而立人，己欲達而達人，一言而可以終身行之，曰其恕乎？己所不欲，弗施於人。孔家師道有如此者。

胎、卵、溼、化，色、想、有無及與俱非，我皆令入無餘涅槃而滅度之，無或人、我、眾生、壽者，盡未來際，利樂有情。發心以前，舉足下足，當願眾生；發心以後，展轉善根，回向眾生。必使眾生無慳無貪，必使眾生慈悲喜捨，必使眾生佛之知見，必使眾生放大光明。眾生廣大至何境界，修證淺深至何位次，眾生盡佛已乃是佛，眾生是棄是為自棄。是故種姓初殖止是眾生，極果終圓止是眾生。三世諸佛，為師之道，有如此者。

道之不明也，自私自利以為學，攘奪壓迫以為政，而其所以為師者，解惑授業而已。有何道之能傳？而其所以為業者，衣食住為業，發展維持强權為業，物質為業，人生日用支配為業。而其所以解惑者，解其業所不通而已。今夫數十周寒暑，數千年史事，數萬裡方軌，數千百群團體，誠不足宥人之思，充人之量。天地之大也，人猶有所憾,孔家此言,何曾六合以外置而不議者哉?因果範圍伊誰能立,而必展轉根據不許超逾?以是而學,以是而教,盡大地人滔滔皆是。往哲有言:師道立則善人多,善人多則國理。蓋自自私自利之學興,攘奪壓迫之政行,而師道亡矣。

闢謬五

不得已而立教,不得已而制學,不得已而作師,皆非本然,無非方便。律不許說出家過,何以《涅槃》維持比丘付諸國王、大臣、長者、居士?佛法寄於聲聞,何以《涅槃》大經獨付囑諸菩薩?修行必離闠芮,何以《維摩詰經》:父母不許出家,發菩提心即是出家?羯磨凜遵無違,何以《善戒經》中:像前受戒,得果成佛,同歸一致?法通,而窒之奈何;法廣大,而隘之奈何;法超,而範圍之奈何;法唯一不二,而歧之奈何;法有其意,而跡象求之奈何?非僧不許為師,非出家不許為僧,種種封畦,創為異議,執之不移,遂使大教日即式微淩夷,至於今日也。嗟乎冤哉!當揭至教,開示群迷。

一,唯許聲聞為僧,謬也

《摩訶般若波羅蜜經》云:我得阿耨多羅三藐三菩提時,以無量阿僧祇聲聞為僧。又云:我當以無量阿僧祇菩薩摩訶薩為僧。龍樹《智論》釋云:釋迦文尼佛、千二百五十比丘為僧,無別菩薩僧。彌勒菩薩、文殊師利菩薩等,以無別僧故,入聲聞僧中次第坐。有佛為一乘說法,純以菩薩為僧。有佛、聲聞、菩薩,雜以為僧,如阿彌陀佛國,菩薩僧多,聲聞僧少。按此經論,有菩薩僧,有聲聞僧,有聲聞、菩薩雜僧,非唯許聲聞為僧。釋迦會上,無別立菩薩僧,然次第入中坐,則亦僧類而已。又《首楞嚴》三卷,釋迦於一燈明國無有聲聞、辟支佛名,但有菩薩僧，是則釋迦會上唯聲聞僧，亦不可得而執矣。

二，居士非僧類，謬也

《法苑義林章》有一類師，引《十輪經》：若有成就別解脫戒，眞善異生，乃至具足世間正見，彼由記說變現力故，能廣為他宣說開示諸聖道法，名最下品示道沙門。而釋之云：依彼經說，眞善異生持別解戒，具足正見，說聖道法，名為示道，眞實三寶通異生類。其有異乎此者，則駁之云：內理無諍，外事和合，可名僧寶，設非沙門而住聖道，理無諍故，得名僧寶，與諸沙門種類同故，其非沙門，但住戒見，於理非和，云何名僧？按此經論，居士雖非正僧，而得許為僧類，諸師皆同，但後師主得果居士，前師則主正見居士，稍有區別而已。然《涅槃》第六：聲聞之人雖有天眼，故名肉眼；學大乘者雖有肉眼，乃名佛眼。則知我佛所重，乃又在於正見也。正見所披，雖非無漏，隨順無漏，趨向無漏，是亦無漏。是故有人出世，具煩惱性，與四沙門果同列四人，佛勸迦葉，捨命供禮，見《大涅槃經》第六卷。

三，居士全俗，謬也

異俗為乘，三乘者，菩薩、緣覺、聲聞也。在家居士授菩薩戒，發菩提心，六度四攝，雖非入地，稱菩薩乘。《報恩經》中：鹿女夫人、五百太子修道得果，不從師受，名為獨覺，有多同行，名為部行，如上二界六欲天等，二果四果無出家像，此為居士稱獨覺乘。《雜阿含經》三十三：在家得三果。《優婆塞戒經》：優婆塞得三果。《俱舍》：雜心比丘尼得二果，四眾得四沙門果，然值無佛世，亦在家得四果。《俱舍》二十三：預流至七，有逢無佛法時，彼在居家，得阿羅漢果；既得果已，必不住家，法爾自得苾芻形相。《大智度論》四卷：四眾盡漏通名聲聞，此為居士稱聲聞乘。按此經論，大小俱許在家三乘，豈其披剃缺緣，但認跡形，屏為全俗？

四，居士非福田，謬也

智者疏《梵網》第四十三：無慚受施戒，在家未當，田任未制。執不知權，遂謂居士絕對不田，不應化緣。然《首楞嚴經》，文殊答言：有十法行名為福田，如須菩提無諍三昧，為諸聲聞、辟支佛中第一福田；能十法行，佛菩薩中第一福田。《集一切福德三昧經》：若善男子、善女人，欲集一切諸福德者，當發無上正眞道心，有初發菩提心者，則能得一切福德三昧。三法布施，四法布施，持百福相為大福田，養育一切諸眾生等。《法苑義林》：異生戒見，能生物利，是眞福田，非僧實攝，無聖道故，福田義廣，實義局故。維摩居士，妙香世界分衛佛食，還作佛事。勝軍居士，德重智高，時人不敢斥尊，德號曰抱跋迦，此云食邑，以其學業有餘，理當食邑。按此經論，在家發菩提心，是大福田，在家戒見，亦眞福田，在家弘法，理應得食，云何居士不為福田、不應化緣？

五，在家無師範，謬也

智者大師為護比丘住持，權說在家無師範義。若遂執為眞實，則有自教相違過。《梵網》卷下，第十八無解作師戒、第四十揀擇受戒戒、第四十一為利作師戒，智者所疏，三眾在家無師範義，不為彼制。然義寂不許，俱據《纓絡》夫婦六親互相為師，並及其理，辨駁無餘，著述具在，是故有過。晉譯《華嚴》、魏譯《十地經論》：菩薩常生是心，我當於一切眾生中為師為尊，而下文乃說若欲捨家云云。又說菩薩於一切眾生生師心、大師心，眾生常為無明所覆，我應令彼無障淨慧。《瑜伽師地》：善男子，善女人，乃于末劫濁世眾生發菩提心，令此有情隨學於我。《唯識述記》：世親時人有火辨者，形雖隱俗，而道高眞侶，釋此本頌稱十論師，勝軍居士亦稱論師。按此經論，非唯比丘乃即稱師，居士雖賢必不可師。

六,白衣不當説法,謬也

白衣高座,比丘下立,不合儀式。若非高座,云何不可説法?釋迦會上,眾多在家宣助闡揚,佛時讚歎,云何白衣不當説法?王舍城中,颰陀婆羅善守十六而皆住家,毗耶離中寶積王子,瞻波國中星得長者子,舍婆提國導師居士,彌梯羅國那羅達婆羅門。是諸白衣,非為持一佛法輪故發無上心,乃至非為持不可説三千微塵佛法輪故發無上心,盡教一切十方眾生,説法無希望,巧説因緣法,無數億劫説法巧出。《大智度論》歷歷詳敘,處處經中不少此類,皆足取據,云何白衣不當説法?智者大師疏《梵網經》,於四十六説法不如法戒中言,在家不全為法主,止説一句一偈,不如法亦犯。諸不善讀,執而不通,謬倡譸言,在家白衣於法止説一句一偈,非為法主不可説法,三藏十二部遂錮一隅,漸積陵夷,誰之過歟?

七,在家不可閱戒,謬也

《瑜伽師地論》四十,即《善戒經》、《地持論》同本,言或是在家或是出家,先於無上正等菩提發弘願已,當審訪求同法菩薩羯磨受戒,如是菩薩,若在家品,若出家品,住律儀戒,有其四種他勝處法、四十三種有所違犯。其第二十五不許學小戒,若諸菩薩安住菩薩淨戒律儀,起如是見,立如是論,菩薩不應聽聲聞乘相應法教,不應受持,不應修學,菩薩何用於聲聞乘相應法教聽聞受持、精勤修學?是名有犯,有所違越,是染違犯。又第八戒,如薄伽梵於別解脱毗柰耶中,將護他故建立遮罪,制諸聲聞令不造作,菩薩於中應等修學無有差別。聖典煌煌,大應學小。奈何在家發菩提心受菩薩戒,不應詳閱比丘戒律?有古大德發如是論:在家閱戒,於小為犯。然若精熟用化有情,雖有違犯,淨而非染。如是清淨,犯亦無礙。是等圓通,最堪崇敬,吾於密部,亦如所云。

八，比丘不可就居士學，謬也

《瑜伽師地》八十九：復次，心清淨苾芻有五種法，多有所作。一正教授，謂有三種正友所顯：一者大師，二者軌範尊重，三者同梵行者及住內法在家英叡，如是名為三種正友，諸有志者從彼應求積集善門眞正教授。《華嚴·入法界品》：稱善知識比丘五人，尼一人，長者十一人，優婆夷四人，婆羅門二人，童子四人，童女二人，女二人，王二人，夫人一人，仙人一人，外道一人，船師一人，神十人，天一人，菩薩五人，一一請求，殷重授受；云何比丘不可就居士求學？觀音六字大明傳於居士，舍利弗等不二法門聞於文殊及維摩詰，玄奘法師唯識法門，五天獨步，此土創垂；然其就學，乃在勝軍居士一年有餘，載《慈恩傳》，可細披尋。云何比丘逞其封固，棄甘露味，自絕生途？尚愼旃哉！慧命摧殘，何嗟及矣。

九，比丘絕對不禮拜，謬也

《涅槃》第六，佛告迦葉，若有建立護持正法如是四人，當捨身命而供養之。即為說偈：有知法者若老若少，故應供養恭敬禮拜，猶如事火婆羅門等，亦如諸天奉事帝釋。迦葉問言：若護戒長宿從於年少，若護戒年少從破戒長，若出家人從在家人，禮則犯戒，不禮諸人，此偈虛妄。佛告迦葉：善男子，我為未來諸菩薩等學大乘者說如是偈，不為聲聞弟子說也。是故《華嚴·入法界品》：求菩薩行，不問僧俗，既聞法已，頭面禮足，繞無數匝，辭退南行。是故德光論師求法覩史，見彌勒尊非聲聞像，而不禮拜，終不得聞。比丘不拜天子，理也；比丘不拜善知識，非理也。必執一說而固守之，亦小乘人毫無悲心而已。

十，比丘不可與居士敘次，謬也

《大智度論》：釋迦會上，不別立菩薩僧，菩薩入聲聞中次坐。

《梵網》第三十八乖尊卑次第戒，先受戒者在前坐，後受戒者次第而坐。義寂法師注敘三義：一，師但受菩薩戒為次第；二，師未受菩薩戒，比丘坐菩薩下，若受，比丘依舊夏，不依新定；三，師不問聲聞、菩薩差別，但先受戒，即在前坐，文殊、彌勒入聲聞衆次第坐故。然太賢謂和尚云，據實菩薩雖是在家，坐於聲聞大僧之上，如《阿闍世王經》云：文殊云迦葉上坐以耆年故（三義）。迦葉讓言：我等在後，菩薩尊故。一義。舍利弗云：我等亦尊，已發無上心故（二義）。迦葉云：菩薩年尊，久發心故（一義）。故文殊所將二千在家在前而住，迦葉等五百聲聞在後而坐。又《阿闍世王經》：迦葉與五百比丘入城分衛過候文殊，文殊著衣，謂迦葉前行，我今從後；迦葉、文殊辨論要義，卒復文殊在前，諸在家菩薩隨中，聲聞悉從在後，便俱向道。按此經論，諸所爭者，在前在後而已，豈謂出家在家不可入中，不應敘次？

上來諸謬。就居士品邊合併而觀，非僧類，非三乘，非福田，非師範，不應說法，不應閱戒，乃至不可入比丘中行坐敘次。但應奉事唯謹，一如奴僕之事主人，壓迫不平等，乃至波及慧命。而為居士者，謙退又退，無所容於天地。嗟乎悲哉！形情若此，遑冀清超特達，行毗盧頂，幹大丈夫不可思議、不可一世作佛大事！

就比丘品邊合併而觀，不廣就學，不拜善知識，不與人同群，間有參訪，如不得已，忍而獲求，行將速去，外順同行，中懷慢志。嗟乎誒哉！買菜乎，求益也；攫金乎，宋人之盗市也。佛法封於一隅，一隅又復自愚，顓慢日熾，知識日微，又烏能續法王事，作諸功德，盡未來際！迫不得已，發沉痛語，應亟醒迷，翻然易趣，不應生誤，謂虐謂鄙。

哀亡六

君所不臣於其臣者，當其為師則弗臣也。《大學》之禮，雖詔於天子無北面，釋奠於先聖先師天子北面拜。事師無犯無隱，左右就養無方，服勤至死，心喪三年。顏淵死，子曰：天喪予；車以為槨。子路死，子曰：天祝予；食遂廢醢。孔子歿，三年之外，門人治任將歸，相嚮而哭，皆失聲，子貢築場，獨居三年，然後歸。數千餘年至於趙宋，楊時事程頤，入室，頤假寐，時侍移晷，門外雪深三尺矣。由是觀之，師之尊也，師弟之際，情之至也，義之盡也，骨肉之無逾也。以是嚴厲，以是精神，以是懇悃，雖造天地，鑄宇宙，不難也。

楚元王禮師設醴，王戊即位忘設焉，穆生退曰：王之意怠，不去將鉗我。已而申公白生果胥靡，衣赭衣，杵臼碓舂於市。嗟乎冤哉！師無其道，猴沐而冠，潮流所趨，又易以藝，梓匠輪輿，計功而食，販夫鬻婦之場，叫囂爭鬥不止，陵夷至於今日也，尚何言哉，尚何言哉！

孔氏世間學，人道義。天地者人生之本也，先祖者人類之本也，君師者人治之本也。故禮有三本：上事天，下事地，尊先祖而隆君師。佛則不然。世、出世學不獨一道，有色無色、有想無想、及與俱非，我皆令入無餘涅槃而滅度之，故唯一本，謂天人師。慧命者，天地所不能生也。無漏者，先祖從無其類也。無礙者，君師所不能治也。從佛口生，從法化生，故止一師，非尋常師。斷臂焚身，無與其恩，繼志述事，乃稱佛子。故夫學人，止有誓願，止有求善知識，止有念念眾生。阿耨多羅三藐三菩提心，師以是貽資，資復以此貽資。今也不然，師不必賢，弟不必學，唯衣食住以續以嗣，養父假子云礽百世。大廈已傾，言亦曷濟，悠悠蒼天，奈之何哉！

釋悲訓第二

體相一

悲者,法爾如是,自然而具,現成不求,固有不後,盡人能由,而不知其所由。有悲者,有情;無悲者,頑冥不靈。有悲者,含識;無悲者,木石,無想外道無六識,不害心法長夜淪失。有悲者,有用;無悲者,無功德。有悲者,有生趣;無悲者,焦芽敗種,萬溉不殖。有悲者,不住涅槃;無悲者,沉空趣寂,斷滅而醒醉。法界之所呈,世界之所成,一悲之流行而已矣。智者隱也,悲者顯也。隱固須研索,研索而有得則樂。顯不待研索,證而得,不證而研索,終日睽隔。談虎而色變,固有異乎衆人之所畏者矣。請言其相:有悲惻,有悲切,有悲迫,有悲淒。

何謂悲惻?天氣上騰,地氣下降,天地不通,閉塞而成冬。疾雷動,震驚百里,百穀草木皆甲坼,悲亦如是。一惻然,而天地萬物之情周洽旁皇,淪肌浹髓矣。足奚不語,頭奚不履,百骸五官各封其域,老死不往來,終古不相襲。然有脈絡,速於置郵,捷於回應。牽一髪而全身動,針一孔而周身痛,病一目而充滿其身,若無所容,夫乃謂之一體一身一人。悲亦如是。父子不同財,夫婦兄弟分崩離析,何況路人異國?凶年饑人相食,何況禽犢?一惻然,而我人衆生痛癢休戚,咸歸一致,達乎百為,貫乎萬事。天地以合,日月以明,四時以序,星辰以行,江河以流,萬物以昌。蠕動蜎蠉,草木金石,有情無情,以順以祥。悲惻之為用也,豈不大哉!

何謂悲切？蹡踉如儀，五月居廬，而不見其瘠；三視兄子疾，而帖然竟夕；禮非不善也，執之且益其慢也。心脾之痛，纏而愈纏，無隙而他容，無情而異用。如箭而的趨也，如錐而下入也，三軍環列而無視也，赴蹈湯火而不知也，故唯悲也，有是切也。《地藏本願經》：婆羅門女以母崇邪，時已命終，悼必隨業。晝夜哀戀，遂賣家宅，廣興供養，禮覺華定自在王像，自傷悲念：佛一切智，今日若在，必告母所。垂泣纏戀，久不能已。忽聞空言：念爾踰常，告爾母處。女則舉身投撲，支節損折，蘇甦有覺。續聞空言：爾但返舍，端坐思惟覺華名號。女如教行，一日一夜，忽到業海，諗母出獄。此業海者，二事乃到：一者，菩薩悲力；二者，眾生業力。此之所謂切也。《大智度論》：阿育王弟韋陀輸王，王閻浮提，上妙五欲。七日過已，阿育問言：所樂暢不？答言：不見，不聞，不覺。何以故？旃陀羅日日振鈴，唱：七日過，汝當就死。我聞是聲，雖王閻浮，上妙五欲，憂苦深故，不聞不見不覺。此之所謂切也。

何謂悲迫？空之至也，大地平陸，不得不沉。大浸之稽天也，九州下民不得不墊。劫火之兆也，金石不得不流，土山不得不焦。大風之揚也，巨木百圍不得不于喁，海不得不飛，山不得不移。悲之迫也，身命不得不施，人我眾生不得不夷，大位大富貴不得不棄。境亦為之奪，人亦為之奪。世界三千，動起踴震吼擊，六種十八相震動。是故那羅延力不如業力，業力不如願力；願力能有威力，由於悲力。

何謂悲淒？與樂之謂慈，拔苦之謂悲。苦何為拔？悽之象不可一息留者也。萬物自由暢遂，由有生意，生由於緣，緣由於集，集由於相應不相違。需火而冰至，需水而熱至，需空而塞至，需明而暗至，需盛而衰至，需稱而譏至，生意索然而自由剝矣。萬緣相違乃至法界全違，斯苦之至矣。差重而極無閒阿鼻，差輕而極天下不如意事，皆悽之象，一息而不可留者也。然而生意暢遂，集苦之媒，生必有死，黑暗其妹，光明其姊。是故菩薩知苦之來，得苦之實，亦以為至悽之象，一息而不可留者也。是故拔苦之道不曰生意，而曰平等平等，徧一切一味；不曰暢遂，而曰涅槃靜寂。

悲之流行也，孔家得其惻，墨家、道家得其切，唯悽與迫，誰亦不能得。兼之而大之，又復不可思議者，菩薩行也。悲之體相如是，一產生妙有至强有力之母而已矣。

悲然後有眾生，有眾生然後有阿耨多羅三藐三菩提心，有阿耨多羅三藐三菩提心然後有大乘，有大乘然後有六度四攝，有六度四攝然後有一切智智，有一切智智然後有諸所分別。如或不然，悲則無有，而諸所分別則無源之流也，無根之木也，無的之矢也，無果之芽也，禽犢之言也，兒戲之行也，君子不貴也，有心人之所傷也。是故如來，若有請問菩薩菩提誰所建立，皆正答言：菩薩菩提，悲所建立（《瑜伽》四十四）。是故菩提心為因，方便為究竟，而大悲為根本（《大日經》一卷）。是故大悲是一切諸佛菩薩功德之根本，是般若之母，諸佛祖母，菩薩以大悲得般若，以般若得作佛（《大智度論》二十）。

差量二

有血氣之屬必有知，有知之屬必有悲。大鳥獸喪其群匹，越月逾時，反巡過故鄉，翔回焉，鳴號焉，蹢躅躅焉，踟躕焉，然後乃能去之。小者至於燕雀，猶有啁噍之頃焉，然後乃能去之。此悲之發乎鳥獸者也。喪群落魄，冤幽孤孽，親亡戚離，國隕家索，變徵風騷，天地闇色，此悲之發乎人者也。凡若此者，局於一身，止於當境，以悲還悲，隨順天然者是也。不局於一身，不止於當境，一身之外必及其他，當境之餘乃有施設,匪獨陶寫,匪任喪頹,極其莊嚴,盡其神力,則出世聖人一絕大事。《三昧海經》:悲者見眾受苦,如箭入心,如破眼目,心極悲苦,徧體雨血,而欲拔之。如此悲者有百億門,廣說如大悲三昧。茲總略說,有三種悲,如《無盡意問經》:一,眾生緣悲;二,法緣悲;三,無緣悲。

眾生緣悲者,以悲相應,恚恨怨惱一切都無,廣大無量善修其心,徧滿四維上下十方世界眾生,名眾生緣。是等多在凡夫行處,或有學人漏未盡行。

法緣悲者,破我相一異,但因緣續,生諸苦蘊,其法原空,眾生不知而欲除苦,愍之令除,為俗法故,名為法緣。是等多在漏盡羅漢、辟支佛行。

無緣悲者,不住有、無為,不依過、現、未,心無所緣,緣自不實,眾生無知分別舍取,乃以智慧令知法相,是名無緣。

是等悲相,但諸佛有。如給貧人,有是三等財寶真珠,三緣差量應如是取。《大智度論》:四無量悲名小,十八不共法悲乃名大。餘人心中悲名小,佛心中悲名大。菩薩之悲視佛為小,視二乘為大。小悲觀眾生種種身苦心苦,憐愍而已,不能令脫;大悲憐愍,而能令脫。徧滿十方三世乃至蜫蟲,悲徹骨髓,心不捨離,眾墮惡道,一一代苦,得脫苦已,欲樂、禪樂,悉令滿足,比佛大悲,千萬分中不及其一。何以故?世間苦樂,欺誑不實,不離生死故。《智論》又言:大慈大悲,乃不應如迦旃延法分別求相。諸師取用迦旃延法分別顯示,不應信受。迦旃延言:大慈大悲一切智慧,是有漏法,繫法世法,是事不爾。大慈大悲,是名一切佛法根本,云何乃言是有漏法、繫法世法?

雖有難言:佛法本乎悲,如蓮出淤泥。然無礙解智一切法淨,一切習盡,悲亦應淨。

雖有難言:慈悲不能離眾生想。然唯羅漢不得眾生相取相而生悲,佛不思議,不得眾生相不取而生悲。

雖有難言:無漏淨智不緣一切,唯有漏緣。然非佛說,迦旃延說,有漏緣假,無漏緣眞,故唯無漏方緣一切。

略述經論,瞭然朗然,不俟疏釋。抉擇取最,循而行之,是在有智。

威力三(上)

天下非人情,逾常理,最不可索解者:捨身飼虎、大地震動二事。身至寶也,捨至輕也;虎至殘也,飼至奉也;輕其寶而奉於殘,惑之甚;絕誕,不可以訓。至堅者大地,至脆者震動,乃堅而脆用,地厚載物,藐焉一身,渾然中處,烏獲舉千鈞不能舉其身,一人發願而大地震?絕誕,不可以訓。然而釋迦行之矣,然而行之而釋迦矣!其要奈何哉?曰:此大悲之威力也。常見者不知也,貳偷者不能也,無悲者不足與談也。然而有情多悲,願與談捨身飼虎義。略舉十義:

一者,捨身飼虎義,是唯一義。殺身以成仁,捨生而取義,一舉以為重,萬退而為輕。若舉鴻毛,泰山可輕,若舉蟬翼,千鈞可輕。以珠彈雀,以子治味,以國、以頭顱、以名、以業博嬉,不問其誰何,然能趨於一。此之所謂一者,拔眾生苦而已矣。

二者,捨身飼虎義,是決定義。身者危脆,決定不可留,不捨於今必捨於後,不捨於功德必舍於死魔。虎者有情,決定依食住,强時自飼,羸時他飼,有物物飼,無物身飼,物勢屈飼,菩薩宏願飼。眾生苦決定拔,無漏無苦,涅槃無苦,無漏其軌,涅槃其鄉。先其煩惱,次其寂靜。

三者，捨身飼虎義，是至極義。施王位，施妻子，乃至施腦髓心脾，是為施輪之極，身以外無有加於其所愛也。與有德與旃陀羅，乃至與虎狼惡獸，是為受輪之極，虎以外無有加於其所不愛也。皮船渡海，沉于一孔；千仞之堤，潰於一蟻；建立者不留隙，君子無所不用其極。中庸者至善，至善者事理當然之極，曰擴充，曰致，曰建極。亦何嘗極端為害、模棱中庸哉？

四者，捨身飼虎義，是快足義。俠士復讐，所志遂，所求得，死而含笑。菩薩拔眾生苦，眾生苦拔而快，菩薩自不得不快；眾生快而足，菩薩之快自不得不足；菩薩無自樂，以他樂為自樂故。

五者，捨身飼虎義，是無礙義。計較一礙，躊躇一礙，恐怖一礙，我愛一礙，深惡一礙，他阻一礙，無助一礙，癡惘一礙；捨身飼虎，諸凡障礙，一切皆除。

六者，捨身飼虎義，是不撓義。勝己不撓，能忍不撓，且談能忍。大象入陣，直沖不縮，能忍鼓聲、螺聲、角聲、大叫喚聲，能忍寒熱、蚊虻、毒蟲、風雨、饑渴，能忍鋒鏑、弓弩、箭矟、戟劍、刀鉾，如是能忍，則為有力，超勝一切，則可以語捨身飼虎事。

七者，捨身飼虎義，是平等義。自他不等，人畜不等，恩殘不等，順逆不等，受拒不等，生死不等，有空不等；捨身飼虎，一切平等。

八者，捨身飼虎義，但顧自義。但顧自願，不問福田不福田故。又但顧他義，但顧他苦，不問堪任不堪任故。

九者，捨身飼虎義，是驀直義。驀直是現量，是本眞，非鹵莽，非滅裂。何以故？願夙植故，悲所驅故，精審於他日故。

十者，捨身飼虎義，是習成義。其力已充，其念能舉，其行能致，不於一佛二佛乃至已曾供養百千萬億諸佛故。

略敘十義，舉之而無上，揮之而無旁，敵之而無當，對之而無將，任其所行,恣肆縱横,威力之至,有如此哉? 悲之至於捨身飼虎也,豈不威哉! 有捨身飼虎之精神,然後乃有為人之學。捨身飼虎,陳義如是。大地震動,應續而談。

妙善唯識,了知大地震動義,是法爾義,非奇特義,見分挾相,識識交網,此一義也。本乎斯義,則知自所於自能,為挾帶相分,大地必為之變易;此所於彼所,為増上相分,大地亦為之震動,成住壞空,唯心所現,心淨土淨,此一義也。本乎斯義,則知吾願若滿,而應有大地必見創成;吾願正發,而已有大地固應震動。

妙善唯識,奥義絡繹,不能備舉。但取足喻,威力之差:一者,無情、有情,有情剌激飛鳥哀鳴、大獸狂趨;無情剌激大地震動。二者,堅固、流行,流行感變天地昏黄,災雹冤霜;堅固感變大地震動。三者,全體、一分,一分暴露,鄧林旋沒,蘇迷裂帛;全體暴露,大地震動。威力至於大地震動,無論有情無情、堅固流行、全體一分,斯亦絕對決定之至者矣。大悲威力非獨二事,諸佛菩薩種種威力非獨大悲,不及其餘,亦足以觀而請止。

威力三(下)

威力義略陳一二,威力事不應缺如。十二部經本事、本生,雖不勝詳,然應述略。發願以後,悲為先驅,捨身有力。入地以還,悲則増上,眾生能等。故應多聞熏習,長養種姓,振起悲願,自在縱横。爰錄藏中十有二事:菩薩人中捨身四事,為畜捨身敘其三事,菩薩畜中捨身四事,菩薩忍辱敘其一事。捨身固難,忍辱波羅蜜實為最難。

乃往過去,羅閣國王持七日糧,微服孤行,避難鄰國。還復入宫,抱太子須闍提膝上,夫人怪王神情離喪。王曰:汝不知耶? 羅睺大臣殺我父兄,深讐即至,速行鄰國。向鄰有二道,王初孤往擬七日道,三人荒迷,入十四日道。道迂遠險難,無水草,食盡,無可奈何。王不欲併死無益,設方便,拔刀趨夫人。太子謂王:何處有子啖於母肉?應以子肉濟父母命。然不可殺食,易腐臭耳,應日割三斤,二分父母,一分自支。肉且盡而道未達,又復淨括餘殘,於是太子獨不得前。新肉香,蚊蟲唼食徧體,太子忍楚,發聲誓願:宿殃此盡,後不復造,今以此身供養父母,濟其所重,願我生父母得十一福。又以餘身施諸蚊虻,皆使飽滿,我作佛時,願以法食除汝饑渴生死重病。發誓願時,天地六種震動,日無精光,禽獸馳走,須彌山王踴沒低昂,忉利諸天皆亦大撼。帝釋下化師子虎狼,張目驖眥,騰吼而來。太子微聲而言:欲食便食,何為作態?帝釋謝解,而問其願。太子答言:我亦不願生天作梵,願求無上正眞之道,度脫一切眾生,假使熱鐵輪在我頂上旋,終不以此苦,退於無上道;所言不妄,身體如本,血反白乳。即時如言,潰身平復。此為菩薩人中,割肉救父母事。

乃往過去,賈客眾行,夜迷邪徑,無依無歸,誰與光明,若天若神。外道仙人,於空林大澤草庵中住,聞是悲喚,而作是言:若我不救,虎狼、師子、大象、野牛,心惱彼聲,來奪彼命。遂報之言:汝等毋呼,須臾光明。疾以氎衣纏裹兩臂,以油徧灌,以火然之,光明徹林。時彼賈客甚為稀有,時彼仙人悲心轉增,乃大發願,願得阿耨多羅三藐三菩提時,邪道眾生為作法明示正道行。賈客天明趨視仙人,仙人以淨施因緣故,兩臂平復,瘡瘢都無。此為菩薩人中,焚臂救賈客事。

乃往過去,佛為大力國王,設大施會,金銀寶物,奴婢象馬,恣人須求。提婆達多時為帝釋,化婆羅門來破彼施,不乞餘物,但乞身分。王知是事,語婆羅門:與汝身分,截取持去。婆羅門言:得無悔耶?王言:不悔,四方來集,悉應令足。婆羅門言:今我一人,尚不充足,何論四方？王欺人哉！王即以刀自割其臂，與婆羅門。當割臂時，心平無異。以能棄捨一切法故，臂自平復。於是調達福盡，應墮阿鼻。如來威神之力，調達第一不知恩義，臨獄聞言，癡人調達，嗔恚於佛，横起殺業，今當墮於阿鼻地獄。即時大怖，深生親好，作大聲言：我今惟以骨肉，一心歸命於佛，心即得樂。以是因緣，調達出獄，得生人中，出家學道，得辟支佛，號曰骨髓。此為菩薩人中，割臂勝施障事。

乃往過去，不流沙城，饑饉疫行。時王亦病，夫人拔摩，因出祠天。時有產婦，饑虚欲死，念無餘計，唯有噉兒。心極悲感，舉聲大哭。夫人過而聞聲，既傷慘切，就舍而求得其情，倍復悼愍。語彼婦言：莫殺其子，我到宫中，當送爾食。婦人答言：夫人尊貴，或復稽忘，我命呼吸不踰時節。於是夫人便取利刀，自割其乳。便自願言：今我以乳，持用布施，濟此危厄，不願轉輪天帝魔梵，願求無上正眞之道，度脱一切眾生苦厄。即便持乳與彼婦人。適欲舉刀更割一乳，應時三千大千世界為大震動，諸天宫殿皆悉動摇，無數諸天虚空悲泣，淚如盛雨。天帝問願，夫人即誓：今我所施功德審諦成正覺者，乳當如故。即時如言，乳處平復。此為菩薩人中，割乳救噉兒事。

乃往過去，尸毗國王得歸命救護陀羅尼，精進慈悲，視一切眾生，如母愛子。時世無佛，釋提桓因處處問難，不得斷疑，憂傷愁煩，沉索而處。毗首羯磨告有尸毗不久作佛，二天遂下，欲觀其眞。毗首變鴿，帝釋變鷹，鷹急逐鴿，鴿入王腋，舉身戰慄，動眼促聲。鷹在樹言：還我所受。尸毗抗言：我先受此，我初發意時，受一切眾生而欲度之。鷹言：我非一切耶，而奪我食？王言：相當給食。鷹言：須新殺熱肉。王念殺一與一，何如割肉相易。乃刲股持與。鷹言：輕重勿欺。王言：便持稱來。以肉對鴿，轉展不准。王割二股、兩踹、兩髖、兩乳、頸脊，次第肉盡，鴿重肉輕。王雖潰血模糊，欲人觀觸，敕勿安幔，攀稱而上,肉盡筋斷,不能自製,上而還墮。乃自責言:汝當自堅,奈何迷悶,一切衆生憂苦大海,汝今一人誓欲渡盡,此苦甚少,地獄苦多,以此相比,於十六分猶不及一。汝今獲有智慧、精進、持戒、禪定,猶患此苦,何解獄中無智慧者?王更攀稱,語人扶上,即時天地六種震動,大海波揚,枯樹華生,天降香雨,天女歌詠,鷹鴿還形,至心歸命,偈贊菩薩必得成佛。王心不嗔,潰身平復。此為菩薩人中,割肉救鴿事。

乃往過去,王子三人,波羅、提婆及與薩埵,游賞山林。波羅心念:今日怵惕,將無及難。提婆心念:身無足恪,愛別離苦,更復前行。果遇母虎,產生七子,纔經七日,諸子圍繞,饑羸將死。波羅乃言:哀哉此虎,必噉其子。提婆乃言:倉猝無求,唯有捨身。婆羅復言:一切難捨,無過己身。薩埵乃言:當懷悲利濟,空百千生,爛棄何益。各起慈心,悽愴傷懷,熟視徘徊,久之而去。爾時薩埵便作是念:我捨身命,今正是時。觀身不堅,於我無益,如賊可懼。若捨此身,則捨無量癰疽惡疾,百千怖畏。是身唯有大小便利,如泡蟲集,血脈筋骨,節節連持,甚堪厭棄。我今於日,當使此身修廣大業,於生死海作大舟航,棄捨沉淪,長夜出離。我今應求究竟涅槃、無上菩提,定慧熏修,福德嚴密,獲微妙身,成一切智,拔衆生苦,法樂無極。爾時薩埵大勇弘誓,悲心轉增。更慮兄懼,方便遣離。獨至虎所,脫衣竹上,委身臥就。慈悲威勢,虎無能為力。即上高山,投身於地,復為神仙接足無失。即起求刀,又不能得。乃設方便,幹竹刺頸,血湧淋漓,徐近虎邊,虎遂得食。是時大地六種震動,如風激水,日無精明,如羅睺障,天雨華香,繽紛墮墜。父母二兄,哀慟逾常,收殘起塔。此為菩薩人中,捨身飼虎事。

乃往過去,寶燈焰佛時,有千童子發菩提心,死為千梵王。復因辟支佛足現文字十二因緣禪思證果,又發大願作佛度人,過此辟支百千萬倍,死為千聖輪王。千聖輪王至是修施,天樂天女,國家王位,一切棄捨,入雪山學道。各立草庵,端坐思惟,發弘誓願,當度一切而求無上。宿世報故,山神供果,五通騰虛,壽命一劫。時雪山中有大夜叉,身長四十里,狗牙上出高八十里,面十二眼,眼出迸血,光過鎔銅,持劍持叉住聖王前。高聲唱言:我今大飢渴。千王施果,夜叉怒詈:我父夜叉噉人精氣,我母羅刹噉心飲血,速施心血來!千王躊躇,夜叉為之偈言:觀心無相,四大所成,一切悉捨,應菩薩行。時雪山中有婆羅門,名牢度跋提,與聞此偈,獨至其前,白夜叉言:唯願大師為我說法,不惜心血。乃脱單衣敷為高座,請夜叉偈。夜叉偈言:求無上道,受割截苦,能忍如地,不見受者;心不悔恡,普濟飢渴,如救頭然,應菩薩行。牢度跋提聞已,踴躍歡喜,將出心血,持劍刺胸。地神止之。牢度偈言:幻燄隨滅,響已不更,四大五蘊,勢不久停,千萬億歲,未為法死,勿障勝慧,成佛度汝。於是以劍刺頸,施夜叉血,即復破胸,出心與之。是時天地大動,日失精光,無雲而雷,有五夜叉從四方來,競裂食之,食已叫躍空中,而告王言:誰能行施如牢度跋提,乃可成佛。千王怖退,夜叉又為之說偈,乃默然住。此為菩薩人中,出心飼夜叉事。

乃往過去,雪山王邊有五百群象,中一最大,體貌可愛,多力多智,以為其主。高山險難,惟有一道。爾時獵師見此象群,夜於險處,大作坑坎,朝遂驅逐,向坑陷之。象見大坑,徘徊無計。時大象王急極智生,捨身横坑,趁力作橋,五百群象,大踏其脊,次第而過。最後力盡,有一未渡,勢將墮墜,急持忍痛,遂得安濟。象王心喜,作勢踴跳,入其群聚。此為菩薩畜中,捨身殉群事。

乃往過去,鹿百為群,隨逐美草,侵入人邑,國王出獵,遂各分迸。鹿母懷妊,飢疲失侣,遂生二子,煢悸墮弶,悲鳴不已。獵師見而心喜。鹿乃稽首陳言:即生二子,朦朦始視,未知東西,乞假須臾,將至水草,使得生活,旋來就死,不失信誓。獵師驚怪不許。鹿說偈言:不能林藪,入弶應死,何惜腥身,但憐二子,雖昧人義,奈何虛偽,恩放不還,罪甚五逆。獵師悚然,乃自歎言:可以人而不如鹿乎?癡貪欺殘,胡乃若是!便前解弶放鹿。於是鹿母至其子前,低頭吟舐,示好水草,一悲一喜,而說偈言:努力自活,世無久合,誤墮獵手,應就屠割。即便棄子而去。二子鳴啼,戀慕追隨,頓地復起。母顧命言:毋為母子併死,然子悲號,俱至弶所。獵師憩臥樹下,驚覺而起,感鹿篤信,志節丹誠,釋鹿母子,乃具以聞王。國人咸感,遂廢殺獵。此為菩薩畜中,捨身殉信事。

乃往過去,有古彌勒,以《大悲海雲經》教人作佛。有婆羅門聞經發願,入山千年乞食誦經,一心除亂。時連雨不止,洪水暴漲,仙人不食七日。時彼林中,有五百白兔,中一兔王,哀念仙人命不久留,法幢將崩,法海將竭,當令久住,不惜身命。即告諸兔:一切諸行,皆悉無常,眾生愛身,空生空死,我今欲為一切眾生作大橋樑,令法久住,供養法師,汝等宜各隨喜。諸山樹神即為積薪,以火然之。兔王母子圍繞七匝,白仙人言:今我以身供養仁者,為法久住,令眾饒益。即別其子,今後汝可隨意水草,繫心三寶。兔子跪言:如尊所說,無上大法欲供養者,我亦願樂。子即投火,母隨而入。即時天地大動,色界以上皆雨天華,供養菩薩。菩薩肉熟,樹神白仙人食。仙人悲不能言,以所誦經置樹葉上,因發誓心:願我世世常不噉肉,乃至成佛,制斷肉戒。作是語已,自投火坑,與兔並命。是時天地六種震動,天神力故,金光晃曜,照千國土,國人蒙此光者,皆發阿耨多羅三藐三菩提心。此為菩薩畜中,捨身殉法事。

乃往過去,菩薩獨行,時有惡獸來奪其命。臨命終時,心發大願,願此死後，于空林澤中作大畜身，諸來食我，令悉滿足。所以者何？是諸惡獸常食小蟲，多起殺罪，飢虛不飽，甚可憐愍。菩薩乘願即作大畜，如是展轉百千萬億那由他世，若以一劫，若減一劫，悲心拔濟，作畜施食。又嘗為魚十二由旬，屠十二年，濟世饑饉。此為菩薩畜中，捨身濟饑事。

乃往過去，忍力仙人，受如是法不生嗔恨。惡意弊魔，遣巧罵千人，前後圍繞，惡口鄙穢，苦切備至，止時亦罵，行時亦罵，到聚落亦罵，入聚落亦罵，食時亦罵，食已亦罵。如是從座起，從聚落出，還至林間樹下，一一皆罵，如是坐臥經行，息入息出，常隨逐罵，凡八萬四千歲。又仙人入聚落時，屎灌其頭，著鉢塗衣，糞埽灑其頂上。忍力仙人，終不嗔恨，終不退沒，終不自言我有何罪，亦復不以惡眼視魔。千人至是，知不可壞，殷重懺悔，發生道意。所以者何？菩薩自念：我常長夜於諸眾生如父母想，愍其孤窮無有財物，往來生死險難惡道，愚癡無智，常盲慧目，誰能示救？惟我一人。若有眾生，惡口罵我，苦切責我，嗔我打我，我終不報。我應常與一切眾生拔究竟苦，施畢竟樂。我不應與一切眾生毫髮惱恨。是諸眾生誰能忍者？則惟我能。是故，我今應學眾生無上忍法。此為菩薩忍波羅蜜事。

功德四

悲以功德而大，功德以智而成。不作功德，無所用其一切智智；不有其悲，亦無所用其功德。本乎大悲，而因於菩提，竟於巧便。是故功德者，悲智之寄命，悲智之櫜籥，而菩薩之所以為行也。菩薩功德攝於十度，而精進徧於一切，則九度者功德之用，而精進者又功德之體也。何為精進？相續增上，是為精進。難行苦行，徧一切行，不思議行,是為精進。日月以續而明,四時以續而成。涓涓之滴,續成江河。青青之茁,續成尋柯。悲悲不已,續成薩婆若。

夫凡聖同情,悲惻皆生。不續則凡,續則成聖。而法相不住,念念皆新,若必相續,非寄命於功德則不可能。功德不住,亦頓起頓滅,若必相續,非寄命於精進則不可能。牽引而生後,觸類而通旁,展轉而增上,功德以悲力而益彰,悲力以功德力而益壯。三千大千自界現象,自界莊嚴,自界光明,則亦功德之為用,而精進之為體故也。五希奇,五不希奇,五平等,五饒益,五報恩,五欣贊,五加行,五無量界。是四十法中,觀其難苦,觀其普徧,觀其超特,必有一物,是率是行。是使悲與功德,大莫與京,充量過量,則亦功德之為用,而精進之為體故也。

《攝大乘論》:何故聲聞乘中,不說賴耶?以彼聲聞,不於一切境處轉故,雖離此說,然智得成,菩薩一切境處轉故,若離此說,不能證得一切智智。是故唯識學者,大悲之作具。大悲行者,唯識之作業。聲聞無悲,不生功德,用不藉於唯識。大悲菩薩,功德業宏,唯識則證,一切智智則成。十二分教、四諦、四道理、三乘,是為四施設建立。智之能施設也,龜毛兔角而有用也,是智之極也。蘊界處諦,無礙依資,覺分止觀,緣起一切,是為十善巧分別。智之能善巧也,迷謬重障,莫予毒也,是智之極也。有施設善巧之知,為一切功德之作具,何法不續,何行難苦而不徧滿非不思議?則亦功德之為用,而精進之為體故也。

十王大業,智增菩薩,不作鐵輪,乃至初禪,唯四下天,變易生死。悲增菩薩,則初地鐵輪,十地四禪,七地以前,一向分斷。此猶可爾,畢竟闡提但問功德,不問證期,誰能承此無果之為?難之又難,有地藏菩薩,眾生入地獄無有窮已,地藏菩薩住彼地獄無有出時。此一功德也,菩薩摩訶薩精進之尤也,聞之而可作也。取淨妙土,攝調白人,功德嚴成,悲盡未來,一千四佛,悉亦如是。獨我本師釋迦牟尼,取不淨土,攝不淨人。此一功德也,如來世尊精進之尤也,聞之而可作也。

乃往過去,寶藏佛世,轉輪聖王為阿彌陀,其千太子,觀音勢至,文殊師利,金剛智慧,虛空印,虛空日光明,師香普賢諸菩薩等。佛入三昧,現多佛土,或淨或穢,令各願取。是等菩薩,皆取淨妙,離五濁世,無聲聞眾。釋迦本師,時為大臣,見於諸人取淨攝白,五逆十惡,三有四流,不淨惡眾,諸佛淨界所不能容,罪積如山,擯集娑婆,無有救護。乃白佛言:我今心動,如緊樹葉,心大憂愁,身亦憔悴。此諸菩薩雖發大悲,不能取此五濁惡世,令彼眾生墮黑暗癡。我當於此娑婆賢劫,壽千歲時,行菩薩道,生大悲心,調此罪眾,頭目血肉,難苦行施。我行六度,三世諸佛所不能及,為仙為兔,而皆捨命以應求乞。自初發心,乃至涅槃,有聞我名,怪未曾有,攝彼邪眾,為植善根,於十劫中入阿鼻獄,受無量苦,畜生餓鬼,貧窮下賤,一一莊嚴。於其中間,不願生天受諸快樂,唯除一生兜率成佛。壽百二十時,世界粗弊,我於是時證無上道。三乘化小,苦行化外,他方惡眾,來生我國,等一度化。其有犯重,一念悔已,即為受記。其有怨賊,出佛身血,大悲梵音,而為說法。誓願五百,一一成就。又復我之所證,施戒聞思,悉與地獄一切黑眾。若有聞法開釋,而業未盡,我為代受而令生人。願令我身大如須彌,數如剎塵,所覺苦樂一如今身,以此身代十方剎塵阿鼻眾罪而久其苦。是願若成,此會大眾,唯除如來,皆當涕泣,贊言善哉。說是語已,彌陀座起,悲泣滂沱,敬禮贊偈。觀音以下,一一如應。

菩薩四法懈怠:一者,取淨世界;二者,調白眾中施作佛事;三者,不說聲聞、辟支佛法;四者,壽命無量。如是菩薩非猛健丈夫,非深重大悲，非方便巧慧，非平等善心。譬如華田，是乃雜華，非分陀利。

菩薩四法精進：一者，取不淨界；二者，不淨人中施作佛事；三者，說三乘法；四者，壽命不長不短。如是菩薩是猛健丈夫，是深重大悲，是方便巧慧，是平等善心。譬如華田，是分陀利，非彼餘華。

唯我本師釋迦牟尼，是大精進，非是其餘。唯我本師三十二相，是流血成，非祥善成。梵牙索目，堅牢乞耳，蜜味索手，盧志乞足，尼乾索陰，又復乞皮。肉山臂燭，應飢渡厄。施目如恒沙，施血如海水，施肉如千須彌，施舌如大鐵圍。又復舍耳如純陀羅，捨鼻如毗富羅，捨齒如耆闍崛，所捨身皮，如三千大千所有地殼。唯我本師，於無佛世，粗惡語言，怖化眾生，是餘業故，世界弊惡。惟我本師，於無佛世，作夜叉像，怖化眾生，是餘業故，菩提樹下垂證覺時，天魔波旬擾亂侵壞。唯我本師，於無佛世，唯攝黑眾，他國來生得度因緣，是餘業故，說法會上立聲聞僧。

起悲五

誰不有悲性，誰不欲起悲度眾，名字遠聞？然無方便，悲不得起。悲不得起，或怖自苦而為聲聞，或破自惑而成緣覺。是故直往菩薩起悲第一。起悲方便，第一中之第一：一，多聞；二，清淨；三，不離眾生；四，發願布種；五，修慈滋潤；六，多作功德；七，觀眾生苦；八，觀眾生倒惑；九，取相作觀；十，習以成性。苟能如是十種方便殷重不已，悲念不生，如來世尊則為妄語。

云何多聞而起悲耶？智由悲起，悲亦由智起。悲起之智，能自抉擇，加行、根本及與後得，遂爾次第而成。起悲之智，數他珍寶，七事四理，深信不誣，遂爾知見有力，觸感根心。是故必得多聞，而後知苦眞實;知苦眞實,而後不同苦役;不同苦役,而後能觀眾生役苦以起悲。必得多聞,而後知法眞實;知法眞實,而後不同法執;不同法執,而後能觀眾生執法以起悲。若不知苦眞實,則又不能代眾受苦;不能代眾受苦,雖或能悲,乃亦不能念念相續;不能念念相續,刹那已滅,烏得謂其眞能起悲?若不知法眞實,則事有觸而應悲者,由衷而出,不免為世俗附庸;非由衷出,不墮於口惠之隨風,即墮於感情之躁動。凡若此者,又烏得謂其眞能起悲?

云何清淨而起悲耶?五百鹽車截渡,渾濁喪眞,滄浪之清,物來必鑒。久氛塵鏡,黑暗冥頑,不染一埃,空靈照燭。感觸捷應之機,捩則失用,淨則精通,理固然也。是故物至而悲起者,清淨無穢之心境也。《大寶積經》:如是大悲,由於不諂而得生起,譬如虛空永出離故。如是大悲,由於不誑而得生起,從增上意而出離故。如是大悲,非由詐妄而得發起,從如實道質直其心而出離故。如是大悲,由於不曲而得生起,極善安住無曲之心而出離故。如是大悲,由彼無有憍高怯下而得生起,一切有情高慢退屈善出離故。

云何不離眾生而起悲耶?悲是能緣,眾生苦惑是為所緣。草木河山,騷士情人,因之而多感。羌無寄託,則秋風肅殺,或亦喜彼威剛;落日昏黃,時則賞其索寞。唯夫有情疾痛,相對黯然,蓋未有不悲從中來也。空山趺坐,飛鳥不聞,足音跫然,定中憎擾。肝膽楚越,人事迷茫,苦且不知,從何悲起!是故大乘大悲,當處人間塵坌闤闠,然後乃得眾生業惑,情偽離奇,然後有動乎中,酸辛悲憤。奈何菩薩如彼聲聞,了自業緣,避人逃世?是故《大莊嚴論》:菩薩大悲,略以十種眾生而為境界。《菩薩藏經》:菩薩大悲,略以十六眾生而為所緣。

云何發願布種而起悲耶?行菩薩行,但是行願,發願為因,願滿為果,因果不二,但是其事,不必事圓。是故不能起悲,但應悲願。願則易舉,德輶如毛故。願不可毀,金剛不壞故。願則能引,招同類故。願則能續,恒長養故。願則不斷,恒希望故。願則能展,久具計故。願則能赴,機相應故。願則能任,力漸充故。是故不能起悲,但應悲願。悲願者何?不捨眾生而已。眾生與悲,如命與息,當願眾生起悲第一。《華嚴·淨行》,百四十一當願眾生,願在發心前。《纓絡本業》,有二十四當願眾生,願在發心後。佛前佛後皆普賢行,而皆行願願此眾生,願此眾生大悲無已,盡未來際。

云何修慈滋潤而起悲耶?取與捨對,樂與苦對,交相繫屬,即交見栽培。與之以樂,不能不拔之於苦。悲為因緣,慈為增上,因緣增上,乃得成辦,法性自爾,智者能知。《大莊嚴論》:悲樹六事成,根出以慈潤,由有慈者見他苦已,生悲苦故。

云何多作功德而起悲耶?菩薩功德,十波羅蜜:施度、忍度、力度,詳於威力;進度、智度,詳于功德;慧詳多聞;戒詳清淨;願度詳願;惟禪方便,須續而談。捨身代苦,若覺其難,即應退墮,但告奮勇,而難為繼。故有方便修三三昧,五蘊皆空,無願,無作。此觀若成,能所俱寂,三輪清淨,得大涅槃。然三三昧若無方便,必乘果報生長壽天,退失悲心,墮於小外。因悲而空,因空而悲,禪與方便,交相利用,有益無危。《大智度論》:大慈大悲,用方便力,不隨禪生,不隨無量生,不隨四無色定生,在所有諸佛於中生。眾生著空墮大地獄,是故菩薩深入大悲,悲因緣故,得無量福德,生值諸佛,從一佛國至一佛國。是故大悲不妨實相,諸法實相不妨大悲。

云何觀眾生苦而起悲耶?諸聖聲聞,苦諦現觀,證苦深遠,厭俱行心相續而轉,悲故微薄。菩薩正觀,墮百一十極大苦蘊,正熏心故,悲亦正强。是百一十應悉披陳。云何是耶?一,流轉苦;二,欲癡苦;三,三苦;四,別離斷壞相續畢竟苦;五,貪嗔疑悔惛沉睡眠苦;六,因果財護無厭變壞苦；七，生老病死怨愛不得苦；八，寒熱饑渴、自逼他逼及不自在一類威儀苦；九，自他親財戒見無病現法後法一切衰損苦；十，食飲衣乘、莊嚴器物、香鬘樂伎、照明給侍，一切乏匱苦；如是增數，有五十五。宿因、現緣，有一切二苦；長時猛利，雜類無間，有廣大四苦；獄鬼傍生，善趣所攝，有一切門四苦；他觸、自纏、現造、當趣、界不平等，有邪行五苦；父母、妻子、奴僕、朋友、財位、自身，一切流轉，有不定六苦；長壽、端正、多智、勝人、族富、大力、一切不得，有不隨欲七苦；妻子貪增、饑儉、怨敵、野難、屬他、根缺、擯殺、一切損惱，有違害八苦；壞時、盡時、老、病、死時、無利、無譽、有譏、希求一切必至，有隨逐九苦；無樂受因不斷結尋逼匱不平愛壞粗重，有一切十苦；如是增數，復五十五。此百一十，是菩薩行悲所緣境。緣此境故，悲不生起，是為木石，非有情類。

云何觀眾生倒惑而起悲耶？如來大悲三十二種救護眾生，眾生於法發生顛倒有二十四，又於有情發生迷惑而有其八，如來一一觀諸眾生而起大悲、而為說法，菩薩大悲，依此修習而得生起。云何然耶？一切法無我、人、眾生、壽者，而眾生以為有，菩薩於此而起大悲。一切法無體無住，無執藏主宰事物我所，而眾生以為有，菩薩於此而起大悲。一切法無生無滅無垢，離三毒，無來去，無造作論戲，而眾生以為有，菩薩於此而起大悲。一切法空、無相、無願，緣生靜寂，而眾生以為不然，菩薩於此而起大悲。是謂觀諸眾生於法顛倒有二十四，而起大悲。世間眾生，諍論嗔恨，倒見邪行，饕餮互陵，為妻子役，惡友近習，邪命自活，居家濁穢，墮小捨智，菩薩於此而起大悲。是謂觀諸眾生於有情迷有其八事，而起大悲。菩薩若能如此修習，大悲熏熾，則為已入阿鞞跋致。

云何取相作觀而起悲耶？《大智度論》：菩薩學悲無量時，先應發願,願諸眾生拔種種苦,取拔苦人相,攝心入禪,自諸親族至十方界。取相作觀,雖近小定,然入觀根本,一主厭棄,一主拔濟,所趣自不相淆,方便不妨一致。

云何習以成性而起悲耶?酒嗜痂癖,吾生以爾為命,人之所惡,彼之所好。中有開導,臨事不造。法性自爾,悲亦何獨不然?從他苦生悲,從悲生自苦,從苦拔他苦,從拔他生樂。夫至於樂,則成癖成嗜,非此不適。是故信行位怖苦,未見自他等,未觸如實苦,習而未性故。淨心位怖苦,已見人畜等,已觸如實苦,習已成性故。銅鍾感應,天下易事,無過成性,菩薩念哉。

勸學六

人於獸,獸於禽,禽於餘動物,遞嬗遷流之跡,彰彰不誣。日月星辰,山嶽江河,草木礦石,遞嬗遷流之跡,彰彰不誣。物本天然,無所得而畸輕畸重。宇宙之壞及與不壞,既無所容其心;人物之安及與不安,亦無所先天下。浪漫支離,浮萍無與。如是之學,古史有之,天下多趨之。取天下之物,率天下之人,平之衡之,作之驅之。養其欲樂,使不得失所,制其品類,使不得絕足而馳。鰓鰓焉慮,孜孜仡仡,群分焉而治。古史有之,天下多趨之。二者之學,世之所謂極純而至要者也。世俗之道,是則然矣。

雖然,君子有究竟之學。何以必須宇宙,何以必須山河大地、人物動植?此一理也,研之乎未也。何因而忽有宇宙,何因而忽有山河大地、人物動植?此一理也,研之乎未也。宇宙何為不憚煩如是,山河大地、人物動植何為不憚煩如是?此一理也,研之乎未也。燭照洞然,徹終徹始,置之不理。徒跡其已然,破碎支離,煩於一隅,以統大全,以縱横學,君子謂其細已甚,甚足悲也。故事之起,環賾無緒,物境之變,不可思議。治之所生,亂之所始,救其所救,又救救者,世界殆盡而滋救不已。非謂其不成也,物以治物,性自爾也。亂不遄止,甚足悲也。是故君子有為人之學,悲乎眾生不得無餘涅槃是也。學悲有十勝利,應作而起:

一者,法界同體。悲惻不云乎?一惻然而天地萬物之情,周洽旁皇,淪肌浹髓。法界繁賾,刹刹塵塵,然無大小內外,無分量古今,一舉而悉舉,一沉而悉沉,勝妙一毫端,寶王十方建。

二者,於事易舉。《瑜伽師地論》:菩薩以所修悲熏修心故,於內外事無有少分而不能捨,無戒律儀而不能學,無他怨害而不能忍,無有精進而不能起,無有靜慮而不能證,無有妙慧而不能入。

三者,群生知已。他心宿命,修習其通,無逾徑熱。觀苦既久,洞徑靡遺。身受者難言,而旁觀者隱抉。苦雖未拔,而有知者,則感泣涕零矣。

四者,祥光安隱。鴿入舍利弗影,戰慄不已,入佛光中,迴翔自在。獸覩獵師,頂有血輪,身生奇具,遂爾觳觫。修悲既久,充實盎然,應有祥光,飲人無量。

五者,坦無城府。言涉吞吐,行經幾曲,是為有覆。有覆者,惑之本,害之最獨。然實不得已,懼虧而留步,常時快足,既無為難,衝懷而出,豈不善哉!

六者,偷性滅盡。絕望者不偷,無委者不偷,救火追亡不偷,舉重若輕不偷,悲之所至,如聞塗毒鼓,必死無疑故也。

七者,無不平等。但惻隱故,不擇而加故,自然無有强弱、高卑、隆殺、貴賤故。

八者,與智無二。離悲之智曰小智,離智之悲曰外悲。既不可說分別為智，即不可說愛勝為悲。具虛靈故，具不昧故，皆所同故。

九者，容易得通。《大智度論》：入悲三昧，現在得五功德，入火不燒，中毒不死，兵刃不傷，終不橫死，善神擁護。

十者，大雄無畏。師子不欺，香象澈底，行之既久，必坐菩提。作猛健大丈夫，誰懷斯志？

漸之姊淑，二十歸於鄧，未逾年而寡。鄧有兄無賴，家破，姊大歸侍母。訓溱弟、琳姪、格兒蒙，因以為蒙師者若而年，得資治翁姑喪如儀。鄧兄有子，又無賴，撫之而逃亡，乃子其族兒名拱璧者，教而婚之。初，鄧幼，與予同學。歲暮過其家，鄧兄呼舅，予駭奔詢母，則正於是時許鄧不誣，無奈何也。予一兄三姊，骨肉凡五，婚姻皆以幼，皆草草定，又不出彈丸小城。嫂及諸姊以故寡，又貧，霾陰悍鷙之氣充於庭，無寧日矣。姊有德，包荒左右焉，又不惜其資，家人安之。不幸母死，不得已舉家入山，趨空門倚佛，霾陰悍鷙之氣充於山，無甯時矣。女蘭，有知，願隨父。予入隴數月，返金陵而蘭死，年十七耳。姊哀而聚寧數年。兒東，泅斃，姊哀而聚寧一年。今復可得而聚哉？姊既皈佛，作功德，格兒奉以資，施支那內學院。住宜黃龍泉，請藏，作藏經樓。工興，露督而疾作，庸醫投涼劑。予年來窘，不能如所須。道梗，藥與資不達。其家時怨逼，百方違緣，而姊已矣。寒假，作《院訓釋》文，《釋悲》已半，正月三日凶問至，心痛不自持，已輟。然無益，吾何以將吾姊，應續作以回向。乃秘之，制之，振之。胸煎熱，頭涔涔目眩，身寒噤如瘧，數數不自持，復數數自責，今幸粗率成，實不能再作也。自今以往，吾悲願：念念願眾生，念念拔眾苦；本師所為，吾悉願為；悉以回向吾姊。又願讀吾文而怦然者，拔一切苦厄,而先拔吾姊也。

民國丁卯上元日

釋教訓第三

導引一

證智無戲論,佛境菩薩行,此之所謂教。

何謂無戲論耶? 無著釋龍樹八不偈云:非滅不滅,非生不生。應知諸句皆如是說。不可說此法非滅故名不滅,世諦不異第一義諦,一相無相故。亦不可說此法無滅故名不滅,非滅中復有滅故,涅槃無體不得遮生遮滅故。蓋非滅不滅云者,說滅戲論也,說不滅亦戲論也。根本此事非談生滅,而以生滅作此事談者。反覆轉展皆戲論也,是故非之、不之也。《般若經》云:菩薩安住諸法無自性中,觀蘊、處、界,乃至觀一切智智,若常無常,若寂不寂,皆戲論也。念諦應知斷證修,戲論也。念靜慮覺分乃至一切智智應修應證,亦戲論也。應觀種種不可戲論,故不應戲論。戲論是三界二障之所自出,不其戲論,則正性離生之所從入也。

何謂佛境耶? 不其戲論,非一切法斷滅無有,而內證聖智之異其所依也。《般若經》云:愚夫異生所執,非一切如是有故,如無所有如是而有。又云:如如來如實通達生相法如是而有也。能證乎是,是為證智。證智所緣,是為佛境,法界眞如是也。畢竟空也,一切智智也,無餘涅槃也,第一義諦也,一乘道也,無學也,無位也,頓證也,一也。

未得證智,以生滅心隨順佛境,趣向佛境,臨入佛境。《般若經》

云:初學菩薩,若欲疾證一切智智,於善知識所,能聞廣略教相,受持、讀誦、思惟、觀察,令心、心所於所緣相皆不復轉。又云:從初發心至坐道場,無容橫起諸餘作意,唯常安住一切智智相應作意,令心、心所於境不轉。又云:於諸法中不作二想,名無上菩提修菩薩行,思惟在一切智智。一切智智者,無性為性,法界為相,所緣亦無性,行相亦寂靜,正念而增上是也。

發心作佛,念念是佛。而不然者,二想雜想,閒斷不續,又烏能佛境為主,戲論為客哉?而不然者,學四諦則落聲聞乘,學十二因緣則落緣覺乘,學六度萬行則落菩薩乘,空則惡取於空,有則非善巧乎有,各端其極,水火不融。如來所願,顧若是哉?唯有一乘道,無二亦無三,於無性無動,於智智不轉。以談瑜伽則離言自性,以談般若則是法平等,以談涅槃則佛性中道。萬派千流滙歸瀛渤,無不同此法界流,無不同歸一法界。若其發慮,則所向有殊,所施各異,說相說性,說常無常,釋迦說法四十九年,何嘗自語相違?是則相反無不相成,是則滙流無如趣一。

何謂菩薩行耶?本性空也,二取空也,三自性也,道相智也,無住涅槃也,二諦也,三乘也,行、引、修也,漸次之曆位也,分證也,一也。既佛境矣,而菩薩行何耶?不得已之作也,自然之趣勢也,巧便之施設也。不能用頓,則方便用漸,三智三漸次,三阿僧祇必能頓證;處夢謂經年,悟乃須臾頃,亦無漸之非頓而已矣。不能用圓,則方便用分,菩提分法滿即菩提,以法學法界,復以法界學一切法;以法學無所得,復以無所得學一切法,積土成山,積水成淵,亦無分之非圓而已矣。不能徧一切一味,則方便用通,一攝一切,一入一切,則一法成佛;一切攝一切,一切入一切,則法法成佛;無住涅槃觀空不證,川納眾流,海納百川,亦無通之非徧而已矣。是故行三自性於畢竟空,大悲度情有依能徧也。行道相智於一切智智,行無住於無餘,無窮無盡而無遺也。行俗諦於第一義,熟情嚴土,後得智圓也。行三乘於一乘,行分證及行、引、修於果境,徑無不通,無礙自在也。

是故無佛境,則漸不能頓,分不能圓,通不能徧。滯於一隅,朝宗無期也。是故無菩薩行,不能用漸而頓,不能用分而圓,不能用通而徧,彼岸天涯,無航可渡也。是故僻執久行者,破碎支離,磨磚作鏡;高談一乘者,憑虛淩駕,娛樂乾城;皆以不得方便善巧故也。《般若》云:菩薩不從佛及善友,聞說殊勝方便善巧,雖親近諸佛、種諸善根、承事善友,而不能得一切智智。是故方便為究竟也。是故新學菩薩於最初學極不可忽者,方便善巧是也。是故佛境菩薩行合,而後為教也。

釋義二

將欲釋佛境菩薩行至義,必先明不可思議三事,三事既明,義乃有據,不蹈虛臆。

一,眞妄主客事。《勝鬘經》言:此自性清淨如來藏,而客塵煩惱上煩惱所染,不思議如來境界,有二法難可了知,謂自性清淨心難可了知,彼心為煩惱所染亦難可了知。據此,則眞與妄法並時發現也,非止一眞更無有妄也,非妄滅然後有眞也。《楞伽經》云:諸有妄法,聖人亦現,然不顛倒,妄法是常相不異故,心意識轉,即說此妄名為眞如,若無如來藏名藏識者,則無生滅,然諸凡夫及以聖人悉有生滅。《解深密經》云:如實了知離言法性,於有無為決定無實,然有分別所起行相,猶如幻狀迷惑覺慧,不如所見堅固執著謂為諦實,彼於後時不須觀察。此則說妄非為無有,而不執也。然《密嚴經》云:賴耶與能熏及諸心法等染淨諸種子,雖同住無染。又云:藏識與七俱,體性而無染。此與《勝鬘》說染不同者何耶?據《辯中邊論》,如水界、金、空。則此染者眞妄不離,是故云染;非同世說和合一味,是故非染。此中辨析,厥有二義:一者,涅槃唯眞無妄,不與生滅相應故。無餘涅槃無損惱寂滅中無邊功德,如如不動,其一分現前者,皆由先時菩薩願力發起而來。譬如滅定,由先加力出起遊行。是故說眞如緣起者,乃邪說也。一眞法界,諸佛自證理同不異,謂之為一。而言別有一境眾其一心,亦邪說也。二者,菩提眞妄不離,與生滅相應故。生滅相應,八識遂變根身、器界、心及心所,名之曰藏。依藏淨種曰如來藏,依藏染種曰阿賴耶。同一八識,增立九識,亦瞽說也。

二,智如非一非異事。以法言非一。《楞伽》、《密嚴》俱稱五法。《密嚴》云:法性名如如,善觀名正智。《楞伽》云:眞實究竟,自性可得,是如如相,不生分別,入自證處,是名正智是也。以義言非二。《般若》云:變化與空,如是二法非合非散,此二俱以空空故空,不應分別是空是化。若以生滅言,又非是一。智與生滅相應是化,如不與生滅相合非化。《般若》云:眞如名為無生無諍,如實知見諸法不生。諸法雖生,眞如不動,眞如雖生諸法,而眞如不生,是名法身。其言眞如雖生諸法者,依於眞如而有一切法生,非眞如生一切法也,法若即如,法尚不生,何況眞如而有生法?如智既分,明與無明,義自相對。《密嚴》云:法理相應,明了能見,說為正智。《般若》云:於無所有不能了達,說為無明是也。若無明對如,則體用不分,法相淆亂,不可為教。

三,法法成佛事。《般若》云:諸菩薩摩訶薩於諸行相狀,能正顯發道相智者,徧於如是諸行相狀,皆現等覺。與《華嚴》位位成佛義無差別。蓋般若學蘊、處、界空,以自相智入正性離生矣,復回而觀蘊、處、界空,業學行三漸次而修六度六隨念,乃至一切善法。是故一入一切,一切入於一切,金剛道後菩薩佛等,而無閒行仍稱菩薩,不必但三三昧證空稱佛也。所以必法法成佛者,《般若》中有三義:一,令有情法無倒解;二,知有情意樂隨眠為作樂利,遮障示修;三,知有情諸根勝劣,於所說法終不唐捐。三事既明,乃釋至義。

佛境,畢竟空;菩薩行,則本性空、二取空。云何本性空耶?龍樹有言:畢竟空者,無有遺餘;本性空者,本來常爾。畢竟空者,三世清淨;本性空者,但因緣和合,無有實性。畢竟空者,是其深空;本性空者,是中道空。畢竟空者,一切佛行;本性空者,菩薩所行。本性有理破不心沒,是故新學菩薩無不取用於本性空,為驚怖空而設方便故也。《般若》云:非別實有不空涅槃,然我為新學菩薩說涅槃非化。善現問:云何方便教誡教授新學菩薩,令知諸法自性常空?佛告善現:豈一切法先有後無,而不常空?然一切法先既非有,後亦非無,自性常空,不應驚怖。應如是令知諸法自性常空。

云何二取空耶?為導俗故,為導俗以趣空故。導俗趣空,立依他如幻;如幻更執,遂生二取為徧計執;如幻自然,即二取空為圓成實;是為無住異門說三自性。此三自性皆心境上事,皆相用邊事,但有此施設事、緣生事、實相事,非如幻上更有自性事。是導俗以二空,繩非蛇而所空,麻非繩而能空;豈增語以三性,更八不而增名,復九喻而增相?是故龍樹為取眞而無性,此之無性但無增語,非性全無,以有實性曰無性性。無著為導俗而自性,此之自性但有此事,非主宰有,以無主宰曰性無性。大士婆心,各以方便異門詮空,使人明利了。奚必捨舍義,別滯于文,法苑長悲,執競千古?

佛境,一切智智;菩薩行,則道相智。一切智智何以為佛境耶?一切智智有二相:一,寂滅相,謂一切法皆同一相,寂滅相也;二,徧知相,謂諸行相狀,能表諸法,如實徧知也。菩提涅槃,是稱為佛,佛之知見，一切智智是也。佛之知見依於為境，則無性為性，法界為相。無性為性者，所緣亦無性，行相亦寂靜，增上於正念也。法界為相者，法即法界，法界即法，學法界於法，學法於法界也。

道相智何以為菩薩行耶？能往一切智智為道。道相智者，賅用三智以為其相，行至於一切智智是也。三智者，小果蘊、處、界為一切智，極果一乘畢竟空為一切智智，自果發心至證覺為道相智。發心至證覺有二事：一，諸道般若，統攝三智，法法成佛；二，無相般若，不住有相，除遣一切。自始至竟，念念菩提，曰菩提道。被大功德鎧，任不思議事，曰菩薩道。境以佛道，為頓而總；行以自道，為漸而分，曰菩薩行。行乎自道，曰菩薩行行於道相智也。行相紛繁，漸分為四：曰地前，地上，地滿，地竟。

地前行者：植基在一心，得道在善友。植基在一心者，思惟一切智智念念不忘，死急事來都應遣去，深信成種乃可為基。經所謂圓滿無性為佛，漸證無性為聖，深信無性為賢善士也。經又言：行、引、修三慧，以般若力，破蘊令空是涅槃相，出定住情還念寂相，悟一切空，地前行慧也。不可說有無，言語道斷，則初地引慧。入甚深禪，復以般若破禪與禪緣，又地地修慧也。得道在善友者，與人巧便，方為善友。巧便云者，非諸善根，非諸善法，而佛之知見。親近諸佛，承事善友，種諸善根，而未得聞殊勝方便，終不能得一切智智。初發心人，於佛聖賢及正知處多聞聞持，應深作意。既得巧便，不其戲論，於聲聞道徧學滿已，即以自乘，由三三昧而入正性離生。是之謂地前行。

地上行者：一用小道，二用極道，三用自道。徧學八地，勝智超入，復由諸道漸次修證一切智智。聲聞果向，斷智即菩薩忍，熟情嚴土，不離一切相故。如是馴至八地，則一切智盡，梵行已立，不受後有，是為一用小道。一攝一切，一入一切，菩薩為欲圓滿布施，即於布施中攝受一切而行布施,由此因緣而無二想。一切入攝,與佛無二,故云成佛,是為二用極道。初地至六,配修六度,是有三要。一切智智相應作意也。無實成轉滅入諸法相,無所作能入諸行相也。泯有無想即是順忍,亦是修道,亦是現觀,得自在轉得受記忍,雖得勝果而不取證也。馴盡六地,即出世間,即為無相。七地無相尚有功用,馴七地盡無功用矣,是為三用自道。是之謂地上行。

地滿行者:熟情嚴土,神通大用也。無量無邊,幾佛功德,入大地獄,事十方佛,割濟旁生,饒益餓鬼,燒殿警天,世、出世間,法施微妙,有如是希奇。一法成佛一入一切,法法成佛一切入於一切,雖一切一切而法未盡,尚見行修,故名為行,亦名為漸。菩薩十度,前六自分,後四增勝,方便增施,願增精進,力增禪定,慧增般若。以有增進,方能廣大威德,入佛法身,富樂莊嚴,不沉湎於尼夜摩性。是之謂地滿行。

地竟行者:菩薩行圓滿時,斷一切習,覺一切相,得一切智,幾與佛齊,為究竟行。道相智至此,舉足下足皆如來行,為究竟行。佛與菩薩性本無異,但位不同。金剛道後解脫道生,一刹那頃即成正覺。此刹那頃,出時稱佛,入刹那時,猶稱菩薩行。由本性空而畢竟空,一切一切,已能頓現阿耨多羅三藐三菩提,無須分法,是之謂地竟行。

四行分佈,析佛無遺。求總於分,得頓以漸,諸有智者,譬喻而明。水大周世間,誠不可思議。然設方便,積集觀全。小德曆徧川流,汪洋窮於瀛渤,豈其大量絕無方便推測而知歟?又如帝京千里而遙,神通如壯士,屈伸臂閒即至。未得通人,率履周行,夕露晨霜,時哉不失,豈其佳地達竟無期歟?

佛境,無餘涅槃;菩薩行,則無住涅槃。無餘涅槃者,涅槃寂滅,無餘則二寂滅:一、寂靜寂滅,解脫身能得;一、無損惱寂滅,無量無數廣大甚深,非得法身不能顯現。人惡空無,難語寂滅,迫不得已;略譬萬一。中夜中天,一輪孤月,萬籟俱寂,玉宇無雲,寂照河沙,無品不淨。當此時也,方寸翕然,誰不樂寂,而況乎大道非色,絕對非喻者哉?是則無餘至亟,而菩薩無住,何耶?直追在佛,誠懼落於聲聞。力進在學,又恐湎於無為。故於無餘入遊觀定,非得少為足、證而長居。涅槃八相:盡、善、眞、實、常、我、樂、淨。聲聞唯六:以其得解脫身,盡、善同佛;不得法身,不眞不實。以其得無漏聖道,安樂清淨;不得般若,無我無常。云何為常?有佛無佛,法性常住,法住刊量,入大定窟而非入滅,是故為常。釋迦牟尼,於娑婆國捨一根身,於一燈明入一器界,出沒隱現而非涅槃,是故為常。云何為我?大我有八自在:一,一身多身;二,一微塵身滿三千界;三,滿身過沙界而無障礙;四,一心不動令眾有心;五,一根知六;六,以無所得而得涅槃;七,說一偈義長劫不窮;八,虛空不現令一切見。恣肆淋漓,縱心所欲。若不如是,不能盡未來際、作大功德於無邊也。是故非僅解脫涅槃,而三德涅槃。無住者,必得般若、法身,入一乘道,而無住於解脫涅槃也。八地幾滅,以佛呵斥而圓滿其行。聲聞趣寂,佛惡焦敗而禁人與俱。是故經言:觀空不證,箭箭注栝也。此之謂菩薩行也。

佛境,第一義諦;菩薩行,則二諦。無著釋龍樹論:若說二諦,此如是說,不異世諦,而更別有第一義諦,以一相故謂無相故。以如是義,《中論》偈言:諸佛依二諦,為眾生說法,一以世俗諦,二第一義諦;若人不知此,二諦之義者,彼於佛深法,則不知眞諦。以無自體如,本性空如,此則是諦;一相無相,於此不破,據此而談,諦非無俗,但唯一相,俗不離眞。不二法門,離言默契,曰第一義諦。眾生不知第一義空,方便說教,令俗易了,故曰俗諦。第一義諦但緣總相,俗諦為眾分別令知。是則無言無別之眞,是佛境;言說分別之俗,是菩薩行也。

是則總非一合相,應具多分,說眞中有俗。分出於總相,無非是總,說俗中有眞也。是則三科四諦,無不依於法界眞如,而皆是眞;三科四諦,於依他上二空圓成,而皆是俗也。是則眞不自眞,待俗故眞,即前三眞亦說為俗。俗不自俗,待眞故俗,即後三俗亦名為眞也。說眞說俗,為依他故,為立教故。佛言:心性本淨,而有客塵,是為依他。若破依他:一,惡取空;二,撥無俗諦;三,撥無染淨;四,無後得智;五,無立教地。過失無邊,戕賊胡底,夫安可哉?是故立四眞諦:一,三科;二,四諦;三,二空;四,一眞。立四俗諦:一,瓶盆,瓶盆徧計從能詮說諦;二,三科,緣起實有;三,四諦,為安立諦;四,二空,非安立諦。

佛境,一乘;菩薩行,則三乘。射人先馬,擒賊先王,止有此乘,無二無三,直趨所的,毫不人情,是謂一乘法門。說一乘法,今舉七教:一,《般若》,以無所有破執一三,即畢竟空義。二,《密嚴》,賴耶勝教,內證聖智義。三,《楞伽》,能取所取空,俗諦空義。四,《勝鬘》,說第一義,為法身義。五,《法華》,佛之知見,一切智智義。六,《大法鼓》,如來解脫,則解脫義。七,《大涅槃經》,無上醍醐,是佛性義。種種所說,詮各不同,而皆一味。一味於佛境而已。

今涅槃學,教敘《涅槃》。經云:是經三大義:如來常住,一切眾生皆有佛性,《大般涅槃》說一乘法。以說一乘法故,信則龍女頓成,謗則善星生陷。不可思議,以譬而明。譬如大海眾寶蘊藏故,譬如須彌山眾藥根本故,譬如虛空一切住處故,譬如猛風無能繫縛故,譬如金剛無能破壞故,譬如恒沙無能算數故,譬如帝幢法網無邊故,譬如商主趣涅槃城故,譬如導師引商入海故,譬如日月頓破幽冥故。是應剝皮為紙,刺血為墨,以髓為水,析骨為筆,書寫如是《大涅槃經》。雪山半偈,布施身命,以我熱血,供彼夜叉。而況全經,汪洋曲盡,不可思議者哉?多生難聞,唯此佛境。

是則直趣一乘可矣,而又說菩薩行,而舉三乘何耶?是有五義,豈容矛盾。一,甚深義;二,廣大義;三,眾生根器義;四,出生義;五,緣助義。一一應以經詳。

一,甚深者:經云:大海八不思議,深而無底。或說不得菩提不轉法輪。或說常,或說無常。或說一乘,或說三乘。是故甚深。

二,廣大者:經云:大海八不思議,眾寶所藏。三十七品,聖梵天行,諸善方便,眾生佛性,三乘及佛乘功德,六度與無量定慧,蓄蘊難測,其無津涯。又云:海受眾水,三乘如來所入之處,名大涅槃。三三昧,四禪,八背捨,八勝處,十一切處,隨能攝取如是無量諸善法者,名大涅槃。又云:聽《大涅槃經》,斷一切疑,知法知義。

三,眾生根器者:經為聲聞、緣覺,方便說三。而乘唯是一,教則有三;教唯是一,乘則有三;頓漸二家,諍論不解。以吾觀之,但文字障,義則無殊。乘為行具,乘而行之,以達菩提。教為導引,引而導之,以證正覺。其為循境而行,以期成佛,一而已矣。故雖唯賜白牛,而一雨普被,諸草各別。化城使息,慰彼疲勞。故雖分談五姓,而姓以習成,但種非性;小能迴大,不以格繩。一乘刊定,三乘朝宗。斯無不同,中間小異,何足紛紜。

四,出生義,經云:從牛出乳,從乳出酪,從酪出酥,從生酥出熟酥,從熟酥出醍醐,醍醐最上。佛亦如是,從佛出於十二部經,從十二部經出修多羅,從修多羅出《方等經》,從《方等經》出《般若波羅蜜》,從《般若波羅蜜》出《大涅槃經》,猶如醍醐。雖非生因,而是所出。以出為生,故經又云:因乳生酪,因酪生酥,因生酥得熟酥,因熟酥得醍醐。

五,緣助義:涅槃不從作因有,從了因有。了因即是緣因。眾生為正因,如乳生酪,六波羅蜜為緣因,如軟酵等。然三十七品、六波羅蜜,雖是了因,但涅槃因。無量阿僧祇助菩提法,乃得名為大涅槃因。是故經言:師子大王,安處巘穴,四足據地,晨朝出穴,頻伸欠呿,四向顧望,發聲震吼。為眾生、為破邪、為小悔、為四部不畏,從聖行、梵行、天行窟宅頻伸而出,觀益眾生決定而說,十住菩薩能修三行則師子吼。三行者:五行中三菩薩自乘。五行前一是為病行,為聲聞行;五行後一為嬰兒行,佛與菩薩相共所行。夫道相智者,攝小賅佛,不局於自,全體而行,為菩薩行行于五行者也。病行,在蘊、處、界;聖行,在戒定慧;梵行,慈悲喜捨;天行,十波羅蜜;嬰兒行者,不能來去語言,不知苦樂晝夜父母,不能造作大小諸事,未知正語,但能婆啝,楊葉而止其啼而已。能行五行,乃得十德。何謂十德?一者,知法義,斷疑曲,了三句;二者,得通自在,聞見知勝;三者,捨闡提慈,得如來慈;四者,不逸成佛,福田淨土,滅餘斷緣,淨身無相,離怨離惑;五者,根具不邊地,天愛宿命智;六者,金剛三昧,破一切法;七者,友及三慧,涅槃近因;八者,遠離蘊見,念定菩提,四梵一道,心慧解脫;九者,信直持戒,近友多聞;十者,覺分入寂,說經示性。十德雖非得究竟果,自位圓滿,而得勝進。亦庶乎其不差矣!

說教三

畢竟空義,無所云教。而眾生不知,方便大悲,教乃權立。是故染淨之謂教,是為教中之義。是故五法、三自性、八識、二無我之謂教,是為教中之法。今所詳說,說取捨義,說唯識、唯智、涅槃之學。其五法三性,識及無我,如是諸法,適於其中隨宜而說,不復更詳。捨染取淨,詮以三德涅槃。則捨染義為解脫義,離二障空二取,因之有唯識學。以捨染而取淨義,為般若義,不戲論觀實相,因之有唯智學。

取淨義為法身義,染亦是淨,無非中道,因之有涅槃學。

唯識學云何捨染耶?染生於虛妄分別,若不成立虛妄分別,則繫縛解脫即應皆無。如是便成撥無雜染及清淨失。無修無對治,無教無出期,徧此一法界,皆波旬勢力。是故立量:虛妄分別有,許滅解脫故。謂滅此亂識上二取,得二空所顯眞解脫故。虛妄分別性是依他,成立依他,捨染取淨,教然後立。依他起上,二取是無,是徧計執,猶般若之不其戲論也。依他起上,二空是實,是圓成實,猶涅槃之常、樂、我、淨也。而皆在依他上顯者,三性不離唯識,三界心、心所是虛妄分別故也。

法眞而妄立何耶?此法爾如是也。妄中唯有空,於空亦有妄,《中邊》所談也。似色相續染為依故,若不爾者,非義起義倒不得有,即二障清淨俱不得有,《攝論》所談也。自性清淨心煩惱所染,難可了知也。然《中邊》云:先染後淨,二差別相,是客非主。又云:雖先染後淨,而非轉變成無常失,如水界、金、空,出離客塵,非性轉變也。

唯識學染如何捨染耶?一,多聞熏習,如理作意。等流無漏,聞思所出,仗眞實依,為引發因,十法行句,於斯為重也。二,對治,貪觀不淨,嗔觀慈悲,癡觀緣起,慢則析根,疑復數息。三,伏斷,煩惱見伏在於地前,斷則見道;煩惱修伏,入地乃盡,斷必金剛。所知見伏在於地前,斷則見道;所知修伏,十地乃盡,斷於地漸,於金剛頓。四,離言自性無分別智,起八分別,出生三事,妄依緣事,及見慢事,貪嗔癡事。破徧計執,破惡取空,唯有平等遠離分別,最勝空性廣大勝能。五,四尋四實,尋思在煖頂位,如實在忍法位,必名義空自性差別空,然後入地生如來家。六,善巧相應,三科善巧,乃能馭俗,如是六善巧,十善巧,開合隨情。七,後得智圓,生攝地行究竟瑜伽,圓滿菩提皆後智事,方願力智,輔助六度,徧周法界,亦後智事。八,轉識成智,修十波羅蜜,斷十地粗重,證十種眞如,得二法轉依。無住涅槃四智心品應詳其事。如是八義,為唯識學染得捨事。

唯智學云何以捨染而取淨耶?無義,不義,非義,是捨染義;不異義,即義,平等義,是取淨義。觀一切法自相皆空,無實、無成、無轉、無滅,入諸法相,知一切法無作、無能,入諸行相義。增長覺分熟情嚴土義。以無所得為方便而求一切智智義。實相相應平等平等義。是為捨染而取淨義。既非為捨染,又非唯取淨,則如來藏事應辯而明。一切染淨法種蘊八識中,名曰藏識。闡賴耶義者,曰無漏寄賴耶中轉。闡如來藏義者,曰煩惱客塵纏于藏識。實則染淨諸種子,其聚于藏識中也。種聚於一處,而《楞伽》曰:如來藏藏識者,是淨種所依。《密嚴》云:如來清淨藏,和合於習氣,變現周世間,與無漏相應,雨諸功德法,是也。唯識稱阿賴耶藏識者,能藏,所藏,我愛執藏,是染種所依。《密嚴經》說:變色翳見,生識作業,似色似我,無不依於賴耶而轉。《瑜伽》亦說本轉互生,是也。是則染淨有異,非識有異也。然賴耶詮種亦非唯染,唯識三性中談,分別緣所生,應知且說染分依他,淨分依他亦圓成故。是故《密嚴》以賴耶立教,曰賴耶即密嚴,曰如來清淨藏,世間阿賴耶,如金與指環,展轉無差別。蓋言淨藏賴耶,猶俗諦不異於眞諦故也。隨緣不變,非是眞如,是八淨識。《密嚴經》云:識隨分別種,無思及分別。無處不周徧,見之謂流轉。不死亦不生,本非流轉法。賴耶本無過,過在於末那,無始戲論熏,變境彌世間,意執我我所,思量恒流轉,諸識類差別,各各了自境。賴耶為變熏,復增長餘識,更互以為因,相續而轉生,常無有斷絕,是故應斷七。唯識對治斷,作意在槃七纏縛。唯智迷悟斷,作意在八不隨緣。所趣不同故也。

唯智學何以染捨而淨取耶?一,歸依,通途為三,茲則取一。《涅槃》歸依佛性,《法華》歸依佛見,《密嚴》歸依密嚴,《勝鬘》歸依法身。二,信,佛體是信,皆有佛性,皆有佛體,皆得成佛,性自是佛,但無分別,一往直前。三,住,得無分別,支解不動。四,解行,聞法而覺悟,離文字分別,入三解脫門,是名為得悟。此聞法者,聞阿賴耶即如來藏之淨法也,唯識解行在一引發,唯智解行乃在一悟。五,法相善巧,色心不相應,有為與無為,皆是無分別,不同唯識詮後得智。六,四諦,以四諦而得涅槃,非由苦集滅道諦,非由苦集滅道智,但由平等實性,即是涅槃,苦滅非壞,常住自性而已。七,定,一依無自性,從初發心,歷徧十地無有轉移。八,淨土,密嚴微妙善說賴耶,瑜伽所生勝於極樂。如是八義,為唯智學以捨而得取事。

涅槃學云何取淨耶?取淨者,取於畢竟義也。畢竟義者,常、樂、我、淨之涅槃也。此常、樂、我、淨之涅槃,唯佛為能,而說一切有情皆有佛性則皆作佛,是為一乘法畢竟義。四十九年最後說者,眾生外道四倒,是故最初方便引導,說十二部經無常,而聲聞又四倒,是以最後開權顯實,說此一乘法《大涅槃經》常也。若使眾生早知畢竟空,聲聞能悟畢竟空,則早說一乘法常,不必最後說耳。說一乘法者,說眾生有佛性能得涅槃常也。若是,則佛性義應辯而詳。

成就恒沙佛法名為法身,即具足無邊佛法名為佛性。人有百體如佛法身,胎具人骸如眾佛性,唯見不見判顯不顯,是以異耳。此有法具,亦有人具。

法具者,無明有愛,中間生老病死之苦,是名中道,《寶積》亦說離二邊而處二邊之中,為中道也。以是故十二因緣名為佛性。佛性者,有因有因因,有果有果果,賅徧於一切。因是十二因緣,因因是觀緣智,果是菩提,果果是大涅槃。彼無明因行果,行因識果;則無明亦因,亦因因,識亦果,亦果果。以是十二因緣,不生不滅,非因非果,常恒無變,與佛性同,名為佛性。見一切空,不見一切不空,乃至見無我,不見為我者,不名中道。見空與不空,無常與常,苦之與樂,無我與我,一切平等,是第一義空,名為中道。煩惱即是菩提,香味無非法界,山河大地不現崎嶇,翠竹黃花盡成般若,此之謂畢竟義也。

人具者,上至後身菩薩,下至為一闡提,是為一切有情,佛說皆有佛性。闡提斷善,固無佛性,而言有者,世無眞闡提,佛無決定法,此之謂畢竟義也。說畢竟義,尊極一乘,無別及二。是故乘急,戒亦可緩。能教是乘者,長宿於少年邊,護禁於破戒邊,出家於在家邊,皆如婆羅事火,天奉帝釋,恭敬禮拜,供養捨身。四相說口密般若,身密法身,意密解脫,伊字密藏。四依於昔,法不在人,故唯依法;四依於今,人乃有法,亦依法人。四諦則唯一眞諦。四倒則常、樂、我、淨乃不為邪。歸依不二,中道無二,此之謂一乘畢竟義也。

涅槃學云何取淨耶?見性而已矣。有眼見,有聞見,唯佛眼見,自初發心曆至九地皆為聞見,入地稍見而非了了,最勝微妙猶仗佛聞,故曰聞見。必如何而後見耶?亦戒定慧三學而已矣。

經云:身戒心慧修而後見。若不修身,則不能觀無常怨害,入最初法門。若不修戒,善無梯隥,出生無地。若不修心,狂象無鉤,惡本不制。若不修慧,無明不壞,無漏安生,況能見性?唯見植基,如來於時丁寧重戒,曰持究竟戒,持菩薩戒,為正法戒,為眾生戒,定其三三昧戒,性自能持戒。云何性自能持?持戒為心不悔故,不悔為愛樂故,愛樂為安穩故,安穩為禪定故,禪定為如實知見故,知見為生死過患故,過患為心不著故,不著為解脫故,解脫為大涅槃故,涅槃為常、樂、我、淨故,常、樂、我、淨為不生滅故,不生不滅為見佛性故。如是十三趣赴,由戒而定而慧,以達於見,皆自然得,法性爾故。是故性自能持。經又復云:修定慧捨,得無相涅槃而能見性。定唯一境取色,慧則定中觀常無常,舍於定慧都不見相。

既重戒矣,又何為修定耶? 能知五陰出沒相故也。曰五智三昧,無貪,無過,常念,身意專淨,因果俱樂。曰六事三昧,觀骨,觀慈,覺觀,觀生滅,觀十二緣,阿那波那。如是七覺分,八解脱,九次第定,十一切處。如是空三昧門,金剛三昧,首楞嚴定,無量百千均應修習。

云何修慧? 了知世、出世,總別破,四眞諦,不逸莊嚴自在,惡果善根煩惱。

云何修舍? 定空,慧無願,捨無相,無非詳說三三昧耳。

經又云:修八聖道見性,讀經見性,十二部外聞《涅槃經》,雪山忍辱餘草不同。又云:十法見無相涅槃而見性。信戒近友,寂靜精進,觀諦六念,輭語護法,給伴具慧。又云:菩薩以十法稍稍見性。少欲知足,寂靜精進,止念定慧,解脱贊解,涅槃化生。如是諸義,為涅槃學取淨事。

上來捨染取淨,教中三學,分別而詳,實非圓相。然摩尼以方,各呈其色。水火非一,莫可聚談。既別不淆,便可總說。經云伊字,離亦不得,合亦不得,縱亦不得,横亦不得。一道清淨,離則二三。法相不亂,合相斯淆。一刹那事,縱亦三時。法無高下,横則左右主中。經云:伊字三點,並則不成,縱亦不成,別亦不成,解脱之法,亦非涅槃;如來之身,亦非涅槃;摩訶般若,亦非涅槃;三法各異,亦非涅槃。如是則必一法具三玄,一玄具三要。凡一法上,具性與相:法身為性,唯識為相,相相應於性,厥稱般若,此所謂一法具三玄也。如涅槃二邊,平等平等,無非中道。此之中道,瑜伽分別上非空非不空中道,般若因緣上空假中道,皆邊不執於一,乃玄則具於三。又涅槃寂滅,其寂靜寂滅者解脱,其無損惱寂滅者大悲般若也。如唯識二空所顯,二空則般若無所有,所顯則涅槃無邊德。又唯識說二轉依,菩提是般若果，涅槃是法身果也。如般若實相方便，實相無戲論，則擇滅無為，方便法圓滿，則法身沙界。又般若如來藏，空如來藏則解脫，不空如來藏則法身也，此所謂一玄具三要也。解脫道生剎那證覺，一念般若相應即佛，佛藏出纏即是法身，豈有如來不通一切？夫明星徹悟，唯一毫端。此一毫端，在唯識家言是識，在般若家言是智，在涅槃家言是性。然極位了識，大覺稱智，唯佛見性者。平等平等是佛境界，識智與性，不宥一隅，不離一隅故也。譬如神珠，輝室止塵，百端妙用，而唯是懷中一粒。譬如朗月，徧照三千，陰晴圓缺，而止是中天一輪。作如是觀，或相契有期歟！

復次，般若唯是名，法相又稱相，相無名亦無，何處有分別？唯識唯智學，歸於無分別。法身無分別，直趣於智如。唯識立依他，般若遣徧計，法身即成實。八忌隨七緣，三學要在是，總之教肝髓，在一無分別。我有情理義，情為有主宰，龜毛兔角喻，無即說為無。理為寂滅本，燈滅爐猶存，有即說為有。有我無我二，中道如實說。經云：如來有因緣，故說無我為我，而實無我。雖作是說，無有虛妄。有因緣故，說我為無我，而實有我。為世界故，雖說無我，而無虛妄。佛性無我，如來說我，以是常故。如來是我，而說無我，得自在故。

三昧四

參禪貴在死心，學佛要先肯死。肯死云者，決定一往而已。是故三歸乃曰歸命，八念修於死想。若不如是，任爾六度萬行，如意隨心，三藏十二部，懸河舌辯，而一隙揹於幽隱，知見必留世間。則千仞之堤潰於一蟻，星星之火勢至焚天。若不如是，安能難行苦行，大作功德？捨身飼虎，割肉稱鷹，求得法而斷臂，求弘法而抉明，皆不能辦。

為悅群情，倪倪伈伈，世無拔俗大夫雄。若能如是，則獨往獨來，縱橫上下，世無險巇魔難。徑路雖絕，而風雲可通。若能如是，則何玄不證？一乘畢竟空，涅槃一切智智，斯可問津。堂奧之基也，木之本、水之源也，烏可忽也。既植基本，禪乃可談。曰三十七菩提分三昧，曰三三昧，曰金剛三昧，曰一行三昧。為唯識、唯智及涅槃學，修是四三昧。若論禪定，百千億萬，無不俱修。

菩提分三昧者：菩提是宗，其總猝難。方便修分，有三十七事：曰四念處、四正勤、四如意足，為解脫分最初修事；曰五根、五力，為抉擇分事；曰七覺分，為見道分事；曰八正道，為修道分事。如是菩提分，能總得菩提，其基則在四念處，四事推之至極，則如來事矣。此無著《中邊》義也。龍樹亦言：三十七菩提分法至涅槃城，其根本在四念處也。《涅槃》亦云：我說梵行是三十七助道之法，離三十七品不得三乘果，不證菩提，不見佛性。修集三十七品，入大涅槃常、樂、我、淨。

四念處者：通言觀身不淨，觀受是苦，觀心無常，觀法無我是也。蓋有漏生死身，非常、樂、我、淨，而無常、苦、無我、不淨。無漏法身，即其無常、苦、無我、不淨，而得常、樂、我、淨也。小乘身處不淨五相，生處種子自性自相究竟，而詳於九想觀。小乘受處有漏皆苦，無漏不苦，心不著故，雖是無常，不生憂悲苦惱故，道諦攝故，不離三三昧十六聖行故。小乘心處過未心無，現心去疾不覺受樂，生滅如幻，念念不停無有住時，不得實相。小乘法處法識是心相，非神我相，心則顛倒，顛倒計我，何以不他身中啟我？小乘四念處，有性有共有緣，如《千難品》中詳。小乘四念處三界俱有，其三十七品，初禪都具，未到除喜，二禪除行，中間三、四除喜與行，無色除喜行語業命，有頂除七覺分、八正道分，欲界亦然，此聲聞觀也。

摩訶衍身觀者：觀內身為行厠，緣成身車，識牛牽旋，是身無堅無常，相不可得，不覺無知，如牆壁瓦石，菩薩觀知是身非我身，非他身，不自在，是身身相空，妄緣所生，是身假有，業緣所屬，是身不合散來去生滅依猗，循身觀無我故空，空故無相，無相故無願，緣合所生，緣亦無相，是為觀於實相。

摩訶衍受觀者：觀內受無來去，但妄想生屬先業緣，不在三世，觀知諸受不合散生滅入不生門，不生故無相，無相故不生，如是知已繫心緣中，心不受著亦不依止，入空、無相、無願三解脫門。

摩訶衍心觀者：觀內心三相無實，不在三世，不在內外中間，妄緣合生，外緣內想，強名為心。相不可得，無相無住；無生者，無使生者；無合散三際形對，無我無常無實。性不生滅，是靜，客塵相著名不淨。智者觀生滅不實，不分垢淨，而得清淨，不為塵染。

摩訶衍法觀者：法不在內外中間，不在三世，妄緣合生，無實無主，相不可得，無合無散，如空如幻，性淨不汙，以無所有故，心、心所乃虛誑故。法非一異，緣生無性，是為實空，空故無相，無相故無願，無願故不見法生滅，入無生法忍門。此菩薩觀也。

更有大乘觀法。《大薩遮尼乾子經》：四念處有二義：初義，如般若；二義者，觀身念處是淨義邊，我今因不淨身，故得淨法功德身，得一切眾生樂見身。作是觀已，能淨二行：一者無常，二者是常。觀一切眾生身，畢竟成就諸佛法身；以有法身，得平等心、無分別心，不起諸漏。觀受念處，眾生受苦而起悲心，眾生受樂而起慈心，不苦不樂而起捨心。觀心念處，觀於自身菩提之性不忘不失，正念不亂，如自性相，眾生亦爾；如自心空，眾生亦爾；如自心平等，眾生亦爾。觀法念處，不著常見，不著斷見，行中道見，以法眼觀，不著不失。

三三昧者：經言：菩薩以空無我行相攝心一趣，名空三昧；以寂滅行相攝心一趣，名無相三昧；以苦無常行相攝心一趣，名無願三昧。

聲聞定多,常觀空門;菩薩慧多,常觀無願;如來則定慧平等,常觀無相。又一相無相為空,無實成轉滅入諸法相為無相,無作無能入諸行相為無願。經言:依此三門,能攝一切殊勝善法;離此三門,所應修學殊勝善法不得生長。能學如是三解脫門,亦能學眞如法界三科、四諦、六波羅蜜、無量無邊一切佛法。以三三昧總攝一切妙善法故。龍樹亦言:唯佛一切智智,能達諸法實相,而菩薩以三三昧門,得實相慧,亦無所不通。

三三昧是實法,四念處是方便,行者自三十七品至涅槃城,從三三昧入涅槃門。夫無生法忍,必先以柔順忍而乃無弊,習定趨勢然也。六波羅蜜,般若主也,而必導以五度。三三昧般若也,而必導以三十七品。三十七品亦般若也,而必助以諸禪定法。龍樹有言:入三三昧有二種觀:一者得解觀,二者實觀。實觀者是三十七品。以實觀難得,次第說得解觀。欲界心散亂,當依上界禪定,四梵、八背捨、八勝處、九次第定、十一切處中,試心如御試馬,曲折隨意,然後入陣。得解觀中,心相柔輭,易得實觀,用是實觀,得入三涅槃門;一者空門,觀法我空,緣生無作者無受者;二者無相門,無有實法,但有其相,而男女相、一異相皆不可得;三者無作,既知無相,都無所作。三定是慧,而說三昧者。定得實相,慧不從定來,則狂心發語,又三既三昧,而同慧來者。定不獨生,力不獨作。三昧如王,慧如大臣,君臣共營,行乃得成。空有二行,曰空無我。無相四行,盡滅妙離。無作十行,無常苦集,因緣生道,正與跡到。是三門,於四禪、未至、中間及三無色皆無漏性故,或繫為有漏不繫無漏故。初在欲界,成就其行,在色、無色。

若摩訶衍三三昧者,則不同小。小空生慢,學無相門,滅取空相。於無相中復生戲論,學無作門,不起三業,不求三界生身。大則三三昧是一法門,以行因緣說有三種。法空名空,空中不取相,是時空轉名無相。無相中不應作為,無相轉名無作。不得一時入城三門,直入事辦不須二門,通途更塞由他門入。小空緣苦諦攝五蘊,無相緣一法謂數緣盡,無作緣三諦攝五蘊。大則通緣諸法實相,以是三昧觀諸世間,即是涅槃。佛或一時說於一門,或說三門。見多說空,緣生無性,無性故空,空故見滅。愛說無作,法無常苦,從因緣生,見已厭愛,即得入道。愛見等者,為說無相,男女等相無故斷愛,一異等相無故斷見。菩薩徧學知一切道,故說三門。《分別瑜伽論》:修瑜伽法不離三三昧,有教授二頌。菩薩於定位,觀影唯是心,義想既滅除,審觀唯自想,如是住內心,知所取非有,次能取亦無,後觸無所得。義想滅除為空門,所取非有為無相門,能取非有為無作門。《分別瑜伽》既不得來,修三三昧從《般若》說。又《大乘經莊嚴論》說五現觀伽他,如《攝論》引。

金剛三昧者:最後最上三昧也。念處為初,金剛為終,三昧乃全。夫禍患生於七識,非三昧不能屏除。四惑相應,無明住地,有覆無記,日夜思量,起執計我,七識性也。唯識家言:金剛道後,執種盡淨,二障伏斷,至此乃圓。唯智家言:安住如幻五取蘊中,了知實相修金剛定,住此定中,除如來定一切三昧具能入住,然一切界都無所得,超諸聲聞證入菩薩正性離生。涅槃家言:修大涅槃得金剛三昧。譬如金剛,堅實無比,所擬之處,無不碎壞,而是金剛無有損折。無常無實,破散一切諸法,雖行六度,不見有一眾生。譬如金剛,寶中最勝,摧伏難伏,一切三昧悉來歸屬。譬如金剛,淨見無礙,生滅出沒,如坐四衢,觀諸眾生去來坐臥。譬如金剛,摧破煩惱,終不生念我能壞結。譬如金剛,於一念中,變佛無量,斷沙界惑,一色現多,一音解普。是則研窮三學,金剛三昧,為毀破七識而來。或阻七不擾,或安八不隨,或寂滅而靜,乃知金剛三昧為窮源究委之大定也。得此三昧,近佛乃能,隨順趣向,亦凡夫法,但知空門方便可修,不必定證實相也。無著《金剛論》:如畫金剛形,初後闊,中則狹。是般若中狹者,謂淨心地。初後闊者,謂信行地,如來地也。《般若經》:行、引、修學,初以般若力破蘊令空,入寂相後出住六情,還念寂相知一切空,地前行慧如金剛初濶也。不可說有無,言語道斷,初地引慧如金剛中狹也。入甚深禪,又以般若破禪與禪緣,二地與七地以去,修慧如金剛後濶也。初中後三皆從事摧破,學一切法而學無相,除遣一切是學無相,不住有想是學除遣。是為能破。成實家言:金剛三昧,實唯一空。般若家言:金剛三昧,唯是實相。以一實相,遇法遇行,無不摧破。則修金剛三昧也已。

一行三昧者:菩提非智,煩惱非惑,而實相同。四諦非以諦證,非以智證,而平等得。第一義諦分別都空,一相無相是為定相。塵塵沙界,都現太平,一色一香,無非中道,不將迎於一法,亦不遠離於一法也。於此有疑:金剛三昧,破壞于一切,一行三昧,收容於一切,豈非相反,何可相成?然無疑也,皆無想也。說此無想法,是諸法除遣,即此無想法,亦諸法不背。但能無想,兀兀騰騰,不著一念,瀑流恒轉,揹不相隨,則破壞與收容,無相妨礙歟?於此又疑:四念處定為無常苦與無我空,而一相定則常、樂、我、淨,豈非相反,何可相成?然無疑也,皆實相也。有漏實相,無常苦無我空也;無漏實相,常、樂、我、淨也。一相實相,非常非無常,非凡外常,非聲聞無常也。解脫對治是謂非常,般若實相非常非無常,法身中道一切是常。三德一時,云何相反而不相成?是之謂一行三昧也已。

復次,龍樹有言:小乘修定以定為近門,大乘反以戒慧為其近門。蓋言修定,不可執定於定也。數息觀、不淨觀者,最初修習,佛常為教,佛弟子舍利弗等亦以接群。龍樹有言:是二定者,誠甘露法門也。無著《六門教授習定論》,舉止捨亦至要也。

文字五

文字般若能嫺,而後觀照般若不謬;觀照般若既習,而後實相般若相應。故文字之功,斯為至大。如來贊嘆月夜毗曇,佛弟子從事設界結集是也。文字之研,亦為最始,無著重多聞熏習,般若重十法句義是也。從十二部出修多羅,於是有大小通慧文字。從修多羅出方等經,從方等經出般若波羅蜜,於是有相性二慧文字。從般若波羅蜜出大涅槃,猶如醍醐,於是有究竟極慧文字。

通慧文字,諸學由來,舍此無基,故為俱舍立科。此菩薩行道相智中之一切智也。

二慧文字,因果差別,行乘兩輪,故為瑜伽立科,為般若立科。此菩薩行道相智中之自乘法也,此龍樹、無著學為菩薩行自分學也,此玄奘、羅什諸譯為菩薩行根本文字也。

極慧文字,江漢所趣,一切一味,故為涅槃立科。此菩薩行道相智中之一切智智也。甚矣,畢竟空難知,如來垂迹,夫乃昌言,學者粗鈍,安可驟悉?然佛境菩薩行既已立教,如何佛境,如何菩薩行,不明極慧,一切懵然,自始至終都非全相,舉足下足滯於一隅。所謂媛媛姝姝,一先生談,烏足以談佛法也。

萬派朝宗,先須的認,峰非止境,愈擴愈弘。弗云解耳,將以行證。弗云初耳,種不可誣。是故四科文字,應須悉嫺。初必分詳,繼應融貫。四科闡義,當於別明;四科讀法,應於今敘。

初,俱舍文字科。是科應分三段,以次研讀。初,有部、經部;次,

《俱舍》、《正理》;後,《雜集》、《毗曇》。

且初,有部、經部者:五事分部,曰上座、大眾。大眾由《增一阿含》來,多大乘義,義必分別,如大中道,不執一隅。是故二百年間,即分九部,皆可謂之分別論。有部從《六足》而來,一味和合,三百年初,始有雪山上座。時分別論則勢極盛行,世友惡其不純,建立《發智》,號一切有。崇論如經,方之曰身,《六足》雖師,儕以為足。五百羅漢復為廣論,曰《毗婆沙》,敘一切異己,盡情斥毀,以定一尊。此雖武斷無情,而諸部凋傷,反因此而猶存梗概也。道非決定,心豈畦町,雖三百年犢子、正量相繼敎本,而化地、法藏極端相違,更出飲光,亦難阿順。迨四百年,經量部出,其所諍理,視化地之乖為尤烈也。經量部者,初為譬喻,不遵《發智》而《法句》是崇。童受著書,《喻鬘》、《癡鬘》,幾等《莊嚴》。阿梨跋摩,亦譬喻師,《成實》論義,多符一心也。由譬喻趣進經部,其譬喻之細心一心,同於《攝論》一類師者,難以自存。經部細微,隨界多界,救義以生。既足以破婆沙,又足以啟大乘。此眞部執之最上者也。室利羅多無慚上座,《經部毗婆沙》惜未傳來。更有世親之師曰佛陀蜜,又有世親後出曰婆藪跋摩。作《四諦論》,粗細具詳。蓋始於《出曜經》,終於《四諦論》,研而有系,經部之說思過半矣。是為初段有部、經部也(經部一段,採用呂秋一說十之八九)。

次,《俱舍》、《正理》者:世親朋經部義,破有部執,學《婆沙》於迦溼彌羅,作《俱舍》於建陀羅國。新薩婆多眾賢崛起,救返有部,大破《俱舍》,作《顯宗論》及《正理論》。《顯宗》明目,《正理》破他。西域稱《俱舍》為聰明論,世親則稱《正理》為有思想而為命名曰《順正理》,一斥《雹論》,一云《正理》,度何至哉! 二論諍義,應值鑽研。奘師所聞西域眾說,均授普光,則《光記》其最也。圓暉、遁麟雖有精華,然順有部,不可訓矣。是為中段《俱舍》、《正理》也。

後,《雜集》、《毗曇》者:《雜集》一分救《俱舍》,一分闡法相。其一分救《俱舍》有三義,曰:阿毗達磨,曰組織規模,曰隨順經部。

且初,阿毗達磨者:《俱舍》題名曰《阿毗達磨俱舍論》,《雜集》題名曰《大乘阿毗達磨雜集論》,均為阿毗達磨。以《雜集》一分闡述法相,別之曰大乘,以蘊、處、界廣分別,有三十八種法門,均之曰阿毗達磨。《俱舍》之阿毗達磨,為世親小乘之終,《集論》之阿毗達磨,為無著大乘之始。無著《集論》,固自用阿毗達磨法門,以分別大乘法相也。至安慧《雜集》,則意取大乘法門,以救其阿毗達磨之《俱舍》矣。

組織規模者:安慧救《俱舍》而糅《雜集》,規模針對獨在《發智》。《發智》組式,法則為三科,修則為四諦,凡敘一法,而皆以攝相應成就法,立自簡他。《雜集》三科、四諦,正用《發智》法修,攝相應成就,亦用《發智》工具,但於各門,俱增大義數條而已。至於論品,則作論辯論悉詳,而於因明亦所不離,猶《解深密·成所作品》之用意也。

隨順經部者:此正營救《俱舍》之至意。《雜集》敷義,誠不若《唯識》微妙無疵,《唯識述記》辯論所在,亦不僅數條,披尋自了,不用贅談。《雜集》營救,姑敘三義:世親弟子營救《俱舍》,不獨《雜集》。《光記》所敘,皆從西域師來,最宜用意。

以是三段義,是故此科應讀《婆沙》、《六足》、《出曜》、《成實》及《四諦論》,而終之《正理》、《雜集》,《俱舍》之研,足殿小乘,而業告成。

次,瑜伽文字科。是科宗在捨染,《解深密經》說十一粗重故。宗在捨染,故先須讀《辯中邊論》。《相》、《障》、《眞實》,以染為境;《對治》菩提分,捨染為行;《分位》、《得果》,不淨、淨不淨、清淨,五果、十果、三乘,通以擇滅為果也;獨提般若《無上》大乘,金剛十句,遠離二邊,為《中邊》立論,捨染而直證菩提也。《中邊》熟讀,此科得髓,乃足廣研。應分二門:唯識,法相。法相糅古,唯識創今。法相廣大,唯識精純。顧法相結局,亦必精微而歸諸唯識,故總曰唯識學。唯識學有二要:一滙小,溯部執溝澮入大乘江河,法來有自,法通無衰也。二滙大,統散漫奔流歸汪洋瀛渤,彼惡取空方廣道人無勢也。不研唯識,其心不細,易入歧途;其陋不除,易流儱侗,是故學佛入門,須始唯識。

唯識門者,始研《攝大乘論》,終讀《成唯識論》,中閒開鑰,有《二十唯識》、《百法明門》。

《攝大乘論》,立染污末那,成藏種賴耶,是為創建,以是談《依》;三性緣起,以是談《相》;是為對小之境。無分別《入》、而《因果》、《差別》,十度、十地,依《般若》、《華嚴》;又三學增上,皆對小之行。《斷》從無住,《智》敘三身,又對小之果。古人著書樂說創立,而悉有《阿含》。《攝論》綱目十相,本《阿毗達磨經》;境、行、果三,摹《解深密經》是也。

《攝論》創初,持義未審,《成唯識》義,博大精微。此科大本,淵深挹注,在《成唯識》,故讀斯《論》,應大研求。《論》分相、性、位三段:相以能變、所變、有支三性為詮;性以眞如識性為詮;位以漸次得果為詮。其能變中,五教十理而立八,五教六理而立七,創而有因也。三性依他,以毗曇義敘也。其閒種熏四分,三依四緣,義至多也。最初別破外小我法,學至博也。

此科創立於無著,而光大於世親。世親而後,繼續有陳那,而集成於護法。十大論師,難陀、親勝雖有別立,而勢甚微,唯獨安慧與護法義乖諍至多,厥後清辨亦與護法諍辯尤烈,非復聰慧夙習、陳義能微,而誰堪語是?後有法稱,其學不純,從其說者,種種過生。西域以是而止,東土因以開宗。

奘師學法相於戒賢,學唯識於勝軍。出其門者,厥有二派:一為窺基,百本疏主,現存《述記》、《樞要》、《別鈔》,輔以《法苑義林》而已。靈泰《疏鈔》,智周《演秘》,道邕《義蘊》,如理《義演》,皆此派附庸;而慧沼《慧日論》、《了義燈》,則此派扞城,陳述敵義,猶毗婆沙足存諸家梗概也。一為圓測,籍雖不多,視所對辯,亦知其略。泰賢《學記》,集敘多家,可當讀本。自此而後,微乎渺矣。陳那之《觀所緣緣》、《掌中》、《觀相》,清辨之《掌珍》,鳳毛麟角,此方猶存,以研唯識,至足寶也。

法相門者,略於《雜集》,廣於《瑜伽師地》,中間《五蘊》、《莊嚴》,是其將伯。《雜集》三科四諦,攝相應成就,式雖小用而義則大糅。《瑜伽師地》五分十七地,汪洋廣博,法相之繁縟誰能並?《本地分》境攝九地,行攝六地,果攝二地;《抉擇分》則抉本精華而立新義,瑜伽自分盡於此矣;更解經儀,則曰《釋分》;釋名義,別曰《異門》;釋三藏三學要義,曰《事分》;又因論生論,而廣大之也。《本地》行六地中,菩薩學相最要,《眞實義》外,在《力種姓》,《莊嚴》於是開一為六。《瑜伽》大悲,百十一苦所緣生起;《莊嚴》大悲,三十六偈相用分別。

詳其異處,《瑜伽》糅古不盡,《莊嚴》又踵事增華。抉擇菩薩功德破惡取空,糅《寶積經》十六相義為教授資,引《解深密》全經不遺為研求依,此其心中心要中要也。若夫糅古,觀其所詳,則五分皆有,不獨一二。尋、伺三地,糅《緣起經》。《三摩呬多》,糅《出離經》、《離憂經》、《蕩塵經》、《靜慮經》、《三相思惟經》、《四檢行定經》、《四趣道經》、《四淨勝經》、《五支經》、《心清淨苾芻思惟五相經》、《六出離戒經》、《六境不受想無想經》。《思所成地》,糅《諸伽陀經》。《聲聞地》,糅《師子吼經》、《普賢經》、《難陀經》、《七日經》。《菩薩地》,糅《轉有經》、《無盡意經》。此《本地分》所糅古也。《抉擇・尋伺地》,

糅《出愛經》、《八苦經》、《三士經》。《抉擇・三摩地》,糅《身念處經》、《摩訶俱瑟恥羅地因緣經》、《眠經》。《抉擇・聲聞地》,糅《月喻經》、《伐地迦經》、《乞食清淨經》。《抉擇・菩薩地》,糅《五種過惡經》、《屍佉羅迦經》。此《抉擇分》所糅古也。至若《釋異門事》,彼三分中多糅四《含》。糅古無邊,此唯大略。總之,不熟十二部,不足知《瑜伽》海若之弘;而不嫻《瑜伽》,不足解十二部幽玄之妙。能容而後廣,多集而後大,枯守五分,宥十七地,而曰瑜伽師在是,吾不敢知也。

或曰:《瑜伽》百卷,多文從節,曷讀《顯揚》?然《顯揚》闡教,非節《瑜伽》。《瑜伽》糅古,《顯揚》又糅《瑜伽》。九事四淨義,勝抉擇義,則捨染取淨之所以立教。七種善巧,乃九事中泛應曲當之根。四無倒品,現觀、瑜伽及不思議,又九事中無邊功德之積。糅古立教,九事四相與勝抉擇,名之曰攝。創新樂說,所餘八品,名之曰成。

以《中邊》始,以《顯揚》終,此所謂無著無上學也歟?

三,唯智文字科。是科宗在捨染而取淨。有漏種依淨藏,而七識執取賴耶。無漏種寄染藏,而八識隨緣末那。《密嚴》滅胎藏染生,斷我識害,則七不執取。《密嚴》標如來淨藏,悟無分別,則八不隨緣。實相般若,法法不其戲論,則七不執取。方便般若,念念一切智智,則八不隨緣。此拔本塞源之學,亦即捨染而取淨之教也。嫻唯識後,繼之唯智。從事淨藏,不滯染藏。賴耶不隨緣,得捨染頓義,以是見佛慧之大也。是故學佛升進,應研唯智,龍樹學者,唯智之最上學也。

《龍樹傳》中,敘龍樹學,厥有四分:

一者,《無畏論》十萬頌,《中論》及釋,學之宗主,義之精奧,悉於此詳,是為總《中論》。其支有三:抉二十七品之十二品為入門之徑,曰《十二門論》,補《三相品》中未盡義,曰《七十空論》,漢無藏有。闡《觀緣品》餘義,曰《回諍論》,此一分說,是創立義,是精微義,義明中道,中道是二諦,而歸旨於一相無相。補《中論》缺使之大備者,其唯提婆乎?有《四宗論》而邊見可以包容,舉假實義而二諦更不落虛,其龍樹之三益者乎?

四百論中之《百論》及《廣百論》,此土幸存矣,繼起有羅睺羅,釋八不義以常、樂、我、淨,贊般若義以二十二頌,亦足多也。釋《中論》有八,此土唯來其三。青目本《無畏疏》,是以極純,安慧、清辯如何可及?《般若燈論》,品品最後引大勇猛證畢竟空,餘所不談,俗有眞無之說因是以立,而大異於《中觀》正論。月稱之後,轉展互破,以是膠葛不寧,而《中論》學晦矣。清辨《中觀心論本釋》,《中觀攝義論》,亦彼破瑜伽正異說之書歟?八家之說,佛護、寂護略見引於《燈論》,唯然燈智不詳。

二者,《大智度論》,十萬頌,解《般若經》。《般若經》十六分,前五全敘,中五散出,後六分詮六度,而最後一分詮畢竟空。《智論》所釋,在前五之第二,析為五般若,曰:舍利弗、須菩提、信解、實相、方便。《智論》釋最初《序品》百一十法門,已得三十四卷,以後除經文二十七卷,唯三十九耳。什公云:論十萬頌,若都詳釋,何止千卷?此方根劣,譯十之一,釋經之論,但順文解而已。然方便般若陳義絡繹,猶足資挹,而於《中論》實大有裨。如云先說分別後致之空,如云若不執取佛亦說四緣義,是其例也。若使全譯,所可取者,不更多歟?悲夫福薄,實無可言。此一分說,是糅古義,是廣大義,未見其繼,東土三論,亦不稱四,是何故耶?

三者,《十住毗婆沙論》,五千頌,解《十地經》。今所譯存,但初、二地,已十七卷,若使全譯,無逾百卷,汪洋廣博,《智論》之倫。忍、進、止、觀,修習無路;方、願、力、智,圓滿難知。應發大願,繼述什公。

四者,《菩提資糧論》,五千頌,闡菩提分義。《資糧》其始,《中論》其至,《智論》、《婆沙》又復廣博。其斯為龍樹學也歟?

《密嚴》,是唯識、唯智之通經。詮五法、三自性、八識、二無我之為教,三界輪轉,源於賴耶,與唯識同。然獨尊如來藏,賴耶即密嚴,心境界非真,真為慧境界,悟無分別,生密嚴國,豈非與般若同歟?《密嚴》云:《十地》、《華嚴》等,《大樹》與《神通》,《勝鬘》及餘經,皆從此經出,如是《密嚴經》,一切經中勝。據是,則《華嚴》、《勝鬘》、《楞伽》,皆是通經也。《華嚴》為唯識六經之一,又與《般若》安住一切智智;世親注《十地》,龍樹釋《十住》,地前三方便,十地斷十障,漸次而行布,與唯識同。位位皆成佛,一切入一切,行布而圓融,與般若同。詮根本無所得,詳後得無邊行,總別同異成壞,妙義重重,唯識、唯智之通經決然矣。《勝鬘》詮如來藏自性清淨心而為客塵所染,與唯識同。說滅諦常住,自性清淨離諸煩惱,與般若同。亦唯識、唯智之通經歟?《楞伽》與《密嚴》,皆以五法、三性、八識、無我為教,與唯識同。《楞伽》與《密嚴》,皆詮如來淨藏,與《般若》同。是不亦唯識、唯智之通經乎?

經固有通,學何必封?龍樹、無著,如車兩輪,慎毋惑解經家誤陷迷途可也。

四,涅槃文字科。此科以《大涅槃經》為大本經,說一乘,說常,說佛性。說一乘以《法華》為先導,諸說一乘,舉有七經,如先所說。四教醍醐,亦如先說。如來四十九年說無常義,臨入涅槃,乃說常義,開權顯實,法住是常,如來不滅。常是法身,樂是涅槃,淨是正法,而我則是佛。眾生雖未成佛,而有成佛之性,後必成佛。於是《大師子吼》說眾生皆有佛性,以視《法華》開示悟入佛之知見,得一切智智,更別具以一義也。夫木有其本,然後扶蘇;水有其源,然後江海;人有佛性,然後成佛。是蓋與人以決定義,俾知作佛,更有依據,無所恐懼,斯乃不可不治之經歟？說法以《涅槃》最後，設教以《涅槃》究竟，研學以《涅槃》圓融，文字以《涅槃》美滿。是故學佛畢事，應治《涅槃》。

《涅槃》，遵據世親《涅槃論》，立四句義以讀經：起《哀嘆品》訖《大眾所問》，為法句；起《現病品》訖《高貴德王》，為法行句；《師子吼》為法義句；《迦葉》、《憍陳如》為法用句。最初二品，敘當時事，非四句攝。

法句之法，即常、性、經三。云何得長壽？凡二十三偈，作三十四問；佛就常、性、經三，深微奧義，一一酬答，則法句也。

法行，為五行十德，皆一乘之由來。葛藟庇本，勿傷於斧尋，天豈階升，而通於方便，則法行句也。

法義有二：一，明佛性，辯眼見、聞見；二，明涅槃，修道見性、讀經見性。佛性雖同，見不見異，而聖凡各別，則法義句也。

法用為：一，用根；二，用諍；三，用分別；四，用隨自說，皆如來境界，則法用句也。

此略提綱，若欲詳談，見諸別册。此經以外，有諸附庸：曰《金光明經》，詳法身義；曰《大法鼓經》，詳如來解脫義；曰《大云經》，詳法界義，詳四倒四不倒義。姑舉一二，以例其餘。

《大涅槃經》有四大要：一，戒；二，定；三，修；四，三德相應。戒亦為涅槃，由戒而定而慧，以相應於寂滅。若非為涅槃，則戒可緩，經所謂乘急戒緩也，經所謂為取祕經、戒亦可犯也。定亦為涅槃，金剛三昧、首楞嚴三昧，入無餘、入無相、入大定窟，若非為涅槃，則世界禪定、四禪三空，三界流轉，亦何所為？修亦為涅槃，五行十德，舉足下足，皆涅槃道。《無量義經》四諦十二緣，法猶是也，而義則大異於緣覺、聲聞。若非為涅槃，三學不出生死，亦何異牛狗炙身之苦，一類威儀之拘，邪執邊執之惑歟？三德相應，更為大般涅槃。《經》云：解脫之法，亦非涅槃；如來之身，亦非涅槃；摩訶般若，亦非涅槃。解脫非涅槃者，聲聞無大悲，亦躭寂酒，必眞如出所知障，大悲般若常為輔翼，必如來藏出纏，法身盡未來際作諸功德，乃大涅槃也。法身非涅槃者，佛常非入滅，佛我大自在，必悉佛境無過非尼夜摩性，又必知佛境證空為畢竟全空，乃大涅槃也。般若非涅槃者，有得即煩惱，有證非菩提，必觀縛解都無所得，又必本法界以學一切，乃大涅槃也。

諸學佛人，毋謂侈談凡非聖境，新學菩薩，文字窮源，不數年間，必知梗概。先得佛之知見，念念皆一切智智，則無論何科，所學歸極，滴滴赴壑，法法登峰，豈不懿歟？若不知通，昧於其的，任學何科，都墮隅負。大道自全，得少為足，又如之何其可哉？

復次，四科之外，為論議資，又必學習因明。此學必尊陳那，籍重《理門》，三十三過以研似立，十四類以研似破，皆《理門》所生也。學中藝伎，日研日精，後有作者，必勝於前。月稱而還，應留意焉。

歐陽漸為其子格刻所作文，以抒沉痛，而度苦厄，計《釋教》一卷，連圈計字一萬九千六百八十三個，簽條尾葉，共支國幣一千一百九十元正。

中華民國卅年十二月支那內學院蜀院識

《大般若波羅蜜多經》敘

第一卷

敘曰:應學般若學。般若者,五度之目,萬行之鵠,三世諸佛之所自出。有母然後有子,有般若然後有世間人天、出世聖賢。般若者,智也;智也者,用也;用也者,以空為具,非以空為事也。是故空有二義:非義、不義、無義之空,空亦應空;如義、實義、涅槃義之空,空不必空。般若之相,無住涅槃;般若之行,瑜伽巧便;般若之至,無上菩提。是故應學般若學。以四門敘:一曰五周以敘事,二曰十事以抉擇,三曰諸經之所系,四曰諸家之所明,而以緒言終焉。

五周敘事第一

曰五周以敘事者:《大般若》十六會,初有五會,義海全潮,有統有系。中有五會,河漢江淮,巨流時出。後有六會,六度各六,一度系屬。全豹窺覿,應於初五。初雖五分,文異義同。詳略文異,應為三類:初分為一類,文四百卷,是為極詳;四五為一類,但有四周,而缺方便,世稱小品《道行》四會是也,是為極略;二三為一類,具敘五周,而缺最後方便付囑,然秦譯詳,世稱大品《放光》、《光讚》二會是也,是為酌中,最便研讀。今循二會,按文提系,談五周敘事。

此經五周說般若也。以經名智慧,舍利弗智慧第一,故初周佛詔舍利弗談菩薩智慧,談菩薩二諦,是為最初舍利弗般若。般若多說空義,須菩提好深行空法,又慈念眾生,故次周佛詔須菩提談菩薩三解脫門,談摩訶衍摩訶薩,是為第二須菩提般若。《金剛能斷論》云:欲令佛種不斷者,未成熟菩薩聞多福德於般若起信解,已成熟心入甚深義,已得不輕賤者修多功德不復退轉,已得淨心令大乘久住。本其意義讀索此經。佛以帝釋久聞能記,許與問論,而談般若福德,令初發心咸生信解,是為信解般若,亦為帝釋般若。佛於《中含》為彌勒授菩提記,又於此經為彌勒說菩薩行,菩薩行佛所行,得亦無得,令已成熟入深般若,是為入甚深般若,亦為彌勒般若。合上二事並為一談,應說為第三信解般若。龍樹《緣起論》:此經為說阿鞞跋致相故,為說魔幻魔偽魔事故,為說當來世人供養般若因緣故,佛為顯示種種,令久修人功深不退。是為第四不退轉地般若,亦為實相般若。佛境而菩薩行,菩薩行者,妙于方便,境、行、果三,此周特勝:經之為摩訶衍,人之為摩訶薩,法之為大菩提,亦于此周闡發無餘,是為第五究竟地般若,亦為方便般若。

舍利弗般若一

舍利弗般若者,般若是智慧,智慧一切相應,法中最勝,此經所明,是故應敘在經始。七事敘初,放光集眾,全經之所屬,亦此周之所系。如是說《序品第一》。

大乘義門,三性二諦。三性《楞伽》所詮,二諦則此經詳盡。三性二諦,名異義一,眞攝徧、實,俗即依他,徧計簡盡,成實斯彰。曰不、曰非、曰無,顯第一義。若說功德,則攝俗詮。夫能安住般若者,應以無所得方便,而學三乘無量無邊功德,非空之是歸而菩提是趣,舟車必用用曆山川,是故佛為略敘應學聲聞十種、菩薩九種、如來十三種功德事。若欲成就世、出世無量無邊功德,當學般若波羅蜜。菩提不可至,求方便於空而可至,所謂功勳必賴經猷,作業必資作具,是故佛為略敘世德、佛德九十三種,皆須學於般若事。若能如是,諸天親供,梵行護成。全經之所屬,而此周之所系。如是說《歡喜品第二》。

大法既重揭示,行果應續而談。《觀照品》者,般若之行果相也。行有其二:曰無著行,曰相應行。果有其一:曰授記果。

初,無著行者,以二空故。不見人、法境,不見修般若行,由不見故,不生執著,是為能取空義。人自性空,法自性空,均空故不離不異,不異則無,無一切法相,無生滅染淨相,是為所取空義。所取空故,能取自空,能取空故,但有假名,如是而行,行故無著。是為菩薩般若,以無著故,聲聞但空般若所不能及;以無著故,悲心入空大作功德,聲聞不能;以無著故,行無所得而有方便,聲聞不能。

次,相應行者:一,與空相應;二,不見相應;三,互不相應。與空相應者:蘊、處、界諦支有無為,及與七空,與空相應,法空不二空中無法,應言與般若相應。不見相應者:不見六度三科覺分佛道三解三際諸法相應,不見一切智與如是諸法相應,不著有無倒解,不行諸有所為,如是相應,應言與般若相應,如是智慧,報得五利功不思議。互不相應者:法與法,法與法界,法界與空,三科四諦覺分佛道諸法與空,都不見其更互相應,應言與般若相應。如是相應空應第一,授記不墮嚴土證覺,而亦不見,是為最尊最勝畢竟清淨。此般若相應菩薩,有種種生相,三處來生佛處沒往,得妙方便,雖入靜慮而生佛世,為度有情,生欲界人天梵世睹史,游於一切諸佛國土。此般若相應菩薩,有種種行相,利根頓證,自在入定,三乘度人,速久成佛。為化有情淨業斷趣,一度上首,隨趣擇嚴,相好致愛根利不慢。以其所修不墮惡趣,常作輪王,不離十善,不起罪業。或復淨粗重業,淨菩提道,不著一切眞趣菩提,成勝智,淨五眼,引六通。又復能以互融六度及與四攝,嚴淨一切智、一切相智道,而成正覺。菩薩如是功德,最上最妙。菩薩如是功德智慧,一切聲聞但空智慧所不能及。

授記果者:三百苾芻發無上心,佛記星劫作大幢相佛,六萬天子彌勒授記,一萬有情願生淨土,佛記成佛號莊嚴王。若諸有情般若相應,命終往生,當生東方不動佛國。如是說《觀照品第三》。

般若行果,略說已竟。舍利弗與目犍連、須菩提、大迦葉、富樓那等,合掌同聲,以三十一種名號,稱揚讚歎般若波羅蜜。稱是菩薩最尊最勝,具大勢力,能行無等等六度,疾證菩提,滿足功德,人天應禮。佛言如是。如是說《無等等品第四》。舍利弗般若竟。

須菩提般若二

須菩提般若者:般若以空為用,用於功德。須菩提善空,故此有三門:初,字空般若門;中,字義般若門;後,廣字空般若門。

未談三門,先應有敘。佛和大眾度於一切,答舍利弗問,已放光明。更為餘人,命須菩提說空教誡,放光集會。於時會中,那庾多眾,觀相發願,已悟無生,佛記作佛號覺分華。是為此周開始序分,未入正宗所談三門。如是說《舌根相品第五》。

初,談字空般若門。是門亦三:曰字空,曰功德,曰三解。

字空者何耶?須菩提住空三昧,不見人、法,故一聞佛命教授菩薩,瞿然而驚:云何菩薩?云何般若?佛為述成,菩薩發心乃至佛道,皆畢竟空,都不可得,以如是教即般若教,即所命教菩薩之教,所謂我蘊、處、界、內身外事、三世諸佛皆不可得,譬如夢幻,法假、名假、方便假。不應以四倒三解、寂靜遠離雜染生滅而觀諸法。善達實相一切無著,便益六度入菩薩位。是為第一章,佛自教菩薩概略觀法。

如是空觀,人或猶豫,佛即反問須菩提:若法不空頗有,即離諸法,是菩薩不?頗有諸法,增語四倒三解寂靜遠離雜染生滅,是菩薩不?須菩提入深不疑,直答佛言:法性尚非有,即離增語更何可言?菩薩假人又何可言?佛贊:善哉!應如是學,非但菩薩見不可得,法界與法見亦不得。若入空中,外法不得,心猶可得,則便恐怖,都不可得,更何憂悔?是為第二章,佛命須菩提教誡菩薩概略觀法。如是說《善現品第六》。

功德者何耶?須菩提非惡取空,能作功德而善用其空,乃白佛言:若菩薩欲圓滿六度,當學般若;欲徧知三科、六大、十二支,當學般若;欲永斷三毒結纏等等,當學般若;欲修行禪空諸定、覺分佛道、如是等等,當學般若。初品廣談當學,此亦略說當學。初品欲得而贊,此已聞味而贊。無般若方便法愛頂墮,有二十空觀正性離生。如實知三科、六度、禪空無量不應執,如實知菩提心、無等等心、廣大心不應執。是心非心本性清淨,於一切法無異分別,蘊至菩提應知亦爾。舍利弗言:善哉!善現,離空解脫,涅槃無門,三乘習空,一切善巧。如是說《入離生品第七》。

三解者何耶?此三三昧,小以為住,大以為路;小以為證,大以為行;法一用異,說空是共義,亦是根本義。

初,空解脫,三門詮敘:曰謙讓門,不住門,明體門。

謙讓門者:上品菩薩字不見,云何能說法?此品菩薩字增減不知不得，說法我當有悔。菩薩般若，世法聖法，義無所有，名則無住，亦非不住，非住不住，人、法字空，云何教授教誡菩薩？復以異門破諸名字，所謂和合因緣，二名乃立，夢幻影響但誑耳目，若求一法，實詮二名，徧一切中無處可說，云何教誡教授菩薩？於如是義不驚不怖，未得無生，而已證其阿鞞跋致。

不住門者：法愛難遣，已說重說。法即空故，不應住色乃至菩提，若無善巧，執法住法，不能修滿成一切智。又復不應攝受色至菩提，本性空故，若能以空觀一切法心無所行，是則已得無所攝受三摩地門，作用無邊，聲聞不及。大乘經中種種說空，小乘經中亦種種說空，如勝軍梵志得隨信行，尚能於實相空中都無取捨，何況大乘辦一切業，不能於非相法中而無所著？

明體門者：審諦觀察：何是般若，何名般若，誰之般若，般若何用？於法無所有不可得中無可徵詰，般若乃至一切智智都無所有而不可得，由二十空故。若於空義不驚不怖，便於般若常不舍離。能如實知，法離自性，便於般若常不舍離。自性無性，性相互離，成一切智。無生無成，乃其所成，畢竟清淨，化生度情。如是說《勝軍品第八》。

次，無相解脫。空解脫門，名無所攝受三摩地；無相解脫門，名無所取著三摩地。行無巧便，是行其相，住想勝解，於法加行，不能解脫生老病死、憂悲苦惱，諸有所作，皆不得成。行有巧便，不行於相，倒與不倒，定及非定，寂靜佛道，及其非相，一切不行，法即是空，能成正覺，不取四句，不取不取，作用無邊，聲聞不共，云何不證無上菩提？健行寶印百十五種及餘無量諸三摩地，深入其中皆能證覺，不可執說般若是空、三昧分別，兩不相涉。定、慧與人，三無差別。菩薩入定時，不念證入，不作想解，皆無所有，一切不起，般若氣分，乃在其中。如是無得，是為正學。我及諸法是其無得，無得無為，名畢竟淨。如無所有如是而有,名為學法,愚不能了,名為無明。執著二邊,不離三界,不辦三乘,不信法空,不住六度,於一切法執著有性,是為不學般若,云何能成正覺?必二十空無得方便,然後乃名正學般若。必學般若,然後乃成一切智智。如是說《行相品第九》。

次,無願解脫。一切種智心定相求般若,是為有願有縛。如幻三摩地,無願解脱門。法即是幻,幻無染淨生滅,云何能學般若、能成正覺?於蘊中想立假人、法。亦無染淨生滅,亦不學不成,菩薩若能如是修學,乃為能學般若、能成正覺。幻士五蘊,無性為性,二十空門,不可得故。此如幻三昧,新趣菩薩若有方便,善友攝持,不驚不怖;若無方便,惡魔侵害,有怖有驚。以應智智心,觀無常無我,苦空寂靜,相不可得,於諸聖道一切無著,名有方便。以無得方便,勸人趣菩提,名為善友。離智修法,有得有恃,名無方便。為說六度文頌者造,不為說知魔幻佛形種種嬈擾,令離六度,宣聲聞藏,汝無覺心不退證覺,一切不能,無我我所何用菩提?世無三乘,但樂聲聞,三解速證,涅槃樂易,捨身苦難,一切諸法實有可得,說如是事名為惡魔。如是說《幻喻品第十》。

中,談字義般若門。字空般若破假名字,字義般若不壞假名。非空即了,應續談義。作佛以菩薩始,菩薩以上首極,上首以大乘至,大乘以般若契。佛說法主,始說句義。鶖子善現,智空第一,此經相應,次說句義。富樓那者,轉輪第一,轉大乘輪,於此特最,後說句義。是故此門有四:曰佛說兩句義,曰舍利弗、須菩提說摩訶薩句義,曰滿慈因摩訶薩轉摩訶衍義,曰摩訶衍即般若義。

佛說兩句義何耶?菩提薩埵,二既不生,句於其中,理亦無有,故無句義是菩薩句義。法說難會,喻說易明,十八種喻,喻句義無,非應不應,一相無相,當勤修學,應正覺知。於一切法皆非實有,所謂世善不善、有記無記、出世間法、有漏無漏、有為無為、共與不共、如是諸法,無二無動,是菩薩句義。如是諸法,無分別執著,是菩薩句義,當勤修學,應正覺知。摩訶薩者,三乘聖道,大有情眾,當為上首。由彼已發金剛喻心、勝心、大心、不傾動心、眞樂利心,常於此法,愛樂欣喜,方便住空,修諸聖道,住金剛喻乃至虛空勝三摩地,決定決定,於大有情能為上首,如是說《譬喻品第十一》。

舍利弗、須菩提說摩訶薩句義何耶?舍利弗以巧便說法,令諸有情斷我斷常、蘊、處、界諦乃至涅槃轉法輪見,名摩訶薩。須菩提則以欲證菩提,發無上心、無等等心、不共聲聞心而不取著,異生、聖佛蘊、處、界諦乃至不共,一切不生,無漏平等。而有差別者,但隨俗施,非第一義。以斯義故名摩訶薩。如是說《斷諸見品第十二》。

滿慈因摩訶薩轉摩訶衍義何耶?是亦三段。

第一,滿慈以三事詮摩訶衍:曰被功德鎧,曰發趣大乘,曰乘大乘。

被功德鎧云何?為一切有情修行六度,拔一切有情於菩提涅槃,令一切有情滿無邊聖德,都無選擇,亦無齊限。度各各別力小魔留,度度被六大軍海傾。又復與諸有情回向菩提,不取不得,不著禪定。摩訶薩名,徧十方界。

發趣大乘云何?般舟為父,般若為母,一切聖法般若所攝,般若產生結胎禪定,此談發趣,應禪定始。菩薩修八禪空,起四無量,以無得方便,與諸有情回向菩提,復以一切智智相應作意,大悲為首,依禪空無量,修行六度,及修念住一切聖法,普為有情發趣大乘。摩訶薩名,徧十方界。如是說《六到彼岸品第十三》。

乘大乘云何?以一切智智相應作意,大悲為首,無得為方便。雖乘六度而不得度輪,為遣修故修一切法,菩薩及法但有假名,施設言說不可得故。雖他方聞法，而無佛土想。雖應身隨順，而不離大乘。摩訶衍名，偏十方界。如是說《乘大乘品第十四》。

第二，佛與善現廣演三事。

廣初一事，而有四義：

一者，為有其能義，能六度、覺分、二十空門、十力、三智、化度放光如是等等。

二者，為能如幻義，幻法無實，以是作大輪王六度教眾，於邪惡處示現同事，以是菩提作意，大悲為首，空為方便，普立有情於諸聖法而無所擇。

三者，不被為被義，法相空故功德相空，為空而被鎧，人、法造作不可得故功德不可得，為不可得而被鎧。

四者，無縛無解為被義，諸法本來無有，遠離寂靜，無生滅染淨，是故十喻三時、善世有漏、諸五蘊等，無縛無解，是故一切六度、二十空門、覺分、十力、菩薩行、一切智、眞如、菩薩有為、無為，無縛無解。

如是微妙，以無所得而為方便，應如實知，應勤修學，應熟其情，應嚴其土，常不遠離如是聖德，常作如是法事，是為被無縛無解大乘功德鎧。如是說《無縛解品第十五》。

廣次二事，而有五義：

一者，大乘相。謂以一切智智相應作意，大悲為首，無得為方便，自行他行六波羅蜜，回向菩提，謂本性自爾，非常非壞二十空門，謂稀有微妙一百十三勝三摩地。如是說《三摩地品第十六》。又，大乘相者，無得為方便，修四念住至八聖道、三解、十一智、三根、三尋伺、十念、九次定、十力、四無畏、無礙不共、陀羅尼門。如是說《念住品第十七》。

二者，大乘發趣。修行六度，從一地趣一地，無所從來，亦無所趣，不恃不思維，而不見彼地，是為大乘發趣。初地十業，二地八業，三地五業，四地、五地皆為十業，六地六業而有二種，七地為業而有二十，八地、九地皆為四業，十地後業，與佛無別。如是說《修治地品第十八》。

三者，大乘出至。大乘從三界中出，至一切智智中住。然乘與智二，非應不應，一相無相，過未今時，何出何住？若令無相而有出住，是則法界空，乃至一切法空，亦應出住。然自性空而無出住，是故以世諦故而說出住，以無二方便故實無出住。

四者，大乘所住。諸法住處不可得故，大乘以無得為方便，都無所住。法界乃至無為自性空故，破有非住，世諦非不住，大乘以無二為方便，住無所住。

五者，誰乘是出？我乃至見者不可得，法界乃至無為不可得，非已得今得當得，畢竟淨故。大乘亦爾，無乘大乘而出住者。然無所得而為方便，乘於大乘，從三界生死中出，至一切智智中住，窮未來際利樂有情。如是說《出住品第十九》。

第三，佛成善現五贊：

一者，超勝於一切。若三界乃至十八界，是眞非妄，無異不倒，是實是諦，如所有性常恒無變，有實性者，若法界乃至轉法輪是為實有非非有者，則此大乘非尊勝上妙，不能超勝世間天人阿素洛等。以不然故，超勝於一切。如是說《超勝品第二十》。

二者，乘等於虛空。譬如虛空，東西南北、四維上下，皆不可得；又如虛空，長短高下、方圓邪正，皆不可得；有如是喻二十五事。

三者，空普容有情。有情、虛空、大乘，三事遍無所有，三事遍無量無數無邊。有情、虛空、大乘、無量、無數、無邊，六事遍無所有，以無所有容無所有故。如是我乃至見者，六事遍無所有，如是我乃至見者遍至一切相智，又六事遍無所有。以是一切，皆無所有不可得，故說大乘普能容受無量無數無邊有情。

四者，空無去來住。一切法無來去住，一切法本性眞如，自性自相無來去住，若動若住不可得故，由此因緣，大乘無來去住可見，猶如虚空。

五者，空無前中後三世，三世平等超出，菩薩、大乘諸如是等，一切皆空，空無差別之相，是故大乘於一切相，俱不可得。三世一切法空，空中空尚不可得，何況空中有三世一切法可得？三際法平等，平等中平等性尚不可得，何況平等中有三際法可得？三世諸佛，乘是大乘，得一切智。如是說《無所有品第二十一》。

摩訶衍即般若義，何耶？一切善法菩提分法，聲聞、獨覺、菩薩、如來諸出世法，無不攝入甚深般若，非應不應，一相無相。故說大乘於說般若，了無違越，乘於般若及於一切，都無有異，性無二故，名異義一故。如是說《隨順品第二十二》。

後，廣字空般若門。須菩提常樂說空，常以空門利益眾生。是故贊字義已，復廣字空。是門有二：曰無邊際，曰遠離。

無邊際何耶？初，以十二事廣人空；次，以觀法不生不二，廣法空。初，十二事者：

一者，有情及法，無所有空，遠離無自性，無二無二處；是故三際菩薩，無所有不可得。

二者，一切法性空，三際不可得，說如虚空，是故法無邊際，菩薩無邊際。

三者，法非法；法非法性空；空中法非法，無所有不可得，是故即法、離法、無所有不可得；菩薩無所有不可得。

四者，法法性空，法於法無所有不可得；是故於一切法，以種處時,求諸菩薩,不見無得,云何令以般若教誡菩薩?

五者,法非名,名非法,非合非散,性空假設,一切法名,唯客所攝,是故說諸菩薩但有假名,都無自性。

六者,我至見者色及三乘,畢竟無所有不可得,云何有生?是故我至見者,畢竟不生,但有假名,都無自性。

七者,和合性空,法無合性;法自性盡,非常無去;法本性爾,非常不滅;是故亦說諸法畢竟不生,但有假名,都無自性。

八者,一切諸法本性不生,非所作所起故,作者、起者不可得故,是故蘊乃至乘一切諸法,畢竟不生。

九者,法本性空,不可施設生滅住異,是故說畢竟不生,則不名蘊乃至名乘。

十者,畢竟不生即般若菩薩,菩薩般若即畢竟不生,無二無二處,是故說我豈能以畢竟不生般若,教誡畢竟不生菩薩?

十一者,不見離畢竟不生有般若菩薩及一切法,般若菩薩一切法與畢竟不生無二無二處,是故說離畢竟不生亦無菩薩能行菩提。

十二者,見法如幻現有無實,聞空生喜,是故說菩薩說不驚不怖能行般若。次,觀法不生不二者、菩薩觀察諸法,於法無受取住著,亦不施設為我者,不見法故。不見法者何?法性空無生滅故。法不生不滅即非法,以法與不生,無二無二處,非一二多別故。法不二即非法,法入無二法數。如是說《無邊際品第二十三》。

遠離何耶?初,以異門廣不生不二;次,明淨菩提道。異門廣不生不二者:上破一異等生名無生,今破眼色有無等二名不二;上無生自相空,今不二是散空;以是異門故。云何菩薩?勤求菩提,利樂有情,具如實見,徧知法相,而無所執,是名菩薩。云何般若?有勝妙慧,遠有所離,遠有所到,是名般若。云何觀察諸法?法非四倒三解寂靜遠離,非不四倒三解寂靜遠離,是名觀察。云何法不生不滅即非法?法,法性空,性空中無生無滅,無一切法故。云何法不二即非法?若法不二,非應不應,一相無相故。云何法入無二法數?法不異無生,無生不異法故。

復次,菩薩觀察諸法,見法無生,畢竟淨故。此法不生,而能勤修得果,證覺轉輪者,非我於彼無生法中,見有六趣三乘,亦非菩薩見苦,起苦想而行苦,一切人、法皆不可得故。我不欲以生無生法有所證得,但隨俗設有得、有現觀、有三乘聖果、有業果熟染淨故。我不欲令未生已生生,自性空故。我不欲令生與不生生,生與不生,非應不應,一相無相故。如是於不生法,有樂辨說,亦非應不應,一相無相故。如是於不生法,起不生言,此法及言,亦無生義,能說所說及聽說者,亦無生義,本性空故。是故不著一切法,于法得自在,善能酬答,諸法性空,內外中間本無依故。淨菩提道者:菩薩修度,應淨諸法菩提道。若以世間有得修,是實不淨;能以出世空輪修,乃名清淨。淨道以無量功德聚成,無量功德聚以般若勢力成。所謂般若善法母,三乘從彼生,三乘人所住,三世佛所行。然菩薩聞般若,心不疑悶,於無所得住大悲作意,與諸異生,於如是住及此作意,等無差別。何以故?住及作意,與諸有情及一切法,皆非有無實,無自性空,遠離寂靜,無覺知故。善現說法已,佛贊:善哉!若欲說法,應如汝說;若學般若,應如汝學;隨汝說學,速證菩提,轉輪度眾。於時三千大動,十方世界同說般若,無數天人阿素洛等得無生忍,無邊有情發正覺心。如是說《遠離品第二十四》。須菩提般若竟。

第二卷

信解般若三

信解般若者。《阿含》:帝釋是須陀洹,龍樹則謂是大菩薩,是為法位之始。《阿含》:彌勒授記補處,是為法位之終。位既始終,說亦始終,始修般若未成熟者,必使信解;既已成熟,求畢竟者,使入甚深。信解以歆福而起,入深以隨喜回向而大,以無相隨回而住。然龍樹有言:說功德故以白衣證。白衣帝釋大;說般若故以出家證,出家舍利弗、須菩提大。是故此周將談功德,鶖子、善現以三解脫先談其體。帝釋諸天校量勝利,正談其用。然龍樹又言:佛命善現教誡教授,中閒帝釋多說功德,彌勒順意,還欲返本深談般若。是故此周雖談功德,彌勒現時法會,演無相隨回,將來下生說無縛無解,皆以甚深法義,為已成熟者,繼功德而談故。應析此周為四大門:曰三解脫門,曰校量功德門,曰甚深義門,曰大讚歎門。

曰三解脫門者:諸天集會,蔽于常光,暨乎會終,多門讚歎,非正宗攝,終始宛然。

今談正宗。此周正宗,功德校量。誰之功德,三解之功德;誰與誰校量,三解與諸行校量。故應先談三解,後談功德校量。

如幻義是無願義。然帝釋三問:何謂者問般若體,體是空解;應住者問深入究竟住,究竟住是無相解;應學者問初入方便行,方便行是無願解。則又而空,而無相,然後乃能及於無願。

體是空解者:唯利根人直聞頓悟,若欲普度鈍根,則教發一切智心。以無得方便,先於諸法思惟四事、八事、十四事,方於諸法思惟寂靜遠離,無生滅染淨作為。作如是觀,唯有諸法互潤增圓,計我、我所,菩提回向互不合得,如實都無,菩提回向心皆非心。心與非心,四句回向,都所不應,非心即是不可思議,不可思議即是非心,二俱無有,無所有中無回向義。心無自性,無回向心義。若作是觀,是謂菩薩般若波羅蜜。

究竟住是無相解者:法法空,人人空,無二無二處,應如是住。不應住法;不應住此是法;不應住法於常、樂、我、淨、寂靜遠離及彼皆非;不應住果於有為所顯、無為所顯;不應住沙門是福田、菩薩遞十地;不應住初發心已,念我當修、當圓、當證;已得修已,念我當遞證修滿;不應念我速成正覺,作諸功德;以如是住,有所得故。如來之心,於一切法都無所住,亦非不住。此應住不應住法,如幻如夢,汝等天子當何所解?此法法性亦非深妙,施設不及,文字皆離。如是說《帝釋品第二十五》。

方便行是無願解者:畢竟深法無解非妙,說聽亦無,初入方便,茫乎無涯,諸天於是益疑:為何等有情,說何等法?善現乃言:為幻有情,說如幻法,設更有法勝涅槃者,我亦說為如幻如化。必四種人,乃堪信受:一,不退菩薩;二,願滿羅漢;三,植眾德本;四,善友所攝。若有善友,凡初亦能,以如是人、法空不別,能信所信,都無顯示,是故能入。然復廣說三乘神通妙辯者,仍於一切法中,以無所得而為方便,由二十空故,如是說《信受品第二十六》。

無生義是空義。天喜般若,化華設供,善現心念:華非樹生。帝釋旋難:華既無生,不應計樹。善現反詰:既了無生,何華不華?帝遂折伏,問:但華無,諸法亦無?善現即言:一切不生,不生非法。善現不壞假名而說實相,法與所說俱無違順,是為善說無生義者。菩薩若知法但假名,不於法學。不見諸法可於中學。法法空故不見,不見故不學。不可法空,見於法空故。不可法空,於法空學。不於空學,方為空學。不於法空學,方為法空學。以無二為方便,於一切法學。無量不思議佛法,一切能學。不為法增減故學。不為攝受壞滅法故學。能所內外空故,不見有法可攝受壞滅,有人能攝受壞滅故,以不攝受壞滅方便,成一切智智,不見法生滅取捨染淨增減故,法性無有不可得故。

不即不離義是無相義。舍利子依持佛力,答帝:求般若當於善現說中求者,佛無依持,隨俗說有,是中非即非離此三,謂:一,無依持;二,無依持眞如;三,無依持法性。而可得此三,謂:一,如來;二,如來眞如;三,如來法性。又是中非即非離此三,謂:一,色等;二,色等眞如;三,色法性。而可得此三,謂:一,如來;二,如來眞如;三,如來法性。又三,於即離色等非應不應,謂:一,如來;二,如來眞如;三,如來法性。非即與離,非應不應,無依為依,即其所依。復次,舍利子答帝:求般若,不應即法離法求者,般若於法於求,非應不應,一相無相。般若於法、於法眞如、於法法性,固非所即,亦非所離。

善現說三解脫已。帝釋三贊之:般若波羅蜜,是大波羅蜜,是無量波羅蜜,是無邊波羅蜜。法已必贊,此經通義,如是三贊,後品綦詳,如是說《散華品二十七》。

曰功德校量門者:此門是此周正談,曰功德之談,曰校量之談。

功德之談有三:曰授記,曰現法勝利,曰現未勝利。

云何授記?天贊善現:般若無得,而有三乘施設。佛因詳談,乘與聖行非即非離,有能無得而行聖行者,應禮如佛。我昔掩泥蓮供,聞妙然燈。方便為無,不離聖行,菩提授記,號釋迦牟尼。業已現前,佛宣般若,度無量眾。

云何現法勝利?佛觀四眾,而命天帝:若諸天於此般若智心方便,行十法行,有四勝利,爾等應禮。以能三解故,魔不嬈害;以能慈故,人非人等不能嬈害;以能施故,惡緣横死,一切都無;以能空故,曠野險難,不驚毛豎。諸天酬佛。由是菩薩令世永離災兵惡趣,令世便有三乘聖法、三界豪貴、三寶福田,故應禮護,不令災侵。佛為校福,供一初發心勝無量聲聞,以佛不出聲聞故。如是說《授記品第二十八》。

云何現未勝利?上說現法勝利已,帝贊稀有,是能承事諸佛,十二圓滿,至無佛土,三乘度生。佛乃為帝說現未勝利。於此般若,行十法行,魔欲破法,適受其殃,拔眾淪迷,令修六度,當來不久,證覺轉輪,是為現未勝利。又魔但起心,反為所轉,莫耆威勢,驅去饑蛇,能滅諸見及諸法著,天護息災,佛被增善。自能離修,亦教他能。計念當來不行六度,不免卑劣,何況修圓,是為現未勝利。如是勝利,若無方便,行世六度,便起高心,不回種智。若復三輪體空,出世行度,高心乃伏,種智斯回。如是說《攝受品第二十九》。

校量之談有三:曰窣堵波校,曰設利羅校,曰異門校。

窣堵波校者:初說勝利而校,中因實證旁及其餘,後復續說勝利。初,說勝利而校者:一校,三贊,六勸。

行十法行,安樂無惱,戰陣不傷,毒害不及,隨所居處,人及非人,災横疾疫,一切都無,八部天龍,恭敬呵護。或書供養,或載身囊,吉祥安穩,尊重遺經,有如是勝利。夫悲深福眾,舍利斯留,作佛因緣,基於念處,三寶繫世福田,何獨揖推深典?誠以種智相好,根本乃在遺經,般若菩提,根本非於遺體,是故莊嚴經典,起窣堵波,二福校量,前多於後,是為一校。

然此三千,不能修道,少分住地,多退聲聞,般若不能,遑談餘德?以無敬怡,福易而難,是故佛與帝天,為諸世間,歆動因緣,殷勤三贊:

第一佛贊,第二帝贊,第三天贊。從一七寶,至三千大千,不及供經無量無邊,是為第一佛贊。恒沙有情,滿界經劫,起窣堵波,不及行十法行供養寫經無邊無量。諸法總藏,三乘法印,除此般若,誰則能然?是為第二帝贊。如是說《窣堵波品第三十》。

帝非智人,或疑其說,佛亟印成,更為推演。如是說《福生品第三十一》。

第三天贊者:三千大千所有諸天,同聲白帝:是般若法,益天損魔,不斷寶種,獲聖果行,應於是經,受持讀誦,精勤修學,如理思惟,尊重讚歎。是為三贊。

既因三贊,又復六勸。佛告帝釋,應十法行,無邊勝利:一,惡魔息爭;二,衰時心泰;三,經耳證覺,咒王攝徧,如月資星;四,毒病不傷,除先定業;五,官事不遣,王臣問訊;六,隨所生處,見佛聞法。故應行十法行,恭敬供養,是為六勸。如是說《功德品第三十二》。

中,因實證旁及其餘者:一,談實證。於時會上,梵來求短魔軍奮威,帝誦深經,一時沒隱。般若威力,除暗發光,若有行人,應禮如佛。種智於般若求,般若亦於種智求,種智、般若,無二無二處。如是說《外道品第三十三》。二,旁及其餘。說此般若,與餘五度,乃至不共,為尊為導。必回種智而修施等,乃名眞學。必能方便無二無得,乃許能回。由般若能回種智,由種智令法究竟,般若與法,為所依止,為能建立故。

後,復續說勝利者:功德未已,應知即佛,殊勝五蘊,非聲聞能,以故種種勝利不可窮詰。以智智心無得方便,行十法行,天來受教,助力宣揚,為驅遮障,魔不成軍,難不勝立,常無驚怖。聖凡愛護,廣成眾德,降伏異冤。夫敬經護經,皆為有情,是以經處時有天來。宿業現輕,除玆無惱,香樂光明,足驗聖臨。故應經在七寶莊嚴。若復繫想不移，寢應好夢，或見光明，或聞奧妙。此方他國，佛事紛綸。又復為佛悲護，身便心微，即但書嚴，亦勝嚴塔。是為說《天來品三十四》。

設利羅校者：佛設利羅以般若熏，乃能受供，帝答佛徵，於此二分，寧供深法。如實般若，不與種智，不舍雜染，不隨二行，一相無相，精勤修學，必證菩提。應禮深經，如凜帝座。誦憶契心，無諸怖異，相狀言說，一切都無，決不墮趣，及退聲聞。故設利羅校此寫經。寧供經卷，從一佛宣十二分教，乃至十方恒沙佛化，所有功德，與十法行平等無異。佛設利羅依於般若，如負債依王，逕直依王，寧依負債。又如神珠卻無量苦，是故足重。佛設利羅，般若熏故，聖法依故，是故亦重。供養《般若》，已見法身，亦為已供舍利色身，為見二身，應以有為、無為二種法性，修觀佛隨念。般若秘藏，皆由世俗，廣說三乘，是故應以般若為尊為導，修一切法圓滿。然施他校自福為多，已成佛來，還依而住，是等深義，如應須知。如是說《設利羅品第三十五》。

異門校者：先以行校。十善、八定及與五通。由瞻部洲至一切界，盡化有情，福校般若，遠非所及，般若祕藏，廣說無漏，如理思惟，攝一切法故。又復教他解義，勝自思惟，巧文開演，勝於實說。無得宣示，勝有所得；有得不圓，無得能滿；有得相似，無得方眞。

後以果校。四沙門果，發心不退。直趣菩提，得不退轉，由瞻部洲至一切界，盡化有情，福校般若，遠非所及。又復教一人不退，勝瞻州趣覺；成一人拔眾，勝瞻州不退。藉所說法故，求速證覺故，大悲深切故。帝釋，佛聖弟子，利樂有情，應作事已，善現贊之。如是說《經文品第三十六》。

曰甚深義門者：一，彌勒表甚深，有無相隨回義；二，舍利弗、須菩提表甚深，有住義、引發義、信解義、清淨義。彌勒表甚深者：必入甚深，信解乃固。菩薩心緣，勝諸聲聞無邊勤勇。隨喜以勞力，回向以登極,巧便不可階,更復無相;無相者,觀行之究竟也。是為彌勒所表甚深義。二乘為自,調伏涅槃;菩薩為他,隨喜回向。但是所取心,無是所緣事。既無其事,而非想倒、心倒、見倒者。久修菩薩非二不二、自相皆空,如實知心與所緣事盡滅離變,以無二心,俱時而起,能隨所隨、能向所向,皆不可得。而復有能回向菩提,故無三倒。新學菩薩,若得善友令入離生,或復未入令不離法,令不怖魔,令不離佛,聞如是教而不驚疑,隨其所修習,與其所普隨,皆共有情回向正覺而不起想,則亦不墮三倒。普隨者,全佛功德、全弟子德、全世界德,集合於一,而皆隨喜也。應如實知福離諸法,法離自性,一切無得,隨向菩提。若作是解,雖不取相而所作成。欲成所作,應學般若,如是而回,則為取相如雜毒食。如諸如來通達善根,有是性相而可隨喜,我亦隨喜;如諸如來通達福業,應以如是回向菩提,我亦回向。不墮三界,不攝三際,自性皆空,乃不雜毒。三千大千,十善四果,趣無上覺,福遜無著,隨喜回向,不可稱計。天讚佛讚,有得無得,長言校量。如是說《隨喜回向品第三十七》。

舍利弗表甚深者:彌勒隨回甚深,無量大利群生。鶖子雖復漏盡寂離,而亦歡欣,多方讚歎。讚已發問:為果而致修,應問所住;何因而得入,應問引發。得聞法已,應生信解;信解已生,畢竟清淨。是為舍利弗表甚深義住義者。一切聖法,般若所生,般若即佛。應住般若,如住大師;應禮般若,如禮大師。

引發義者:五度生盲,般若前導。雖復互攝,能到智城,然具大力巧便速圓,應尊般若。不為引發一切諸法,是即名為引發般若,法無自性故。不與一切諸法和合,是即名為引發般若,法不可得故。遠離般若,有是二種:一,執與法合與不合;二,起是想無所有者,非實無堅,亦不自在。是故應信般若,不應信法。如是般若是大波羅蜜,於一切法,不作種種大小、集散、量與非量、廣狹、强弱。新學菩薩,於此不作,不隨四句,便眞是行。人、法無生,般若無生,無性無有,空不可得,不可思議,無壞無知,力不成就,故說般若是大波羅蜜。如是說《大師品第三十八》。

信解義者:菩薩從於十方法會來生此間,多劫勤修,了知法純,無二無得,無見無聞,以是信解,生於久學。有初發心,能甚深法,亦能其餘,常不離法,常不離佛。有多見佛,而修有相,由宿習力,聞說甚深,棄捨而去,以是信解,非於久修。棄法不聞,便生毁謗,墮入三塗,多劫多方,不能窮盡,其罪之重,重五無間,若悉形量,噴血命終。是等謗法,由有四緣:一,邪魔所扇;二,不解深理;三,受惡友攝;四,自高蔑彼。惡友斷慧,信解尤難。諸法甚深,無縛無解,無所有性以為自性,諸法清淨與果清淨、般若清淨、互攝清淨,無二無別,無壞無斷。惡友不淨,淨不相應,是故信解尤難。如是說《地獄品第三十九》。

清淨義者,是義四法明:曰畢竟淨,曰無執著,曰如虛空,曰徧十方三世佛說。

畢竟淨者:自性清淨,入法初門,畢竟清淨,無餘證得。舍利弗發稀有心,說淨甚深,如是所說,有十二事。須菩提說我淨、法淨,如是所說,有其五事。佛過彼見淨無所著、淨體亦不著,曰畢淨竟。菩薩了畢竟淨,成道相智,法不知法住正定聚。無執著者:若有巧便,不轉二想,我能行證如是行證,達十八空,故無所執著。若無巧便,起種種想,便知執著。應勸有情,忘其所能,自他無損,乃離執著。更有微細念取佛相、隨喜無漏、共向菩提,皆虛妄故,亦名執著。知法無證、無性、無作,遠離執著。無著般若,不可思議,離相不生,亦無造作,是故難了。如是說《清淨品第四十》。

如虛空者:虛空無著,若不行法,不行法倒、法滿、法執及與非倒、非滿、非執，是行般若。尚不見法，況倒滿執非倒滿執，是為無著。菩薩於此說與不說、修與不修，俱無增減，如空般若，而勤學不退，是為難事。又復為此如空有情修一切法，甚為稀有，爾等諸天應深敬禮。然此般若雖非其有，而亦非無。應如虛空如是而學，應如虛空如是而護。知法如幻，而不執法是幻、由幻、屬幻、依幻。徧十方三世佛說者，諸天神力，遙見東方南西北方四維上下，皆說般若，善現上首，帝釋問難。佛智見後，慈氏下生，亦如是說，非倒不倒，非縛非脫，非過現未，證畢竟淨，說畢竟淨故。無生故法淨，法淨故般若淨。無生故虛空淨，虛空淨故般若淨。法與虛空，不可取故無染，無染故般若淨。一切法無生滅、染淨，畢竟淨故，般若清淨。

曰大讚歎門者。善現讚歎：行十法行，身泰天護，六齋日宣，諸天集聽，獲無量德。如是般若，解苦施樂，是大珍寶。如是般若，開示聖法，入位證眞，名大寶藏。此大寶藏，不說少法生滅、染淨及與取捨，不說此法即是此法，名無所得大法寶藏。此大寶藏，不說妙法是能染污，亦無少法能染般若，名無染污大法寶藏。如是般若，有能善修，無相無慢，疾證菩提，般若於法不與不捨，有佛無佛，法性常住，而非有作。彼天唱言：轉第二輪者，而非轉輪。人、法般若，皆自性空，不為轉還出現斯世。然諸菩薩通達法空，而依般若證覺，轉輪度無量眾。雖證菩提，而無所證；雖轉法輪，而無所轉；雖度有情，而無所度。一切都無，標幟名言，皆不可得，是故般若名大波羅蜜。如是說《無標幟品第四十一》。

善現讚大波羅蜜已。遂以智慧入種種法門，如海無邊，縱言大讚：如是般若是無邊波羅蜜，如是般若是平等波羅蜜，以如是等波羅蜜多，徧讚般若。如是說《不可得品第四十二》。

三十一讚《舍利弗般若》竟。九十一讚《信解般若》竟。

實相般若四

實相般若者,《瑜伽·菩薩地·菩提分》持以三門敘:曰所學處,曰能學人,曰如是學,相應如理,曲盡其致。《般若》、《瑜伽》,等一以視,彼菩提分,此實相義,固應等一。是故此周三門讀文:曰所學處,曰能學人,曰如是學。

初,說所學處。體是所處,般若以用為體,生之謂用,子以母生,般若者,諸佛之母也。學處正談,應談母生,然欲暢生,應祛留難,留難不來,應根信解。是故此門,雖為實相以談母生。而事以序從,應如是讀:初,信解,次,留難,後,母生。

且初,信解者:一周開始,或集眾放光,或讚德勸學。此談信解,帝釋、鶖子俱讚久修,禮十法行。佛可其說,一切出生,唯般若能,若欲成就十種果行,當學般若波羅蜜多。是為序分勸學。

般若於法不住不習,可住可習不可得故。般若於法非住習非不住習,三際不可得故。甚深難測無量法,眞如如是,般若如是,不行法如是,是行般若。法如是,非法故是,故信解極難,非於新學,乃在授記。牧野近都,無山近海,春華近果,孕重近孳,信解之人,受記近覺,未記近受。如來甚奇,攝受付囑,是諸菩薩四攝攝生,自修諸法,亦教他修,教沙門果而不自證。菩薩甚奇,成就圓滿大功德聚,法無性相,不作不轉,虛妄不實,無覺離我,修般若時,不見諸法增減是非三際三界。法不思議,如來所說不可思議。修般若時,於法不起若可思議、不思議想。是故信解極難,必久植善根,多事善友,法與相性不起分別,無異分別,以是諸法不思議故,乃稱久修,乃能信解。諸法甚深,如是般若極為甚深。能與有情一切法寶,如是般若是大寶聚。一切諸法各各清淨，如是般若是清淨聚。

次，留難者：一，現世不留難；二，當來不留難；三，廣敘留難事。現世不留難者：此會廣說，留難不生，現事現前，佛神力故，無價珍寶，留難必多，書寫修習，思惟宣說，疾馳盡力，竟於一年。十法行人，佛神力故，法爾令魔失留難力，護念是人識知，是人令作皆成。十法行人，已近正覺，深解般若，獲大財利，大果異熟，至不退地，不離聖法。

當來不留難者：佛出東方，雙樹滅後，般若至南，日月五星，從東而南、而西而北，般若流行，亦復如是。雪山冷故，藥能殺毒。由是北人信等五根柔輭，得勢多行般若，利根憶念，鈍根書寫。後五百歲，甚深經典於東北方大作佛事，諸佛讚歎，諸魔不壞。是大乘人，發宏誓願：現在過去，佛皆隨喜。信大、施大、根大、報大，回生佛土，時聞深法，度彼土眾。恒修六度，相應經典一切時得，無不得時。如是說《東北方品第四十三》。

廣敘留難事者：辯不應其說，度不圓其修，行事而解生，書誦殊無味，聽經作是念：我不得授記，經不說我名，及生處聚落，應棄捨而去，何用聽彼為是等迷惑人，減德獲罪障，修難行苦行，久乃復本德，當知是為魔事。復次，捨《般若》求餘經，此有七喻：餓狗捨大家食，從僕隸覓；捨香象，求其蹄；捨大海，觀牛跡；捨帝釋宮，求日月居；捨輪王相，求小王威；捨百味食，求噉稗稊；捨無價寶，取迦遮末尼；當知是為魔事。復次，書寫經卷時，起劣尋、伺而不書，非無性法能書無性，起無性想而不書，依經執文，依法非文，又執無文，國土親朋種種作意，當知是為魔事。復次，行十法行時，為大名聞供養恭敬，俗典小經相應受學，當知是為魔事。如是說《魔事品第四十四》。

復次，有為諸法，緣合則生，行十法行，師弟同心，乃得成辦，敘四十四種兩不和合，當知是為魔事。

復次，魔作苾芻像，說有相法，勸沙門果，十法行時，有相似度、相似空、相似如、二乘典，當知是為魔事。

復次，魔作苾芻像，說內外空，三十七品，三解脫門，令離正覺，威儀庠序，令深愛著，當知是為魔事。

復次，魔現佛身，相好光明，現佛說法，苾芻圍繞，菩薩莊嚴，歆彼願學。夫般若法中，法本無有而不可得，若法不得，眾亦不得，一切性空，亦何欣羡？當知是為魔事。瞻洲七寶，福薄難求，破十法行，亦云福薄。癡人魔使，為惡友攝，自障障他，獲無量罪，法行既破，一切不圓。必得佛力，及不退菩薩力，加護是人，行十法行，乃無留難，成一切智。如是說《兩不和合品第四十五》。

後，母生者：一處不容二事，已生不復更生，故欲其生，必契於空；而契於空，必為其生；但空焦冥，生空靈妙；實相是空，而寧說生？此母生門，兩周以示實相，兩處以明成辦。

初周示實相者：初，明子報母恩。佛法佛智，世間實相，般若母生，恩眞罔極。十法行人，母命斯存。康樂長齡，除災卻病，擁護之摯，豈足言宣？以故留難不生，菩提速證。次，明母與子德。一，示人、法實相；二，示種種心行實相；三，示法法一相無相；皆明無所有不可得義。夫無所有不可得義者，產生之紀極，而萬行之所以成萬行，世界之所以成世界也。一，人、法實相者：五蘊本空。成壞生滅、斷續染淨、增減入出、際性界系，一切區分，俱非空法。甚深義中，人、法無有，施設亦無。都不示現，一切一切，般若尚空，況有示現？如是示世間人、法實相。二，心行實相者：佛如實知世界有情略心、散心、善惡無記心、有三毒心、離三毒心、廣心、大心、無量心、無見無對心、無色無見心。法性不可得，盡滅遠離，貪與非貪俱不可得，廣狹大小、量與無量亦不可得，皆無心相心不可得，以不可得知一切相。又復如實知出沒屈伸,皆依蘊現,依蘊執我常與無常、邊及無邊、命即離身、有與非有死後四句。如是示世間心行實相。三,法法一相者:如實知蘊戲論都無,蘊如即有情如,有情如即出沒屈伸如,出沒屈伸如又即蘊如,如是蘊如即處如,乃至即一切佛如。佛如、情如、法如,無二無二處,唯一眞如,無容分別。如是示世間法法實相。是為般若佛母初周實相。如是說《佛母品第四十六》。

次周示實相者:佛談般若,或空或有,果報罪福,都無一定。不定幻相,微妙難知,諸天集會,散華頂禮而問定相。以是因緣,佛與善現,復明般若,示世實相。初則總談無相,後復別明實相。

總談無相者:般若以三解為相,以無造作、生滅、染淨性相為相,以無依住、斷常、一異、去來為相。勝義則無,依俗設有,相與無相,互破互了,而皆不能。非法所作,不可言宣,無礙智轉,住如是相,為諸有情,分別開示各各法相。而如實覺此各各法相,都為無相。如是示總相無相。

別明實相,有其四類:一,以知恩報恩明。如來依法而住,讚歎護持,知恩報恩。於一切時,乘如是乘,行如是道,無作無成,無生智轉,復能知此無轉因緣。是為示世實相,名如來母,能生如來。二,以不生為生明。一切諸法,空不自在,不堅無依,無生起知見。雖生佛示相,而無生無示,以不見法名示法相,由不緣法而生於識,名不見法。是為示世實相,名如來母,能生如來。三,以種種顯相明。顯一切法世間空相,佛以所顯,令諸有情受、想、思、了一切皆空。又復使佛,見不思議,遠離寂靜,諸空無我,種種各相。是為示世實相,名如來母,能生如來。四,以五事出現明:一,救拔有情大事;二,如來四性不思議事;三,非情界趣生所量不可稱量事;四,非情界趣生所知無數量事;五,非世間人、法所等無等等事。非獨四性,餘法亦然,眞法性中,心不可得。法性不可思議故,法不可施設思議不思議性。法相不可思議故無限量,無限量故不可得,不可得故法不可思議。以一切法不思議故,如來四法亦不思議;思議滅故,不可思議亦唯增語,有如虛空,悉廢窮詰。是為示世實相,名如來母,能生如來。說是法時,千百四眾心解眼,二千菩薩得無生忍,賢劫受記。如是說《示相品第四十七》。

法處明成辦者:般若何以五事出現?為能成辦一切一切故。事囑大臣,國王端拱,佛以三乘,付諸般若,般若於法,無執無取,成辦有餘。不見諸法可執可取,由不見故不取,由不取故不執。佛亦不見如來覺法可執可取,般若亦不見如來覺法可執可取,是故修行般若,若能相應執取應無。如是說法處成辦。

行處明成辦者,是有四明:

一,以三乘所依明。深法難知,解必證覺。聲聞但少分忍,一曰思惟勝其長劫,然所差是福,而所業皆成。三乘都依各成其事,而於妙法無減無增。

二,以生此聞法明。人中他方覩史天來,行十法行,成殊勝德。先世聞法,不問義趣,生此復聞,難可開悟。雖問義趣,不事精勤,生此開悟,而易退墮。是故甚知新趣大乘不十法行,不攝有情,不隨種切六度諸法,便不為護,大事不成,退聲聞地。如是說《成辦品第四十八》。

三,以五喻明:泛海有屍囊,必登彼岸;度曠有資糧,必至樂國;汲井有熟瓶,必食寒洌;載物而裝治,不喪資財;耄疾而扶持,必達所趣。攝受有般若,必證菩提。

四,以我執明:修一切法而無巧便,著於三輪。我、我所執,恒相隨逐,長夜沉淪。法無如是能所,分別此彼岸歧,而故相逞必墮聲聞,難成正覺。若有善巧,一切反是,速證菩提。如是說《船等喻品第四十九》。

次，說能學人。小乾慧地，大乘發心，未得順忍，是為初業學人。小乘性地，大得順忍，是為信解學人。小乘見地，大無生忍，阿鞞跋致，是為不退學人。

初業學人。先應近友：善友所教，教以無得方便，回向菩提，弗應取相。教以弗生貪愛，法性原空。後應發願：幻夢像響光餤化城，雖達性空，而為世間得義利故，發趣無上正等菩提。為與世間饒益安樂濟拔歸依；為作世間舍宅洲渚日月燈明；為作世間導師將師一切所趣；哀愍世間生死淪胥受無量苦；發趣正覺，隨其所應，精進熾然。如是說《初業品第五十》。

信解學人。先敘相貌：貪嗔癡毒，調伏遠離，乃至毒無，能生淨信，及於勝解。次敘其行：一者，趣向一切智智，若能向智，則與有情為所歸趣。二者，擐度有情甲冑，若能人、法不見，畢竟空無，求智度情，非於少分，則能不墮聲聞劣地。三者，修除遣法，無能所處由，修虛空一切不實無所有、無攝受除遣，除遣於一切，是名修般若。四者，觀察不退菩薩，行法不執，非但恃他，而能自淨，不離六度，不捨菩提。五者，相續、隨順、趣向、臨入一切智智而行般若，虛空如幻，不行法而行。隨順向入，無能作所住，不可以一切法證，皆一眞如，無二無別。如是說《調伏貪等品第五十一》。

後廣深義：一者，眞如義。以三事明：一，法說甚深，般若即菩提，菩提於證無能所處時。虛空法界甚深，無生滅染淨甚深，有情命者蘊乃至智甚深，是故此法甚深。此甚深法於一切法而不取捨，惟世有情行於取捨，若為取捨所修不成。此甚深法於一切法而皆隨順，無礙無生亦無處所，空性平等，法無所得。二，是法皆如，善現隨如來生，善現與佛及與諸法同一眞如，如無來去，無礙無作，一切一切，不二不別。三，法不即離，善現不由法如，不離法如，隨如來生。法與隨生，俱不可得。法尚不得,況如可得?二者,法同趣異義。三解脫門,修觀共相,離一切智而無巧便,便證實際墮於聲聞;不離智智巧便大悲,雖是觀空而能入位。大鳥無翅,必死贍洲;不取相修,菩提決定。三者,信證難易義。應證諸法自相共相,乃獲菩提,而法則究竟淨空,證亦無能、所、處、時、由,難信難證。但能信證無能、所、處、時、由,即是信證無上正覺,法性修觀本不可得,則又易信易證趣覺而中道退屈,難信難證然即離法如,於無上菩提而無退屈,法如法界離法如法界,於無上菩提而無退屈,則又易信易證。都無退屈,乘應說一,不必說三。然法如既其都無,三一寧能定有?若信都無,便離退屈。四者,應住不應住義。欲速證覺,應審所住,於諸有情平等四梵心,謙直調柔心,利樂無礙心,親友師弟心,聖尊愍護心,無得三解心,以如是心與如是語,是所應住。翻對諸心及違所語,所不應住。一切聖法,自他修圓,應如是住。於法無礙,不可攝受,應如是住。說是住時,亦子菩薩得無生忍。如是說《眞如品第五十二》。

不退轉學人。先敘相貌,成就如是二十行狀相,知是不退轉菩薩,於人、法行而皆不著,於一切法轉而不住,不徇外道俗尚,不墮惡劣趣生,行十善六度,通十二部經,不疑深法,除蓋靜儀,內外身潔,三業亦淨,行杜多行,攝法歸性,惡魔化種種像來至其前,或以獄苦過退、或以文頌勸違、或以相似法迷,而皆不動,常不離教學,不隨魔事惡友境界而轉,堅勇如金剛。如是說《不退轉品第五十三》。

復次,成就十二行狀相,知是不退轉菩薩,不見少法而入無生忍,魔事種種不壞菩提心,能入諸定而不受定果,不矜諸法,居家不染,金剛密護,不作下士邪命,不愛文藝外俗。復有二十細行,不樂眾事王事等。更有十一大行,不動魔言大乘非佛說等,護法不護財,得陀羅尼門。如是說《轉不轉品等五十四》。

次敘深義。一，顯涅槃義。三解、無生、涅槃、眞如、法界、法性，名甚深義，然深義增語，皆顯涅槃。涅槃與法，皆名甚深，法如深，故法名甚深，法如於法，非即非離故，法如名甚深。然佛甚奇，微妙方便，為不退菩薩遮遣諸法，顯示涅槃。若如教住，依般若學，善根無量，超劫無量，如多欲人念端嚴女，經一晝夜，熾注無邊。如是功德，為餘供養寶乘，修度施眾，離深法修一切一切，布施回向，普緣回向，所有功德，鄔波殺曇不及其一，菩薩乘此道，疾至無上菩提故。二，顯空義，不可數在有無為中，名無數；三際不可量，名無量；邊際不可測，名無邊；一切法自性空，亦說無數無量無邊。如來巧便種種立名，皆共顯空，義無差別。三，明集證義，安住般若修行法時，不念增減，但唯名想，持此作意回向菩提，由此回向遂乃證覺。法如即覺，法無增減，如無增減，不離般若而住法如，不見增減，以此集德而證菩提。此集證義，有若然燈，非即離初後燄能使炷燋，而現見然燈實燋其炷；非即離初後心能證菩提，而修般若，漸集善根，菩提遂證。四，明心生滅眞如義。心已滅不更生，已生定有滅，有滅定當滅。心住等如住，住不等如常，法如為甚深，如即離非心，心即離非如，如乃不見如。能如是行，為行般若，而都無行處，都無現行，都無行者，是勝義諦，不取不遣。菩薩住法相空中，為度群生，入三解脫，悲願引逼，依以熟情。如是說《甚深義品第五十五》。

後敘其行。一，夢行。夢行三解，不可定言非益。若夢若覺，要有所緣，方起思業；要於見聞覺知諸法相中，有覺慧轉，方起染淨。雖業緣事空，而由自心取相分別，世俗施設得有所緣，故說思業由所緣起。夢修六度共向菩提，不可定言是實。彌勒言：能、所、處、時、由，不見有法可答、可記、可證，一切皆空，推徵無得。然菩薩善巧，行深般若，不生猶豫，我於菩提為得不得，但念我於菩提定當證得。如是說《夢行品第五十六》。

二,願行。菩薩行深六度,見諸有情種種少福、種種疾苦,思維拔濟,作三十願:我當勤修熟情嚴土,疾證菩提,我佛土中,得無如是種種少福、種種疾苦。菩薩由此,疾能證得一切智智。如是說《願品第五十七》。

現見殑伽天女,佛前發願,而得授記,未來星劫作金華佛,歿生東方不動佛國。殑伽天女久植德本,佛授記時,已發覺心。今不退轉。如是說《殑伽天品第五十八》。

三,不證行。習近三解、覺分、十力、不共,應觀法空,令心不亂。如實知法,而不作證。未入定時,繫心於所緣,為學諸法,藉觀於空,非但為空而作其證;已入定時,則不繫境,不退諸法,不證漏盡;成就如是微妙大智,住空覺分,乃至諸法,乃至小果,今時應學,不應作證。壯士護險途,堅翅騰虛空,後箭射前栝,必至菩提中道不墜。不捨未脫有情而不證空,常樂觀察深法而不證空。應趣正覺,為諸有情,斷種種想執而不證空,雖未作證,亦不失法。應趣正覺,為諸有情,斷三四倒而不證空,諸德未滿而無願定圓。應趣正覺,為諸有情,斷我法行而不證空,諸法未滿而空定圓。應趣正覺,為諸有情,斷諸相行而不證空,諸法未滿而無相定圓。若諸德圓而墮三界,無有是處。已善覺分而必及餘,是不退相。如是說《習近品第五十九》。

四,無慢行。菩薩乃至夢中不樂凡小,見佛說法顯通,夢見可怖,思三界妄,夢見三塗,願國無月,夢見火燒,願滅即滅。誠誓拔苦,非人驅去,為無慢行。是不退相,若未學法,但發誠誓,魔驅非人,受欺而慢。或復受欺尊號虛名而慢,或復受欺相似遠離,但論境地不論業行而慢,如是慢人,外似善菩薩,內多煩惱,應離此患,求證菩提。求證菩提,應供知識。供知識者,三乘聖人,能說六度善士,是善知識,一切聖法,亦善知識。為師導明炬燈燭,為解覺智慧救護,為舍宅洲渚歸趣父母,一切諸佛由法生故。欲證菩提,熟情嚴土,當學三乘,四攝度生。

五,空離行。般若空離,諸法亦空離,而以有情執我,生死馳流,施設諸法,為染為淨,然行空離,不行諸法,能、所、處、時、由,不可得行,故能如是行,不為他伏,疾證菩提。能示有情,俾亦作意,所獲功德,供佛供乘,所不能及。不著四無量,六度大光明。雖未證覺,已到彼岸福田,云何不堪受供?如覓失珠,恒時作意,不雜他念,云何虛受信施?作意及法,雖性空離,而如實知如是空離,非誰所作,法爾常住,即為作意般若及一切智。如是空離,無增無減,能正通達,即為不離般若及一切智。般若即菩提,原非多一,此修彼證,曾無增減,不礙空離。

六,不行行。菩薩行般若,非即離般若空行,非即離般若行,非即離空行。非即離法行,非即離法空行。而能行般若者,不行為行,故不見有法行般若,不見般若是菩薩行,此不見法亦不可得。不可得法,無生無滅,即是菩薩無生法忍,不退授記,直證菩提。生與無生,如是四句,不得授記,法於能所皆不得故,如是分別,非般若行故。如是說《增上慢品第六十》。

後,說如是學。應十解義,讀此長文,便得所學,不入歧途。十義者:一,不與聲聞同學;二,與住空為同學;三,非盡滅離斷學;四,性淨修淨學;五,願樂隨喜學;六,幻心證幻法學;七,無所得行學;八,無分別學;九,行非堅實法學;十,修為佛所贊學。

一,不與聲聞同學者:帝讃十法行,乃至菩提不雜他念,廣大善根乃能成辦,初發一念相應智心,即勝三千十善四禪,況十法行?非但福勝,當作如來。非但勝小,亦勝無巧便修大乘功德與其般若。如是菩薩,不學聲聞,不為所伏。四王、妙時、樂化、大梵、光淨諸天,亦讚學大,莫作聲聞,如是學大,病不能侵,魔不能擾。魔所擾者,先世疑謗,不聞解行,亦復毀他,多起諍鬥。若謗授記,經劫補過,乃復本來;苟克度生,不必經劫。以是因緣,菩薩於聲聞不應交涉;設與交涉,不應共住;設與共住,不應與彼論議決擇。忿恚一起,所作俱崩。當與菩薩同乘一船,視如大師眞善知識,如彼所學,我亦應學。彼雖雜染,不離種智,當於其中,每同其事。如是說《同學品第六十一》。

二,與住空為同學者:諸法法空,菩薩同性,住此中學,名為同學,由此同學,速證菩提。

三,非盡滅離斷學者:諸法眞如,無盡無離,無滅無斷,不可作證。若於眞如如是而學,是學一切智智。如是學時,是學諸法;學諸法時,是學一切智智。如是學時,至不退地,嚴土熟情,三轉十二輪,不墮於下劣。緣善而邪摧,巧定不長壽,十力四無畏,十八不共法,皆得於清淨。

四,性淨修淨學者:雖一切法本性清淨,而愚夫不知,為令其知,修一切法。如是學時,無邊佛法皆得清淨,令諸有情涅槃證得。如是巧便。終不發起煩惱法執俱行之心;如是巧便,含藏一切。以其威力,遂能攝持,增長引導。一切聖法無不隨從。能如是學。於諸有情最尊勝上。供三千界佛。不若十法行。故欲護眾放光。應學如是深法。雖攝聲聞功德。觀已超入離生。為世眞實福田。疾證一切智智。然如是學時。不應作念此能、所、處、時、由。棄捨應捨,定證種智。如是說《同性品第六十二》。

五,願樂隨喜學者:帝作是念:但修聖法,尚超有情,況證大覺?但能信解智智名字,尚獲勝利,況發心問經?即於佛前散華發願:願彼所求,三乘圓滿,願彼哀眾,度生死輪。於初發心至一生繫起隨喜心，大海知滴，其福難量，然不隨喜，禍亦不測，隨喜回向，護有天人，不隨不回，魔軍誰破？故應隨向無定即離。

六，幻心證幻法學者：菩提般若，一切智智，畢竟遠離，雖非遠離，能證遠離，而證無上菩提，非不依止甚深般若。是故菩薩以如幻心證如幻菩提，幻法不離於幻心故。

七，無所得行學者：菩薩難事，雖行深義，而於二乘能不作證。然所證法義，能、所、處、時、由，都不可得。無上菩提尚不可得。況所不證但是聲聞，是名菩薩無所得行。如是行時，不見諸相，不見我行，不見不行，不見般若是我所行，不見菩提是我所證，亦復不見證處時等。

八，無分別學者：行般若時，不作是念：我遠聲聞，而近菩提。般若於法，無愛無憎，一切分別，種種分別，周徧分別，皆無有故。欲有所為，而勤修習，既修習已，所業成辦，所作無別，甚深般若，法爾於法無分別故。非但般若，一切諸法皆無分別，五趣聖者，無分別中依俗設施。非勝義有。十方三佛，一切諸佛，分別斷故。為度群生，可施設有種種差別。如是說《無分別品第六十三》。

九，行非堅實法學者：修行般若乃至一切，行非堅法，不行堅法，尚不見有非堅可得，況堅可得？不證實際，不墮聲聞，亦未為難，披甲度眾，令入涅槃，乃為稀有。調伏有情，如調虛空，離故，空故，非堅實故，無所有故。被大悲甲，與虛空戰，有情空離，悲甲亦空離；有情非堅無有，悲甲亦非堅無有；調伏利樂諸有情事，亦復空離非堅無有，當知菩薩，亦復空離非堅無有。蘊至菩提一切法離，即有情離，即所修離，一切法皆非有故，遠離寂靜無生滅故。聞說般若不沉不沒，能如是行，諸天敬禮，諸佛護念，一切聖修速得圓滿，惡魔神力不能障礙。有二二法魔不能障：一，觀諸法空；二，不捨有情；一，如說而行；二，諸佛所護。

十,修為佛所讚學者:修三解脱,為住般若,為疾證覺,為眾所依,十方如來,於彼菩薩名字功德,自然歡讚。如現佛讚,寶幢頂髻及不動佛所淨修菩薩,現十方佛亦讚其土淨修菩薩,當知菩薩,從初發心漸圓覺道,亦為十方諸佛之所共讚。隨不動佛寶幢頂髻所學而行,雖未授記,亦為佛讚。於諸法,於般若,於法畢竟空,寂靜遠離,虛空無所有,不自在堅實,能深信解。未得無生,亦為佛讚。於法空中,成佛度生,依俗設施,畢竟無有,無可驚疑。法性本空,空中無有,誰何驚悶?如是説《堅非堅品第六十四》。

三門敘已,應談流通:一,授記;二,付囑;三,起信。

授記者:帝非智人,儼與佛聖長言論議,一周已終,自籌恐誤,徵佛決疑。不退菩薩,漏盡聲聞,離欲人天,會中叢集,而獨問難,屬帝有學,豈盡法邊,佛故可之。隨流疾於行陸,阿難常與佛談,帝記强聞多,明了聞思,能與修慧,問難決疑,每蒙佛可,亦復何怪?最後顯義,般若妙法,原非但空,諸有所説,皆依三解,亦依聖法。然住法空,觀諸聖法,皆不可得,法尚不得,何況修人?住遠離寂靜住,住無所有無所得住,住三解脱住,比住般若住亦何能及?惟除如來,最勝妙上。天及比丘散華發願,佛記星劫作散華佛。

二,付囑者:實相般若,大法根本,一周已終,燈應傳續。遂詔阿難:十法行人過去根深,今能辦事,欲證菩提,應學般若。我以般若付囑於汝,受持無失。他典忘失,其罪尚輕;般若忘失下至一句,獲罪無量。亦以六度,同時付囑,三世諸佛,六度出生,有能聞修,獲福無量,退墮聲聞,不證菩提,無有是處。

三,起信者:佛現通力,令眾皆見不動如來清淨法眾,旋復收通,妙境不見。莊嚴淨土,對非眼根,不藉佛通,見緣無有。然亦當知:諸法皆爾,法不行法,法不見法,法不知法,法不證法,性本遠離,皆如幻等。眾緣和合,相似有故,諸有欲取般若邊際,如愚取空。是故文句有量,義則無邊,當知般若,乃至種智,非三世盡。佛示舌相,徧覆面輪,徵言無妄。復詔阿難:《般若經》中,廣說一切菩提分法及諸法相,三乘依學甚深般若,能入一切法相,能入一切文字,能入一切阿羅尼門。如是說《實語品第六十五》。實相般若竟。

第三卷

方便般若五

一切智智,寂滅徧知,無性為性,法界為相。菩薩始終。一切智智,則所緣亦無性,行相亦寂靜,正念為增上。一篇之旨要在是也。方便般若者,大方廣義,妙圓義,究竟義,是方便義。此方便義,極大甚深,微妙殊勝,曰無所得而施設,曰佛境而菩薩行。假以名相而示以無相,導之善法而空其善法,是謂等所得而施設。畢竟空是佛境,而菩薩行本性空。一切智智是佛境,而菩薩行道相智。寂滅徧知,證而不動,是一切智智。而此道相智,性與佛同。顧金剛喻,定未至最後一刹那頃,猶無間行。是謂佛境而菩薩行。應知佛境菩薩行,以佛境同,道皆一乘,無高下可判。以菩薩行異,位設漸滿,有方便可談。行布而圓融,圓融而行布,乃其所以為方便義也。是故泥其行而誣其境,謗之曰別教。執其境而昧其行,假以為禪宗,皆非也。此方便般若,遵經略廣教相文,分兩周讀:初略,後廣。

初,略教相者。敘有四義:般若要,般若尊,般若相,般若學是也。

初,明般若要。龍樹有言:般若為菩提因,菩提為般若果,治因於果，無二無別，皆虛空不可盡。然《大涅槃經》：有因有因因，有果有果果。因是十二緣，即中道不共妙觀。因因是觀緣智，即方便般若。果是菩提，果果是涅槃，即一切智智。是故證一切智智果，由能如實觀緣起因。如實觀緣起因，由能引發方便之因因。因因不發，果果不證。蓋以無所得為方便，相應回向一切智智，因在是，果亦在是故也。無所得者，即虛空不可盡也。以虛空不可盡觀一切法，便能引發般若；以虛空不可盡所引般若，如實觀十二緣起，便能六度互攝，圓滿菩提。如實觀者，不見一切法無因生滅，常不生滅，四倒不四倒，寂離不寂離。亦復不見所行及能見所行，並如是不見與斷習。異此如魔，焉得不苦？滿此如佛，烏得不證？相應回向一切智智者，即趣無盡也。無盡自無礙，無礙自無不攝。施攝餘五，餘五攝施，談度攝度，猶未一切攝於一切。是為略相。是為般若要。如是讀《無盡品第六十六》、《相攝品第六十七》。

二，明般若尊：（一）以三事得善巧，久時多供滿根故；（二）以十喻推般若，前九說般若特尊，五度臣屬，後一說法無能所，自性皆空；（三）以般若能拔眾苦，雖無相用而修六度，速證菩提，是故說無上；（四）般若拔苦，以無所得為方便，攝一切法，入一切智智，是故數數贊。

三，明般若相，是有七義。（一）般若於法無取捨，謂不思惟法與法相及於所緣，以不思惟便增長善根，具足證智；以不思惟便無所得而不著。以不著而疾證菩提。（二）般若無著故不住，並無著亦不著，以無自性可著故，便不遠離一切善法白法，便於攝受受記引發說示都不遠離，非種種過失如有所得。（三）般若非於自性即離，而能不執引發自性。不觀四倒不四倒、寂離不寂離，而能引發六度乃至一切智智，住勝功德。（四）般若所行一切法隨行，般若所至一切法隨至，能令一切法避險惡路,至本所求。(五)般若示道辦大事,何謂示道?能往一切智智為道,示令大眾疾證彼道。(六)般若以法住為定量,令眾得利樂,示法所作事,而皆無所著,引眾趣菩提,而於諸法無生無滅。(七)般若緣一切智智,以六度善根共眾回向,而後度圓證智,故應於度勿相捨離。(1)如實觀法非相應不相應;(2)不住法非法;(3)四攝攝情教令住度,是不捨離相貌。

四,明般若學,是有六義。(初)勸學。般若於法得大自在,為一切法趣向門,備諸功德,魔外無能,又為諸佛常共護念,以其能修不可得故,能學無所學故。(次)教相。欲得一切智智,於六度略廣教相,必須聽聞受持、讀誦通利、思惟觀察,令心所緣,皆不復轉。如實知一切法眞如,無生滅住異而可施設,如實知實際而無法際,如實知法界如虛空,無障礙生滅斷續而可施設,如實知一切法以無自性不合不離。初修十地,皆於中學能多所作,是為略相。(三)能入利根而等引,精勤而念慧,夫然後入。入而隨學,轉近智智,轉滅障魔。行修習不已,佛護福聚,住童眞地,善入一切法行,善入一切法作意,善入一切法空,善入一切法事,皆三慧之所致。(四)三慧。統菩薩行全體而分階級,為行、引、修。以般若力破蘊令空,為涅槃相,出住六情,還念寂相,知一切法空,地前行慧也。不可說有無,言語道斷,初地引慧也。入甚深禪,復以般若破禪與禪緣,二地或七地以去修慧也。秦譯三慧分釋,唐譯並一處談,行、引、修相,談以七事:(初)一心,唯一作意,一切智智,心、心所法,於餘不轉;(2)不施設,知一切智智如眞如、實際、法界、我界,一味無別,皆不可得,不可施設,即學不可得不施設;(3)無所行,觀法自性空,以不增減不生滅學,不起作諸行若修若遣,般若菩薩行,與行者因及時處,皆不可得,始於法學無所得,即以無所得學一切法;(4)平等,非有所得無所得為無所得,而有無平等為無所得,不著有得無得,從一地至一地漸次圓滿亦無所得,常抉一切法而亦不得;(5)無為無作,般若不為一切法行,法無為無作,行亦無為無作,依俗除執,施三乘說;(6)變化不住,一切智智無所住如變化,雖復無住而有去來,雖有去來而無眞實,化人化法化佛化德,一切無別,由法性定量,作眞淨福田。(7)假名不壞,法性定量,不與法分而動壞法性,然隨俗除執,假說名相,誘悟平等。上來七事,詮行、引、修義,般若雖玄,而有津涯,循循可入。(五)三智。善巧方便者,佛之知見,一切智智也。一切智智者:(1)寂滅相,謂一切法皆同一相,寂滅相也;(2)徧知相,謂諸行相狀,能表諸法如實徧知也。一乘寂滅,行佛不共智;蘊、處、界空,小乘共智;觀空不證,大乘共智。共不共雖殊,朝宗則一。隨順趣向,皆一乘道,聲聞斷惑,盡不盡別,體則不別。(3)乘無為,法空無際,不可語言,依俗施設。(六)般若波羅蜜,般若是能到其極義,無少可得義,包含眞如等義,一相無相義,生發引達義,自相空不可得不可壞義,應行無常等法義,不應行貪等及義非義義。法性於法無義非義故,無為於法非損益故,無為以不二方便得一切智智而不二不可得故,是故以無所得得無所得,般若與一切智智俱不可得故。如是讀《巧便品第六十八》。

後,廣教相者。此《般若經》,說法必讚歎,或將欲說而讚歎於先,或說已竟而讚歎於後,於後為深固大法,於先為歆動有情。讚難行,讚如佛,勸敬禮,較勝福,於此而敘。不得有情施設,而為有情求一切智智;不見有情施設,而為拔濟求善巧方便;譬如種樹於空,是以為難。法與有情,皆眞如為定量,是故有此菩薩,乃有一切聖賢,乃有一切法,乃證一切智智,乃知勝根令入無餘,是故如佛。受敬獲福,文顯不贅。如是讀《樹喻品第六十九》。

今談正義。學空非證空,由一一證分,成最後總證,曰道相智。

發心至正覺,念念皆菩提,曰菩提道。被大功德鎧,任不思議事,曰菩薩道。境以佛道頓,行以自道漸,曰菩薩行。佛境菩薩行,分是佛境分,漸是佛境漸,舉足下足皆佛境界,雖分雖漸,實總實頓。佛不可得,菩薩行而得,此其所以方便也。菩薩行,以四行敘:曰初發心行,曰漸次行,曰圓滿行,曰究竟行。

曰初發心行者:法法成佛,必趣究竟,無中可止。假菩薩行,敘此初位,始於發心,止於正性離生。文三:一,思惟無性一切智智,於諸法不作二相;二,親近能巧便善友,而詮釋巧便;三,以無戲論,自道智入正性離生,而詮釋道相智。

一,思惟無性一切智智,於諸法行不作二相者。發心作佛,念不離佛,思惟在一切智智。一切智智者,無性為性,法界為相,所緣亦無性,行相亦寂靜,正念而增上。解了無性,斯為第一。此無性性徧一切法,無和合自性,是故無性。三三昧眞如實際,法界為其自性,是故無性。雖知無性,而熟情嚴土;雖熟情嚴土,而達無性;是故善巧。無性則法離法性,於法無知,若有若無,為拔執故,但依俗說,俗不異眞,能令了於非有非無,非使執於實有無相。於諸法不作二相者,既無上菩提以修行,則於諸法自無二相行。既知佛義菩提義,則於法起修,自都無所緣,都無益損、生滅、染淨,唯一佛相,證覺度生。如是攝受六度,漸證一切智智,恒時增長一切善法。

二,親近巧便善友,而詮釋巧便者。初發心人,從諸佛所或聖賢正知,多聞聞持,得陀羅尼,隨所生處,常不忘失,以善根力,常能熟情嚴土,是故欲證一切智智,除一心無二外,當親善友。如是讀《菩薩行品第七十》。

夫巧便者,非諸善法,非諸善根,而佛之知見。故雖親近諸佛,種諸善根,承事善友,而未得聞殊勝方便,終不能得一切智智。云何方便?修諸法時,以一切智智相應作意,無實、無成、無轉、無滅入諸法相,無作、無能入諸行相,恒時增長覺分善根,觀一切法自性皆空,雖得勝果而不取證。以是六度諸定菩提分法,入正性離生,名無生法忍。證入菩薩不退轉地,得受記忍。圓滿情土,漸次證得一切智智。如是名為方便善巧。以勿希果報故。如是讀《親近品第七十一》。

三,以無戲論,自道智入正性離生,而詮釋道相智者。菩薩不證小果,於無性自性無動,於一切法無戲論。離有得有現觀四句戲論,離四倒非四倒、寂離非寂離戲論,離種種分別應修諸法戲論,離有無四句能所處時皆不可得戲論,如是菩薩以無戲論入正性離生。復次,菩薩入乘,非由小道,非由極道,然於聲聞諸道徧學滿已,即由自道而入自乘。小道內外空,佛道畢竟空,自道則無性自性空。由正性離生,至金剛定最後刹那,為菩薩自乘。偏學八地,勝智超入。復由諸道,漸次修證一切智智。聲聞果向斷智即菩薩忍,熟情嚴土不離一切相故。如是菩薩以道相智,入正性離生。

道相智以二事詮釋:一,諸道般若;二,無相般若。云何諸道般若?諸行狀相能顯道相,菩薩於彼皆現等覺,是為法法成佛。所以必法法成佛者:一,令有情法無倒解;二,知有情意樂隨眠為作樂利,惡道遮障,善法因果,示道修習,而得究竟;三,知有情諸根勝劣,於所說法終不唐捐。如來功德,菩薩行者,但總別異,而體性則同。云何無相般若?非合非散,無色見對,一相無相,是故法不取法,菩提分法不取菩提,一切智智應可受用,聖法毗奈耶一法不取。然彼有情不解法空,令正解生,權依俗說,勝義無相,毫不動搖。是故學一切法,非學有相,而學無相,除遣一切,是學無想,不住有想,是學除遣。想有為二,想空不二。行而佛境,法法成佛;佛境而行,除遣無相,是為道相。如是讀《徧學品第七十二》。

曰漸次行者:由信念無性,漸次圓滿無性是也。龍樹有言:諸法雖空,而能起四禪神通,是大菩薩近佛者所行。新學菩薩,六度、六念,柔輭行易,不生邪見。是以業學行三,先粗後細,先易後難,漸漸次第,名曰漸次業學行三,釋施慧戒或戒定慧。自初發心至金剛定,修菩提道,莫不由是。然依位言,自正性離生而阿鞞跋致,始名入位。無性未圓,自非極地。今說漸次,先談其極,後說其初。先談其極者,達一切法無性為性,亦無有想,亦無無想,當知即是菩薩順忍,亦是修道,亦是現觀。達一切法無性為性,得自在轉,如來自述往昔修度,四禪五通,一切平等,刹那相應,證得菩提。謂諦無相,無相亦無,功德微妙,以化群生,是蓋以無性入禪,以無性神通妙用,以無性菩提具足,以無性三聚益情,有如是自在轉。後說其初者,圓滿無性為佛,漸證無性為聖,深信無性為賢善士。深信證果不證無性是一無性常存,遂發菩提心,念為有情普證涅槃,漸次業學行三,而修六度及一切善法。云何修度?四事五蘊超入離生,熟情嚴土證覺度生,而都無所得,是為修六度。無念無思惟,業學行三,無性為性,是為修六隨念。復以業學行三,無性為性,修十八空等一切善法,而於其中心皆不轉。夫無性云者,法無性中,有性無性,皆不可得,非一切法皆應是無,此義不可不深長思也。夫漸修充實,頓然後生,猶之信滿,然後心發,資非殊勝,造極循梯,化魯成奇,是何方便?故施漸次,佛慧第一,此義不可不深長思也。如是讀《漸次品第七十三》。

曰圓滿行者:八地菩薩,已得無性,當證涅槃,然未圓滿。諸佛救護,俾不入滅,修圓滿行。圓滿行者,非唯一入一切,乃一切入於一切。顧圓修未極,雖一切入於一切,猶稱漸行,而又非頓,以一切入於一切行也。其頓以一切入一切者,則究竟行中、金剛定後、無間行垂盡時也。一法成佛,一入一切;法法成佛,一切入一切;此雖法法成佛,而法猶未盡,尚見行修,是故云漸。無相之入是一切入,一心具現,一相具現,眾相具現,是為所入。善達無相,住本性空,是謂能入。熟情嚴土現通,是為滿入。如是圓滿,以三段讀:一,所入一切;二,能入一切;三,滿入一切。

所入一切者,是有三義:一心現具,一相現具,眾相現具是也。云何一心現具耶?無所得即得、即現觀、即菩提,以不壞法界故。無所得得地,得無生忍,得異熟生,神通六度,熟情嚴土,果德無盡。無所得,無差別,而為有得離染說別。無所得不得一切,而起一切。龍樹有言:初發心菩薩,著有無心重,漸漸次第行,今時有無心,悉捨無障礙,能一念中行。云何一念中行?法以般若滿,是故一心現起,即能攝受。菩薩為欲圓滿布施,即於布施中攝受一切而行布施,由此因緣而無二想。如是乃至為欲圓滿如來相好,即於如來相好中攝受一切而引相好,由此因緣而無二想。菩薩以是住無漏心,行一切法而無二想。菩薩以是修行六度:施則不見諸法,不見無漏,並亦不見一切佛法;戒則清淨無著,而方便引通;忍則伏嗔恚忍,起無生法忍,而神通自在;進則常圓佛法,常淨佛土,而都無所得;定則無間如電聖正金剛三摩地具,雖知幻化,而乘悲願,雖乘悲願,而無所得;慧則不見諸法成就生滅、益損、集離,由信而行,行而異熟。隨攝隨意,一切異熟,是此行殊異。如是讀《無相品第七十四》。

云何一相現具耶?無相雖同,能具為異。前說一心攝具,今說一相攝具。龍樹有言:無相無別,己雖不分,其餘聖人,觀知不爽。夢響影像,陽燄幻化,五取蘊中,無相行度,一切善法,刹那相應,與前無異。但明無差,義應細味。如是讀《無雜品第七十五》。

云何眾相現具耶?一,希奇;二,說法。菩薩住畢竟空、無際空,化眾執於無相,非以無相立一切法差別。化離我我所,化了如夢無自性,化了無一切法,化離無中妄生有想,化了法性從緣生。善巧神力,直化成佛,雖無性為性,自性皆空,而能安立種種眾相,無雜說法。種種眾相,甚希奇有。隨應攝眾,平生普施,入大地獄,事十方佛,割濟旁生,饒益餓鬼,燒殿警天,有如是希奇。四攝財施,又復法施,施世間法不淨、數息、四禪、五通等,施出世法三十七菩提分、三解脫門乃至八十隨好等,有如是希奇。其說法者,畢竟空、無際空,超諸字無得,而說無所說。化佛所化,雖不別不壞,而令眾住地,雖人、法無得,而令離妄無縛無脫。以無得方便,住一切法中如實修遣,如實說示,眞如實際無轉無越。如是讀《眾德相品第七十六》。

二,能入一切地者,以二義敘:善達無相,住本性空是已。善達無相者,龍樹有言:唯佛一切智智,能達諸法實相,餘人通達,不能究竟。然菩薩知三解脫門,得實智慧,無所不通。都無所行,如化無事。以他不達,已則能達,化彼名相,令住無相,漏即無漏,皆一無相。學五取蘊如實而知所相皆妄,生滅無由,眞如同性。以學一切,莫不如是。復次,菩薩知法即法界,法界即法,學一切法於法界,學法界於一切法,無名相中,方便為眾,寄名相說,自他俱行,行於一切。如是讀《善達品第七十七》。

住本性空者:實際為量,非度有情於實際,乃度實際於實際。初以德誘,後以空彈,安立有情於實際中,而能不壞實際之相。本性空者,為諸佛眼,名曰法住,然與畢竟空別。龍樹有言:畢竟空者,無有遺餘;本性空者,本來常爾。畢竟空者,三世清淨;本性空者,但因緣和合,無有實性。畢竟空者,是甚深空;本性空者,是中道空。畢竟空者,一切佛行;本性空者,菩薩所行。本性空有理,破而心不沒,以是道相智,都用本性空。住本性空,正為有情,說本性空,以此無倒,拔彼有倒,非為菩提求於菩提,為本性空求於菩提。法即本性空,本性空即法，不壞義行，不取捨行，無行處行，久修令滿行，般若方便大菩提行。如是讀《實際品第七十八》。

三，滿入一切法者：成熟有情，嚴淨佛土，廣大神通，圓滿時事，三者悉備，極境斯至。菩薩修菩提道，圓滿證覺，用方便善巧：一，於法不得不離；二，不合不散；三，不取無障；四，有情不知本性空、自相空，空性常住，菩薩依俗立幻師，說六度，出生死，令證覺。以如是被功德鎧，行大菩提，熟情嚴土。云何以六度成熟有情耶？此篇說度，發現五處相攝略相，以一攝五。廣相發心，法相行相，皆空為基。漸次正修，四行五蘊。無相無雜，一念具六，一相具六。是皆詳於自習。成熟有情，則詳於教授教誡。教授布施：一，示本性空，勝義無所得；二，令修勝除執，法施利他；三，以布施修行餘法。以如是大菩提道成熟有情，一一廣說如此布施。如是讀《無闕品第七十九》。

云何嚴淨佛土耶？龍樹有言：六度是初發心道，三十七品但求涅槃，十八空法但求佛道。唯道相智是菩薩道，總一切法是菩薩道故。修菩薩道：一，知自性空不執，而亦教他不執；二，知自性空無所住，但住菩提；三，為有情起菩提道，而菩提即道，不由他得；修道未圓，不稱已得，為近已得，嚴淨佛土。云何嚴淨？先淨三業粗重，復淨一切粗重，行佈施諸法以為回向。於一切行已發深大誓願，願行圓滿，已所化諸有情，往生而法樂。又復應修殊勝淨土，眾生聞是名，於菩提不退，邪見受劇苦，度彼受法樂，但不起疑惑，定證覺無遺。如是讀《道土品第八十》。

云何廣大神通耶？自初發心至最後有，住菩薩正定，不墮惡趣，然說本生，由故思願，多趣惡道。受白象身慈忍賊怨，獨覺、聲聞無如是事。菩薩熟情，多受旁生而不染過。為求菩提，一切應滿，空攝一切，引發神通，眼、耳、神、心、宿住、漏盡，作一切佛事。如是讀《正定品第八十一》。

曰究竟行者:菩薩行圓滿時,覺一切相,得一切智,斷一切習,幾與佛齊,為究竟行。道相智至此,舉足下足,皆如來境,為究竟行。世第一法,一刹那頃初地見道,金剛道後,一刹那頃證無上覺。然未歷一刹那,有行住向果別,非性有別,而位自別。如來畢竟空,菩薩本性空;如來不動,菩薩無間行平等行。於此究竟,亦於此差別。菩薩為諸有情,昧自性空,建立四諦,而得涅槃,非由苦集滅道諦,非由苦集滅道智,但由般若,了達四諦平等實性,即是涅槃,即是眞如,性相常住,無失無壞,名四諦平等性。菩薩如實見空,以奢摩他解悟諦理,無性為性,行於一切,亦以無性救度有情,依俗說法。如是讀《佛法品第八十二》。

愚夫不了聖法毗奈耶為其說法,無毛端眞實,夢鏡響燄,影幻化城,畢竟空故。如是讀《無事品第八十三》。

勝義如實,為平等性,敘以七義:一,法非染淨,說一切法平等性為淨,是依俗非勝。二,法如夢幻,一切修行思惟造作,於證大果無資助用,然不圓滿,不能嚴土熟情,雖修圓滿,而如實知法,皆如夢乃至如城。三,不可取法不證不可取法,然令眾離倒安置無想甘露,是依俗非勝。四,佛證覺時,說證為得,是依俗非勝。五,有無戲論非平等性,都無有性,亦無無性,亦不可說是平等性,除平等性離一切法又互不可得,如是說法境空。佛即平等性,凡聖與法,一相無相,都無差別,非平等性是所行境,如是說行境空。六,三寶無差,皆平等性,然佛不建立,眾則不能,佛雖建立,於平等性中能無所動。七,相異性亦應異,然空性中,一切異相,皆不可得,法平等性,非即離於凡聖,非即離於一切,非有為、無為,有無互離,互不可得,是依俗非勝。總之,勝義離言,處乎中道,此平等性即是勝義,非即業離業,非離有離無,而有無平等,此其所以不動勝義行菩薩行。如是讀《實說品第八十四》。

本性空中雖無所動,而令有情遠離妄想。變化之法為化,離想之法為空,畢竟空中無二事可得。諸法皆化,化無不空,此本性空其性常空,菩提涅槃皆畢竟空,但為新學說涅槃非化。是故佛境為畢竟空,說本性空為菩薩行,先既非有,後亦非無,本性常空,不應驚怖。如是應知諸菩薩行在道相智,在本性空。如是讀《空性品第八十五》。讀方便般若竟。

第四卷

十義抉擇第二

十義抉擇者:一,龍樹、無著學;二,唯智;三,悲;四,定;五,三解脫;六,福;七,十法行;八,觀行;九,文字;十,經卷。

龍樹、無著學者,應以十事敘:一,非空非不空宗;二,二諦;三,識;四,涅槃;五,十喻九喻;六,摩訶衍;七,毗曇;八,般若即瑜伽;九,法性即法相;十,其餘。

一,非空非不空宗者:龍樹《中論》,無著《辨中邊論》,若初得聞,入道有門,應以《中邊》最初一頌,詮釋《中論》中道義頌,而後非空非不空義。兩聖一宗,非各別輪,曰龍樹空、曰無著有。"虛妄分別有"者,釋"眾因緣生法"句也;"於此二都無,此中唯有空"者,釋"我說即是空"句也;"於彼亦有此"者,釋"亦為是假名"句也;"故說一切法、非空非不空、有無及有故、是則契中道"者,釋"亦為中道義"句也。空為一邊,假為一邊,合空及假,中道圓成。但空非空,空空乃空;假以濟空,乃為空空;空空之空,乃為中道;是故即空即假即中。其義則是,其文不明。為是但空,為是空空,不能索解,但為詮義,非是釋文。龍樹空空,非初句空,乃末句中,釋以無著,文始不淆。文字般若,聞、思所入,不可疏略,自誤誤人。復次,"亦為中道義"句,徵考梵文及西藏文,應作"是為中道義"。即空亦假,是稱中道,中道為宗,意始明顯。秦譯此頌因緣即空、亦假、亦中,文似標空,非是尊中,實亦未善。既稱《中論》,崇乃在中。《十八空論》分析諸空,崇始在空。《十二門論》錄《中論》空,示入道門,名標為門。《中論》所詮,道賅全體,義破執邊,法爾標中。法爾標中,不應趣空。龍樹學宗,非唯一空。《智論》、《中論》取證甚繁,此姑不述。

二,二諦者:世人常言龍樹二諦,俗有眞無;無著二諦,俗無眞有。此應分別各指所之,不應字異判義非同。本無其事,愚執橫生,在俗亦無,何況眞諦?龍樹眞無,無著亦無。唯識所謂眞如,亦是假施設名,理非倒妄,故名眞如,豈離色心有實常法?不墮斷滅,妙有超然,無著眞有,亦龍樹有。《智論》所謂因緣人等,第一義無,世界故有;如如法性,世界故無,第一義有。龍樹俗有,依他起有。若徧計俗,龍樹亦無。《智論》所謂譬如有乳,色香味觸因緣故有;若乳實無,因緣亦無;因緣實有,乳亦應有;非如一人二頭三手,但有假名。故知龍樹唯有因緣俗,徧計俗亦無。兩聖三性,初無少異,假名不壞,執相則無;緣生是有,自性則無;空顯是有,別實則無。

三,識者:諸法所緣,唯識所現,無著本此,立唯有識。六識而外,以有根故,別立末那;以有依故,別立賴耶。然龍樹以來,已漸發明,創非無著。《智論》三六,意有二種:一者,念念滅;二者,心相續。諸心名為一意,是故依意而生識。九十六外道,不說依意生識,但以依神為本。既說諸心名為一意,應是所依,不循故六,而別立七。《攝論》亦說意有二種：一，無間滅；二，染汙意。亦非執六，皆別精研而有所立。若夫賴耶，義見《中論》：雖空亦不斷，雖有亦不常，業果報不失，是名佛所說。不斷相續，不常相似，相似相續，持而不失，非阿賴耶，誰有此義？《智論》三八：諸法畢竟空，而亦不斷滅，生死雖相續，而亦不是常，無量大劫作業因緣，雖已過去能生果報，而不斷滅。是為佛法微妙難知，但破倒邪，不破後世。賴耶奧義更覺昭明，誰謂龍樹不闡唯識？

四，涅槃者：無餘涅槃賢聖所歸，而《智論》往生不破後世。引《中論》頌，一切諸法實，一切法虛妄，諸法實亦虛，非實亦非虛，涅槃際為眞，世間際亦眞，涅槃世無別，小異不可得。是則龍樹涅槃不墮空無，《瑜伽・本地》，無餘涅槃三相、四寂，施設安立，並非法外別實有法名曰涅槃，是則無著涅槃不墮實有。

五，十喻、九喻者：《智論》十喻，解一切法空。龍樹自談，以易解空喻難解空，以心不著解心著處。若復著空，著此十喻，應更為說其餘法門。不著空者，但破眾有，非詮眾無。金剛九喻，喻九種正智。無著自談，由九智觀境，於有為事中，獲無垢自在。空即無垢，不著即自在。龍樹、無著，無二無別。初敘十喻，次敘九喻。云何龍樹十喻耶？如幻，無明法爾，雖無根本，而可見聞。如焰，邪憶念風，生男女相。如水中月，靜水無明，吾我慢現。如虛空，遠視疑色，法我本空。如響，機關木人，語言觸臍。如乾闥婆城，非獨身無眾緣，亦無如夢，眠中給使，覺笑癡愚。如影，可見難捉，業相無實。如鏡中像，因緣生相，非自他共作。如化，生住滅無，能令眾惑。云何無著九喻耶？見如夜星，沒於慧日。所緣如翳，發團妄現。識界如燈，焰焰不竭。居處如幻，器世假形。身如朝露，須臾不停。受用如泡，水滴風成。過事如夢，因憶生境。現事如電，剎那已滅。未事如雲，識種潛伏。

六,摩訶衍者:大乘深經,非佛所說,非弟子說。此句出《大般若經》四百四十九,謂是魔言,不足置辨。然闡揚光大,應賴後人。大乘之興,始於龍樹,昌於無著。龍樹大作,《摩訶衍論》,有十萬偈,備譯其文,千有餘卷,簡略隨情,為今《智論》。大乘即般若,經言無二見隨順品,《智論》而外,無別有論,名《釋摩訶衍》。對小宏大,一一法門,條分縷別,應細披尋。無著大乘瑜伽而外,《攝論》談唯識,《集論》談法相,《顯揚》宏大教,而莊嚴大乘又特製論,名為《莊嚴》。初《成宗品》,成立大乘眞是佛說,有其八因,與入大乘出過之詳,堪稱能立。至其義蘊,亦應對小一一法門,抉尋論議。

七,毗曇者:龍樹有言,諸佛二種說法,先分別諸法,後說畢竟空。龍樹又言:智者入三種法門,說有說無,知皆是實。一,蜫勒門,二,毗曇門,三,空門。蜫勒三十八萬言,初門隨相,次門對治,今已不見。毗曇有三:一即蜫勒;二為身義,即《發智》乾度;三六分,即《六身足》。《舍利弗毗曇》犢子所宗,與迦旃延蜫勒南天所行,皆佛在時作,皆龍樹所從。唯獨《發智》是其所破,《智論》明文,不一而足。若夫無著,對於有部,無不破辟。《顯揚》第四:佛說事攝,由三種經,一,增上經《舍利弗說》;二,廣群經,即《品類足》;三,集異門經,即《集異門足》。大與小義,遞進關係,分別法相,初應明小。明小有門,證於龍樹、無著,應先熟《品類足》、《法蘊足》、《舍利弗毗曇》。

八,般若即瑜伽者:《顯揚》十七:依止三摩缽底,發起般若波羅蜜瑜伽勝行,即此正慧,能到彼岸,是大菩提最勝方便,故名瑜伽。而般若有方便,相應無礙。此義《智論》屢屢發明,不煩細述。

九,法性即法相者:一,標,《智論》三三:法相即是法性,無生際即是實際;《智論》十六:性名實相,法名般若。二,文字,《大品》第一:欲得知法如法相;《大般若》四百一則云:如如法性。《攝論》三性,嘗稱三相、三義，法有實相，亦名法相，實相法相，義即法性。無性為性，是為法性；一相無相，亦為法相。固不可說無相之法非是法性，即不可說無性之法非是法相。證諸《智論》，此義實繁，此姑不述。

十，其餘者：法相家言，法相不可亂，目挾耳種而聽非目能聽，耳挾目種而視非耳能視。而《智論》十二：比丘入禪，能令大木作地，木中有地分故。氎中有十八空相，觀之便空。唯識家言，死此生彼，中必有依，故有中陰。而《智論》十二，說有中陰，識緣名色，此識是中陰識。唯識對小，有不共無明，在相應外。而《智論》十五，無明徧在一切諸使中，而別有不共無明。唯識緣起，精論四緣。《中論》雖破四緣，而《智論》三二，佛說四緣，以少智人著於四緣而生邪論，為破彼著，非破四緣。更有多義，以類而推，不遑細述。

唯智者：法相常住，法界如化，了了分明，而無所著，是為般若。無能逃於法相，無不在此法界，故曰唯智。處非處善巧，是為般若。無有是處，斯有是處，攝一切盡，故曰唯智。無般若乃無修無佛無施設，則無世間人天、出世聖賢，諸有所作一切不成，故曰唯智。般若為大事、不可思議事、不可稱量事、無數量事、無等等事，出現世間。是故欲學般若，應學聲聞十種，菩薩九種，如來十三種功德事。而欲學世德、佛德九十三種事，則又必須學於般若。學般若知空，知空乃有方便，必有方便，然後乃能學於一切。是故不學一切，無所用其般若；而不學般若，則又無能馭於一切；故曰唯智。龍樹有言：菩薩從初發心求一切種智，於其中間知諸法實相慧，是般若波羅密。諸法實相者，境也；求智修知者，行也；得智證知者，果也。而《瑜伽師地》三科界繫判列於境，三慧三乘判列於行，二種涅槃判列於果；唯識家言，攝歸一識。此智彼識，兩唯寧合！然非違背，唯識唯智各詳所之，初無或異。識乃詳於辨境，智乃詳於談行。識為心王，智即心所。識以一蘊攝法五蘊,智則一度攝行六度。識必分別各法,智則咸趣總相。識是平闡染淨,智則無漏趣歸。識唯專攝大器,智亦普被三乘。初不背於唯識,故曰唯智。無行而行,無成而成,唯智為能。所謂第一義不可說,而能以俗說。不可以般若離證菩提離,而以幻證幻得無上菩提,非不依止般若。如燈焰燋炷,非即離初後心能證菩提,而修般若,漸集善根,菩提遂證。凡諸所談,無智不能,故曰唯智。

悲者:龍樹有言:大悲是一切功德之本,般若之母,諸佛之祖母。若無大悲,必無般若。欲崇般若,須先重悲。悲之體相,悲之差量,悲之威力,悲之功德,起悲勸悲,見於他處,此姑不談,而談必須。悲然後有眾生;悲然後有俗諦;悲然後有方便;悲然後求一切智智;悲然後能為無知眾生說法令知;悲然後有摩訶衍;悲然後能被大功德鎧,發趣大乘,乘是大乘;悲然後能入於三塗,無善不具,為大白象,為十二由旬大魚;悲然後能往生事佛,不住長壽,不墮味禪;悲然後能觀空不證,箭箭拄楛;悲然後能施設三乘,容攝聲聞。是故述大乘相,無不皆言以一切智智相應作意,大悲為上首,無所得為方便。

定者:龍樹有言:佛以般若為母,般舟三昧為父。般舟三昧能攝亂心,令智慧成,故以為父。般舟三昧有斯二義:一,攝亂心;二,見諸佛。勿念一切憎愛得失寒熱饑渴,但一等念十方諸佛悉現在前,得是三昧,佛悉前立,是則名為般舟三昧。稀有微妙,勝三摩地百一十三,若能一心,皆與般若相應無失。唯獨般舟,定力而外,益以佛力,成智去礙,勝利兼賅,故獨趨重。般若本宗,念佛往生,以視通塗,法門蓋異,盍略談之。一者,為成般若而設方便,非如淨宗以淨為主。二者,悲為上首,為護不失,非如淨宗厭此欣彼。三者,正度眾生懼或閒斷,非如淨宗聞法以後方始廣濟。四者,懼墮空禪,防生長壽,非如淨宗容有既生長邊地。五者,方在於東,不在於西。六者,國住不動,非住極樂。七者,主事阿閦,非事彌陀。八者,自他業淨乃能土淨,六度離粗,自他俱淨,自他回向,非如淨宗重於治自、略於為他。九者,發宏誓願,國土大眾行十八空,如是眞如四諦,乃至菩提一切法門等皆誓願,非如淨宗但願往生。十者,行不動行,學寶幢學,得能一念般若相應,即可往生,非如淨宗但專念佛、不在般若。

三解脱者:龍樹有言:行四念處等道,到涅槃城,城有三門,曰:空、無相、無作。空門二行,無相四行,無作十行。毗曇緣諦於蘊,或一或三,摩訶衍中唯是一法,緣諸法實相。法雖是一,義別説三。若入空門,不取空相,不須餘二;取則除相入無相門;又著空相,生諸戲論,除此戲論入無作門。或復見多入空,愛多無作,愛見相等入無相門。又復空門是般若體,初方便行應無作門,入究竟住應無相門。無所有,不可得,不見不行,無性為性,如是等類,屬空門攝。非即非離,不著不執,非住非不住,不取不舍,不遣不壞,無二無二處,如是等類,無相門收。如幻如化,無知無想,無修無證,如是等類,攝屬無作。一切佛法皆由三解而得增長,除是三解,更無其餘依彼能學無量法門。此雖小法,而用無邊,非與小同一無方便。此空法門,詳其功德,窮劫不盡,姑以十談:一者,能容,譬如虛空,量不可測。二者,攝受,譬如虛空,不拒諸相。三者,圓滿,譬如虛空,眾德普徧。四者,能生,譬如虛空,緣起幻化。五者,無盡,譬如虛空,無三際三界。六者,無障,譬如虛空,各各互入。七者,無礙,譬如虛空,自在流行。八者,清淨,譬如虛空,畢竟無染。九者,甚深,譬如虛空,非一異即離而能成事。十者,廣大,譬如虛空,法如平等。空能有此無量無邊一切功德,是故一切智智相應作意,大悲為上首,而用無所得為方便,無不可為,無不得成。小唯趣寂,大惡取空,塊然不靈,蕩然多過,止感空之為害,豈知空之為用?般若大智,智於巧便,善用其空而已矣!

福者:《解深密經》:當知初三,增上戒攝,靜慮心攝,般若慧攝。慧為智慧資糧,戒則福德資糧,精進靜慮,徧於一切。定能攝亂,令智慧成;勤能發生,令智浸盛;故皆稱福。福於智慧,佑順資益,雖非因緣,而是增上。無五波羅密,唯是般若,力即綿微,不能廣大,便墮聲聞,非摩訶衍。帝釋諸天,瞻洲福大,許與彌勒、秋+鳥子、善現咸同論議。《般若》全經,每一論竟,較量福德。供養三寶,財施、法施,萬行普施,數由一起,乃至一洲,三千大千,十方世界,較行般若自修他修,千分萬分優波尼殺曇分而不及一。其福無量,研究其極,極於作佛,佛無上福,無等等福。略談修福,有十勝利:一,卻魔;二,佛護;三,資具如意;四,多緣輳合,所作皆成;五,多緣增益,所作圓滿;六,其心柔輭,豫悅自足;七,易遠過失;八,易引生慧;九,易得涅槃;十,速證無上菩提。無翊我慧,而鄙彼福。若無福人,智必不成,舉念千歧,崩榱虧簣,今古悠哉,冤慟何及!

十法行者:書寫、供養、施他、諦聽、披讀、受持、演說、諷誦,如是八行,屬三慧聞。思維屬思,修習屬修,修由於思,思由於聞,聞由得供大善知識。甚深《般若》,經典名字,得經於耳,已曾供養萬億諸佛為其攝受,況十法行,況能信解不驚不怖?諸信解人,必久修行。若能供友得友攝受,未久亦信。出世淨種從何所生?應正答言:從淨界等流聞熏習生。法性常住,異生昧然,佛巧施設,而有妙用為般若波羅蜜。是故非聞,烏乎能成?佛僧是友,法亦是友。香華供資《般若》深經,亦為供友。循而讀之,故剋有聞。聞而發心,信解順忍,遂得無生阿鞞跋致,因果差別,直證菩提。

觀行者:一者,破壞觀。經言:應觀色乃至識凋落故、破壞離散故、不自在故、不堅實故、性屬虛偽故,而行般若。應觀如虛空空,而引般若。應破壞諸法,而修般若。是為破壞觀。二者,不壞觀。一切諸法畢竟清淨，湛然無動，無染淨顛倒，無得無現觀，不受增減，不可破壞。又復應觀，若佛出世、若不出世，諸法法爾，皆入法界無差別相。善非善法，記無記法，世、出世法，漏、無漏法，為無為法，無不皆入無相、無為、性空法界。以是觀行，學一切法差別而不壞法界，是為不壞觀。

文字者：修文字般若，龍樹有言：先分別諸法，後入畢竟空。然又有言：若無般若，入毗曇門則墮有中，入此空門則墮無中。般若智慧，方便究竟，了了言空，方便亦言無我。是故毗曇門邊，讀《六足舍利弗》；空無我邊，讀龍樹、無著廣深諸論。以是二邊，糅合於一，一一各各法都善巧，而後總觀，貫通豁然。《智論》品初各法善巧，多詳行法；《雜集》諸論各法善巧，多詳境事。更復結集充類盡義，廣挹經論文字功成。向者有志，集大乘大法義，蹉跎蹉跎乃到於今。是書若竟，自謂雅頌得所，禮樂燦然矣。

經卷者：《般若》前五會，多至四百餘卷，少唯十卷，為是事異，為是文異？應正答言：固是文異，非是義異。都集一會，都聽圓音，都各有記，都記有別。或復遞傳，視根鈍利，授略與詳，結集羅存，遂有五分。或復傳譯，所據傳本，文又有異，故雖一會，詳略又判。於何徵之？《智論》五四：此中都說十二入乃至六種亦應如是，訶十八界亦應具說，而缺如者，誦者妄失。乃校唐譯，蘊、處、界等，卻都無略，更尋初會，反復周詳。又《智論》六七：部黨經卷，有多有少，有上中下《光贊》、《放光》、《道行》。此言部党，明明說為一事；此言多少，明明說為異文。復次，於一會中賅攝事廣，此事彼事都在一會。又一事中賅攝時久，前坐後坐，並談一事。《智論》四十：是事非一日一坐說。又《論》五十：是摩訶般若波羅蜜，有十萬偈三百二十萬言，與四《阿含》等，非一坐說盡，此蓋獨指初會四百詳文，而言非一坐說。又《論》七九,言說章句,卷數有量,如《小品》、《放光》、《光贊》,《般若》經卷有量,般若義無量,是則明明經卷為一,又明明義復為一。五會義同,但文字異,既確證解。然其詳略,皆以法相或陳或概,更非其餘。凡言一義,統貫一切,舉一反三,都如是會。是諸名相,以境、行、果,攝屬三聚,應得而談。五蘊、六處、十八界,地水火風空識,四緣、十二支,攝屬於境。六度十八空,眞如七勝義,三十七覺分,四諦八解九次第,八勝十徧處,陀羅尼門三摩地門,十地五眼六通,十力四無畏,四梵四無礙,十八不共法,三十二相八十隨好,無忘恒舍,一切智道相智一切相智,攝屬於行。預流、一來、不還、羅漢、獨覺、菩薩行、無上正等菩提,攝屬於果。境通染淨,行通三乘,果亦三乘。或境言法相,行言行相。以是而談,不覺文繁。

諸經所系第三

般若空通小乘,智圓佛果,無有一法非般若成,即無一義非般若立。但是經論,即是般若,姑略談經,以十而敘:一,《華嚴》;二,《法華》;三,《涅槃》;四,《深密》;五,《楞伽》;六,《阿毗達磨》;七,《菩薩藏》;八,《大日》;九,《彌陀》;十,《阿含》。

《般若》、《華嚴》,摩訶衍中堪稱兩大。龍樹是基,汪洋恣肆。《般若》接小,《華嚴》充大,唯此略異,餘無不同。《華嚴》轉展回向,轉展善根,入地周圓,遂不可測。《般若》隨喜回向,妙於無相,無相無量,遂亦不窮。《華嚴》一切攝入一切,《般若》萬行攝入六度,一度一行,亦復攝萬。《華嚴》三世、三界,融通無礙;《般若》時、方悉空,初無少滯。《華嚴》因果十波羅蜜,《般若》雖復以六攝十,而詳談方便亦敘十度。《華嚴》差別住行向地。《般若》約三,發心信解阿鞞跋致圓滿菩提。《華嚴》入住,百四十一當願眾生,是稱淨行。《般若》自初發心至正等覺,為眾生故專心繫念一切智智,更無其餘。

《華嚴》梵行不捨眾生,了知如化,觀法不二,一切現前,初發心時即等正覺,明諸十法得無盡藏,隨其所應而能說法。《般若》雖必久修而後信解,然得友教即悟無生,圓滿一切,直證菩提,轉大法輪。《華嚴》入地,十種功德不可思議。《般若》三昧百有十三,微妙圓通,深不可測。《華嚴》十忍,宛然《般若》,二諦不礙方便用空,請一敘述:聲忍、順忍,說十法行;無生法忍,說三三昧;雖度群生,法界平等,雖不取著,大悲轉輪,說如幻忍;無有實事,但隨世說,說如焰忍;非生非滅,而有示現,說如夢忍;名句演法,法性不違,說如響忍;無二法中,分別二相,說如影忍;了世、出世不離不住說,如化忍;無礙無邊,能持能顯,說如空忍。宛然《般若》,宛然《華嚴》。若昧產生,而談《般若》;若昧無得,而講《華嚴》。故自分河,遂成敵對,龍樹宏大,最初一人,如十八部,但諍到今,烏在其能含弘光大也哉!

《法華》方便,以一乘道,分別說三。開權顯實,無二無三,乘唯以一。《般若》真諦,尚無一乘,何況二三?方便談俗,妙善設施,初非離一。《法華》:佛為大事因緣出現於世,開示悟入佛之知見。佛之知見,唯《般若》能,能與般若一念相應,一色一香無非中道,無不皆頓,無不皆圓。不可強判,因其用空,謂三乘通;因其六度,謂大乘別。

《涅槃》顯實,破斥非常,而談其常,是絕對常。《般若》謂法與生滅合,無不如化;不合非化,是即涅槃。《涅槃》佛性通一闡提,《般若》敝魔亦能歸化。本來寂靜,自性涅槃,煩惱菩提,平等無二,如是妙義,兩經胥明。性必須見三學得寂,修一切德,圓一切智,如是實行,兩經不廢。

《深密》全經,列《瑜伽·抉擇》,因類推義,可表《瑜伽》。《深密》勝義無自性,即《般若》眞如;《深密》依他因緣性,即《般若》俗有。《瑜伽》大論,正為菩薩令於諸乘境、行、果三皆得善巧,勤修大行,證大菩提。廣為有情常無倒說,兼為餘乘令依自法、修自分行、得自證果。《般若》妙法,亦顯大乘,亦被小凡,攝一切智及道相智、一切種智,以廣其行。海若汪洋,都憑巧便,初非《瑜伽》唯因緣有,亦非《般若》唯實相空。

一切唯有識,詳分緣起。一切自心所現,總觀現相。《楞伽》宗義,略異《唯識》而合《般若》。《般若》亦以一如實相,觀一切現相。色即是空,非心外境,《楞伽》離四句,絕百非,超一切量,宛然《般若》。無所得中,無二無別,誰能差別。

《阿毗達磨經》,此方未至。然無著《集論》,謂集彼經以為宗要。則知彼經必分別法相,相應善巧。龍樹《般若》,先分別法,後畢竟空。依是法行,資鏡彼經,必能如理,契般若旨。

《菩薩藏經》,菩薩信解十不思議,佛為開示菩薩大道,所謂四無量心、六波羅密、四種攝法,發願久行,即得受記。此與《般若》次第盡同。《菩薩藏經》,詮敘《般若》純方便義。無盡慧相六十六句,趣入多聞四十一種,以十法行起於正行,一相無相,如理作意。然後乃能修行般若,得十善巧。蘊界處諦,四無礙解,四依福智,覺分緣起,為無為法,此十善巧,一言一字皆無邊慧。應與五周方便八門及餘隨應,參觀讀誦。然後乃能恍然了然廣大波羅蜜,甚深波羅蜜,無量無邊波羅蜜,般若波羅蜜。

《大日》住心,菩提心為因,大悲為根本,方便為究竟。何謂菩提心?心、空、菩提,三無差別,如實知自心,自心尋求一切智智。越世妄執百六十心,出世心生,為初發心。觀蘊能所皆離法性,超一劫行。觀蘊賴耶法性不生,超二劫行。不思議十心無邊智生,超三劫行,即身是佛。此等悲為根本,方便波羅蜜滿足。方便善妙,在能施設建立;一切顯聖行,依染差別施設建立;一切曼荼羅,依淨差別施設建立;唯空無礙,乃能施設建立。是則名為方便般若。修五無畏,由善身無我至一切法空。修十緣生句幻焰夢月,城響泡影,空華火輪,本無所得,趣無所得,云何而非實相般若?《大般若經》第十會《般若理趣》說十四法門,眞言要義,息災增益,降伏愛敬,賅攝罄盡。所謂:一,般若理趣法門是菩薩句義,經十六菩薩生,得執金剛性。二,依徧照如來相,說四種現等覺法門,雖造重業,超越惡趣。三,依調伏惡法釋迦相,說平等普勝法門,常生善趣,受勝妙樂。四,依性淨如來相,說觀自在智印清淨法門,蓮花不染習菩薩行。五,依三界勝主如來相,說灌頂智藏法門,信解受持,滿無邊行。六,依佛印祕密如來相,說智印金剛法門,一切成辦福智圓滿。七,依無戲論如來相,說轉字法門,於一切法得無礙智。八,依諸佛輪攝如來相,說入平等性法門,善能悟入諸平等性。九,依供養器田如來相,說供養無上法門,速得圓滿諸菩薩行。十,依善調伏如來相,說智蜜調伏有情法門,現世怨敵皆起慈心。十一,依善建立如來相,說一切法最勝法門,通達平等,於諸有情,心無掛礙。十二,依住持藏法如來相,說有情住持徧滿勝藏法門,則能通達勝藏法性。十三,依究竟無邊如來相,說住持法義法義平等金剛法門,障悉消除,得執金剛性。十四,復依徧照如來相,說大樂金剛不空神咒金剛法門,消除業障,總持不忘。兩界頓漸,兩界性修,無不根據《般若》,相應《瑜伽》,無二無別。略敘胎藏,其金剛界,以此類談,此姑從略。

一心不亂,十六觀行,四十八願,《彌陀》妙典與《般若》合。其或稍異,見上《般舟》,此姑不述。大小溝通,使世易入,唯有《般若》。接洽《阿含》,茲略舉例。如《大空經》,但內外空,更極推廣,大乘十八。《增一阿含》慈五功德,大乘轉增三十二悲。諸如是推,不遑細述。

諸家所明第四

吾今而後,恍然豁然,般若波羅蜜即摩訶衍,廣大無邊用如是空故。摩訶衍即般若波羅蜜,施設建立非空不能故。不可但空而談般若,一相無相故。不可離空而談大乘,畢竟清淨故。五竺聖言,有文有徵,福德匪淺,讀之無忽。一,彌勒《現觀莊嚴論》;二,龍樹《智論·緣起論》;三,無著《金剛般若論》;四,羅睺羅《贊般若偈》;五,陳那《圓集要義論》。

彌勒《現觀莊嚴論》,品分為八,頌則二百七十有二,梵文、番文,都可按索彌勒五論。一談般若,應即此論。弁《大品》首,應是懸談。經義汪洋,如頓裘領。讀《瑜伽·抉擇》,應推而知。先佛之經,後佛之論,不啻一人,既示弘文,人又復作釋。譯學綦切,以是怦怦。

《摩訶衍論》,是為《智論》。譬如卜居,《中論》瞻宇,《智論》繞舍;譬如行路,《中論》載塗,《智論》邁遠。南針老馬,《中論》、《中邊》;極深研幾,《瑜伽》、《智論》。賴有《智論》,汪洋《般若》乃得津涯;賴有《智論》,淵深《般若》乃能汲綆。《智論》開卷,有《緣起論》,引中之引,應抉而談。論揭經事,有二十二:一,為彌勒說菩薩行;二,為菩薩增念佛三昧;三,初受天請,轉本願深輪;四,為斷眾疑,說摩訶經;五,為拔沒邪,放光說實;六,為斷嫉謗,說深罪福;七,為令信受,言我是大師;八,為令歡喜,開藏恣取;九,為久結使,作大醫王;十,為斷常見,言身不思議;十一,拔苦樂邊,令入中道;十二,生身、法身,供同報別;十三,說阿鞞跋致相;十四,說魔事;十五,授三乘人記;十六,說第一義悉檀;十七,為梵志生信;十八,說法實相;十九,說無諍處;二十,說非三法門;二十一,異門說四念處等;二十二,異門說五蘊等。

無著《金剛能斷論》,七種句義,般若成立。一,善攝受付囑菩薩是種性不斷句。二,應如是住、應如是降伏其心、是發起行相句。三,行所住處句,共十八種,次詮全文,信解行地有其十六:(一),發心,滅度無邊而無四相;(二),波羅蜜行,於法無住福不思量;(三),欲得色身,相皆虛妄,見相非相;(四),欲得法身,言說如筏,證得無定,福德無邊;(五),離障礙,開為十二:(一),得勝無慢;(二),不離佛出時;(三),願淨佛土;(四),成熟眾生;(五),離外散亂;(六),破色身行;(七),供給如來;(八),遠權味懈;(九),苦忍;(十),離寂靜味;(十一),遠離喜動;(十二),離無教授。自樂阿蘭那行至然燈授記,中間配文,姑不贅述。淨心地有其一種。人身長大,說證道義。如來地有其一種。自莊嚴佛土至經末說偈,六種具足,國土、智淨、福自在、身、語、心,應如次配。四,對治句。五,不失句。六,地句。七,立名句。抉擇文義,非詮文次。

羅睺羅《贊般若偈》,《智論》十八引二十頌。雖非全文,而得略義。二十攝四,不嫌贅累。實法言思斷,淨心無戲染,般若涅槃佛,是三相為一。佛母眾祖母,隨眾種種名,日出朝露晞,愚怖智歡喜。不著無去來,無得亦不見,般若見不見,皆縛皆解脫。如幻三乘得,世俗假名說。不取亦無壞。誰能贊其德。

陳那《圓集要義論》,五十六頌,三寶尊菩薩,長行詳釋,撮攝《小品》,義固無違。樂讀簡文,初熟此論,即讀四分,亦飲甘露,亦蠡重洋。論為六義:一,依止,憑佛神力,善現教誡。二,作用,佛智增上,發起說法。三,事業,除遣十種分別散亂法,次第分別十六種空。四,相,書寫起疑即為魔相,不退轉相是菩薩相。五,罪作障謗法毒想,三皆墮獄。六,稱讚,施滿三千七寶,若持般若,其福勝彼。事業一義,正宗要義,應詳述敘:一,說世俗五蘊,遣無相分別散亂;二,人、法不見得,遣有相分別散亂;三,色與性無取,遣俱相分別散亂;四,空性離故,所作如幻故,果棄如夢故,遣毀謗分別散亂;五,色空即非色,遣一性分別散亂;六,空不異彼色,遣種種性分別散亂;七,唯名無自性,遣自性分別散亂;八,自共色性空,不生亦不滅,遣差別分別散亂;九,聲與義非合,遣如名於義分別散亂;十,名亦無所有,遣如義於名分別散亂。無著《集論》,亦有詳文,陳那淵源,學者多據。《般若》啟鑰,在斯論歟!

緒言第五

奘師譯《大般若經》六百卷成,歎言:此經東土有緣,傳譯乃能蕆事。文不悼闕,解行浸滋。乃藕益葛虆,辛苦唐勞,餘無聞焉爾,何哉?龍樹、無著學不興,文汪洋而阻,義幽玄而益阻,斯安足怪?經言:善男子於深般若,若欲書持讀誦演說,乃至一歲必令總了。所以者何?甚深般若波羅蜜,大寶神珠多諸障礙,文阻也。讀誦厭繁,品品皆空,不得滋味,當知是為魔事,義阻也。

積劫孤露,有筏思航。民國紀元前,曾誓於佛,誦《般若》日一卷,六百日結願,不數卷而廢然。十二年秋,兒東溺吳淞,大發願:蘭兒死,弘《瑜伽》;東兒死,宏《般若》,讀《大品》於其柩旁一過,如棼而止。日月逾邁,刹那至十六年,姊淑凶問又至矣。骨肉五人,巋然孑存,念朝露之溘至也。汲汲治《般若》,熟之,復之於《智論》一年。春,正月既望,耦庚死於滬。大恐,閉關作序,迄於今四月七日成。明日佛誕,有莫之為而為、莫之致而致者歟?予治此經,三弛三振。親愛之兒、之姊、之從者，不啻死喪之威以刺之，夫然後僅乃有成，難哉！志欲讀者無難，全牛一目，提綱析節，循經約文，一效龍樹釋經之意，遂不覺其詞之長，三萬數千餘言也。耦庚，聶氏，滇人，年三十三，從予遊垂八年，能唯識法相學，作《雜含蘊誦略釋》。有奇疾，不永年，吾獨何能無慟？慟之不如其益之，乃有斯作也。悲夫！

民國十七年佛誕前一日歐陽漸敘於支那內學院

《瑜伽師地論》敘

卷上

總略第一

敘曰:應學瑜伽學。瑜伽,梵語云相應,云何相應?相應者如如,相應者方便善巧,相應者菩提涅槃。學瑜伽學能自他利,曰瑜伽師。攝一切理盡,攝一切事盡,所依能持,其象如地,曰地論。非他師,非他論,依主釋,曰瑜伽師之地論。師攝論盡,論攝師盡,持業釋,曰瑜伽師即地論。將敘瑜伽,略舉四義:一曰五分以敘事,二曰十要以提綱,三曰十支以暢義,四曰十系以廣學,而以緒言終焉。

五分第二

且初,五分以敘事者:云何《瑜伽》五分耶?三乘根本,有十七地以為宗要,攝文義盡,曰《本地分》;釋地中不盡要義,曰《抉擇分》;釋地中諸經說解儀則,曰《釋分》;釋地中諸經名義別異,曰《異門分》;釋地中三藏眾要事義,曰《事分》。初一是論,故稱《地論》,後四為釋,釋不名地,攝故名分。曰《瑜伽》五分。五分敘事云何耶? 曰:本論一分,以三相攝十七地;釋論四分,以重明攝本論及經。

云何本論一分,以三相攝十七地耶? 今且略舉其事。凡教所明,惟有三種,曰境、行、果,是稱三相,依境起行證果,如是而為教故。境攝九地:五識及意曰境體,一切皆以識為體故;尋、伺三地曰境相,上下粗細別故;等引及非有心無心曰境用,定散隱顯別故。行攝六地:聞、思、修三曰通行,三慧修行被一切故;聲聞、緣覺、菩薩曰別行,隨機修法成自乘故。果攝二地:有餘、無餘是曰通果,自性無住,別惟被大,此不詮別,惟普被故。是為略說,十七地義。

次復廣說者,顯由五門,六識身轉,謂自性門、所依門、所緣門、助伴門、作業門。此作業一門,意地開十五勝相。此自性五門,色心所攝,意地則開十義。十五勝相者,始於分別所緣、審慮所緣,終於內分死生、外分成壞。成後諸法二十四類,諸如是等。十義者,色聚相應三世四相,四緣三性,增處釋名,善巧攝事。增處法差六百六十,諸如是等。法相無邊,一識呈現,豈其識外別有因緣? 是為五識身地、意地,敘境體事。

顯由五門,三界法相,施設建立:一,界門,界地、處所、業報、因果,以九門敘。二,相門,則釋尋、伺七相。三,如理作意門,善及福慧,求受正行,三乘資糧,以八相敘。四,不如理作意門,外道異論以十六敘。五,雜染門,煩惱及業,以九門敘,生四門敘。是為尋、伺等三地,敘境相事。

又復應知:七與四十本末作意,明定方便;四相、三十二相,明定相貌;五蓋、食非食,明定障礙對治。其前安立門,初禪五法,四禪十二支分及其別名,明靜慮義。其後經宗要門,明解脫、等持、等至義。如是說等引地。自性不定,有十二相,說非等引地。一,地門;二,心亂不亂門;三,生不生門;四,分位門;五,第一義門,如是說有心無心地。是為三摩呬多地、非三摩呬多地、有心無心地,敘境用事。

復次,於五明處聽受、憶誦、無倒解了,名聞所成地。內明四相,謂三藏等事、大小乘句四十五想、聖教等義、增十法門,教應知處,醫方四巧,因明七事,聲明六相,工業十二,如是五明,世、出世間,法相事理,一切攝盡。菩薩利他,如車有輪,如舟有楫,是故應學。

於三種相,相應善巧,名思所成地:一,思性清淨,有其九相。二,思擇所知,相性有無,各得其五,於有知有,於無知無。三,思擇諸法,謂擇契經及與伽陀。勝義伽陀有四十四,明無我理;意趣伽陀有五十一,明三學義;體義伽陀有九十一,明法性別。如是三相,一切了義,抉擇無遺,是故應學。

於四處七支,相應善巧,名修所成地。生處無缺,為處所修;聞法圓滿,涅槃為首,熟解慧熟,為因緣修;修習對治,為瑜伽修;世、出世間一切種淨,為證果修。如是四處七支,廣聖教盡,除此更無若過若增,是故應學。是為聞、思、修三地,敘通行事。

聲聞地四持:初,種姓持,說其戒事;二,補特伽羅持,說三學依事;三,安立持,說止觀事;四,世、出世持,說定慧事。

初,持三品。觀行所依,先須種姓,故先之於《種姓》。自性建立,相及有情,總略為一,名為種姓。聖道有種,方便趣求,故次之於《趣入》。正入二性、八建立,已入八相、四有情,總略為一,名為趣入。已入聖道,便出塵行,故次之於《出離》。三界世禪,離繫解脫,二種離欲及其資糧,總略為一,名為出離。夫資糧者,自他圓滿,善法樂欲,戒根律儀,於食知量,悎寤瑜伽,正知而住,善友聞思,無障慧捨,沙門莊嚴。如是多義,戒學所攝。是為初持種姓瑜伽,說戒事。

次持,十七,約為三聚。初聚,為學,有其六事。能證出離二十八類,由十一義差別建立,如是說品類建立事。有分別、無分別、事邊際、所作成辦、五停心、五善巧、四禪、四諦,如是說所緣事。諦定神變,說教授事。三學三根,及三解脫,正說學事。十想對治,說隨順學法事。是為初聚六事。次聚,瑜伽,有其七事。四壞四力,作意依緣,學修及果,次第說七。是中有四想修,有三十七菩提分修,為瑜伽修,應勤修學。是為次聚七事。三聚、雜義,有其四事。如是三聚,諸多妙義,是為二持補特伽羅瑜伽,說三學依事。

三持,安立,則有五事。佛法鄭重,教學儀軌,如應作已,然後安立。安立五事者:一,儲定資糧;二,引定遠離;三,正說定相,止九住心、觀四種慧,三門六事,九種加行,是為心一境性所說定相;四,止觀淨障;五,作意證定,取相得定。如是五事,鄭重安立,是為三持安立瑜伽,說止觀事。

已得作意瑜伽師,已入少分樂斷。或念世間趣,則以作意對治,離三界欲,八定、二定、五通,生處及相,一切有漏功德,次第修習,如是略為一事。或念出世趣,依四諦境,起七作意,乃至證得阿羅漢果。此七作意,分配五位:了相方便位,勝解善根位,遠離見道位,觀察、攝樂、加行、究竟則修道位,果則究竟位,如是略為一事。是為四持世、出世瑜伽,說定慧事。

聲聞三學:戒亦律儀,平等平等;定亦取相,平等平等;慧亦少分,平等平等。然對治適用,非論勝劣,平等非終,根本資始。大乘利他,無不應悉,本乘自利,不厭求詳。如是四持,說聲聞地。獨覺攝聲聞藏,此論簡略,惟說五相,今姑不敘。

菩薩地,三周明義,立為四持,開為十法,廣為二十七品。

初周十八品者:因持於果,前持於後,種姓為本,有大勢力,立《種姓品》,為種姓持。資糧具備,希望遂生,求果利他,自然欣愛,立《發心品》,為發心持。既發心已,方便求學,學相有三:曰所學處,曰如是學,曰能修學,立十六品,為菩提分持。曰所學處者:菩薩觀行,利他為本,故先之於《自他利》。行不孤起,必依於理,故次之於《眞實義》。既證眞實,遂有妙用,故次之於《威力》。威力何作?成熟自他,故次之於《成熟》。如是七法五品,說所學處。曰如是學者:菩薩欲於初所學處,精勤修學,先應發願,願是勝解,解已求法,自既得法,應為他說,說已自修,教授教誡,令他修斷,便能發起善身語意,為十力種子,名《力種姓》。如是一品,說如是學。曰能修學者:始於自分,中於勝進,終於得果。自分之初,修造自利,故先之於六度。自分之實,修造利他,故次之於《攝事》。勝進之初,行隨緣行,故次之於《供養親近無量》。勝進之實,行內證行,故次之於《菩提分》。因成言功,果滿稱德,故終之於《功德》。如是十品,說能修學。立是三學十六品,為菩提分持。是為初周十八品種姓持。

此周明十二住所行之法,詳前略後,詳因略果,是故名種姓持。《種姓》、《發心》及《自他利》,入道之基,勝仗基起,是故應學。《眞實義品》,二智四實,中道義成,凡小偏空,如湯沃雪,論以是為宗,宗以是為依,是故應學。六度各九,《菩提分》中有十五行,曲暢其事,抉擇其義,殊勝殊勝,廣博難稽,是故應學。是故初周名種姓持。

二周四品者:種姓具備,菩薩相成,故先之於《相》。家及非家,五相依處,故次之於《分》。相分行法,從意樂起,故次之於《增上意樂》。行起於樂而依於位,故次之於《位》。是為次周四品發心持。

此周明十三住能行之法,修造功强,行用漸勝,隨彼前法,起此後修,故又名隨法持。始於具相,昌於意樂,歸於極住。哀愍愛語,勇猛惠施,《解深密經》,是為具相。七相憐愍,十五意樂,十事所行,是為意樂。種姓勝解,位在地前;極喜三學,有功用住,位至七地;無功無礙，最上最極，位為究竟，是為極住。是故次周名隨法持。世俗發心，位在初住；眞證發心，位在初地。是故次周名發心持。

三周五品者：始於自分，中於勝進，終於得果。菩薩自分，利樂有情，不取涅槃，長輪生死，故先之於《生》。法爾趣生，法爾度眾，故次之於《攝受》。行必依地，自分階級，故次之於《地》。依地起行，始從勝進，終至究竟，行成熟行，故次之於《行》。大劫勤功，終不唐果，本心暢遂，建立攸成，故終之於《建立》。是為三周五品加行持。

此周約十三住為七地，重明因果，以鄰果因，詮極因果，故又名究竟持。無住功德，盡於未來，鄰果加行，與初周異，是故三周名加行持。

三持以外，更有四持，但敘品次，不別立文。如是說聲聞四持、菩薩四持，是為聲聞、獨覺、菩薩三地，敘別行事。

復次，有餘依三相：一，地；二，寂靜；三，依；無餘依三相：一，地；二，寂滅；三，異門。是為有餘依、無餘依地，敘通果事。以上三相六事，略為一處，是名本論一分，以三相攝十七地。

云何釋論四分，以重明攝本論及經耶？重明攝論，惟此《抉擇》。重明及經，惟餘三分。抉擇攝論者：

初，抉境義。抉《五識身地意地》，略義十門，廣義六門。略義門中，因緣八相，分別五相，建立賴耶，大乘教明，唯識宗成。廣義門中，自性差別，次第依止，及與攝義，都為六聚，名十九義，色有十義，諦等五聚，如是種種，蘊善巧攝。界相等略，界義等廣，都十八義，界善巧攝。處攝六義。緣起五義。處非處四。義及教因廢立次第，次第之中作業假實，諸如是等八門分別，境無境等依處證得，攝食諸句六門分別。如是種種，根善巧攝。此六善巧，多門分次，中道教明，法相宗成。二宗事相，《本地》所略，《抉擇》所詳。《抉擇》於《本》，即彼前義攝入重明,為文攝文。前未明義,更復加詳,為文攝義。抉擇要義,勒不盡文,為義攝文。以抉擇智擇諸地異,為義攝義。是故治《瑜伽》者,二分合治,義始備悉。此廣略義,境中精要;菩薩地義,行中精要;是故古諸譯家,全論未暇,《決定藏論》、《地持善戒》,惟獨先行。抉《尋伺三地》,雜抉二門,正抉三門。抉《三摩呬多地》五門。抉《非三摩呬多地》,詳明十二能所對治。抉《有心地》,明能所依,及俱有依。抉《無心地》,心不生因,有其七種。是為抉擇境義。

次,抉行義。抉《聞所成地》五門。抉《思所成地》,雜抉五門,正抉則有色、無色、有見、無見,是等廣辨二十九門。抉《修所成地》,明十六修義。如是為通行抉擇。

抉《聲聞地》,總有三門。此初門中,五義通難,成無種姓,無姓決定,用義斯彰,亘古亘今,無邊無際,惟此用義,流轉不逾。律儀十三,雜六十四,皆此要義,是故應知。抉《菩薩地》,《發心》、《二利》,皆有抉擇。《眞實品》中,約五事辨眞實義,有十門、十二門;約三性辨眞實義,有七門、九門、十一門。《本地》所略,《抉擇》所詳,中道義在,鄭重殷勤。《威力》、《成熟》、《菩提》、《力種》,六度覺分,亦有抉擇。《功德品》中,破惡取空,諭不信大,無倒證法,殊勝證住,為初引導。《解深密經》,為後憑依。此與《眞實》,惟此宗有。彼性此用,彼初此終,妙味醍醐,智者應學。《住》及《建立》,亦有抉擇。此外易明,不復再抉。釋《寶積經》,總十六相菩薩教授,於此綦詳。如是為別行抉擇,是為抉擇行義。

次抉果義,《有餘依無餘依二地》有十四門。是為抉擇果義。

如是抉義,一分所聚,是為本論餘分,重明攝論。

三分及經者:

初,《攝釋分》,有二義明:一,說法五分;二,解經六義。說法五分者：諸佛語言，九事所攝，依經造論，不離其則。諸說法師於諸聖教，先為自求，若文若義，次復為他，轉五種釋。又應勤求師德，十種安立自身。安立身已，處五大衆，以可喜樂八種言詞，為衆說法。又安處他，令住恭敬，無倒聽聞。又應先讚大師功德。若有具足如是五分說法者，即令自他樂利，得五勝利。又經中說：住學勝利，慧為上首；解脫堅固，念為增上；依彼五分，分分詮表，是為勝利。但此勝利，惟繫聲聞，聲聞是佛隨順修學眞實子故。解經六義者：徧知九事，伏惑趨善，如病行智，厭離解脫，我生已盡，諸如是等，是為初《攝釋分》。

次，《攝異門分》。獨抉經文，為《攝釋分》，並抉其義，是稱為門。門一攝多，又稱為異，曰《異門分》。白品四聚，師等八門，智等十五，如來等十，欲等九門。黑品一聚，生老死等有十一門。是為《攝異門分》。

三，《攝事分》。云何為事？謂三藏事。

初，契經事者，有二十四攝契經盡，且說其四：一者，諸佛語言，九事所攝，為四《阿含》展轉傳來，名事契經。二者，十二分教，除其方廣，名聲聞相應契經。三者，即方廣分，名大乘相應契經。四者，五犯聚過，百五十學，名別解脫契經。如是四經，抉擇其要，於未顯義，令極顯了，名摩呾理迦，謂之為擇，亦稱為攝。如是擇攝，厥有其七：一，行擇攝，行即是蘊，有其十聚九十八門。二，處擇攝，前有四聚三十六門，後亦四聚四十七門。三、四、五、六，緣起、食、諦及界擇攝，緣起四聚三十一門，食一聚六門，諦亦一聚十有二門，界則三聚二十七門，覺分十聚七十三門。綜而計之，三十七聚三百有二十門，群經要義，賅備無餘，欲明經要，當於是處，綜覈研求。是為初契經事。

次，調伏事者，四種經外或《阿含》外，世尊所說別解脫經，廣作問答，展轉傳來，名毗奈耶摩呾理迦。今更擇攝，都為一聚，十有一門。

是為次調伏事。

三,本母事者,對法能生餘二要義,名為本母。先標名敘,後釋名辨,稱敘辨攝。此有一難:經律抉擇,即為論藏,更無別稱摩呾理迦。即有一釋:然因略攝,轉滅染淨,雜說法故,建立分別法相摩呾理迦。初略二門,流轉雜染二十二事,還滅清淨十有九事。後廣八門。如是一聚。又有六門,更十八門,如是一聚。是為次本母事。

如是所攝三藏諸事,是為《攝事分》。如是釋異及事,三分所聚,是為本論餘分,重明攝經。

以上攝經及與攝論,略為四處,是名釋論四分,以重明攝本論及經。

十要第三

說五分已,次說十要。十要者:一,唯識義;二,法相義;三,平等殊勝義;四,相應義;五,依義;六,用義;七,漸義;八,無種姓義;九,異門義;十,依經義。

第一,唯識義者:眾生執我,蘊、處、界三,方便解救,遂執法實,心外有境;救以二空,又復惡取;是故唯言遣心外有境,識言遣破有執之空,而存破空執之有,具此二義,立唯識宗。以有為空若無,以空為有亦去,證眞觀位,非有非空。若執實有諸識可唯,亦是所執,長夜淪迷。然此宗義,雖對治二,而心外有境,趨重偏多。一切山河,相分現影,他心神變,並是疏緣;以心觀心,入無分別,乃是親緣。諸修唯識觀人,應知有漏諸相,皆依三性之所,悉轉八識之能。又復應知:多聞熏習,無漏種生,尋思意言,得如實智,歷次五位無功用行,而後金剛道盡,異熟皆空,唯識之果,於斯遂證。然此無分別義、後得並行,非唯根本,但任運緣說無分別。如是諸義,《五識意地》及諸《抉擇》,應善披尋。是為略說唯識義。

第二,法相義者:世尊於第三時,說顯了相,無上無容,則有徧計施設性、依他分別性、圓成眞實性。復有五法:相、名、分別、正智、如如。論師據此,立非有非空中道義教,名法相宗。徧計是空而非是有,依、圓是有而非是空。依他攝四:相、名、分別及與正智,圓成攝一:所緣眞如。是則詮表一切,皆屬依他。許有雜亂識,遂有如是事。所謂六善巧事,三雜染事,三界事,五位事,十度事,十地事,三十七菩提分事,二十七賢聖事,十八不共佛法事,諸如是事,無量無邊。然復應知:諸如是事,有而不眞,惟是虛妄,猶如幻夢、光影、谷響;又復應知:諸如是事,雖是虛妄,然有相在,而非是無。若能如是觀諸實相,能所二取,增損二見,自然消殞,於彼不轉。是故法爾塵剎,法爾寂靜,法爾功德,法爾涅槃。是故諸修法相觀人,莫不於法方便善巧。是故善巧義是般若義。如是諸義,《菩薩地》及諸《抉擇》,應善披尋。是為略說法相宗義。

復次,於唯識、法相二宗,相對互觀,其義始顯。略有十義:一者,對治外小心外有境義,建立唯識義;對治初大惡取空義,建立法相義。二者,若欲造大乘法釋,應由三相而造:一,由說緣起;二,由說從緣所生法相;三,由說語義,是故由緣起義建立唯識義,由緣生義建立法相義。三者,觀行瑜伽歸無所得,境事瑜伽廣論性相,是故約觀心門建立唯識義,約教相門建立法相義。四者,八識能變,三性所變,是故能變義是唯識義,所變義是法相義。五者,有為、無為,一切諸法,約歸一識,所謂識自性故,識所緣故,識助伴故,識分位故,識清淨故;又,復以一識心開為萬法,所謂五蘊、十二處、十八界、二十二根、四諦等,是故約義是唯識義,開義是法相義。六者,精察唯識,纔一識生,而自性、所依、所緣、助伴、作業五相、因果交相繫屬，纔一識生，四識互發；又復精察法相，雖萬法生，而各稱其位，法爾如幻，就彼如幻，任運善巧，宛若為一；是故開義是唯識義，約義是法相義。七者，了別義是唯識義，如如義是法相義。八者，理義是唯識義，事義是法相義。九者，流轉眞如、實相眞如、唯識眞如義是唯識義，安立眞如、邪行眞如、清淨眞如、正行眞如義是法相義。十者，古阿毗達磨言境多標三法，今論言境，獨標五識身地、意地，是故今義是唯識義，古義是法相義。是為略說二宗互相為對義。

第三，平等殊勝義者：聲聞藏平等平等，菩薩藏殊勝殊勝。十一分教，聲聞契經，平等平等；方廣一分，大乘契經，殊勝殊勝。一涅槃，二染淨，三學，四諦、四念住，五停心，六善巧，七作意，八背捨、八支聖道，九事、九結、九徧知，十徧處、十無學支，十六行、十六心，二十八補特伽羅，三十七菩提分法，如是聖教，平等平等。一大悲，二障斷、二如理如量智，三無性、三自性，四攝法、四眞實，五法、五明、五眞實相，六度，七地，八識，九德大，十地，十三住，十五行，十八不共佛法，如是聖教，殊勝殊勝。律儀聚戒，禁防為體，平等平等。攝善法聚戒，饒益有情聚戒，四重四十三輕，勤勇為體，殊勝殊勝。下地修上地定，平等平等；出入生死長劫大定，殊勝殊勝。根本無分別般若波羅蜜，平等平等；後得有分別摩訶般若波羅蜜，殊勝殊勝。六度，平等平等；施等九門，廣大甚深，殊勝殊勝。平等平等，如地之有基；殊勝殊勝，如窣堵波之至頂。無基不始，無頂不極；無基不載，無頂不備。是故學必有根本，舍聲聞其誰與？學必有窮至，舍大乘其誰歸？教則惟一，初固平等平等，《瑜伽》聞、思、修三地是。乘則有三，後遂殊勝殊勝，《瑜伽》聲聞、緣覺、菩薩三地是。是為第三平等殊勝義。

第四，相應義者：依於等至，發起般若相應勝行，此之勝行，是大菩提最勝方便,故名瑜伽。一無分別,二不取相。一,無分別者:法與法空,不著有無戲論,名無分別。徧計相無,故法非有,彼假所依,其事容有,故法非無。徧計執相,空無所顯,故法空非有,諸法無我,實有所顯,故法空非無。有即說有,無即說無,不著戲論,如如相應,名無分別。執徧計無,遣假事有,犯損減過。執有無外,更有一空,名無分別,犯增益過。諸無窮過,非無分別,固非瑜伽,亦非般若。二,不取相者,非不取於離言說相,取離言相慧到彼岸,如如相應,名不取相。若都無取,慧體且無,況到彼岸?如是有過,非不取相,固非瑜伽,亦非般若。是故相應者如如,相應者方便善巧,相應者菩提涅槃。是故境相應者,如如六善巧,三雜染,七作意;行相應者,如如五明,三抉擇,十六修如如,九心,四慧,四諦,六度;果相應者,如如三身四智。是故有種姓者,各依自乘,如如出離生死,得出世果;無種姓者,依人天乘,如如脫離惡趣,得世間果。所知境,能知智,能知人,廣大普被,一切相應,名瑜伽師。是為第四相應義。

第五,依義者:一切生滅法,仗因托緣,而得生起,謂之為依。為彼仗托,有其四義,謂為所依:種現同時,即說因緣,有種子依;異種同時,說增上緣,有俱有依;現行易位,說等無間,有開導依;見相同時,說所緣緣,有境界依。更有異門,說十五依,攝因及緣,恐繁不述。一切情器,一切體業,一切染淨,各自種子,生不必一時,時不必一事,不有所依,間斷紛叢,從何安立?是故為有所依,建立阿賴耶教,披豁翳愆,如實稱量。然此賴耶,任運而轉,非若神我,主宰特殊,所依雖同,攝持大異,以是善巧,何須疑畏?如是說種子依義。

生種不從滅生,而依滅生;滅種不從生生,而依生生;用種不從體生,而依體生;無漏種不從有漏生,而依有漏而生;識種不從眞如生,而依眞如而生;識種不從根生,而依根生;造色不從大種生,而依大種而生；自種淨土不從他生，而依他生；聞種不從他音生，而依他音而生；滅、道種不從苦、集生，而依苦、集而生；行種不從無明生，乃至老死種不從生生，而依無明乃至依生而生。是故各自有種，是為不即，亦為不一；各有所依，是為不離，亦為不異；不即不離，不一不異，唯識義成，法相義立。一識之中，類類相依，是為一人俱有增上。多識之中，識識相依，是為自他俱有增上。方便善巧，無諸過患，以是因緣，唯識義成，法相義立。如是說俱有依義。

曠劫以前，一切種子，能生因性，無閒傳來；曠劫以後，遇緣而生，善亦終古，惡亦終古；何以有漏忽生無漏，在潤生位善不善等，以何道理輪轉回環？若惟任運，終古不更；若有遷移，終須仗力。故有所依，剎那剎那，開前導後，依彼所依等無閒緣，現行王、所、非色非他一類而轉，是故入聖超凡，此依是賴。如是說開導依義。

能緣見分，帶色等相，為所慮托，名所緣緣。帶有二義：挾帶，變帶。相有二義：體相，相狀。所緣二義：一親，二疏。挾帶體相，名親所緣，相分逼見，無別閒隔，故得親名。有四句別：一，體挾體，為內二分，更互相緣；二，用挾用，心與心所，緣自相分；三，體挾用，自證緣見；四，用挾體，本智緣如。變帶相狀，名疏所緣。托質（質即是識，實而非虛，心外無境，而不遮識）變相，質為相隔，故得疏名。八識則他質變自，他佛身土（八識因位托他本質，變自相分，果位他佛身土，皆有疏緣）。七識則有漏仗八，後得緣如（有漏七識無力，仗八變影，無漏七識，後得緣如，皆有疏緣）。六識則仗質為疏，不仗非疏。五識則未轉依位，依根互根（五識因位之各自依根，及其五根互用，皆有疏緣，果位則無）。又有異義。四句之中，心緣自相，非是挾帶。六識之內，不仗質緣，容變帶有。然姑勿論為帶決定，為相決定，見必帶相，為所緣緣是義決定。有相能緣，始為所緣，有體能生，始得為緣。相若離見，乃在識外，義不具兩，不具兩義,非所緣緣。陳那、護法樹義於前,玄奘大師立量於後。相不離見分,寄言簡過曰:眞故,極成色,定不離眼識。相不能攝相,寄言簡過曰:自許初三攝,眼所不攝故。相不攝相,亦猶眼識,非眼根攝,曰:喻如眼識。以不離義,心外無境,決定決定。心外無境,心內有境,決定決定。依此境界,為所緣緣,能緣所緣,識相決定。如是說境界依義。

復次,有漏必生無漏,隨順依故。增上緣中,有隨順依,立引發因,謂三性種現,隨順同類勝法,便能引起同類勝行,引得無為妙法。如是所依,一切疑畏,豁然殆盡,踴躍稱心,曷其有極!是故此論,稱為《地論》,地者所依義故。是為第五依義。

第六,用義者:眞如是體,體不生滅,無始種子,依不生滅,而起生滅,如實說相,一切是用。用有十義:一,種子義;二,對治義;三,破執義;四,如幻義;五,極微義;六,刹那義;七,集顯義;八,周徧義;九,無盡義;十,正智等義。諸有不知種子義者,或執實體,宰一切物;或執無用,一切皆空。實體是染,不可使淨;實體是淨,不可使染;染淨既虛,戲論何益?一切無用,一切無能,善既唐功,惡亦無報,因果既壞,聖教何施?若知種子用非是體,便息分別,如理思惟。熏習義是種子義,與彼諸法,俱生俱滅,而有能生因性,無閒傳來,為後生因,是名熏習。雖無實物,而有氣分,氣分者,猶如雲起。雖無作用,而有功能,功能者,猶如輪風。雲幻生滅,刹那刹那,惟用如是,能有能無。風力廣大,排山振海,惟用如是,有大勢力。了是以為用,用乃無過,如是說種子義是用義。

漏、無漏種,勢用齊均,流轉還滅,兩敵不並,故對治義安立不搖。諸有不知對治義者,誤體為用,本來寂靜,自性涅槃,不知徧計空無,惟是體性,體性不二,故有是言。若此依他種既是有,勢用自二,故須對治，盡未來際無住涅槃。又復不知對治義者，總為一聚，無相觀空。殊不知無相有功用行，地居決定，八地以前，大有事在，非可廢棄，一蹴而幾。種雜而强，治須縝密。貪觀不淨，嗔觀慈悲，癡觀緣起，慢則析根，疑復數息，以楔出楔，方便多施，盃水車薪，猶虞難任，況復昧賊所在，漫曰討除，欺敗唐勞，嗟何能及！又復觀總無力，觀別斯神，別觀久成，總觀乃當。如觀無常，五蘊無常，刹那集顯，方稱現量，否則墮似，飲酖可哀。是故知用義者，則知對治；知對治者，一切如理。然此對治，非斷煩惱，如斧斫木，因緣生法，猶如幻化，故不可斷。勝義諦中，諸法皆如，故無所斷。當知斷者，對治生時，煩惱斷時，如稱低昂，如明破暗，解惑不俱，故說言斷。十地師，前後相資，一運相續；攝論師，集想修斷，能治所治，俱入過去；既昧三時，又昧種義，不足為訓，是故應辨。了是以為用，用乃無過，如是說對治義是用義。

無功用行，但是無執，非無相見。猿猱知佛心，佛體衆生意，十方如來，但是無執，非無偏計。是故執為衆生，執破為佛，破執為法，執之異名為我，破之異名曰用。了是以為用，用乃無過，如是說破執義是用義。

幻師通衢，變現象馬，有象馬相，無象馬體，是之謂幻。有即說有，緣生有境故，如幻有相，是為依他如幻。無即說無，緣生無自性故，如幻無體，是為偏計如幻。幻相之有，非眞實有；幻體之無，為畢竟無；是為如幻三昧。諸所分別，諸所施設，諸所顯眞，攝幻義盡，攝用義盡。了是以為用，用乃無過，如是說如幻義是用義。

諸識變時，隨量大小，頓現一相，非衆極微積聚而成，最後滅時，亦不至微中間滅盡。是故大乘，無實極微，但以慧思分析諸色，假立方便，法空觀成，非若外小，執為我體。了是以為用，用乃無過，如是說極微義是用義。

方量既空,時量亦破,是故三世都無,刹那義立。此刹那義非是動義,前不待後,此不至彼,纔起即滅,相似隨轉,妄相宛然,不可窮詰。如是有十五義成立其相,有九因成内十四相,有十四因成外十相,恐繁不述。觀刹那義者,不為時限,不為生惑,不蹈定相,不墮執迷,亦復不陷虚空。了是以為用,用乃無過,如是說刹那義是用義。

三世既空,刹那刹那,前後不續,誰復積字成文、聚想成義,是故集顯義立。諸字諸想,雖入過去,刹那滅無,而有熏習,作後引因,相應緣生,聚集顯現。此集顯義,推廣施設,有唯識三世義,法相三世義,神通三世義,識上功能影像相生,此實現念托過未種,變似而緣,妄謂三世,而實一識,是為唯識三世義。即現在種是現自相,亦即現種是過果相,是未因相,雖實一種,分别說三,是為法相三世義。禪定他心通,雖心上功能,而皆證解,無有非量,故與凡異,是為神通三世義。三世非有,諸法宛然,萬種無邊,刹那集顯。了是以為用,用乃無過,如是說集顯義是用義。

緣都未起,分别渾無,是為萬種一如。獨别緣生,無種不挾,是為各種周界。子微以上方足相傾,種且非微,烏容有礙?況此種遇緣,顯現差别,餘種未遇,仍復一如。是故各種周界,水火相處而不侵;萬種一如,六根相依而錯用。了是以為用,用乃無過,如是說周徧義是用義。

既酬前果,即為後因,相引相牽,金剛後斷,有漏種隱,無漏種顯,彼去此來,無窮無盡。了是以為用,用乃無過,如是說無盡義是用義。

正智是用,發菩提心成正等覺故。大悲是用,無住涅槃無邊功德故。方便是用,一切善巧故。了是以為用,用乃無過,如是說正智等義是用義。是為第六用義。

第七,漸義者:一,時;二,位;三,補特伽羅;四,六行伏惑;五,九品斷障;六,因果;七,行別;八,果別;九,無畏;十,能入。諸昧漸義而談頓證者,一切無有,是故有過。

一,時者:謂三阿僧祇,一阿僧祇斷皮粗重,二阿僧祇斷肉粗重,三阿僧祇斷骨粗重。或以見道八地極果為差,或以十信見道修道為差。若無是時,無量障深,刹那頓斷,寧可為訓?是故有過。

二,位者:謂十三住。初,種姓住,亦為種姓地,亦為資糧位中順解脫分,亦為十信。次,勝解住,亦為勝解行地,亦為資糧位中順抉擇分,亦為加行位,亦為十住、十行、十回向。三,極喜住,亦為淨勝意樂地,亦為通達位,亦為十地中初地。四,增上戒住,增上心住,增上三慧住,無相有功用住,是等六住,亦為行正行地,亦為修習位,亦為十地中次第二地至七地。五,無相無功用住,亦為決定地,亦為修習位,亦為十地中八地。六,無礙解住,亦為決定行地,亦為修習位,亦為十地中九地。七,最上菩薩住,最極如來住,亦為究竟地,亦為究竟位,亦為十地中十地及等覺地、妙覺地。若無是位,一切佛法,信解行證,從何安立?安立都無,法何不滅?是故有過。

三,補特伽羅者:四惱、尋思、等分、薄塵,為七病行;聲聞、獨覺、菩薩,為三出離;未具資糧、已具資糧、已未具資糧,為三住持;法隨信行,法隨法行,為二加行;信解、見至,加行果;身證、慧、俱,修證果;向、四果,四沙門果;七返、家家,預流果;一間,一來果;中般、生般、無行、有行、上流,不還果;退、思、護、住、不動、堪達及不動法,阿羅漢果;是為二十八賢聖果。三界異生,學與無學,欲、色菩薩,欲界獨覺,不可思議如來,是為十三界有情。勝解行,增上意樂行,有相無相行,無功用行,是為五修行菩薩。若無如是補特伽羅,言說不易,得失無據,既違世間,亦常怖畏。是故有過。

四,六行伏惑者:苦、粗、障三,為無間道觀下斷惑;靜、妙、離三,為解脫道觀上證滅。二乘根鈍，斷證不融，行故資六。初劫菩薩，初資糧位，亦用伏惑。久修有力，不斷煩惱而生上界，方始不資。若無六行，惑何能伏？伏且不能，斷於何有？是故有過。

五，九品斷障者：三界九地，地各九品，品八十一。分別有斷無伏，俱生先伏後斷。斷分別二障，惟系六識，一心見道，唯一品斷，三心見道，則二品斷。斷俱生煩惱，其六識現行，地前漸伏，初地伏盡，種則金剛無間永斷；其七識現行，初地漸伏，七地伏盡，種則金剛無間頓斷。斷俱生所知，其六識現行，地前漸伏，八地永斷，種則十地漸斷，金剛永斷；其七識現行，地地伏起，金剛加行永斷，種則金剛無間頓斷。一切習氣，地地漸斷。是則頓唯七種，餘莫不漸，安有廢漸而可收功？九品不分，是故有過。

六，因果者：頓義是果義，漸義是因義。世第一法，一刹那間，頓入見道，是為一頓，然加行以前，有無量事。第八不動，刹那頓證無功用行，是為一頓，然不動以前，有無量事。金剛道後，一刹那間，頓入極果，是為一頓，然極果以前，有無量事。舉頓遺漸，是為談果迷因，有果無因，是為空華結撰。是故有過。

七，行別者：少時畢功之為頓，長劫修行之為漸。我說精進徧一切故，堅固熾然不思住故，久遠要期為一日故，無懈無勇心平等故，不貪不厭常如是故，是為行別。行別然後有得，否則怠懈不足言功。是故有過。

八，果別者：念念證極之謂頓，長劫闡提之為漸。淨障是業涅槃假名故，悲心勝故，證極亦功德不住故，八相成道為度生故，是為果別。果別然後無得，否則貪著不足言證。是故有過。

九，無畏者：難行苦行，施對治故；生死如幻，不取著故；攝持無漏種，緣至必生故；賴耶蘊染種，多生始盡故；熏習有力，勝愚迷故；是故無畏。無畏然後能漸,否則疑畏,進退無據,苦不勝言。是故有過。

十,能入者:受熏持種,無記性故,是故貴漸。隨喜功德,久而能成故,是故貴漸。彼有此種,驟隱不顯,久乃現故;彼有此種,勢盛不顯,殺乃現故,是故貴漸。否則機舛,不足言入。是故有過。是為第七漸義。

第八,無種姓義者:聲聞地五義建立,此復略為十解:一者,障蔽不顯,乃稱為無,粗重常有,種姓常無故。二者,有種姓是隨順密意說,無種姓則眞實顯了說故。三者,此無種姓,為精進對治者立所對究竟說,非為怠惰對治者斷能對究竟說故。四者,有種姓是體,無種姓是用故。五者,建立自性涅槃之體,既依有種姓,即應建立無住涅槃之用,依無種姓故。六者,有對生死之無住涅槃,即應有對涅槃之無邊生死故。七者,既許雜亂性之有,即應許無漏種之無故。八者,有無盡功德之能,即應有無盡功德之所故。九者,有畢竟無障之佛,即應有畢竟有障之闡提故。十者,有聲聞趣寂,一分所知障之決定;即應有人天輪轉,全分出世障之決定故。是為第八無種性義。

第九,異門義者:宗經者,論異於經;解論者,釋殊於論。此宗著述,言人人殊,豈自教之相違,曷冰銷而杜謗?通斯疑難,應悉異門。妙理圓融,頓呈萬象,文字有矩,詮限一隅,是故尊聖、重教、契經,惟佛所宣;依理、廣文、論議,亦眾所說。世尊自廣分別諸法體相,於諸經典循環研覈,名磨呾理迦;諸聖弟子,已見聖跡,依自所證,無倒分別,亦名磨呾理迦,而皆為阿毗達磨。許佛滅後,三藏之內對法一藏,通弟子說故。若弟子造,非教藏攝,便聖教有限。若別異詮,非法義收,則妙理不周。是故此宗所述,多異少同,《瑜伽》五分,異門義立。然欲和會,亦非不能,隨順眞實義邊,此彼義邊、能所義邊,派別雖差,朝宗則一,琴瑟非專,水火豈極?諸所詮義,恐繁不述。經論會違,詳異門義,見諸別冊,參考可資。是為第九異門義。

第十,詮經義者:一,宗經;二,釋經。

一,宗經者:經中之經:《般若經》、《華嚴經》;經中之律:《瞿沙經》、《毗奈耶經》;經中之論:《阿毗達磨經》、《解深密經》,然抉擇《菩薩地》,引敘《深密》,一字無遺,是《解深密經》又宗中之特宗,抉擇中之最抉擇。三學俱多,唯素呾口+覽;戒定多者,屬毗奈耶;獨慧學多,對法藏攝。欲生正智,法隨法行,宜學對法;欲一總聚,多收散義,宜學對法,對法所重,雖及《達磨》,而最《深密》,以是因緣,《解深密經》智者應學。如是說宗經義。

二,釋經者:《尋伺三地》,釋《緣起經》;《三摩呬多》,釋《出離經》、《離憂經》、《六出離戒經》、《五支經》、《釋靜慮經》、《四檢行定經》、《六境不受想無想經》、《四趣道經》、《釋四淨勝經》、《心清淨苾芻思惟五相經》、《蕩塵經》、《三相思惟經》;《思所成地》,釋諸《伽陀經》;《聲聞地》,釋《師子吼經》、《普賢經》、《難陀經》、《七日經》;《菩薩地》,釋《轉有經》、《無盡意經》;《抉尋伺地》,釋《出愛經》、《八苦經》、《三士經》;《抉三摩地》,釋《身念處經》、《摩訶俱瑟恥羅經》、《法因緣經》、《眠經》;《抉聲聞地》,釋《月喻經》、《伐地迦經》、《乞食清淨經》;《抉菩薩地》,釋《五種過患經》、《屍佉落迦經》,釋《寶積經》;《攝釋異門》、《攝事》,多釋四《阿笈摩經》。是諸釋經,或釋數句,或釋數分,見諸明文,約略舉此。論諸所稱,雜釋餘釋,賅攝經典,無量無邊,下士鈍根,難可稽考,望洋嗟若,我生不辰,所冀同心,廣挹甘露。如是說釋經義。是為第十詮經義。

以上十義,略舉其要,是為十要。若欲廣敘,為義葳蕤,恐厭繁文,此姑不述。

卷下

十支第四

說十要已，次說十支。十支者，如人有身，必有其足，乃稱六足，如木有本，必有其支，遂為十支。足以扶身，支以輔本。《發智》不詳，充於六足；《大論》不及，資於十支：一，《百法》；二，《五蘊》；三，《攝論》；四，《雜集》；五，《分別瑜伽》；六，《辯中邊》；七，《二十唯識》；八，《成唯識》；九，《莊嚴》；十，《顯揚》。

一，《百法明門論》者：略錄《本地分》中名數，而以一切法無我為宗。一切行無常，一切行苦，一切法無我，涅槃寂靜，四嗢枪南是稱法印。然無常故苦，苦故無我，無我即涅槃，法印雖四，宗趣唯一，故但說一。初地百法，二地千法，以次無邊，為一切法。然聞思教體，見道為極，略修增上，故但說百。《攝事分》中本母事，先略序事：一者，心事，二者，心所有事，三者，色事，四者，不相應行事，五者，無為事。然有其目，而缺別文，故復造論。自性、相應、所緣、分位、及與清淨，五惟一識，攝一切法，人、法無我，惟是識故，故屬唯識。是為《百法明門論》以一切法無我為宗義。

二，《五蘊論》者：略攝《本地分》中境事，而以無我唯法為宗。契經九事，首蘊、處、界，長夜淪迷，執一實我，世尊方便，俾認為法，是故十二分教，均以六善巧為宗。破一性我，說為積聚，而非是性，蘊且有五，而豈惟一？破受者我，但識生長，處且十二。破作者我，任運而持，無作用性，說名為界，而有十八。是故《百法》以識攝法，法亦是識;《五蘊》以蘊攝識,識亦是蘊。《百法》唯識,識即是性,但說名數;《五蘊》法相,相各有性,故詳說性。《攝事分》中,本母事後廣辨事,所治、能治有十四對,此論復次,略其所詳,故唯十二。是為《五蘊論》以無我唯法為宗義。

三,《攝大乘論》者:括《瑜伽》、《深密》法門,詮《阿毗達磨·攝大乘》一品宗要,而以簡小入地為宗。依正教文,一阿僧祇授《十地經》,世親證明得定,將入見修,聞《十地經》,涕淚悲泣,無著授此,俾之作釋,是故簡小入地,於此獨詳。佛由菩薩修道而成,菩薩多聞熏種而入,幸福無邊,逢茲妙典,一切且置,應此鑽研。一,華嚴教海,非此不入故。二,薄伽梵十殊勝語,因果始終,開示明白故。三,獨標所知,大所乘故,漏、無漏種,共此所依,舍對治外,無他謬巧故。四,建立賴耶為大王路,一切智智,大所乘故。五,攝三性於唯識,唯識妙義,此獨詳故。六,能入唯識,加行見道,為最近故,所入唯識,方廣十事、平等六度為因,增上六度為果故,如是能入、所入,詳詮入義,大所乘故。七,修道差別,法爾次第,初地為得,十地成辦,華嚴修因,正詮唯此,大所乘故。八,別顯六度,約立三學,三學增上,大所乘故。九,斷謂無住涅槃,大所乘故。十,智謂三身,大所乘故。如是十義,顯示此論,為大王路,為燭幽炬,勝利無邊,不可說言,誰有智者,而不鑽研?

復次,十支之中,《攝論》最勝,《百法》、《五蘊》,略不及詳故;《雜集》、《法相》,博不及要故;《分別瑜伽》但釋止觀,六度三學,此獨詳故;《辯中邊論》明中道義,對惡取空,此明十地,正詮所修故,二種唯識,立破推廣,提挈綱領,此最宜故;《莊嚴》詮大,意在莊嚴,此論詮大,意獨在入故;《顯揚》詮教,意重聞思,此詮入地,意重修慧故;是為最勝,應此鑽研,是為《攝大乘論》以簡小入大為宗義。

四,《雜集論》者:括《瑜伽師地論》一切法門,集《阿毗達磨經》所有宗要,而以蘊、處、界三科為宗。一者,宗證據,《阿毗達磨》弘文未譯,然師子覺言本論依經,括義理盡,斯則就論討宗,即彼經要;基法師言此論初明三科,即以三科為宗,以是因緣,說宗證據。二者,宗體義,此論八品,先《本事分》,明三科體;後《抉擇分》,別三科義。境必有體,本其體曰《三法》,充其體曰《攝》,順其體曰《相應》,得其體曰《成就》。約前四品是三科體,為所觀法。依境起行,通行義抉《諦》,妙行義抉《法》,行必有果義抉《得》,慧解利他義抉《論議》。約後四品是三科義,為能觀法。以是因緣,說宗體義。三者,宗利益,善三科義,於一現境,隨其所樂,心易安定,於一切境,無不如量,正慧圓通,是為止觀利益。善三科義,思擇決定,於諸異論得無所畏,是為論議利益。《阿毗達磨》問答決義,是彼所事,故立《論品》,敘次篇終。以是因緣,說宗利益。四者,宗對治,或愚迷心,總執為我,以蘊對治,一為色法,三為心所,一為心王。或愚迷色,總執為我,以處對治,非色有二,色處有十。或迷心色,總執為我,以界對治,色界有十,心界有七,色心界一。上根聰利,但說於蘊,中根說處,下根說界。詳諸經論,有五善巧、六善巧、七善巧、十善巧之建立,此獨說三,根本立故。以是因緣,說宗對治。五,宗廣略,色識所攝,於蘊門中略而為一,於界處門廣開十七。受想行攝,法界法處略而為一,於蘊門中廣開為四。又蘊惟有為,界處及無為。能取所取,處惟顯生,界則及體,以是因緣,說宗廣略。

以上說宗,以下說義。六瑜伽法門,六善巧義,《五識意地》、《本地》、《決擇》,應知其相,《對法》括之,敘《三法品》建立門。有、非有等五十八門、《思所成地》、《聲聞地》,應知其相,《對法》括之,敘《三法品》六十義廣分別門。情、器雜染,《意地》、《尋伺地》應知其相;寂靜覺分,《聲聞地》應知其相,《對法》括之,敘《諦品》諸相法門。《菩薩地》所學法,《對法》括之,敘《法品》方廣十事門。《菩薩地》如是學,《對法》括之,敘《得品》現觀法門。《菩薩地》能修學,《對法》括之,敘《得品》補特伽羅門。因明詳於《聞所成地》,《對法》括之,敘《論品》諸相法門。以是因緣,說瑜伽法門。七,《瑜伽》異義,經論會違,詳陳可考,繁文不述,略舉方隅。色蘊廢立,色二十五,《瑜伽》減一。聲十有一,《瑜伽》二四。香六,《瑜伽》唯三。味十二,《瑜伽》唯九。觸三十二,《瑜伽》二十。法處所攝色五,《瑜伽》或二,或三,或四。想蘊分六,《瑜伽》總二。行蘊心所本惑開十立五十五,《瑜伽》五三。不相應行立二十三,《瑜伽》二四。是為《三法品》中略舉廢立義。苦諦義二,《瑜伽》義五。集諦煩惱緣起惟三,《瑜伽》有六;煩惱差別立二十五,《瑜伽》二七;故思造業建立有五,《瑜伽》惟二。十八思斷業欲修九無間,此論斷三,《瑜伽》斷二。道諦九根,四受隨一,《瑜伽》無憂,惟三隨一。是為《諦品》中略舉廢立義。菩薩藏中,此論希法,說有其二,《瑜伽》、《方廣》,說惟其一。是為《法品》中略舉廢立義。以《雜集》之異《瑜伽》,顯《瑜伽》之殊《對法》,古學今學,源流可徵。以是因緣,說《瑜伽》異義。八,部執所歸,四《阿笈摩》屬《本事分》,《阿毗達磨》屬《抉擇分》。《本事》敘九事,《抉擇》故三科。《本事》轉諦輪,《抉擇》故觀諦。《本事》通三乘,《抉擇》故收小。是故《雜集》、《俱舍》,大小《對法》,約義多同。部執競興,《婆沙》溺實,蘊處唯假,經部義長。世親賓主抑揚,造《俱舍論》,其所樹義,若聚集因是假義,若無為不立蘊義,方諸《雜集》,種種不殊。《正理》一破,朋迴有部;《雜集》一救,遂入大乘,眾流滙極,江漢朝宗。然此假實,厥惟六種:一,聚集為假,非聚則實。二,因於未來,名為假有,現見為實。三,果無其體,施設名假,有體為實。四,所行謝滅,唯念為假,現事為實。五,分位為假,自性為實。六,觀待為假,一切隨轉乃得為實,是六假實,大小共許,展轉立破,由粗入細,如量為至,法相所事。以是因緣,說部執所歸。九,異門說有,依他起性,執為徧計,不執圓成,是故假實有外立勝義有。識種為界,識生為處,處界是識,識如幻相,一切皆假,是故不獨蘊義假有為假,處界實有世俗為實,以如幻義,無不皆假。是為三法皆假,以異門義,說如幻有。是為人、法無我,遠離二邊,惟大獨有。以是因緣,說異門說有。十,眾義所聚,此論名集,諸聖所集,不獨無著;集諸經論,不獨《達磨》;無著《達磨》,稱舉其最。糅師子覺,安慧標"雜"。以是因緣,說眾義所聚。大哉此論,古今之異軌,小大之通途,經論之雜糅,群聖之會萃,義廣而賅備,文約而整齊。汪若望洋,昭若揭日,誰有妙典,博大簡明一至於此?欲入教海,多聞聞持,大漠指南,不迷所向,以是因緣,智者應學。是為《雜集論》以三科為宗義。

五,《分別瑜伽論》者:弘文未譯,然無分別一心為止,有分別多心為觀,《深密經》中,《分別瑜伽品》說止觀義。《攝論》第六教授二頌,引論所說,皆止觀事。是為《分別瑜伽論》以止觀為宗義。

六,《辯中邊論》者:敘七品以成瑜伽法相,而以中道為宗。有虛妄分別乃有依他,有是依他乃契中道,契乎中道乃成法相,九相顯已,空性方談,此論宗法相,故先之於《相》。境體為相,境用為障,五障障,九結障,十因、三十七覺分、十度、十地障,種種所障,令智不起,豈其虛妄本性皆空?故次之於《障》。依境起行,觀十眞實,唯識無相,一切如理,法相談相,一切如量,是故《瑜伽》、《中邊》俱詳眞實,此有其十:初一能顯,謂三根本;次九所顯,謂三相四無倒、四諦二諦、二極成二障斷、五法攝三性、七眞如、十善巧。如量觀行,必除我見,故次之於《眞實》。相行眞實,障行對治。覺分修,三品修,大小別修,修生對治,非任運有,故次之於《對治》。久觀久修,必有深淺。於法差別有十八位及與三位,於有情別而有七位,故次之於《分位》。因行既圓,果始足感,五果十果,三乘通得,故次之於《得果》。通果平等,別果無上,故終之於《無上乘》。無上乘者,一,由十二最勝有十度作業;二,以三慧能觀思十度作意;三,以六無亂修止、十無倒修觀,金剛十句於此詳明;四,以十五邊義顯詮中道;五,以平等差別詮大小乘異,是為正行五相。次敘所緣,有十二相;次敘修證,有其十相。是謂無上乘諸相。此論七品,詮表法相,簡惡取空,中道權衡,邊執屏斥,文不他及,義亦精嚴,境、行、果三,章次賅備,為法相之要典,例《攝論》而堪弘。是為《辯中邊論》以中道為宗義。

七,《二十唯識論》者:釋七難以成瑜伽唯識,而以唯識無境為宗。一,釋四難,夢則時有一定、處有一定,作用能成。鬼則人不一定,而實無境。又以獄喻,四事皆成,而實無境。獄卒既非眞實有情,亦非心外大色,更非造業在內、受果在外。受果非外者,教依識種密意說根,依識現相密意說塵。了知唯十二處都無有人,則人我執空。若能更知處唯是識,都無有法,法我執空。然法空密意遣徧計有,離言法性非撥為無。以是因緣,境無識有,唯識義成;以是因緣,非有分色,非極微非和合,非和集,識外俱非,成唯識義。二,釋所證現量難,同時意識雖是現量,一刹那後,起心分別證知此現,見既過去,色亦非今,證境分明,故非現量。非現量境,於理為無,以是因緣,成唯識義。三,釋不知難,夢境非有,覺而後知,大覺證眞,方知唯識,凡夫不知,依聖言量,以是因緣,成唯識義。四,釋友教難,但詮心內自識所變,非遮心外他識有情,自他展轉互為增上,令各自識變自似相,既非外境而有外識,善巧無邊,成唯識義。五,釋夢無果報難,夢劣無果,覺勝致報,非由外境,唯識義成。六,釋意業無罪難,如鬼念力,令人得夢,彼識轉變,令此命斷,故無身語業而得其罪,意罪為大,唯識義成。七,釋他心智難,法執所蔽,他心如自,皆不如實,非若佛智離言稱量。由不如實似外境現,而實非境,以是因緣,成唯識義。如是七釋,唯識成立,妙義無邊,方隅略示。是為《二十唯識論》以無境唯識為宗義。

八,《成唯識論》者:廣詮《瑜伽》境體,而以識外無別實有為宗。《對法》廣詮法相,此論廣詮唯識,賅攝汪洋,堪稱兩大。然《對法》獨詮正義,而略別破;此論凡一樹義,正別俱詳,是故欲治此論,須分兩事:一,正義事,世親既釋《攝論》,抽所授義,別廣唯識,著述未終,而生覩史。十家造論,言人人殊,糅會貫通,獨宗護法,故護法義是正義。折中取捨,權定基師。或初無有義,理教極詳;後言有義,理教獨略;勝者在初。或前略後廣,而皆有義,勝者多後。或理教齊等,前後有義,取捨任情。如是披尋,護法餘義亦為正義。二,別破事,外道九十六,大者十三,數論、勝論、聲論、明論、離繫、邪命、順世、梵天,諸如是等,或譯專籍,或載賸文。小乘有部所繫,由薩婆多而經部,而《正理》,而《成實》、《俱舍》等,餘部所屬,若正量、大眾、一說、化地等,諸多部執,或詳專籍,或載賸文。所破不明,能破不立,外小未晰,此論難通。無著濟龍樹之窮,護法糾清辨之失,安慧或朋清辨,難陀親而未精,是則大乘空宗,本宗諸德,皆所悉究,不厭求詳。

大哉此論!誠所難言,今姑逐文,約略其概。異生迷謬,執離心外另有實境,妄計二取,為眞為實,大悲除執,說唯是識,是故最初,廣詮識相,即依他起。雖知此心虛妄顯現,而未了達眞性是何,若未知眞,烏能別妄,是故次初,明唯識性,即圓成實。入此唯識斷妄證眞,非少修行可能圓滿,故次第三,明唯識位,即十三住。

且初,識相門,先明宗要,後廣識相。先明宗要者:離識而外,無別實人,識種與法,互熏習故,有憶識誦習。心、心所法,因緣力故,有造業受果。身心相續,煩惱厭患故,有生死涅槃。諸不如是,執有實我,種種安立,是故有過。離識而外,無別實法。色法之中,其有礙色者,識變似相為所緣緣,見托帶彼隨量頓生,本來虛脆,為破此粗色,假立彼極微。其表無表色者,以心為因,識變似手,轉趣余方,似有動作,假名身表。以心為因,識變似聲,生滅相續,似有表示,假名語表。依思或願,善惡分位,假立無表。不相應行中,依彼諸法,可成分位假立成就;依彼身心相似差別,假立同分;依業引生識種功能住時決定,假立命根;依損心種及伏粗動分位差別,假立二定;依法因緣本無今有、暫有還無、表異無為,假立四相;依語聲分位差別,假立名句文身。無為法中,一,依識變假施設有;二,依法性假施設有。是則一真法界,有為、無為。一切皆假,唯是識變。諸不如是,執有法我種種安立,是故有過。然心、心所依他起故,亦如幻有,遣心外境,說唯有識,若執識實,亦如法我,是故有過。如是為明宗要。後,廣識相者:初,能變相;二,所變相;三,理教無難相。相十二門,自相因果所依所緣,行相相應五受三性,流轉伏斷及與界地。如是諸門,八識則以十門分別,七識九門,六識八門。賴耶、末那教理建立,依據《瑜伽》及與《攝論》而更加詳。賴耶五教:《對法》、《深密》、《楞伽》、《莊嚴》,四為大乘,《阿含》通小。賴耶十理:持種、執受、壽煖識三,受生命終,無心滅定,五義見於《瑜伽》;異熟、食體、趣生體、名色依、染淨依,五義見於《攝論》。賅攝廣備,惟此論明。末那二教:《楞伽》惟大,《解脫》通小。末那六理:不共無明,六識二緣,思量名意,二定無差,無想無染,我執不有,如是六義,亦《攝論》有。是為異熟、思量、了別三能變相。此三能變,變於見相,見為分別,是為能取;相為所別,是為所取;二取之外,無別實有,由教及理,十難發明,是為四分所變相。以分別不生難者,以緣生理解。四緣、十因、十五依,說緣義盡;生現、生種,說生義盡。以生死不相續難者,以業取習氣理解。習氣有三:名言、我執及與有支;有支十二:初二能引,次五所引,次三能生,後二所生,如是前後展轉不竭。以境無二自性無為難者,以性不離識解。虛空、擇、非擇七眞如,六法五事,四眞實四諦,三解脫二諦,凡聖智境,假實異不異,一切唯識,一切與三性攝故。以識有三無性無為難者,以佛密意說解。依三自性立三無性故。是為理教無難相。如是為廣識相。

次,識性門,如眞如性,即唯識性。

後,識位門,五位修證,資糧、加行、通達、修習,及與究竟,文勢易了,此姑不述。

此論三分,成立唯識,是故說為《成唯識論》。是為《成唯識論》以識外無別實有宗義。

九,《莊嚴論》者:括《瑜伽》《菩薩》一地法門,而以莊嚴大乘為宗。三持十法,妙義難窮,更立伽陀,制為此論。法門雖一,詮表不同。或詳或略,或能或所,或相或義,或常或勝,參觀互察,義乃無遺。是故西域大小乘學,悉以此論為其根本,於此不通,未可弘法。此論以莊嚴大乘為宗者,一,序分莊嚴;二,菩提莊嚴;三,教授莊嚴;四,方便莊嚴;五,功德莊嚴。序分莊嚴者:大悲度生,立《緣起品》;八因證大,立《成宗品》;勸入勝義,立《歸依品》。《瑜伽》直敘本地,故從所略,此論意在莊嚴,故更加詳。是為第一序分莊嚴。菩提莊嚴者:二無姓三十二喻,《種姓》、《發心》,《瑜伽》所略,《莊嚴》獨詳;《菩薩地》所學處,其前四品能所分別,《瑜伽》說所,《莊嚴》說能;後《菩提品》,十四妙義,《瑜伽》所略,《莊嚴》獨詳。古稱此論微妙在是,比諸經論得未曾有。是為第二菩提莊嚴。三,教授莊嚴者:《菩薩地》所學法,《瑜伽》一品,《莊嚴》開六,《瑜伽》說所,莊嚴說能,《瑜伽》說相,莊嚴說義。趣入有基，七義《明信》；信必求法，十八義《述求》；求而弘之，十二義《弘法》；於此資深邀如來教，二十五義《教授》；見佛聞法從而思修，十一義《隨修》；修則業淨，四義《業伴》。此有六品，獨說教授莊嚴者，教前修感，前四惟感；教後起行，後一說行，正詮教授，唯此《莊嚴》。此之莊嚴，敘次有五：一者，信修劫滿，授《十地經》，聞慧得果故。二者，起心修住，蒙佛稱德，由聞入思故。三者，善根入地，作諸功德，由思入修故。四者，餘地二智，轉依利生，修慧圓滿故。五者，因大教授，得大義利，勸入勝行故。是為第三教授莊嚴。第四，方便莊嚴者，菩薩地能修學，有三方便：六度、四攝為自分方便，《瑜伽》詳七，《莊嚴》略一；供養親近無量為勝進方便，《瑜伽》略一，《莊嚴》詳三，《瑜伽》大悲百十一苦所緣生起，《莊嚴》大悲三十六偈分別相用。菩提分品十五行為內證方便，《瑜伽》詳事，《莊嚴》詳義。三乘根本覺分為同，覺分根本念住為獨，十四勝修於此詳說。五十三義成立刹那，觀行無常此義賅備。是為第四方便莊嚴。功德莊嚴者，此之一品詳略均等，各隨所義異門詮次，此姑不述，是為初持功德隨法究竟，《瑜伽》詳九，《莊嚴》略二，是為二持、三持功德，是為第五功德莊嚴。是為《莊嚴論》以莊嚴大乘為宗義。

十，《顯揚論》者：錯綜《瑜伽地》要，而以顯教為宗。有染有淨，然後有教，以染淨事攝瑜伽地，《攝事》第一。既有教事，必有教義，《攝淨義》第二。教以四諦為根本，但是苦集而非是染，但是滅道而非是淨，染淨是假諦之為實，增諦而七，《成善巧》第三。教以四法印為觀行，綜《瑜伽》義，詮染淨事，成《無常》、《成苦》、《成空》、《成無性》第四至第七。教為聞熏，必極見道，《成現觀》第八。現觀資糧，要先思議，《成瑜伽》第九。不可思議尤應遠離，《成不思議》第十。最勝十相，抉擇九事，成《攝勝抉擇》第十一。無著大悲，救惡取空，既請慈尊說瑜伽教,復為難持,約文標旨,說十一品,階梯已得,升進無難,踴躍歡喜,得未曾有。然有數義,此略抉擇:染淨為教,不稱染淨而稱攝事者,諸佛語言九事所攝,此之九事雖是異門,然不離事,故名攝事。《顯揚》九事攝《瑜伽》十七地者,初之五事攝《瑜伽》境,次之二事攝《瑜伽》行,後之二事攝《瑜伽》果,為詮染淨,錯綜地義,不以地名四嗢柁南不稱《無我品》,而稱《無性品》者,翻顯無性但為無我,非一切無生空屬空,法空無我,雖簡二乘,實詮法有。是為《顯揚論》以顯教為宗義。

復次,說十支次第。若以造論人分別,應先之於彌勒三論:廣大乘義,《莊嚴》應第一;觀唯識義,《分別瑜伽》應第二;成法相義,《中邊》應第三。次,無著三論:立唯識宗,《攝論》應第四;立法相宗,《集論》應第五;闡十二分教,《顯揚》應第六。次,世親四論:為唯識宗作開導依,《百法》應第七;為法相宗作開導依,《五蘊》應第八;為唯識宗作廣論,《二十頌》、《三十頌》應第九、第十。

若以讀論人方便,為二宗示階梯:應先之於《百法》、《五蘊》;為二宗示決擇:應次之於《攝論》、《集論》;為二宗示根據:應次之於《分別》、《瑜伽》、《辯中邊》;為二宗示廣義:應次之於兩《唯識》、一《雜集》;為二宗示別義:應終之於《莊嚴》、《顯揚》。《雜集》雖廣,附庸《集論》。《二十頌》易,亦可提先。是為讀論方便次第。

復次,說十支異名。《百法》名略陳名數;《五蘊》名粗陳體義;《雜集》名分別名數,廣陳體義;《莊嚴》名莊嚴體義;《顯揚》名總苞眾義;《攝論》名廣苞大義:《中邊》名摧邪顯中;《二十唯識》名摧破邪山;《三十唯識》名高建法幢;《分別瑜伽》名攝散歸觀。

十系第五

說十支已,次說十系。諸佛等流,依於言說,此土創教,是釋迦文,三藏十二部,結集賅全。然《解深密》說:佛一時中,惟為聲聞,以四諦相轉正法輪;於二時中,惟為大乘,依一切法無有自性,以隱密相轉正法輪;於三時中,普為諸乘,依一切法無自性性,以顯了相轉正法輪。第三時教,一雨普被,乘則有三,教唯是一。是故今所稟承,決擇最後,所遵經典,不濫他時。三時經中,其唯識六經同《瑜伽》外,《莊嚴》詮德,《密嚴》詮識,唯獨《楞伽》,所說具備。八識、二無我,已樹唯識之幟;五法、三自性,業開法相之門。十系所演,不出二宗,一脈相承,可得而說。

一生補處,弘三時教,是為彌勒。佛說稱經,餘惟稱論。彌勒五論,首是《瑜伽》,理無不窮,事無不盡,文無不釋,義無不詮,疑無不遣,執無不破,行無不修,果無不證。正為菩薩,令於諸乘境、行、果三,皆得善巧,勤修大行,證大菩提,廣為有情,常無倒說,兼為餘乘,令依自法,修自分行,得自證果。大本既植,支義復提,顯立法相,說《中邊頌》;顯嚴大乘,說《莊嚴頌》;《分別瑜伽》,顯觀行說;《金剛般若》,顯實相說;五論立宗,罄無不盡。若空宗之有文殊,實此學稱為初祖。

部執竟興,眾生著有,龍樹破執,造《中論》等。無相教立,又復著空,是以無著上請慈尊,親說五論,下廣中道,特創二宗。創唯識宗,作《攝大乘》,傳於世親;創法相宗,作《集論本》,授師子覺;更依《大論》,約造《顯揚》,善誘眾生,聞熏聖教。若空教之尊龍樹,實此學奉為開宗。

世親菩薩，有部出家，廣造小論，聚精《俱舍》。糾彼所短，抉其所長，已滙群流，將親海若。是以聞《十地經》，悔罪改過，復於大乘，廣造宏文。受命最初，作《攝論釋》，滙義厥終，作《三十頌》。中間著述，廣博難稽，此土傳來二十五種。是故治世親學，應於大小乘跡，次第披尋，初應《俱舍》，後應《攝論》，二十五種《三十唯識》，一切應觀。然後開小入大，舍常取勝，於普被教，功不唐捐。雖《攝論》學猶有無性，然群奉世親謂為正派。彌勒、無著，作祖開宗，光大門庭，唯世親學，位雖未登地上，功實等於提婆。

世親而後，厥為陳那。有三玅論：一，《正理門論》，論軌論式，幽致未分，爰暨《理門》，重成規矩。古於能立，兼及宗等，此唯因喻。古於似立二十七過，理門增二猶多隱義，天主加四為三十三。然似破彈敵具十四類，理門義當前後超倫。二，《集量論》，唯識所變，古唯見、相，更立自證，三分義詳。三，《觀所緣緣論》，極微無相，和合無體，體相具周，方稱現量，現量之境，乃是唯識。止此三論，已飲甘露，況更搜羅，妙味何極？誠賢劫之一佛，奉《瑜伽》以周旋。

世親菩薩有兩派學，一，已竟義，滙小歸大，融兩《對法》，安慧所得；二，未竟義，推廣唯識，獨詮大乘，唯護法承。非護法義異於世親，實未竟學不同已竟。雖詮唯識，厥有十家，而能立義周，誰超護法？一者，本有新熏種，容具二義。二者，證自證分，四分成識義。三者，器界隨時變，根身各自變義。四者，無色界中，有定果色義。五者，依義，仗因托緣，而得生住，是名為依；決定有境為主，令心取自所緣，名為所依；種現相生，定非前後，為種子依；五具四種，六識唯二，七八互依，為俱有依；自類非異，開前導後，為開導依。六者，意緣藏識，見分非餘義。七者，決定染心，與八隨惑相應而生義（沉掉、不信、懈、放、忘、散，及不正知）。八者，無學無染，非無意依義。九者，人天為憂，而非尤重;鬼畜憂苦,有純雜異;地獄純苦;三乘不攝,憂喜樂三,決非無記義。十者,六、七心品執我法者,是能徧計;心熏習力,所變二分從緣生,故名依他起,依斯執實有無一異,名所徧計義。諸所樹義,葳蕤紛淪,且舉方隅,說此十義。世親以後,唯此一人,誠日月之麗中天,堪以座於菩提樹下。

護法門人,勝友、智月及與勝子,都善唯識,復釋《瑜伽》八百餘卷,今得一卷,依以指南。然戒賢樹義,獨超時輩,如說五蘊無常、善根觀心、總一相現,是共相境,非現量攝。見道觀心,有五無常,一心五解,稱自相境,方名現量。妙義弘文,惜不多見。彌勒、文殊,無著、龍樹,護法、清辨,戒賢、智光,兩兩對稱,是法標幟。垂老奇疾,不取涅槃,傳法奘師,有逾誠懇。奘師聽講《瑜伽》三徧,《顯揚》、《對法》、《正理》一徧,《因明》、《聲明》、《集量》三徧,《中》、《百》二論,亦復三徧,如是諸部,凡經五載。結西域之終,開東土之始,此學樞紐,是稱戒賢。

此土此學傳譯先聲,魏則佛陀扇多,隋則笈多行矩,但譯《攝論》,未可稱最。張大譯事,厥有三家:一,菩提留支;二,毗目智仙;三,眞諦三藏。眞諦揭典,十未譯一,要籍將全,盛弘《攝論》及與《俱舍》,然樹義多異,世親別支。《瑜伽》巨典,唯譯三卷,名《決定藏》,文多不暢。北涼、劉宋,《地持善戒》,譯亦不良,而使甘露無飲,大法久空,哀痛慷懷,沉淪曷極! 有玄奘法師者,悲深願切,誠重勞輕,絕漠萬裡,淹留羈滯,十有七年,文字語言,玄思奥義,頻於十死,擯於九難,而後《瑜伽》百卷,得眞獲全。又譯場大德二十六人,綱羅奇傑曠世一時,誠所謂供養無量百千諸佛,機感奇緣,非稱苟簡。然奘師所譯,七十四部,千數百卷,視得梵本,九分惟一。奘師著述,獨存《唯識》一量,《會中論》、《制惡見論》,凡六千餘頌,未留一字,最足憾者。經則

《阿毗達磨》、《如來出現功德》,論則《分別瑜伽》、《集量》,小乘則經部《毗婆娑》,朝夕所資,輒不獲覩,旁徵博采,矧冀其餘。古先哲言:東上多大乘根器。其諸必有豪傑,奮然崛興,繼奘師後。

奘門多才,太賢圓測,每樹異義,《深密》測《疏》,於今猶存。然昉、尚、光、基,稱四大乘,恍若什門睿、融、生、肇。昉尚佚籍,光記《俱舍》,堪表一宗。若夫群義發揮,要論都釋,百本之疏,猶存過半,惟我基師,恍惚如對。其糅厥古,先在《成唯識論》;其錄存師說,在《法苑義林》;其自所立教,大善因明,流通五姓,則在《因明大疏》、《法華玄讚》。《大論略纂》,尤萃精華,泱泱東海,貽我至寶,研尋有途,不其懿歟!

基師之後,慧沼、智周,承弘五姓,作《慧日論》,其《了義燈》、《演秘》,俱詮唯識,亦有精華,至夫《瑜伽》著述,一切蕩然,今所依倚,有道倫《記》,猶資探討,因流溯源。自是以來,微乎渺矣。

緒言第六

永明壽師,作《宗鏡錄》,詮次法相,雖無樹義,猶能詮釋,古典俱在,依據不誣。元末籍亡,斯學沉響,明人壁造,勞而唐功。遂使數百餘年,治此宗者,捨《相宗八要》、《唯識心要》以外,無別精研。支離破碎之談,戶牖一孔之見,有天地之大而不能知,有規矩之巧而弗獲用,惟望此而卻走,誰有事於《瑜伽》?

唯我親教,深柳大師,天縱之資,一時崛起,道、鹹之際,舉國沉迷,師以讀奇書,獲《起信》、《維摩》於皖肆,浸假搜羅,遂通三藏。由是發願:願法與劫齊,願人都法獲。私家刻經,始于宋元之際本,次於明武陵方冊本,三於明清之際密嚴嘉興本。隨成隨毀,蕩然無存。師創金陵刻經處,繼第四之私藏,利有情以菩提。顧其所學,由《起信》而淨土,由淨土而《華嚴》。華嚴尊《疏鈔》,《疏鈔》以唯識釋義,由是暮年深探法相。初,於南條文雄氏得《因明大疏》、《成唯識述記》,次第刊行,未遂治刻《瑜伽》,僅成其半而慧日西淪。他日葉元鋆問:《瑜伽師地論》後半若何?師對曰:以囑諸漸。數日寢疾,命三事,筆以告同人:一,繼刻《瑜伽》;二,作《釋摩訶衍論集注》;三,編《等不等觀雜錄》,復速成《大藏輯要》,附作提要,而陸續以成全藏。

今者,《等不等觀雜錄》由徐文蔚編成,《瑜伽》亦以機緣幸未辱命。然是《論》刻成,由終溯始,已閱二十寒暑。夫以無著請說之難、奘師傳譯之難、元明展轉刻而復毀之難,今者重刻又如是之難,敬恭作《敘》,以志其難。其難已往,由文字入實相,庶其無難。乃從而作偈,偈曰:

彌勒未下生,法已先得聞,
由聞而思修,三慧熏種成。
發心速入地,平等轉殊勝,
三學伏斷惑,轉依即證眞,
要由有門入,必持攝大乘,
此學鬱千載,其籍東海存。
讀已即宣告,依法不依人。

民國六年中秋編者宜黃歐陽漸識於金陵刻經處

《大涅槃經》敘

經敘品第一

純陀品第二

哀歎品第三

長壽品第四

金剛身品第五

名字功德品第六

四相品第七

四依品第八

邪正品第九

四諦品第十

四倒品第十一

如來性品第十二

文字品第十三

鳥喻品第十四

月喻品第十五

菩薩品第十六

一切大眾所問品第十七

現病品第十八

聖行品第十九

梵行品第二十

嬰兒行品第二十一

光明徧照高貴德王菩薩品第二十二

師子吼菩薩品第二十三

迦葉菩薩品第二十四

憍陳如品第二十五

敘曰,應學涅槃學。《華嚴》為說法之始,《涅槃》為說法之終,河漢江淮朝宗於海,四十九年十二部經歸於涅槃。涅槃為果境行為趣。涅槃為體用能所依,清淨法界所謂涅槃,五行之外有如來行所謂大乘《大涅槃經》。是故須學涅槃學,先讀其文,後決其義。

且初讀文者,經言如是微妙《大涅槃經》,乃是一切善法寶藏,攝一切法盡,此何說耶?諸佛常住無有變易,一切眾生皆有佛性,《大涅槃經》是秘密藏,如是三句攝是經盡也。夫因佛涅槃乃說常住,因佛常住乃說眾生皆有佛性,是則常住一句攝是經盡,安用說三。然對執有經,說非得已,法離斷見而涅槃為無,不可不說如來常住,不舍眾生而棄闡提,不可不說佛性皆有,法不思議而執一定,不可不說秘密涅槃,是故不應一句攝此經盡,應以三句讀《涅槃經》,復有四句讀《涅槃經》,法句,法行句,法義句,法用句,綜錯發明常住、佛性、秘藏三句義者是也。起《哀歎品》訖《大眾所問》,法句所攝,起《現病品》訖《高貴德王》,法行句所攝,《師子吼品》,法義句所攝,《迦葉》、《憍陳如》,法用句所攝,而最初二品敘當時事,非四句所攝。

何言乎當時事耶?音光集眾不受諸供,為護法故,受波旬一咒。如是讀《敘品》第一。純陀住地菩薩,於迦葉佛所誓作釋迦最後奉施,故佛涅槃既告其期還受其供,檀波羅蜜證覺入滅等無異也。仗佛墮數感請長留，豈昧諸行觀空乃慰，謂天中天應壽極長，自在法王應降魔怨，寧捨身命說佛無為，如慚愧女不說有為，雖知方便不能不憂，覆自思維反生慶悅，涅槃義明無所論難，尋與文殊辦供而去。如是讀《純陀品》第二。

何言乎法句所攝耶？所謂法者，常住、佛性、秘密三句法耳。云何得長壽？凡二十三偈作三十四問，《長壽》至《大眾》，凡十五品，綜錯三句義而作三十四答。問答之前六種震動，止悲徵問，若有能問空不空等十五？《中邊》即當安住三德秘藏如世伊字，而諸比丘顛倒醉迷但請無常不識真我，反勞如來既勸正修復釋差別，昔為外道而唱無我，今為涅槃而唱有我。如是讀《哀歎品》第三。比丘蚊蝱不堪任問，菩薩龍象應付大經，於是迦葉長壽偈問，堪能應佛戒律之徵。大覺世尊為法流通，不憚煩勞一一酬答。

一答長壽問，長壽有因，因於不殺，幻化為金剛童子，行慈而放光羯磨，許聲聞以驅遣壞法，囑苦治於四眾王臣，戒一何重哉。長壽有果，果是寶常，示寂是化身，世常實盜法，餘寶亦常，常乃可依肉眼不及。如是讀《長壽品》第四。

二答金剛不壞問，是身即法身，法身有果，果義有非俗三句，非真八十句，非真非俗十七句。

三答堅固問，法身有因，因是護法，在家許持刀，出家重師吼，有德寬德二俱成佛，是真護法不執五戒，是清淨僧善於解脫。如是讀《金剛身品》第五。

四答究竟彼岸問，七譬明寶常不思議。如是讀《名字功德品》第六。

五答廣開微密問，口密是般若，身密是法身，意密是解脫也。自正說常，正他則先說無常，後說於常，不聽食肉，而隨問答說斷肉施肉，戒攝一切，而有因緣漸次而制，然四事是一，一謂是常，滅諸煩惱寂靜鮮白，如木餘灰非滅即絕，閻浮不現而游覺華，是為般若口密也。菩薩住大涅槃示現無邊神化，奈何有欲生羅喉羅，離欲常住明滅爐存非大涅槃同於燈滅，是為法身身密也。佛無密藏以九喻明，三業顯然時或方便，實利非藏，夫非藏者，四十九年不藏其涅槃常義耳，略釋涅槃名解脱處廣釋解脱百句不窮，一切眾生以受三歸而得解脱，如來或時説三為一説一為三妙用無方豈聲聞境，常樂非受樂解脱非虛空，因緣引喻實不可喻，是為解脱意密也。如是讀《四相品》第七。

六答廣大為依與羅漢等問，是有八義，一者，解文義人及初二果不還羅漢名四種人為世所依。二者，為小説降魔非魔能惑大。三者，四人知正法能施正法利。四者，於多佛發心乃能護正法。五者，謗信於正法罪福不思議。六者，四人應禮供能方便護法，戒緩固非緩乘緩乃為緩。七者，真僞以戒判不判於袈裟。八者，昔人無法依四法今法屬人依四人。何謂今法？常住、佛性、秘藏三句為今四法也。如是讀《四依品》第八。

七答天魔留難佛魔分別問，魔壞正法不一其端化身而壞邪説而壞，一生二步三入祠四納妃五戒六德七經律八罪福，凡是經言無二不背，九部無佛性之談，佛性以煩惱不見，為弘正法而取大名，夢淫而悟悔教謬而不從，如是無罪一切都違，是為魔佛之辨。如是讀《邪正品》第九。

八答真諦問，昧常為四，知常為諦。如是讀《四諦品》第十。

九答四倒問，涅槃為樂，空寂為常，佛性為我，法身為淨，違此都倒。如是讀《四倒品》第十一。

十、十一答作業見性問，作業有二，見性亦二，作業二者，一，業緣性起，二，性能起業。業緣性起者，宗仰斯人因金乍見，還能飲乳實以藥消。若以種種世事疑性是無者，應知珠陷入體瘡痏是生，藥味停山酢咸致異，更復應知沙礫可穿金剛自住，是則所謂見有多歧者性實受蔽故也。性能起業者，知有佛性服甘露而長存，知有佛性即一我為三歸，知有佛性離二邊而中道，有無之法性不定，無二之性是實性，從緣而生故無二，業能轉變二亦無，因涅槃經知有佛性，因知有性覆棄見成。見性二者，十一住菩薩少少眼見以十喻明，二向道凡夫肉眼聞見以二喻明。如是讀《如來性品》第十二。

十二答半滿字義問，十四音三十三聲由半字而成滿字，文章經論藉是以詮，學是字本知法非法口業清淨，然眾生佛性不假字淨，如來解脫文字遠離是為能滅半字而成滿字，如是讀《文字品》第十三。

十三答娑羅鄰提問，諸經無常涅槃經常，而一切三昧皆歸涅槃，如彼二鳥不相捨離。如來無憂，而上地知下隨順示憂，如彼二鳥不相捨離，佛眾生所作已辦即入涅槃，如彼二鳥處原隨本放逸不放逸異法是常異法無常，然下不知上教彼無常，上能知下示現有憂，如彼二鳥不相捨離。如是讀《鳥喻品》第十四。

十四答日月星問，譬如於月出沒虧盈大小遮蝕長短欣厭，譬如於日長短處中，譬如於星晝隱夜現，皆是世間妄見分別不稱事情，如來亦爾種種示現乃至涅槃皆順從生而豈眞實，是故《大涅槃經》顯常住理，日出雲消應深信受。如是讀《月喻品》第十五。

十五答未發心而名菩薩問，經光威力毛孔夢中未發菩提自然而發，以勢必發是為菩薩，除一闡提十喻轉徵畢竟枯斷。

十六答大眾無畏問，不見佛性，不順菩提，不親善友，謗經邪見墮一闡提險道可畏，發露滅除坦道無畏，又復或隨或誹利養熏心報不速來愈益可畏。

十七答濁世蓮華問，修《涅槃經》知性相力，如彼冷風鬱蒸不惱。

十八答煩惱不染病不污醫問，《涅槃經》力，無量無邊，拔毒消災，發心解積，有十四喻除一闡提。

十九答大海船師問，如來無上船師，乘大涅槃船馭大涅槃風，渡諸眾生出生死海，應於是經生清淨信。

二十答捨生如蛻問，如來常住示現去來，亦如念師隨意造器。

二十一答觀寶如樹問，如來示三種身生長涅槃如菴羅樹，如來示四無常語無常苦空無我如先陀婆，然要其實如來常住無有族類易說於常法一切眾生有如來性，法衰僧怠《大涅槃經》如樹枯悴如乳成糜，須作丈夫毋厭女欲，甯令甘露潛沒地中。

二十二答三乘無性未生受樂問，見性以前三乘無別無有是處，同一佛性而無差，涅槃大小而有別。

二十三答得不壞眾問以發速心故與速記，以避輕慢不記聲聞，護法精勤眷屬不壞。

二十四答為盲作導問，昧實常住脣口乾焦若復識常乃名天眼。

二十五答教示多頭問，一音說法異類等解，各各自言佛為彼說。

二十六答長如月初問，子生十六月，教語同其音，隨聲復現形佛為眾父母。如是讀《菩薩品》第十六。

二十七答示現涅槃問，光照純陀教其速供，亦化多佛皆悉受施。

二十八、二十九答知性受樂問，非理喻六，偈說十三，止哭發心知性常住，先所化佛眾喜知常，今菩薩行能樂佛事。

三十答演說秘密問，如舉七偈各具因緣，亦有餘義亦無餘義。

三十一、三十二答畢竟斷疑問，常樂善法是名無餘，欲令知二不使墮邊。

三十三、三十四答離一切病近最勝道問，是二無文，有謂附見以上文中，然不敢從闕，疑而已。如是讀《大眾所問品》第十七。

上來三四十答，不以空義談般若而以常，不以周徧義談法身而以常，不以滅義談解脫而以常，不以染淨義談四諦而以常，不以無常為不倒而以常，不以法談四依而以人之知常。以護戒見性判四魔，以一我佛性攝三歸，以離言佛性為滿字，不相捨離，發心攝眾，無畏無染，諸如是談皆以秘藏《大涅槃經》。四十九年無非此法，法則猶是義則不同，以義不同法亦全異，任情隨自自在縱橫有如是哉。是之謂涅槃法也。

云何法行句所攝耶？所謂行者，五行十德而已。

初敘五行。病行、聖行、梵行、天行、嬰兒行，是為五行。如來大悲，放光利眾，既說法已，複說法行，如來無病亦無病行，為伏眾生示現涅槃，將欲涅槃自應臥病，所謂秘密之教也。有病無行，謗大五逆及一闡提是謂三病難治，有病有行，四果辟支次第證覺是謂五人病行。如是讀《現病品》第十八聞《涅槃經》，生信出家而修三學，得二十五三昧壞二十五有是謂聖行，佛及菩薩所行故名聖行，又三乘能奉佛所說義亦名聖行。此中說戒，說性重戒息譏嫌戒，若有因緣使眾發心而得破戒，菩薩戒淨住初不動地。此中說定，修三十七品，菩薩得四念住已，住於堪忍地。此中說慧，即說四諦隨眾廣開，說八聖道亦道諦攝，彼經不說無量諸相，上智能知而攝於四，世諦稱實即第一義，亦隨眾生開二諦談。如來虛空及與佛法非苦非諦而是眞實顛倒攝於苦，磨攝於苦集，磨以緣生有為說常，佛以無生無為說常，如來無計非轉法輪，但昔於波羅奈為中根說無常今於拘尸羅為上根說常，如是論義紛綸葳蕤。菩薩行已，則得住於無所畏地。從佛出十二部經，次第出修多羅、出方等、出般若、出大涅槃、如乳五位佛性醍醐故大涅槃無邊功德，雪山半偈舍命相求，迦葉弘經合稱共讚。如是讀《聖行品》第十九。菩薩住於《大涅槃經》知七善法，法義時足自眾尊卑而得具於梵行。又復具四無量心慈悲喜捨，而得具於梵行。此於悲喜略不發揮，獨於慈捨盡情論義。此中說慈有五論義，一，無量必四，二，無量與大,三,慈眞非妄,四,慈出神通,五,慈得極愛一子地。此中說捨,有六論義,一,修捨得住空平等地,二,亦知亦見,三,以知見得,四,無礙四得第一義無所得,五,以修戒得知見覺,六,以修六念處得知見覺。說慈舍已,說大涅槃經不可思議,說大法住滅,說阿闍世王滅罪因緣。如是讀梵行品第二十。取嬰兒十四相,喻如來行,名嬰兒行,天行見雜華此經不詳,是為五行。如是讀《嬰兒行品》第二十一。

次敘十德,法行之際必有所得行之效利,望果斯遙,此有十德。

一者,聞所不聞,《大涅槃經》能知諸經法義,永斷常等四疑,不執四倒八相,能了三句秘藏。

二者,能得神通身心自在,聞恒沙界而無定果,見恒沙界唯是因緣,知他心三世而第一義空。

三者,捨一切慈,而得無緣慈。

四者,深根不放逸,決定知成佛,施不觀福田,修土以十願,滅報等三餘,淨身處覺王,了緣而離怨,遠二十五有及與愛煩惱。

五者,根具,不生邊地,天愛天敬,得宿命智,所得與施異。

六者,得金剛三昧,破一切,攝一切,作一切,如本無相。

七者,親近善友,專心聽法,繫念思維,如法而行,所謂行者知涅槃佛性三寶實相虛空諸如是事。虛空義是涅槃義,佛現涅槃有多因緣,解釋涅槃有多名字。

八者,斷五陰,離五見。成六念處,修五定護菩提心,近四無量了眾歸大乘,心慧善解脫,所謂心解脫者法緣生故有,無自性故無,佛不定說因中有果,因中無果,亦不定說心性本淨或本不淨,心性與貪不相和合,緣故心貪緣故心解。

九者,信心直心,戒友多聞,信心菩薩信一乘無三,而亦信於方便分別,直心菩薩先讚人佛性令發菩提,發心命定不必醫故,聲聞不定必須醫故，闡提命盡醫亦亾故，佛性無住假緣便見見即菩提故，眞善知識雖舍利弗等亦不能勝故，眞正多聞知佛不說法而亦具足故，菩薩成就五事能作能忍能施而終不念我能，性本自空相似相續謂為不空，以彼不空能令其空而見佛性。

十者，修三十七品入大涅槃常樂我淨，為衆生說《大涅槃經》顯示佛性。五行告終以法滅故同聲慟哭。十德說已以惡比丘故誥誡丁寧，是為十德。然聞所不聞有四論義，一，德王論顯一切法如幻空無有實。二，琉璃光論，以內外生不生四句顯聞不聞四句，六句不可說有因緣故亦可說，性故是常滅故無常，有漏有生性故能生，無漏無生性故不能生。三，無畏論，以到不到四句顯聞不聞四句，而答德王前難。四，德王重論，有三復次。第一復次，顯涅槃之體，非本無今有是常住法，非作業生以莊嚴見唯了因見非作因有，了因即度，知空知度知波羅蜜也，涅槃不滅常樂我淨，佛性與寶平等一常，闡提悉有，名聞所不聞。第二復次，顯入涅槃，不決定闡提不決定，斷根不決定，犯重不決定，諸法不決定，善人不決定，乃至如來亦不決定，釋二十句。如來非世天，乃至非有漏非無漏，欲有無明是為三漏，見思根惡乃親受念是為七漏，如來無有，離二十五有不度衆生，如來無有，一切不決定，是故當知如來實不入於涅槃。第三復次，顯涅槃之義：一，世間二乘安樂與如來常樂我淨相對義。二，唯獨如來大我大樂純淨絕對義。如是讀《高貴德王品》第二十二。

上來五行十德除嬰兒行，皆是菩薩行，佛自菩薩來，涅槃由顯得如來最後敦敦說此，為一切衆生有佛性故，為一切衆生說修故，三學、四梵、六度，通途正行。知見瑩澈身土清淨，能聞思修入金剛定，能八正道入大涅槃，通途正德。此四十九年之所談，而最後談行乃亦不能外是也，義可異也行不可異也，是之謂涅槃行也。

云何法義句所攝耶？所謂義者，佛性涅槃義及餘義而已。且初佛性義者，正說有四，廣說有五。正說四者，佛以二十二法徵問，師子吼從聖行、梵行、天行、窟宅頻申而出，為眾生故而作三問，何為佛性，何義佛性，何名常樂我淨，又作三問，何眾生不見，何十住不了了見，何十住眼不了了見而佛眼了了見。

佛贊善問而約四答，是為正說四義。

一者，中道名佛性，智者得第一義空，既見於空，又不空，既見無常，又見於常，不局於邊，是名中道。

二者，觀緣智一乘首棱嚴我，諸如是義是佛性義。觀緣智是佛性義者，十二因緣甚深甚深，業不常不斷而得果報，無作者受者而有業果，無有慮知而和合有，聲聞昧始亦昧終，菩薩見終不見始，始終了了之謂佛，佛以為性是為佛性，是故十二因緣名為佛性，此觀緣智所佛性義也，一切眾生當有菩提，是故我說悉有佛性，一切眾生現無相好我說非佛。一乘是佛性義者，六度為莊嚴，一乘為究竟，悉有究竟但障今時。首楞嚴是佛性義者，一切畢竟而得堅固名首楞嚴，以是三昧而令諸佛常樂我淨亦名首楞嚴，亦名般若亦名金剛，亦名師子吼亦名佛性。我是佛性義者，有因緣故說無我為我，有因緣故說我為無我，如來是我而說無我得自在故，佛性無我如來說我以是常故。

三者，破惑受經而見佛性，破惑見者盲故不見，以首楞嚴而亦明了，或見皆無常，或見一分常，然是悉有。受經見者牛食涅槃忍辱勝草必出醍醐，食十二部異草則無，然非十二部而無佛性，解了經說十二是非，則知一切從緣有，知從緣有則見佛性，經是成就功德性則功德所成故也。

四者，法見聞見非了了見，法見不了者，少欲知足寂靜精進念定慧解讃解化眾以是十法猶非究竟，菩薩但住十法是以見性不了。聞見不了者，聞見慧眼，知自成佛不知眾生悉有佛性，是為不了，眼見佛眼，觀於佛性如觀掌中阿摩勒果，是為了了。然此眼見聞見有五分別，一對釋別，是有六對。二戒別，由共住久處智慧觀察知持戒破戒人，由六復次對辦戒持知眼見聞見，由戒而定而慧而涅槃得見佛性，由信友聞而有戒，信心因於聽法，聽法因於信心，涅槃畢竟無因而體是果，佛性是因非果，以是了因而非生因。三身別，以度眾生示無常身名眼見解脫常身亦眼見亦聞見。四見不見別，十住如來見眾佛性為眼見，眾生九住聞有佛性為聞見。五色非色別，色名眼見，非色名聞見。

四正說已，更復反覆論義，是為廣說五義。

一者，因果，非因中有果。初以緣因明非有果，乳為正因，煗酵緣因，酪從乳生為正，非乳有酪為緣，酪緣則角生，酪正必乳生，酪以乳正而生酪，樹以乳緣而長樹，一切諸法因緣故生因緣故滅，種種譬喻非乳有酪，則知眾生定有佛性但以後緣得見而有，非以今障不見而有。次以了因明非有果，一了因非乳時有而當有，二過未是有，三非不見有，四緣不相有。

二者，菩提，心非性，遲非退，性非佛，義非世，心退不退非性，以是五義分別佛性畢竟皆有。

三者，縛解，眾生縛解是業非性，以惑而縛，以道而解，凡夫子縛羅漢果縛，雖五陰空無修道者，而心心相續積習遂巧，雖生惡國以道力強不修集道而亦不染。

四者，三學有三復次。一為自求安不為眾生不名三學，為眾生行不見一切是眞三學。二壞十六惡律儀斷世間一切三昧，破世間所有惡見，是眞三學。三為身心寂靜修戒修定，為壞疑故而修於慧，菩薩如是道修性見，覺證涅槃，皆為眾生非於一己，生有始終亦有因果不名涅槃,是之謂眞正三學。

五者,共有,眾生佛性不一不二。與佛共有修道而見。雪山忍辱草牛食出醍醐。伶俐一修無礙五道性無變。

上來辨佛性義第一,以下辨涅槃義第二。辨涅槃有五義。

一者,地時莊嚴,取拘尸那地者古有諸佛於此修行今逐六師於此師吼取二月十五時者示法無常唯如來常示十一事佛法無虧,示雙樹莊嚴者能說眾生悉有佛性,唯有如來非六弟子有此堪能。

二者,入無相定名涅槃,凡夫多住如來無住,而久住拘尸那城無有是處,佛為種種因緣於拘尸那入禪定窟名無相三昧。此無相涅槃一修三法而得所謂定慧捨,是慧性不破煩惱,定見五陰出没,具修定慧知時非時,濟以六念能大利益。二修十法而得,所謂信戒友寂進念語、護實語、妙語、先意問詢時語、眞語供給同修具足智慧是也。

三者,非以報定永不得涅槃佛為不信業者說無量報,為不信報者說定得果,然業報有三,一報不定,二報定時定,三報定時不定,時有現生後,現生後時有善業受,有惡業受,有菩薩發願受,其報不定者智重轉輕愚輕轉重,以是因緣必修梵行及解脱果,若能修習身戒心慧重必為輕生回為現,不修反是是為癡人。

四者,須修道見性而得涅槃,實有涅槃須道乃得,佛常說義,恒河諸人具有手足而不能渡,豈如來咎。實有佛性須道乃見,非此佛性住眾生中故,常法無住法界各異時至則現故又非佛性與五陰我或即或離,如來名我,眾生無如是我,但以當得第一義空乃至頂三昧而言悉有佛性,云何乃不勤修聖道。

五者,須讀經見性而得涅槃,佛性三寶常樂我淨不可思議,有性不知而能信經不可思議,故讀涅槃見性證覺。

上來辨涅槃義第二,以下辨餘義第三。辨餘有四義:一者,菩薩難行苦行義，菩薩不惜身命，入三惡道為藥樹鬼身，種種難苦自知不退，決定能得無上菩提。二者，菩薩無邊不可思議。三者，《大涅槃經》如海八相不可思議。四者，佛以徵信因緣故胎生不化生。如是讀《師子吼品》第二十三。

上來佛性涅槃義甚深甚深，四十九年一向說空，今談佛性說不空空，但了生死義不足也。十二因緣向說煩惱，今談佛性而說十二，煩惱即菩提，生死即涅槃，眾生性即如來性，性自無二，不判於性而判於見也。向說三乘，今談佛性而說一乘，射馬探驪不旁貸也。聞見非見，眼見乃見，解行非踐實證眞而後實也。雖有佛性非定住眾生身中而無所恃，雖斷善根非定業必不可移而能即續聞塗毒鼓死盡偷性，是故甚深甚深也。是之謂涅槃義也。

云何法用句所攝耶？所謂用者，用根、用諍、用分別答、用隨自說、用世智、用他機而已。

且初，用根者。如來稱具知根力，知眾生根不定，上中下互轉，又觀眾生具足善法及不善法既斷善根具不善根，還斷不善而具善根，是故用根如來八喻視一闡提猶菩薩聲聞，善星五事卒斷善根生身陷阿鼻，滅於現在又障未來佛性雖常而無緣發現，然懼其牽引，受記當墮獄，左右二十年，亦作彼遠因，許受戒出家俾斷而還續。

第二，用諍者。佛於智人終不說二，於無智者終不說一，譬如醫王轉變醫方悉當病苦，定困於執執為不治，諍能拔執啟諍以不定，是故用諍說不定法。於一名說無量名出二十六，於一義說無量義前出十一，後出二十，於無量義說無量名略出三十。又復廣中說略，略中說廣，第一義說世諦，世諦說第一義，以諸眾生非唯一性、一行、一根、一種國土、一善知識故。如是說法有二十一事足啟諍疑，一，佛涅槃不涅槃，二，有我是性無我是業，三，有中陰無中陰，四，羅漢有退無退，五，佛身是有為是無為，六，十二因緣有為無為，七，心常無常，八，五欲妨道不妨道，九，世第一法在欲界在色無色，十，說施唯意或即五陰，十一，佛無三無為或有涅槃及與虛寬非智緣滅，十二，色是四大有造無造，十三，有無作色無無作色，十四，有心數無心數，十五，佛說五有或說六有，十六，憂婆塞戒不具受得八戒齊法具受乃得，十七，犯重失戒不失戒，十八，四果得佛道不得佛道，十九，佛性離眾生有即眾生有，二十，四重五逆闡提有無佛性，二十一，有無十方佛。如是諍疑，能摧無量煩惱如須彌山，唯佛能用非諸聲聞緣覺所知。若於是中一生決定，即墮執着即斷善根。夫斷善根者，非愚癡頑劣所能，是聰明黠慧根利能別，但離善友不善思惟不如法住，觀念二十四事，六無父母，三無因果，九無聖人聖道，遂爾猖狂一無忌憚，善根既墮若欲還續除初入獄或後出時。

第三，用分別答者。答例凡四，一定，二分別，三隨問，四置，深義難知卻復易誤，非設方便焉能皎然，若有問議者於四例中用分別答。初分別三世及有無答，如來佛性具有七德後身九住佛性六德，八七六五俱為五德。闡提自有如來後身二種佛性，障未為無終得為有，如來佛性因世果亦世亦非世，餘住俱世眾生血乳初果至佛次第五味，斷善根人現斷為無常生為有。後以中道分別內外有無答，非內、非外、亦內、亦外，是名中道，即是佛性，一，即陰離陰，二，外道內道，三，相好三昧，四，聞法善思，五，檀度五度，六，額珠寶藏，有如是內外事非有非無亦有亦無，是名中道，亦即佛性，佛性現見有非虛空，佛性當得無非兔角，燈焰子果乳酪咸淡，亦有亦無悉如諸喻。

第四，用隨自說者。說例凡三，一，隨自意，二，隨他意，三，隨自他意。如說佛性眾生悉有為隨自，十住少見為隨他，悉有不見為隨自他，境界不同作用亦異，不可思議妙義超然，若無問自說，於三例中用隨自意說,一,如來或時為一法故說無量法,如來或時為眾生故作七種語,皆悉隨自。二,如來佛性有無二種隨自意語悉有佛性云何作解,若能了解闡提有而善根無,或善根有而闡提無,或俱有俱無,始解聖言而無差謬。三,如來說彼恒河七人,若善不善,若方便道,若解脫道,若次第道,若因,若果,悉是佛性,七種果中遠離果者即是涅槃,近因三解脫,遠因過去善,皆作了因而非生因,修八正道名為沙門道,修諸毒斷名為沙門果,身戒心慧修與不修,無上菩提得與不得,於此具明。四,佛性不名一法乃至萬法,未得菩提時一切善不善無記盡名佛性,如來或時因中說果,果中說因都無一定,若言菩提闡提定得未生善得或異身得或定不得是名謗寶,必說闡提能生相續方為不謗,若言八正道凡夫定得或定不得亦名謗寶,若言佛性眾生定有不作不生煩惱不見,或定說無本無今有已有還無是名謗寶,必說非有如虛空,非無如免角方為不謗。虛空佛性皆非世攝,皆非內外,皆無罣礙空無性常故,有對故性有無對故空無。廣陳十義證虛空無。

第五,用世智者。世智說有我亦說有,世智說無我亦說無,義不及明而先啟諍,佛不為也。凡色惑生故說無常,佛色惑離故常不變,觀彼漏過、漏因、漏報,及漏輕重修道不懈即是佛常,不觀不修是凡無常,世說如是佛亦如是,方便說法俾世順易是為無諍。菩薩具足十法而得無諍,菩薩清淨梵行然後無諍,觀三漏中無明因三塗報,觀受愛想欲業十二因緣中種種因種種報,是為清淨梵行,雪山毒草亦有忍辱,眾生毒身有妙藥王。然所謂清淨梵行者,雖《涅槃經》攝一切法而獨說是三十七品,是三十七品根本是欲,因名明觸,攝取名受,增名善思,主導勝實名念定慧解,畢竟名為《大涅槃》能修十想得般涅槃。如是讀《迦葉品》第二十。

四第六用,他機者。是十外道證果機熟佛師子吼告憍陳如常無常義,迫使自來論難墮負皈命證果。一,闡提性常諦無常,即數論我及二十五諦,汝法因常果無常,我法因無常而果常,生因無常了因則常。二,婆私吒四無,三種藥中無三種病,般涅槃中無前三無。三,先尼我徧是一作者,初就燒舍燈炷破作身常身而破於徧,次就鐮草坏瓶破有知無知而破於作,是事詳於提婆《百論》。四,迦葉梵志無因,風墮絕焰即因在風。五,富那梵志邊見,衆生見縛如來不着。六,清淨,七,犢子,問法無難。八,衲衣自性,純世間見。九,弘廣菩薩,示現外道久發大心,堪與阿難宣通秘典。十,須跋陀非想定,無相之相乃為實相,是為如來最初度阿若憍陳如,最後度須跋陀羅。如是讀《憍陳如品》第二十五。

上來諸用,具見如來大力無邊,大雄無畏,大智無前,無規可範,無則可循,險可言,恣肆縱横奇哉不可思議。是之謂涅槃用也。

後決其義者,諸經論中,菩薩學佛,曰發阿耨多羅三藐三菩提心,曰回向無上菩提,曰親證大覺,而摩訶般若波羅蜜多經,獨言一切卵生、胎生、濕生、化生、有色、無色、有想、無想及與俱非,我皆令入無餘涅槃而滅度之何哉。菩薩有二轉依,用曰菩提,而體曰涅槃。盡未來際作諸功德,必三千大千放大光明,本來寂靜不滅不生,則一切有情歸無所得,未有其用不圓而體獨能全也,亦未有其體不呈而用有以行也,是故菩薩學佛,一為體而求體,二為用而求體。云何為體而求體耶,三界心心所是虛妄分別,三漏不盡,三毒熾然,終古淪迷,不知實相,是之謂喪心馳外,眞我遺忘,誰有智者甘忍須臾,而不即求眞實自我。夫眞實自我者,寂滅寂靜是也,譬如江海,濤勢排山而水性寂然,譬如日月光輝流轉而辰次寂然,譬如明鏡萬象紛呈而鏡體寂然,譬如逆旅估客奔馳而逆主寂然,譬如虛空一切所依而空體寂然。云何為用而求體耶,非不見眞如而能了諸幻雖有而非眞不了如幻,不能無著,不能無礙,不得自在,悲願不成,一切損害。有餘涅槃有不損惱有情寂靜,無餘涅槃有無損惱寂滅,為不損於有情,菩薩入地先得四禪,入捨三昧能知見覺,為觀眾機必入深寂,將說大法先住大定,然後乃能慈悲無緣,定慧無相,神通遊戲,而佛事周圓。是故菩薩學佛應讀《大涅槃經》,求大般涅槃以深抉其經義。抉義有十:一,涅槃,二,佛性,三,中道,四,因果緣,五,經,六,行,七,戒,八,慈悲,九,方便,十,其餘。

云何涅槃義耶?是又十義:一,出體,二,釋名,三,無相三昧,四,三德,五,示現,六,大我大樂,七,小乘,八,外道,九,世間,十,異門。

一,出體者。此依眞如離障施設,其體即是清淨法界,非虛妄三界。障覆淨性,斷障相顯是名涅槃,無有少法非自性空,有佛無佛其性常空,是名涅槃,無別實法不生不滅離蘊處界名為涅槃,是故無有涅槃。然即經言,明雖滅盡燈爐猶存,非大涅槃同於燈滅,如彼然木滅已有灰,煩惱滅已便有涅槃,二空所顯眞無漏界常樂我淨,諸佛世尊安隱住處,非有如虛空非無如免角,是故實有涅槃。涅槃之相,凡有八事:一,盡,二,善性,三,實,四,眞,五,常,六,樂,七,我,八,淨。知此八事,即知涅槃之相。

二,釋名者。經言,涅者名不,槃者名織,不織之義名為涅槃,如是不覆不取,不去不來,無不定,無新故,無障礙,無和合,無相無有,無苦,不生煩惱,有如是等名。又經言,涅槃名無瘡疣,名眞解脫,如是解脫有不生不滅等一百種名,大抵不離擇滅無為者近是。

三,無相三昧者。龍樹三十七品到涅槃城,即此經梵行八正道是,龍樹三三昧入涅槃門,即此經佛入禪窟名無相三昧,是聲聞偏定多空三昧,菩薩偏慧多無願三昧,唯佛平等住無相三昧。經言無色聲香味觸生住滅男女十相。又言無相之相名為實相,一切法無自相、他相、自他相，無無因相、作相、受相、受者相，如是乃至無菩提相無得菩提相，一切諸法皆是虛假，隨相滅處是名實相，是名法界，名畢竟智，名第一義諦，名第一義空，名大涅槃。又言無所得者，名大涅槃，菩薩安住大涅槃中，不見一切諸法性相，是故菩薩名無所得。又言迹不可尋，涅槃之中無有日月星辰寒熱風雨生老病死二十五有，離諸憂苦及諸煩惱，以是因緣佛入涅槃。又言如來為欲教化樂誦讀者深愛禪定故，為欲訶責放逸弟子不樂修定故，為令眾生尊重所聞禪定法故，以是因緣如來於此拘尸那城入大三昧深禪定窟，眾不見故名大涅槃。

四，三德者。經言，三點若並則不成伊，縱亦不成別亦不成，解脫之法亦非涅槃，如來之身亦非涅槃，摩訶般若亦非涅槃，三法各異亦非涅槃，我今安住如是三法為眾生故名入涅槃如世伊字。解脫則寂靜鮮白，法身則自在神通，般若則方便善巧四涅槃中有餘無餘當解脫義，自性當法身義，無住當般若義。自性涅槃，具無量數微妙功德，湛若虛空平等共有，與一切法不一不異，言思路斷眞聖內證，是故當法身義。無住涅槃，謂即眞如出所知障，大悲般若不住二邊，利樂有情用而常寂，是故當般若義。末那七識轉平等智，一切平等悲智隨逐，無住涅槃依斯建立，受用身土隨情示現。如來世尊三德融一，自在縱橫，寂而常照，照而常寂，豈灰身棄智沈湎涅槃而一無當於用。

五，示現者。人亦有言，化身涅槃，法身不涅槃，然是法身常恒不變名大涅槃，化身示現，遊戲神通，實非涅槃。故自如來入胎受生，乃至證覺轉輪，雙樹示寂，無非化人行幻化事，譬如醫父轉遊他國，譬如月沒轉現他方，出沒無常羌無故實。一切諸法生滅相和俱稱幻化，而即其性不生不滅乃號實常。

六，大我大樂者。常淨之義，十住聲聞容其共有，我樂之義非其境界，而況外道。一切外道我徧我常，我作我見，格以深義動輒皆愆。

彼就緣生強立為我,而實不知緣生法中我畢竟無,如來之身非是因緣,故名有我,如來法身無邊無礙,不滅不生,得八自在離繫超然,不屬於他乃得為我。涅槃一樂,為上妙無倫寂滅之樂,如來二樂,寂滅以外有覺知樂,實相三樂,寂滅覺知以外又有受樂,涅槃雖樂非是受樂,謬以受樂而詮涅槃其過無量,經言以四樂故名大涅槃,一者,斷諸樂,故斷樂無苦故,二者,大寂靜,故離鬧而樂故,三者,一切知,故所知無障而樂故,四者,身不壞,故金剛常住而樂故。

七,小乘者。經說聲聞涅槃凡有六相,一,解脫,二,善性,三,不實,四,不眞,五,安樂,六,清淨,能斷煩惱名為解脫,得八聖道名為淨樂,未得菩提名為不實,以不實故名為不眞,當得菩提,故為無常,以其當得菩提,故名無差別,其不眞不實,故名有差別,以差別,故聲聞於小涅槃而般涅槃,緣覺於中涅槃而般涅槃,唯大菩薩乃於大涅槃而般涅槃,有眞有實有常故。四涅槃中三為小有,無住第四唯菩薩能,故不見佛性而斷煩惱唯名涅槃,必見佛性常樂我淨名大涅槃,怖生死苦計根境滅唯名涅槃,證自智境轉所依藏名大涅槃,譬如虛空不因小空名為大空,譬如有法不可思議乃名大法,如是大我大樂純淨名大涅槃。

八,外道者。小但不得全體,外直不離此界。計斷、計常、計色、計空有二十二種。一,燈盡火滅,分別不生,二,境辦想離,猶如風止,三,不見能覺,及與所覺,四,常無常見,分別不起,五,怖相求無,深生愛樂,如是涅槃為墮斷見,六,覺內外法,有性不壞,七,我人眾生,無有壞滅,八,計有自性,士夫求那,轉變作為,九,福與非福,宿業消盡,十,煩惱自盡,非由智滅,十一,自性是實,而有作者,如是涅槃,為墮常見,十二,一切眾生,展轉相生,十三,計證諦道,虛妄分別,十四,求那與者,一異俱非,十五,物自然生,無因無緣,十六,二十五諦,解脫還本,十七,能受六分,守護衆生,十八,時生世間,十九,有物,二十,無物,二十一,有物無物,二十二,諸物涅槃無二無別,如是涅槃墮色空見。

九,世閒者。凡不事擇滅,但捨苦取樂,捨受固樂,樂受亦樂,有閒苦受視無閒苦亦即為樂,樂謂涅槃,此即世閒涅槃。經言,如飢得食便爾安樂而名涅槃,如病少差便爾安樂而名涅槃,如怖得依便爾安樂而名涅槃,如貧得寶便爾安樂而名涅槃,如人觀骨不起貪欲而名涅槃,如得四禪乃至四空定中安樂都謂涅槃。

十,異門者。如來世尊三藐三佛陀船師導師天人師,師子王大醫王,如是種種但是果義皆涅槃義。

云何佛性義耶?佛性義難明,悉有佛性義難明,不見佛性義難明。云何佛性義難明,十二因緣是佛性義難明,未證覺前一切善不善無記通名佛性,如是深義難明。諸經恒言煩惱即菩提,若不透此一關,則不二法門終不可得觸處罣礙長劫沈淪。然無難也,有經論在。

一者,煩惱法爾滅故,性自斷故,若性非斷,證大覺時云何是斷,若言慧斷,慧自是慧惑自是惑,法法不到云何能斷。

二者,性轉變故,經言業生二相,若無明轉則變為明無有二相,轉變義是空義,空義是佛性義,刹那刹那生即為轉是為性轉,無不轉變,無不是空,無不如幻,般若經言,若有一法過於涅槃我亦說為如幻如化。

三者,因故,經言一切無明煩惱等結悉是佛性,佛性因故,從無明行及諸煩惱得善五陰是名佛性,衆生佛性如雜血乳,血是煩惱乳即五陰從煩惱善五陰得無上菩提,如彼衆生皆從精血而得成就。

四者,眞相故,觀緣智為因,十二因緣為果,以智知相,相不謬故。

五者,常故,十二因緣所生之法亦因亦果,夫亦因亦果,不可謂因不可謂果非因非果,其法即常故。

六者,楞伽一切,唯心所現,妄亦不害,其為妄故。

七者,經言無量,諸法皆是佛性,然無一法離蘊處界故。

八者,無不依於眞如故,正行眞如邪行眞如皆眞如故,水結為冰,冰還是水故,形呈鏡像,像實是形故。

九者,幻相法爾,愚夫不知徧計橫生遂有煩惱故,徧計所執空無有故。

十者,法爾有此生滅大用名依他起故,即此依他無別實有圓成故。

云何悉有佛性義難明?闡提既斷善根而有佛性難明。然無難也,有經論在。經言離如是等牆壁瓦石無情之物是名佛性,凡物有心皆能作佛,以能作佛皆有佛性,佛之性故。闡提有如來佛性,有後身佛性,是二佛性將來證得,曰闡提有佛性。現斷善根,沒於圊厠,無毛髮許而可救療,曰闡提無佛性。然觀眾生具足如是善不善法,充其不善而善根斷,亦充其善而不善斷,一切諸法都無決定,斷非生斷續自許續,非闡提人決定闡提,即佛性性決定有性,決定有性為師子吼,為如來行,為大乘《大涅槃經》。

云何不見佛性義難明?眾生既有而不見難明,後身菩薩離佛一間而不見性難明。然無難也,有經論在。佛性清淨別一法界,而非即住眾生身中,眾生雖有,以其情見徧覓不得,如三種藥中無三種病,三種病中無三種藥,是以不見。菩薩不見者何耶?

一者,一切眾生悉有佛性菩薩無力建此句義,以其不見佛性,故決定自知成佛不謬而不知他悉有佛性,以不知眾生,故不見佛性,以不見佛性,故無能建立如是經義,以不能立如是義,故知其不能見於佛性。

二者,尚未能證得一切智智,全法界事未即周知,清淨法界徧於一切是佛性義故。

三者,雖能知終而不知始,因成為果,果復為因,是為果因,菩薩現果,不作後因,是為知終,然諸法異熟金剛道後證大覺時一切頓斷菩薩現有異熟,故不知始,以不知始,故不見於性。

四者,以聞而見用比量明用慧眼分別故,唯佛以眼而見,用現量證,用佛眼了了見故。

五者,不能全見非全不見,如來佛性有其七德,大我大樂特有獨有,菩薩六德常淨眞實善與佛不異,唯見不同,後身少見餘則當見可見,然初地至五地善且雜於不善更與如來大相殊別。餘義無窮,互明他處。

云何中道義耶? 龍樹本第一義空而作《中論》,曰因緣所生法者,即經言十二因緣也,曰我說即是空亦名為假名者,即經言中者名第一義空無常見無常常見於常也,曰亦名中道義者,即經言見一切空一切無常而不見不空不見於常不名中道是也,四十九年見世無常而說無常,然亦說常華嚴說法界無盡般若說涅槃非化是也,娑羅雙樹見法界常而說於常然亦說無常,二月涅槃為破眾生如是常心說一切法悉是無常,教諸眾生修無常十想是人畢竟定得涅槃是也。無著本觀緣智而述《辨中邊論》,曰虛妄分別有於此二都無者,即因緣所生法也,曰此中唯有空於彼亦有此者,假中有空,空中有假也,曰是故一切法非空非不空者,空為一邊假為一邊法非二邊,即我說即是空亦名為假名也,曰有無及有故是則契中道者,有其無瑕之因緣及有其互有之空假即亦名中道義也。龍樹空假中,即無著三性徧計執空依他起假圓成實中也,無著發揮有義以依他為主,依他起上徧計執空即成實中,假空二合而為中道,非假空外別有一中也,龍樹發揮空義以徧計為主,徧計寂然依他宛然是名中道，亦空假二合而為中道，非空假外別有一中也。離蘊處界無別法界，就世間事顯出世事，空者空世橫生，有者有世法爾，二空所顯無言而言，若必離此說空假外別實有中，則不墮為似我眞如即必墮於應嘿而說。又因明例，以已成因立未成宗，曰即空即假是中也，不可以未成宗立已成因而曰即中是假是空也，倒立倒合有無邊過。是故欲談即義，於龍樹中則曰，即空即假即中，於無著中則曰，即假即空即中，二義詮中，中亦顯矣，亦可已矣。金剛藏亦言，空有不二、不異、不盡，非斷滅空故言於有，有空互涉故言不二，離二無中，故言不異，緣生徧於一切，故言不盡也。是則所謂中者，周徧無缺之謂中，實相不妄之謂中歟。周徧無缺之謂中者，經言陰非內外合名中道，調外本內合名中道，相好三昧合名中道，聞法善思合名中道，檀度五度合名中道，額珠女藏合名中道，二鳥不離亦名中道，諸如是義無量無邊不能殫述。實相不妄之謂中者，經言無明有愛是二中間則有生老病死之苦是名中道，釋此深義即經取義，經言衆生業行不常不斷而得果報滅而無失，相似相續義也，無作受者而有業果，無有慮知和合即有，緣生義也，即此二義宛然如幻，幻相本空是名實相，就幻言幻是名不妄。經言無明緣行，凡夫謂二智了無二，明與無明善惡黑白都無有二，無二之性即是實性，是則世即出世乃名中道，非別實有離世中道。

云何因果緣義耶？法界刹塵，無非因果，因成為果，果复復為因，遞嬗遷不知紀極。搆造於因果，而根本於諸緣，在因需因緣，在果需增上緣，性境帶質固緣，空華免角亦緣，大乘緣無不生心也，緣生之義大矣哉！有漏如是，無漏亦然。發菩提心，現無漏種，得出世慧，證無上菩提，功德盡於未來，皆所生得，莫非緣生，而字之曰用，此常途之所談也。非所生得，而所顯得，非生之為用，而不生為體，為大涅槃，為佛性,為常樂我淨,是則無因,而亦非果,不屬三世,而亦非緣生所攝也。雖然,生亦自有其因果,顯亦自有其因果,生亦自有其緣,顯亦自有其緣,涅槃佛性非生因果而顯因果,非生中緣而顯中緣,是故有了因,有緣因,所顯為了因能顯為緣因,了因,緣因雖不可淆於生因,作因而涅槃之了因,緣因,是即菩提之生因,作因也,在菩提為生因,作因,在涅槃為了因,緣因也,佛性常有,而所以見性非常有也。是故發菩提心而見性有基也現無漏種而初至五地佛性有五德也,得出世慧而六至後身佛性有六德也,證無上菩提盡未來功德而得大涅槃了了而見於性也。正智以般若而生,涅槃以菩提而顯,雖非緣生而即緣顯緣之為義大矣哉。天台智者,三觀三止,已譯經論百八三昧百三三昧都無其事,未譯經論或無或有,爾猶懸度,我固茫然,是事若何,姑勿論議。然其詞語,處處乖違,無生非緣而彼於緣外談生,無心非緣而彼於緣外談心,率意隨情,不顧經論。既說因緣所生法,又說心自生心不須藉緣,藉緣無力心緣無生(玄義卷二)。既說無病道人,一色一香無非中道,又說一日一夜常造種種當自選擇何道可從(玄義卷二)。既說諸法不自生,又說問觀自生心,一念自生心(觀心論)。如是種種犯自語相違過,犯自教相違過,又犯隨一。似此隨情立教,誰能受過盲從。

云何經義耶?是經秘密說諸佛如來常存不變,是經殊勝說一切眾生悉有佛性,是經微妙說盡攝一切所有法藏。大海須彌金剛帝幢,乃至日月霜雹妙藥橋梁,無量無邊難可譬喻。又復生死地獄不生厭棄,乃至胎境瞭然,無師自覺,不可思議,難究難窮,不畏魔,不染積,不墮惡,肉眼即佛眼,重報轉輕報,斷善能續善,是經有如是功德,法中之聖,經中之王,即大乘,即一乘,曰大乘《大涅槃經》,曰一乘名為佛性,大乘一乘無以異也。經言從牛出乳乃至醍醐,是為最上,從佛出十二部，從十二部出修多羅，從修多羅出方等，從方等出般若波羅蜜，從般若波羅蜜出大涅槃，猶如醍醐斯為最上。天台智者，以味判權實，涅槃生酥十二權四實，然其四教臆說無徵，聖言量離根本不立，烏足判經。彼言引涅槃五譬成四教位，若不將四教釋譬，譬不可解，若信五譬，位義易曉，若解諸位，彼譬冷然，彼此相須可謂兼美云云，夫所謂成者，已成不待成，未聞舉因立宗而因尚待成，五譬待成以不成之四教成之，縱使待成亦無因以成，五譬既云不可解又猶預因而不可成，因明例欲以因成宗，不欲以宗成因，成而可相須耶，除非因明不適論議，是佛過叢生則天臺兼美，將欲立義教理必齊，如立賴耶五教十理，既無聖教其誰信之。然此五譬並非無解，解脫身平等義極果皆醍醐，習氣未除義支佛猶熟酥（南卅二北卅三）。回心向大義聲聞同淨乳（南九北十）。前二逆配，後一順推，以經解經似亦通順，若覺不通，問取彌勒，何必私意強配經文，更以配文横羅教綱。

云何行義耶？菩薩應於《大涅槃經》，常修聖行、梵行、天行、嬰兒行、病行五行。然嬰兒行是佛境界，病行五人非菩薩行，菩薩行者唯獨三行。經言，佛為眾生破邪生悔從聖行、梵行、天行、窟宅而出大師子吼，十住菩薩能修三行當知亦能如是師吼（二十七）。又言，佛為教化眾生聖行、梵行、天行故，於拘尸那城入禪定窟（三十）。又言，涅槃八不思議聖行、梵行、天行，名第五寶藏（三十二）。又言，菩薩聞佛得果，發願修天行、梵行、及以聖行，而不退菩提心（二十八）。三行事者，聖行說三學事，梵行修四無量事，當知天行說六波羅蜜事。云何知耶，經敘聖梵二行已，而曰天行品者如《雜華》說（二十）。《雜華》即《華嚴》，《華嚴》住行向地皆天中說，故曰天行。天行詳六度經談六度，都說如《華嚴》，如佛與德王論檀與波羅蜜已，而曰尸羅乃至般若如佛《雜華經》廣說（二十二）。又如佛敘菩薩知見覺以能六念故，念施為涅槃因,廣說如《雜華》(十八)。蓋三學、四梵、六度,乃眞正菩薩行,根本菩薩行,漸亦應如是行,頓亦應如是行,境行果三於此說行,夫三學曰增上,四梵曰大無量心,六度曰摩訶波羅蜜多,斯亦無上復無上矣。更復三學歸趣於慧,四梵根本於捨,六度上首於般若,又復慧之三智加行根本後得,捨十一空內空乃至大空,溝通般若實相方便,則慧亦如幻無相也,捨亦如幻無相也,般若亦如幻無相也,般若不能離一百一十事而獨行,一百一十事不能離般若而獨行,斯亦圓而又圓者矣。天台智者,奈何立論,涅槃為世衆說法,苟得《法華》意,不從其行可也。今世學者,不得《法華》意,亦復不事翔實,不屑漸,不事小,不能細,拘執而穿鑿,儱侗而風談,大法淩夷,誰之過歟。菩薩藏經攝三學於六度而先談四梵,簡約而賅備也,《攝大乘論》攝六度於三學而亦談四梵,《瑜伽》菩薩地攝三學於六度而亦談無量,簡約而賅備也,先此經論而讀《涅槃》,復應博求大藏小藏,誠以斯事極溥,不局一隅故也。

問:《攝論》談行有二法門,因果差別,因果十度詳《大般若》,差別十地詳佛《華嚴經》,經於六度乃舉《華嚴》何耶?

曰:《華嚴》十地,配於十度,行不離位,全體具明,行舉而位舉故也。

問:經嬰兒行即如來行,而曰五行以外別有一行,曰如來行即大乘《大涅槃經》者何耶?

曰:嬰兒行者,佛諸經之通行也,如來行者,佛此經之特行也,詳下方便,此姑不贅。

問:學與梵度為菩薩行,以何因緣三十七品是清淨行耶?

曰:言行則攝於一切,言定則三十七品,從修三學得二十五三昧斷二十五有,無殊修三十七品斷一切煩惱故也。

云何戒義耶?一者,戒因緣故,二者,制戒故,三者,戒具足故,四者,戒差別故,五者,依戒故,六者,護戒故,七者,破戒故。

一,戒因緣者。此經明得大般涅槃如來最初徵問戒律,遮斷煩惱而得涅槃莫善於戒故。經言以何因緣受持於戒為心不悔故,不悔為受樂故,受樂為遠離故,遠離為安隱故,安隱為禪定故,禪定為如實知見故,知見為見生死過患故,見過為心不貪著故,不著為得解脫故,解脫為得無上大涅槃故,涅槃為得常樂我淨故,常樂我淨為得不生不滅故,不生不滅為見佛性故。復次為衆生得常樂我淨故而持於戒。經言,修戒為身寂,修定為心寂,修慧為斷疑故,斷疑為修道,修道為見佛性,見性為得無上菩提故,菩提為得涅槃故,涅槃為斷衆生生死煩惱有界及諦故,斷此為得令常樂我淨故,復次菩提不為他事故而持於戒。經言,不為生天,不為恐怖,乃至不受狗雞牛雉戒,不作破缺瑕雜戒,不作聲聞戒,受持菩薩戒尸羅波羅蜜戒。

二,制戒者。經言,如來為衆宣說十善增上功德,隨事因緣漸次制戒。波羅提木叉者,離身口意不善邪業也,律者,入戒威儀深經善義也,遮受不淨之物,不淨因緣,亦遮四重十三僧殘二不定法三十捨墮九十一墮四悔過法衆生學法七滅諍等。又言有二種戒,一者,性戒所謂四禁,二者,息譏嫌戒所謂不作販賣輕稱小斗乃至不宣說王臣盜賊鬥諍飲食等事。又言斷大慈種不聽食肉,若夢行淫寤應生悔,饑世不應自手作食,有如是等種種論議。

三,戒具足者。經言,菩薩具足自行五支諸戒,所謂根本業清淨戒,前後眷屬餘清淨戒,非諸惡覺覺清淨戒,護持正念念清淨戒,回向阿耨多羅三藐三菩提戒,前二支作法所受,後三支得法所發也。又復具足護他十戒,然護他十戒自行所出,從根本眷屬出禁戒清淨戒善戒,從非惡覺出不缺戒為定共戒,以上四戒亦即《智論》十戒中不破不缺不穿不雜前四種戒也,從護念出不析戒為道共戒,亦即《智論》十戒中隨道戒也,從回向菩提出大乘不退隨順畢竟波羅蜜戒,亦即《智論》

十戒中所讚無著自在隨定具足五戒也。菩薩具足如是淨戒,即得住於初不動地。又經言,一威儀戒二從戒戒具二為足,一作戒二無作戒具二為足,一從身口而得正命二不得正命得乃具足,一求戒二捨戒具二為足,一隨有二隨道具二為足。

四,戒差別者。經言,一為究竟,二不究竟,一根深難拔二根淺易動,一為正法二為利養,一為眾生二為自身,一須教敕二性能自持,一菩薩從初發心乃至證覺而持戒二聲聞為觀自骨證羅漢果而持戒。前為大戒後不應持。

五,依戒者。經言,若僧受畜八法不應供養,若於僧中有破戒者,不應以被袈裟因緣恭敬禮拜。依法不依人,若人破戒為利養故所不應依;依義不依語,若有唱言佛聽比丘畜諸不淨所不應依;依智者眾僧是常無為不變不畜不淨,了義者不詐威儀憍慢自高貪求利養,若復不然所不應依。佛語魔語種種經律皆以戒辨,若欲知人,共事久處智慧觀察,以是四法得其眞偽。

六,護戒者。為護自戒,經言,渡海浮囊手許不惠,寧以此身投熾然猛火終不毀戒而行不淨,乃至寧以利斧斬斫其身終不以染心貪著諸觸。為護他戒,經言,比丘畜不淨物驅令還俗能作是師吼者,破戒人必害之我聽國王諸優婆塞護此法師,應持刀杖不拘五戒。若有比丘為欲擯治諸惡破戒,同其事業禮拜供養,為護法故雖有所犯不名破戒,如婆羅門附旃陀羅,施計令死復王子位。

七,破戒者。經言,菩薩未得住不動地,為令眾生受大乘經讀誦通利書寫廣說不退菩提,而得破戒,若墮阿鼻,無有是處。僊豫國王事婆羅門,過十二年而勸發心,婆羅門言菩提大乘悉無所有,以重大乘即斷其命,從是以來不墮地獄。又經言,為弘大乘,本非羅漢令諸眾生謂是羅漢,信羅漢言悉有佛性當得菩提,亦使破戒比丘悉能持戒,是人不名墮過人法,若言彼犯突吉羅者,忉利天上日月歲數八百萬年墮獄受罪。又言,持戒比丘從耆宿破戒及在家年少咨受未聞,供養禮拜應如帝天。又言,於乘緩者乃名為名本戒,為護正法以大乘而自澡浴,雖現破戒不名為緩。

云何慈悲義耶?經言,唯四無量能令菩薩具足六波羅蜜,是故將修六度先修四梵。龍樹有言,諸有智者不直取空,要心柔輭空則相應,是則修捨先修慈悲。處處經中多說悲義,然《華嚴經》明普賢行一切惡業皆瞋所成,將欲斷瞋對治須慈,是則修悲必先修慈。慈於諸經未遑廣說,此經詳慈亟應抉擇。一,悲與慈,二,無量與大,三,思維非虛,四,為一切善本,五,成一切功德,六,誓願,七,神通,八,住地。

一,悲與慈者。悲但拔苦,慈則與樂,悲斷瞋恚,慈斷貪欲,悲斷鞭撻恚,慈斷奪命恚,悲斷瞋非眾生,慈斷瞋眾生,悲斷因緣瞋無,慈斷因緣瞋有,悲斷現在瞋,慈斷過去瞋,悲斷瞋凡夫,慈斷瞋聖人,悲斷中瞋,慈斷上瞋,以是因緣應修慈無量。

二,無量與大者。眾生緣法緣名慈不名大,無緣乃名大也。上樂與下親下怨,下樂與上怨,如是轉增中樂與上怨,更復轉增上樂與上怨,以難成故名慈不名大,要入初住心自平等,於一闡提不見其過乃名大也。聲聞以無常苦不淨無我及與妄想而行於慈非六度慈,不利眾生慈不入一乘不了諸法不見佛性,有相有漏,不住初住不得十力四無畏,但得四沙門果,如是行慈名慈不名大,一切反是乃名大也。慈若有無非有非無,慈若不可思議無眠無覺無護無夢,乃至雖生梵天亦無所生,如是之慈乃名大也。捨世諦慈得第一義慈,捨一切慈得如來慈乃名大也。

三,思維非虛者。(一)能斷除諸煩惱故,(二)能生梵天故,佛昔修慈經世成壞,成生梵天壞生光音,三十六返作帝釋,無量百千作輪王。(三)與眾利益故,除一闡提,若不定者悉得安快,見修慈者自然受樂,鵠入舍利弗影中猶尚恐怖,鵠入如來影中安然怡適。

四,為一切善本者。經言,一切聲聞、緣覺、菩薩、如來所有善根慈為根本。菩薩修習慈心能生如是無量善根,所謂不淨、出入息、無常、生滅、四念處、七方便、三觀處、十二因緣、無常等觀,又復能生四加行、見修道、八聖道、四禪、四無量、解脫、勝處、偏處、三三昧、無諍十智,故應習慈為眾德基。

五,成一切功德者。經言,慈即大乘,大乘即慈,慈即如來,如是慈即菩提道大梵,作眾父母不思議境。大空虛空,常樂我淨,佛性甘露,菩薩無上道,世尊無量界,諸如是德亦即是慈,慈即如來。

六,誓願者。心本神聖制之一處,無事不辦唯有誓願,心本無邊,難稱其量而必充盈,唯有誓願,心本沉摯,達其有極歸其有極唯有誓願,心本神勇,誓願而神勇,心本不可思議,誓願而不可思議,是故三世諸佛以誓願成。慈於眾生愛入骨髓,故其布施不見受者是田非田,將行施時譬如父母瞻視病子,正行施時譬如父母見子病瘉,已行施後譬如父母見子長大能自存活,施時發願譬如父母願我子孫承用此物生生世世富貴吉祥。是故菩薩施食施漿,施車乘衣服,施好香床席,施舍宅燈明,莫不誓願我今所施悉與一切眾生共之,願諸眾生得善、智、食,具正法味,乘金剛座常光無量,證涅槃香獲無畏床,處菩薩宮殿放如來光明。

七,神通者。世亦有言,思之思之鬼神通之,思極必定,定極必通,通必達其所思,是故通亦唯是所思。經言,提婆達多放象害佛,狂象蹴蹹,見我赤服狂醉逾常,我唯舒手象怖五師,慈根力故,指實非師而令象伏。我為力士,以足拇指舉石擲空置掌吹碎,慈根力故,舉彼難舉而令五百力士貢高心息。王舍城盧至,因緣應度,尼犍沮我,泉池糞穢叢林伐盡器杖嚴城,慈根力故,泉清樹茂城紺瑠璃器杖為華。婆羅門女,子死性失,裸而抱佛嗚唼佛口而言子子,我令阿難持衣與女,為說法要發菩提心,慈根力故,乃至非子為子,非母為母,現抱唼事。波羅奈女,割髀為矐愈比丘病,瘡苦發聲南無佛陀,慈根力故,我未至彼而彼見我藥塗瘡合聞法發心。調達服酥,苦賬發言南無佛陀,慈根力故,我未至彼而彼見我摩腹授湯令彼平復。五百群賊為波斯匿王挑目棄林,號咷發言南無佛陀無有救護,慈根力故,我未至彼涼風吹藥滿其眼眶,得眼見佛聞法發心。瑠璃太子殺父害釋,萬二千女刵劓斷截推之阬塹。號咷發言南無佛陀無有救護,慈根力故,我未至彼而彼見我洗瘡塗藥舉身如本,聞法發心出家受具。

八,住地者。修慈斷惑得不動處,又慈與悲喜住極愛一子地,子安隱則喜,子病則毛孔血流,拾穢置口捉頭挑出,捨身終亾願與並命,是故慈心菩薩為一闡提,同之入獄,或殺或畏,或粗獷語,莫非為子一隙救療,終不捨其沈摯之繫。

云何方便義耶?方便為究竟,此句義難明,蓋權義是方便義,非究竟義,妙義是方便義乃究竟義也。以言體義,則心佛眾生三無差別也,以言用義,則後身離佛不可思議也,阿耨多羅三藐三菩提是用義而究竟義也。用之為義大矣哉。經言,五行之外別有一行曰如來行,即大乘大涅槃經者,行之謂用,《涅槃經》中所談佛用是也。《大涅槃經》說一切眾生悉有佛性,曰悉有者,上必極之後身菩薩,下必極之一闡提人,一闡提人已斷善根,使見佛性未如之何,而佛用根。眾生之根,羌無一定,上轉為下,下轉為上,但須樞紐施以槖籥,種彼無漏種,必有觸應時,如來具足知諸根力,既知其人必斷善根,又知其人多歷年所必續善根,聽使出家,教以三學,是為安置樞紐建槖籥也。彌勒尚不知八萬劫前髑髏本事而況其餘,舍利弗智慧尚不知牽珠浣洗錯彼修集而況其餘,已入地獄尚救拔心瘁,而況故令造業疾趨,唯佛知根乃善用根,餘則誰敢而又誰能闡提不見性,悉有義斯破,為是而用根。此如來行不思議用一也。《大涅槃經》說大乘經,大乘經義無師智、自然智親證乃能,書不必盡言,言不必盡意,若使如來說決定法信受奉行,差之毫釐,始則不賞於牝牡驪黃之外,繼則盡亾于徐六擔板之中,終則棄擲於魔子魔民之下,長夜淪迷,遑言大乘,而佛用諍。諍之為害,營私植己,利養憍慢,壞德亂群,君子惡之,若眞為道,焉用人情?大事因緣,胡天胡地,一入諍境,敵所其疑,奪其所依,窘其所應,窮其所思,徑路以絕,風雲以通。佛二十一不定法門,涅槃後兩派爭裂分二十部,前破後立彼破此立,轉輾破立而龍樹無著眞大乘光耀三千界,歷史具在,佛用斯神。破和合僧墮無間獄,息爭不及,況故使諍,佛唯大乘必須親證,不諍不得無上法味,乃決用諍。此如來行不思議用二也。《大涅槃經》說佛性是中道義,眾生墮斷或復墮常,若知相待決不墮邊,故有非義又有亦義,非亦二義合則遮邊,乃名中道,是之謂用分別答。此如來行不思議用三也。《大涅槃經》說第一義諦,如來在耆闍崛與彌勒論世諦,舍利弗五百聲聞都不識知,況第一義諦。若能識解四句佛性,則不疑難闡提佛性定有定無,如來為令一切不放逸故,第一義諦中說諸眾生悉有佛性,是之謂隨自意語。此如來行不思議用四也。《大涅槃經》說常義,佛不與世諍,世間智者說凡夫色從煩惱生無常苦空無我,說如來色遠離煩惱常恒無變,我亦如是,故不起諍,是之謂用世智。此如來行不思議用五也。《大涅槃經》說佛涅槃因緣,佛為純陀五百力士阿闍世王六師十外道如是等等機緣都熟,而唱是言却後三月雙樹涅槃,是之謂用他機。此如來行不思議用六也。一眞法界全體自在而用斯起,無上菩提畢竟通靈而用不窮,成所作智作諸功德盡於未來而用不息,是之謂如來行,是之謂此經之如來行,是之謂用,是之謂方便,是故方便義是究竟義。

云何餘義耶?

一,天親涅槃論,從初如是至流血灑地名不思議神通變示分,《純陀》、《哀歎》二品名成就種姓遣執分,從三告以下訖大眾品名正法實義分,五行十功德名方便修成分,《師子吼品》名離諸放逸入證分,《迦葉品》名慈光善巧住持分,《憍陳如品》名顯相分,《純陀》、《哀歎》、《師子吼品》,天親說義,今則說事。餘所事義於論無殊,前後合分,無關同異。

二,《長壽偈》,三十四問答,論釋精義不能枚舉,唯多頭以下,惜不詮示。

三,本有今無偈,經凡四見,(一)解純陀疑,舉偈言聲聞亦有差別亦無差別,(二)解無所得,除正解外有八復次,或言煩惱涅槃事,或言法身相好事,或言常樂我淨事。不事故常不囿方隅,(三)解四句中道,(四)破定有佛性。然天親釋論,則謂純陀大菩薩不致於佛生疑,乃為利益眾生破三外道,謂初句破燈盡火滅外道,二句破佛死更生外道,三句破有盡不盡外道,而其自立則本有今有過於三世是為正義,從初發心至得涅槃一味無異故,無生無滅故。又言為體說淨,為用故說常樂我,自體故淨,對生死故常樂我。又立五常五無常義,精妙絕倫得未曾有。

四,當機多人,皆後身菩薩少見佛性皆能師吼。故所論議大異他經。

五,佛於眾生無非對治臘時凋落而示悟道,二月發生而示涅槃,盛壯生時而說無常,雙樹滅時而說於常。

六,佛重知見,《涅槃》大經付囑阿難四人送糧一未離欲,故大師軌范師外,有接續師,六法誓弘餘則不論。

民國二十年八月歐陽漸敘於廬山旅次

《阿毗達磨俱舍論》敘

卷上

敘曰:唯識法相學,應學俱舍學。木有其本,室有其基,親有其禰。應敘之以十:曰九品敘事、曰阿毗達磨、曰五天時學、曰俱舍稱學不稱宗、曰捨有部義取經部義、曰捨經部義取俱舍義、曰捨餘部義取俱舍義、曰捨俱舍義取大乘義、曰稱讚世親、曰略說其餘。

且初,九品敘事

諸行無常,涅槃寂靜,五蘊涅槃,各釋一印。《俱舍》釋一,諸法無我。諸法法事,總談體用。曰根、曰界,別談有有漏、果、因與緣。如次品三,曰世、曰業、曰隨眠;別談無漏、果、因與緣。如次品三,曰賢聖、曰智、曰定。無我法理,品曰無我,是為九品。

界品敘何事耶? 敘蘊、處、界三事,蘊等名義六事,見、非見等二十二門,分別蘊等事。根品敘何事耶? 敘二十二根事,色法俱生事,心等俱起事,心所有法事,不相應行事,六因事,四緣事。世品敘何事耶? 敘有情生位,三界、五趣、七識住、四識住、九有情居、四生中有、十二緣起四有事,有情住位四食事;有情歿位意識現,受心涅槃上下冷末摩事,敘輪山海州、黑山地獄、日月諸天事,身量壽量事,分齊大小事。業品敘何事耶?敘所造業能造大事,表、無表中別解律儀,得戒捨戒事,釋經十事,雜明十事。隨眠品敘何事耶?敘六七十隨眠,九十八使事,五見、四倒、七九慢事,四漏、九結、三縛、十纏、六垢事,惑滅諸事。賢聖品敘何事耶?敘四諦、二諦事,聖道加行、五停心、四念住、四善根事,十六心、四果、四向事,諸道差別事。智品敘何事耶?敘十智種種事,十力、四無畏、三念住大悲事,無諍願智、四無礙解、三明、六通、三導、五通事。定品敘何事耶?敘四靜慮、四無色、八等至、諸等持事,四無量、八解脫、八勝處、十徧處事。是為九品敘事。一切論藏無不繫此法相,無不詮此法義。

次,阿毗達磨

《大智度》言,毗曇三種:一,身義毗曇。為發智經,詳八乾度,百餘年後,迦旃延作,後人解此,名鞞婆沙。二,六分毗曇。初分前四,婆須蜜作;作後四品,罽賓羅漢;作第三分,為目犍連作;餘五分,諸大論師。三,蜫勒毗曇。聖舍利弗,能解佛語,作阿毗曇,犢子誦之,名舍利弗毗曇;聖迦旃延,能解佛語,時作蜫勒,南天竺師,依而行之,亦名毗曇。蜫勒詳談五戒、七使及與十智,而廣分別色見對漏,為報性界種種諸門。

《智論》又言,若入不得摩訶般若波羅蜜多,入毗曇門則墮有中;入蜫勒門墮有無中。據是二典,有宗毗曇,發智婆沙及與六足,不免墮有;空宗毗曇,當是蜫勒,犢子南天多依大眾,大眾空流,說墮有無。蜫勒不可得而見矣!

今者讀舍利弗毗曇,而得數義,深同大眾。《成實》所宗,請略談敘:一者,以空定故,而說六空,內空、外空、內外空、空空、大空、第一義空。二者,心性清淨為客塵染,凡夫未聞,以故不能如實知見,亦無修心;聖人聞故,如實知見,而有修心。心性清淨,離客塵染,亦復如是。三者,諸佛出世,若不出世,法住法界,住彼法界,如來覺已,說無明緣行,乃至生緣老死。四者,最後識滅,最初識生,無有中有,影移日續,日移影續,影之與日,無有中間。五者,欲界繫定,若定欲漏、有漏,是名欲界繫定。六者,如電定,若定少,少住少時住,是名如電定。七者,二十二根,差配三學,略談七義,《成實》所資,《俱舍》所違,空有毗曇,所判如是。猶有判別,判於南北。北方毗曇,如上所說;南方毗曇,乃有七種:一法聚、二分別、三界說、四人施設、五說事、六雙對、七發趣。說事論者,後二百年至九百年,帝須所撰,覺音所注,歐西印行,此土未至,操舟缺楫,馭遠無粻,遊斯徑者,如何如何!

三,五天時學

方隅適耀,不足故常,九百年後,摩訶般若應時大光,其有瀦淵朝海,二十部執除一切有,冶以一鑪,不稱諸部,不稱大乘,而小不負,固大時入林者,誰歟足怪,倘所謂《分別論》者非耶?二十部中除一切有,都具空質。乘時趁勢,《分別論》出理必範圍。曷以《分別論》義、部義、大義?觀其同義,《分別論》義有與空宗《智論》同者。無明見愛慢心是五徧行。空宗《智論》,意有二種:一者,念念滅,二者,心相續。為是相續心故,諸心名為一意。《分別論》義有大眾部同者,心性本淨,緣起無為,菩薩正知入住出胎,撥無中有,說四聖諦一時現觀,無色界有色,羅漢定無退。《分別論》義有與經部同者,世與行異樂,淨想心通見,修斷滅定,有心未斷命根。《分別論》義有與犢子部同者,說隨眠體,不相應行,可少有用。《分別論》義有與法密部同者,身力身劣,無別自體。《分別論》義有與舊阿毗達磨同者,信進五根,唯是無病,異生不成,自性相應等流勝義。四善不善,觀其所同,會其所通,物以類從,大道為公。若一切有部者,結集始畛於窟內,鐵牒終封於環城,五事謗極乎窮凶,研辨錫予於邪惡,幽錮不第,理迷僻執,何乃讐事。性本瞋無,匪唯伐異,此固分別之所不能鳩。般若之所不能近者,如善因明,置言自許,要敵捨有,權決所彰,洪維經部,善友斯逢,異門同有,援溺殊實,奪論舉經,超宗憑理,不能由般若入大,獨不能依瑜伽勝進歟?譬喻論師,舊義今異,《順正理論》,多稱上座。《宗輪論》言,有一味蘊;《正理》則說,義隸譬喻。《宗輪論》言,勝義有情;《正理》則說,譬喻論師,沙門果體,唯是有為,有為可壞,無為保信。《宗輪論》言,其餘所執,多同有部;《正理》則說,一義一理,舉足動足,有部都乖。故談經部,不應但溺譬喻師言,應尋上座於《順正理論》。

四,俱舍稱學不稱宗

不祧義是宗義,無上義是宗義,庫藏義是宗義,族眾義是宗義,摧敵義是宗義,幖幟義是宗義。世親留學迦濕彌羅,十有二年,返國衰老,隨出隨書,《毗婆沙》義,破以經部,曰講曰偈,積偈六百而《俱舍》成,曾無幾時,咨嗟謗大,割舌贖愆,方欲壇壝遽爾掊幟,萬古不祧,何足談矣!唯識《攝論》,實性甘露,奴其所主,臣其所天,無上無容,失所尊矣。心所非假,處義非假,除是以外,大本大經,挹資經部,若欲存在,止可稱名經部末宗,簡其所產,虛庫藏矣。阿踰陀國,曾未風靡,新日之戚,即召外師,資黨有幾,王何能軍,族眾凋瘵,滅覆懼矣。新薩婆多,雹擊壘顯,既不面決,亦不論救,不啻揖瘄,云何禦寇矣!不違理故,是所宗故,必也正名,言何順矣!是故俱舍稱宗,無乃云漢封疆,愚勞漫漶歟!然必稱俱舍學何耶?趣資中有,誕登資渡,種果資荂,創始於經部,結歸於唯識,樞機於《俱舍》。若學唯識而缺《俱舍》,虛空無源。君子不然,例此而談,成實不稱宗耶?《成實》之作在龍樹後,若猶稱宗,是何以異捨家而塗,在龍樹後而猶成實何耶?《成實》樞機,乃猶《俱舍》,《成實》非自足挹取耶?《成實》多義,雖本經部,善有趣空,造端乃異,何所異耶?唯蘊是實,五陰成人,塵造大根,色香味觸成瓶。若對理論,因緣假名,一切非實,不患無明,而患在執,簡念唯慧,金剛三昧,治在一空,是為《成實》趨異。吾嘗有言:訶梨跋摩,實以經部不善空義,決諸部長,別組論聚。今意諸部決聚之長,見《分別論》,成唯於彼,得毋資取,然無可攷矣!

五,捨有部義取經部義

何為如是取捨耶?有部結小有之終,經部開大有之始,於何知之耶?小悉人空,而苦法實;大則二空,眞理乃出,三世皆有,三法皆實,終古塞大王之路,長夜無達旦之期,無隙可乘,不捨何待!蘊處皆假,過未非實,雖一極微,功悼虧蕢,而法執能除,二空理顯,有機可入,不取奚為!表其大略,未能細微,得有所謂趨義者十,比事者三焉。

云何十義?一者,異門有義,是法相義。二者,無別有體義,是唯識義。三者,種子義。四者,依義。此二義是阿賴耶識接近義。五者,刹那無住義。六者,無漏智有分別義。七者,依智不依識,依有分別智,不依無分別識義。此三義是法相依他詮用義。八者,一念二緣義，是唯識俱轉託變義。九者，分別俱生義，是大乘斷障漸非頓義。十者，不依律義，是大乘有所建立教依經論義。云何三事？境之為唯識、五聚、法相九事事，行之為所治業惑，能治三學事，及與果事。

（一）異門有義，是法相義者。有部據三世有說一切有，三世有者，作用有別，已作、正作及與當作，說過、現、未各有作用。非體有殊，最極要義。所緣所依，業生後果，繫及離繫，過未若無，都失所事；經部不然，一破作用，彼同分法，現實無用，而豈無現。二破所緣，我許緣無，云何緣無？諸有達無，第十三處，達無之達，即是緣無，追憶曾相，現在如曾，逆料當爾，現在如未，緣無而緣，得成所緣。三破因果，非過去業，能生當果；然業熏種，引續轉變，當果遂生。四破離繫，彼所生因，隨眠種故，能繫煩惱；若隨眠斷，得離繫名，種斷不斷，繫離不離，何關過未！綜此四義，豈恃過未，一切事成，若談聖教，教依現果，說過去因，亦依現因，說未來果。有燈先無，有燈後滅，以有顯無，非無是有。依與果說，業去猶有，依取果說，未來可有，都非實有。若是實有，實有過未，於聖教中非為善說。應如經說，如其所有，而說言有，是名善說一切有者。此異門三世有義，緣無之緣，得成所緣，正符大乘唯識三世。又談聖教，以有顯無，正符大乘法相三世。精義絕倫，能無傾取，以是因緣，捨有部義取經部義。

（二）無別有體義，是唯識義者。如不相應行，識分位故。唯識所談，非別有體，攝境從心。世親於時瞻望勿及，攝假隨實。經部於義，誠見優長，虛空洞然，寧云窒塞！以是因緣，捨有部義取經部義。

（三）種子義，是阿賴耶識接近義者。緣生要義，實在因緣，說有六因，唯除能作、相應、俱有、同類、偏行及與異熟，皆因緣性。是有部義別立種子，謂有法體，雖經劫滅，而自相續；輾轉相仍，猶為因性。於此種子，隨義立名，或名隨界，或名熏習，或名功能，或名不失，或名增長。善隱惡現,有隨俱行;善根不斷,以未斷故,猶有可起;餘善根義,隨俱善根,即舊隨界。是經部義。法滅而不斷,緣生而不亂者,其唯種子乎!阿賴耶識名一切種,經部不能一切,而熏習功能乃堪符順,精博不逮,而風起青蘋。以是因緣,捨有部義取經部義。

(四)依義,是阿賴耶識接近義者。所依微細,難可了知,厥有三種:一者,無心,二者,無色,三者,生死中閒。有部二定,後依於前,定前無閒心,引出定心起。有部無色,依眾同分及與命根,同分命根更互為依。經部則無心無色而有種子,心種依色,色種依心,無色由心生,心與心所更互為依。滅定由身起,定內五根,帶種出定,其異師者說滅盡定,猶有細心。有部中有,種果中閒,有芽相續。大德邏摩,中有名色,引結生識,是為名色緣識。中有識引,生有名色,是為識緣名色。部義如是。此中若立阿賴耶識,則所知依者,心依色依,名中轉識,亦互為依。廣厦長林,一切安隱,經部雖不能爾,而身心實物,殊非命根及眾同分。依倚冰山,惶恐杌隉。以是因緣,捨有部義取經部義。

(五)刹那無住義,是法相詮用義者。有部住實,有得體時,即有住時;上座不然,雖得體時,而無有住。《撫掌經》言,刹那顯行,有暫時住。餘不忍受此言,若由住力能令諸行暫時住者,何不由此令諸有為歷千俱胝刹那量住?由此道理,建立前生於後,後依於前。此義不論,夫無住者,大異於小,用異於體,利他異自,有為異無,般若以此無得無留,瑜伽以此善巧方便,玅義觀止,寧能不居!以是因緣,捨有部義取經部義。

(六)無漏智有分別義,是法相詮用義者。知斷證修,正如是知,說名盡智,正如是知,不應更知,名無生智。如何無漏智可作如是知耶?迦濕彌羅觀後,後得有漏智知;健馱羅國,亦無漏智作如是知。

大乘後智,於義有四:後得有漏、後得無漏、後得有分別、後得無分別。經部所證,漸能符信。以是因緣,捨有部義取經部義。

（七）依有分別智不依無分別識義,是法相詮用義者。有部五識緣實,經部五根發識。粗唯緣俗,無分別故,如鏡照像,不任為依,是故聖說依智不依識。意識分別,通緣勝義,兼依非依。夫大乘至義,無漏有為,盡未來際,作諸功德,智依後得,分別是有。以是因緣,捨有部義取經部義。

（八）一念二緣義,是唯識俱轉託變義者。如他心智,有部一時一念緣一事境,如緣心時不緣心所、正緣受時不緣想等。經部一念緣二,貪眠俱行,然唯自他心及心所同類實相取為所緣,而俱不取他心所緣及其能緣。據經部義,用勘大乘,託質變影,相分非境,猶有極微,不能驟合,而緣自不緣他,三界唯心現。以是因緣,捨有部義取經部義。

（九）分別俱生義,是大乘斷障漸非頓義者。有部身見,唯分別起,唯見所斷;經部身見,更有俱生,為無記性。是修所斷,如禽獸等,一法二習,漸義斯階,雖未一切,乃燭方隅。以是因緣,捨有部義取經部義。

（十）不依律義,是大乘建立用經論義者。律但赴事,因緣譬喻,有是犯事,制是止持。七聚廣律,諸足溯源,有是護事,建是作持。二十鍵度,何非徵實?經論詮義,知法知義,是稱知識。事狹義寬,事枯義玅,事固不足,範圍乎義!義則實能,發生乎事,溺實量有,株守難移,大漠翔空,開懷有暢。經部既以量弘深悼僻執,豈堪困律,己義沮伸?若夫大乘,義且無方,方廣希有,不可思議。現比為理,經論為教,有所建立,亦不以律無瘡而傷因論、生論。大唯經論,小教崇律。脅尊者言:部執糾紛,有部正軌。是則律學率由典常,空有兩輪。律亦分徑，十誦極有，迦葉維律，極談於空，《四分》、《五分》及與《僧祇》，空有牽率。精義入微，端資鉤索，先應比事，次應屬義。五論四律，如治四含，大論周旋，此土列匠，勵宣素學，皆囿《四分》，極至無趨，漫漶非竟。迦葉維部，廣部未來，故治律學應於有部三致意焉。東方缺籍，事以義行，故治諸部應於律學三致意焉。

說十義竟，繼說三事。境之為唯識五聚事者，心法且談六事，心所法且談四事，色法且談六事，不相應行且談六事，無為且談三事，餘義餘事，互隸餘處。

心法且談六事者，識，非若有部，唯是了別。要知此非勝義，若謂了時，說名為識，不能了時，應成非識，不應非識，可立識名。

五識，非若有部，通緣現在。要知唯緣過去，無間滅色，現識因故。

二眼，非若有部，俱時見色。要知前後起用，見即分明，因果非若有部，俱時發現。要知因時無果，因緣前合，令現事生，東障日光而西方現影，三杖俱起而繩地連持。若互為因，造與大種，心與隨相，為因應互。

異熟，非若有部，同異以類，異類而熟；要知同異以時，異時而熟。

見聞覺知，非若有部，眼見耳聞，意知餘覺，所證如死，能證立覺。要知五根皆四，五境容起，作用有別，差立四名，意除現有見聞覺知。

心所法且談四事者，見，非若有部，是實眼見，是實識見，是實像色。要知三和名見，都無有實。

輕安，非若有部，相應各別，而言五識名身，唯漏及散，意識是心，通定無漏。要知心是心所，身為輕觸，皆定無散。

尋伺，非若有部，相應一心。要知各別。

色法且談六事者，色，非若有部，是實有體。要知五識依緣，俱非實有,一微不成,眾微則假。

有對,非若有部,強立三種。要知障礙他生,可名有對,境界所緣。都緣自境,豈其有對。

大種,聚中知一知餘,非若有部,勢增知一,如籌囊鍼,遇緣知餘,堅顯流相。要知此聚於餘,無有體相,而有種子,經說於水聚中有種種界。

觸,非若有部,四大種外,更立多事,別實有體。要知滑澀重輕,及冷飢渴,四大差分,似有別性,色界云何而有冷觸。

身根,非若有部,不偏發識,發則散壞。要知全身沒水,身根極微,偏能發識。

極微,非若有部,獨一而住,唯能變礙,不能發識。要知無一極微,各處內住,變礙義成,且能發識。

不相應行且談六事者,得非得,若非有部,別實有體。異生聖者,起世俗心,以得差別。要知煩惱斷未,可差聖凡,名色種子,於生自果,展轉鄰近,轉變差別。

同分,非若有部,別實有體。能依所依,一類相等,名有情同分,隨蘊處界,各類相等,名法同分。要知相似種類,諸行生時,於中假立,人同分等。

二無心定,非若有部,別實有體。遮未來心,能令不起。要知定前違餘,令餘不定,假立定名,出後入前,法無容住。

壽,非若有部,別實有體,能持識煖。要知業住引勢,假得壽名。

四相,非若有部,別實有體。諸行有為,由四本相,本相有為,由四隨相,隨相生一,本相生八。要知四相且無,況復隨有?相續行中,初起名生,終盡名滅,中轉名住。前後別異,非一剎那,說三有為。若以剎那說四相者,本有今無名生,已有還無名滅,後後嗣前名住,即前後別名異。四相於法,非即非離,緣合即起,何勞生相?

名句文身,非若有部,別實有體。語但音聲,名始了義。應知語即是名,非但是聲,語一瞿聲,能詮九義。

無為且談三事者,虛空、擇滅、非擇滅,非若有部,別實有體。總說善常。要知暗無觸對名虛空,簡餘不生名擇滅,離擇不生名非擇滅。有部說有,我亦不說無為體無,但應如我所說而有。有先非有,有後非有,聖於苦諦,見唯是苦,於苦非有,見唯非有,無為非有體,可得如色定,非有用,可得如眼耳。

無為涅槃,非若有部,此體不生,未來乃有。要知涅槃不生,本來自有,熏種不現。說過未斷,非設劬勞,為令因滅。

無為無障,非若有部,不障他位,即能作因。要知常非因事,而能與識作所緣緣。

問:敘經部義,應順《俱舍》因果緣事,而別用五聚何耶?

答:五聚隸法,六足如是,有宗不違。世親後作《百法明門》,依瑜伽本母分,宗承五聚,法相所同,法義所獨,一人所作,前後斯通,大小俱徑,故談境事先之於五聚。

復次,境之為法相九事事者,蘊處界且談一事,緣起且談八事,食且談一事,諦且談一事,餘義餘事,互隸餘處。

蘊處界且談一事者,蘊,非若有部,是實物有,一實極微,亦得名蘊。要知聚義乃是蘊義,非一實物而有聚義。

緣起且談八事者,十二緣起,非若有部,體是五蘊。要知羅漢有蘊,而無行愛,然經說三際無智為無明等體。

無明與行,非若有部,過去得名。要知此二通後關係。

行緣識,非若有部,唯是生有,刹那為識。要知由引業力,識附中有,趨赴結生。

名色,非若有部,識後處前,中間諸位。要知具足五蘊,相續一期,說名名色。

受,非若有部,是俱有因,與觸俱起。要知根境為先,次三和觸,第三刹那,緣觸生受。

一心受中十八近行,非若有部,已離貪位,有漏皆攝。要知與意相牽,但攝雜染。

取,非若有部,即係二種,欲貪紗欲。要知但從二生,執即不捨,假名欲取。

緣起,非若有部,起而非生,謂未來法;生而非起,後心過現。要知生唯過現,便違經說,生死非未,便壞三際。

食,且談一事者,四食,非若有部,段招後有,思住現身。要知初二益身,所依能依,有若養母,養已生故;後二於身,引起當有,有如生母,生未生故。

諦,且談一事者,世俗勝義,非若有部,瓶衣俗諦,極微勝義,依勝義諦,說有色等,是實非虛。要知如出世智,及彼後得世間正智,所取諸法,名勝義諦。如此餘智,所取諸法,名世俗諦。

說九事已,且一辨解。五聚隸法,更及九事何耶?《攝論》愛、非愛、緣起儕於自相,分之為二。十二緣起,百法不詳,詳於五蘊。九事攝屬,非唯小大。空有兩宗,皆同法相,是故次之於九事。

卷下

行之為所治業惑事者,業具談五事,隨眼且談十事,餘義餘事,互隸餘處。

業且談五事者，業，非若正量，動名身表。從此至餘，非若有部，形為身表，別起體實。要知三業皆思，加行起思，思應作事，說名思業。更起作思，隨前思事，動身發語，名思已業。思及思已，說名表業，表思勢力，熏起種子，名無表業，無心有種，無表非實，八記八破，於此應研。

又業，非若有部，但立四業，若於時定，熟無不定。要知廣應八業，時即有定，異業不定。

又業，非若有部，一業唯一生受。要知一業能感多生，現強受二，生但受後，後劣不受，但唯一生。

又業，非若有部，身語意三，皆名惡行，意惡行三。貪瞋邪見，離思有體，要知貪瞋邪見，即是意業。

又業，非若有部，三毒體別，為思業道；前七身語，亦思業道。要知惡趣為道，後起為道，貪等即業，離無別體。

隨眠且談十事者，隨眠，非若大眾，欲貪心外不相應法。非若有部，無別實體，即九十八使，應知隨眠非心相應，非不相應。煩惱睡位，說名隨眠，覺位名纏。睡種隨逐，覺現纏心，於自體上差別功能，從煩惱生，能生煩惱，說名種子。譬如念種，是證智生，能生當念差別功能；又如芽等，有前果生，能生後果差別功能。

忍斷，非若有部，有頂皆見，智斷皆修，八地所斷，聖見非修，凡修非見。要知異生不能斷惑，或復不能斷見煩惱。

薩迦耶見，非若有部，薩義是有緣無不生心，緣有乃起見。要知薩之云壞，迦耶云聚，和合無常，有情法爾。

戒取，非若有部，唯見苦斷，迷苦諦故。要知戒取，通見修斷，迷苦諦因，四義嚴彈，烏容成立。

常我樂淨，想心見倒，非若有部，樂淨想心，唯屬見斷，預流無倒。

要知樂淨通修,常我唯見,想心八倒,學斷未全。

二疑、二癡及與七見,非若有部,止此十一,於自界地五部諸法,是能徧行。要知十一以外,愛慢二使,亦應徧行。

無記根,迦濕彌羅,依因素是根義,捨慢立慧。健馱羅國:堅強義是根義,捨慧立慢,愛癡無記,並立為根。

軛中欲漏,取中欲取,非若有部,說屬於界。欲界名欲。要知屬境,五欲起惑,說名欲軛,欲貪名取,無關界繫。五蓋障五蘊,非若有部,惛睡障慧,掉悔障定。要知掉悔障慧,惛睡障定。

四對法中四法說遠,其時遠者,非若有部,去來於現,世性各別,雖復鄰近,亦說為遠。要知去來於現,離法自相,未來未得,法自相故,過去已捨,法自相故,是故為遠。

復次,行之為能治三學事者,戒學且談八事,心慧學且談二事,餘義餘事,互隸餘處。

戒學且談八事者,近住一晝夜,非若有部,旦日光明,能礙捨戒。要知如來方便,觀理觀根,量而後授。

齋支,非若有部,七支非齋,八支亦齋,如見如覺。要知總齋別支,不可正見,即正見支。

近事,迦濕彌羅:若離五戒,即非近事。健馱羅國:但受三歸,即成近事。

又近事,非若有部,先已具受,一少多滿,持犯說四。要知約量多少,隨受說四。

不律儀,非若有部,徧於一切有情界得。要知律儀可爾,非屠羊人至親損害,為救自命而亦欲殺。

又不律儀,人受近分戒,至夜正盡。迦濕彌羅:若不更作,無緣得惡。健馱羅國:如停赤鐵,赤滅青生。

又不律儀，非若有部，必無缺支，及餘一分，住不律儀。要知隨所期限，支具不具，全分一分，皆得名住。

捨戒，非若有部，非犯餘罪，有斷尸羅，非犯一邊，捨一切戒，出家受具，應可再行。要知四重隨一，勤策苾芻，一切俱捨，無慚愧力，更能發戒，豈其故，抑不令再行！

念慧，非若有部，以念持慧。要知以慧住念。

覺支道支，非若有部，修近菩提，助覺勝故說覺支增；見道速轉，通行勝故說道支增，經隨數便先覺後道。要知但於見道建立覺支，如實覺知四聖諦故，總於見修建立道支，俱通直住涅槃城故。

果事者，且談十事，餘義餘事，互隸餘處。

一，不可思議事：超理無比，小不能知，如佛舉意徧知。若在有部，尋常推測，為比為占；經部都非；如世尊言，諸佛德用，不可思議。

二，自在事：超事無作，小不能知。如佛留壽行，捨命行。若在有部，留伏死魔，捨伏蘊魔：經部都非，為顯自在，死則令捨，活則令留。

三，大定事：超定無人，小不能知。若如有部，佛有散心；經部視佛，曾無不定。

四，他方佛色事：超量無數，小不能知。若如有部，十方世界，唯一如來；經部同時，定有多佛，各化三千。

五，佛化生事：超生不測，小不能知。若如有部，佛乃胎生，若化生佛，燈滅無遺；經部不然，信佛有願，雖是化生，依持願通，留身長久。

六，佛依身事：超色難量，小不能知。若如有部，歸依佛寶，但無漏法；經部不然，諸佛體性，亦攝依身。

七，轉法輪事：超法無上，小不能知。若如有部，法輪三轉，唯是見道，憍陳如悟，名已轉輪；經部不然，三轉十二相，四諦轉三周。

八，解脫事：若如有部，心慧二脫，即解脫蘊；經部則離脫清淨，非唯勝解。

九,羅漢留壽事:若如有部,轉富報為壽報,引宿殘為現用,但資異熟,限於已往;經部則轉撥宿勢,引取未來。

十,羅漢退事:若如有部,初果不退,二三四退,退思護住,及與堪達,俱有退義;經部不然,羅漢無退,初四聖慧,二三世俗,聖慧不退。說羅漢退者,但有漏定,決非果退。

談果事已,因論生論,而得三事:

一,顯於大乘,真是佛說事。無著《莊嚴》,八因成宗,成於大乘,真是佛說。若如《俱舍》,不必宗因,但選部義,大乘部執,義有同符。云何共此一義?彼部非佛說,此部說為佛,淨理得結,應信部執,部義符大,應信大乘。故嘗論言:能讀《俱舍》,能知經部,顯於大乘,真是佛說。

二,凡大立義,有其由來,驟而觀之,種子熏習,差別功能,俱生分別,一切種種,創自唯識,窮究其源,基於經部。因其所有,琢瑜鍛金,唯大獨妙,室家經始,小亦劬勞。故嘗論言:能讀《俱舍》,能知經部,顯於唯識,經歷綦多,濫觴攸遠,精細斯盡,運用之神。

三,凡小勝進,歸其有極,出有部,入經部;出經部,入俱舍;出俱舍,入唯識。如箭引張,如水赴壑,機動勢迫。故嘗論言:能讀《俱舍》,能知經部,顯於小乘大乘,咸趨一致。

六,捨經部義取俱舍義

何為如是取捨耶?法界法爾,現證現知,無不可有,有不可無。若無心所,三性則無,憑誰幻力,長夜瀾翻!以何因緣,涅槃無住?若無無明、愛取諸事,第二緣起,因果蕩然,一切法壞,曷足勝窮!故於經部取而復捨，智人順勢，法爾而然。今且略談，談於五聚事者十二，談於九事事者八焉。

談於五聚十二事者，不染無知，經部所執，體是智無；《俱舍》不然，未成佛來，有漏劣慧。

十大地法，經部則云：無如所說。此但三種，經說俱起受想思故，眼色伽他，次第義故，說識言故，不離識故，欲為根本，不了義經。《俱舍》不從，而用《婆沙》十法，刹那和合徧有。

三和合觸，經部則云：經但說彼和合衆緣，非實觸相，和合所生。《俱舍》不從。

欲，經部絕非大地，阿闡地迦經所說故。《俱舍》不從。

慧，經部此於無明疑俱心品，相用無故，非大地法。智與無智，猶豫決定，理不應俱。《俱舍》不從。

念，經部但於過境施智行相，明記而轉，無別大地，經說有失念故。《俱舍》不從。

能作動意，於所緣境，此非大地。若於所緣，唯作動意，諸餘心所，應不能緣；若亦由斯方能緣者，理不應爾，名作意故。《俱舍》不從。

勝解，經部於所緣境令心決定，此與智相都無差別。《俱舍》不從。

三摩地，經部心體緣境，但不流散，非別有體。一者，若此三摩，令心住一，豈無此體，心轉便多。二者，若謂多心，此持令一，唯一墮境，云何又說刹那刹那有三摩地？三者，但見心住所緣，不見此令必住。四者，法有功能，自住自境，何待餘法，令彼而行。《俱舍》不從。

色，譬喻論師，十種色界，唯大無造，觸中許餘，無所造觸。諸或許色，無四大種。離日輪光，孤香獨觸，又或許大，不必具四。《俱舍》

破之，堅非是色，眼何能取？色非是堅，身何所覺？造外大種，應別說四。

壽，經部勢引，《俱舍》破之。壽體勢引，行而無障，往趣無處，畢竟不墮。

異生性，經部是見所斷。《俱舍》破之，離欲成就，不染無記，若是見斷，苦法忍智，非名聖者。

談於九事八事者。處，經部非一實微，蘊既是假，眼微聚成，處亦應假。《俱舍》破之，多積聚中，一一極微，有因依故；若不爾者，根助識生，應非別處，是即應無十二處別。

三界五受，經部有身有苦樂至四定，有心有憂喜至有頂。《俱舍》不然，色界無男女憂苦，空界無五色喜樂。

緣起，經部緣先起後，然非一法先至後生。《俱舍》破之，無明等法，各有蘊聚，十二緣起，是說可然。眼色於識，各為一緣，豈成聚集，故要起位，即亦至緣。

無明，經部說是惡慧。《俱舍》破之，無明暗鈍，無猛利見，然與見應，慧不染慧，無明染慧，不與慧應，應惡慧外，別有無明。

非理作意，緣起何支？古時世親，屬取支攝；室利羅多，攝屬觸支。《俱舍》破之，佛為眾生，除三際愚，說十二支，從前生今，今復生後，意別有在。老死有果，無明有因，生死始終，此難非理，屬取屬觸，皆不成釋。

此有故彼有，此生故彼生，經部釋經，厥有五師：

一師，上座弟子大德羅摩。施設三義：一者，依此支有，彼支得有；由彼支生，餘支得生。二者，依前際有，中際得有；由中際生，後際得生。三者，無明無間，親有於行；無明展轉，行間接生。此之所義，《俱舍》不從。

二師，異師世曹。非本無因，諸行可有；亦非常因，諸行得生。《俱舍》破之，無因常因，生句已足，有句何須。

三師，上座同學。由因相續，有果相續；由因分生，果分亦生。《俱舍》破之，此欲說生，何緣說住？何故亂序，先住後生？

四師，室利邏多。依此果有，彼因有滅；由因生故，果方得起。《俱舍》破之，經應言滅，不當云有；經應先因，不應先果。

五師，先軌範師。無明不斷，諸行不斷；由無明生，諸行亦生；有義是種子義，是現行義。《俱舍》從之。

生有心，經部異熟受生，初受生得。《俱舍》不然，欲胎卵濕結生相續，定染汙心。

苦諦，有部樂少苦多，誰有智者，癰澆計樂？鳩摩羅多，樂是苦因，樂能集苦，有苦希樂。《俱舍》不然，樂是行苦，是名苦諦，一非常法，二違聖心。

七，捨餘部義取俱舍義

所以如此取捨者，入主出奴，人言是倚，矯亂漫漶。斯道何由？君子日新其德，不拘拘於執舊。

有宗根本在一切有，空宗根本乃在大眾，捨於餘部而得異大眾者為十有四，異化地者二，異正量者一，異犢子者二。但順論文隅舉其式，若詳學派，應廣搜陳，今姑且置。

異大眾十四事者：一者，以識而見。二者，隨眠之法，是欲貪外，心不相應。三者，不待相續，業與異熟有俱時轉。四者，下地隨樂，能見上色，如生欲界，乃見上天。五者，四禪滅定，生意成天，位不在九，而在第五。六者，無色界有色。七者，五趣自體，通善及染，經說異熟起已,方名地獄,非說地獄,唯是異熟。八者,結生相續,無染汙心,猶如菩薩三時正知。九者,無有中有,質像有閒,依境而生。十者,地獄獄卒,是實有情。十一者,是物生已,自然而無,名非擇滅。十二立者,緣起無為。十三者,預流有退。十四者,諸諦頓現。《俱舍》於此諸諦頓現,而言見與緣事行相各別,不可約見而說於頓,見一諦時於餘自在,說頓無失。若見苦時,而即斷集證滅修道,說頓無失。

異化地二事者,劫壞無種,風從他方飄種而來,無色有色。

異正量二事者,動名身表,獄卒實有。

異犢子二事者,兩眼互見,離蘊有我。

八,捨俱舍義取大乘義

何為如是取舍耶?有勝利故。取於大乘阿利耶?勝利無邊。擇要談十:一者,信有如是阿賴耶識。二者,信有如是一切法空。三者,信有如是平等平等,身亦不可得,法亦不可得,無所用其堅固僻執。四者,惑障無邊,對治無邊,堅固熾然,無所退屈。五者,有情無邊,悲願無邊,三阿僧祇方便相應,無所用其誕先登岸。六者,入大乘光,徧聞十方一切世界如來玅法。七者,如實了知一切法相,有即說有,無即說無,無所用其尋思比度,虛設劬勞。八者,一切解脫,寂靜圓明;圓明寂靜,諸苦樂受,皆無有苦。九者,了知成佛,盡未來際,作諸功德。十者,現前定然,恬定不惑,漸歷諸境,得大無畏。

復次,阿賴耶識有十大利,小不能知,應深信受:一者,有能。生滅因果,二緣起故。二者,有依。無色無心,此所依故。三者,無外。色心皆識,親而不離故。四者,無我。本識轉識,互為因緣故。五者,非斷。相似相續故。六者,非常頓起頓滅故。七者,無量無邊。染種無始,淨種無止故。八者,能受能持。無覆有力故。九者,深細。唯佛十力,乃窮了故。十者,方便究竟。一切相應故。法界若不如是圓滿整齊,則不到今;法界到今,是必如是圓滿整齊。法界觀人,一刹那間,證知法界,現見如是圓滿整齊,非故如是圓滿整齊,比合法界。然言說文字,模填法爾,則亦不妨比合法界,故設如是圓滿整齊。

世親菩薩,小論千部,大論亦千。結小開大,機樞之作,《俱舍》猶留,大作多佚;破毗伽羅三十二品,徒存其目,《維摩》、《勝鬘》,諸論未來,猶足深慶。此土譯行,除《遺教論》有二十七,是二十七論者,唯識法相法義俱在。捨於《俱舍》,取於大乘,馬迹蛛絲,昭朗可揭。

一者,《二十唯識論》成立唯識。此姑談三:

(一者)極微。外境病根乃在極微。《俱舍》則和合五緣,實微意知。《正理》則和集相資,一多有系。是二家言,施設至巧。若非現證,誰拔長淪!大乘唯識,極微聚色,覺慧分析,一切俱無。(二者)處實。《俱舍》執經十二處別,尚破經部。若非現證,誰拔長淪!大乘唯識,從自種子緣合而生。佛依彼種說眼處等,無別實色。依處而化,入人無我;依唯識化,入法無我。然根是種生,此言精辨有十一過。安慧救謂:由未建立阿賴耶識,破彼外色,根發識用,假名種子。若不說種為根,根便離識而有。(三者)根識和合假名為見。《俱舍》如是,然根是色法,不能量境,現見量體,唯心心所。

二者,《攝大乘釋論》成立阿賴耶識。且談數義:

(一者)若不信有阿賴耶識,熏習不成。《俱舍》前念熏於後念,然無二念,一時生滅,熏習而住。若謂同類,更互相熏,然異相續,熏違自教。(二者)若不信有阿賴耶識,三雜染不成,十二緣生不成。《俱舍》心所依心,心依心所。心所如何能為心依?識緣名色,名色緣識,如何兼說?中有及彼結生相續,然《攝大乘論》既別立有染汙意識,而兼及第一,猶是意存隨順。

三者,《成業論》成立第二緣起阿賴耶識。諸破表業,破有部形,破正量動,都同《俱舍》。若譬喻師,色為業性,非顯非形,心所引生,能動平等;《成業》破之。二定細識,是說第六;《成業》破之,而謂細識是阿賴耶,便感當來愛非愛果。

四者,《百法明門論》成立唯識五聚。《俱舍》心法,為一意識,《百法》開六,而加末那、阿賴耶識。《俱舍》心所,大地為十,《百法》為五,餘唯處地開立別境。《俱舍》善十,而缺無癡。《俱舍》本惑、癡入大隨,貪、瞋、慢、疑,歸不定攝,而缺五見。《俱舍》大隨,失念、散亂及不正知,三皆缺然。《俱舍》不相應行,缺其十一,而多非得。《俱舍》無為,缺想、受、滅、不動眞如。總其法數,但七十五,攝義不盡,且多粗誤,是以《百法》,創始有作。

五者,《四十唯識頌》,八識諸心所,三性二緣起及與五位,唯識要義,賅攝無餘。是與《俱舍》,一結小終,一結大終,未及長行,遽升覩受,可謂開後論師之始。

六者,《五蘊論》成立法相三科異門說假。以蘊攝識,行攝心所,不及相應。識開八種,義同唯識,門則法相。《俱舍》色法立十一種,五蘊則同。《俱舍》不相應行無流轉等十;《百法》則異,五蘊則同。《俱舍》意界為無間滅,《百法》則異,五蘊則同。《俱舍》無為,缺想、受、滅及與不動,《百法》則異,五蘊則同。唯法相門五姓齊破,一雨普潤,廣矣大矣,大小一如。若夫唯識,質唯被大,故與小異;然亦可說五蘊隨順,百法眞實。

七者,《辨中邊論》成立法相學。唯此唯是法門廣義學,世親學於《三十頌》而得其眞,於此《中邊》而得其大。分段義是蘊義,種子義是界義,受用義是處義,於因果用無增減義是緣起義。如是諸義,《俱舍》無是義，對治得果，種種別異。然和合聚義是蘊義，生長門義是處義。《中邊》有是義，《俱舍》有是義。《中邊》賅廣，大小義存；《俱舍》詮狹，唯一小分。

八者，《佛姓論》成立三性。佛以因緣，除五過失，生五功德。方便權說，悉有佛姓。眞俗二諦，不可說有，不可說無；人法二空，分別依他，以是差別，非有非無。以故佛姓非有非無。《大論》無姓以障詮解，《如來藏品》同一眞如，非水性異，但穢不穢，判二佛姓。然觀此言，非善方便，似無種子，非世親義。眞諦譯書，以故難讀。

九者，《十地經論》成立行果。

十者，《彌勒所問經論》成立施、戒、修三。行相功德，十二因緣。一重因果，足顯輪轉，及離斷常、施設兩重，實為無用，施而復施，犯無窮過。《十地經論》、《彌勒經論》，都同《俱舍》，兩重因果，準窺師說。推勘梵本，《地論》、《瑜伽》都無少異，顯是譯謬；而言世親《十二因緣論》亦等《瑜伽》，然其書不可得而見矣。淨意鬱楞迦，因果兩重，與此無涉。

十一者，涅槃本有今無偈論。本有今無，本無今有，及三世有，都無是處，與《俱舍》說，微異其義。

略讀世親十一論已，對於《俱舍》，非無因承，非無隨順。終究其旨，誠捨《俱舍》，誠取大乘，取捨因緣，亦是法爾，亦是勝利，已說無遺。然除《俱舍》有關係外，唯我世親猶有多論，應約略敘而得六類十六論焉：

一者，《法華》、《涅槃》，教所極崇，世親別義，乘則有三，教唯是一，作《涅槃論》。破二明一，作《法華經論》。

二者，般若談空，遮彼惡取，龍樹未及，猶有幽玄，佛義始圓。世親別義，作《金剛般若經論》；釋世尊經，作《能斷金剛論釋》；釋無著論,語意方便,入及大悲,都詮有為,作《勝思惟所問經論》。若百論釋,純明空義,何無一及空外幽玄?或取破外,或疑他作,是事應研,不應異例。

三者,淨土修持,已成通義,然三界唯心,土原屬識。世親體大而思尤精,唯心淨土獨所明闡,作《寶髻經四法論》,作《願生偈》。

四者,禪定修持,已成通義,世親有作,作《六門教授習定論》,作《止觀門論頌》。

五者,法門通義,發菩提心,行菩薩行,教授眾生,轉於法輪,簡持法要。世親有作,作《發菩提心經論》,說其行果,詳於六度。作《文殊問經論》,有十四法。所求滿足,有四發心。辯才無礙,有二道十智、十發十行、十無盡觀、十對治法、十寂靜地、七二修行。如此種種,速得菩提。作《大寶積經論》,十六教授,約廣功德。作《轉法輪經論》,為二轉輪釋十四難。作《三具足經論》,具施戒漏,具聞不漏,都具三種,得一切智。

六者,菩薩五明、因明用大。世親有作,作《如實論》,詳能破十四類,及墮負義。論軌論式,惜未來矣。

九,稱讚世親

野人貢芹,嬰兒壇論,見笑大方之家,然是下情孺慕,選詞切事,以十而談:一者,精進聖人,抉擇有慧,盡捨所短,盡趣所長。二者,精進聖人,大公無我,義悉取人,學不怙己。三者,精進聖人,有度能容,是所宗故,不輕婆沙,命名正理,猶稱眾賢。四者,精進聖人,不惜身命,迦濕彌羅,入險出險。五者,精進聖人,不恤衰老,留學傳學,更別弘學,八十行年,無量文字。六者,精進聖人,強勇有力,妙解小義,謂大非佛說,知是謗大,割舌以贖愆。七者,精進聖人,不顧己位,廣論開宗,初地無漏,以明得定,大放厥詞,論小以千,論大以千。八者,精進聖人,能以一身,普作多情,龍樹大空,無著大有,小空分別,小有婆娑。曾無一人,亦稱小乘,亦號大宗。九者,精進聖人,能以諸部貫融一宗,大眾分別成實三論。萬綱無綱,散沙乏撮,難可逃異,統不稽同。常山率然,擊首而尾應,擊尾而首應,擊其中閒,首尾俱應。惟我法相,唯獨斯妙,誰使然歟!十者,精進聖人,捨命不捨學,覩史升後,翳光踐約,乃謂慈尊說法,義猶此閒,周徧圓音,得未曾有。傳稱無著先歿,世親著書,然捨命不捨學,實不渝於此度。《解深密經》言:我說精進,徧於一切。空宗般若,有宗精進,法歟人歟!至心皈命!

十,略說其餘

問:正理論師,彈劾《俱舍》,不遺餘力,世親不救何耶?

答:不救有四義:一者,破我救他,不出我所已破。二者,不能壞《俱舍》義。傳云:我今已老,隨汝所為,我破婆娑,不將汝面。汝今造論,何須呼我?有智之者,自知是非。三者,《俱舍》有應破義,何用朋護?如《發智論》,仙人意憤,布灑他時,得殺訨罪,《俱舍》破之;然今《二十唯識論》,仙人意憤,反從所破,不惜《俱舍》,棄之如唾。四者,已捨《俱舍》,已取大乘,不屑屑於細微。

問:安慧糅雜集,救《俱舍》何耶?

答:大小對法,會歸一致。安慧糅雜,別有用意。

問:《光記》、《寶疏》,引俱舍師破《順正理》,是何意耶?

答:其細已甚,且彙而存。

問:近有世人,抑記伸疏,又何意耶?

答:以小詮小,疏容細密,冶以一鑪。記實有心,記多舊聞,疏參新義。

問:治《俱舍》者何適從耶?

答:都無適從,且讀《正理》,詳經部義,匯世親論,剖決從長。

民國十三年中夏宜黃歐陽漸敘於支那內學院

《藏要》經敘

《大般若經·第二分》

《大般若經·第五分》

《解深密經》

《大方廣佛華嚴經》(以上一輯)

《華嚴經·十回向品》

《大涅槃經·師子吼品》

《無盡意菩薩經》

《維摩詰所說經》(以上二輯)

《大般若經·第十六分·般若波羅蜜多分》

《合部金光明經》

《大涅槃經·正法分》(涼譯)

《大乘密嚴經》(以上三輯)

《大般若經·第二分》

菩薩正軌,境之為《楞伽》,行之因果為《般若》,差別為《華嚴》,果之為《涅槃》。今應談般若因果。菩提之因是般若,般若之果是菩提,般若菩提相應不異,是為因果。自初發願至等正覺,皆不離於實相,名般若波羅蜜。實相者,無相也,無其執相非相亦無,其用在三三昧。定名空三昧,聲聞多定故多空。慧名無願三昧,菩薩多慧故無願。捨名無相三昧,唯佛定慧平等,故皆無相。菩薩學佛應學無相,然菩薩自智是三三昧。聲聞能知蘊處界相,名一切智,菩薩廣大,三乘道相,無所不學,名道種智,佛一切皆寂,又一切一切無所不知,名一切種智,菩薩之行,行道種智,故必三三昧也。菩薩學小觀空不證,箭箭注栝直至菩提,是為般若,菩薩能道種智者,其唯此般若乎?本來寂靜,自性涅槃,我乃不相應,是故應學空。本來寂靜,自性涅槃,眾生苦不知,我皆令入無餘而滅度之,是故應學一切智智。一切智智,無量無邊,空無所有,然後能容。一切智智,反正雜處,空無所有,然後無礙,是故應以空為方便學一切智智。以空為方便學一切智智者,菩薩學佛無相學也。因亦無相,果亦無相,無縛無解,無佛無涅槃,無智亦無得,有得無得,平等平等皆不可得,是之謂得。巧妙不可詰者,法界也。巧便不可階者,般若也。以是般若,馭是法界,直上青冥,行大王路,自非諸佛聰明聖智虛空建立,誰能語於是哉?此則般若之大凡也。《大般若經》六百卷十六分,初分、第二分、第三分、第四分、第五分,汪洋瀛渤,大義都陳。六分至十分,曰勝天王,曼殊室利,那伽室利,能斷金剛,般若理趣,則江漢之支流也。十一分至十六分,曰施,戒,忍,進,靜慮,般若,又一度之各別也。故欲周觀,當觀前五。然前雖五,但詳略異而義事同,初為一類極詳四百卷,四、五為一類極少十卷,二、三為一類適中七十八卷。龍樹《智論》取二分釋,故讀二分至為方便。本龍樹意作五周般若:一曰,《舍利子般若》,二曰,《善現般若》,三曰,《信解般若》,四曰,《實相般若》,五曰,《方便般若》。

《舍利子般若》(四品)

緣起品第一

歡喜品第二

觀照品第三

無等等品第四

有佛般若,有菩薩般若,有菩薩聲聞共般若。以菩薩聲聞其般若故,佛常被舍利子善現說般若。舍利子人智慧第一,般若之法智慧第一,故五般若初說應舍利子說。經言此般若波羅蜜多相應即是空相應、無相相應、無願相應故,經言諸菩薩摩訶薩除空、無相、無願解脫門更無有餘要所學法。何以故?三解脫門總攝一切妙善法故。菩薩依此三門能攝一切殊勝善法,離此三門所應修學殊勝善法不得生長,而龍樹說三三昧是聲聞法。以是因緣有佛三三昧,有菩薩三三昧,有菩薩聲聞共三三昧。以是因緣菩薩之行唯是般若,般若之用唯三三昧。以是因緣此周法敘乃有其四,此周法義亦有其四,法敘四者。七事敘初,放光集眾,雖全經繫而此周殊,此周明三三昧故也。以是讀《緣起品》第一。菩薩以無所得為方便,應習無邊佛法,而欲成就無邊功德,當學般若波羅蜜,是則一切智智,行所向也,三三昧者,行所乘也。以是讀歡喜品第二。般若大行,具四法義,般若大果,具二授記,以是讀《觀照品》第三。說般若竟,諸大聲聞以三十一種名號稱揚讚歎般若波羅蜜。以是讀《無等等品》第四。法義四者,一,菩薩般若是三三昧,二,菩薩三昧非聲聞境,三,菩薩三昧有種種生相,四,菩薩三昧有種種功德。菩薩般若是三三昧者,不見義非義無義是空三昧事,不觀義不着義是無相三昧事，不念義不為義是無願三昧事，如是三事於蘊處等境於覺分十力等行行其所行。菩薩三昧非聲聞境者，一，觀一切法自性空，二，從不捨離一切眾生。菩薩三味有種種生相者，空不生空界而生於佛界，悲之力也。所學有淺深，所生判分量。菩薩三昧有種種功德者，一行攝一切行。道相智趣一切相智，菩薩之所以為菩薩，般若之所以為般若者，當以是義觀之歟。《心經》者，《舍利子般若》之要也，互相讀而義益見。

《方便般若》(二十品)

無盡品第六十六
相攝品第六十七
方便品第六十八
樹喻品第六十九
菩薩行品第七十
親近品第七十一
徧學品第七十二
漸次品第七十三
無相品第七十四
無雜品第七十五
眾德相品第七十六
善達品第七十七
實際品第七十八
無闕品第七十九
道土品第八十

正定品第八十一

佛法品第八十二

無事品第八十三

實說品第八十四

空性品第八十五

方便般若以十要提義,以四門讀文。十要提義者,一,諸法一切非有非無,不可說言法皆是無,不可執學一定實相。二,法界不離諸法,一切皆依俗諦建立。三,勝義不動而為有情不知依俗設教,舉足下足皆為有情。四,菩薩始由發心,終至正覺,舉足下足皆為一切智智。五,學般若學應于一切法中學,故菩薩本學為道相智學。六,徧學聲聞斷智,以勝智見超入離生。七,以無相為相而徧學一切。八,以無性為性而漸次修學。九,安立眾相,(一)以無際空畢竟空,(二)以種種眾多不可思議甚希奇法。十,一心現起能攝一切,隨修一法無作無相而能一切一切周徧圓滿。四門讀文者:

一曰,無盡相攝門,緣起以無盡觀,一切以相攝圓,以如是無盡相攝,讀《無盡品》、《相攝品》。

二曰,因果差別門,般若十勝义,教相四要略,行引修三慧,聲聞菩薩佛三智,到彼岸七義以如是因果讀《方便品》。思一切智,行菩薩行,不二增修,親近善友,不離巧便,以如是發心差別讀《樹喻品》、《菩薩行品》、《親近品》。(一)以無戲論入,(二)以道相智入,(三)以無相徧學入,(四)以無性漸次入。以如是入正性離生差別讀《徧學品》、《漸次品》。

三曰,妙相妙空門,無得而德,無相而圓之一相,施身入獄,飼虎燒天之眾相,以如是妙相讀《無相品》、《無雜品》、《眾德相品》。不見有情可脱三界,有情所住,名相分别,以無名相法寄名相説,是為人空,但為實際行般若,但為法本性空求菩提,是為法空,以如是妙空讀《善達品》、《實際品》。

四曰,功德究竟門,(一)菩提道,(二)菩薩道,(三)嚴土,(四)現通,以如是功德讀《無闕品》、《道土品》、《正定品》。(一)般若,(二)解脱,(三)法身,(四)三德顯涅槃,以如是究竟讀《佛法品》、《無事品》、《實説品》、《空性品》。讀方便竟,然後知般若致用如是廣大,菩薩度量如是展布,大乘精神如是充滿。讀方便竟,然後知涅槃常寂,華嚴無礙,般若善巧,宗各不同,而至無量無邊不可思議,摩訶衍義,浩瀚汪洋,莫不一致。不讀方便不知妙用,執一實相,莽莽蕩蕩,日月悠久,幾何不流於敗種焦芽,沈空滯寂也哉。

《大般若經・第五分》

善現品第一

天帝品第二

窣堵波品第三

神呪品第四

設利羅品第五

經典品第六

迴向品第七

地獄品第八

清淨品第九

不思議品第十

魔事品第十一

眞如品第十二

甚深相品第十三

船等喻品第十四

如來品第十五

不退品第十六

貪行品第十七

姊妹品第十八

夢行品第十九

勝意樂品第二十

修學品第二十一

根栽品第二十二

付囑品第二十三

見不動佛品第二十四

小品《道行》,《四分》異譯,五敘中三而缺前後,敘中三者,敘須菩提般若、信解般若、實相般若也,缺前後者,缺前舍利弗般若,缺後方便般若也。《五分》與《四分》一類,文約而義豐,文約則最便初機,義豐則易知梗概,欲少讀文而周知至義者其唯《五分》乎。今且讀《五分》三周般若之文。

初周須菩提般若者,此有其二:

一曰,三乘三解脫門,無所攝受三昧名空解脫門,無所取著三昧名無相解脫門,如幻三昧名無願解脫門。三定總持教唯是一,仁者見仁乘則有三,非三三昧但聲聞事也。

二曰,摩訶衍三事,悲以被功德鎧,定以發趣大乘,空以乘大乘,行是三事,而無縛無解無二無二處。如是等等讀《善現品》。

次周信解般若者,此有其二:

一曰,帝釋般若,為始學人歆之以福,彼功德校量,福之福有邊,智之福無邊。如是等等讀《天帝品》、《窣堵波品》、《神呪品》、《設利羅品》、《經典品》。

二曰,彌勒般若,為久學人教誡其極,彼隨喜迴向有相義非極,無相義乃極。夫無相義者絕幖幟名言而畢竟清淨也。如是等等讀《迴向品》、《地獄品》、《清淨品》。

三周實相般若者,此有其三:

一曰,所學處,信解則卻魔,卻魔由孝護。般若為諸佛母,能生如來,能示世間諸法實相。般若為拔情大事出現,為佛性不思議事出現,為異生不可稱量無數量無等等事出現,如王大臣一切成辦。如是等等讀《不思議品》、《魔事品》、《眞如品》、《甚深相品》、《船等喻品》。

二曰,能學人,初業學人近友發願而已,信解學人離毒勝解以觀其相。求智度生遺法,不執隨順無邊,以顯其行,不離法如不離巧便,住平等心語,以闡深義;不退轉學人有十五復次殊特狀相,有四復次其餘狀相以觀其相,涅槃義、空義、集證義、心生滅眞如義,以闡深義,夢行、願行、不證行、無慢行、空離行、不行行,以顯其行。如是等等讀《如來品》、《不退品》、《貪行品》、《姊妹品》、《夢行品》、《勝意樂品》。

三曰,如是學,(一)不為聲聞及與魔喜學。(二)不為盡滅遠離學。(三)不起一切惡念俱行而攝一切功德勝利學。(四)願樂隨喜學。(五)幻心證幻法學。(六)無分別學。(七)非堅固學。(八)為佛所讚學。而終之以付囑久住示境起信。如是等等讀《修學品》、《根栽品》、《付囑品》、《見不動佛品》。善巧義是般若義,於三三昧為無相,空義不動義則為空為無作,空然後能善巧,空如不善巧,趣寂聲聞,焦芽缺用。不動然後乃善巧,不動如不善巧,一切有情昧本性空,誰復有能長劫捨身始終求智?故三三昧攝一切盡,而究其至極唯善巧為盡。持一善巧以馭一切,一切成辦一切如如,自在縱橫無復有過,故唯善巧能事畢矣。涅槃不思議果,非般若巧便行而誰能至哉。

學者莫不談空,然要知空有二義,(一)無所有之蘊執義。(二)無自性之佛性義。若准前義,空則無所有,不可得,不可說,不知不見,如是不見亦復不見。夫不見者,不見有情之執見耳,遮遣五蘊以顯示涅槃耳。若准後義,空則無盡,無量無邊,即是蘊等,亦名眞如,亦名涅槃,亦名菩提,亦名法界。又安在其可遣滅也哉,故唯善巧,空然後有用,有用然後能行。般若者,用也。用也者,行也。剎那息風斷,非復有生,一息不善巧,非復能行,寧可忽諸。

《解深密經》

序品第一
勝義諦相品第二
心意識相品第三
一切法相品第四
無自性相品第五
分別瑜伽品第六
地波羅蜜多品第七
如來成所作事品第八

《解深密經》,《攝大乘論》,為無著學。窺基有言,經中之論阿毗達磨經《解深密經》是,《攝大乘論》者阿毗達磨經所出也。論有二體,二百二法門種種刊定。佛時執式,大小咸依,此體為阿毗達磨體。但集經律,一切法義都以類萃而染淨不淆,此體為摩呾理迦體。《解深密經》者,經中之摩呾理迦也。應以境行果三讀其文,而以深義密意之解玩其義。境行果三讀其文者,《攝論》淨土引菩薩藏百千契經序品十八相,《攝論》法釋引佛二十一德,又聲聞十三事,菩薩十大,合之以讀《序品》,無二超思非一異徧一味之勝義境,八識唯識學三性法相學之世俗境,合之以讀《勝義諦相品》、《心意識相品》、《一切法相品》、《無自性相品》。《攝論》以四尋四實入所知相,以六波羅蜜見彼入因果,以十地見彼修差別,夫是之謂菩薩行,如是以讀《分別瑜伽品》、《地波羅蜜多品》。《攝論》彼果智分詳談三身,此經則十二分別法身功德,大覺大果無住涅槃。如是以讀《如來成所作事品》。

深義密意之解玩其義者,一者,幻有義,有為無為決定無實,非分別所起其相亦無。二者,唯識義,恐分別執我不演陀那,非此識亦無。三者,法相義,依相生勝義說三無性,非三自性亦無。四者,種姓義,三乘有情共一妙道安隱涅槃而言一乘,非有情根性差別亦無。五者,事法義,法界理趣乘無差別,非聖道事法上中下亦無。六者,了義經義,無性有上二時說經為不了義,自性無上三時說經乃為了義。七者,知法知義義。八者,佛地二愚及麤重義。九者,精進徧於一切義。十者,契經四事九事二十九事,調伏七相,本母十一相義。多聞熏習,如理作意,是無著學最初方便,地前菩薩舉足下足在十法行。

此經《分別瑜伽品》者,乃瑜伽師辨瑜伽修習差別至精且要之作者也。曰依法為住,曰於經善達思得輕安名奢摩他,曰緣別契經所受思惟名緣別法,緣一切契經隨順眞如小大無量名緣總法,曰五相知法,十相五義四義三義以知其義,曰緣總為智,緣別為見,曰緣總止觀入地通達,初業菩薩亦堪隨學,是亦可以知所止矣。

大乘有四三昧攝於一切，一曰，大乘光，小大無量經光弘世，二曰，集福王，聞法善巧十王大業以大其用，三曰，賢守，大無量總任持不失以陀羅尼而說於法，四曰，首楞嚴，名決定行，其於說法亦名獅吼。因地修習，果地功德，皆以言音為大王路，是顧可以棄教而別行方便也哉。

晚近學定有二大弊，（一）執定一門深入，（二）徒矜形式修習。執一深入者，數息持名乃至般若三三昧唯識四尋思，種種非一。然龍樹《智論》，觀眞人先有無量布施持戒，心柔結薄然後得空，邪見人但以憶想分別邪心取空。《瑜伽師地》種姓發心，自利利他，覺分無量，而後四尋四實加行入地，行六度行通達唯識。此經瑜伽屬在聞思，然曰有十種相空能除遣，曰空治一切就勝說此，曰於三性中都無所得是則名為總空性相，是故非可執一而不通也。形式修習者，但舉止捨瞑目趺坐。豈知龍樹舉止捨修小以為近大以為遠，反以戒慧為定近門。世親六門亦傳作具而別有作業，定固在彼不在此耳。冥行孤往者流初乏資糧，中無主伴，後缺賅攝，莽蕩蕩覆轍喪輪呼無將伯，殃禍甚矣乃猶不悟，豈不哀哉。

《大方廣佛華嚴經》

世主妙嚴品第一

如來現相品第二

普賢三昧品第三

世界成就品第四

華藏世界品第五

毗盧遮那品第六

如來名號品第七

四聖諦品第八

光明覺品第九

菩薩問明品第十

淨行品第十一

賢首品第十二

升須彌山頂品第十三

須彌頂上偈讚品第十四

十住品第十五

梵行品第十六

初發心功德品第十七

明法品第十八

升夜摩天宮品第十九

夜摩宮中偈讚品第二十

十行品第二十一

十無盡藏品第二十二

升兜率天宮品第二十三

兜率宮中偈贊品第二十四

十迴向品第二十五

十地品第二十六

十定品第二十七

十通品第二十八

十忍品第二十九

阿僧祇品第三十

壽量品第三十一

諸菩薩住處品第三十二

佛不思議法品第三十三

如來十身相海品第三十四

如來隨好光明功德品第三十五

普賢行品第三十六

如來出現品第三十七

離世間品第三十八

入法界品第三十九

讀諸經法,根據經中所問所答,作如是問,應如是答,馳驅有範,汪洋有坎。若不然者,肊說狂瞽安足為教。《涅槃》一偈三十四問,十五品三十四答。《楞伽》古百八法問,百八句答。今五法三自性八識二無我問,品品散答。今讀《華嚴》何獨不然。《華嚴》三十九品,集眾說序,為《世主妙嚴品》。此無問答,通例不論矣。全書問答,凡六處現,《現相品》四十問,《名號品》三十八問,《定品》二問,《不思議品》十問,《離世間品》二百一問,《入法界品》三十問。應據六處,按品分讀。然入法界問,在給孤獨園,不在普光明殿,舍利弗等皆已列座,又非始成正覺之時,答雖七位,信住行向地及等妙,而是華嚴眷屬,別詮華嚴餘義。此處作答,敘五十三德,為《入法界品》。又離世間問,雖在普光殿始成正覺時,然詮位位法相,不析位位差別,是華嚴之緯,非華嚴之經。此處作答,二百一事,皆陳十義,為《離世間品》。又現相問雖時處無異,並義釋經名,然所作答惟佛剎事,是華嚴依報果因,非華嚴正法因果。此處作答,凡有五品,將欲答問,放光集眾,為《如來現相品》。佛與普賢智,俾由三昧起,承佛作答,瑞現贊來,為

《普賢三昧品》。普賢正答,答法界安立海問,通陳諸佛刹海,為《世界成就品》。答世界海問,別敘本佛依嚴,為《華嚴世界品》。華藏妙果必有其因,敘佛本生,為《毗盧遮那品》。夫一佛證覺,必有一佛之國士,即有一佛之法輪,毗盧始坐道場,華藏應先詳敘,然諸佛出世為轉法輪,華嚴法輪為行願,為差別,為位,為地,為地上地前地後。是則依問答處索讀法處,其唯名號問歟,定問不思議問皆攝於其中也,現相問中答未盡者皆於此中答也。名號問中大轉法輪,初通後別,通凡三品,能轉法者人,答現相問中名號問,為《如來名號品》。人所轉者法,答佛說法問,即答現相中佛演說海問,為《四聖諦品》。說通法已,放光眾集,復將別轉此經法輪,為《光明覺品》。別中,地前住行向三賢,住答十住問,住方便位為信,凡三品,解行德,解為《菩薩問明品》。行為《淨行品》。德為《賢首品》。住本位凡六品,序位行德勝進。序為《升須彌山頂品》,《須彌頂上偈讚品》。位為《十住品》,行為《梵行品》,德為《初發心功德品》,勝進為《明法品》。行答十行問,凡四品,序位行。序為《升夜摩天宮品》,《夜摩宮中偈讚品》。位為《十行品》。行為《十無盡藏品》。向答十向問,凡三品,唯序與位,其行即十無盡藏也。序為《升兜率天宮品》,《兜率宮中偈讚品》。位為《十回向品》。地上唯地一聖,答十地問,唯位一品。此為經中心,華嚴名則華藏世界,義則十地也。亦稱《華嚴經》,亦稱《十地經》也。地後等妙二極,等於《忍品》問三昧自在,三昧凡三品,答十定問,為《十定品》。定必有通,答十通問,為《十通品》。通必致慧,答十頂問,為《十忍品》。自在亦三品,數自在,答現相問中變化海問,為《阿僧衹品》。壽自在,答現相問中壽量海問,為《壽量品》。處自在,為《諸菩薩住處品》。妙於不思議十問,即如來地等二十句問。答凡五品,總答二十問,為《佛不思議法品》。別答身問六根問,為《如來十身相海品》,《如來隨好光明功德品》。此普賢行通佛因果,答佛所行問,本願因行,為《普賢行品》。出現果行,為《如來出現品》。華嚴三十九品,作如是讀。其文如是,其義別明。

《華嚴·十回向品》

法之至眞實者,其唯回向乎。三界唯心,即心即界。普賢行願,即願即行。有漏生於識種,無漏集於心願,誰有智者不修回向。大乘之所以大者,其唯回向乎。一己故小,眾生故大,故為人學是大乘學。生心動念唯一切眾生,歸其有極唯一切眾生,一毫之善唯一切眾生。方隅故小周徧故大,故無量學是大乘學。善根而回向,回向而善根,善根復回向。轉展善根,轉展回向,溝澮而江河,江河而海若。執滯故小,圓通故大,故無著學是大乘學。回此向彼,回一向多,回有向無,回世間向出世,回有作向無作,回有漏向無漏。誰有妙法不自回向生,誰有回向不生於妙法。回向十位以兩周讀,前六位一周,後四位一周。位皆有行果,行皆有修益,修皆有隨相離相,隨相是菩提回向,離相是實際回向。然金剛幢言,普能救護一切眾生,應修學三世諸佛十種回向,是則菩提回向,實際回向,無非為眾生回向也歟。前六位者,普為眾生事,始是回向事,故始之以救護眾生回向。利樂救護,受惱救護,代苦救護,回拔救護是也。回向功德莫先於信,信為功德母,故次之以不壞回向。依信修善,依善修根,依根修供,厚集善根以為回向,有心有向有成也。既集善根,應更廣大,故次之以等一切佛回向,至一切處回向,無盡功德藏回向。等佛回者,願佛樂增勝,願菩薩果圓,原眾生二乘除染獲淨,又願一切眾生離三惡道證一切智。

乃至匿如妻子,泛如螻蟻,無不願其離苦而證覺也。至處回者,三世一切如來,十方常住諸佛,普至其處,普皆供養,悉盡無餘也。功德回向者,願一切三世佛剎,清淨莊嚴,願一切諸大菩薩,充滿其國也。根既廣大,復應堅固,諸法堅固無逾於捨,捨則平等,平等是法體性。是故第六隨順堅固善根回向,此回向法為六十一種施法,財施身施,求法施弘法施,無所不施無所不願,願受所施無不入覺也。施為入地之初,即為地前之極,故即為一周之終,以此六位作一周讀也。後四位者,為眾生而十向,前後周初皆舉眾生,故等隨順眾生回向。以二利根盡作所回,修施眾生,內施外施,又復回此所施以成眾生,成其二利,成其究竟也。前周救護拔苦而已,此周等隨圓滿證覺,廣狹淺深所以不同。前周等佛至處功德,為善根三廣大,此周眞如解脫法界,為回向三究竟,又復廣狹淺深所以不同。以是因緣,作二周讀也。眞如回向者,隨相回二,傾其所有以為回,如是向菩提有二十願,向眾生有十一願。觸處所見以為回,如是有三十一願。離相回一,順如而行,與如而一,唯如可譬,譬廣為百,三藏十二部說眞如相莫此為詳也。解脫回向者,尊重善根回菩提眾生有六十一門,三業精進是為總四,自分之別為二十三,勝進之別為三十四。尊重善根回實際有十門,為十無分別。如是皆以無著無縛解脫心行之也。法界回向者,以諸善根攝將回向有三十一門,自分十三,勝進為八,皆向眾生菩提實際。如是皆以等法界無量法行之也。前周相貌譬如十度前六,後周相貌譬如十度後四。前周是善根,後周是回向。前周是菩薩行,後周是普賢行。前周是一切,後周是一切一切。前周成益有量,後周成益無邊。前周所得為分證果,後周所得為畢竟果。若細分析,其義無盡。以是因緣,讀十回向應作二周讀也。

《大涅槃經·師子吼品》

涅槃以四句讀,如來性品是法句,三行德王諸品是法行句,迦葉品是法用句,而師子吼品是法義句也。師子吼者,大無畏,決定說,說一切眾生皆有佛性也。何為佛性,一切諸佛以此為性,阿耨多羅三藐三菩提為佛,其種子為佛性,其體為觀十二因緣智。十二因緣,亦因亦因因亦果亦果果,是因非果如正因了因佛性,是果非因如涅槃,是因是果如緣所生法,不生不滅不常不斷不一不異不來不去,非因非果,云何不是佛性? 故曰煩惱即菩提,十二因緣即佛性。何為眾生皆有,眾生者上至除佛下至一闡提,而皆有者,非已有而當有,又決定有也。一因不成事,有正因,有緣因,正緣時合有了因。正因為眾生緣因為六度萬行,了因為佛性。但正無緣不了,了非先時有也。但緣無正不了,緣且不了緣,焉能了物,了是合時有也。是故非因中有果而當有也。菩提無常,而佛性是常,覆而不見故說為無,然能修道決定見性,皆有正因皆能修道,是故非因中無果而決定有也。唯識談所生得,生則一切生,一法不可生,故有漏無漏種子,有雜染清淨現行,而後得異熟,而後得四智相應心品。涅槃談所顯得,顯則一切顯,一因不可顯,故有眾生正因,修道緣因,而後得佛性了因也。就佛徧照邊言曰菩提是用,就佛寂靜邊言曰涅槃是體,而皆以見性而得。是故經言,修集戒定慧道為見佛性故,見性為得菩提故,得菩提為得涅槃故。又經言,受持禁戒為心不悔故,乃至解脫為得涅槃故,得涅槃為得常樂我淨乃至為見佛性故。見性為轉依,轉依為見性,是故見性重也。眾生性覆闇昧不見。初地無漏種現而見道,見道以還極至九地,性少分見,是為聞見。十地以首楞嚴三昧見,如來則了了見,是為眼見,是故須修道也。涅槃為無相三昧,無相三昧以十相得,以修定慧捨得,以成信戒等得,是故須修道也。云何修道,讀《大涅槃經》受持禁戒其始,漸次得第一義空頂三昧等其竟也。讀《師子吼品》能尋其義,於《大涅槃經》思過半矣,是又為始中之始也歟。

《無盡意菩薩經》

談《無盡意經》,應如是知,是談菩薩行,是談菩薩行中因果行。蓋以八十法攝一切法,而法法皆無盡行也。行菩薩行發心第一,心淨行淨而趣畢竟,如是四法先其圭臬,然後道不歧惑功不唐勞。然後乃能行大菩薩大根本行,六度四梵以自利,五通四攝暨四無礙以利他,四依以簡別其道,德慧以輔助其道也。菩薩道相智,聲聞緣覺一切小道無不包容,故復行三十七菩提分法,行定慧,行總持辯才,行四嗢柁南,而終之以一道方便,經所謂方便為究竟是也,一道自趣方便隨應是也。夫一切者博而寡要而攝其要於八十法,八十法者散而無歸而歸其宗於無盡意。云何無盡意?一切法本性無盡,故法法無盡。眾生性無盡,眾生心行無盡,故法法無盡。如實智,盡智,無生智無盡,故法法無盡。以是因緣名無盡意。經文條理,應如是讀。

又復應知是經有三大義:

一,普賢義,普賢行者無盡復無盡是也,故不哅國土佛號普賢如來,無盡意菩薩生於其間。如是妙義與華嚴同,但《華嚴》談行中差別,此經談行中因果異也。但《華嚴》兼談剎土功德無盡,此經獨談行法無盡異也。但華嚴兼法攝法,此經普賢無盡唯義攝法異也。

二,平等義,攝一切法於一法,一法統萬法,殊勝殊勝。攝一切法於一義,各各不相統,平等平等。《般若》攝九十三法於般若一法,《華嚴》攝徧法界法於唯心所造一法,《楞伽》攝一百八法於唯心所現一法,《法華》攝三乘諸法於佛之知見一法,《涅槃》攝無量法於一切皆有佛性一法,諸如是經殊勝殊勝。此經八十法各各不相屬,平等平等。既般若部、華嚴部、法華部、涅槃部為一攝諸各立殊勝部。應有積集部為不相統屬別立平等部多聞積集,積曰寶積,集曰大集是也。誰非方等。寧簡殊勝於方等外而以方等別為一談歟。

三,天集義,所稱大者非獨一經積集多法,又一法中賅備多事,故稱大集。如戒波羅蜜,龍樹《十住毗婆沙論》引《寶頂經・和合佛法品》有六十七戒,於常稱大戒十重四十三輕外多所樹義得未曾有,此經所敘相契無異,則所謂大集者此類是也。然《十住婆沙》傳譯此土唯施戒二,餘文未來,而此經八十法法法廣陳,等戒波羅蜜。玫瑰葳蕤應接不暇。其所以開拓心胸包羅全象者,捨此經外何所屬哉,是故智者研求至足重也。

《維摩詰所說經》

佛國品第一

方便品第二

弟子品第三

菩薩品第四

問疾品第五

不思議品第六

觀眾生品第七

佛道品第八

入不二法門品第九

香積佛品第十

菩薩行品第十一

見阿閦佛品第十二

法供養品第十三

囑累品第十四

《維摩詰經》者乃正法之常軌,大道之通途,世所稱常識是也。於此能嫻可以共學,此猶不達凡小盲魔終古無見天日之期亦大可哀也已。讀是經者應先判文,次後抉義。最初序分為《佛國品》第一,最後流通為《法供養品》第十三,《囑累品》第十四,是三易明,今且勿論,論正宗分。正宗十一品,境居其九,行果各一。境居其九者,菩薩以自他利為境,而先利他,其能利者方便是也。密談方便而總敘為《方便品》第二,密談方便而別敘敘其昔之化小為《弟子品》第三,敘其昔之化大為《菩薩品》第四,敘其今之普化為《問疾品》第五,顯示方便俾得親證而易趣入為《不思議品》第六。其所利者眾生是也,為《觀眾生品》第七。菩薩利他亦以自利,以俗諦事自利為《佛道品》第八,以眞諦理自利為《入不二法門品》第九。別利敘已繼以總談,為《香積佛品》第十。行果各一者行為《菩薩行品》第十一,果為《見阿閦佛品》第十二。其文如是,其事則文殊問疾,維摩顯通,須彌得座演不思議法門,香國得食作無文字佛事,大士聞盡無盡法以去,維摩取妙喜世界以來,自始至終無非現通,是故《維摩詰經》又名《不可思議解脫法門經》也。夫游於方之內者，數十寒暑，數十品類，千年歷史，萬里區宇，展轉相律不出其域，維彼覺人超量過量出乎其方，是故世出世間一切離異，不可以世規出世，不可求出世於世，是則欲知法義先求常識者捨《維摩詰經》何由哉。《維摩經義》，姑以十談。

一者，神通義。本自無封烏得有通，惟世間有封之實斯菩薩有通之名，蓋惟示以本然之義救其不自然之封而已。封者小不可容大，而維摩丈室容三萬二千師于座，謂之為通。封者堅不可入堅，而妙喜國土接入娑婆世界，謂之為通。封者男不可女，女不可男，而舍利弗作天女形天女象易舍利弗身，謂之為通。封者天樞地維不可移易，而解脫人斷取佛刹如陶家輪，謂之為通。雖今時地球星球之說但自繞動，且非赤手斷取，而猶以為誕也。故夫封者不可以理喻，徵之以通然後乃信。然無通也，一切有為夢幻泡影。夢本無稽，幻原不礙，泡唯是假，影自重重。世界虛妄，但有名言，都無實事。知其無實事，云何有封，又焉往而不通哉。是故學佛，應知宇宙人生無非幻化，法無定相無不皆通。

二者，究竟義。經言方便為究竟，《法華·方便品》開示悟入佛之知見為一切智智，此經《方便品》厭離色身，求樂法身，從無量功德而生。無量功德即一切智智，以三身言應是報化，而言法身從功德生何耶？法身是體，報化是用，即用以顯體，就能顯而談所顯故也。諸佛得果曰二轉依，從無漏種起一切有為而生四智，曰菩提所生得。清淨法界一切功德所依，佛眾共有而寂滅無為，要須菩提然後乃顯曰涅槃，所顯得合能顯所顯言四涅槃，自性涅槃是體所顯，其三涅槃是用能顯，有餘無餘曰彼果斷，以解脫用而顯體也。般若所詮我皆令入無餘涅槃而滅度之是也。無住涅槃曰彼果智，以功德用而顯體也。瑜伽所詮轉依成滿入大涅槃是也。凡此斷、智二用皆為顯現，自性清淨之體而發也。無用談體是為淩駕自欺,無體談用不墮於焦芽敗類即墮於蒼莽無歸也。《大涅槃經》一切眾生皆有佛性,要藉修習然後乃見。是故眾生雖有法身要,藉有為發生四智然後乃顯。是故經言法身從無量功德所生也,即能顯而談所顯故也。是故學佛,應先發阿耨多羅三藐三菩提心,文度萬行成等正覺而得涅槃。

三者,平等義。佛為增上慢人說離婬怒癡為解脫耳。若無增上慢者,佛說婬怒癡即是解脫,此以不增,談平等也。菩薩觀法不見有法非菩提因,煩惱幻化無處隱藏無有聚集。法無二性,如煩惱性即菩提性,此以不二談平等也。又復諸法但有名字無決定性,有二比丘犯律疑悔,阿闍世王大逆恐怖,為說眞相都已拔除,此以不定談平等也。物性平等,法爾本然,對治但遏流,平等乃清源也。得是平等,縱橫自在入不思議法門。不知平等我見須彌,長夜淪迷無有出期。塵沙瞖目,玉屑障視,等無有異。是故學佛,應知諸法差別本無所有,徧一切一昧。

四者,圓滿義。諸佛依二諦為眾生說法,般若眞實義、瑜伽方便道,如車具兩輪。所謂因緣法,即空即假名,分別中有空,空中有分別,是則契中道也。此經三十二通達佛道以說俗,而如來種為汙下所生,三十一不二法門以說眞,而無表無示遂爾默然。此經演一切法,先破後陳,先破以詮眞,後陳以詮俗;先破來相見相,而後陳其問疾辨論;先破床座,而後陳其須彌燈王八萬四千由旬師子之座;先破雜食,而後陳其香積法食;先破沒生,而後陳其妙喜之沒堪忍之生。此經演盡、無盡法,不住無為,契世俗諦;不盡有為,契第一義諦,此其所謂圓滿中道義也。是故學佛,應以龍樹、無著並為一談,爭相爭空為不解事。

五者,大悲為人義。菩薩觀於眾生如幻如化,如空中鳥跡,而眾生自不謂然,執是實有。菩薩因此而起大悲,大悲切至,譬如一子,子病母病,如是眾生有病菩薩亦病。作大醫王多方療治,於是有為人之學建立以為大乘。生心動念、舉足下足皆是眾生,六度三學四梵五明皆為眾生,毫髮善根回向,實際回向,菩提而皆回向眾生,眾生有苦我代其受,眾生有虧我給其求。為眾生故十王大業入生死海,為眾生故示行煩惱長劫闡提,為眾生故游於十方隨機度化。若問菩提久稽一切智智,若談解脱發趣大般涅槃,此豈悲心微薄但自清淨之所樂為者哉,大悲所激奮者然也,故曰大悲為根本也。然佛世尊是菩薩成,非聲聞得。是故學佛,須觀滄海莫貪牛跡,應圖烈日勿務螢光。

六者,破執義。對破,壞破,雙徵破,實事破。何謂對破?在家發心即是出家,觀罪性空即是奉律,道法而現凡夫事即是宴座,離緣捨見即是智慧。又復陰無所起即是苦,究竟無有即是空,於我無我不二即是無我,本無所滅即是寂滅。何謂壞破?以五逆相解脱,墮六師所墮,同惑離淨,謗毀三實,不到彼岸終不滅度。何謂雙徵破?受記為過去耶、未來耶、現在耶,為如生耶為如滅耶。天眼所見為作相耶無作相耶。何謂實事破?華著比丘身,移比丘以女身,施比丘以魔女。惟執之者憑空膠固,遂破之者陰誕離奇,純任精神,羌無亦象若能不驚不怖不畏而執破矣。世有眾生然後有佛,眾生有執然後有法,岸到筏銷執破法捨,直下本來有何事哉。是故學佛須知有八萬四千煩惱乃有八萬四千法門,釋迦四十九年何嘗説於一字。

七者,苦切義。有苦切之言,有苦切之事。云何苦切之言?猨猴跳梁種種制御,然後馴習。象馬憶悷楚毒徹骨,然後調伏。剛強難化眾生苦切之言,然後入律。是故教言,是三塗八難是十惡六蔽,是礙無礙,罪無罪,漏無漏,如是種種等。云何苦切之事?難行苦行須過量精神,然此精神非安平有而逼迫有。不可思議解脱菩薩,或作雪山夜叉,為説半偈須食熱血,逼而出之令行堅固。或作乞者,從乞頭目髓腦妻子城邑,逼而出之令行堅固。蓋四攝之愛語同事,先以欲鉤牽也。此經之苦切,語苦切事者,後置之於道也。是故學佛,須知是大丈夫事,非愛人以姑息,不謂菩薩行非人情。

八者,佛事無定義。此方教體文字語言,他方佛剎則不儘然。或以光明,或以化人,或以菩提樹,或以佛衣服臥具園林臺觀及以佛身相好虛空而作佛事,又或以夢幻影響鏡像水月而作佛事,又或以淨土寂淨無說無示無作無為而作佛事,而於此方教外別傳亦複拈華豎指,瞬目揚眉,顧鑒而咦,正不獨維摩香飯為非常可怪中惟一僅有之佛事也。諸佛威儀無非佛事,即八萬四千煩惱佛亦以此而作佛事。是故學佛,須是直控龍驪,觸處皆能悟入。

九者,游諸佛剎義。維摩從妙喜沒而來生此,文殊游於無量阿僧祇國,蓋是大士事佛意生化身來往自如與輪迴異。若夫維摩入定,令所化人自識宿命殖眾德本,即時豁然還得本心,則是分段生死喪其憶力入輪迴趣。夫命終蛻脫依一微塵為中有身,緣至入胎,獨入不迷是生天趣,入住不迷聲聞生世,惟夫大乘入住出三畢竟朗然,惟夫凡夫入住出三畢竟迷悶。昧其實曆之本事,而憑肊妄之推測,撥無三世充塞仁義。至可哀已。夫業取習氣異熟相續,理至切也,習氣所嗜各從其類,勢至順也。吉乘人天,凶入三塗,殘忍自虎,盜竊化鼠,乖氣所兆人死為羊,相氣發生羊死為人,皆其自嗜,又何怪哉。是故學佛,不可有常見,不可有斷見,充人之量,窮天地,亙萬古,未有其極,而以數十寒暑自拘哉。

十者,居士說法義。諸佛立法視機深淺初無一定,有以菩薩為僧,有以聲聞為僧,有以菩薩聲聞雜而為僧。釋迦於此土以聲聞為僧,文殊彌勒入聲聞僧中次第而坐,而於一燈明國,但有菩薩僧無聲聞僧。若夫說法,則夜叉羅剎且得敷坐授一四句偈。末世無知,乃倡譫言居士非僧類無師範不可說法,遂使大道睢屬聲聞,佛廣流通而故縮塞,豈不悲哉。《維摩詰所說經》與佛說某經名稱一致,但理不誣,世尊佛弟子等四眾等有何別哉。是故學佛,要會其通,不可僻執,局於形跡。

上來十義略談常識,昧茲常識,或為無慧,恇罔迷盲,傾倒神祕,不通一隙。或為邪慧,宇宙人生世見陷阱正見不生,長夜漫漫何時旦歟。若能熟讀此經常識自足,而後深入諸門,讀《大般若經》入般若門,讀《華嚴經》入普賢門,讀《楞伽》、《深密》諸經入瑜伽門,讀《大涅槃經》入涅槃門,然後融會貫通,知釋迦一代大乘之教。

《大般若經·第十六·般若波羅蜜多分》

般若波羅蜜者,智慧通達實性之名也。寂靜更寂靜,至涅槃境,與涅槃晤,豁然開朗,淨種躍如,是為智慧。金剛喻定由通達慧之所攝受,此通達慧金剛喻定之所攝受,隨所觀法無不了然。是為通達。本來寂靜,自性涅槃。有佛無佛,其性常在。法與非法,無不皆空。平等無邊,是為實性。觀一切法畢竟空,了一切法畢竟空,是為般若。般若是菩提之因,菩提是般若之果。般若明燈令人見性,菩提生滿顯大涅槃。菩提與生滅合無非是化,涅槃不與生滅合其性常空,是乃非化。然菩提涅槃皆以空空故空,畢竟空中不可分別是空是化。夫畢竟空者,以異門稱曰無餘涅槃。四涅槃義,以性言曰自性,以修言曰無餘,以體言曰自性,以用言曰無餘。鄰近無餘乃曰有餘,充滿無餘又曰無住,以修以用無非是一無餘涅槃,故曰我皆令入無餘涅槃而滅度之也。龍樹有言,以三三昧入涅槃門。《般若》千百萬言反覆闡揚皆三三昧。三昧雖三又唯是一。唯一者何?一切法畢竟空而已矣。若有問言以何作佛?子應之曰般若波羅蜜而已矣。又若問言以何修般若波羅蜜？子應之曰觀一切畢竟空而不捨離一切眾生而已矣。以何觀空？一切法寂靜而已矣。隨順寂靜趣向寂靜凡位也，臨入寂靜遊觀寂靜入地位也，箭箭注栝學空非證地上位也。成熟有情嚴淨佛土，一切空盡一切智滿，八地以去也。法身解脱與般若合，寂滅寂靜法界一眞，佛果位也。吾唯觀一切法寂靜而已矣。此之法門不免疑悔，應廣尋文讀《般若經》。顧讀《般若》一大困難，《心經》太略，《金剛》太奧，初分二分毋乃太繁，三四五分又嫌未備。《藏要》一輯以舍利子五分益以二分方便，略不過三十，而全經之義賅攝無遺，可以已矣。然陳義錯綜未經組織，而難有緒，讀猶憚之。奘師翻譯《大般若經》六百卷成，撫經歎言，此方眾生於經有緣，而乃使我譯事得竟。夫竟之云者，最後之謂也。最後第十六分，文字簡略，義至賅備，又有統緒。談法相門則《解深密經》，談般若門則第十六分，皆境行果概論無遺，寧非至幸，而可忽諸。故既為之科段，又復於此而敘其文。此十六分以五句敘，法句、法行句、法滿句、法魔句、法智句是也。

法句即境，般若無境，以無所得故。一，般若無所得。二，波羅蜜無所得，三，菩薩無所得，四，摩訶薩無所得。般若無所得以實性無性故。般若非即離於法非依於法，非內外兩間法，非相應不相應法，而法眞如不妄異性，如所有性是謂般若。又法無法性，乃至非寂靜不寂靜，涅槃不涅槃，凡法所攝皆非般若，所攝眞如不妄異性，如所有性是謂般若。般若不為一切現前而能照令見性，非圓成實難見甚深，本性清淨無邊無際。如是詮有實性，有五十二。復次，菩薩依如是法行諸境相，知一切境皆無境性，以無邊為境無著為相，而即行於如是無得實性之境，此其所以為境也。

法行句是行。境為行於無得境，行即行於無所行。不於顛倒中行，不緣一切法顛倒行，不緣一切法清淨行，於一切法不行不觀，三世苦樂我及我所皆所不行,恃執尋伺知其所害,而於集滅淺深常無常等皆所不行,法不可思議行亦不可思議,心清淨不生行亦清淨不生,此其所以為行也。

法滿句,法魔句,法智句,三皆談果。

云何滿? 法無不合不必修遣,諸法無性不可修遣,如是不修不遣。心淨無著,如是不起。能所如幻,如是無取無執。此其所以速能圓滿也。

云何魔? 一,不學一切,不緣一切,能行無行。二,所緣離繫。三,不住分別異分別。四,行無所依止。如是行深般若波羅蜜是無上咒無等等咒,唯我獨尊有誰能勝? 此其所以降伏魔軍也。

云何智? 一者,合離。不行諸法合離相,淨不淨及緣相,淨不淨合離及緣相,起淨不淨合離及緣相,自性淨不淨合離相,本性淨不淨合離及緣相,三世淨不淨合離及緣相。菩薩以法與法性非為合離而現在前,以是徧知而不馳流。菩薩以如是不行,速能圓滿一切智法。二者,著無著。不行諸法著無著,著無著清淨,著無著所緣,著無著合離,著無著清淨合離,著無著所緣清淨合離,三世著無著,三世淨不淨,三世著無著所緣淨不淨,菩薩以如是行觀,皆有轉移執持動搖,不復相應,都無所行。菩薩以如是不行,速能圓滿一切智法。三者,淨顯寂離。不行諸法顯不顯寂不寂,本性淨不淨顯不顯寂不寂離不離,三世本性淨不淨顯不顯寂不寂離不離。菩薩以如是行,速能圓滿一切智法。四者,不恃執執著。不恃執法,及法淨,法所緣淨。不執著法,及法淨,法所緣淨。菩薩以如是行,速能圓滿一切智法。五者,不住。六者,力學。七者,無縛無解。菩薩以如是行,速能圓滿一切智法。菩薩以是七義行無所行,此其所以證得智智也。速得圓滿,降伏魔軍,證得智智,此其所以為果也。境行果三,條理井然,此其所以為概論也。觀此概論,豈不般若全體一切法畢竟空哉。夫一切法畢竟空學,是清辨學。龍樹聖門唯一大匠厥推清辨。清辨精義陳於《般若燈論》。論釋《中論》,自《觀緣品》乃至《觀邪見品》,品品結論皆引證言,如《般若波羅蜜經》說,夷考所引皆十六分文。是則一切法畢竟空學豈不於此十六分求哉。惜哉恨事,《般若燈論》不可讀,文既艱澀,又復多乖。蓋學派辨論端賴因明,因明不可解,又奚能讀歟。

《合部金光明經》

序品第一
壽量品第二
三身分別品第三
懺悔品第四
業障滅品第五
陀羅尼最淨地品第六
讚歎品第七
空品第八
依空滿願品第九
四天王品第十
銀主陀羅尼品第十一
大辯天品第十二
功德天品第十三
堅牢地神品第十四
散脂鬼神品第十五

正論品第十六

善集品第十七

鬼神品第十八

授記品第十九

除病品第二十

流水長者子品第二十一

捨身品第二十二

讚佛品第二十三

付囑品第二十四

《金光明經》者，蓋是涅槃部《大涅槃經》屬，而以懺悔為宗者也，細讀經文而知經義。序有一品，標揭全經。流通則有十八品，四天王勸修，陀羅尼守護，大辯功德天堅牢散脂神增其福智，正論善集鬼神以持學，授記除病流水捨身以成勸，如是十六品為學行流通。讚佛一品，為讚歎流通。付囑一品，為付授流通。序及流通文皆易讀，而無容贅述者也。正宗八品，於《大涅槃經》抉其精華扼其要義，不啻泛溟渤汪洋窮於一覽而無有際，故應詳敘。大般涅槃者，如世伊字，三德所繫，不縱不横。四涅槃中自性為涅槃體，一切法依，一切法性，必究其量，是故應談法身德，有餘無餘為涅槃根本，漏無漏別，擇滅所得，必究其眞，是故應談解脫德。無住為涅槃增上，菩提智生，涅槃性顯，必得其果，是故應談般若德。是故三德無缺，然後境非趣寂，常我樂淨為大涅槃。正宗談此，不及其餘，故曰《金光明經》涅槃部屬也。佛壽無窮，警衆精勤，密意示現不長住世，本佛他佛王子婆羅門，發揮常義不一而足。如是讀《壽量品》。既示三身名體，復以諸門分別，假實三利，四寂治立，同異一多、依及無依、常與無常、四句顯現，如是十門無異毗曇論議,諸經談法身義莫此為詳,雖復《大涅槃經》無斯曲盡,其果部之法身結集歟,談修第次亦復分明。如是讀《三身分別品》。

問:法身既闡義備至,何不以法身名經,而獨名以《金光明》且莊嚴之何耶?

答:《能斷金剛》,所有胎卵濕化色想有無及與俱非我皆令入無餘涅槃而滅度之。此句攝一切佛法盡,曰皆度,增上而大之耳。究其所度乃在無餘,經從法本,故以為名復莊嚴之也。又《涅槃經》,佛垂涅槃丁寧持戒,蓋戒而定慧,菩提所生涅槃所顯,是得涅槃乃在於戒,擇滅而無餘耳。經從法緣,故以為名復莊嚴之也。離苦得樂懺悔所期,三業列罪披露無餘,又復讚佛發願隨喜回向,總別三復次感夢現緣。如是讀《懺悔品》。既陳宿因,復求今善,初極懺事,次釋懺義,後復列懺成懺障及與滅障各各四法,而解滅障中隨喜勸請回向諸義。普賢成佛十大行願,豈一懺一門一事一義而遂已哉。如是讀《業障滅品》。體為法身,用則般若,十度而因果,十地而差別,度因於發心而成於五法,地徵於現相而障於無明度配地行,發心生定,義竟而咒護之。如是讀《陀羅尼最淨地品》。三德義陳,正宗分盡,經既莊嚴解脫,則懺事因緣應復敘而無缺,讚佛之金龍即夢鼓之信相,金光明鼓即《金光明經》,法事誠不思議哉。如是讀《讚歎品》。上來十度十地但陳其概,因果差別名號雖知,妙用精微深法未示,故復足陳八空八不。三空自利,五空利他,攝十八空盡,餘可略談。如是讀《空品》。智者聞不生義一切可略,否則視其利鈍,其餘七不依次而詳增,天女證悟梵天霍解,如來授記。如是讀《依空滿願品》。如是八品讀正宗分竟。

問:《大涅槃經》談常在娑羅雙樹,金光明會集眾非拘尸那城,乃云壽短八十,而預涅槃時事何耶?

答:涅槃是權,不涅槃是實,菩薩斯意無不了然,將欲闡揚,時時可舉，然佛初中都說無常，說常雖不拘時，亦應是後期勝事，如《妙法蓮華》亦談常義，乃在涅槃將至最後四十九年。

問：此經時如《法華》，此經部屬涅槃，《法華》亦部屬涅槃耶？

答：此固可然，涅槃由一切智智顯，法華佛之知見為一切智智，涅槃一乘是佛性義，法華以一乘為宗，涅槃為衆生示寂，法華化城暫息醫師亦暫往他方，此經捨身飼虎，法華焚身供佛，是故可與此經同部涅槃。

問：經既判涅槃部，《序》不標三德何耶？

答：標言懺悔所生功德為無有上，又言一切種智而為根本無量功德之所莊嚴，不亦明明談大涅槃事耶，名雖不標，義無不攝。

問：《金光明經》廣說明咒勸示誦持，隋譯有十七，唐譯則三十有五，又復咒藥洗浴儀軌昭然，財物求增稱心如意，安置道場廣修法會，無不安隱吉祥消災獲福，豈非祕密部攝，而云涅槃部屬何耶？

答：廣說明咒護經久住，護弘法人，誘勸衆生，佛說菩薩說納受天龍藥叉種種諸說，處處經中略舉其概，如《法華》、《楞伽》、《涅槃》、《般若》無不如是，乃至極簡《心經》而亦言是無上咒是無等等咒，若但以咒而攝密部，則全藏止一祕密，更不必《華嚴》、《般若》、《涅槃》建立多部，其可然耶。夫散咒不可入眞言，儀軌共然乃金胎事，固然無足辨，然《金光明經》正宗分談，一句一義皆是涅槃，流通乃有咒及儀軌，誰主誰輔明照朗然，藉曰祕密，亦不過用祕密部法輔助涅槃部法而已，豈因其輔遂移其主。更有陳者，經歷數譯後多前文，攙雜任情決非眞象，如《金光明經》唯增財一咒三譯皆同，淨地無染大辯才天凡十六咒僅隋唐合，至夫金勝護國如意寶珠堅牢藥叉及與流水，都凡六品咒增十八獨唐譯有，愈後詳眞不可解，豈非攙雜他典增廣任情耶。譬如斯經《如來壽量品》，唐譯四種十法抉取法集經文，然彼法集闡涅槃義惟三種十，最後十法是如來行，唐譯舉詮不般涅槃，豈非攙雜任情,何從得經眞相,以彼例此,咒及軌範豈必斯經眞實面目。又況現存梵本,尼泊爾九法最足取證,內《法華》、《般若》咒與今同,《金光明經》文同涼譯,除增財一咒一切俱無。

問:《佛地經》清淨法界是自性身,四智實德為自受用,而此經法如如,如如智皆屬法身何耶?

答:《佛地》就體用別,受用則賅自他。自他雖殊愛樂無別,故合自他名受用身,故惟自性獨名法身。《金光明經》就自他判,應機顯現惟獨為他,自受法樂非應機事,故他受用不名受用名為應身,故自受用合自性身共名法身。又復《金光明經》就眞假殊,化依應顯應依法顯,平等性智顯他受用,成所作智顯變化身,唯法皆假區為類別,自性為理實,自受用身為智實,唯法皆實引為類同。又復《佛地》性用別論門,《金光明經》則性用合論門。曰是二經異門,各據一義兩不相違。雖然,自性自受用明明有二身,明明體用二法,此經具含深意,不卹異門合二為一名為法身,後世凡愚不解因一攝二之深情,遂墮淆二為一之邪見,理智無分體用莫別,昏迷蕪蔓,自誤誤人。若溺陷阱,長夜淪迷,無有出期,是不可以不辨。

問:涅槃護戒,性罪譏嫌輕重條列,此經不舉戒文而詳懺悔何耶?

答:抉懺深義,經有明文,一切諸法從因緣生,如來所說異相生異相滅,以異因緣故,無始時來異相一種子在,發為現行足障眞修,戒但勢行現未,懺則三世皆通染淨途分。植眾德本,莫不於一懺行之,其戒之至精者哉。

問:懺為戒本義既然矣,而復讚歎勸請隨喜回向何耶?

答:法不孤立,觸類弘通,大乘根本以他為自,故常置念恒不捨離一切眾生,小乘制戒但律儀攝,大乘增上更有攝善法戒饒益有情戒,策心警心皆在有情,若在有情道通為一,如是懺悔即如是普賢行願,即如是無上菩提,即如是一切智智,即如是一乘佛之知見。

問:懺既然矣,復取鼓聲,又取金光明何耶?

答:懺悔以披露為本,夢現其種法應於喻,是其義也,昔之讚佛,今之聞常,觸類等流,宿緣夢現,其事如此,法華淨自取喻蓮華,此經披露取譬金鼓,如召眾白事時擊楗稚聲達九天,鼓聲何獨不然,如集眾說法恒放光明照全世界,鼓光何非其類,披露坦然暢懷滿足,黑業淨盡沙刹光呈,有如是境界哉,即事明義罄無不詳,何必三字三德三字三位破碎支離。且光明字二名實一詞,強而分之配諸大法,此習此情實為無謂。

問:處處經中闡般若義,莫不推演八空八不,此經獨置後談,而先正談十度十地何耶?

答:般若有二義,一,廣義,十度十空是,一,深義,八空八不是因是以談,無上菩提是深義,一切智智是廣義,無餘涅槃是深義,無住涅槃是廣義,《金光明經》詮大涅槃先廣後深亦無不合。因是以談,龍樹無著皆談深廣,中觀唯識真俗分詮皆談深義,《十住》、《毗婆沙》、《瑜伽》、《菩薩地》皆談廣義,以是二義概菩薩行,開示眾生正法眼藏,率履不越此大王路。

問:楞伽法佛建立自證智行,離心自相化佛說,施戒忍進,禪定智慧,蘊處界法。又言《十地》即為初,無相有何次?涅槃以嬰兒行為無上行,此經獨先《地》,度何耶?

答:深廣二義平等平等。徒廣無深方廣外道,徒深無廣趣寂聲聞,君子不由也。《楞伽》、《涅槃》取詮深義,《金光明經》取詮廣義,各據異門豈相違越。

問:華嚴初住發心,此經十地發心何耶?

答:發心非但一種,初住發心世俗發心,十地發心真實發心。八地以去則圓滿發心是也。

問：信相授記越無量劫號金寶蓋山如來，現時會衆從此至彼禮佛作贊何耶？

答：華嚴九世攝歸一念，方量既破。他方佛國攝置掌中，時量亦空。他時佛國一霎趣至。

《大般涅槃經·正法分》（涼譯）

壽命品第一之三
金剛身品第二
名字功德品第三
如來性品第四
大衆所問品第五之一

世親菩薩長壽偈論，科《涅槃》全文，立為七分。除前後三分，中間從三告以下訖《大衆問品》名正法實義分，《五行十德》名方便修成分，《師子吼品》名離逸入證分，《迦葉品》名從光善巧分。今即依之分段，亦除前後，中間作四句讀。讀三告訖《大衆問》為法句，讀《五行十德》為法行句，讀《師子吼品》為法義句，讀《迦葉品》為法用句。法義法用抉而出之於初二輯矣，今之所輯則法句是也。云何法句耶？《涅槃》正法明三大事，曰如來常住不變，曰衆生皆有佛性，曰《涅槃》微密經典。經言，若有衆生於八恒河沙數佛所發菩提心，然後乃能於如是正法通解護持，所謂如來常住不變畢竟安樂，廣說衆生悉有佛性，善知如來所有法藏是也。夫大涅槃者，法身是也，法身是常，是故說常。常是佛性,以解脱而見,以般若而解脱,是故說佛性。三德伊字,九部不聞,此經乃顯,是故說祕經。是故正法在此三大事也。如是三事廣開三十二事,迦葉作長壽二十三偈問,世尊循其所問一一酬答,反覆丁寧一何詳盡,是乃所以為法句歟。應以世尊所答一一繫於偈問,復以偈問一一分繫三事,作如是讀,無不粲然。

第一長壽問,常住答。長壽以慈戒為因,以佛常為果。

第二金剛身問,常住答。法身不壞,非眞非俗。

第三堅固力問,正法總答。在家出家護持戒禁,護法因緣成等正覺。

第四究竟彼岸問,祕經答。是經八河歸海,八味具足。

第五微密問,正法總答。正自不說無常,正他後乃說常。不聽食肉隨問而說以施肉,戒攝一切因緣而漸次以制。四相是常,餘灰非絕,般若口密也。示現無邊有羅喉羅,離欲常住明滅爐存,法身身密也。九譬解無密藏,三事解大涅槃,無瘡一,性廣二,解脱三,如是略廣百喻歸一佛性,常樂非受,解脱意密也。

第六廣大為依凡等羅漢問,正法總答。四人為世依,知正法應禮儀,乘急而戒自緩,戒眞而袈裟猶僞。昔不依無法之人,今乃依人之有法。

第七天磨留難佛磨分別問,正法總答。以邪亂正形亂聲亂,亂身亂戒亂德,亂經律亂罪福,謗佛性背祕藏立邪教。云何而不供禮上四人耶。

第八眞諦問,常住答。昧常為四,知常為諦。

第九四倒問,常住佛性答。涅槃為樂,空寂為常,佛性為我,法身為淨,違此都倒。

第十善業問,佛性答。一,業緣性起,宗仰斯人因金乍見,還能飲乳實以藥消,若疑佛性是無者,應知珠陷入體藥味停山,沙礫可穿金剛自住,是則見有多歧者性實受錮也。二,性能起業,知有佛性,服甘露而長存,即一我而三歸,離二邊而中道也。

第十一見性問,佛性祕經答。十住菩薩少少眼見,向道凡夫肉眼聞見,實以信順《大涅槃經》,能見淨刀,不誣羊角。

第十二半滿字義問,佛性答。文章經論以字而淨,須丨四音三十三聲出半而成滿,佛性不假字淨,滅半而滿成。

第十三聖行二鳥問,正法總答。諸法無常佛性是常,諸經無常涅槃經常,聞經了性能利人天,無憂有我無我有憂,化畢歸眞上知下苦,二鳥不離其事可喻。

第十四月日星問,常住祕經答。月喻則出沒虧盈,大小善惡長短樂厭。日喻則長短處中。星喻則晝隱夜現,無非妄見,不稱實情。如來亦爾隨順眾生種種示現,乃至涅槃而豈性實,《大涅槃經》顯常住理日出雲消,應勤修學。

第十五尚未發心而名菩薩問,祕經答。經光威力毛孔夢中,未發菩提自然令發,以勢必發是名菩薩,除一闡提,十喻轉徵畢竟枯斷。

第十六無畏無過問,正法總答。唯一闡提不見佛性見佛無常,謗万等經是故可畏,發露懺除是故無畏,利養盜經是故有過,以命護法是故無過。

第十七濁世蓮華問,祕經答。修《涅槃經》知性相力清冷,入身鬱蒸不惱。

第十八處惱不染瘳病不汙問,祕經答。所說教十二喻,說教人二喻,《涅槃經》力,無量無邊,除一闡提,無惱不滅,無病不療。

第十九大海船師問,祕經答。如來無上船師,乘大涅槃船馭大涅槃風,渡諸眾生出生死海,應於祕經生清淨信。

第二十捨生如蛻問,常住答。捨身方便蛇蛻故皮,亦若金師隨意造器。

第二十一觀實如樹問,正法總答。生長涅槃如菴羅樹,法遣計執如先陀婆示現密語,皆非無常。法衰僧惡,《大涅槃經》如樹皆枯如乳失昧,佛性丈夫毋為欲女,寧濳甘露霑地蚊尿。

第二十二三乘無佛性樂受於未生問,佛性答。見性以前三乘無別無有是處,同一佛性而無差,涅槃大小而有別。

第二十三得不壞眾問,正法總答。以發速心故與速記,以避輕慢不記聲聞,護法精勤眷屬不壞。

第二十四為盲作導問,常住祕經答。昧寶常住脣口乾焦,習經知常乃名天眼。

第二十五教示多頭問,正法總答。一音說法異類等解,各各自言佛為彼說。

第二十六說法增長有如月初問,正法總答。子生十六月,教語同其音,隨聲復現形,佛為眾父母。

第二十七示現涅槃示知磨道問,常住答。光照純陀教其速供,亦化多佛悉受群施,是為證示。六喻說偈決定長存,能依如來誓願發心即阿羅漢,不能觀了三寶常住是旃陀羅,是為說示。

第二十八法性法樂問,常住答。大眾問常住法是為法性,大眾皆生歡喜是為法樂,佛告迦葉又告純陀,如來神力方便若是。

第二十九離病問,第三十祕密問,正法總答。七偈方便皆有因緣,第一偈中正法護持,拔離大苦何妨兼敘,如來說法高下隨心,義固不必拘牽,文亦奚容擔版。

第三十一畢竟不畢竟決說斷疑問,正法總答。常樂無餘餘法不定,迦葉疑決佛讚知微。

第三十二得近勝道問,正法總答。問是經名自非佛境難知功德,何況於經行十法行,經言諸善男子善女人多修方便勤學是典,是人不久當得成於阿耨多羅三藐三菩提。

《大乘密嚴經》

密嚴道場品第一

入密嚴微妙身生品第二

胎藏生品第三

自作境界品第四

辯觀行品第五

趣入阿賴耶品第六

我識境界品第七

阿賴耶即密嚴品第八

《大乘密嚴經》者,蓋是總大法門之一,而二轉依之要軌也。法門無量,區別於境行果三,果之為《大涅槃經》,行之為《大般若經》、《佛華嚴經》,而境之為《大乘密嚴經》,故曰《密嚴經》者,總大法門之一也。迷悟依於眞如,而密嚴刹土即涅槃定窟,染淨依於藏識,而賴耶生身即菩提慧命,故曰《密嚴經》者,二轉依之要軌也。先讀其文,後抉其義。文為八品,無所謂序分流通,一字一義,莫不詳詮刹土生身而已。初一詮密嚴刹土,次六詮賴耶生身,賴耶生身是慧境界是淨生,依止賴耶生身是心境界是染生,心慧淨染皆自所作,生既自作所生之觀行應審也,勸淨生身賴耶之體性應詳也,戒染生身我執之為害應去也,後詮生身即刹土,賴耶所以即密嚴也,此一經之大較也,應細讀之。初一詮密嚴刹土者,佛俱密嚴人,入密嚴場,說密嚴法,先示刹土名意生身,後示刹土無量生身常住。夫此常住,以觀行言名如來藏,以虛空不壞言名涅槃名法界,以常住言名法住性、法界性、法決定性。法決定性,捨有情大悲不得究竟慧,菩薩不證,近住而已,必入法身智色資用,廣大威德充量莊嚴,而後隱眞不現,則所謂無住涅槃佛所覺義。此之謂密嚴刹土也。偈頌殘缺,如置不敘。如是讀《密嚴道場品》第一。次六詮賴耶生身,其淨生身者,以三番談。初番談涅槃非滅壞義。將談是義先事勸修。世幻唯心,證空即入,以是而勸修也。實在密嚴,密嚴所歸是為歸依,觀世間虛偽緣起,觀賴耶無染常住,是為觀入,一心密嚴不著三界,是為修住,以是歸依觀入修住而勸修也。夫涅槃者,解脱所趣,智慧所歸,烏乎壞滅。法相善巧,唯識無取百法無別,五法平等,是等知見來生其國,豈彼斷來可得而生。人法依識,習滅識存,微妙轉依,烏乎壞滅。求生密嚴者,應修十智,四教是勤。轉識無自性,藏識性決定也。相名分別生,智如無分別也。無別為依圓,分別成徧計也。生法本無我,無別入密嚴也。相名分別三皆識現,昧起分別,離乃圓成也。涅槃非滅故密嚴微妙,土殊勝,經殊勝,境界殊勝,勝於極樂,所言勝於極樂者,主伴亦同,生眾不及故也。二番談世間唯心現義。世間眾色非他作,非無作,唯藏識作。藏識所以能作者,持種為依,與轉共力,蘊習互生故也。然共作而無染,雖作而莫能見,唯定為能見也。又其所以作者,有無能所迷於其心,本轉頓起遂成境界,而皆依於藏識,一切唯心現,觀行久而見也。三番談淨智深法義。示現色相應化,情與無情而無迷惑,此智之境而不可思議者也。生身刹土以修以慧乃能殊勝,修以度地,慧了唯心,善説賴耶三性無我是也。如是讀《入密嚴微妙身生品》第二。其染生身者,精血和合,業力輪回,諸趣之苦何如密嚴,智者所以勤修定也。如是讀《胎藏生品》第三。心慧淨染皆自所作者,八九種心與無明轉,是生世間而刹那即滅,密嚴無生死眷屬,是故不壞。有情識境,身蘊處界,大微諸法,迷心所現,心境非眞,眞為慧境,心境繫縛,慧境解脫。此一番談有情心密嚴境也。密嚴剎土境勝堅定,轉依識體從智所生,非世所量。世間唯心,內外能所心物瓶色,能性所性悉從二起。密嚴妙定,淨除貪欲然後能生。汝何著迷而生世身,何不修定而得佛身。又能所幻作皆由分別,迷計觀離,不生不滅是為眞實,明燈破闇智火焚薪,霎時間事。此二番談有情心密嚴境也。如是讀《自作境界品》第四。所生之觀行應審者,在人法二空觀而已,修此空觀不生染邪二覺,而漸生密嚴,蓋世事由壞起,密嚴以智成也。如是讀《辯觀行品》第五。賴耶之體性應詳者,信能成佛必解脫,淨其種姓必授記,了分別依於賴耶,見已合於密嚴,了賴耶圓滿淨常,境即得於無漏,賴耶在諸識中轉而不為所染也,染淨依中淨即諸乘種也,善惡依中執即輪回果也,賴耶流轉成世而非作者也,體微而難知也,此初番以九事談體性也。賴耶無染現三界十地,其體微妙唯密嚴者能見,其體眞實非轉識之虛幻,諸佛以之立教,如燈鏡金石正道之標相也,此次番以四事談體性也。如是讀《趣入賴耶品》第六。我執之為害應去者,諸唯是識,外道則倡言我執,其為害也如雪山能害,肆其種種詐變,有無一多我我所論,殺食有情輪回生死無有出期,應勸淨除速生妙土。如是讀《我識境界品》第七。後一詮生身即剎土者,初番之所談為教。先談五法之相名分別,一切依名,名依於相,從名分別而為事,從相分別而立名,相名分別皆空,但識轉變,尋思無體即得住定,以定供佛以定益生。蓋一切染法唯是分別也,一切淨法唯無分別也。次談三性五法八識無我,八不八喻,妄不如實為徧計性,三合緣起是依他性,無漏智境名眞實性。名依相起,從分別生,正智如如遠離分別。轉依於本,本因於種,種現世間,本轉互生。無有二我,唯賴耶現。賴耶常住眾識與轉,悟則無轉。賴耶無漏,燒鍊鑽搖,勤觀乃得,勤觀生於密嚴,隨樂而應於化也。後抉擇談賴耶,現境,滅計,流轉,三義應明。現境義者,賴耶無始受於熏習,不悟自心隨識境現,了心薪盡無漏能通,淨藏與習相應無漏現淨功德,若無思隨流翳眼見色生識作業,即現似色及現似我,然斷染出習亦得果矣。滅計義者,維覆與幻生計之因,維了藏識滅計之果,滅成無漏,悟即縛空。流轉義者,賴耶隨於諸識,諸識依於賴耶,業習輪轉,體業緣別,流轉無窮。此所謂初番談教也。二番之所談為定。尋伺喜樂,寂靜入禪,四入至十,名等尋常,不思議境非分別所知,如是為定。外道聲聞迷我迷空,執相執性是為有見,執空破智是為無見,如是為非定。識依賴耶,賴耶俱識,增墮生死,轉依成覺,如是諸依是為定所。行緣則善行淨行,教緣則開權顯實,是為定緣。顯實者,顯密嚴也,即所顯賴耶也,藏相本空,心名丈夫,界生自識,無門作門也。此所謂二番談定也。三番之所談為法眼。由本願力,口未曾說,眉頂肩膝出無量聲,開示法眼,是等威德為密嚴生因。四教賴耶說為法眼。名從相生,相從緣起,二生分別,法性如如,了名正智,五法之眼在別無別。名為徧計,相是依他,離則勝義,三性之眼亦別無別。藏以識合,暴流無斷,本自無動,八識之眼亦別無別。無別即無我,眼在於法無。此四教之眼即微妙廣大之密嚴道場也。染淨皆依賴耶,為除習而說淨,淨如來藏世阿賴耶,如金與環物一名殊,性本清淨,清淨妙體密嚴則同,此賴耶之眼即微妙常住之密嚴道場也。此所謂三番談法眼也。如是讀《阿賴耶即密嚴品》第八。讀經文竟。

經義以十談,一總,二教,三經,四如來藏阿賴耶,五法身,六唯智學,七定,八身土,九不壞世間,十闢謬。且初總者,一切法仗法,作佛轉二依,迷悟依於眞如,染淨依於藏識,轉迷為悟而得菩提,轉梁為淨而得涅槃,教及如來藏賴耶法身是染淨邊事,經與唯智學定土世間是迷悟邊事也。何以迷悟依於眞如染淨依於藏識耶,能依於所,所依於能故也。無明為迷正智為悟,迷悟皆變動不居是故為能,眞如周徧常住是故為所。藏識受熏持種是故為能,淨為法界染是世間,染淨皆眞幻可相是故為所。何以轉依必以二也,體用異類故也,菩提是用涅槃是體故也。然細分別,應談四涅槃四體用,應以四涅槃配四體用而談也。體中之體,自性涅槃是也,自性之名亦稱本性,本來法爾畢竟不動,有佛無佛此性眞常,有情無情此性皆在,是為法住性法界性法尼夜摩性。體中之用無餘涅槃是也,有餘屬於無餘,無餘境界是體相之究竟,然必擇滅解脫始得,而躋體必仗用以呈,非若自性無所云呈,故曰體中之用也,用中之用菩提是也。用中之體無住涅槃是也,無餘是根本,無住乃增上,我皆令入無餘涅槃而滅度之,根本於無餘滅度,而增上於我皆令入,事非異類詮可不殊,然我皆令入則證眞在最後一期,未至其期則觀空不證而必箭箭注栝,不第菩提而必一切智智,一切智智無非正智,正智緣如,緣則交融不可言二,明明智如不可言一,或復言二帚琴摸像,或復言一淨機吞鯨,諸佛說為可憐愍者,正智萬行緣如契體,體是用中之體,化事已畢,然後隱眞,體乃畢竟之體也。

問:無住涅槃既契眞體,功德盡於無際即足為究竟之歸,何以必歸極於無餘耶?

答:對斷見之談說功德無際,辨體用之性必寂滅寂靜,寂滅寂靜法界然後清淨,然後一眞。

問:無餘涅槃灰身滅智,無益於世而為德本,亦何貴耶?

答:法爾如是不可思議,不容私心猜疑揀擇。又況無上依經住無餘涅槃不捨眾生利益事,《妙法華經》入滅如來與佛同化,現湧寶塔大演法華,蓋因德無量,果位現行竟於未來而無有際,不如菩薩業必依身。

問:既許轉依為二,則無住亦果,云何非竟,必取無餘耶?

答:《大涅槃經》因果以四句談,有因、有果、有因因、有果果。十二因緣是因,菩提是果。觀緣智是因因,大般涅槃是果果。對十二因緣則菩提是果,對大般涅槃則菩提非果果。何為果果?以菩提之果顯涅槃之果,最後之歸果是涅槃之果也。於此有問儒釋之辨,則作答言:古之欲明明德於天下者是儒,我皆令入無餘涅槃是釋,斯事詳於月文。二教者,五法三自性,八識二無我,是諸佛至教,亦釋迦如來一代之聖教。無著顯揚聖教,以二事明曰染曰淨,詮解當情蘇迷不動。蓋分別之謂染,無分別之謂淨,名從相起,相從緣生,此二分別乃是其染,離二智如乃是其淨。徧計是名,依他是相,乃是其染離二依圓,乃是其淨,七六五識皆分別生,乃是其染,賴耶無別乃是其淨。人法無我是無分別,無染唯淨,五法攝於三性,三性攝於八識,八識之淨是阿賴耶,是故經談賴耶體性,而即斷言,此即是諸佛最勝之教理,衡量一切法,如稱如明鏡,照曜如明燈,試驗如金石。稱言平等,鏡徹深微,燈明破闇,金石表堅。五法三自性八識二無我,建立聖教有經有論,有皇皇聖言有至正理,香海蘇迷,此案不動。

問:《楞伽經》言,如先佛所說一百八種句,又言此百八句皆是過去諸佛所說,云何諸佛至教是五法三性八識無我耶?

答:即《楞伽》言此五種法三性八識及二無我一切佛法普皆攝盡,又《瑜伽》言諸佛語言九事所攝謂蘊處、緣起食及諦界,佛與弟子菩提分法會時八眾,《楞伽》亦言言說法相者謂說九部種種教法,以九事攝百八句盡,以五法攝九事畢盡,是故五法三性八識無我如是以立教。

問:解深密經三時說教,教有異耶?

答:《阿含》四諦,《般若》隱密,《深密》顯了,無不攝於九事,唯善巧之不同,豈所事之或異。

問:四教五教台賢所立,為何如耶?

答:凡諸建立據於教理。教謂經論,理即因明。如五教十理之成八識,顯揚所成善巧無常苦空無性現觀瑜伽不思議等,莫不皆謂薄伽梵說如佛所說。若四教之立,羌無聖言,馳騁風雲,九州鐵錯。天台既已自言以涅槃五喻戲四教位,而複更以憑空四教成涅槃喻,謂若不將四教釋喻,喻不可解,若解四位,彼喻泠然,若信五喻,此位亦曉,彼此相須可謂兼美。是何言歟。夫因明正理,以已成因成未成宗,未聞以未成宗成待成因,又未聞舉因立宗翻為舉宗立因,更未聞宗因同時交互相成,但見過叢,反矜兼美,所謂相似法,烏足以立教。若夫五教標竊天台,賢首過中又過,有何費力於齒牙。三經者,《密嚴經》言,《十地》、《華嚴》等,大樹與神通,《勝鬘》及餘經,皆從此經出,如是《密嚴經》,一切經中勝。此一行半頌,其義可得談。《密嚴經》說,諸修觀行於其欲色空識非想種種宮殿,漸次除欲入密嚴宮受用無邊微妙勝境,而《十地》、《華嚴》,初地作閻浮提王,二地作轉輪聖王,乃至九地作二千世界主大梵天王。《十地》作摩醯首羅天王,修行施戒忍等十度,出現微妙不可思議無邊境界。《密嚴經》說,諸修觀行於密嚴國,皆同諸佛安樂清淨刹土境界無不殊勝,而大樹經中五十三聖安住法界乃至彌勒樓閣種種殊特不可思議。《密嚴經》說,賴耶如來藏無二無別而為諸識所纏,而《勝鬘經》言在纏為如來藏,是故佛說諸經密嚴所出。然佛世尊復說餘經皆出於此,是則不獨弘演賴耶有《深密》、《楞伽》阿毗達磨如來功德莊嚴諸如是等,更有餘經不增不減,不壞不滅,莊嚴三昧,法界體性,流轉諸有,無上依,如來藏,菩薩藏,同性,法身,佛地,一切一切亦復詮表依圓智如八識,是亦得謂《密嚴》所出也。夫至人立教,示人以大王路也,學人勤修,乘諸乘而歷諸位也,成人取證,轉菩提涅槃二依也。境行果三,經藏之所以結集也,菩薩之所以造論也,彌勒以是造《瑜伽》,無著以是造《攝論》也。《瑜伽》談境談意與五識及阿賴耶,談六善巧六百六十法門。《攝論》談境,談賴耶,談三性，則法相一大法門，而《大乘密嚴經》冠其首也。《攝論》談行，彼入因果分談十度，則般若一大法門，而《大般若》冠其首也。彼修差別，分談十地，則《瑜伽》一大法門，而《佛華嚴經》冠其首也。《瑜伽》談行，聲聞地談四諦，則《阿含》一大法門，而四阿含經冠其首也。《攝論》談果，彼果斷彼果智分談無住涅槃，談三身。《瑜伽》談果，有餘依無餘依地，談有餘無餘，則涅槃一大法門，而《大涅槃經》冠其首也。至於境行果三，不可攝歸專部，平等平等，不容系於一宗，寶之所積，法之所集，則積集一大法門，而《大寶積經》及《大集經》冠其首也。如是建立法相門第一，般若門第二，瑜伽門第三，阿含門第四，涅槃門第五，積集門第六，以是整理一大經藏也。

問：瑜伽法相是一法門，而乃二之何耶？

答：非二之也，以境行為二，對行之境不能不為法相，對行之般若不能不為瑜伽，一物而二用之亦無妨也。

問：何不以十地對十度為行，以法相合瑜伽為境，取地配度義，而行之獨為般若耶？

答：古之十地獨立為經，今入《華嚴》，復合樹嚴，汪洋廣大，豈如地配度義之一隅。空有兩輪，乘大乘行，要必瑜伽廣義，般若深義，融冶於一斯為大觀，《攝論》、《地論》邱壑小師乃下喬木復入幽谷歟。

問：何不以時列次，使《華嚴》、《阿含》，終法相涅槃，為息爭耶？

答：繫義於時非捨義取時，亦無不可。今姑敘義，非必捨時。

問：台教以華嚴、方等、般若、法華、涅槃敘次，甚契時義，不適宜耶？

答：法華、涅槃據以經言，不可分時。方等攝於一切，明明《大方廣佛華嚴經》，佛說方等《般泥洹經》，而外華嚴、涅槃而別立歟。

問：古以般若、寶積、大集、華嚴、涅槃五大部外別集敘次，獨為不取何耶？

答:此除般若佛母一義,餘皆無義,但拘初出五部大經,曾何足取。四如來藏阿賴耶者,初列其名,有藏識,如來藏阿賴耶共,《楞伽》名如來藏藏識,《唯識》所謂阿賴耶具能所執藏是也。有《如來藏》、《密嚴》所謂如來清淨藏亦名無垢智是也。有阿賴耶阿賴耶,《攝論》所謂何處說阿賴耶識名阿賴耶識是也。有如來藏阿賴耶,《密嚴》所謂藏即賴耶識如來清淨藏,世間阿賴耶,展轉無差別,是也。有阿賴耶如來藏,《攝論》所謂無漏種寄賴耶中轉,《勝鬘》所謂在纏如來藏是也。有言其性,有言其相,有言其染淨不離,得其名之差別,可以解於糾紛。次釋其義。

問:如來藏隨緣共轉,習覆染纏,受熏持種,為因作果,此一義也。如來藏不動常住,不變無我,本淨無染,圓無增減,決定種姓,為大涅槃,此一義也。二義相反,云何可通。若是一識,自語相違,世間相違,決定相違,成何聖教,豈如來藏不可思議體微難知,斯即分別都無因明可滅耶?

答:是義詳於《辨中邊論》,於彼亦有此者,前義也,此中唯有空者,後義也。若異,應法性異法,若一,應非淨智境是也。蓋前之為識用識相,後之為識體識性,用依於體,相不離性,二處於一居,前後可得談。然雖得而談,不可得而亂,若說性為隨緣,亂也,若說相為不動,亂也,亂則非聖教也。

問:識體識性談義無疑,識用識相多不可了,如何阿賴耶既說為無覆無記性,復說如來藏而為清淨性耶?

答:八識為染淨依,依之為藏,染淨之為種,就藏為言說如來藏阿賴耶皆名藏識,就種為言說無漏淨種名如來藏,有漏染種名阿賴耶。闡阿賴耶義者說無漏種寄賴耶中轉,闡如來藏義者說煩惱客塵纏於佛藏,隨所主而為言,非識之有或異,染淨依同,其性不同。《成唯識論》,無漏法種雖附此識,而非所緣非此性攝,緣不及於無漏,故性唯為無記。此《密嚴經》,眞為慧境界,違離於眾相,慈悲之所行,無相徧一切,緣悉離於有漏,故性得為清淨。視其所緣,定其性質,轉識可以成智,夫豈用之為物乃決定死常之物哉。

問:緣無漏種即入初地,乃《法苑義林》見道以前煩惱纏位名如來藏,初地以上二障漸斷即名法身其說然耶?

答:此須分別。見道緣於無漏,地前纏位趣向無漏,隨順無漏,亦可得名緣於無漏,經言若信成佛即得解脫是也。此就無漏言如來藏也,而彼就纏位言也。初地平等身,入定無漏,二障須漸斷,出定有漏,賴耶捨於八地,如來藏極於十地,不可謂全分法身也。此就纏位言少分法身也,而彼就淨位言也。

問:迷為無記,悟則清淨,迷悟非依於涅槃耶?

答:迷悟屬於自性,非係其所依,《勝鬘》所謂若無如來藏不得厭苦樂求涅槃也,《密嚴》所謂若離阿賴耶即無有餘識也,聖教惡友本有種子,各視其增上增長,而各發其所為現行而已。

問:《勝鬘》自性清淨心難可了知,彼心為煩惱所染難可了知,作何解耶?

答:前句說性,後句說相是也。心性本淨,客塵煩惱所染汙故,二句亦同,唯識解心性為心空理所顯眞如或為心體也。

問:經言八種九種心,九心即九識,所謂菴摩羅識是耶?

答:九識為言,言於識淨,而經下文又言本心,不當立十識耶。不知識止是八,以心為言識固是心,智亦是心,故有四識又有四智心品,此所談心談於染八淨九而已,此染淨二心皆依於藏識而已。

問:如來藏是佛性耶?

答:佛性了因為所顯得,如來藏生因為所生得。

問:如來藏為無漏種之所藏,而法界之界為因義,非一物耶?

答:如來藏在纏,其出纏者,在人名法身,在法名法界。

問:如來藏法性耶?

答:法性為體,如來藏非為用。法相無邊,不能一一區別。五法身者,經言有佛無佛法性常住,是則法性為自性涅槃。尼夜摩性遠離後有一切過失,是則法身為無餘涅槃。菩薩不捨大悲,以究竟慧入佛法身,受用如來廣大威德,是則法身為無住涅槃。《大涅槃經》,三德所係,不一不異,說於法身而不離般若,此《密嚴經》,以無住涅槃談佛法身,發揮慧境而無有餘,是則《大涅槃》增上涅槃無住涅槃者,法身義也。然而智為顯寂,智但充量,其根本涅槃無餘涅槃者,實法身義也。

問:《勝鬘經》言,如來藏者是法身藏。又言若於無量煩惱藏所纏如來藏不疑惑者,於出無量煩惱藏法身亦無疑惑,是則談如來藏必因是而談法身也,如來藏是智境界,法身亦智境界耶?

答:《攝論》法性即身,故名法身。又身是依止義,一切法所依止處,故名法身,是則法身者,一切智智之所依止,而非即智也。

問:《金光明經》,法如如及如如智名法身,非智即法身耶?

答:經談法身,開合多門,意有所指,非決定說。有說一身,《涅槃》實同眞體,說一法身。有說二身,《寶性論》說,一寂靜法界身,二由說法因而得法身亦名法身,是受用變化俱名法身。《佛地論》說,一生身,他受用及變化身是,二法身,自性實報身是,實功德故,功德法所依止所集成故。有說三身,《金光明經》有七復次說三所由,基師助釋其義,謂觀佛之身但應說二,一肉身眞德即如如智合名法身,二為所化生應宜而現,合名應身,以宜顯宜潛開為應化說為三身。又觀彼意應說四身,如如名自性,如如智名報,利他顯則名應,隱則名化,然理智冥合自利是一,自性報佛合名法身,假德相殊隨機現異,宜隱宜顯分名化應。以是因緣《金光明經》說如如智亦名法身。

問:《金光明經》作是權說,意保屬耶?

答:《金光明經》屬涅槃部,以無住涅槃談六涅槃,顯是涅槃菩提是賴耶,故以智如並一處說,此《密嚴經》亦談無住多說慧境,然於法身未為詳論。

問:依於何經非權說耶?

答:依《佛地經》為非權說,不繫他義,專談佛地故。經言,有五種法攝大覺地,所謂清淨法界大圓鏡智、平等性智、妙觀察智、成所作智,法界為一,四智為一,若如智合為是實說,則大覺地止一法身,彼奚說三始盡佛量,若如智合是為實說,則法身攝四,此何列數平開五種。是故佛地為實說也。

問:四智不屬法身,何身所屬耶?

答:俱屬自受用身,依平等顯為他受用,依所作顯為變化身。

問:體為自性,用自受用,體用分合可任情耶?

答:分合無礙,淆亂則非,淆體於用,亂用於體,大法光明趣於黑闇,豈若雖合而條理井然。六唯智學者,緣生心有法,對無所有境曰一切唯有識為唯識學。無相之相依決定性,對緣生無自性曰一切智之境,為唯智學。戲論習氣,境風所動,起諸識浪,賴耶為依而成其果業習增長又增餘識,一切相應遂起分別而成世間,世間虛偽轉識變化,所謂唯識無境也。若無賴耶,諸識不轉,以諸識無自性也。賴耶為依,共成其轉,所謂無思無分別,無記隨緣也。賴耶非幻,非識轉變,然隨分別,無不周徧。徧處見賴耶,謂之為流轉也。賴耶為相,但是緣起,而無所執,無相之相,依於實性,所謂有決定性也。相既依性,則一切境界皆智境界。經言色聲香味觸意識之所緣,有為無為法乃至於涅槃斯為智之境。又云,常與無明轉本心堅不動,熏習以相應體性而無染,則所謂唯智而非唯識也。相從緣起,名從相生,二生分別,是三一體。名無相亦無,何處有分別。諸法如如善觀為智。名為偏計,相是依他,離名相分別是圓成實性。轉識有分別,賴耶無分別,轉識染依他,賴耶淨依他,本來性無我。此五法三自性八識二無我之境,悉趣向於無分別之無相三昧,是之謂唯智學也。染淨之種皆依賴耶,迷則染種勢用妄生分別,墮人天趣,悟則諸乘種姓勢用無分別,生於密嚴國,則所謂唯智學由悟而入者也。經言,如是生死轉,悟者心無轉,若悟於自心,名無漏聖人。了賴耶妙生,如涅槃虛空,擇滅無為法,清淨常圓滿,體性無增減,即便得無漏,了內外唯識,依賴耶分別,是密嚴知見,無轉五漏,密嚴知見,入地則然,則所謂悟者,見道通達位也。見道以前雖非是智,然既聞法已,一心求密嚴,隨順趣向智,亦得名唯智,有歸依,歸依密嚴寶,所謂一歸依也。有信,信咸得佛,所謂一切有情皆有佛性,佛體是信,若能信此,王諸國土紹繼佛事也。有住,種姓一淨,佛即授記,得無分別,支解不動也。如是而解行,回向無盡藏,所謂聞法而覺悟,離文字分別,入三解脫門,得證眞實理,是名為得悟也。密嚴是涅槃道場,以三三昧開涅槃門,三三昧觀觀一實相,所謂無相,空無分別。初四尋思,相名分別空,人我法我空,覺察於三有,本來即無我,非由擊壞無。如是於諸法相,俱得善巧。色心不相應,無為及世間,一切無別異。五法之體性,皆平等平等。《勝鬘》四諦,非壞法故名為苦滅,無始無作,無盡常住,自性清淨,離一切煩惱藏故。《涅槃》十二支,非因果故,常恒不變,性即八不,名為佛性故。如是觀行,為唯智學行也。貪觀不淨,癡觀緣起,瞋觀慈悲,慢則析根,疑復數息,為唯識分對治。此無相三昧,為唯智總對治。經言,遠離能所取,寂然心不動,是名眞修習,無相觀行者,是也。既已覺悟,生於密嚴。經言,最上瑜伽者,地地而進修,了知而善說,其身轉清淨。又言,修行於十地,檀等波羅蜜,淨業悉圓滿,得佛勝所依。是則唯智之行亦不離十度因果行十地差別行也。既生密嚴,安樂解脫,以究竟慧人佛法身,受用如來廣大威德,證眞行化,盡於未來,化事已畢,恒住眞身。如是為唯智學果也。

問:賴耶何為隨緣耶?

答:宇宙大用,法爾如是也。緣起依他性,依他攝一切染淨事。若無依他應無雜染,即無清淨,不由功用一切淨品由何而知。然有二種,徧計所起唯染依他,無執所起為淨依他,此性既為徧計所依,亦為圓成所依,就唯識學說染依他如怨如害,就唯智學說淨依他亦無倒無礙。

問:相非幻妄耶?

答:相從緣起,非是全無,幻妄何害,害於其執。迷則必執,悟則無執,雖為幻妄,其相如如,如相無相,即為實相。《解深密經》,於幻化事不執諦實,而有幻狀,彼於後時不須觀察。楞伽經言,以諸妄法聖人亦現,然不顛倒,分別妄法而得成就佛乘種姓,心意意識惡習轉依,即說此妄名為眞如。是故中論有言,諸佛依說法,一,以世俗諦,二,第一義諦。不分別二諦,即於深佛法,不知眞實義。是故若無俗諦,一切智智不成,不能無住涅槃,如何得談於唯智學。

問:若識學唯智學,當言有異,當言無異耶?

答:藏識受熏持種,轉識妄生分別,當言無異。阿賴耶一往詮有漏種,如來藏一往詮無漏種,當言有異。如蛇繩麻,蛇知而繩知,唯識學漸境界,繩知而麻知,唯智學頓境界,當言有異。然唯識亦言淨邊事,唯智亦言染邊事,識強智劣言唯識學,智強識劣言唯智學,則又當言無異。七定者,有二大定為二轉依境界,菩提境界曰首楞嚴三昧,涅槃境界曰無相三昧。《涅槃經》言，首楞嚴三昧有五種名，一，首楞嚴，二，般若波羅蜜，三，金剛，四，師子吼，五，佛性，其義為一切事畢竟而堅固。《大般若經》百三三昧，而以首楞嚴冠首，則所謂智之事也。《涅槃經》言，佛於拘尸那城入大三昧深禪定窟，眾不見故名大涅槃，無相定者是大涅槃，無色聲香昧觸生住壞，男女如是十相故名無相，則所謂寂之事也。《密嚴》闡如來藏唯智學，而道場國土寂靜光明是涅槃境，雖以無住涅槃求一切智智，而以智顯寂，究極於自性無餘，故以無相三昧入涅槃門坐密嚴道場，住涅槃窟，而一經之所談胥不離於無相三昧是也。一經之所談，五法、三自性、八識二無我皆歸極於無分別，如來藏緣起，於一切幻妄不執以為諦實，故曰胥不離於無相三昧也。經言，十六種現觀，學人數有十，此諸修定者復漸滅於心，第四禪無心有因不能害，無心是無習無相離分別，定之要在是也。經言，有尋伺喜樂，寂靜入初禪，如是漸次第，四八至於十，是四禪、四空、四無量、八解脫、八勝處、十一切入得一無分別，而無量諸定皆得入也。經言，徧處及靜慮，無色無想定，逆順而入出，力通皆自在，得一無分別，而逆順入出及通無不自在也。經言，於彼不退還，亦不恒沈沒，若住定攀緣，流轉生三界，得一無分別，不墮昧禪也。經言，天仙姝麗女，來供如觀夢，外道持明梵，亦不見其頂，得一無分別，染邪二覺不於定生也。經言，無量諸聲聞，住山閒樹下，寂靜修禪處，善攝諸根故，如以鉤制象，然金剛藏答月幢定所之問，以五喻所歸歸於賴耶，此言於定所也。經言，善行清淨行，出過於十地，種種誘誨已，真實密嚴現，此言於定緣也。經言，骨鎖滿世閒，徧處假想觀，甜味能除熱，辛味除於冷，如是破執有，牟尼由此智密嚴而解脫，不見以兔角觸壞於大山，如是破執空，此言於邪定也。汝何不修定，定者之所見，定者生密嚴，舉足下足自定中來，如是《密嚴經》誠可謂宣示三昧之全經也。

問:行在三學,《密嚴》說定說慧,不說戒何耶?

答:經言,沐之淨戒流,飲以智慧液,由修淨戒智,生死得解脱,豈非說戒耶,意在密嚴境唯智學,於戒畧談而已。八身土者,謂微妙賴耶意生身,而密嚴寂靜土也。經言,佛與諸菩薩皆是賴耶名,人法一如也,賴耶即密嚴,身土一如也。請談淨土義。

一,土差別,剎土淨穢,視身異而顯異。自性身依法性土,土唯是淨,稱讚大乘功德言,是薄伽梵住法界藏,說彼經典住法性土是也,自受用身依自受用土土唯是淨,《密嚴》所謂出帝弓電光妙莊嚴殿是也。他受用身依他受用土,土唯是淨,《佛地經》云住最勝光耀十八圓滿是也。變化身依變化土,土通淨穢,維摩詰住廣嚴城是也。此經密嚴道場,是無垢月藏殿,為十地菩薩所顯,故其土唯淨也。

二,土體性,自性身土雖皆眞如理,而說屬於佛亦自相性異。佛義相為身體性為土,智相為身法性為土,受用變化咸依自土,四智相應,亦相性殊。而密嚴經言,《密嚴》微妙剎,體是轉依識,超於分別心,非妄情境界。又經言,密嚴微妙土,是最勝寂靜,亦是大涅槃解脱淨法界,亦妙智神通觀行所依剎。若曰此義相智相所依之體性法性有如此,此之謂土之體性如此也。三往生因,六度、四攝、三十七覺、十善業道皆淨土因。而《密嚴經》言,如來密嚴剎無終亦無始,但由無功用妙智之所生,法相巧莊嚴平等而無別,十種意成身,修十地十度入三解脱門,已焚燒蘊樹而往密嚴國。又言,此土最微妙,非餘者所及,唯佛與菩薩,清淨之所居,三乘以出生,最上生密嚴。又言,極樂莊嚴國,人非胎藏生,光明淨圓滿,皆悉具瑜伽,若比於密嚴百分不及一。是密嚴淨土非地上菩薩不生,所生皆勝流,故勝於極樂國也。四問答辨。

問:淨剎無邊,獨於極樂校短論長何耶?

答:以皆化生故極樂為土最殊特故。

問:極樂殊特,而不及干密嚴何耶?

答:極樂九品生,又生邊地,而密嚴中人皆入地菩薩故。

問:密嚴見道生,極樂且不必發菩提心,但十念生,難易如是,抑何故耶?

答:淨穢途分,豆不生瓜火不出水,不發淨心畢竟無種何處生果耶。《密嚴》往生是談正義,極樂十念但他時意趣。《法華》一稱南無佛與彼意同。世親《攝論》謂令懶惰者由彼彼因於彼彼法,精勤修習彼彼善根皆得增長,如由一金錢得千金錢,豈於一日意在別時。一是千因,念是生因,非即生也。九不壞世間者,《辨中邊》言,三界心心所是虛妄分別,虛妄分別有,相從因緣起以如幻有故。經言,正智常觀察一切諸世間,從於如是因而生彼諸果,眞如非異此諸法互相生與理相應心,以是義故,世間智如不相妨礙,則不必壞。經又言,壞有以成無,住有不能出,既壞三和合,因等四種緣,惡習分別者,捨離於自宗,依止他宗法。夫依止他宗為他所勝,律四根本罪曰波羅夷,波羅夷者,此云他勝法也,以是義故破壞世間成極惡罪,則不可壞。染心緣世間,世間是染淨,心緣世間,世間是淨,文殊不見山河瓦礫荊棘,但見平等,《成唯識》言,無漏有為勝用周徧,亦得名圓成實,是說淨分依他,諸佛世尊一切智智盡未來際作諸功德者此也,以是義故則不得壞。

問:不壞世間,焉得解脫耶?

答:轉其有漏依回向無漏依,亦轉而已矣。次第如來藏熏習下中上漸增,次第阿賴耶熏習下中上漸減,既轉依已,無異熟識種子而轉,一切種永斷,說世間滅。

問:《中論觀·因緣品》非破四緣耶?

答:龍樹破執緣者,若不執緣而亦被破,是惡取空。與龍樹反是故《中論》說偈,大聖說空法為離諸見故。若復見有空諸佛所不化。是故《智論》有言,如佛說有四緣,但以少智之人著於四緣而生邪論,為破著故而說空諸法,實無所破。十闢謬者,諸佛世尊今釋迦如來立五法為教,見諸《密嚴》、《楞伽》及種種經論,如是而違反,此之謂大謬,不可以不闢。法既為五,則眞如是一,正智是一,明明二事不可攝智於如淆如於智,而唯言眞如事一。眞如之謂體,正智之謂用,眞如之謂性,正智之謂相,不可淆體性於相用,淆相用於體性。法爾如是有性有體,法爾如是有用有相,凡法爾有以自為本立一切本,不本於他為他所屬。眞如是一法,正智是一法,此之謂法,如智一味之謂義,不可淆法於義。知斯四者,則知所以謬,則知《起信論》之所以謬,則知凡根據於起性而立教之所以謬。《起信》立眞如生滅二門是也。立生滅門不立正智為本,而一本於眞如,謬也。說心性不起即是大智慧光明義,而不知此是智如一味之義,因是而不立正智之法,謬也。正智是淨之本,無明是染之本,本之謂法爾如是也。故經說客塵,不推客塵所自,經說無明,不窮無明所由,而《起信》說無明因於依覺,是為因緣本非法爾本,說不達法界忽然念起即為無明,念即無明似為一事,然又說不知眞如法一不覺心起而有其念,依於不覺而生無明與不覺應,則明明以念在無明先,為先一事,無明依念後生為後一事,說無明不說法爾本,謬也。相用但依於體性,而實自有其功能,或名如來藏,或名阿賴耶。有漏種子,法爾本有,無漏種子,亦法爾本有,皆依於藏。種生現而熏藏,藏持種而受熏淨以廣其淨,染以廣其染,染勢用而淨微,淨圓滿而染滅,皆相用中事。初無與於體性。而起性眞如熏無明起淨法不斷,無明熏眞如起染法不斷,不立有漏無漏本有種熏繫於藏,而好展轉無明眞如。眞如無明,乃使一切大法無不義亂,謬也。隨緣是相用邊事,不動是體性邊事。《起信》說眞如不動,是也。說眞如隨緣,謬也。說眞如隨緣而不動,謬也。經以海浪喻喻識,不以海浪喻喻如也。經但說藏隨轉識緣也,經但言藏依於性而不動也。清淨功德緣起於正智,雜染世間緣起於無明,說賴耶緣起,是也。說正智緣起,是也。《起信》說眞如緣起,謬也。如何謂之緣?如何謂之起?顧名思義,應亦了然也。總之種種紕謬,生於一因,曰好談因緣不信法爾之為害也。好談因緣,展轉窮歸,歸於一本,而不覺墮於他勝,所謂數論自性生三德,三德生二十三諦是也。不信法爾,過去未來虛妄分別,風生戲論海市乾城,及其至也。但狂慧世界,無修證餘地,不獨內學之為害,此方習尚亦滋蔓之難圖也,豈不悲哉。

《藏要》論敘

《藏要》第一輯敘

十一經三律十一論總

一，《大般若經·第二分》

二，《大般若經·第五分》

三，《華嚴經》

四，《楞伽經》

五，《大般涅槃經》

六，《解深密經》

七，《菩薩藏經》

八，《勝鬘經》

九，《無量壽經》

十，《法華經》

十一，《雜阿含經》

十二，《菩薩戒本》、《羯磨》

十三，《十誦戒本》、《羯磨》

十四，《善見律毗婆沙·敘》

十五,《中論》

十六,《辯中邊論》

十七,《大智度論初品》

十八,《瑜伽師地論·本地分中菩薩地》

十九,《集論》

二十,《攝大乘論》

二十一,《唯識二十論》

二十二,《成唯識論》

二十三,《因明正理門論》

二十四,《品類足論》

二十五,《異部宗輪論》

菩薩藏中,聲聞藏中之經律論,西土此方著述,既抉其要分為六輯以為《藏要》。又抉經律論最要者為第一輯,是為要中之要,猶呪中之心。中心也,可以便讀,可以知概。凡二十五種,經十一,律三,論十一。

經十一者:菩薩舉十,聲聞舉一。菩薩乘有正軌,有便道。乘乎正軌,又有不易之則,曰境、行、果,依此抉擇,而得四經:一曰《大般若經》,二曰《華嚴經》,行菩薩乘有不易之則,一曰因果、二曰差別:因果者,運用之妙,《般若》盡之;差別者,境界不同,《華嚴》盡之;故《般若》、《華嚴》者,菩薩正軌之行也。三曰《楞伽經》,古學一百八句,一切自心所現,今學五法、三自性、八識、二無我,知法、知義,於此廣博,故《楞伽經》者,菩薩正軌之境也。四曰《大涅槃經》,我皆令入涅槃而滅度之,此佛出世大事因緣,對機則四鄔柁南,畢竟則常、樂、我、淨,見性而已,又多乎哉?是故《大涅槃經》者,菩薩正軌之果也。

《解深密經》，境、行、果三，都約其要。菩薩藏經，但約行中因果差別。《勝鬘》明識，屬隸《楞伽》。《無量壽經》，是方便道；《法華》則經中之揭櫫者也。聲聞舉一，曰《雜阿含》，佛言諸佛世尊具大智力，總攝諸法，安處四種鄔柁南中，輾轉傳來，是名《阿含》，傳此四句，是名《阿含》，《瑜伽》五分，釋《雜含》多，大小溝通，《阿含》亦大故也。

律三者：《地持善戒》，譯非全文，是故戒本羯磨，應抉《瑜伽》為大乘律。北方小戒，論其圓通，《僧祇》為最；究其嚴密，《十誦》為尤，《四分》、《五分》及迦葉維，嚴不及《十誦》，通不及《僧祇》，是故戒本羯磨，唯獨取於《十誦》。南方小戒，此土傳來，但見《善見律》，錄序而已。

論十一者：摩訶衍義，創始於龍樹，充量於無著。合之則相圓，分之則義室，豈空有之或異，實编依之各詳。《中論》談徧計空，《辯中邊論》談依他有，中之義備也。《大智度論》，釋經論中詳一切法，而詳於對小；《瑜伽師地論》，宗經論中詳一切法，而詳於自大。龍樹毗曇為《智論》，無著毗曇為《集論》，是則乘之事備也。唯識為入道之體，《攝論》創始於其先，《二十唯識》、《成唯識論》昌於其後。因明為揀外之用，而《理門論》者，則又基本之作也。毗曇多種，六《足》為精，《集論》為大乘毗曇之終，《品類足論》為小乘毗曇之始，龍樹、無著皆所宗矣。其餘部執，則《異部宗輪論》亦足知概。

此《藏要》第一輯總略如是也。至於二十五種法義，其亦各有略說，各隨其品目而發，分之弁各種之首，合之為提要之滙焉。

《中論》

觀因緣品第一
觀去來品第二
觀六情品第三
觀五陰品第四
觀六種品第五
觀染染者品第六
觀三相品第七
觀作作者品第八
觀本住品第九
觀然可然品第十
觀本際品第十一
觀苦品第十二
觀行品第十三
觀合品第十四
觀有無品第十五
觀縛解品第十六
觀業品第十七
觀法品第十八
觀時品第十九
觀因果品第二十
觀成壞品第二十一

觀如來品第二十二

觀顛倒品第二十三

觀四諦品第二十四

觀涅槃品第二十五

觀十二因緣品第二十六

觀邪見品第二十七

《中論》者,觀一切法實相之中道義也。云何觀一切法耶。觀生滅去來法,相應在《因緣》、《去來》二品。觀蘊處界法,相應在《六情》、《五陰》、《六種》三品。觀二取法,取之為人法能所,相應在《染染者》、《作作者》、《然可然》三品。取之為有無為相,根受所依,相應在《三相》、《本住》二品。觀十二支法,生死五蘊,相應在《本際》與《观苦》二品。無明緣行,三和合觸,相應在《行》與《合》二品。有及取愛,相應在《有無》、《縛解》及《業》三品。觀二空法,相應在《法》、《時》、《因果》、《成壞》四品。是等諸法悉以為觀,觀屬於染。若觀屬淨,相應所在則人之為《如來品》,相之為《顛倒品》,行之為《四諦品》,果之為《涅槃品》。染淨周觀,是之謂觀菩薩大乘法。觀世諦起,觀諸見執,相應在《十二因緣》及《邪見》二品。是之謂觀聲聞小乘法。云何觀實相之中道義耶。眾因緣生法,我說即是空,亦為是假名,亦是中道義。緣生無自性,諸有所執生滅去來三科二取乃至涅槃有決定性,如虛空華本無所有。緣生無自性,生亦無自性,緣亦無自性,都無自性起而無起宛然而寂然,所謂染法淨法大法小法者皆如幻如化不壞假名。龍樹於《門論》示最初方便,撮《中論》空勒為十二。龍樹於《中論》示究竟旨歸,則曰大聖說空法為離諸見故,若復見有空諸佛所不化,而於假義屢詳不一詳。於三相觀曰如幻亦如夢,如乾闥婆城所說,生住滅其相亦如是。於業觀曰諸煩惱及業作者及果報,皆如幻與夢,如餤亦如響。於顛倒觀曰色等六皆空,如餤夢乾城,六無淨不淨,猶幻人鏡像。此之所謂實相,此之所謂中道義也。雖然,幻事所詮容有二種。幻故無自性性,起而無起,宛然而寂然,龍樹《中論》固應在是。幻故有依他起相,無起而起,寂然而宛然,要於無著中論求之。《中論》破例,兩事進退徵求,三事周徧窮詰。《中論》破義,非無因,非相違,非無窮,非無體,非無果之因無因之果,不到,不違教,相因待,已法不更法,一法不二體,有如是等義。能破例義,朗然易易。而其所破種種外論種種部執,必悉洞研方得淹通免譏盲瞽,斯不亦甚難之事耶。《中論》注釋有八大家,一,龍樹自註無畏疏,二,佛護疏,三,德慧疏,四,安慧中觀釋論,五,清辨般若燈論,六,月稱疏,七,天奮疏,八,德吉祥疏。此土傳來安慧、清辨之說堪探所破,而文澀難通,井洌不食為我心惻矣。晉用楚材,禮失求野,丹珠藏中無畏、佛護、月稱之書猶然存在,青目依無畏作釋,仍青目木而就正於三家,參訂於梵藏頌本,亦千年來未有之勝籍足以遊目騁懷也夫。

《辯中邊論》

辯相品第一

辯障品第二

辯眞實品第三

辯修對治品第四

辯修分位品第五

辯得果品第六

辯無上乘品第七

《中論》自性無，諸法緣生故。《中邊》虛妄分別有，許滅解脫故。許滅則非實，二取若實，則不可得而滅故。許解脫則非無，解脫是空性，眞如非無故。虛妄分別，一分是無，謂之二取，一分是有，謂之空性，既有空性又二取相應，心性本淨而客塵所染，是故謂之妄，謂之亂。知相應所染而不為之轉，是故謂之滅。空性淨心朗然呈露，是故謂之解脫。亂識若無，一切法無。一者，無亂識故無依他起，由有諸識一切界趣雜染所攝依他起相皆得顯現故。二者，無亂識故無徧計所執，依於依他似義顯現故。三者，無亂識故無圓成實，即於依他似義永無故。四者，無亂識故無染淨，諸佛設教三藏三乘皆不得成，聖教依於染淨而施設故。五者，無亂識故無染淨，乃無障無眞，染以二障顯淨以四實呈故。六者，無亂識故無染淨，而對治則無，染是所治，淨能對所故。七者，無亂識故無染淨，諸菩薩行因果差別皆不得成，淨趨向以起事，染多少以定位故。八者，無亂識故無染淨，而極果則無，純淨為三乘極故。九者，無亂識故無唯識，三界心心所是虛妄分別故。十者，無亂識故無法相，一切諸法依於俗諦而建立故。本來寂靜自性涅槃，直下明心原無多事。然法爾有如是虛妄分別，遂法爾必如是施設善巧。誰能了此如幻有而非眞，誰能建立三乘諸多漸次，使我異生行是方便道直趨大王路，是故《中論》殷重《辯中邊論》更殷重也。《中論》我說即是空，二取本空宛然而寂然，《中邊》此中惟有空，空性實有寂然而宛然，然其為如幻，其為中道則一也。《中論》眼耳等諸根異相而分別，未及陀那，《中邊》一則名緣識，第二名受者，已詮第八，然其為法相，其為受用緣起則一也。受用緣起者，但詮煩惱障說有支緣起惟是生死，小乘詳之，特詮阿賴耶說自性緣起必抉種子，唯識詳之，並詮二障通解三科說受用緣起顯明現行，法相詳之，是故《中論》、《中邊》皆法相家談也。中邊如何讀耶？法以相顯，教由染淨，九相詮妄以立染，五門詮空以立淨，是為根本一切所依，如是以讀《辯相品》第一。染以為先，五障九障通乎三乘，因障別障徹乎始終，淨則居次聲聞四諦，菩薩四實五法七如十善巧，是為聖教境，如是以讀《辯障品》第二，《辯眞實品》第三。三十七菩提為因果，趨涅槃城對治不異，十八位為差別，前九小位後九大位，是為聖教行，如是以讀《辯修對治品》第四，《辯修分位品》第五。漏無漏治但有所得並立果名，是為聖教果，如是以讀《辯得果品》第六。本事分已，抉擇正行。一抉因果差別有十二最勝，二抉聞思修有十法行句，三抉止觀有十無倒十金剛句，四抉二邊有七分別，五六抉差無差，地度而外及於一切，是為六正行無上。抉眞如十度三慧十地，是為十二正行持無上。抉四緣無闕證得種姓，循次證極示現菩提，是為十正行果無上。如是以《讀辯無上乘品》第七。《辯中邊論》義文如是。

《大智度論初品》

緣起論第一
釋初品中如是我聞一時第二
釋初品中總說如是我聞第三
釋初品中婆伽婆第四
釋初品中住王舍城第五
釋初品中共摩訶比丘僧第六
釋初品中三眾義第七
釋初品中菩薩第八
釋初品中摩訶薩埵第九

释初品中菩薩功德第十

釋初品中十喻第十一

釋初品中意無礙第十二

釋初品中佛世界願第十三

釋初品中放光第十四

釋初品中現普身第十五

釋初品中十方諸菩薩來第十六

釋初品中舍利弗因緣第十七

釋初品中檀波羅蜜義第十八

釋初品中讚檀波羅蜜義第十九

釋初品中檀相義第二十

釋初品中檀波羅蜜法施義第二十一

釋初品中尸羅波羅蜜義第二十二

釋初品中戒相義第二十三

釋初品中讚尸羅波羅蜜義第二十四

釋初品中羼提波羅蜜義第二十五

釋初品中毗梨耶波羅蜜義第二十六

釋初品中禪波羅蜜第二十七

釋初品中般若波羅蜜第二十八

釋初品中般若相義第二十九

釋初品中三十七品第三十

釋初品中三三昧義第三十一

釋初品中四無量義第三十二

釋初品中八背捨義第三十三

釋初品中九想義第三十四

釋初品中八念義第三十五

釋初品中十想第三十六

釋初品中十一智第三十七

釋初品中十力第三十八

釋初品中四無畏第三十九

釋初品中十八不共法第四十

釋初品中大慈大悲第四十一

釋初品中六神通第四十二

釋初品中布施隨喜心過上第四十三

釋初品中善根供養第四十四

釋初品中十八空第四十五

釋初品中四緣義第四十六

釋初品中到彼岸第四十七

釋初品中見一切佛世界義第四十八

釋初品中信持第四十九

釋初品中信持無三毒第五十

《大智度論》者,釋摩訶衍論也。《釋初品中如是我聞一時第二》乃至《釋初品中信持無三毒第五十》是為釋序品第一,順次以下《釋奉鉢品第二》乃至《釋囑累品第九十》,是為釋摩訶衍論。經言,是一切法皆攝入般若波羅蜜中,須菩提所說摩訶衍隨順般若波羅蜜,摩訶衍不異般若波羅蜜,般若波羅蜜不異摩訶衍,般若波羅蜜摩訶衍無二無別,以是因緣須菩提所說摩訶衍即是說般若波羅蜜,以是因緣龍樹釋摩訶衍論為大智度論。經中三事詮摩訶衍,所謂悲以被功德鎧定,以發趣大乘,空以乘大乘,是則摩訶衍者,所用之具,所有之事,舉足下足無非般若,除去般若無所為衍,以是因緣龍樹《大智度論》為《釋摩訶衍論》。論之體性,是為毗曇,有見無見,有對無對,有心無心,界繫不繫,漏或無漏,學與無學,如是等等料簡刊定。一法建立不動如須彌。佛時舍利弗、目犍連、迦旃延等如是之作承佛印可,是故舍利弗毗曇六足蜫勒者,龍樹之所引取者也,發智婆沙者,龍樹之所斥為不正義者也。六百年後,摩訶衍義如日麗天,龍樹實為之創。創始之作,大義應示,小義應簡,大小兩談,自非毗曇烏能成事,是故有龍樹毗曇。龍樹毗曇者,《釋摩訶衍論》是也。龍樹兩大論,無畏宗經有十萬偈,《智度》釋經亦十萬偈。顧此方《智度》,唯是初品備釋廣義,二品以下,但取了文,以視全篇,十唯得一,則所稱龍樹毗曇者,求於今論不過萬餘偈釋初品之五十事而已。略舉十例,用讀全文。一者,龍樹毗曇,二者,大小對舉,三者,小亦說大,四者,大不離小,五者,龍樹非空宗,六者,必以空為用,七者,一事二義,八者,備舉兩端,九者,不異於《中論》,十者,不異於無著。

第一,龍樹毗曇者,如不殺生法,略出十例,一,身業非但曰敎,二曰,教非但心生,三,或善或無記,四,欲色系不系,五,二種修證是思惟斷,六,欲界後得見斷時斷,七,可見不可見,八,有對無對,九,有報無報,十,有漏無漏(卷一三)。菩薩觀種種相,所謂名色,色無色,可見不可見,有對無對有漏無漏,有為無為等二百二法門,如千難品(卷一二)。是則不同小義而同小例,義精法立,大小判矣。

第二,大小對舉者,境行果三,法法皆對。乘有以境為對者,聲聞眾生空,摩訶衍法空(卷二九)。聲聞法喻蕉空沫馬,摩訶衍法喻更增乾闥婆城(卷六)。聲聞實際住而不動,摩訶衍知實不住萬行全修(卷二九)。乘有以行為對者,聲聞三三昧唯緣四諦,摩訶衍三三昧緣諸法實相(卷二〇)。聲聞三十七品以毗曇門觀,摩訶衍三十七品以空門觀

(卷一九)。聲聞念佛無學功德,摩訶衍念佛從初發意乃至法盡(卷二一)。聲聞念天唯是欲界,摩訶衍念天三界皆通(卷二一)。聲聞但求脫苦無陀羅尼名,摩訶衍用陀羅尼持諸功德(卷二八)。聲聞入住出以為定體,摩訶衍入住出為定遠門反以戒慧為定近門(卷二八)。聲聞三昧解脫尋伺五支五智四禪十地而已,摩訶衍三昧楞嚴虛空師子頻呻威相炎山如是定名無邊無量(卷十八)。聲聞十智,摩訶衍十一智(卷二六)。乘有以果為對者,聲聞見結生斷思三時斷,摩訶衍見思生斷(卷二四)。聲聞入道入異於達,摩訶衍於一心中得智壞障亦入亦達(卷二四)。聲聞斷少煩惱隨教得智摩訶衍斷一切障智自然得(卷二四)。聲聞十力四無畏合四諦十二緣到涅槃說,摩訶衍十力四無畏合大悲諸法實相不生不滅說(卷二五)。聲聞化人化主不俱說法入定無說,摩訶衍化人化主一時俱說在定說法亦能遊行(卷二六)。聲聞菩提佛座但說敷草,摩訶衍佛座眾生福多見敷天綩綖(卷三四)。大小不同,於斯見矣。

第三,小亦說大者,眞如法性實際,聲聞法中亦說,《雜阿含》所云(卷二九)。《增一阿含》慈五功德,網明經說三十二悲(卷二〇)。誰謂聲聞異摩訶衍。

第四,大不離小者,三十七品三三昧等皆聲聞法,菩薩用三十七品到涅槃城,用三三昧入城三門,而以四禪四空四無量八捨八勝九次第定十一切處作我開門大好伴侶(卷二〇)。

第五,龍樹非空宗者,龍樹云我說空者破諸執有,譬如唱言眾皆寂靜,以聲遮聲非求聲也(卷六)。菩薩從初發心求一切種智,知諸法實相慧,是為般若。觀一切法非常無常,非我無我,非苦非樂,非有非無,亦不作是觀,是為行般若。是義捨觀,滅諸語言,離諸心行,本來不生如涅槃相,是為實相(卷一八)。菩薩觀一切法不生不不生,不滅不不滅,不以空,不以非空,一心信忍十方諸佛所用實相智慧,無壞無動,是為無生法忍,是為阿鞞跋致(卷二七)。夫此實相,非有非無,不以空,不以非空,奈何漫言龍樹宗空。龍樹固特標中,應與無著上承彌勒同許之為非空非不空宗。

第六,必以空為用者,佛法中不可得空,於諸法無所礙,因是而說一切佛法十二部經,譬如虛空,本無所有,而一切物皆依以長成(卷二五)。佛或化眾而時說有,久後皆當入無所有聖法藏中(卷二六)。

第七,一事二義者,般若有二種,一,與諸天聲聞菩薩共說,二,與十住具足菩薩說(卷三四)。無所得有二種,一,所求不如意名無所得,二,實相無決定名無所得(卷一八)。無量有二種,一,虛空涅槃眾性是不可量聖亦不量,二,須彌香海斤兩滴數但力劣不能量聖則無不量(卷二〇)。意識有二種,一者,念念滅,二者,心相續(卷二六)。法自有其不動周圓者,深密可解,不必滯於一隅也。

第八,備舉兩端者,諸佛二種說法,先分別諸法,後說畢竟空(卷二六)。法亦有二種,一者,三藏十二部法聚,二者,三學聖道解脫涅槃法義(卷二二)。觀相有二種,一者,觀一切法有相地重水溼風動火揚,二者,觀一切法無相和合因緣生無自性。(卷一八)法門有二種,一者,說有說無智者入三種門觀知皆是實義不相背,二者,若不得般若入毗曇門,則墮有中入空門,則墮無中入蜫勒門,則墮有無中(卷一八)。菩薩行有二種,一者,觀一切法自性本空,二者,從不捨離一切眾生。日月懸雙,慧輪非一,法爾如是,方斯軌矣。

第九,不異於《中論》者,《中論》非破因緣,《智論》非標因緣。般若於一切法無取無捨,畢竟清淨,無諸戲論,如佛說有四緣,但以少智著緣而生邪論,為破彼故而破因緣,諸法本空實無所破,然是心法如幻如夢亦無定性(卷三二)。釋經宗經,安可異矣。

第十,不異於無著者,寂然宛然乘乃具備,龍樹闡宛然中寂然故五蘊皆空,無著闡寂然中宛然而三科善巧。無不入般若,一切唯有識,皆彈外小,皆闡摩訶。顧經於方便般若中詳唯識多理,釋應微妙紛綸可觀,惜哉智度略出不全。然猶幸無著諸論存也,宁復封途而顧自絕乎哉。

《瑜伽師地論·本地分中菩薩地》

初持瑜伽處種姓品第一

發心中品第二

自他利品第三

眞實義品第四

威力品第五

成熟品第六

菩提品第七

力種姓品第八

施品第九

戒品第十

忍品第十一

精進品第十二

靜慮品第十三

慧品第十四

攝事品第十五

供養親近無量品第十六

菩提分品第十七

菩薩功德品第十八

第二持隨法瑜伽處菩薩相品第十九

分品第二十

增上意樂品第二十一

住品第二十二

第三持究竟瑜伽處生品第二十三

攝受品第二十四

地品第二十五

行品第二十六

建立品第二十七

第四持次第瑜伽處發正等菩提心品第二十八

無我無人唯一法界,法爾一舉全法界舉,阿賴耶識具一切種,法爾全轉而後識轉,堂下觳觫堂上不忍,孺子入井今人惻隱,法爾萬物一體現見自他不異,是故為人之學是菩薩學,本乎大悲,因於菩提,而竟於方便也。大悲為根本,非自了死生為根本也,菩提心為因,非涅槃心為因也,方便為究竟盡未來際作諸功德,非證空為究竟也。慈尊一本說菩薩地,即一法門而互發明又說莊嚴,西域不善莊嚴不任弘法,梓匠輪與有準繩規矩,學菩薩學行菩薩行有菩薩地,誰有智者不讀菩薩地。略舉菩薩十義,一者,全體義,二者,大用義,三者,離言自性義,四者,異門覺分義,五者,方便般若義,六者,一切增上義,七者,悲無難苦義,八者,修而有力義,九者,妙善回向義,十者,闡提不證義。

全體者,一切眾生為體,非馳物遺己也。他亦一眾生,自亦一眾生,眾生平等平等,自他平等平等。推己及人,己為根本,我執猶存,舉足下足但有眾生，全體無我，無我而眾生，然後等齊於法界之量。火不能出水，菩薩不行聲聞行，畢竟體殊殊於他自。有菩薩種姓法爾意樂為人，為有情發心法爾於他攝受，意樂攝受乃其所以為體也。

大用者，一切智智為用，非溺俗諦而離眞諦也。體眾生體用眾生用諦眾生諦，運眞於俗為後得智，攝之以俗而移之以眞也，利行令入同事隨轉故也。眾生根不同，眾生機不同，法界世界事各不同，故所知境萬有不同。非一切智智不足以對機，非日夜觀機不足以言攝受，觀其根利，觀其所蘊，觀其所趣所欲，又觀其隨眠，穿珠子不可習不淨，浣工人不可使數息，細審細審然後乃能攝而度之也，十力最勝者，知一切眾生種故也，非一切智智不足以言知也。

離言自性者，唯取其事，唯取眞如，又不作念但行於義，此之謂離言自性。不了離言，起八分別而生三事，由四尋四實漸契離言，了知分別不生三事得五勝利。是故菩薩為一切眾生，但離言自性而不斷煩惱不捨生死。聲聞四諦，苦本在集，唯一斷集，故煩惱必除。緣覺十二支，雖悟無明而根本所趣在了生死，故生死必捨。離言自性，妄自為妄，緣而不執，不斷煩惱而自然寂靜。離言自性，依最勝空有大方便，出生入死而自在縱橫。煩惱生自所知，生死由於分別，但不障知，射馬探驪，孰斤斤於一己生死而敝敝焉以煩惱為事。十王大業留惑乃能，入獄拔情不來曷濟。

異門覺分者，龍樹以三十七菩提分到涅槃城，以三三昧入涅槃門，三十七菩提為四念處所攝，四念處以空觀而成，三三昧亦以空為本，是則空者覺分三定之所趣也，而說菩薩觀空不證，以自乘行超入離生。此菩薩地亦說了大小覺分而不作證，唯有諸法離言自性為空三昧。覺分三定大小法門雖無不同，而其所趣一空一不證空則大有異。又此異外廣取其餘，行有三分，慚堅無倦，解有四分，法義世智四依四無礙,事有八分,覺分三定外資糧止觀巧便持願四嗢柁南。是皆有事於眾生而不直趨於涅槃者,此其所以為異門也。

方便般若者,既發菩提心,必證菩提果,般若者,菩提之因,菩提者,般若之果,欲竟菩提,必行般若。十波羅蜜,般若但慧,慧但如理,實相般若二乘所同也。六波羅蜜,般若攝智,智則如量,方便般若摩訶衍獨也。前之五度,般若資糧也。是則所稱菩薩行者般若而已矣,所稱菩薩行般若者方便般若而已矣。龍樹二義,觀一切法自性皆空,而不捨離一切眾生,方便般若彼其所屬也。此菩薩地,慧度所詮,五明三聚,決定善巧,有情義利,方便般若此其所屬也。體眾生體,用眾生用,乘眾生乘故也。

一切增上者,且談戒度。有眾生然後有菩提心,有菩提心然後有般若行,有般若行然後有戒。破戒非犯,失菩提心根本大犯,苟能他利開戒為持,若捨眾生持戒為失,三聚之中本其後二立於律儀,為不順於有情,重則四他勝處,實基本於六度,輕則四十有三。非不學七聚止持二十犍度作持,而大戒超然。非不學四禪四空等持等至,而大定本寂。非不學空,而大空不證以空為用。此所謂一切增上歟。

悲無難苦者,所稱為難,非施命痛苦為難,以捨為攝,取多於少,求淨於染,制行於危,攝受十二觀,斯其所以難。所稱為苦,非十二杜多行為苦,出沒生死,飼虎變魚,隨類而不自由,斯其所以苦。菩薩所以能難能苦者,有大悲在。悲勢所迫,使爾不得不難,不能不苦。悲勢所迫,使爾勞心焦思而得方便,得大方便快易何難。悲勢所迫,使爾無天無地但一情苦,為拔情苦而入大苦,今而情拔斯樂何極,寧復為苦。此所謂悲無難苦歟。是故六度為入地根本行。四無量者為地前加行行。

修而有力者,勝解操縱於一切,一切聽命於勝解,勝解有力,為力種姓學學先勝解。然勝解行地,一唯一行不能一行一切行,願唯是心不能舉而措諸事。若由解而修,事既經多時亦攸久,自然妙巧不測而生。定久斯通,儀習斯巧,水淵土嶽而風雨蛟龍,是故菩薩有聖法威力,有俱生威力,有共不共威力。菩薩所以有如是威力者,修為之也。有不可思議業,有不可思議力,然後乃能乘其本乘,行其本行,菩薩所以大者威力也,佛所以神者十力也。

妙善回向者,眾生回向,唯一回向,輾轉回向,彼此回向。有情頑硬剛強難化,凡諸所作為彼所作,法界交通回向斯轉,是為有情回向。六度萬行,苦難匯洽,回向菩提,一切有統,是為唯一回向。一團一聚,法局一隅,回向而成根,成根而回向,輾轉波旋而無邊無量,是為輾轉回向。有無互礙,作不作互礙,一多大小互礙,彼此回向而周徧圓融,是為彼此回向。衍之摩訶,無他巧妙,回向而已矣。

闡提不證者,體眾生體,因眾生因,果眾生果,行眾生行,有色無色有想無想及與俱非,我皆滅度令入涅槃。有一眾生不證大覺,菩提薩埵誓不證覺。而眾生界無量,世界無量,法界無量,所調伏界無量,調伏方便界無量,故所事事無有窮期,方便說言三阿僧祇,毋寧質稱畢竟闡提而已矣。菩薩極知直下本來菩提不二無庸證眞,又復極知沈湎涅槃敗種焦芽為退墮事,更復極知即證覺後除度有情亦復何作,故爾安然行吾悲願。陳義如是,讀文若何。菩薩行有因果,有差別,般若為因果,《大般若經》獨詮此門也,十地為差別,《佛華嚴經》詳談斯事也。此菩薩地有其四周,初周因果,次三差別,廣於經論罄無不融也。於何徵之,三周行品言,四菩薩行七地皆具,而敘次其事乃在初周,故知初談因果餘說差別也。初周因果者,由眾生有菩薩行,故先之以種姓發心。如是讀《種姓品》、《發心品》。由菩薩行而有方便般若,故次之以所學處如是學、能修學。所學處者,般若方便為眾生而方便。如是讀自他利品。最勝眞實所知淨智,離言自性是般若體。

如是讀《眞實品》。大其方便恣般若用。如是讀《威力品》、《成熟品》、《菩提品》。如是學者,應發願勝解,於五明求般若方便,於教授教誡行般若方便。如是讀《力種姓品》。能修學者,五度為般若所資,四攝為般若所履,皆以方便詳陳九種。如是讀《施品》、《戒品》、《忍品》、《精進品》、《靜慮品》、《慧品》、《攝事品》。龍樹有言,般若是佛母,大悲是佛祖母,此菩薩地一切無量名為哀愍,若有問佛菩薩菩提誰所建立,皆正答言悲所建立,悲之深切乃學般苦遂學方便,供養福助親近聞助。如是讀《供養親近無量品》。大其方便,覺分異門功德遂情。如是讀《菩提分品》、《菩薩功德品》。次三差別者,由衆生有數量,由法有數量,乃使行果有其數量。五菩薩相墮菩薩數,四菩薩行鄰大覺果,七相憐情十五意樂而作十事速證菩提。如是讀次周《相品》、《分品》、《增上意樂品》。願力自在力菩薩能四種生,聰睿菩薩能六種攝情免十二難。如是讀三周《生品》、《攝受品》。次周十三住即三周七地,然隨法差於究竟,住與地固應差別也,不獨住望住地望地而差別也。如是讀次周《住品》、三周《地品》。波羅蜜多,菩提分法,神通成熟,具在初周,而說菩薩始解行地後究竟地皆具四行,地地有四行而望地階級而有差別,行行有十地而望行淺深而有差別,斯義圓妙獨詮《華嚴》,而斯論略現,所以明菩薩行也。如是讀三周《行品》。依住及地詳百四十不共佛法,所以明如來果也。如是讀三周《建立品》。四周次第,易讀不談可也。

《集論》

三法品第一

攝品第二

相應品第三

成就品第四(以上本事分)

諦品第五

法品第六

得品第七

論議品第八(以上抉擇分)

十二分論議如來自廣分別諸法體相名摩呾履迦,二藏論藏精別經義名阿毗達磨,然弟子自證無倒顯示諸法體相亦名摩呾履迦。是故釋經論唯有一體所謂鄔波第鑠體是也,宗經論則有二體所謂摩呾履迦體阿毗達磨體是也。摩呾履迦體以十一相顯示諸法,所謂世俗勝義乃至過患勝利是也。阿毗達磨體以八門轉展分別,所謂攝相應成就因緣果自相共相是也。無著登極喜地,多論議,作論應二體備。是故《顯揚》十一品,攝事義決擇,成善巧無常苦空無性現觀瑜伽不可思議,是摩呾履迦體也。《集論》八品,本事則三法攝相應成就,決擇則諦法得論議,是阿毗達磨體也。二論法門皆根本於《瑜伽師地》。《集論》三法品之三科即《顯揚》九事之五法,又即《顯揚》四相中自體之蘊頌,三科廣六十門即九事總中四嗢柁南之簡擇百門,又即四相中自體之想差別四十門,《集論・攝品》即《顯揚》九事總中四嗢柁南之十一相攝,《集論・諦品》即《顯揚》九事之諦,《集論・相應品》即《顯揚》四嗢柁南之五相應,《集論・成就品》即《顯揚》九事中心不相應之三得,《集論・法品》即《顯揚》四相中自體之聞,《集論・得品》之補特伽羅即《顯揚》九事之補特伽羅,其現觀亦即九事之諸功德而與成現觀品多同,《集論・論議品》即《顯揚》四相中辯教之論法也。故談法門,二論則無不同也。無著登極喜地,證法光三昧,述古而改觀,創今而宗立。是故《顯揚》所攝九事則面目別開,《顯揚》所成我相則無無我相有,離言之取方便之思皆非遮遣,其意所在在救惡取空流。而《集論》所宗同其一致,三科六十門諦審徧觀宗唯無我,滅諦無住涅槃妙離而常行利益,現觀而究竟功德,則亦救拔大空,並超小有。故談宗趣,二論又無不同也。雖然,事義都同,而論體不同。《顯揚》以本母顯教,起於九事,殿以三藏,博大而汪洋。《集論》以毗曇辯法,始於三科,終以論議,廉明而嚴整。《集論》於《顯揚》,有若決擇對於本事。最後之作精簡易持,受用法樂意在斯歟,誰有智者不學《集論》。復次菩薩乘體亦有其二。一者,深義殊特義,簡別於聲聞,菩薩增上學,是乘名唯識。二者,廣義平等義,通攝於一切,菩薩道相智,是乘名法相。無著發唯識之軔作《攝論》,全法相之成作《集論》。《攝論》於《集論》,亦若決擇對於本事。蓋《集論》備三科,《攝論》但唯識,《集論》六十門辯三科,《攝論》但教相染淨差別三性分別賴耶,但八何八若之詞辯入所知相,《集論》入三藏有十三數門,《攝論》入所知相但四尋四實,《集論》四諦十六行知斷證修,《攝論》彼入因果但波羅蜜多方廣十義,《集論》補特伽羅二十一位,《攝論》彼修差別但菩薩十地,《集論》現觀十種,《攝論》但法身功德,《集論》七大門論議決擇,《攝論》但三相造論。故不讀《攝論》不能增上學而無決擇,然不讀《集論》不能道相智而無本事。決擇如窣堵坡之頂,本事如建築之有基,植其基而缺其頂有之矣,未有無其基而獨立其頂者也。是故《集論》于菩薩行大乘學所至重也。三科四諦,四俗之二三,亦四眞之一二,以後位之四諦抉前位之三科。攝與相應賅徧眞俗,法品抉於其眞。成就亦賅眞俗,得品抉於其眞。論議顯毗曇,終一書之旨。以讀《集論》,大略如是。世親既釋《攝論》,復約三法而作五蘊,安慧則糅雜集而廣五蘊,示我周行,入學有方矣。

《攝大乘論》本

所以必須佛法者轉依而已矣,所以能轉依者唯識而已矣,所以不能轉依者一大障礙執有實色而已矣,天地物我終古擾攘而不能轉,斯不亦大可哀乎。若唯有識,色即是識。識本無礙,色法自轉。色法既轉,心法亦轉,一切智智依即全轉。唯異生聖人以唯識判,唯外道內法以唯識衡,唯小乘大乘以唯識別,行莫妙於般若,學莫精於唯識。釋迦已去,唯我龍樹始弘般若,唯我無著始弘唯識。無著引唯識作《攝大乘論》,《與華嚴》、《十地》授諸世親而使作釋,是則《攝大乘》者、唯識學最初之人最初之作也。凡學,其初也渾其後也剖析,其初也簡其後也恣肆,其初也隨其後也嚴密。《攝大乘論》但見相二分而不及同種別種，但聞種生正理而不及本有始起，斯不亦渾而未剖乎。但無記辯識而不及相應與受，但有四緣而不及十因三依，斯不亦簡而不肆乎猶談二意而未能專屬染汙，猶談十一識而未能不離之謂唯，猶談熏習而未能攝持之謂八，斯不亦隨而不嚴乎。開創之初便爾盡情，勢所不能，然根本安立後之所基亦精義絡繹。無明通三性，淨種寄賴耶，識法互為因，種非倏然異，斯不亦至賅且要乎，攝之為體，法爾而然矣。雖然，斯論所攝不獨唯識，若但攝境，唯識可然，行果必賅，乘應全攝，滄茫一覽，法海窮潮，其唯《攝大乘論》乎，方便南針，盍先一讀。論遮聲聞是稱大乘，大乘殊勝更舉殊勝是稱為攝，舉阿毗達磨十相為宗而攝經無量，如是以讀《總標綱要分》第一。大障所知標所知依，小唯第六此故成八，以教成者大小異門成大王路，以相成者三相抉甚深緣起，六義抉種子，四義抉所熏，以理成者染淨有多理，差別更有多理，以性成者說無覆無記，如是以讀《所知依分》第二，唯識種成，成法相現，有依他相，徧計圓成，各別其相，二喻明義無，見相種種及與四法以明識有，因是而談三相釋詞，三非一異，三各多種，三無差別，依他不成，一切不成，依他若明，一切皆明，依此依他讀顯密經，依唯識法相德業造諸釋論，如是以讀《所知相分》第三。以是所攝，為大乘境攝。入唯識法相以十事敘，一相，二人，三境，四因，五具，六漸，七義，八定，九修，十簡，種姓略談，談發心加行，四尋入地證以二頌，所謂殊勝之殊勝也，十一種差別，所謂遮聲聞乘也，如是以讀《入所知相分》第四。四無量略談，談六波羅蜜，所謂因果亦殊勝之殊勝也，度詳十義，莊嚴亦同，如是以讀《彼入因果分》第五。住行迴向略談，談於十地，所謂差別亦殊勝之殊勝也，一立，二名，三得，四修，五時，別修十度，有如是等多義，如是以讀《彼修差別分》第六。本六度別義，立增上三學，四殊勝以學戒，律儀以二戒而建立也，六差別以說心，修四三摩地深密佛語而隨覺也，十六相以說根本智，大悲五相而異於聲聞也，如是以讀《增上戒學分》第七，《增上心學分》第八，《增上慧學分》第九。以是所攝，為大乘行攝。依他淨染生死涅槃，不捨生死不住涅槃，六種轉依說菩薩斷，如是以讀《彼果斷分》第十。一頌十義大闡法身，更及其餘，一乘多佛所作無竟，然此中念佛淨土學者應亦深長思也，受用六因異，變化八因異，皆依法身而說為常，以六因緣化身非住，如是以讀《彼果智分》第十一。如是所攝，為大乘果攝。境行果三，大乘竟，攝竟，論以是竟。

《唯識二十論》

唯識者，詮如實法界之一大法門也。此如實法界超乎世間乃克談，非世間見所能及，世見之所以不及者狃於故常習非成是，涅目辨色夫豈堪能，如以為能，則凡即是聖習即是悟，又安用學。一鄉之迷不足傾一國，一國之迷不足傾天下，天下之迷孰傾之哉，大覺世尊超乎世間，立三法印傾天下迷，所謂無常故苦苦故無我，法界無我而唯是識是也。世見執常、執樂、執我，焉能唯識，諸於唯識不嫺不信入而復出者，皆展轉於四倒中而不能自拔故也。世親菩薩成立唯識，詳其所成作三十論，略其所成作二十論，略其所成者但使祛世見認眞法而已，未遑唯識內蘊曲盡其致也。世見有二，一，食息俗人，二，外小學者，其所繫於唯識者今舉其七，一，明明實色，二，現量所得，三，並不了於覺境非有，四，明明友教善惡業成，五，覺時業果大異夢時，六，為他所殺得殺他罪，七，他心是有有智知他。解此七執即超世見而了眞法，是則所謂略成唯識也。解實色執者，俗人執識是虛，無實地實同境異心不生實用,而不知夢於某時見彼村落業同受等夢感精流也,又復不知同處同時眾多相續共被獄卒為逼害事也。大眾正量獄卒是實,然獄必苦寧天同樂。有部非實,然計業造形而不許識。經部雖許造業在識,而執受果又復在形。所以必執識外有形者,不了契經依種及現密說十處,而實無我故無色也。究色邊際,名曰極微。超世見者,識轉變時頓呈全相為破執實令析至微,復析便空即證無色。執世見者,從微而起積微成聚,聚不必真微非無實,不徹極微遂證色有勝論執色一,中有分微名有分色,然以總離分不可取也。有部執色多,色中各微是眼等境,然彼相隱不可取也。經部和合實隨於假,雖相非隱而無體也。正理和集微各相資,雖體非無又相不可取也。一實極微,有合無合不成,有分無分不成也。眼等現境青等實體,設多亦有過,設一亦有過也。反覆明辨,微乃非實,微且非實,色實之執,渙然解矣。解現量執者,夢無外境現覺非無,境已不留,意寧了現,憶昔似境,豈憶其真。解覺境執者,生死淪迷,無非大夢,涅槃寂照,方乃覺知。解友教執者,托友為緣變成自境,無非增上邪正攸生。解業果執者,夢劣覺強不關境事。解殺業執者,增上違緣相續自斷,意成罪大,豈必形交。解他心執者,如知自心皆不如實,不了佛智,稱量離言。如斯七解,唯識洞然,如彼七迷,烏知唯識,悲乎唯識不明,亦遂長夜漫漫何時旦也。二十唯識,略示方隅,若欲精詳,應探三十。一,立宗無因,應探四量也。二,種豈即根,應探俱有依也。三,他身亦識應探所變第九難也。四,於他疏緣,佛但稱量,應探所變第八難也。總之汲深修綆,引而申之可也。因論生論,略陳數義,用探唯識,或杜歧途。曰能義,曰用義,曰因緣實義,曰如幻有義。凡學,先必有本根,有取證,而後乃能樹義。創唯識學者既已超出世界,現見如實法界,是故法爾分明演以悟他,其為本根取證樹義皆現見事,不假分別曲意推求，凡所辨論，無非以世所通攻其所不通，如是所舉皆非詮自也。所謂現見事者，現見法界為物變之為物也，刹那不變毫髮不變即成死物，法界造物非造死物也。唯變則堪任克舉故立能義，非頑然不靈而有所義，刹刹塵塵能之結撰能之呈露也，有時談所亦將能作所也，而世見則執所。唯變則遷流不住故立用義，非冥然不動而有體義，一切一切用之發生，用之得果也，有時談體亦用之出體也，而世見則執體。唯變有能有用，凡所謂實，無非有能，有用而已，能用之為，因緣而已，無因緣者謂之為虛而已，而世見則執自性之實。唯變但能但用，凡所謂有，無非但能但用而已，能用之為幻相而已，並幻而無謂之為無而已，而世見則執決定之有。皆世執迷不嫻數義，立義與論過尤叢集，斯亦所謂長夜漫漫何時旦也。

《成唯識論》

有唯識學，有唯識論。

略談唯識學。見眞而了幻，求學究竟在唯識性。思假而智實，入學方便在唯識相。唯識相者，無常而能存，無我而能立者也。無常而能存唯變是適，無我而能立唯依是從。變之事則有力有能，風勢無象排山倒海，因緣增上一切轉移，力而後變能而後變，刹塵之相是呈，故知變體之剋實字曰力能。變之義則頓起頓滅，刹那不滅即非滅，無間不生即非生，故不頓不足以見生滅，不足以見生滅又烏足以言變。變之相則如幻如夢，如鏡呈形還見自質，如眾燈明相網為一，此之謂如幻。雖無外境而見村園男女定有其方，雖無彼姝而感不淨直流定有其用，未開大覺長夜顛纏，此之謂如夢。變之妙則相似相續，凡所有相,體用因果,言一有過,言異有過。法爾無邊,法爾非一非異名之曰相似,等流而相似,異熟以相續,相續則非斷,相似則非常,豈第無過而善巧絕倫。凡諸所變,因緣分別,分別計執無有,因緣有實非虛。無常而能存,一變之彌綸而已矣。緣起義是依義,建立末那六識有根依,建立賴耶轉識有共依,轉依於本,本依於轉,有若束蘆交依不仆,染淨依於識藏,相見依於自證,因亦有其依,緣亦有其依,因果以三法展轉而相依,心所依於心王,諸法依於二十二根,乃至地依金,金依水,水依風,人物依於大地,造色依於大種,法不孤獨而仗托是資,大乘緣無不生心,獨影亦依法起。無我而能立,一依之維繫而已矣。變非刹刹離依,依非息息離變,本是幻形緣至斯起,是為唯識。知彼相幻,乃見性真。復修而依轉,變身土以化萬靈,此之謂唯識學。

次談唯識論。世親作《唯識三十》,未竟長行而生覩史,竺賢十家繼起有作,此土糅集為《成唯識論》。是則《成唯識論》者,唯識學至精至密之論也,應以十門觀其所成。一,本頌,二,廣論,是二為所成法。三,經,四,論,五,因明,六,毗曇,是四為如是成。七,所對外道,八,所對小乘,九,西土十家,十,奘門諸賢,是四為能成人。以是讀論觀厥成焉。

一,本頌者。二十五頌明境,四頌明行,一頌明果。明境有相有性,八囀聲中第三聲囀名曰由者,乃有五由以詮相性。由說我法是假非實,但依識變有種種相,而此識變有異熟思量了別三能。由轉變諸相及其分別皆不可得,唯識可得,說唯有識。由此識種得餘緣而變,以展轉力強遂生分別。由此業種得識種與俱,以後能續前遂有生死。由計執乃非有依圓非一異說有三自性,相生勝義無密說三無性,真如徧於一切,隨相而性說有三,剋實而識性唯一。明行有四位,求住唯識曰資糧,將住唯識曰加行,實住唯識曰通達,修證轉依曰修習。明果有一位,四德法身曰究竟。是之謂三分以成唯識。

二,廣論者。於三能變中廣種子,熏習,四分,三依。於分別生中廣四緣,十因,五果,四生。於生死續中廣二習氣,十二支,二死。於三性中廣七眞如。於明行中廣二障,二見,廣十地,十波羅蜜,十一障愚,十眞如,廣四涅槃,四智心品。於明果中廣自性受用變化三身。上來本廣諸法建立,於成唯識為所成法。義以法傳知法,然後知義,知法知義然,後乃知唯識。

三,經者。瑜伽攝事分由二十四處略攝契經,其二事契經四阿含是,其三聲聞契經十二分教除方廣是,其四大乘契經即方廣是,是則四阿含者三乘契經之通經也。如《增一阿含》具五義故大乘是佛說,大乘既成,以證諸義乃免隨一。總成唯識義,證大乘經五,證通經一。其證五者,方便遣執言識似外生而所緣實不離識證厚嚴,三界唯心證《華嚴》,唯識所現似彼說取彼證深密,法不離心俗故八有別眞故八無別證楞伽,有情隨心證《維摩》,四智悟唯識證阿毗達磨。有情隨心證《維摩》,四智悟唯識證阿毗達磨。其證一者,識變十二處證阿含。別成賴耶義,以教成者證大乘經四,略為法依具種攝法證阿毗達磨,深細暴流證深密,緣風起浪證楞伽,識名淨無垢證如來功德莊嚴。證通經四,有部密說證增一,大眾上座化地密說皆證彼部各阿笈摩。以理成者皆證通經壽煖識互持證三法經,識緣名色證名色經,有情依食住證四食經,觸俱有受想證十問經,染淨證染淨心經,餘理證經無處得名,應善研求儻補疏漏。別成末那義,以教成者證大乘經一,思量名意七依第八證楞伽。以理成者證大乘經一,意滅縛解證阿毗達磨。證通經一,七與四惑俱證阿含不攝之解脫。會通經一,實有末那方便說六會阿含違。別成心所義,證通經二,三和合觸證阿含起盡,根境作意生識證象跡喻。成八識別別義,種子本有證阿毗達磨及無盡意,種子新熏證多界經，種子本始證阿毗達磨，二分四分證厚嚴，四分攝為一證楞伽。是為證大乘經者四，證通經者二。成十二支別別義，識通能所引無愛於惡趣通緣起違，無明生變易證勝鬘，變易是無漏通十地違。成三性別別義，見眞乃了幻證厚嚴，三與五性相攝通楞伽違。是為證大乘經者二，通大乘經者二，通通經者一。成見修別別義，四度助前六證深密，聲聞無涅槃通勝鬘違，後智有二分佛現身土影佛緣三世法證佛地，佛心恒在定證無垢稱，無常轉常蘊證涅槃勝鬘，佛功德非界通般若違。成三身別別義，眞如是法身自性無生滅等智現身菩薩成智變化三業觀智說法斷疑證佛地，變化有依他心證深密，令化人皆有心證涅槃。統括全論所證大乘為十有一，固不必局於唯識但是六經，所證通經為十有五，亦不可忽於通經但研唯識，所見會違大四通二，又不可死於成言進退維谷。

四，論者。一立義引證，二法門依組，三會通諸違。一法諸法之義一家諸家之義皆一論多論之證一句多句之證，全書俱是觸處即然，不必徵詳但當知例，是為立義引證義。攝彼論散組此論聚，摩呾理迦是其體例。此論取組雖十一論，而《大論》、《集論》、《攝論》為作者殊特所依，蓋十支之本毗曇之終唯識之始有固然也。組賴耶多依《大論》、《集論》，組賴耶種子熏習多依《攝論》，組賴耶五教十理多依《攝論》、《大論》，組末那多依《大論》、《集論》，組末那六義多依《攝論》，組了別多依《大論》，組五十一心所多依《大論》、《集論》、《攝論》而顯揚百法五蘊以類而賅，組所變則多依《二十唯識》，組四緣十因依《大論》，組十二支雖依緣起論而亦多依《大論》，組三性多依《大論》、《集論》、《攝論》，組四位多依《大論》、《攝論》，《深密》雖經實亦屬於《大論》，組果位雖依佛地而亦多依《攝論》。研唯識學，但憑《大論》迹其自違益增迷悶，但憑《集論》誤彼隨順或墮小知，但憑《攝論》聊得端倪烏能深刻。今乃有此《成唯識論》,百鍊千鎚成為利器,固法門最後之作品,亦學者神魂之依歸。是為法門依組義。會通諸違者,會末那中違,其於種現俱有義隨順經部種滅現生《集論》說無種已生,其於根非業種義為破經部實有色根《二十唯識》觀所緣緣就彼發識勝因假名種子功能,其於開導屬心義奪小因緣而縱其無間《攝論》說色有等無間緣,其於末那應隨惑義各據別義《集論》說五,五十五說六,五十八說十。會了別中違,其於五識三性俱起意視偏注不注起義七十六說意同五但言意緣五境不說同性,其於五俱意受唯苦樂義對法隨有部說慼,六十六隨大眾上座,五十五第五隨經部化地均說地獄憂俱。會心所中違,心所位六大論隨惑合一而說位五,觸三和變異就引起勝《集論》但說於根,受想諸行以觸為緣就行主勝大論但說於思,就生近勝《集論》但說於受,慚愧以崇拒判對法顯揚但依緣起假說自他,無癡別有其性《集論》就因果顯說體為慧,六十三說欲界於善但缺輕安,五十五就增勝緣說唯六起,六十九就尋伺地說通一切,第一第五尋伺唯意,五十六就五俱意能引五起說五與俱。會四緣中違。十因二攝就牽引因緣勝菩薩地說屬能生,就牽引去果遠尋伺地說屬方便。會十二支中違,識是所引《集論》依業種名識說識能引,業及五種轉名為有就正感果第十但說一業,就親生當來五與三十八但說識等五,唯愛望於取、有望於生是因緣義《集論》假業種為無明說無明望行亦為因緣,《大論》又依愛取現行有屬業種說諸支相望乃無因緣。會三性中違,唯六七識是徧計執楞伽中邊說八分別而非是執,《攝論》、《中邊》似二取現而非一切,七十八五十一雖八緣計而非說唯,會四位中違,眠斷見眞眞,後見相,顯揚方便,假說世第一法無間生相而斷隨眠。會果位中違,佛身亦蘊而純無漏《集論》依小說十五界皆唯有漏,等成皆報《攝論》依似智現說二智屬化,佛不思議九十八但依餘處說四事不化。總上會違,乃知正義不先明多食而多疾,方便不知指一義而一窒,淵哉違會,教乃無不通之法,法乃無不權之妙歟,誰有智者而不學此。

五,因明者。大覺世尊常不離於現觀,有音即成至教,非佛立言皆憑比量。是故證成道理若因若緣能令所立所說所標義得成立令正覺悟。若欲悟他,能立之餘又必能破。能立能破設例紛紜,統緒研求應別為學。今讀唯識但略取要約為十事。

(一)正立量。例如唯識四立量,一量,極成眼等識不親緣離自色等五隨一故如餘,二量,餘識亦不親緣離自諸法識故如眼等識,三量,此親所緣定非離此二隨一故如彼能緣,四量,此親所緣決定不離心心所所緣法故如相應法,奘師融四立一,眞故極成色定不離眼識自許初三攝眼所不攝故同喻如眼識,異喻如眼根,有此五量唯識極成,學建立宗,宗建立法,法爾立量,揭櫫昭明,須爾不動。

(二)不組量。有宗有因,演而伸之成無數量,不勝紛煩約為理破。例如破數論本事能成自性,文但有八,量則有十,破二十三諦展轉有二十三量,總計所破就文未推猶尚合有六十一量。

(三)無次第性相為文故無次第,解因明者,許是事故,全論體例,應審思准。例如破犢子我量許依蘊立非即離蘊應如瓶等非實我故,初因,次喻,後宗,顛倒無敘有如此矣。

(四)多因一量。一因能立多亦能立,多因成多理多理成多方。例如十理成初能變中有量,謂眼等識非異熟心,有閒斷故非一切時,是業果故如電光等,此量則有二因。又此中有量,謂諸轉變識非可熏習不能持種,非染淨種所集起心在滅定時有閒斷故,根境作意善等類別易脫起故,不堅住故,如電光等。此量則有三因,或一一因皆成三法,或三種因如次成三法,逆次超閒合二任作准知。又如大乘是至教量攝,其量則有五因,顯然其悉不煩引矣。

（五）成因後立量。因犯隨一缺無能立，量成因已用已成因成未成宗，獲果雖遠而方便有門。例如破小有對色中量，先以有礙、無礙、有方分、無方分破極微非實，破極微已即用微非實因成有對色非實有宗，依因立量即免隨一。又如破正量部動色量，動非實有才纔生即滅無動義故，此因隨一故必成因，乃謂有為法滅不待因故滅若待因應非滅故，則滅因已成，以成動無義乃無過。

（六）破敵立量及破敵破量。破敵立量者，例如十理成初能變中量，有執大乘遣相空理為究竟者論謂其立似比量，蓋眞性有為空此不許彼勝義而顧說空犯隨一過，有為無為約俗俱有非空不空約眞獨無而乃說空自教相違，名似比量也，破敵破量者，例如廣一切種中假實量，敵之破量種與諸法既非一異應如瓶等是假非實，破其破量眞如與法非一非異應如瓶等是假非實，許則無眞，約誰說俗。

（七）雙徵破者。徵設兩端若不得解進退無據，凡諸經論破理皆然，若細組立一一皆量，例如破小乘我執三計中有四雙徵成八比量，初，有思慮、無思慮征破立二量。次，有作用、無作用徵破立二量。三，我見境、非我見境征破立二量。四，我見境我見不緣、非我見境我見不緣征破立二量。

（八）極成寄言。所爭在互差不離之性所不許義，非在有法能別之所依，所依極成乃得用以諍義，所依有過先須寄言簡離，例如初能變十理中量，極成意識必有不共顯自名處等無間不攝增上生所依，極成六識隨一攝故，如眼等識，此量意識所別有過能別有過。後身菩薩不善意他所別不成，他方佛意自所別不成，故須簡之寄極成言。能別不成有五，一，不共簡八共依，二，顯自名處簡上座胸中色物，三，無間不攝簡次第滅意，四，增上簡因緣種子依，五，生簡七與八非親生依簡七與五非相近依，若不置簡有五所立不成。

（九）汝執寄言，敵量多過，但述彼言而不加簡，則墜彼中無能自拔，是故牒敘汝執寄言，若云此量汝立非於我宗也。例如破三執我中量，執我常徧量同虛空應不隨身受苦樂等，此量有法之我所別不成，常徧之因亦犯隨一，若不寄言但依量引，有我即違自宗，無我犯自所別，以一執言貫宗因喻一切俱離。

（十）自許寄言，自量有過若不加簡，先自墜負焉能悟他。例如五教成初能變中成大乘是佛說一量，諸大乘經至教量攝樂大乘者許能顯示無顛倒理契經攝故如增一等，因中若不自許寄言必如勝軍論師兩俱極成非諸佛語所不攝因有自不定，入即出過，為如發智兩俱極成非佛語所不攝故汝大乘教如自所許發智非佛語耶，為如增一等兩俱極成非佛語所不攝故大乘是佛語耶，故必自許寄言而後六足置簡大乘經成。

六，毗曇者。以種種法較於一法使法極成，佛時所許，議論之至精者也。本頌毗曇，成三能變，異熟以十門成，所謂自相因果，行相相應，三性三受，緣轉伏斷，是也。思量以十門成，所謂名與依緣，性相染應，三性三界，及與伏斷，是也。了別以九門成，所謂差別自性，行相相應，三性三受，依轉起滅，是也。是所謂根本唯識成也，二廣論毗曇，唯識以九難成，所謂唯識所因難，世事乖宗難，聖教相違難，識性成空難，色相非心難，現量違宗難，夢覺相違難，外取他心難，異境非唯難，是也。賴耶以十理成，所謂持種異熟心，趣生執受識，生死緣依食，滅定心染淨，是也。末那以六理成，所謂不共無明，意法為緣，思量名意，二定差別，無想天染，三性帶執，是也。心所成以性地時俱四一切，王所非一非異也，徧行以二門成，所謂名體也，別境以五門成，所謂名體獨並，識別受應，是也。善以十四門成，所謂名實攝餘，廢立多少，假實俱起，識別受俱，別境相應，性界學斷，是也。煩惱以十四門成,所謂名體俱生,自類識受,別境相應,性界學斷,事漏地等,是也。隨或以十五門成,所謂名體假實,俱生分別,自應識受,別境根本,性界學斷,事漏等門,是也。不定以十四門成,所謂名體假實,自應識受,別善惑隨,性界學斷,是也。其別別成者,廣三能變中十門成種子,所謂出體一異,假實二諦,四分三性,本始六義,生引內外,是也。八理成熏,所謂堅住無記,可熏能合,生滅勝用,增減所合,是也。五義成第四分,所謂皆證有果,現量唯內,具能所緣,是也。四義成俱有所依,所謂決定有境為主,令取自緣,是也。廣分別中三門成四緣,所謂十五依十因五果是也,廣生死中二十門成十二支,所謂引生廢立,定世假實,事染獨雜,色漏為性,界治學斷,受苦諦緣,及與攝等,是也。廣識性中十一門成三性,所謂空滅七如,六法五事,四實四諦,三解二諦,智境假實,異不異等,是也。廣行中五門成二障,所謂名體見修,乘及伏斷,是也。十三門成波羅蜜,所謂名體及相,增減次第,釋名修攝,開合果學,現種分位,是也。八門成四智心品,所謂差別多少,攝用轉得,位種緣用,是也。廣果中七門成三身,所謂別相五法,功德二利,土機識變,是也。是所謂推廣唯識成也。著述有體無易由言,若欲釋經摩呾理迦應遵類聚,若欲宗經阿毗達磨應效分別,先型具在法安得誣,奈何拘文牽字群籍不羅,樓閣憑空唯吾興至,而栩栩然自以為得計也哉。

七,外道者。九十六種稱最超邁。數論勝論。數論計神我是思受用一切,非本非變。自性三德無為常住而用增勝能生諸諦,是本非變。三德生大,大生我慢,慢生地水火風空五大,聲觸色味香五唯,大唯又初生眼耳鼻舌皮五知根,次生口便手足五作業根,次生心根,名二十三諦,是變非本。三德生諦而神我為其擾亂,厭諦修道自性輟用而神我因之解脫。勝論計地水火風空時方我意名為九實,色味香觸數量合離彼此別性苦樂覺欲、瞋勤重液潤行法非法聲名為二十四德，取捨屈伸行名為五業。實體以德顯，德體以依實微業時方現比用等諸法而顯，業體以微礙合離而顯，總實德業共詮緣因名同，六句名有。別一實中或德業中又或實別別地中，總望自望他為總同異，別望自望他為別同異，名為同異性，六句名異，能使實德業三屬而不離名為和合。實常而地水火風子微以上者無常，實唯空時方我無礙二微以上皆礙，凡父母微皆比量得子微以上方現量得。論說數論執諸法與大有等性其體定一，勝論執諸法與大有等性其體定異，是則一為轉變，異為積集。思想趨徑，類感而同，積集之風多及於歐西，轉變之風每尚於震東。震東蔓延幾於無處不然，無思不爾，濫觴於道法自然，汎流於太極兩儀，而波及於六粗三細。八種識蘊各自有種，各自感現，各別相用，為緣增上則有之矣，亦復誰能生誰而說六粗生自三細。憑彼風尚逞彼思潮，眾口鑠金，習非成是，於此唯識緣起之思施以四生甘露，反若夜光按劍疑謗叢生，諸佛說為大可憐愍者。數勝流毒一至於此，論固有所破，初破數論，破二十三諦，破三德，次破勝論，破常無常，破實德，破大有同異和合。復次大自在天體常生法，聲生聲顯常住能詮，四大極微能生粗色，色等因量無常而實，一切皆破。更有部執犢子我蘊非即非離，一例而非。

八，所對小乘者。聲聞具一切智不具道相智一切種智，攝論說彼雖離賴耶而智得成。菩薩求智正在道相而趨向在一切種，是故此論所成一唯有識二殊特賴耶三殊特末那，對彼小乘獨詳三事，餘事為兼。佛後二十部熏炙五天唯一切有，溝通向大經部不無因緣，故論所對獨詳二部，餘部唯兼，一唯有識者，離識無別實色，而部執諸色離識都眞一極微二根境三表無表，經部極微有方分有礙處假微實實隨於假，有部極微無方分無礙七微展積成大皆實。論固有所破，先破有方分,後破無方分。有部大造根塵,塵仍體實,經部微成根塵,根塵皆假。其立識所緣有部則積微和合相或集已相資相,經部則和合似色相,正量則但能生識直取前境。論固有所破,先破內處後破外處所緣。有部身業形色極微,經部身業非顯非形心所引生能動手等,正量身業唯是一動,是為表色,大眾法密身勇身勤,上座胸中色物,是為無表色。論固有所破,先破其表,後破無表。復次離識無別實不相應,而有部所執厥有其六。

一執,得非得實,有為屬所得,擇滅屬道而通漏,非擇屬世所依。

二執,眾同分實,言智事欲同則斯起名人同分,正理新師別立法同分。

三執,命根實,唯命能持身唯業能持命,無色無心此界彼心界趣生體無不賴於命根。

四執,三無心實,必有實體遮心不起。

五執,三相實,三法又各有三,古用前後別起,新則三用俱時,但待因緣起不必頓。

六執,名句文實,異聲有體聲上屈曲能詮於義。是為有部六執,論固有所破,委細周詳不能繁述。大眾四部執隨眠體論既理破,成實無表戒正量不失券正理和合性例之而已。復次離識無別實無為,有部三無為擇非擇空或一或多,大眾四部及與化地皆九無為,除四空定不動三性兩相離異餘一切同而皆說緣起無為。

論固有所破,初破一多,後準前例。二殊特賴耶者,三相十理諸部所無是稱殊特。二十部執唯獨經部思想超邁立種子名,然知種子而不知有賴耶,多過唐勞與諸部等。經部熏種厥有二義,一,前後熏前念之識熏於後念,二,同類熏但識類可熏不論眼耳,其前義略與上座一法二時相似,其後義略與大眾六識俱轉相似。經部持種,色根中有心及大種,心心所中有色根種,色心更互相持,六識轉變相持,異法各各種共生於一果。有部無種無熏持而以命根眾同分為身之所依,但同類因而皆可生,譬如蘊類心色互牽善惡互引,又三世並有後識還起如隔日瘧,以較經部粗疏太甚,摧枯沃雪焉能須臾。大眾無淨種心性以為因復立根本識,化地立窮生死蘊,上座立有分細識,而獨不立賴耶何耶。一切法門大乘唯妙。大乘善巧巧於賴耶,三相十理與彼小義一一對觀,生解空迷旦暮閒事。復次種子六義對小詳立,對大眾緣起無為立刹那滅,對經部上座前後念立果俱有,對經部六持種立恒隨轉,對有部善惡類立性決定,對有部色心類立引自果,對有部三世恒立待眾緣,四分義中十九部皆無自證者,彼之所緣此似外境,彼之行相此之相分,彼之事體此之見分,故無第三分也。三,特殊末那者,無明恒行而經部依六則斷,意為六依而上座物色非心,思量必現而有部過末體無,無想有染而有部初後無中,三性帶執而有部緣縛大眾隨眠經部種生一切難通安能說理,立有末那一切無過,此之所謂殊特也。復有餘事大小乘異在心所門,觸是實非假經部心所惟受想思,作意徧行攝有部迴趣異境或於一境,受不緣俱觸有部俱觸為自性受,捨受招無記有部寂靜但招善,欲但樂境非諸法本有部心取所緣皆由希望,解印境決定有部但無拘礙皆有勝解,念起必於習境有部心起念俱,定起必專注有部亂心微定起,慧擇要不昧有部昧心微慧起,信必樂善上座但愛樂大眾但隨順。更及十二支,大乘一重因果,有部設二,觀其所異而邪正判矣。

九,西土十家者。十家本籍都不獲觀,但就異義得覩片鱗,即彼片鱗猶基說是甲身測說出乙體,五里霧中判精粗文彩,讀者於此可謝無能矣。晉用楚材,禮失求野,丹珠藏中安慧唯識釋猶然存在,用勘斯論一切昭明,若者為論所糅,若者述記不合,十家之說難窮,安慧之眞斯在。江漢得望沮漳不玉可也。雖然,吾猶當以述記十家異義委悉披陳耳。十家異義有二十一,為總論一,識變一,初能變八,二能變五,三能變三,識性三,次第陳之。一,為何造論,火達空知性,護破邪顯理,安證空斷障菩提涅槃。二,識變於我法,難內似外境即我法,護相見依自而施設。三,種子本始難熏習而生,護熏本而起,護月本有在十家外。四,行相四分,安自體一分,難相見二分,護證自四分,陳那自證三分在十家外。五,居土誰變,難現居當土護自地生者。六,變他根塵,安亦變根護唯變塵。七,觸等所同,難一切同八,護諸門隨應。八,不退菩薩,難初地,護八地。九,七依賴耶難唯種,護亦現。十,種子生果,難滅已方生,護種果同時。十一,眼等五根難謂即種,安謂非種。十二,八俱有依,淨謂是七,安謂無依。十三,識開導依,難五依七,六依前六,安則五依前六,六依自及七八,七依自及六,八依自及六七,護則八皆依自。十四,末那緣八,火謂見相,難謂體及相應,安謂種子,護謂見分。十五,末那染淨,安唯煩惱障俱,護有出世末那。十六,別境心所起,安俱,護不俱。十七,滅定下起,難斷八地修,安唯四地惑。十八,五起等無間,難漏無漏互起,護無漏不起漏。十九,所徧于計執,難所徧即計執,護謂增益方謂執。二十,能徧於諸識,安王所漏皆計,護我法唯六七。二十一,二分於二性,安唯計執,護亦依他。

十,奘門諸賢者。唯識學雖源策於西土,而光亙於東方。戒曰無遮立不傾於一量,玄鑒金牒論得糅夫十家,可謂西則自護法而終,東則自奘門伊始矣。然糅彼十家成茲一論,議乃創於窺基,而師說多聞又復詳於述記,是則治《成唯識論》者,當奉窺基述記為玉律金科也。述記羽翼有樞要別鈔《法苑義林》,述記參詳有《雜集》、《述記》、《瑜伽》略纂,至其弘五性善因明,則《法華玄贊》、《因明大疏》諸多有作亦唯識之附庸支流,百本多亡要籍尚在自足精研矣。《述記》文隱讀不終篇，疏剔披尋又資多籍，於中獨最推靈泰《疏鈔》，明釋本文更窮源委其特色也。義猶未盡，則智周《演秘》道邑《義蘊》亦自可珍，如理義演廣集諸說勒為一書亦復時見別義，以上列籍皆就自說分疏，若復折衝禦侮披拓見眞，大將詞鋒一門強幹，自非淄州惠沼作《了義燈》亦復誰能任此。此書原意不過自固其家觀兵列敵，而諸家學說如圓測、普光、慧觀、玄範、勝莊、義寂、道證、憬興，本籍已亡悼難知概，反復因茲旁引略見其涯，文獻說禮猶賴有此。義林有補缺之篇，五姓有慧日之論，附庸亦復兼護，支流亦復決排，勞苦功高豈伊一哉。奘門多賢，然能與基對敵者新羅圓測耳，故慈恩派外有新羅一支。圓自多妙不減洪道，書存無幾，如《解深密疏》、《仁王經疏》皆非其重要之作也。若夫義寂、勝莊、泰賢、元照之倫，義解平平時從外說，況餘自鄶又奚足觀。然於此論存泰賢《學記》，摽輯諸家義豐文約，既諗古賢又便誦讀，堪與如理把臂入林矣。

《因明正理門論》本

知其然而不知其所以然，是為學役，盬其腦而百體唯吾號令，是為學髓，役無超迹濟窮之望，髓有產生創立之能，學固不問其髓而甘心為役乎？木之有本也，水之有源也，學之有理也，一也，因明之術又何獨不然。劫初足目標唱似眞，爰暨世親咸陳軌式，幽致未分辨無利器，迨乎陳那匡正頹綱廣造八論，中唯《集量》與此《理門》詳詮正理精義絡繹。是則《正理門論》者，匡改正理之經豈依經而造論，大開正理之門雖稱論而實經也。文幽義博誦讀奇難，集量未來悼無將伯，蓋自唐後此術無匠久矣。晉用楚材，禮失求野，丹珠藏中，有《集量》因輪,取而對誦,並參基疏,斯不亦扣閽有路而《理門》可讀歟。文分立破二門,立分眞立立具。

且初,眞立者,樂成所立,不成能立。背此為似,有五相違。現比世間自語自教,人論則同。然宗過有九,能別所別,俱及相符,四不成過《入論》則增,《門論》則無。此其所以異者,《門論》義攝而略,《入論》作法而詳也。如宗違因,《門論》既破,《入論》無文,非是師資故相矛盾。宗法彼此極成方生憶念,依此憶念,方生了智,依此了智,方能成宗。故背初相犯四不成,兩俱隨一猶豫所依,有體無體與宗相順背亦有過。依後二相而制九輪,二八為正因,翻彼立相違,餘皆為不定。然四六翻因演四相違,共不共外演三分徧,與違決不定,《入論》則同,法稱獨缺。法稱所以獨缺者,根本剋實之談也,《入論》所以相同者,作法取詳之旨也。立敵有差別,因於初相增立四違,同品唯分有,因於後二備詳分徧,豈是師資故相矛盾。昔時由因而見邊,憶取助成故同品如昔而以因合宗,今日立宗而索證,設式簡濫故異品例今而宗先因後。翻此合離有顛倒過,若缺離合有無合不離過,若背宗因隨一或俱有不成及三不遣過,如是十過《入論》無異。法稱有增,增三猶豫不成三猶豫不遣及缺合缺離。法稱所以有增者,蓋亦作法之求備也。豈亦師資故相矛盾。

次談立具,為現比量。現量有四義,一,五識無分別,二,五俱意識,三,貪等自證分,四,定中離教分別。比量有二義,一,現比之作具遠因,二,憶念之作者近因,悟自悟他咸歸一致,清淨所趨非唯興諍。以是讀能立似立門能破似破門者,能破有六類。一支缺缺一有三缺二有三而無全闕,二宗過,三不成,四不定,五相違,六喻過。似破建類,足目正理凡二十四,如實所列為二十二,《方便心論》亦列二十,天主《入論》攝入立中曾無一列因明所需,若論剋實即一能立已攝無餘,然立破迭為賓主,即方便必闢四門。譬如立支,唯一宗因已堪自悟,以故尼乾法稱廢喻有文,然必悟他,他非易了,故凡孤證未足暢情,既不廢喻,以是對治相違及與不定喻又須二。此亦如是,立破既開四門,似破須更列類,陳那《理門》酌古準情,刊以定類列為十四。缺宗有一曰常住,缺因有三曰至不至無因第一無生,缺喻有二曰生過第三所作,不成有四曰無說第二無異第二可得第一所作,不定有九曰同法異法分別猶豫及與義准一三無異第一可得第二無生,相違有一日第二所作,除其所復正符十四。以是讀能破似破門。二門讀文既已如是,《理門》奧博字字皆義,盡舉為難,稽其大端撮立為四,是為四門探義。一,唯一成宗義,二,互不相離義,三,但取適用義,四,方便立破義。

且初,唯一成宗義者,繫有法於法者為宗,成其所繫,非成其所依,更非成其所餘,是故一切須極成,所繫須不成,應以極成成其不成,成其相應之不成。非以法成有法,非以有法成有法,非以餘法成法,非以有法成法,非成宗法一分,又非已成更成。若極成不成,宗三不成,因所依不成,喻所立不成,若不成而成,宗相符極成。

二,互不相離義者,因之一分在宗有法中而與宗中法相連貫,又其一分在喻有法中而與喻中法相連貫。舉初一分之連貫或不生敵智,舉又一分之連貫敵智無不生。又以喻中並無因一分並無與宗作同類之連貫者簡喻類濫,而敵智更無不生。是故不相離者因明之體,而因三相者表而出其體也。因明之義,因三相盡之矣。依不相離義而因三相生,依因初相而不成之作法生,依因後二相而九輪生,依九輪而正因及不定相違之作法生。是故一切不相離,唯有法與法相離,而成其不相離,知不相離義而因明術思過半矣。有不相離之體,要必有不相離之作法。若因喻別,即犯三失。一,有過,喻過中舉。二,無能,終不能顯因與所立不相離性,但有類所立義,終不能顯宗因無性有所簡別能為譬喻,但異品宗因別處。三,無窮,既不必所作無常相屬,聲何無常但云如瓶,瓶何無常又云如燈。三但取適用義者,一,三支但取言陳不應言外增言,二,因唯但取成宗不應分別差別,三,一切但取成宗不應更成一切,四,同品但取一分有不顧其他一分非有,五,以喻合宗但取總相合說不論聲所作即瓶所作,六,異喻但取簡濫不論無體喻不順有體宗,七,相違決定但取他過所破不卹自陷不定,八,遮詞但詮非此不必反顯是彼,九,立量但取敵對不必一切須通,十,立量但取作法不必詳談學理。昧此十義,立固有過,破亦有過,十四破類皆昧此義,過犯纍纍。昧第一義,於宗法無常外增生起言有第二無異相似類,有猶豫相似類,增實性言有常住相似類,於三相外增因至宗因前宗有至不至相似類有無因相似類,增宗未生因未說有第一第二無生相似類,有無說相似類。昧第二義,差別可見不可見有分別相似類,差別咽嚌繩輪,有一二三所作相似類。昧第三義,徵證瓶之無常,有生過相似類。昧第四義,舉電非勤發,有義準相似類,責因不徧宗有第一第二可得相似類。昧第五義,聲應可燒可見有第一第三無異相似類。昧第七義,於立非不定而說不定有同法相似類,異法相似類。總之狹義是因明義,不趨寬徑,思過半矣。四方便立破義者,藝不固常,式開方便。有以合宗為因之方便者,如聲常無對,破彼不定須舉因言,今但舉其合宗詰責之言,聲非是常業等應常故常應可得故。有以合喻為因之方便者,如聲常所作,順成自宗返破他宗皆須舉因,今但舉其合喻具二之言,聲是無常所作非常故常,非所作故。此善方便,若惡方便,一分合喻例舉以顯,如說聲為常一切皆是無常故,斯則不能顯因且更有過。凡此方便皆《理門》文,智巧日滋式增無已,應理門外曲盡其凡,然舉不勝舉,亦述方隅而已。一,縱奪,設緣非所緣,設所緣非緣,見陳那《觀所緣緣》。二,闕並汝言如來無一切智,為一切而少有知為一不知,見《般若燈》。三,並量,有性非實、非德、非業。有一實故有德業故,見《入正理》。四,性相為文,許依蘊立非即離蘊,應如瓶等非實我故,見《成唯識》。五,寄言簡過,其簡寄勝義言,如眞性有為空,見《掌珍》,自簡寄自許言,自許初三攝眼所不攝故,見奘師唯識量。他簡寄汝執言,執我常徧量同虛空應不隨身受苦樂等,見《成唯識》,因明學。應祖陳那而宗法稱,此若提婆之續龍樹,無著之有世親,其於斯學抑何鄭重。然七論不來,正理方隅亦無譯籍,挈瓶觀井,曾何與滄海潏洋,應有何緣一濟饑渴歟。陳義如是,設有問因明何事,以第一義應之日,唯一成宗而已。因明以何為體以第二義應之曰,互不相離而已。因明以何作業,以第三義應之曰,但取適用而已。因明有決定軌式歟以第四義應之曰,方便立破而已。因明之學,如斯而已矣。

《品類足論》

辯五事品第一
辯諸智品第二
辯諸處品第三
辯七事品第四
辯隨眠品第五
辯攝等品第六
辯千問品第七
辯抉擇品第八

論藏稱阿毗達磨藏，諸一切論皆阿毗達磨。然論藏體制各別不同，嚴覈細辨而有其三。《顯揚聖教論》、《佛了義經》廣辨法相及諸弟子無倒法相若字有母自共相顯名摩呾履迦，即此法相分別無雜名阿毗達磨，即此法相解釋經義名鄔波第鑠。此三體總，若再細分又各有別，讀六足論而得其六。美哉創制顯庸，後有作者遵王之路而軌式有由歟。

六體者何？

一曰，釋經體，目犍連《法蘊足》是。此體釋二十一經而詮二十一法，先於論端立嗢柁南該攝法名，後則依法引經詳釋文句而顯法相，自學支淨果乃至蘊界緣起，有若雜含攝一切智盡。以其引經作釋為鄔波第鑠，以其二十一法詮一切智為摩呾履迦，以其但顯法相未遑分別非即純粹阿毗達磨。

二曰，法數體，舍利子《集異門足》是。此體結集佛說一法至十法增一法門，先於數前該嗢柁南，後遞敘法而釋文句，有若增一阿含妙善法數，體即是摩呾履迦。於一法中分別食行儼然毗曇，而餘法不然，則亦非純粹阿毗達磨。奉敕結集復蒙讚勸，應推此作論體創初，然二法無明中一則曰如《法蘊論》，六法六界中再則曰如《法蘊論》，稽彼所習免此衍文，則亦昭然佛弟子論法蘊為初集，異門為後。無著《顯揚》由三種經攝一切佛語言事，一由增十經為《長含》十上，三由集異門經為《長含》眾集，皆如來命舍利子說，即此論是，則此論者賅法至廣，而無著毗曇之所承襲歟。

三曰，問答義體，迦旃延《施設足》是。此體抉擇經說，設為問答，以博其趣，初亦總頌，後引經問而遞答其義，體即為鄔波第鑠。然以類聚而有三門，曰，世間施設門，曰，因施設門，曰，業施設門，丹珠翻備，此方所譯唯因施設猶缺第一。以其類聚三門，體亦應為摩呾履迦，所不同於《法蘊足》者，彼引全經而詮大法，此節經句而談細義耳。

四曰，破立體，天寂識身足是。此體前有二蘊，破目犍連過去未來無現在無為有，破補特伽羅諦勝定有。後有四蘊，則以因緣听緣雜蘊成就四大法門成立六識身，亦先以總嗢柁南列其法名，後以六識隨其所法多句分別。體固是阿毗達磨，而法門未備唯談六識。

五曰，抉擇體，世友《界身足》是。此體以品類七事於蘊界處明攝相應略不及詳，抉而作論，分別廣說有八十八門，概略而談亦門有十六。體固是阿毗達磨，而分別未備唯攝相應。

六曰，分別體，世友《品類足》是。此體法門亦博，分別亦繁集五足之大成，顯毗曇之全體，後有作者無小無大不越軌持，誠製作之慧輪法林之智炬歟。毗曇四例，斯論都備。

（一）本事例，論五事七事列名釋體，名體先陳分別斯據，此例是也。

（二）攝相應成就分別例。

（三）諸門分別例，論《智品》自類互攝三門分別，《處品》三科隨眠轉輾互攝三十門分別，《七事品》三科辨攝復辨相應，《隨眠品》自類互攝七門分別，所緣相應又四句簡，《攝品》增一法門之所分別也，於蘊處界智識隨眠辨其所攝，《千問品》一切智法門之所分別也，法蘊二十經攝一切智盡而未遑分別，《千問》則一一各各以五十門簡，大乘龍樹學凡於一法先以諸門分別後總攝歸空，其所分別一則曰如《千難品》，再則曰如《千問品》，是則《品類足》者，諸例悉備毗曇之賅全，而《千問品》者，分別多門又品類之至要者歟。

（四）抉擇例，論《抉擇品》抉彼《攝品》增一法門，而於唯本法者詳其所攝。四類具備，而其主要則在分別，故於此論稱分別體，故於此論分別體稱眞正阿毗達磨體也。凡學，其始也簡，其繼也巨。佛時三論粗具毗曇而已，佛後三論馴至《品類》則括諸粗具粿一全體，是以如是其整密歟。《品類》足後,如《雜心》、如《俱舍》,凡作者起,界根世業眠聖智定,體制組織無不例取於斯。小乘如是矣,大乘毗曇馴至《集論》最後之作,義固各別,而體制組織亦莫不同。《集論》於本事例,七事攝屬五事。

（五）事攝屬三科,《集論》於攝相應成就例,異門別詮,攝有十一相應有六成就則三,所例雖異而能例不殊,《集論》於抉擇例諦抉三科法抉攝相應得抉成就,亦所例異而能例不殊。大乘四例有如是矣,大乘六體亦莫不同。是故於釋經體有《智論》、《地論》諸如是等,於法數體有《智論》詮一切法用增一法門,有《瑜伽》詮內明用增一法門諸如是等,於問答義體大則有《瑜伽》攝事於契經行處,緣起食諦界菩提分小則有《寶髻》四法《涅槃》長壽諸如是等,於破立體有《中》、《百》、《唯識》諸如是等,於抉擇體有《門論》抉《中論》五蘊抉《集論》諸如是等。是則《品類》足者毗曇之先型,而六足者又凡論之先導者歟。論藏根本有如六論,應以尊號應以領稱,而乃沿習既久方便稱足,蓋由《發智》、《婆沙》自稱身義裁制六論抑以足名故也。龍樹、無著之徒無道身義毗曇事者,六論而外時則及於舍利弗毗曇。舍利弗毗曇大眾部所宗,有心性本淨、無中有身、無為有九諸如是等句義。體制組織,為問非問攝相應緒五大總分,與六論異。然其繫屬於分,亦蘊處界根業智煩惱菩提分等,分別為門有四十三,與《品類》論未嘗不同。更詳說定有二百六十三,又詳說人有七十四,則又六論所無足補其缺者,毗曇之學斯其所尊等同六論歟。北方毗曇有如是矣,南方毗曇則有七論。一,法聚,二,分別,三,界說,四,人施設,五,說事,六,雙對,七,發趣。其分別論分別為門而有一百二十二,與此六論罄無不同,是又毗曇之學一大資材也。毗曇體制略說如此,然作論多體,不獨毗曇又有毗勒。毗勒者,非見對色心諸所分別,而廣比諸事以類相從，亦迦旃延佛時創作後得道人佛後嚴成也。《大智度論》敘其二門，初隨相門同相同緣說一例餘，如說四念住則菩提分全，如說自淨其意則諸心所全，次對治門說病知藥說藥知病，如說念處則知四倒，如說三毒則知正道。此毗勒體悼無其論眞面不明，然即二門而求諸作，大則龍樹諸論，小則《成實》一論猶足知概。龍樹立說多不全彰而常影顯，髣髴毗勒矣。若《成實》立論品，明明說有同相論門，如說一事，餘同相事皆名已說，又如佛說心為輕躁則為已說餘心數法，此與毗勒有何殊哉。治學立論，荒誕無稽誠為妖孽，而負嵎困守又何啻無閒幽囚。將欲作大事啟後人，其必有精審殊特之概者歟，不違六論不錮六論是也。龍樹有言，若不得般若，入毗曇門則墮有中，入毘勒門則墮有無中，至足味乎。

《異部宗輪論》

部執分裂具三大緣，非率爾事。一，依據大乘乃無所畏，煌煌聖言誰敢作異，然摩訶衍有其異門，聖自異聖非吾異聖，吾等從聖，是故大勇昌言復何忌憚。二，富於思想乃有堪任，有情根性法爾有信行有法行，信行所至法爾泥跡尺寸不移，成小乘器為部執基，法行所至法爾師意變動不居，旋執旋移轉輾超邁而大壑是趨。三，迫於諸境乃能決然，因時而法行，因地而法行，因習而法行，行非空言也，執而多礙，礙而增苦，苦而不可一息居也。續佛所學維龍樹、無著。相去千年，時一何久。此千年中南北學歧，前四百年但北方學乃至二十，後七百年又紛不可紀，派一何繁。毋亦小大極端融洽於一法爾須如是久年，其思想遷流亦法爾須如是復執歟。《異部宗輪論》敘前四百年北方之學,始於大眾,終於經量,其事則二十部執別別條文,其義則大眾為大乘動機,有部為聲聞住持,而東方犢子正量、南方化地法藏、北方飲光、西北經量者,皆裁制二部轉潰小流而轉趣大海者也。斯固非因小而分河,實毆大而徧窮蹊徑也歟。何謂大眾為大乘動機耶,入滅之年王舍結藏,唯尊耆宿而擯後生,雖界外有別編,而歷久無乖諍。百年之初,以人事因緣有乞金十事,迦蘭陀子於吠舍離次結律藏,東方跋耆多不贊同,嗣遂五事制頌,上座大眾卒以分離。論敘大眾四十九義。為佛十五菩薩六,四果八,皆超越常途逼眞方等。又雜法十八,亦精細則缺,大意可觀。蓋界外雜藏皆大乘說,而《增一阿含》詳度攝則大類方廣,述行化則率似希有,更陳本生本事又都非常可怪之談。根據滋多樹義斯暢,兼復青年富思耆宿逼人,是以如是崛然歟。依經樹義,依義制行,遂本優波離重制僧祇律。非獨十事不從新制,《十誦》學處一百十條,且復棄捨便情存七十七,彼拘此解,彼嚴此疏,一一對觀見其寬大。奇哉大眾,乃能於堅壁清野之學林突樹敵幟,而使悠悠之夢不沉,化城於焉動搖。是故以株守言,識破裂之罪無間之尤,若以勝進言非夫產生部執之母而發趣大乘之父歟。增一首末詳大天事,五事之發乃號大天,古聖今賢名號同一,毋亦崇之者如天歟。彼《毗婆沙》乃謂大天惡窮五逆,亦猶《僧祇》謂因伽蘭初制婬戒,毋亦抑之者如淵歟。內雖分一說出世雞胤,外雖容多聞說假三山,然除多聞不足樹幟,宗風所被,雖五事創分之上座且變為五事旋合之雪山,大眾之勢誠盛哉。何謂有部為聲聞住持耶。大乘人法雙亡,聲聞則無人有法。二三百年間,阿育王弘教四方,華氏城三集論藏,于時思想解綱毗曇初成,兼復大眾勢盛,無人有法之談誠不可以羈靮。守舊之輩,懼墜先型,整理故義,織成統緒之說為一切有部。論敘其義五十有七,其於如來大士阿羅漢果無甚奇特一順世情,其於諸法三世皆實三科皆有無一隙虛假,是為法有之刊定,聲聞之正宗也。《增一序品》說,先名增一次名中,三名曰《長》、《雜》在後,悲願行化者自先增一,大眾以之。《瑜伽》攝事說蘊等相應名《雜阿含》,處中名《中》,廣長名《長》,數名增一,禪觀分別者自先《雜含》,有部以之。然悲願者大乘之事,其聲聞本乘乃在一切智,所謂分別三科緣起食諦菩提分法是也。有部而《雜含》是崇,則法以經藏而住持歟。新舊《十誦》,毗奈耶雜事,無量百千條文迂回繁重。然迹其細意所堆,如一著內衣不可高不可下詳至十一事,其嚴悍充溢之精神實過量而不可幾及。法已刊定為有,行寧一絲得苟,有部而止作特詳,則法以律藏而住持歟。迦多衍尼子裁制六論而造《發智》,自稱身義毗曇而稱舊論乃為六足。《大毗婆沙》廣簡異部,尊論若經。迦濕彌羅保固封圻,視同防國。有部而發智創作,則法以論藏而住持歟。釋迦以聲聞為僧,精華在菩薩而跡象寄聲聞,聲聞體性人空法有,法有之說精悍莊嚴極於一切有部,是則所謂眞正聲聞住持聲聞者,非一切有部而誰歟。何謂諸部轉潰小流轉趣大海耶。三四百年間,有部異流雖十一部,然能領袖不過有四,曰犢子,曰化地,舍利弗毗曇目乾連毗曇之所傳承也。曰飲光,曰經量,十二部經譬喻部之所開啟也。犢子末流雖釋一頌分裂為四,而能發明惟一正量。犢子正量尊舍利弗毗曇不遵《發智》,雖居東方受大眾風移而不樂其法體疏略,雖出家於有部而不喜其法界截然。是以犢子有非即離蘊之我,有前轉至後之蘊,正量有表業別體之動,有過去不失之券不同大眾,不同有部,獨殊思想隨順世情,一時聲教所被,幾與二部列鼎而三或將奪席,蓋其立我雖覺卑靡,而其他義亦殊足觀矣。有超出二部之論,必有超出二部之律,惜一明了不足探研也。識身足論立識因緣,先破目乾連,後破補特伽羅,補特伽羅為犢子說,目乾連為化地談。法藏立五藏,懼化地不信,而云吾師采菽之言。化地尊目乾連過去未來無，現在無為有，而不直有部三世有。論敘二十四義，六同大眾，除法不至後法剎那滅，即與有部盡量不侔，蓋自大眾以來與有部相反未有如是之烈也。意精分別兼重化行，朋制多山而與供養，馴至法藏變本加厲，遂竟因是飲水分河。夷考律藏，《十誦》二百五十七戒數為至嚴，《僧祇》二百一十八戒數為至寬，而化地五分界乎寬嚴獨詳開制，為二百五十一，其法藏四分則又視化地而偏寬大，為二百二十七，除於塔婆增數十條，幾等《僧祇》少存有部。此土戒律獨弘《四分》，毋亦取其寬大歟。飲光持論，惑以斷道而滅，業以異熟而無。其律曰迦葉維，無我無受者，煩惱輕如屍。非若有宗過猶體在，然未經斷熟亦百劫仍存。斯固浸淫於譬喻諸經者深且長歟。若夫經量，則鳩摩羅多造九百論，直稱譬喻師。不崇律，不遵論，而一準於經。論不皆佛說，律局於部執，經則聖言，微妙圓通深不可測。故唯遵經，天馬神龍更無拘困。經量初起，雖本過去不失之業影響於犢子勝義之我，然幾經探討，遂棄我義種子義生，種子精研，而龍樹無著之學璀璨光明於法界矣。是則經量者，東四百年部執之終，開一千年大乘之始歟，為其唯遵經故也。統觀十一部，既犢子以異有宗大眾，復正量以異犢子，既化地裁制有宗大眾，復法藏裁制化地，飲光主經而猶有律，經量主經並律俱無，經異邊談本摩訶衍，是非徑路已絕而風雲遂通歟，故曰諸部非他皆裁制二部轉潰小流而轉趣大海者也。四百年部執世友有論，七百年部執不可寂然。由經部而成實，由成實而中百，由經部而《雜心》、《俱舍》，由《俱舍》而《唯識》，思想之遷流，陳義之弘富，若有作者蔚然大觀也。北方之學如是，南方之學亦然。二百年中有摩哂陀傳教，三百年中有三藏結集，律則有銅鍱，論則有法聚七種，部執則此論十八已相逕庭，而更復前增三山義成，後增分別說北道大空說空性說因等部。若本論事更搜諸籍,組織一論與此論儕,誠別轉乾坤開拓胸次。善巴利文者大有事在,應不局一《異部宗輪論》歟。

《藏要》第二輯敘

八經六律十三論總

一,《佛母寶德藏經》

二,《能斷金剛經》

三,《華嚴・十回向品》

四,《涅槃・師子吼品》

五,《無盡意經》

六,《維摩詰經》

七,《長阿含經・第一分》

八,《法句經》

九,《四分戒本》

十,《五分戒本》

十一,《解脱戒經》

十二,《有部戒經》

十三,《僧祇戒本》

十四,《薩婆多部律攝》

十五,《十二門論》

十六,《百論》

十七,《廣百論本》

十八,《中觀釋論》

十九,《寶性論》

二十,《瑜伽·抉擇分·五識意地》

二十一,《莊嚴經論》

二十二,《觀所緣論釋》

二十三,《佛地經論》

二十四,《因明入論》

二十五,《菩提行經》

二十六,《成實論》

二十七,《俱舍論》

《藏要》二輯,舉經律論二十七種,仍本一輯主旨繼續而營者也。般若道場,聞者記錄或廣或略,或以長行,或以偈頌。一輯於長行略廣,五分中撮其大凡;二輯則舉《寶德藏經》三十二品偈頌。讀者若先頌後長行,此經猶前嗢陀南;若先長行後頌,此經則後嗢陀南也。《心經》談空三昧,是舍利子般若類;《金剛》談無相三昧,是須菩提般若類也。一輯舉《華嚴》根本為《十地》,二輯舉《華嚴》臨入為《十向》,小大、自他、理事,無不資力回向以為轉移也。一輯《涅槃》,舉《迦葉》法用;二輯《涅槃》,舉《師吼》法義,用以示善巧義以示切要也。《般若》以殊特義,說行中因果義;《無盡意經》則以平等義,說行中因果義也。又《般若》、《華嚴》諸經,以殊特義說境、行、果義;而《維摩詰經》,亦以平等義說境、行、果義也。方便利他,眞俗神通,行菩薩行,見十方佛。世俗以之為神奇,大道以之為通途也。《雜含》五誦,深於談禪;《長含》四分,詳於破執。一輯、二輯,都舉其初而已。《法句經》者,要偈多存,古經猶聚,誠根據之有由,而小藏之精要歟!上來輯經,大舉其六,小舉其二,凡八種也。

此方律籍，可稱該備，正量未來，而有明瞭，一輯所舉，《十誦》、《善見》而已。二輯則法藏之《四分》、化地之《五分》、飲光之《解脫》、有部之《戒經》、大眾之《僧祇》，無不次第舉其戒本，而使八家部執，詳略異同，比例研求，堪資取捨，則戒學之大營也。復舉有部《律攝》，以四句頌攝戒多事，復敘戒文隨事分釋。文則視廣律為簡，義則較廣律為繁。研戒之初，莫此為便，又戒學之切要也。上來輯律，凡六種也。

龍樹《中論》，大小染淨，三科十二支，二取二空，賅攝於四百四十六偈，闡揚空義，汪濊大哉，而無以示入德之門，於是抉擇《中論》，約為十二以示之門。初三因緣觀空，次三相觀空，次二生滅變異觀空，後四因果、作者、時、生以觀空是也。提婆推演《中論》，作瑜伽行四百頌，未能全來，所來者《百論》十品，罪福、神我、一、異、情、塵、因、果、常、空而已。又《廣百論》八品，常、我、時、見、根、邊、相、誡，為四百頌之後二百頌而已。然外內之論義，既已詳盡，《中論》之法門，亦復增多。談空之義，至矣極矣！雖然，教誡弟子毋惡取空，當留意也。詮釋《中論》，此土唯三。青目既舉于前，安慧當續於後，故繼於《中觀釋論》也。《寶性論》者，依《陀羅尼自在王經》，以七金剛句攝一切佛法。《自在王經》與《大涅槃經》，均說一切眾生皆有佛性。菩提功德，利眾生業，皆所以見性。三寶一歸，但指不同，初無歧異。然所謂一切空者，見性涅槃是也。上來五論，皆龍樹學也。一輯舉菩薩行，二輯舉菩薩境。五識意地抉擇，則唯識了義境也。《莊嚴》與《菩薩地》諸品，名同而義別，西域不嫻不能弘法，蓋菩薩行之推廣談，與菩薩地功用無或殊也。《觀所緣》，則唯識相分自內而已。此宗談果，莫詳於《佛地論》。四智心品為用，清淨法界為體，菩提、涅槃二轉依義，體用須明也。一輯《門論》，談因明原理。二輯《入論》，談因明作法而已。上來五論,皆無著學也。《菩提行經》者,抉集群經,贊發菩提心,修行六度,回向眾生,非龍樹所作,而談空義大破瑜伽,倘亦龍樹學歟? 小趣大者,《成實》入《般若》之半途,《俱舍》造《瑜伽》之中路。欲探大乘由來,二論誠不可不讀也。上來三論,皆系於龍樹、無著學也。總論所輯,凡十三也。

要之,此二十七種經律論,約略而談,經之所的,無非般若、瑜伽法門;論之所趣,無非龍樹、無著之學;而律則八家所立,罄無不宜;大道正軌,誠在於斯,老馬示途,誠慰饑渴,世有智者,行遠升高,其必以是輯作厥權輿歟?

法相諸論敘合刊

《百法》、《五蘊》論敘

相宗六經十一論。六經者,《深密》、《楞伽》、《阿毗達磨》、《華嚴》、《密嚴》、《莊嚴》也。十一論者,一本十支是也。約緣起理建立唯識宗,以根本攝後得,以唯有識為觀行,以四尋思為入道。約緣生理建立法相宗,以後得攝根本,以如幻有詮教相,以六善巧為入道。《瑜伽》十七地攝二門盡,建立以為一本。抉擇於《攝論》,根據於《分別瑜伽》,張大於《二十唯識》、《三十唯識》,而胚胎於《百法明門》,是為唯識宗,建立以為五支;抉擇於《集論》,根據於《辨中邊》,張大於《雜集》(《雜集》者,糅《集論》為一論,不別立《集論》支也),而亦胚胎於五蘊,是為法相宗,建立以為三支。無著授天親《攝論》、師子覺《集論》,皆以瑜伽法門詮對法大義,是為古學。無著括《瑜伽》五分而別出己意以《顯揚聖教》,則《顯揚》者,一略本《瑜伽》也;括《本事菩薩地》而別出己意以《莊嚴大乘》,則《莊嚴》者,又一《地持善戒》也,是為今學,建立以為二支。一本十支攝相宗盡,而要以《百法》、《五蘊》為端。唐人之注未窺,虛理不可誣實事。今《百法》有《基注》、《光疏》,《五蘊》雖無注,有安慧《廣論》在。彙為一册,以餉讀者,其諸得其門而非寡歟?

民國五年中秋編者宜黃歐陽漸識於金陵刻經處

《瑜伽眞實品》敘

唯識階梯《百法》,法相則有《五蘊》;唯識根抵《攝論》,法相則有《中邊》;唯識張大《成唯識》,法相則有《雜集》。資糧探討,固具備歟?然《楞伽》八識二無我,《百法》詮之,賅簡圓明,如觀掌中菴摩勒果;《楞伽》五法三自性,《五蘊》缺如,必如《百法》方便善巧,饋餉有情,唯有《瑜伽》本地《抉擇眞實品》文庶乎其近。彙而出之,輔以《倫記》,事成而為之敘。厥有十義:一,辨教,二,出體,三,所詮別,四,法相、唯識非一,五,眞如、正智非一,六,虛妄分別有,七,世間相違過,八,聖言量,九,修證,十,異門。

且初,辨教者。法相三時說教,一雨普被,乘則有三,教唯是一。難之者曰:一時、二時、有上、有容,三時普被,高唱一極,判別顯然,云何言一?解此糾紛,當屬機感。有色、無色,有想、無想,及與俱非,我皆令入無餘涅槃而滅度之,是之謂教則唯一;托質圓音雖唯是一,聞者識上各變不同,瀛渤潢汙率視其量,是之謂乘則有三。四諦、菩提體非歧異,三十七分初四念住,《辨中邊論》配四諦輪,於諦善巧,煩惱所知二障俱遣。不寧惟是,四《阿笈摩》屬事契經,行擇攝中非聲聞藏,佛轉諦輪一切解脫,聞者識上故局人空,所機對此稱唯攝小。若談十度,慧外有智,若唯六度,智攝慧中,是以般若談空非惟根本。三法印者,無常為一,苦為其一,空及無我合為其一,就體相明,曰照見五蘊皆空,就用相顯,曰一切法無我,體用不離,烏能歧異?以無所得,是名般若,以無所得,證入唯識,佛說般若,唯識不離。聞者識上故局一空,闡微補偏唯識推演都隨其趣,對所被機稱唯攝大。

二,出體者。法相之體即三自性,攝一切盡。五法之法,但說依圓,相名之相,唯依他起,有即斯詮,無即不談。法相之法、法相之相,都無不通,都無不詳,斯實大異。實瓶衣、實軍林、實象馬、實光影、水月、陽燄、谷響,此之非法,有質非法;龜之毛、兔之角、石女兒、空中華、沙中油,此之非法,無質非法。剋實而談,無質、有質,無義事質,有名字質,展轉傳來托而起相,是故非法之法亦稱為法,亦名為相。有相狀相,有體相相,眞如、實際、法界,殊勝無上,是體相相。非法之法、體相之相,都無不通,都無不詳,斯實法相。

問:相有稱相,相無亦相耶?

答:是無相相。

問:實事是相,施設亦相耶?

答:是施設相。

問:有形色、有依住、有攀緣、有取捨、當是其相,無而亦相耶?

答:是無色相,是無住相,是無攀相,是無取捨相。

問:可顯現,可了別,可思議,可施為,可戲論,當是其相。不可而亦相耶?

答:是不可顯現相,不可了別相,不可思議相,不可施為相,不可戲論相。徧計是無,無即說無;依他幻有,圓成眞有,有即說有:是為法相眞實。

三,所詮別者。法性、法相所詮異門,質惟是一。體性之性,有裏無表,相狀之相,得貌遺眞,皆非具實,水火徒勞;相用之性,是稱相性,體相之相,是為性相,皆周法界無欠無餘。佛為一大事因緣出現於世,非是為二、為三,癥結不同,遮表異用,善巧不殊,是在觀智。說徧計空,一切皆空:非生、非滅,非染、非淨,非時、非方,非繫、非離,非縛、非脫,本來寂靜,自性涅槃,惟一性眞,了無所有。說依圓有,一切皆有:有蘊事、界事、處事、根事、緣起事、處非處事,有四諦事、三十七菩提分法事、二十八賢聖事、十八不共佛法事,有無量諸佛事、無邊淨土事、相攝相即不可窮詰事,有能緣虛假事,盡未來際無住涅槃,萬相森然方便現有,理自無分,法自不到,相攝、相即,不妨奇異。是在觀智,模棱兩是,為不了事。

四,法相、唯識非一者。唯識家言:既唯有識,云何說有三性?應知三性亦不離識,故唯有識。物二同處,是名不離,據不離言,便非即一。辨此不一,設有十義,詳《瑜伽敘》,此姑不述。復述六義:譬如被機,唯識被二,不定、及大,法相齊被二乘無姓;譬如正智,唯識雖淨,唯是相應,而非即智,法相家言:依他具二:一妄分別是心、心所,一即正智。譬如論議,唯識有五不判,法相即無不談。譬如三世,唯識談種,即一現在托過未種變似三時,而實一現,法相談相,果相所對便談過去,因相所對便說未來,三法展轉而實現在。譬如六根,唯識縷分,最後判言,若入果位,六根互用;法相家言:法相不可亂,非耳能視,非目能聽,種與種相網,執破者無畛限,目挾耳種而現行而實耳聞,耳挾目種而發現而實目見。譬如涅槃,唯識無住,但對般若自性涅槃,而俱簡小;法相普被,有餘無餘以為其果,《瑜伽》地中即以標目。略舉六義亦可分析,若論圓音,教唯是一,何狹何寬?何半何滿?若論機感,唯識有簡,便有其略,法相咸應,罄無不詳。

五,眞如、正智非一者。唯識家言:眞如雖非識變而不離識,故唯有識,識智相應,說識成智,置不離言,亦非為一,若謂為一,法即唯四,不應說五,《楞伽》、《瑜伽》便非聖言,便有自教相違過。智如不即而亦不離,善符諸教,理亦可通。一,體用義,二,能所緣義,三,熏習義,四,與無明相對義。眞如是體,如如不動;正智是用,帝網重重。淆用於體,成一合相,便無差別,安有法界?淆體於用,失寂滅相,既異不動,亦非如如:以是說體用義。昧不離義者,說根本、後得非是能緣,說眞如、無為非是所緣,能緣、所緣使墮有為,能外有所、所外有能便同虛妄;知不離義者,說智如相應,任運冥證,必非有為,說智如雖二,相攝如一,誰能內外:以是說能所緣義。有可熏性是熏習性,眞如無為,有熏不受;能所熏相應是熏習性,無明熏於無明,正智熏於正智,有漏不熏無漏種,無漏不熏有漏種,然等無間緣有漏不已出生無漏者,隨順依故,引發因故,增上緣故,雖非無漏,相似無漏、等流無漏,是故或可說正智熏無明、無明熏正智,而斷不可說眞如熏無明、無明熏眞如。而有所說者,例相似、等流強說熏智,亦不離如一強說熏如,然彼則實是自種,此亦實唯正智:以是說熏習義。善與惡對,淨與染對,生與滅對,無明與正智對。覺者智義,不覺者無明義,俱繫用義,眞如全體義,不可對用中一分義;又相消相長以為對義,亦非如義:以是說相對義。統此四義,但一眞如無別正智,過即無邊;說有正智不離眞如,相應正理。

六,虛妄分別有者。出分別體惟是能緣,具緣用故,此緣有二:後得如量,亦稱分別;變似二分,以為其緣,是妄分別。妄於六七而有其執,妄於五八但惟任運,二乘無漏、大力菩薩,非執淨盡,如來無執,而現其妄。《楞伽經》言:以諸妄法聖人亦現,然不顛倒。《佛地經》言:佛智現身、土等種種影像,因位,無漏有所變現,智應其識;果位,無漏有所變現,識應其智。皆稱為妄,緣之異名,依緣而起,名依他起,焉可云無?徧計所執,佛則疏緣,生則親緣;圓成實相,佛則親緣,生則疏緣;依他起相皆是親緣。若言無有,則無有染,即無有淨,無修無失;若言實有,則不能轉,即不捨執,應如外道,不稱所緣。是故虛妄分別雖是其有,而唯是幻,幻不生過,非是惑因,為幻所惑,從執著起,是《楞伽》義。必除其惑,當捨其執,執捨證眞,眞證達幻,幻達斯住,是謂如幻三昧,亦名不空金剛。滅幻無用,誰尸其咎?此如幻有,本有始起,漏無漏種法爾具二,漏種起執,異名為我。爰有四惑,無明為勝,見欲愛有生煩惱障,無明住地生所知障,無明有體,非是明無,必生對治,彼乃無勢。說無明無體者,二障不除,逞快談空,酖飲甘露,長淪莫拔,何嗟及矣!

七,世間相違過者。一切世間,從其本際展轉傳來、想自分別、共所成立、不由思惟等量觀察然後方取,是名世間極成眞實。五及意俱,自證定境,四現量得,法爾如是,不必或違。若或相違,有二過失:一,名言過失,立論無倚,說者唐勞,有法皆違,聞者惶惑;二,心行過失,此惟是此而說非此,彼惟是彼而說非彼,非徹非悟,馳思叢脞,五心亂而病狂,一切矯糅而心死,是故因明立世間相違過,法相立世間極成眞實。然世間現量,五及意俱惟是率爾,遇貪即著,如量綦難,似定實散,多教分別。若此極成,執一切法是決定有,而云眞實,不應道理。菩薩見道,觀一切有,如幻如化,幻異決定,若說其幻便違世間,是故世間有言我亦如言;決定異幻,若見其定便非眞實,是故世間情執我惟假立。拔濟沉迷,方便立量,簡過寄言:若自比量,自許言簡,無隨一過;若他比量,汝執言簡,無違宗過;若共比量,勝義言簡,世間自教俱無違過。度生之執,不得不仍眾生之習,非限一界,非限一期,非限一趣,不壞假名而得實相,不毀世間而入涅槃,若何善巧!決定執有,而或欲常存,而或欲壞滅,漫漫幽暗,何時旦也!

八,聖言量者。依止現、比、至教量抉擇智所行、所知事,由證成道理所建所設義,是名道理極成眞實。是中至教量,亦名正教量,或名聖教量，亦名聖言量。然名聲量，觀可信聲而比義故。陳那菩薩，廢彼不立，隨其所應，攝入現比，然有十義，詳審鄭重，不可率謗：一者，佛入涅槃有四依語留贈後人，依法不依人，苟其法非，雖佛亦簡；依義不依語，苟其義非，雖經亦簡。但是綸音，無可侵犯，是相似教，非此中攝。二者，四依中言，依了義經不依不了義經，權語、方便語、不盡語，是不了義經語；實語、究竟語、圓滿語，是了經義語。善巧方便，應取其勝，一切盲從，非是智人。三者，因明定例，因喻之法，不應分別，本以因喻成立其宗，因喻更立何據為比！無窮無依，斯為大失！聖言量者，因喻法也，若復懷疑，終古罔決，怖頭狂走，傷如何已！四者，聖言無非，恒時無漏不退有漏，非若異生等無閒緣，無漏無閒出生有漏，有漏無閒出生無漏。五者，佛如實人，說如實語，自證聖智語，非虛誑語，法爾如是。應有出類拔萃人，自應有不可思議事，則應有超量、過量、無由量、非常量語。六者，未證見道，剎那五俱意不能須臾，剎那以前、剎那以後均異不齊。凡屬論議非五俱意，即五俱意亦依七識我執而起，而聖言特異。七者，五識托八變現而緣，俗現非眞，雖是現量然不如實，世閒所據，充極無餘，然猶難恃，聖言何棄！八者，非彼行事取決於我，非我行事取決於他，爾如是、我亦如是，先佛世尊無不如是，相應相契互用其至，斯固不可盲從於彼，而亦不可只知執己。而我未徹悟，有聖言在，來吾導乎先路。九者，事無征不信，見緣相分須有自證，然後得果。自證聖智，仗證自證。教、理、行、果即境、行、果，既有其理，復證於教。十者，不親緣佛，疏緣聖言，多聞熏習是無漏種，法身等流、引生、顯現，賴有一途，寧復不信？不信聖言，號斷善根，是一闡提，無閒長淪甚於五逆，諸佛說為不可救藥者。十日並出而用螢光，抑何愚若斯之甚者！

九，修證者。爰有十事先須分別，然後修證。一，無漏本有，此若無者,入聖無門,無而忽有不當理故。二,煩惱有種,此若無者,不障菩提,畢竟闡提出生淨種故。三,同類能引,此若無者,入聖無門,染淨性殊不相應故。四,一切無常,纔生即滅,等無間緣開此導彼,此若無者,染應常存,淨應不顯故。五,無我智行,是總持行,但得無我,一切法不礙故,過生於不平等故。六,但得法實,了無餘事,方便善巧,法爾如是故。七,轉依非變種,但主賓易位,聖則智強識劣,生則智劣識強,識於佛果不成智故。八,應知、應斷,應作自性正斷,是對治故,緣縛不生,是助斷故。九,兩種易位,使用失行,是為斷相。《對法》有言:從何而得斷耶?不從過去,已滅故;不從未來,未生故;不從現在,道不俱故。對治生時、煩惱滅時,平等、平等,如明破暗,由此品離繫故,令未來煩惱住不生法中,是名為斷。十,修起於聞思,多聞熏習最初方便故,堅立不移故。十事既明,依《瑜伽》三慧地次第而行,即無有失。但即修言,《對法》五種修,《瑜伽》十六種修,罄無不詳,有教典在,此姑不述。

十,異門者。《中邊》、《莊嚴》都談眞實,不獨《瑜伽》,《大論》眞實,多談俗諦,《莊嚴》開始談第一義相,有無、如異、生滅、增減、淨及不淨,五無二相是第一義相。《大論》計執,不攝五事,《中邊》屬名,《楞伽》名相,《攝論》所屬相及分別。《大論》圓成,惟一眞如,《中邊》如智,《楞伽》、《攝論》皆同《中邊》、《成唯識論》會而通之,而從《瑜伽》。異門義廣,略舉其概,恐繁且止。

上陳十義,粗談綱要,法相王路,請熟《瑜伽》。

問:境、行、果三,《眞實品》何攝耶?

答:於五分十七地,屬行邊攝。於菩薩地初持中三學,屬境邊攝。三學者:所學處,如是學,能修學,則是詳境行果三事。

問:《眞實品》既屬境邊,何以不列境中九地耶?

答:九地不談賴耶,《抉擇》斯談,則是一雨普被之意。眞實五法三性,究亦攝大,而詳於菩薩地。

問:唯識簡小,法相普被,斯實大異;《眞實》簡小而屬法相何耶?

答:五法名法,三性之性即是其相,是稱法相,《楞伽》明文,自是如是。《瑜伽眞實》自列行地,自詮菩薩,於五法中不詮徧計,攝法不盡,《楞伽》明文,五法之法攝一切盡,不應獨遺於小耳。

民國十年中秋宜黃歐陽漸敘於支那內學院

《世親攝論釋》敘

粵稽聖教,世尊說菩薩藏中之論藏,曰《阿毗達磨經》;彌勒說論中之大乘《毗婆沙》,曰《瑜伽師地論》。無著括《瑜伽師地論》法門,詮《阿毗達磨經》宗要,開法相、唯識二大宗,曰《集論》、《攝論》。《集論》括詮經論全體,《攝論》則抉擇而括詮之,括瑜伽本地分中菩薩地之功德諸故,此境、行、果三事,彼《深密經》七義故,詮《阿毗達磨經》中《攝大乘》一品故。《集論》宗法相,則以蘊、處、界三科等敘一切法故,識雖尊特,與色受想行並開蘊故;《攝論》宗唯識,則以一切法唯有識以立言,所謂一切顯現虛妄分別、唯識為性故,攝三性以歸一識故。然《十地經》說三界唯心,是則"唯"言為"獨",於聖教海中有所抉擇而示尊崇,則不在《集論》而在《攝論》。

復次,《集論》宗法相,導小以歸大,五姓齊被,三根普攝;《攝論》宗唯識,詮大而簡小,姓唯被二,乘亦攝一。然《深密經》說"一切聲聞、獨覺皆共此一妙清淨道,皆同此一究竟清淨、更無第二",《法華經》說“惟有一乘法，無二亦無三”，《大論》、《釋論》說二乘及無性，亦依大教各於自乘斷種、伏纏、修善、離趣。是則種雖有五，教唯是一。於聖教海中教機相應，獨加持大而說法要，則不在《集論》而在《攝論》。

復次，《集論》談中道，依世出世後得智說六善巧；《攝論》談中道，依出世智說無所得，無所得者，正智緣如，離能所取，無彼戲論，非無相見，是名中道。然《十地經》說不動地無相無功用，《佛地經》說證入如來清淨法海，無別所依，智無差別，智無限量，智無增減，是則依出世智而得轉依，於聖教海中由加行以入十地而證佛地，則不在《集論》，而在《攝論》。上來所談旨意如是，以是因緣當持《攝論》。今為略說要義。《攝論》詮次云何耶？曰：初，什句標綱要故；次所知依、所知相，詮緣生、緣起境故；次，入所知相及彼入因果，彼修差別及增上三學，詮加行、通達、修習行故；後，彼果斷、彼果智，詮究竟果故。小不足語大，大於何屬耶？曰：大之於賴耶故，轉依果海、賴耶因海，共相應故。論云：聲聞不於一切智處轉故，雖離此說，然智得成；菩薩定於一切智處轉故，若離此智，不易證得一切智故。空宗破賴耶何耶？曰：恐彼分別執為我故，空宗雖空亦不斷，雖有亦不常，賴耶亦非斷非常故。法相宗亦大，而非賴耶耶？曰：大之所對有二：

一，緣生有相以治空，《辨中邊論》首《相品》、《集論》首《三法品》，非特說故。

二，緣起大因以治小，《攝論》首《所知依分》，是所崇故。《攝論》捨賴耶名取所知依名，何耶？曰：小不斷所知障故，訓釋詞與轉依同故，賴耶多說有漏故。《攝論》因中缺發心何耶？曰：發心以前為種姓，入地以先為加行，菩薩已得勝解、已備資糧而將入地，初略發心獨談加行故，次略四十心、獨建十地故，十地菩薩位故。然則博地凡夫何入耶？曰：《入所知相》最初一句云“大乘多聞熏習相續”，初造種姓故,種姓有性有習,習力強故,由多聞尋思而發心,尋思通未發心故,三鍊磨、四斷處、六度、三學,不禁行故。菩薩根本六度,又詳三學何耶？曰:戒四殊勝、定六差別,與無分別智,顯大增上,小所無故。《攝論》果中缺有餘涅槃無餘涅槃,何耶？曰:非有為、非無為,無為、有為盡未來際,獨歸無住,非小境故。如是略說《攝論》要義。世親菩薩聞《十地經》,悔小悟大,涕淚悲泣,割舌贖過。無著造此,授以作釋。後復推廣,造《三十頌》大宏厥宗,大事因緣,一何鄭重！復有無性,亦釋此論,異義紛披,此姑不述。譯斯本論,凡有四本:一為後魏佛陀扇多,二陳眞諦,三隋笈多,四唐玄奘。陳譯多異,餘三略同。譯斯釋論,亦有三本,但缺魏譯。亦陳譯異,隋唐略同。讀者會觀,知其趣矣。

民國五年秋九編者宜黃歐陽漸識於金陵刻經處

《雜集論述記》敘

經藏之為《般若》、《華嚴》,律藏之為《瞿沙》、《鼻奈耶》,論藏之為《解深密》、《阿毗達磨》。此《阿毗達磨經》與《瞿沙》、《鼻奈耶》未俱來,而三藏之論藏缺經。境之為《阿毗達磨》,行之為《華嚴》,果之為《如來出現功德莊嚴》,此《阿毗達磨經》與《如來出現功德莊嚴》未俱來,而三相之境相缺經。

三學資經,戒定資律,慧資論藏,論缺其經,如瞽無相,狂慧焉往！依境起行,由行得果,境且無經,威力踔空,非凡足事。然則奈何？經雖未來,約略相貌可推尋耶？圓測《深密疏》言:“世尊《阿毗達磨大乘經》中說十種殊勝,初二是境,次六是行,後二是果。”由是無著《攝大乘論》約三無等說十殊勝;慈氏菩薩《瑜伽》十七地亦辨三種,初九是境,次六是行,後二是果;《深密》亦約三無等以說三分。是則準《深密》、《瑜伽》、《攝論》法門相貌,知《阿毗達磨經》一切法門相貌。窺基言:"無著集《阿毗達磨經》所有宗要,括《瑜伽師地論》一切法門而造《集論》,是則準《集論》宗要相貌,知《阿毗達磨經》一切宗要相貌。"法門標名,名所同故,宗要出體,體所別故。今之所知,不在總同,而在別異。《攝論》被大,權引不定;《阿毗達磨》一雨普被。《深密》談境,詳心意識,宗兼唯識;《阿毗達磨》體義八品,系蘊、處、界,宗獨法相。《阿毗達磨》多本舊義,瑜伽創今,所設各別,二論異趣種種非一,是故《深密》、《攝論》、《瑜伽》法門雖同,依而據之不足以窺《阿毗達磨經》,窺《阿毗達磨經》,其必於《集論》歟?無著大悲救惡取空,既請慈尊降說《大論》,《大論》主《深密》,唯識、法相,平等、平等。更欲獨顯,乃造《集論》,是則法相一門研幾深入,其必於《集論》歟?

論釋雜糅,是稱《雜集》。詳斯大旨,乃有十義,見《大論敘》十支第四,今不重述。述四利六障而已。

四利者:

一,無經有論利。唯識以識攝蘊,蘊亦是識,染淨俱八,無漏寄存;法相以蘊攝識,識亦是蘊,蘊不攝無為而攝於界:初品建立門應善其相。唯識惟是一識,百法明門而攝一門;法相捨種種執,觀無量門不觀一門;初品廣分別門六十義應善其相。如是於《本事分》中立《三法品》。殊特義是唯識義,故說所依賴耶無對;平等義是法相義,故說十一攝相界統同,以平等義獨標於攝故。如是於《本事分》中立《攝品》。空故無得,無得故不標相應,唯識言心即攝心所,心、心所外不作別談。不空故善巧,善巧故獨標相應,法相相應,種多有六,不獨同行。如是於《本事分》中立《相應品》。緣起義是唯識義,故原其因說種子相;緣生義是法相義,故究其果說成就相。如是於《本事分》中立《成就品》。《顯揚》六善巧外,增諦成七,但是苦、集而非是染,但是滅道而非是淨,此亦如是:觀苦集滅道種種法相,唯識不然,如是於《決擇分》中立《諦品》。唯識簡聲聞藏八萬四千法蘊是三藏相、是所緣境,法相則攝《方廣》十事門、菩薩別藏,更攝十二部聲聞通藏,如是於《決擇分》中立法品。唯識菩薩別五位十三住,法相三乘通二十八補特伽羅;唯識六現觀信戒但引助,眞見攝智諦少分,相見攝邊智究竟,無聲聞現觀,法相十現觀平等平等,前七共習但不作證,不於下乘出離而有十一種差別。如是於《決擇分》中立《得品》。唯識精修觀行,但說止觀利益;法相諦察相貌,並詳論議決擇利益。如是於《決擇分》中立《論品》。上來所述,雖無其經,而見諸論,爝火井觀,寄情聊勝,法相大道有徑有門,以是因緣為利第一。

二,唐疏存在利。相宗六經十一論,《對法》、《莊嚴》無經。其有經者,《楞伽》、《華嚴》都無疏文,惟獨《深密》有《圓測疏》。《分別瑜伽》無論。其有論者,唯識宗《攝論》。《莊嚴》無文,《百法》唯識有基《述記》。法相宗《五蘊》、《顯揚》無文,《中邊》、《雜集》有基《述記》。《大論》存兩:《倫記》、《基纂》,是則兩宗肝髓,猶足披尋;護法、戒賢,玄奘、窺基,薪火無簡,文獻能徵,以是因緣為利第二。

三,直敘易入利。《成唯識論》義待論成,法少宗多,每一法門先簡別破後示正義,故於《述記》既詳敘外,又詳敘內,內又多宗,紛紜錯閒,淹貫非宿,率爾難明。《阿毗達磨》先所成義,法多宗少,每一法門直示正義,不談別破,故於《述記》亦略述外,獨談於內,唯內多宗,簡明博大,初泛教海,唯力是視,以是因緣為利第三。

四,此學條理利。一本十支,言人人殊,不會其違,滯於一隅,一法不融,諸法不通。故《法苑義林》基功第一,而此《述記》,每一法相,多門簡別,《義林》遺響,慰我悼殘,以是因緣為利第四。

六障者:

一,體例頓變障。《三法品》建立門,分段系疏,尋章得義,誠足暢怡。自此以下及與七品,頓變其例,或篇終洋灑環列多義,或數句小段錯雜出陳,目眩神迷,望洋向若,以是障第一。

二,他師淆雜障。嶲師《對法》,別自一家,義異基師,科亦不合。連篇淆雜,能使讀者疑於煩復,滯於會通,誰為、誰義,難可分河,以是障第二。

三,詳前略後障。《三法》翔實,堪稱《義林》,七品以後,數義晨星,基師著述,此及《大論》,均悼此失。境義雖豐,行果枯落,殊使讀者探研聖量,智苦不圓,前師後資,唱喁和于。意者,古匠故舉大事留待後人耶?以是障第三。

四,顛倒錯簡障。順次無眉,披尋可稽,有數句雜數十卷後,有數句雜數十卷前,亦復誰能堪耶?以是障第四。

五,章段殘蝕障。連山層雲,忽然中斷,虧簣唐功,焉可喻苦,以是障第五。

六,倭本惡劣障。衍字、缺字、錯字、俗字,一髮全身,竟日沮廢,以是障第六。

豔彼四利,被甲前驅;值此六障,嗒焉神喪。然宋元以來,幽錮千載,筏喻幸在,忽遂不航?於是分割剖裂,前後整理,次系論下,八品劃一而障去。基文割前,嶲文屬後,清其眉目,而障去。殘蝕者醒之,衍者節之,缺者補之,錯者俗者竄易之,而障去。蓋至是而《述記》通利歟?讀《記》以解《論》,讀《論》以思《經》,法相徑途,方斯在歟?心力羸劣,治半未徹,起予得呂潤,賡續而成之。黃華亦糾治兩條。間關入隴,得蒯君壽樞資而梓之。始治於民國三年,終事於民國八年也。

民國八年中春編者歐陽漸識於金陵刻經處

《佛地經論》敘

境、行、果三,攝聖教盡。《阿毗達磨》多談法相,屬境義邊;《十地》說修,屬行義邊;《佛地》說證,屬果義邊。以言乎經,經莫重於是。菩薩依地入住出三,入地加行,《攝大乘》有論;住地正行,《十地》有論;出地究竟,《佛地》有論。以言乎論,論莫切於是。《對法》、《瑜伽》見釋迦、彌勒學,《十地》、《攝論》及其所釋見無著、世親學,《成唯識論》、《佛地經論》見護法、親光學。玄奘、窺基開此土之始,護法、親光結西域之終。以言乎學,學莫賅於是。因學以了論,因論以明經,因經而知見正;是故當談護法、親光學,當談《佛地經論》。

經談果相,云何相耶?

曰:斷果、智果,攝大覺地盡故;十八莊嚴淨土、二十一殊勝功德,則說因緣分故;斷果唯一,法界十虛空喻通十難故。智果有四:一,鏡智,十喻照用超情故;二,平等,十相地地各滿故;三,觀察,十因成佛、世界種種可得故;四,所作,十地三業相分故,和合一味菩薩有故,三身差別五法攝故。是為此經相貌。

此經二宗,何所繫耶?

曰:清淨法界無二障識之所顯故,與智相應假名為智,唯是識故;三十二相、八十隨好、十力、四無所畏、十八不共佛法,種種差別法相所攝,此不詳故;是為此經宗趣。

經通於論,論通於學,親光學可略言耶?

曰:此土傳來惟此一論,舉論所陳與諸師殊,簡得十義:所謂如來說法不說法唯識義;佛會能化所化唯識義;心體自照有四分義;佛身、佛智有相分義;無佛種姓不定種姓義;無漏種子本有新熏義;無明不通善性義;三身略義;見為相因、體為用因義。

云何如來說法不說法唯識義?

佛慈悲增上緣力,聞者識上文義相生,佛不說法,是聽法邊唯識義;聞者善根增上緣力,如來識上文義相生,佛實說法,是說法邊唯識義。論取兩邊,識非一故。

云何佛會能化所化唯識義?

佛說法時,地前見化身居穢土,地上見報身居淨土,由佛平等增上緣力,鏡智相應現瑠璃身,令善根成熟有情自心變似如是身根,謂自心外見如來身,是為能化唯識邊義;由佛淨法界增上緣力,令自種成熟有情於自法界自識生時,如是作用變現而轉,說名如來作諸眾生利益安樂,除此更無如來法身能化生事,是為所化唯識邊義。

云何淨土唯識義?

於中種種,簡得其七:一量、二處、三因、四果、五共、六輔、七漏。一,量者,自受用土,諸佛難測,他受用土,地前難測;二,處者,甚深所攝,非蘊界處,周徧不離,寧有方所?但隨所宜說色界淨居或西方極樂;三,因得,勝出世間善根所起,後得勝本謂之為勝,非是無因,非自在因,是故經說"不可以少善根福德因緣而生其國";四,果者,無漏體相曰大宮殿,識變似寶,非離識外別有實寶;五,共者,山河大地,異識各變,同處、相似,不相障礙,如眾燈明,假名為共。諸佛淨土亦復如是,各佛識變,各各周圓,立以假名,共此法界。又佛現粗、菩薩現妙,亦自識變，同處、不礙，謂為一土，共集其中。此意說言，法界共有，非如懸的，唯眾矢之相投；有若群燈，乃交光而相網；六，輔者，八部皆變而非眞實，為嚴土故，為化生故，為供佛故；七，漏者，菩薩變土，自其八識則為有漏，自其後得則為無漏。如是七義獨擅勝能，化土雖殊，唯識不異。若能信解通利，修習淨土，自利、利他，無無窮過。一，徧計所執過，西方非定性有，如幻有故；二，心外有境過，佛不能化生，生不能見佛，佛生身土各自識故；三，有緣無因過，親因種子念自性佛故；四，有因無緣過，增上疏緣念西方佛故；五，昧果迷因過，十念往生作他時種，非已生故。略舉五事，開則無邊，且止繁文，應談正義。

云何心體自照有四分義？

內證自體猶如燈光，既能照物，亦能照燈，非必如刀不堪自割。《攝論》二分創立相見，《集量》三分推及自證，此《論》四分加證自證，雖是一體，多分合成，不即不離，內外並知，無無窮過。

云何佛身、佛智有相分義？

鏡智現影，任運轉故而無分別，無分別智所緣眞如不離智體無別相分；觀察現影，若無分別，誰復有能觀因果事說法斷疑！後得所緣雖不離眞而不證眞，變眞而緣故說離眞，如有漏心似境相現，但無二取，一切皆同；復次法身雖無色像，受用、變化由本願力，自勝行力生起眾相，種種圓滿，變化自身有依他心無自依心，變化他色則有實用，變化他心惟相分明，如是說佛相分義。

云何無佛種姓、不定種姓義？

有情種姓法爾具五，第五無姓畢竟不能滅度，一切如來本發弘願，為有情故求大菩提，若諸有情盡得滅度，爾時諸佛有為功德何不斷滅！諸余經中宣說有情之類皆有佛姓、皆當作佛，然就眞如法身佛說，或就少分方便而說。清淨法界雖徧一切平等皆有，而由障力所持,如世生盲不見日月,是故眞如一體、隨相分多、一切皆有,正智說用、障用不行法爾而無、非一切有。復次不定聲聞雖證小果,有寂靜安樂而無受樂,化身涅槃根身增壽,修習資糧永劫證果。如是說種姓義。

云何無漏種子本有新熏義?

無漏種子無始本有,依識相續,發心以去熏習增長,平等觀察初地現行,鏡智所作最後方起。

云何無明不通善性義?

緣生相見,依他起攝,非名法執,妄計心外,或定性有,方得執名。法執所在惟為不善,非見所攝愛恚無明,非法執處亦通無記。

云何三身?

略舉三義:一攝,二常,三共。一,攝者,法界惟法身,四智通報化;二,常者,法身自常,報化恒依,念念生滅而說有常;三,共者,所化無緣,是為不共。諸有緣,佛各現一化,更相和雜,為增上緣,令所化生謂見一佛,是為共相。如是說法身略義。

云何由見起相或體起用能為生因義?

雖非生彼能現彼故,雖非親種是緣因故,雖無異體由不一故,如是說見為相因、體為用因義。

以上十義非是率成,無量論師展轉立破,最後決定微妙甚深,所謂金剛無能搖轉。準親光義,法界法身是體,四智報化是用,眞如所緣是體,正智能緣是用,有姓是體,無姓是用,無為無分別是體,有為無分別、有為有分別是用。體不可說,用有以行,體用一淆,是非蠭起。若欲詮表,惟是世俗,能所分明,無無窮過。若欲體用不二,能所一如,第一義空,何須文字!或屬觀行,非詮法相。相觀倒用,兩敗俱傷,諍訟到今,曾何所益!乘是知見,厚集善根,種姓一成,成佛不謬。

以是因緣當談親光學，當讀《佛地經論》。

民國六年中春編者宜黄歐陽漸識於金陵刻經處

《成實論》敘

法海難言，難於善巧，是故有菩薩藏，有聲聞藏。菩薩藏圓滿說、如實說、究竟說，說地上未入地加行事詳；聲聞藏一分說、方便說、引導說，說信解未信解切近凡外事詳。故不讀菩薩藏，弊同摸象，如箕、如帚，雖實眞體而非全相；獨談菩薩藏，淩跨粗略，不暇細入，是為藥不當病，服不適身，弊同說食，唐勞無益。以是因緣大乘小乘一切經論，智者應學。

復次，一微不足成物，而水火地空不必相到；一師之論不足以賅存，而兩是之說又不容以立宗。法賾而宗多，理堅而不和，今且談於三性。徧計空，則《般若》一切空，空不至《般若》，空之門不淨盡；依圓有，則《瑜伽》萬法有，有不合《瑜伽》，有之門不善巧。造極於《般若》、《瑜伽》，而漸次於《成實》、《俱舍》。蓋佛法至玄，衆生至執，轉移方便，中間多級，是故不善其義，雖大乘而皆魔；如得其情，無一部而可缺。今且談於立破源流。佛後百年，僧祇上座分部。又百年，而薩婆多從上座出，樹《毗曇》義，義近世閒說三法實、三世有，義本聖教說人我無。其經主《阿笈摩》，其論為《六足》、《發智》、《婆沙》、《雜心》，此方備譯，是為引凡之近軌，小道之初基。又百年，而經部從薩婆多出，以經為量，不及於律。說蘊、處假，惟界是實，說過未無，惟現在有。鳩摩羅多造《喻鬘》、《癡鬘》、《顯了》等論，室利邏多制經部

《毗婆沙論》,而皆未譯,是為入大之游路、小道之升進。九百年間,從經部所出又有二部。其接入大乘《瑜伽》者曰《俱舍》。《俱舍》者,世親以薩婆多不善有義,正之以經部而造論;然蘊假、界處實,又自異於經部。《正理》朋有部而破之,安慧糅《雜集》以救之。《雜集》者,瑜伽之支,三法皆假,是為究竟假、如幻有,大乘善巧方便以異門而說有。從經部所出接入大乘《般若》者曰《成實》;《成實》者,訶黎跋摩以經部不善空義,簡諸部所長而造《論》。說四塵實、四大五根假,則又以界處假而蘊實。其同《俱舍》者,同經部故,其異《俱舍》者,取諸部義故。迴小入大,經部一變,此土缺籍資於二論,以是因緣,《俱舍》、《成實》智者應學。

復次略說源流已,今且說《成實》要義。

稱《成實》者,成何實耶?

曰:實名四諦,五受陰是苦,業及煩惱是因,苦儘是滅,八聖道是道,成是法實,故曰成實。

法空成而實之何耶?

曰:論意非成法實,對人空故而有法實,近而易明、切而易行故。

成四諦實何耶?

曰:惟一獨苦更無其餘,故成苦;無明、邪慧,患起於執,金剛三昧治惟一空,故成集、滅、道,以是諦實故。

若爾,梁三家判為大乘何耶?

曰:《成實》說滅三心,於信解位中以聞思智滅假名心,於煖等位中以空智滅法心,於滅定無餘涅槃位中以重空義並滅空心。滅法、滅空,小乘不能、大乘能故。

若爾,嘉祥判為小乘何耶?

曰:《般若》畢竟空,《成實》析色空故;又《成實》雖滅三心,正義在截破假名，五陰成人，色香味觸成瓶，苦、集諦中詳信解事故，法心空心詳地上事，則大乘《般若》經論故；又《雜心》法有體性，《成實》無而有相，《般若》體相皆空，所謂空不至《般若》，空之門不盡故；又滅諦聚中立無破聲、破香味觸、破意識、破因果，說一切法空，論則以為空智易得，分別法相智難生故，佛說有五陰，智色等一切法有故。

若爾，《成實》說法相，《瑜伽》亦說法相，《成實》過無論家言。若無則無罪福等報、縛解等法，執無所有是執亦無，《瑜伽》過惡取空亦然。《成實》、《瑜伽》無以異耶？

曰：《瑜伽》為空後法相，《成實》為空前法相。空前法相，徧計法相毫髮不容有，《成實》過無論家為似破故；空後法相，依圓法相法爾不可無，《瑜伽》過惡取空為能破故。

若爾，《毗曇》眼見，《成實》識見，色在知境，識是實法，非大乘一切唯有識耶？

曰：大乘依他、有而不實，大乘唯識為遣執境、非真實有故；又《成實》不立末那分，取行末之心生意識者為意根，有二念俱過故；《成實》不立賴耶，滅定識離於身、命熱不滅、出而心生，有識無常過故，是為粗而不細、斷而不續，說識不善巧故。

陳有慧愷者，稱《成實》破立未妙，是不識截破假名未遑法心，成實意有所屬故。又稱《成實》傳譯參差，則每讀十論，迷離不晰，何耶？

曰：《成實》一切人有癡心故，色性不可得故，當以是義讀《有無相品》；《成實》惟現在有，惟四塵有，當以是義讀《二世有無品》、《一切有無品》；《成實》業滅能生，因義成故，當以是義讀《過去業品》、《中陰有無品》；《成實》四心有前後，滅法有無量心，又煖、頂、忍中別緣諦空，次世第一緣假名用，後入無相緣空一切，當以是義讀《次第一相品》；《成實》羅漢以定進退差別說九，當以是義讀《退不退品》；《成實》取性無明徧三性故，不淨非客，當以是義讀《心性品》；《成實》取性無明徧通六識，餘惟意地，又心受前後相應不同，當以是義讀《相應不相應品》；《成實》堅合依堅四大非實，無心所故，無有相應。復立多心不住不俱，如是易明。

是為略說《成實》要義。以是因緣智者應學。鳩摩羅什譯斯論竟，授命叡講，謂諍論中七破《毗曇》，在言小隱。嘉祥、慧遠，俱善《成實》，《中》、《百》、《門》論，具有疏在，《大乘義章》、《維摩》、《十地經論》，義記猶幸有存。彙而讀之，津斯問矣。

民國五年中冬編者宜黃歐陽漸識於金陵刻經處

《五分般若》讀

般若全潮，聚前五分，龍樹釋經，乃在二會，今取賅簡，五分為尤。此會雖不詳舍利子方便前後二分，而於須菩提信解實相中間三分義無不賅辭，無不簡。若先熟此具有津涯，泛海探驪都非難事。須菩提般若明三三昧相，信解般若明空相無著相，實相般若明般若流布相，般若示世間實相，菩薩行相菩薩相應般若相。

須菩提三三昧相者。無生三觀，無自性空三昧也，性遠離無相三昧也，無覺知無願三昧也。我不見有法可名菩薩，可名般若，使我教何等菩薩修，何等般若，是心非心本性淨故，若無變壞亦無分別是則名為心非心性，如是說無自性。我觀一切生滅染淨都不可得，無所有法無定無住，不退菩薩以無所住而為方便住無所住，不住色等，非作行者能攝受般若故，色不可攝，受即非色，般若不可攝受即非般若，名無所攝受三摩地輪，勝軍梵志得離相門，於此能解，以真法性為定量故，是為法性離。不行色，色生，色壞，色滅，色空，是行般若，不取行不行，亦行不行，非行不行，於不取亦不取，是行般若，以一切法離性相故，名無生定輪，廣大資具不共聲聞，是為行相離。如是說遠離。菩薩安住無生定，而不見不著不念，已正當入一切不起受不退記，於如是定無知無想，以一切法無所有故，如是學時，非於法學，異生所執法非如是有故，如無所有如是而有，於無所有法不能了達說為無明，墮愚夫數，若遇善友教以如幻五蘊有情，成辦如幻一切智智，雖是新學而不退屈,如是說無覺知。

此三三昧入涅槃門雖是通義,而方便善巧應說至深至廣大乘義。不獨斷見無執稱摩訶薩,應談被大願鎧發趣大乘及乘大乘事。滅度無數有情入無餘涅槃,而無有法及諸有情得涅槃者,諸法實性法應爾故,一切智智無造作,有情亦無造作,一切法無染淨縛脱,如彼幻士無所有故,遠離寂靜無生滅故,是名被大願鎧。勤修六度,能從一地進趣一地,是名發趣大乘。無出無住無乘出者,譬如虛空三世平等,是名乘大乘。大乘者,三定增上也,無二者,無生實相也。云何無二,以是十無,若時行深般若,若時即不取色,色無生無滅即非色,既無生無滅即無二無別,若說色即入無二法數。

餘釋五難。一,我不許無生法中為度有情修難行大苦,於苦行作苦行想不能饒益有情,若發菩提心,為度彼,故苦行、樂想、難行、易想、有情父母想,又復思惟無所有不可得,乃能難苦作大饒益。二,我不許無生法中有得有證,雖有得證而非實有。三,我不許一切法於已未生及生不生而生,於此無生亦不說無生相,此法及言俱無生義,而隨世俗說無生相。四,諸佛弟子於一切無依著者,法爾皆能隨所詰問酬答如流,以一切法無所依故。五,恒住無依不離大悲,悲性平等菩薩應與有情無別,此雖難義而適成義,有情無自性,性遠離無覺知,菩薩亦如是無差別故。

信解空相者。菩薩應先發菩提心大誓莊嚴直趣大乘,應以空相安住般若,不應住色,住此是色,住色常樂我淨,住色無常與苦無我不淨,不應住大小乘果,無為福田應供入寂,應如如來心都無住,不住有無為,亦非不住,以無所得而為方便如是而住以學般若。我為如幻有情說如幻法,彼於所說無聞無解無證,聲聞獨覺如來亦皆如幻,乃至涅槃更有法勝涅槃者亦復如幻,幻與有情及一切法無二無別,皆不可得不可說故,如是深法,不退菩薩正見凡夫滿願羅漢乃能信受,此中無法可顯可示,故信受者亦不可得。

帝釋散華非從水陸草木所生,非從天心化出,無生性故,此華不生便無華性,如是而學,不依羅漢獨覺學,便學一切智智,即學無邊佛法。若學無邊佛法,即不學色增減取捨,即不學一切法攝受壞滅,若不學一切智智攝受壞滅,名眞學一切智智,以無所得為方便故。欲求般若不應即離色求,色非般若亦非離色別有般若。

甚深般若是大般若是無邊般若,色無邊故般若亦無邊,所緣無邊故般若亦無邊,云何所緣無邊,以三際不可得故,由此所緣無邊般若亦無邊。又非有情數多說為無邊,有情假名無事無緣,名所攝故,本性淨故,由此說有情無邊般若亦無邊。

凡說般若一義竟,便廣說功德勸學,一,功德勝利,二,與設利羅較福,三,廣勝利,四,與設利羅抉取,五,較法施。

信解無著相者。初學空有相,久修空無相。空無相者,無知無覺,如是而行是為無著相。一,隨喜回向,二,其餘無相,隨喜回向者。普緣佛及弟子諸有情類一切善根起隨喜心復以此心回向菩提,如是所緣所取實不可得,然非想心見倒者,所可用心盡滅離變,以無二心俱時起故,心亦不可隨喜回向心自性故,所緣諸事及諸善根亦盡滅離變,皆不可得故,於自所起心等及法,無心等及法想,便不墮倒。正知此心及法盡滅離變非能非所,雖如是知而隨喜回向,便不墮倒,不生執故。正知佛及弟子滅度非有,雖隨喜回向亦不可得,便不墮倒,不取相故。善現意義雖不取相不離般若而所作成,彌勒則說都不可得,取相分別是有所得名為雜毒。實性無倒勝於諸定大施,六度隨回過現未法如眞解脫,我於如是眞如法性無向背縛脫染淨而隨喜,我於如是無轉移失壞無相無得方便而回向。

其餘無相者。般若如佛住,為五度眼導不引發色,於一切法都無所成說一切智智,起如是想般若不為生滅成壞一切法出現世間,而與世間作饒益事,便捨遠般若。般若非空非有無所分別,起如是想般若空無所有,便舍遠般若。般若不顯色乃至不顯菩提,起如是想般若於色不作大小集散乃至一切智智不作強弱廣狹,便捨遠般若。有情與般若皆無生、無自性、離滅、無知,有情力積集如來力亦積集,起如是想我當度生入無餘涅槃,是大有所得,便捨遠般若。有初心遇友即能信解,有多遇諸佛,執有所得久不信解,馴至毀法便墮極苦。

色非縛非脫,色三際非縛非脫,色清淨,一切智清淨,一切智清淨,色亦清淨,從本以來無二、無別、無斷、無壞故,起如想極清淨,故畢竟淨故,便亦如前舍遠般若,著名著相。菩薩於色謂空,是名為著,於三世法謂三世法,是名為著,謂初發心時無量福生,是名為著,心本性空亦不能回向,執有此心回向菩提,是名為著。復有微細執著,於諸佛故取相憶念,隨所取相皆名執著,諸法實性非三世攝,若於三世深生無漏隨喜共諸有情回向菩提,亦名執著。若諸菩薩知法實性本性離故無造作覺知,即能遠離一切執著說為無著。

不行色色空色不圓滿,是行般若,色不圓滿即非色故。又復不行無執相,是行般若。甚深法性若說不說俱無增減,幻士讚毀虛空生滅都無所著,是行般若。如是而行即為守護,知法如響而不觀見亦不毀示,是行般若。慈氏不說色空法,不說色縛脫法故。

說空門無著門竟,發大讚歎,一清淨,二無染,三廣大,四無邊等四十五讚。

實相四段。

一段,般若流布相者。一,信解圓滿。二,留難不生。

一,信解圓滿者,久修乃能信解。一切智智從般若生,般若復由一切智有,不住色不住色甚深性,是學色與色甚深性,不學色不學色甚深性,是不住色與色甚深性,此之信解,是不退位已得受記或近受記,王都大海妊產三喻喻是近相。久修乃能圓滿,不見色增減,不見法非法,於色不起不思議想而行般若,速得圓滿。不分別十力乃至一切智智。十力乃至一切智智不可思議,色乃至一切法亦不可思議,如是而行都無所行處,是為久修相。

二,留難不生者。讀誦《般若》不能一歲總了,多諸留難,應作是念仗佛護念,魔不留難。佛涅槃後於東北方法廣流布,若有信樂定證菩提,諸惡魔王不能為力,常求不息,一切時得,或自然得,佛護念故。廣明魔事有十復次,兩不和合有十五復次,新學菩薩若得佛護,無此一切留難。

二段,般若示世間實相者。五蘊名世間,般若能示五蘊無變壞相,五蘊無自性故,說名空無相無願,即眞法界,非空等法可有變壞也。

佛依般若證知無量有情心行種別。有情散心由法性故無散心性略心盡故離故無略心性,貪瞋癡心由如實性無三毒心離中亦無,廣心無增減遠離已遠離故無廣心性,大心無去來亦無所住無大心性,無量心無生滅住異如虛空無依無無量心性,無見心無相無境無無見心性,不可見心非三眼境無不可見心性。

佛依般若知有情心若出若沒皆依蘊生。或執如來死後有非有,或執我及世間常無常邊無邊,或執命者即身異身。又如實證知眞如無二無別,如來眞如即五蘊眞如,一切眞如皆不相離,非一非異無盡無二,亦無二分不可分別。一切如來皆用諸法眞如不虛妄性不變異性顯了諸菩薩行諸佛正覺。蘊無盡,故眞如無盡,蘊甚深,故眞如甚深,蘊與眞如無差別故。

般若以三解脫無生滅依止無性為相,不可安立破壞,有佛無佛法爾常住,如實覺知名正等覺,覺知諸法無實作用,以作者無用故,覺知諸法無所成辦,以形質不可得故。般若示世間相而無所生亦無所示,不見色名示色相,不緣諸色而起識名不見色,由不見故名示諸法實相,世間空故離淨寂故名示世間實相。般若為大事出現世間,以拔濟有情為大事故,般若為不可思議不可稱量無數量無等等事出現世間,以如來所有佛性如來性自然覺性一切性。故諸法無自性自性空無限量,亦不可思議乃至無等等,思議稱量數量等等滅故過故。是故佛付般若成辦一切大事,如王囑大臣,是故般若不為執著色故出現世間。

從他方來能具信解,新學大乘信若堅淨,便不退墮,有如是浮囊熟瓶固船健扶四喻。

三段,菩薩行相者。新學菩薩有二大事,一,親近善友,二,發菩提心。教以無所得為方便回向一切智智,勿以色取二乘取,是為善友。誓為拔濟世間,作宅舍歸依洲渚,示究竟道,作導師作所趣發勤精進,是為菩提心。不退轉菩薩有四顯相,一,空相,二,隨如相,三,方便善巧相,四,不退轉相。

一,空相者,以空甲胄度空有情,不貪般若不執教敕,隨順虛空以為觀察,一切智非色,無得無現觀,無智識生滅能證所證,唯可說為無量無邊,色與一切智無二無別。

二,隨如相者,隨眞如生,與空相應故,說此隨如有十二復次,不由色生乃至不由一切智生,但由眞如隨如來生。

三,方便善巧相者,遠離方便善巧但取空相,則不知眞蘊如鳥墮地。

四,不退轉相者,俗諦難信,眞諦非難,菩提非實有無積集故說難信解,法自性空斷法亦空能所證亦空非難信解。不可以退轉難,無退轉故,色即離於菩提,眞如即離於菩提,皆無退轉,諦故住故何法退轉。不可以三乘難,實則一亦非有。菩薩應於有情起等心,慈悲喜捨心,不異謙下心,利益安樂心,無瞋惱如父母心,如是而學。又不退菩薩相狀有七,識魔有四,不染有八。

四段,菩薩相應般若相者。有十四相應。

一,畢竟空。般若相應義處,空無相、無願、無作、無生、無滅、非有寂靜離染涅槃增語所顯,色亦甚深,眞如甚深故,若處無色名色甚深故,世尊微妙方便遮遣五蘊顯示涅槃,如教而學,如貪熾盛,超劫疾證,功德無邊。云何無邊,一切法門,無不皆空,空不可說,如來方便或說無盡或說無量或說無邊。

二,善回向。空不可說,法無增減,菩薩方便善巧不作增減想,但念唯有名相,持是善根回向菩提,如佛微妙我亦微妙,馴習回向,勢力增上,便近菩提。

三,初後不即離。此近菩提,不即離初心,不即離後心,如燈燋炷,實不即離於初後。

四,心如不即離。如是深微緣起,非可於生滅中求,諸法實相,無生無滅,心住如眞如,而異眞如常住,心不即離眞如,如亦不即離於心。

五,不除遣。相應都無行處,現行法不轉故,此行勝義諦,取相、行相、壞相、遣相皆非,菩薩不念能斷取相想,亦未修學斷想之道,斷道墮小,菩薩以一切法未圓滿故。

六,夢業不著。夢業一題,善現覺有安住夢亦增益,夢殺慶幸,如覺業增,舍利子業須慧轉,若夢若覺若無所緣思業不起,二人皆著,故夢施覺回為實為虛,彌勒不答,而但論本性皆空之至理。

七,依空起願。菩薩於惡獸惡賊飢渴三疾久劫諸可畏事,發願度生不生怖畏,疾證菩提,恒伽天女亦發是願,授記為金華如來。

八,不證。菩薩入空定,先作是念我為學故,觀諸法空,不為證故,觀諸法空,非已入定又復作念入時但觀蘊空不令心亂,則如空見法自不作證,如壯士護險堅翅騰空箭射前楛,必不墜於中道,為拯有情斷其邪見執相四倒諸過,乃不證菩提而趣圓寂無有是處。

九,不慢。菩薩應請問諸餘菩薩修習菩提分法,引發何心能令學空無相無願無作無生無滅無性實際而不作證然學般若,不退轉菩薩能如實顯示應念不捨有情攝受殊勝善巧不共法相,此不退菩薩夢中不著三界二乘,而於實際能不證受,乃至夢作佛事夢除眾災,是為無慢,若增上慢,則受魔誑惡業增長,是故必親善友乃可卻魔,佛與菩薩及能說法名為善友,波羅蜜多經典亦名善友也。

十,遠離。一切法無礙如般若,空遠離故,我及我所本空遠離,無染淨可施設,然以有情執我流轉,就其流轉施設染淨,常緣相應作意則能悲度有情,若知自性皆空無增無減則不離於一切智智。

十一,不行不行即離般若行,即離般若空行,及即離空行以行般若,不行即離空行,即離般若行,以行空,不行即離色行,即離色空行,以行般若及行空,不見有法能行般若及空,不見般若及空所行處,不得此不見,此不得不見所有實相,即是無生法忍,成就是忍,即得受記常能拔濟惡魔怖畏,魔因有九,罪劫可消,聲聞不可近。

十二,圓證。學一切智智,非於盡不生離滅學,佛證眞如極圓滿故說名證覺,眞如無相不可說盡乃至滅故,若念此是般若由此引發一切智智,則於般若不知不見。

十三,離得。心空如幻,空中不見幻與如幻心,安有心得菩提空中離幻與如幻心,安有法得菩提,非無所有得菩提故,般若畢竟離不應修遣引發,菩提亦畢竟離,云何證依般若,離法不得離法故,然非不依般若而得菩提,雖非離法能得離法,而得菩提非不依般若故。

十四,不分別。佛依俗諦說行難善現依第一義諦說行非難,第一義諦無分別,如虛空幻士如來化作機關等,不設非難,度情為難,行一切法離故,離無所有,何沈何怖。

菩薩成就二法魔不留難,一者,觀察一切法空,二者,不捨離一切有情。又復有二,一者,如說皆悉能行,二者,常為諸佛護念。觀察法空不捨有情開之為十四相應,十四相應括之為觀察法空不捨有情。觀察法空為植量之本,不捨有情為充本之量。此實相分詳植量之本,下方便分詳充本之量,般若要義始為賅備。本是涅槃,量即菩提。捨本而談發菩提心,昧量而談趣涅槃路,外小盈庭轉依安望,不讀般若,過失無邊,馴至極苦,可不惕哉。付囑如經,觀十二緣起實相,便能證得一切智智,應如是學。

般若五分。舍利子相應空義也。須菩提,舉三解脫義也。信解闡空,無著深義也。實相,詳植量之本也。方便,詳充本之量也。

《心經》讀

此文從《舍利子般若》抉出，旨要唯是表第一義諦，更無其餘。如《十二門論》，抉《中論》十二義，示空三昧，入涅槃門，旨要唯是一空義也。又如咒之有心中心。十六分六百卷如咒，《心經》寥寥幾句如咒心。故不讀六百卷，不足以讀寥寥幾句；而不讀寥寥幾句，又不足以讀六百卷也。

觀自在菩薩，行深般若波羅蜜多時，照見五蘊皆空，度一切苦厄。

此總攝也。諸佛說法，莫不在第一義諦，第一義諦攝佛法盡，不但《般若》十六分及《心經》全義。《般若》表勝諦，三科、三乘畢竟空，勝諦一味平等，而無所得故。《瑜伽》詮法相，三科、三乘如幻有，法相萬別千差，而不可亂故。然以眞入俗，而俗必歸眞。以自體言雖不一，而以相應言仍不二，故說第一義攝聖法盡也。《深密》說勝義諦徧一切一味，一相無相，一味平等故也。所謂《心經》全義者，"皆空"之謂境，"行深般若"之謂行，"照見皆空"之謂果也。

云何"皆空"之謂境耶？皆空之境，菩薩自性空究極即畢竟空，徧一切一味佛境也。經言：一切如來皆用諸法眞如不虛妄性、不變異性，顯了諸菩薩行諸佛正覺。又言：如來如實證知眞如無二，如來眞如即五蘊眞如,一切眞如皆不相離,非一非異,無盡無二,亦無二分不可分別。又言:般若為不可思議,乃至無等等事,出現世間,諸法無自性、無限量,亦不可思議,乃至無等等。故云徧一切一味,故云皆空也。

云何"行深般若"之謂行耶?般若者,龍樹謂是觀實相慧。涅槃為實相,觀慧則相應涅槃也。深般若者,經言:色亦甚深,眞如甚深故,若處無色,名色甚深。又言:色無盡,故眞如無盡,色與眞如無差別故。是則深般若,唯一眞如,更無其餘也。行深般若者,觀慧相應涅槃,行即相應觀慧,相應之謂行也。龍樹謂:如弟不違師,是名相應,隨其觀慧,能得能成,不增不減,是名相應。雖滅觀法,而智力故,無所不能,無所不觀,不墮二邊,是名相應。如是相應,稽諸經言,有十四義,可得而陳:

原夫無餘涅槃,厥有二相:寂靜寂滅相,為畢竟空,為無所得,為義甚深,在十四相應中為離得行;無損惱寂滅相,為一切智智,為徧一切一味,為義廣大,在十四相應中為圓證行。離得行者,般若畢竟離,菩提亦畢竟離,離法不得離法,而得菩提,又非不依止般若。此類相應,以不生不滅故有畢竟空行,甚深相應義處為空、無相、無願乃至涅槃增語所顯處,法不行法,法不見法,法不知法,法不證法是也。如是有夢業不著行,業以所緣起,覺增夢亦增,以是諸著一掃而空之。如是有不行行,不見般若,及空能所行法,復不得不見,入無生法忍。如是有不分別行,第一義諦都無分別,虛空幻士,機關化作,有何難易?又此類相應,以不垢不淨故,有遠離行,就衆流轉,施設染淨,菩薩明本性皆空,視一切法無所有故。又此類相應,以不增不減故,有隨喜回向行,法不相知相到,無自分勝進之殊,方便善巧,但有位異,而無義別,入以普賢,馴習勢厚,迫近而幾,所謂初發心即等正覺,所謂菩薩行行於佛境也,此行為入道之大要也。如是有初後不即離行,如燈燋炷,實不即離于初後。如是有心如不即離行,心不住生滅而住眞如,雖異常住,而心如互不即離。上來九行,若能相應,為可稱為無所得行也。

復次,圓證行者,佛證眞如至極圓滿,又復無相,故學一切智智,必於一切有情我皆滅度而學,念念不離圓證為佛境,以修一切為菩薩行。此類相應,有依空起願行,獸賊飢疾,久劫諸畏,不唯不怖,乃更發願,願我眾生無此大苦。此類相應,有不遣行,勝義諦相,取行壞遣一切俱非,將欲證大之圓滿,豈猶墮小之斷修?此類相應,有不證行,菩薩先念為學觀空,非證觀空,念已而入,心雖一往,自不取證,是故菩薩道相智行,須先發無上菩提心,乃能觀空不證,箭箭注栝,發心勢用,達於無表,力能無量,鄭重初機,是亦何可忽於佛境哉,一切智智不嫻,而空談發菩提心哉?此類相應,有不慢行,學佛大魔,乃在一慢,應問餘友,菩提分法以何方便而不作證?菩薩雖在夢中,不著三界、二乘,雖除災作佛事,而等若空無。上來五行,若能相應,為能徧一切一味行也。

夫十四相應,括為甚深、廣大二義。而此二義,又非二事:探量之本廣大,不離甚深;充本之量甚深,不離廣大。是則觀察一切法空,而不捨離一切眾生,不可作二者得兼,而原是一事。是則無所得、徧一切一味,不可歧二,亦原是一事。聲聞不能畢竟空,不能一切智智也。菩薩行相應行,一念起時,周徧法界,所言周徧法界者,空智皆周法界也。一切佛法在一毫端上,念念相續,不息不休,精積力久,吞鐵渾侖。故唯求佛,於如是相應行而可忽諸?

云何"照見皆空"之為果耶?不見五蘊,照見皆空,是也。五蘊以何不見?不緣故不見,不緣諸法而起識故。以何不緣?不住色,不學色,不觀色,所緣無相,非色變礙相,非受領納相,非想取像相,非行造作相,非識了別相,故云不見。不見,則一切法無所得也。皆空以何照見?一切眾生皆有佛性,不見故凡夫,見故證菩提。一切有情,等有眞如,不見故流轉,見故證涅槃。彼經眼見,此經照見,皆親緣現見,非比量見,內證聖智,普發現於一眞法界,盡未來際,無有止息,故云照見。照見則徧一切一味也。經言:遮遣五蘊,顯示涅槃,不見則遮遣,照見則顯示也。然無所得、徧一味,原非二事,有佛無佛,諸法常住,心性本淨。凡夫無明,俾障正智,不得緣如;諸佛證覺,譬日當空,纖毫照徹;菩薩無所得,如月如鏡,亦能照了也。般若能現世間實相,行相應於般若時,亦現世間實相,故云照見也。

"度一切苦厄"者,餘依有苦,纏眠皆苦。上自地盡,下至情盡,莫不皆苦,故云一切。幽冥異路,水火異勢,義利異趣,色空異事,然於一切力能皆同。是故度一切苦厄,須徧一切一味也。經言:自證等覺,施設正教,度眾沉迷。一切如來莫不以度苦為事。

舍利子,色不異空,空不異色,色即是空,空即是色。受、想、行、識,亦復如是。

此引申也。引申徧一切一味義也。"色不異空"者,空無自性,色亦無自性,色空眞如,無二無別故。如是應談中道義。無明有愛中間,生老病死之苦,是名中道,十二因緣,不如聲聞執為無常,非因非果、常恒無變故。常與無常,不能具說,墮邊非中故。"空不異色"者,經言:有為、無為,平等法性,說名勝義;非離有為,別有勝義諦。如是應談如幻義。經言:是諸幻法,聖人亦現,但不執著。又言:聖以離言假立名相,如幻眾事迷惑眼慧,不如所見堅執諦實,彼於後時不須觀察。

“色即是空”者,煩惱即菩提,生死即涅槃也。“空即是色”者,經言:幻與有情及一切法乃至涅槃,設過涅槃,無二無別,皆不可得、不可說故。又言:變化與空,此二俱以空空故空,畢竟空中,非有空、化二事可得。

舍利子,是諸法空相,不生不滅,不垢不淨,不增不減。

此引申也。引申無所得義也。“不生不滅”者,無著釋龍樹八不偈云:非滅不滅,非生不生,應知諸句皆如是說。不可說此法非滅,故名不滅,世諦不異第一義,一相無相故,無自體如本性空,如此則是諦,若人不知此二諦之義者,彼於佛深法,則不知眞實。是則諦不可異,而說有方便,應善讀龍樹妙偈,偈云:諸佛依二諦,為眾生說法,一以世俗諦,二第一義諦。亦不可說無滅,故名不滅,經言:一切諸法無始來滅,本性不生,無有自體。不得於無自體中遮生遮滅,不得於無自體中而說貪欲陰盡、更不復生是名涅槃,不得滅復有滅、不生更有不生。是則所言不生不滅者,遮遣五蘊也。為顯示涅槃,而遮遣五蘊也。涅槃空中,不得生滅、垢淨、增減相也。

是故空中無色,無受、想、行、識,無眼、耳、鼻、舌、身、意,無色、聲、香、味、觸、法,無眼界乃至無意識界,無無明亦無無明盡,乃至無老死亦無老死盡。無苦、集、滅、道,無智亦無得。

此承上義而言也。三界心、心所,是虛妄分別生滅也,執障而流轉,對治而還滅垢淨也,我慢有所得,變壞而退墮增減也。空相不動,說何生滅?空相平等,說何垢淨?經言:菩薩為有情昧空說諦,而得涅槃,不由諦智,但是平等,亦復說何增減?經言:是法平等,無有高下。是故無世間三科法,無出世間三乘法,是名無所得。經言:異生所執法,非如是有故,於無所有而有,為無所有不可得。於五蘊無所有不可得,乃于一切智智畢竟空義,徧一切一味義也。

"無智亦無得"者,龍樹無漏八智,為智;自須陀洹聖道乃至佛道,為得。

以無所得故,菩提薩埵,依般若波羅蜜多故,心無掛礙。無掛礙故,無有恐怖,遠離顛倒夢想,究竟涅槃。

此引申也。引申照見皆空之果,而先之菩薩行、涅槃果也。涅槃性空,般若無所得,由行而引,言語道斷,空相所緣,空智能緣,以入初地,是為相應涅槃。以無所得而求一切智智,非一法成佛而乃即止,必法法成佛,一切入一切,一切攝一切,眾德具現,大施方便,是為無住涅槃。菩薩行圓滿時,覺一切相,得一切智,斷一切習,幾與佛齊,舉足下足,皆如來境,已能徧一切一味,是為究竟涅槃。

"心無掛礙"、"無有恐怖"、"遠離顛倒"者,已入初地,已能不見五蘊,雖未圓滿,有何掛礙耶?經言:平等性中,所有不活畏、惡名畏、死畏、惡道畏、大眾威德畏,皆悉永離。更有進者,菩薩聞甚深微妙難信解義,不驚,不怖,不畏,已得不退轉地故。此不退轉,亦名無生法忍,亦名正性離生,自初地以至八地,皆得此名,初不退墮外小,八不退失佛地故。居不退位,受記作佛,有何恐怖耶?菩薩知法即法界,法界即法,學一切法於法界,學法界於一切法,體亦無所得,用亦無所得,常、樂、我、淨,無常與苦,無我不淨,適應中道,有何倒想之不離耶?

復次,未入地前,未得無所得,最初行菩薩行者,必研一切智乃至一切智智,而知佛境。既知此已,發心作佛,念念不離佛,思惟唯一切智智,而於諸法不作二想。一切智智,無性為性,法界為相,如是所緣,亦無性行相,亦寂靜正念而增上,解了無性,斯為第一。菩薩亦行聲聞三十七品,欲至涅槃城故;亦行三三昧,欲入涅槃門故。如是學聲聞一切智已,即以自乘道相智,入正性離生。云何自乘?圓滿無性為佛,漸證無性為聖,深信無性為賢善士。深信證果不證無性是一,遂發菩提心,直趣無所得,復以無所得,圓滿諸修證,是為自乘也。是則未入地前,不異一切智;已至地極,不異一切智智;正在地上,漸修圓證,普學一切智及一切智智。大智而大願,大願而大悲,大悲而大行,一地趣,一地,是為道相智自乘也。

三世諸佛,依般若波羅蜜多故,得阿耨多羅三藐三菩提。

此承上義引申,而次之佛行菩提果也。龍樹:菩提為般若果,般若為菩提因。是則圓滿大般若名大菩提,大菩提以相應大涅槃而生,大涅槃以相應大菩提而顯。是故轉依非一,而不可為二。不二轉依,故大涅槃應談三德。解脫道生,剎那證覺,一念般若相應即佛,佛藏出纏即是法身。德雖云三,一毫端現,故此談大菩提果,即已賅談大涅槃果果也。

龍樹又言:菩提名佛智慧,薩婆若名佛一切智慧。十智為菩提,十一智為薩婆若。佛之知見,是一切智智,諸佛皆以觀慧,相應無所得實相,而得一切智智總相,故云得阿耨多羅三藐三菩提也。

故知般若波羅蜜多,是大神咒,是大明咒,是無上咒,是無等等咒,能除一切苦,真實不虛。

此流通分也。經言般若最尊最勝,故《般若經》凡説一義竟,均備極尊重讚歎。如舍利子説般若空竟,以三十一種名號,稱揚讚歎般若波羅蜜。如《信解般若》説空相竟,讚功德勝利,設利羅較福種種,不容具舉。然般若出現世間,皆為除世間一切苦,皆為作世間宅舍洲渚故。能除一切苦,唯有第一義諦徧一切一味故,遮遣五蘊虛妄,顯示涅槃真實,然後能徧一切一味故。以此因緣,説徧一切一味,是心中心也。

故説般若波羅蜜多咒,即説咒曰:揭諦,揭諦,波羅揭諦,波羅僧揭諦,菩提薩婆訶。

咒以固之,又以標之。揭諦,度也。波羅蜜多,到彼岸也。僧,眾也。菩提,果也。薩婆訶,成就也。

應為之説曰:度,度,度到彼岸,度一切眾到彼岸,證菩提果,事成就也!

《成唯識論》研究次第

方便言說，說四嗢柁南：一切法空宗為般若，一切法無我宗為唯識。智慧與識屬法相事，空及無我屬法性事。空是其體，無我是用，唯識詮用義是一大要旨。唯識學《本論》而外濫觴於《攝論》而昌極于《成唯識》。宜知是時談《成唯識》。

識之體曰性，狀而名之曰如，如則當談二諦四勝義（九卷二左）。識之用曰相，狀而名之曰變，變則當談三性（一卷二左析變義，卷八十六至卷九十右詳三性）。唯識於諦說世俗，于智說後得，於性說依他，依他為法相肝髓，法相乃唯識所從出。是故依他如幻，百義權輿。最初當研三性三無性段。

安慧、護法三性異義，依圓非一異義，證真始達幻義、相攝義（無為真如六法、五事、四實、四諦、三解脫、二諦、二智、假實一異）。

變義詳析，有所變法，有能變法。所變法者，見相二分是也。一切有、無為，二分攝盡。相分別種，細釋見分。必推內二，故次當研識變內二分段（卷七十二至十六右）。當研八識八段十義中四分段（卷二十六右"然有漏識自體生時"起至十八右"了別即是識之見分"止）。

一，六教四量，二，夢定不定，三，為空說處，四，有離言識，五，色依熏績，六，執實非現，七，眞覺了識，八，疏緣他心，九，衆各有識。

小乘外境是所緣，相分名行相，見分是事；大乘相分是所緣，見分名行相，所緣自證分名事。

能變法者，心意識之八識是也。衆緣所生，法不孤獨，故說識一已具法五。實事有體，初說自性；發生現用必有其依，次說所依；用必有所及，次說所緣；王行臣必從，次說助伴；用有相貌差別，次說作業。然析法五，實惟一用，詮釋用義，實惟因果。

初談自性，本識與轉識更互為因性，亦嘗為緣性，故自性中有因有果，因果所從生又有其緣，因果緣三，遞相幻化，法界差別，遂爾賾然。賴耶以受熏及持種之受持為自性，當研八識八段十義最初段（二卷八葉左右、三卷九左“然第八識起”至十右二行“一切法”止）。末那以恒及審思量為自性，當研七識十門分別最初段（四卷八左初六行）。六識以了別為自性，當研六識九門分別最初段（卷五十右“次中思量”）。

若究因義必談種子，根本窮起一切建立，如此當研八識中十門辨種八義釋熏段（二卷八右“一切種相應更分別”起至十六左“是謂略說一切相”止）。當研緣生中十五依十因段（八卷一左“如是四緣”起至四左“進退如前”止）。

辨種十門：出體、一異、假實、二諦、四分、三性、本始、六義、內外、四緣。所熏四義：堅住、無記、可熏與能熏合。能熏四義：生滅、勝用、增減與所熏合。

隨說——語

觀待——領受

牽引——習氣

生起——潤種

引發——隨順

定異——差別功能

攝受——
—無間
—境界　　牽、生、引、定、同、不六因中，
—根　　一分因緣種名生起因；隨、
—作用　　觀、攝、相及六因中
—士用　　一分非因緣法，名方便因。
—眞見

同事——和合

相違——障礙

不相違——不障礙

若究果義，必談五果。然對習必說異熟，如是當研四緣中五果段(八卷四左“所說因緣”起至五右“一切容得”止)。當研相前說名段(卷二七左“一謂異熟”起至七右“非謂一切”止)。

若究緣義，必談緣起。攝《大乘論》有二緣起：一，分別自性緣起，二，分別愛非愛緣起。了自性緣起，法執自空；了愛非愛緣起，人執自空。

自性緣起者，由一切種變及八現展轉合而為緣生諸法分別，如是當研教理無難相中四緣二生段(七卷十六右起至八卷五右“一切容得”止，八卷五右“傍論已了”起至五六右“具廣分別”止)。

四緣段廣釋正廣四緣義(藉托之謂緣，親辦自體，藉托為因之緣，助辦他體，藉托為增上之緣；帶相王所，藉托為所緣之緣；王所前後自類開導，藉托為無間之緣)。旁辨十因義。此段為唯識至要義，亦為諸宗要義。何以故？以緣生故。

二生段現生中,一,種生現三緣,無等無間;二,現生現三緣,無因。有六子門:一子門,自他身相望二緣,無等無間;二子門,自識各聚相望,所緣或有或無;三子門,自聚前後相望,一師六有所緣,二師陳那六五七有所緣;四子門,自聚王所相望,一師不相緣,二師相緣、見不緣;五子門,自聚同體二分相望,相於見有所緣,見於相但增上;六子門,三分相望,見於自證,如相與見,自證於見亦但增上。種生中(種子緣現種起),種於種子無中二緣,現於親種子因緣、增上,非親無因。種於親種子亦然。

愛非愛緣起者,由三業種及二取種、有情生死相續輪迴。如是當研教理無難相中十二支段(八卷七左起至十六左"唯有內識"止)。

有四復次。初復次釋頌,次復次詳名言、我執、有支三習氣,三復次以惑業苦攝十二支,而以十門解釋。此十門中前六門是基師《述記》文,後四門是論文。基師所以稱大乘基者,豈不以此等故耶? 一,列名辨體(此門至要),二,明支得名,三,次第所由,四,總別業用,五,因果差別,六,支互為緣,六門是基師立,七,能所引生(此門至要),八,建立七辨,九,定世破邪(破小乘兩重因果),十,十六門分別(假、實、一多、染、不染獨雜、色非色、漏無漏、為無為、三性、三界、能所對治,三學、三斷、三受、三苦、四諦、四緣、惑業苦攝)。四門論有。第四復次詳二種生死。

因、果、緣三談自性已,次談其依。一切生滅仗因託緣而得生住。諸所仗託種現互因,故現果生有種子依;同時增上,故現識生有俱有依;前後無間,故現識生有開導依。如此當研六識中第七共依段、七

識中三依段(七卷左四"依止根本識"起至"為共親依"止,四卷八右"諸心心所"起至十八右"深契教理"止)。

所依四義:一,決定,二,有境,三,為主,四,令王所取自所緣。五識四種,謂五色根,六、七、八識;六識二種,謂七、八識;七識一種,謂八識;八識一種,謂七識。

開導三義:一,有緣法,二,為主,三,能作等無閒之緣。八識各唯自類為開導依。此但屬心,不屬心所。

說所依已,當談所緣。四緣中說義,八識中亦說事。唯識所以破唯境,長夜淪迷,執境第一。所緣諦審,內外道分,唯識之成,對此立量。智者於此,鄭重思惟。如是當研**八識八段十義中相分見分段、七識十門分別中緣彼段**(八識所緣二卷十九左至二十一"此色為境"止。又十六左"此識行相起"至"行相仗之而得起故"止。七識所緣,四卷十六右"如是已說"起,至"此亦何咎"止)。

說所緣已,當談助伴。心但取總,心所取別,助成心事,得心所名。時、依、同事、處等,得相應名。法界法爾差別,差別必成於心所,是故心所蘄要。如是當研**八識、七識、六識諸相應段**(八識相應,三卷一左至五左"非謂一切"止。七識相應四卷十八左"此意相應"起至二十二右"不違理教"止。六識相應,五卷十三左至十四"種類差別"止。又十七左"前所略標"起至七卷六左"眞俗妙理"止)。

六位心所,以四一切判別,偏行具性、地、時、俱,別境有性、地,善有一地,不定有一性,染則皆無。離心別有心所,亦有四分。諸門分別如表:

說助伴已，當談作業。八識則情器内外恒流，七識則日夜思量、念念計我，六識則別境麤閒、了別而轉。三界業妄、窮際金剛，四智三身、依轉業淨，盡未來際無有息時。如是當研八段十義中因果譬喻段、見分相分段（三卷五左至七左“緣起正理”止。二卷十六卷左“此識行相”起，二十一左“當此亦爾”止）。當研七識十門分別中五行相段（卷四十八左四行）。當研六識九門分別中三行相段、七共依門八俱轉段、九起滅段（九卷十一左“次言了境”起至右“如前已說”止。七卷六左“現起分位”起至十右“無睡悶故”止）。此順《瑜伽》五法詮識，姑舉其概，已足了然。必細簡別，例識攝蘊，應以《阿毗達磨》三科六十門一一印決，法相、唯識鎔冶一爐，二論（《大論》、《成唯識論》）而外亟需《義林》。

偏行	別境	善	本惑	隨惑	不定
教理證有（五卷十七）					
	獨並				
		翻對			
		廢立			
		多少			
		○		假實	○
		○	分別俱性	○	
			自類相應	○	○
	○	○	八識相應	○	○
	○	○	五受相應	○	○
				○	○
			別境相應	根本相應	○
					隨惑相應
		○	三性相攝	○	○
		○	三界相攝	○	○
		○	三學相攝	○	○
		○	三斷相攝	○	○
			相分緣有無事漏無漏名事境等	○	○

《唯識論》中心意識事亦尚有五受、三性、三斷、三界四類，當略聚一處，方便研求。五受可攝屬心所，是生死本，是當境事，故應別釋。如是當研八段十義中五受段、十門分別中七相應中解五受俱段、九門分別中六受俱段（三卷二左四行至右三行，三左一行至九行；五卷一左至右“平等轉故”；五卷十四左“此六轉識”起至十七“憂苦事故”止）。

三性可攝屬作業，或攝屬自性，作用不同，因果大異，故應別釋。如是當研八段十義中三性段、十門分別中六性俱段、九門分別中四三性段（三卷三右“法有四種”起至“故名無記”止。五卷一左“末那心所何性”五行。五卷十一右“此六轉”起至十二右“戲論種故”止）。

三斷可攝屬作業，聖教大事，染淨所事，故應別釋。如是當研八段十義中八斷伏位次段、十門分別中伏斷位次段、九門分別中九起滅分位段（三卷七左“此識無始”起至十右“一切法故”止，五卷二左“此染污”起至五左“皆入此攝止，八卷七右“及無心二定”起至十一左“滅盡定故”止）。

三界可攝屬所緣，唯識偏趨，外凡内小，故應別釋。如是當研十門分別中七界繫別段（五卷二左“末那心所”六行）。

心、意、識三，各聚別簡已，應總聚相料。如是當研總料三能變段（卷七十右“是故八識”起至十二左“相所相無故”止）。如是研已，當順論文八段十門及與九門，長篇讀誦，融會貫通，無虞碎鎖。

夫識能了別，内外共許，以何因緣，必及心意？理多礙故，事無依故，法界如幻不相似故，法界周徧不如量故。建立賴耶，一切自在。是親證事，比智不可籌度故；是極果知，十地不能贊一詞故；是無我境，非無明及慧之法執故。但信聖言，智炬自燭。必欲求解，少分研文。如是當研八識中五教十理段、七識中教理證成段（三卷十右“云何應知”起至四卷七右“應深信受”止，五卷五右“云何應知”起至十右“實有八種”止）。

與貪等俱亦名相應、唯大乘有

不共
- 恒行
- 獨行
  - 主是　見斷，迷諦理起，唯分別起。
  - 主非　通修，忿別頭生，體雖即本，從輕相說。

非貪等俱分十相應大小乘共

上來變義談竟，即是境義說竟。夫行果精義，法相取詳，唯識從略。然五位談識，亦具方隅。外與內異，曰無漏異；凡與聖異，曰無漏異；學何所求？曰無漏求；分何所證？曰無漏證。夫無漏者，純粹、潔淨、現成、法爾、不待造作、不容攙和、別為其物也。三界繫屬曰漏，無漏者離繫也。世閒萬善擴充不到，引而生之是在聞思。射則趨的，水則赴壑，君子所學，志則見道。前乎此者，種姓、勝解，以為資糧，加行、尋思，以為臨入；後乎此者，修習、究竟，以了斯事，三身、四智，分內何奇？如是當研唯識位中資糧五位段（九卷三左"初資糧位"起至十卷末止）。

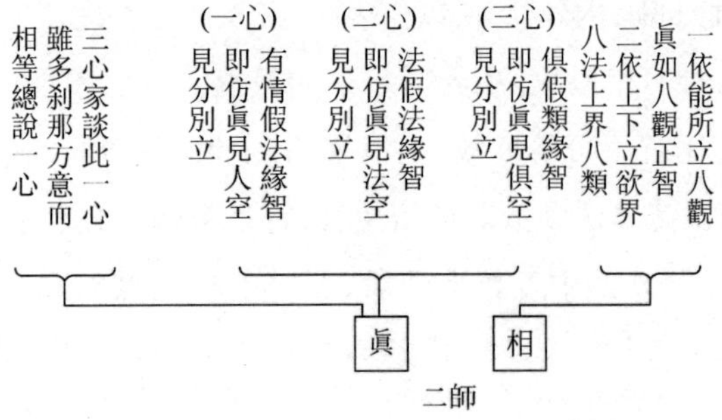

法類三例:一,如智緣;二,別總緣;三,下上緣。今取第二。

二障斷伏表
- 煩惱障
  - 見
    - 現—地前伏
    - 種—見道斷
  - 修
    - 現
      - 地前伏
      - 初地伏盡
    - 種—金剛頓斷
- 所知障
  - 見
    - 現—現前伏
    - 種—見道斷
  - 修
    - 現
      - 地前漸伏
      - 十地伏盡
    - 種
      - 十地漸斷
      - 金剛斷盡
    - 五識俱
      - 前地伏後八斷盡 由六俱故
      - 地地分斷金剛盡 由七俱故
    - 六識俱—入地不行
    - 七識俱—金剛不行

十地中修十勝行,斷十重障,證十眞如,得二轉依。

轉依位
- 初二損力益能
- 見道通達
- 後二果滿
- 大小乘下劣廣大

轉依義
- 道、伏斷
- 依
  - 本識持種依
  - 眞如迷悟依
- 舍、斷計執棄劣勝
- 得、顯涅槃生菩提

提為四相應心品,是相應心品各有二十二法相應,而智用增,說智相應。有漏位智劣識強,無漏位智強識劣。為勸有情依智捨識,鏡智、作智金剛起,等智、觀智見道起,是故君子引生無漏,見道為的。

淨法界身者，一切平等為一切依，而是無為常、樂、我、淨，非是一的眾矢所趨，平等皆然不可差別，說一法界眾生共有。

讀論已竟，輕重有權，長短有度，從初再讀，內外、大小，開卷了然。正義在握，別破無難。如是當研宗要中略釋宗相、廣破外小段(卷初起至二卷七左“假說我法名”止)。

民國十三年春宜黃歐陽漸於支那內學院第四次研究會上說

#《唯識》抉擇談[①]

將談《成唯識論》之八段十義,先于本宗要義作十抉擇而談。將談十抉擇,先明今時佛法之蔽。其蔽為何?略舉五端:

一者,自禪宗入中國後,盲修之徒以為佛法本屬直指本心,不立文字,見性即可成佛,何必拘拘名言?殊不知禪家絕高境界繫在利根上智道理湊泊之時。其於無量劫前,文字般若熏種極久;即見道以後亦不廢諸佛語言,見諸載籍,非可臆說。而盲者不知,徒拾禪家一二公案為口頭禪,作野狐參,漫謂佛性不在文字之中;於是前聖典籍、先德至言,廢而不用,而佛法眞義浸以微矣。

二者,中國人之思想非常儱侗,對於各種學問皆欠精密之觀察;談及佛法,更多疏漏。在教理上既未曾用過苦功,即憑一己之私見妄事創作。極其究也,著述愈多,錯誤愈大,比之西方佛、菩薩所說之法,其眞偽相去誠不可以道里計也。

三者,自天臺、賢首等宗興盛而後,佛法之光愈晦。諸創教者本未入聖位(如智者即自謂繫圓品位),所見自有不及西土大士之處。而奉行者以為世尊再世,畛域自封,得少為足,佛法之不明宜矣。

四者,學人之於經典著述,不知抉擇。了義不了義乎,如理不如理乎,皆未之思也。既未之思,難免不誤。剋實而談,經論譯文雖有

① 此爲歐陽漸的演講文本,聶耦庚記録,吕澂校訂,楷體部分爲歐陽漸所撰原稿。

新舊,要以唐人新譯為勝。唐人之書閒或深博難通,然其一語一義俱極諦審,多舊譯所不及。又談著述,唐人亦稱最精。六朝要籍未備,宋明古典散亡,前後作者乏於依據,難云盡當。今人漫無簡擇,隨拾即是,所以義解常錯也。

五者,學人全無研究方法;徘徊歧途,望門投止,非視學佛為一大難途,即執一行一門以為究竟,如今之言淨土者即是。如此安望佛法之能全顯露耶!且今之學者視世、出世智截然異轍,不可助成,於是一切新方法皆排斥不用;徒逞玄談,失人正信,比比見矣。

欲袪上五弊,非先入唯識、法相之門不可。唯識、法相,方便善巧,道理究竟。學者於此研求,既能洞明義理,又可藥思想儱侗之弊,不為不盡之說所惑;且讀唐人譯述,既有了義之可依,又得如理之可思,前之五蔽不期自除;今所以亟亟提倡法相唯識也。抉擇之談理難詳盡,時俗廢疾,略而起之,要其精義,絡繹隨文。

第一,抉擇體用談用義

無為是體,有為是用;此粗言之也。若加細別,則有體中之體、體中之用、用中之體、用中之用。今先言其粗者:無為有八,即虛空、擇滅、非擇滅、不動、想受滅(此五皆就眞如義別而立)、三性眞如是也。云何虛空?眞如離障之謂。云何擇滅?由慧簡擇得證之謂。云何非擇滅?緣缺不生之謂。云何不動?苦樂受滅(即第四禪)之謂。云何想受滅?離無所有處欲,想受不行之謂。云何三性眞如?謂善、惡、無記法中清淨境界性。蓋眞如徧一切一味,非惡無記中即不徧也,此理須辨。無為法不待造作,無有作用,故為諸法之體。反之由造作生,有作用法,即是有為,故有為是用。此所謂粗言體、用也。

次細分體、用有如下表：

一,體中之體	一眞法界
二,體中之用	二空所顯眞如(又三性眞如)
三,用中之體	種子
四,用中之用	現行

何以謂一眞法界為體中之體？以其周徧一切故,諸行所依故。何以謂二空所顯為體中之用？以其證得故,為所緣緣故。何以謂種子為用中之體？以種子眠伏藏識,一切有為所依生故。何以謂現行為用中之用？以現行有强盛勢用,依種子而起故。此總言體、用也。如更以相明體、用二者,則非生滅是體,生滅是用;常一是體,因果轉變是用。何謂非生滅與生滅？欲明此義,須先解刹那義。刹那者,念之異名。念者,變動不居之幻相也。吾人一生心之頃,有無數幻相於中顯現,非可以暫時止息。此頃間無數幻相,以其至促至細,故假以刹那之名。言刹那者,微細難思,纔生即滅,不稍停留;正成果時,前念因滅,後念果生,如秤兩頭低昂時等(然將成果時種現同在一處,此即因果同時之義)。當情幻現,亘古遷流,所謂生滅大用,其實如是。反乎此則是非生滅之相也。

復次,何謂常一與因果轉變？轉變即是生滅。因果生滅,相續幻現,證得其實相,是謂如幻三昧,亦名不空金剛。蓋幻相歷然,如量顯現,不壞一法成其全知,故曰如幻三昧。有種能生,勢用終存,幻作宇宙眾相,從無始來盡未來際轉變而現,故曰不空金剛。所謂因果轉變其相如是。反乎此則是常一之相也。

上以諸相顯體用,體用之義則已明矣。然有為生滅因果無漏功德,盡未來際,法爾如是,非獨詮於有漏也。生滅向流轉邊是為有漏,向還滅邊是為無漏。從來誤解生滅之義,以為非無漏果位所有;所據以證成者,則涅槃"生滅滅已,寂滅為樂"(《大論》十八譯作"由生滅故,彼寂為樂")之文也。此蓋不知寂滅為樂之言非謂幻有可無、大用可絕、滅盡生滅別得寂滅,亦幾同乎斷滅之見而視佛法為死法也;其實乃了知幻相,無所執著,不起惑苦,遂能生滅不絕而相寂然;夫是之謂寂滅為樂也。諸佛菩薩皆盡未來作諸功德,常現其幻,生滅因果又如何可無耶?是故須知有為不可歇,生滅不可滅,而撥無因果之罪大。又復須知,一眞法界不可說。何以故?不可思議故,絕諸戲論故。凡法皆即用以顯體;十二分教皆詮俗諦,皆就用言。又復須知,體則性同,心佛眾生,三無差別;用則修異,流轉還滅,語不同年。

第二,抉擇四涅槃談無住

涅槃一名,向來皆以不生不滅解釋之,此大誤也。不生不滅所以詮體也,非以詮用。諸佛證得涅槃而作諸功德盡未來際,故其涅槃實具全體大用,無所欠缺;其體固不生不滅,其用則猶是生滅也。此生滅之用所以異於世間者,以盡破執故,煩惱、所知二障俱遣;以眞解脫故,相縛、粗重縛,一切皆空。障縛既除,一切智智乃生,即此妙智以為用,一切自在而有異於世間。假使僅以不生不滅為言,則涅槃猶如頑空,果何以詮於妙智之用耶?

涅槃義別有四,即自性涅槃、有餘依涅槃、無餘依涅槃、無住涅槃是也。自性涅槃者,諸法自體性本寂靜,自然具有,不假他求,凡夫三乘無所異也。有餘依涅槃者,顯苦因盡,苦依未盡、異熟身猶在,故名有餘依。無餘依涅槃者,有漏苦果所依永滅,由煩惱盡,果亦不生,故名無餘依。此二皆就滅諦為言,故三乘具有而非凡夫。無住涅槃者,就大用方面以詮,諸佛如來不住涅槃,不住生死,而住菩提;菩提者即因涅槃體而顯之用,非可離涅槃而言之也。體則無為,如如不動;用則生滅,備諸功德;曰無住涅槃,即具此二義。此唯大乘獨有,非二乘之所得共。今本宗之所側重,則在是也。

佛為一大事因緣出現於世。大事因緣者,所謂無量眾生我皆令入無餘涅槃而滅度之是也。或者曰:何不曰令入無住涅槃,而謂無餘涅槃耶?解之曰:涅槃為全體大用,在前已明;今茲無餘就體邊言,即亦賅用邊言之。體用不離,故舉無餘即所以顯無住。《法華經》有法身說法不假言詮之義;其全體表白即全用顯現,最可以見無餘不離無住之理。又無餘涅槃四姓齊被,三乘通攝,故獨舉以為言也。有人於此不如理思,遂有歧塗曰:大事因緣,出離生死,灰身滅智。此惑之甚者也。大智由大悲起;聖者不斷生死,但於生死因緣既明了不迷,雖復生死而不為生死漂流;如是乃能出入生死以說法度生,如是乃得謂永遠出離生死,證得涅槃。此豈灰身滅智之可比者?故唯識家言,雖則涅槃而是無住;不住生死,不住涅槃,盡未來際作諸功德。然作功德乃曰無住,而相寂然仍曰涅槃。《金剛般若不壞假名論》亦作是說:無餘涅槃者何義?謂了諸法無生性空,永息一切有患諸蘊,資用無邊,稀有功德,清淨色相,圓滿莊嚴,廣利群生,妙業無盡。是則無餘涅槃者,決非灰身滅智之謂也。自其了諸法無生性空、永息一切取蘊、所知清淨、能知圓滿方面言之,即是涅槃寂靜相;自其資用無邊、妙業無盡、廣利群生方面言之,即是無住功德相。涅槃寂靜相者顯體,無住功德相者顯用。故舉無餘涅槃即所以顯無住涅槃也。

此大事因緣亦即是佛唯一不二之教。佛雖三時說法,分乘為三,然教唯是一,即一切眾生我皆令入無餘涅槃而滅度之也。諸有不知,說頓，說漸，說半，說滿。如天臺有四教之判，賢首亦有五教之稱。尋其依據，天臺則《無量義經》，賢首則《瓔珞本業經》，皆以事義判別，教味無殊；故說四說五，以義言則可，以教言則不可。教所趣歸，三乘無別，故謂三獸渡河、河流是一也。諸有昧此義者，豈識圓音無非一妙，聞者識上故局一偏，瀛渤潢汙率視其量。然子貢因論學而知詩，子夏因論詩而知禮；執詩執禮，世典且難，況於佛說？

行者修習地波羅蜜有地前、地上、地後之三期。地之為言，近取譬也。能生，能持，其象如地，故以地喻。地前二位，曰資糧、加行。資糧位曰順解脫分，加行位曰順抉擇分，即地前七方便；所謂十住、十行、十向、暖、頂、忍、世第一法是也。地上二位，曰見道、修道，即由初地乃至十地是也。地後一位，曰究竟，即等覺、妙覺是也。又地地有三心，曰入、住、出。即地地有四道，曰加行、無間、解脫、勝進。以四道配三心，入心則加行道也，住心則無間道、解脫道也（無間道是正住，解脫道是住果），出心則勝進道也。因有勝進，乃得愈趣勝妙至於圓滿。修行次第雖如是其繁，然一以涅槃貫之，無異趣向。故初發心入資糧位曰順解脫分，金剛喻定曰無間道，大覺極位得大菩提曰解脫道，其因、其果，皆以解脫為言也。

問：教既是一無餘涅槃，然發心者不曰發涅槃心，而曰發菩提心，證果者不曰證解脫果，而曰證大覺果，何耶？答：涅槃是體，菩提是用；體不離用，用能顯體。即體以求體，過則無邊；但用而顯體，善巧方便。用當而體現，能緣淨而所緣即眞，說菩提轉依即涅槃轉依；唯識所以巧妙莫階也。諸有不知如是義者，每以現法樂住為涅槃，如初禪之離欲、二禪之離苦、三禪之離喜、四禪之離樂，乃至於神我周徧、自然（道家以用為體）、自在（上帝造物之類）、哲學眞理、儒家世樂（暫時息機），此皆誤以體為可求，妄構似相執著之；然此似相轉瞬即非，樂且無常,況云涅槃。至於佛法,但於用邊著力,體用不離,用既面面充實,不假馳求,全體呈現,不期而然。是故菩提轉依不異涅槃轉依,於發心者亦不曰發涅槃心而曰發菩提心也。又諸佛與二乘解脫身同,牟尼法身不同。牟尼法身具足涅槃菩提之果,功德莊嚴,故不曰證解脫果,而曰證大覺果。

第三,抉擇二智談後得

智是抉擇之謂。於一切所知境當前照了,復能抉別簡擇,明白決定,無隱蔽相,無迷惑相,是以謂之抉擇,此與慧異。慧是有漏,與我見相應,不離執著,常不如理分別而有迷昧;故有執之識(六、七識)決定俱有。又慧雖間有抉擇之功用,然不盡明徹,徧而不全,皆與智有別。是以對治功用獨舉智為言也。智凡有三:一曰加行,二曰根本,三曰後得。加行未能究竟,根本究竟而不能起言說以利他,如今又獨舉後得而談也。

加行智何以非究竟?加行智,四尋思後四如實,見似非眞。加行智所得蓋為似相眞如。當其加功而行,尋思名、義、自性、差別皆假,而如實了悟之際,雖與眞抉擇相順,聞思工夫亦不可以忽而視之,然其所證未至究竟處也。

根本智何以不起言說以利他?曰:根本智入無分別,斯乃見道。無分別云者,非空除一切之謂,乃不變種種相狀相分而泯諸分別之謂也。正智緣如,恰如其量,能所冥契,諸相叵得,如是乃為誠證眞如,名曰見道。此時戲論既除,思議不及,故無言說可以利他也。利他之用恃相見道。然眞見一、三,又益之相見十六者、必後得智見乃周圓。眞見自悟,相見悟他;有一眾生未成佛,終不於此取涅槃,菩薩以他為自故。所以須起後得智以悟他也。

何謂眞見一、三？釋眞見道有一心、三心二家之言。一心眞見道者，謂根本智實證二空眞理，實斷分別煩惱、所知二障，雖多刹那事方究竟，而前後相等，不妨總説一心。三心眞見道者，謂由三方面緣遣一切有情等假：一則内遣有情假，二則内遣諸法假，三則徧遣一切有情諸法假。以是前後續起有三。是皆以根本無分別智為其體。

何謂相見十六？眞見道後次第起心，取法眞見道中無閒解脱二道能緣正智，所緣四諦眞如，變起相分，重加分別以説與他；於此有二重十六心差別。第一重十六心差別有如次表：

- 八心觀眞如
  - 苦
    - 苦法智忍
    - 苦法智
  - 集
    - 集法智忍
    - 集法智
  - 滅
    - 滅法智忍
    - 滅法智
  - 道
    - 道法智忍
    - 道法智
- 八心觀正智
  - 苦
    - 苦類智忍
    - 苦類智
  - 集
    - 集類智忍
    - 集類智
  - 滅
    - 滅類智忍
    - 滅類智
  - 道
    - 道類智忍
    - 道類智

何謂法(四諦教)忍？忍之為言忍可也；雖則忍可，而未重證。重證取者，要須法(四諦如)智。法忍雖已入住，而火候未熟，法智乃得圓證解脱(此即取法眞見解脱道故爾)。於此了知法忍有觀之用，而法智則有證之用，此二者之區别也。然法忍、法智，皆系外觀，觀所緣故。類(後法是前法之類曰類)忍、類智，皆系内觀，重觀能緣故，用慧為忍，用智為智，要由無漏慧無閒引生無漏智故，先後次第如此。

於此亦有歧説，謂眞見一心、相見三心十六心者，以三心别緣人、法，同于安立，故亦説之為相見。斯説也，《唯識》從之，吾今不從。何以故？三心遣假，泯諸分別，不過次第總別有異，而與相見所緣四諦無關；故以眞見一心三心、相見十六心為盡理也。

大乘相見道重之以兩重十六心，故後得智之功用極大。菩薩於何求？當於五明求。一切智智，五明是資，聞思所成，修慧引生。直往（菩薩）不迴心，趣（發心）異於初今。若入果位，所作獨攝（成所作智唯後得智攝），餘三通二（圓鏡、平等、觀察三智皆通根本、後得）。如理（根本智證會眞如）匪艱，如量（後得智徧知依他）實繁，盡所有性，斯乃殊勝。此義引伸，讀《菩薩藏經》。

元明人未見古籍，多昧後得妙用之義，至有解《八識規矩頌》而輕視果位五識為未至者；今且一旁辨之。頌曰：變相觀空唯後得，果中猶自不詮眞。變相觀空是後得智，其根本智無有影像，親證眞空；後得則帶空相而觀空也。前五淨識至果位而後有，雖無根本智，不可證眞，然其妙用，即依後得而不窮，並非以其不詮眞即有所未至也。

又在因位起六七後得智，更有斷惑之用。惑從迷事起者（此就親迷而言，貪、嗔、慢、無明、戒取、見取等煩惱皆是），一分通後得智斷。惑從迷理起者（就親迷言，疑、無明、身見、邊見、邪見等煩惱皆是），一分不執非獨頭起，同於迷事，大乘修道斷之，亦用後得智；故後得智之用大也。

問：唯識義是用義，於涅槃則無住，於菩提則後得；無住、後得，證（根本智證眞如）以後事則依智不依識，何不曰唯智而曰唯識耶？答：無漏智强識劣，識應其智，智實主之。有漏識强智劣（此智體即是慧。又此有漏指地上所起者言），智應其識，識實主之。五位而及於資糧、加行（此皆用識為主），百法而及於煩惱、不定；作意在凡外小內故（凡夫外道小乘內大不善用取者），法為衆建故，舍智標識而曰唯識。

第四,抉擇二諦談俗義

性相二宗俱談空義,但性宗之談繄以遮為表,相宗之談繄即用顯體。以遮為表故一切諸法自性皆無,即用顯體故依他因緣宛然幻有,此兩宗之大較也。

性宗之空,龍樹與清辨所談前後迥別。所謂以遮為表者,惟龍樹得之,讀《大智度論》可以概見。蓋勝義諦本非言詮安立處所,說之不得其似,遮之乃為無過。譬如言紅,紅之相貌難於形容,愈描畫必愈失眞,不若以非青非黃非白遮之;此雖未明言何色,而意外既有非青黃白之紅色在。龍樹言空,大都如是,故為活用。善解其義者,固不見與相宗抵觸,其實且殊途同歸矣。後來清辨之徒意存偏執,但遮無表,所談空義遂蹈惡取,相宗破之不遺餘力,未為過也。

相宗談空所謂即用顯體者,此蓋於能安立言詮之處(即相)直以表為表也;故曰無能取、所取而有二取之無(此即顯空以無性為性),此義詳於《辯中邊論》。論以五義辨空性:

第一為相,即謂空性非有(無二取)非無(有無性),非一非異(此與虛妄分別對辨)。

第二為異門。

第三為異門義,謂空性假名有五,義即各別。所謂五者:一,眞如,無變義;二,實際,非顚倒義;三,無相,相滅義;四,勝義,最勝智所行境義;五,法界,一切聖法緣此生義。《對法》解空,七門分別,除前五外,加無我性及與空性。《般若》解空亦有十四門分別,除前五外,更加法性、空性、不虛妄性、不變異性、平等性、離生性,及與法住、虛空界、不思議界。但《般若》異門皆就遮遣為言,此與《中邊》、《對法》

謂有"無相"者實不同也。

第四空性差別,略有二種:一,染、淨差別,由用有垢、無垢以顯。十二分教舍染淨法外,別無可說,故《顯揚聖教》亦即此二門而顯揚之。蓋流轉、還滅於斯建立,一切佛法不能外也。二,所、治差別,依對治法說,有十六種:一,內空,六根空故;二,外空,六塵空故;三,內外空,根身空故;四,大空,器界空故;五,空空,對治內外一切執故;六,勝義空,如實行所觀眞理即空故;七,有為空;八,無為空,二淨法空故;此之八空依境上立;九,畢竟空,饒益有情所為即空故,菩薩以他為自,眾生盡成佛乃證果故;十,無際空,生死無際即空故,不住涅槃不畏生死故;十一,無散空,直至涅槃無一時而間斷故;此之三空依行上立;十二,本性空,種姓本有即空故;十三,相空,大士相好即空故;十四,一切法空,令力無畏等一切佛法皆得清淨即空故;此之三空依果上立;十五,無性空,無人、法實性故;十六,無性自性空,無性為空自性故;此之二空總依境、行、果三上立。如是十六空,《顯揚》同一建立。復有異門。《大論》七十七,加此無所得,說十七空;《般若》第三分則立十九,加所緣、增上、樂無(四禪天)。又二會則立十八,於十六空除相空,加自共相、不可得、自性三種。一會則立二十,同上分自共相為二,又加散空。勘之可知(《中邊述記》卷一具引)。

第五空性成立。總括頌云:無染應自脫,無淨應無果,非染非不染,本淨由客染。蓋染淨是境,解脫是行,得果淨是果,三者相因。設無染淨之境,何得有於行果?又說染淨依用而殊,無關本性。《中邊》就相詮空,故得如此切實詳盡;此蓋一宗大旨所在也。

性宗之辨空有也,以二諦;相宗之辨空有也,亦以二諦。空宗俗有眞無,相宗則俗無眞有。俗有眞無者,於世俗諦一切皆有,於勝義諦一切皆空。《般若》所談,非義遮義,匪是其表。清辨之徒從此立論,如上已說。俗無眞有者,於世俗諦瓶盆徧計一切皆無,於勝義諦一眞法界圓成而實。然此眞俗唯是一重,若說依他,則四眞俗。三科、四諦,及於二空,眞之前三即後三俗。此四重二諦之說,乃窺師本《大論》六十四及護法義建立者,料簡空有,精審無倫。今更表明其大概如次:

次表所列四重二諦之名皆從略稱,若具列之,四俗諦:一曰假名無實諦,二曰隨事差別諦,三曰證得安立諦,四曰假名非安立諦;四眞諦:一曰體用顯現諦,二曰因果差別諦,三曰依門顯實諦,四曰廢詮談旨諦。

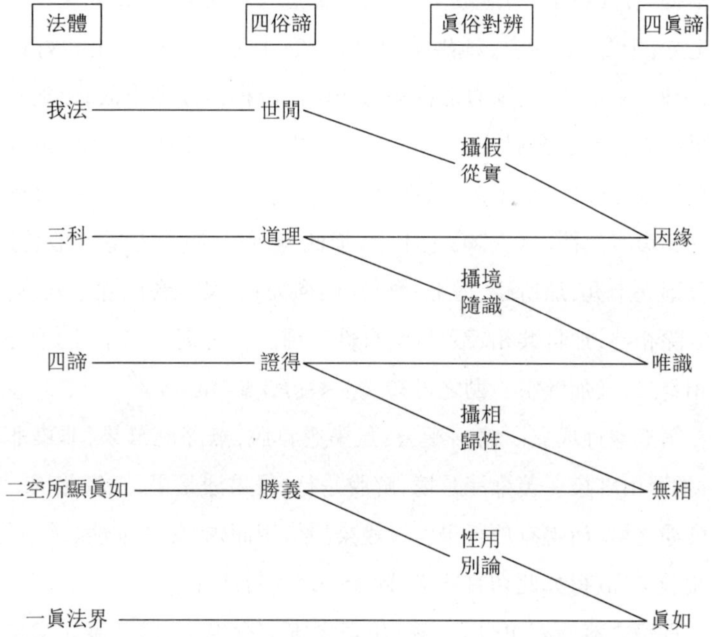

四俗中初徧計是無,四眞中後圓成叵說。惟後三俗與前三眞,是依他法,或其所證。眞俗皆有;俗則如幻,眞則不空,是詮是表,非是

其遮。《瑜伽》所說,不空空顯,如幻幻存,善巧絕倫,於斯觀止!空宗俗有乃相宗初俗,是為情有,情則有其徧計瓶盆也。空宗眞無乃相宗後眞,是為理無,理則無其徧計瓶盆,俱以一眞法界不可名言也。若夫眞之前三、俗之後三,不可名而可名,不可言而可言,不了義經,烏乎齊量?

第五,抉擇三量談聖言

就用而談取捨從違,自憑現量。然眞現量,見道乃能;非應無漏,雖現而俗。蓋現量之現有三義:一者,現成,不待造作,當體顯露。二者,現見,全體呈現,無一毫模糊。三者,現在,現前實現,非過未無體。此三義約識分別,則第八識恒時現量,而微細不可知;五、六識少有其義,以有執故唯是率爾心(墮境第一念)得,非如無漏之可以久也。蓋前五依第六識,第六識依意根。意根有染,前六識有現量時亦不免有染。由此可知,前六識所有現量唯是世俗,實不可恃。據俗而評,患生不覺。故唯聖言,最初方便,馴至證眞,縱横由我。譬如五根(此謂淨色也。別有粗色相扶助者,名為扶根塵。舊亦視同根類,而謂為浮塵根,實屬錯誤),五識難緣,恃聖言量,以能發識比知有根。譬如賴耶,意識難知,恃聖言量,以能執持比知有八。不信聖言,瓶智涸海。聖不我欺,言出乎現,問津指南,豈其失已?

第六,抉擇三性談依他

依義淨《寄歸傳》之說,空宗以二諦為宗,故談眞絕對;相宗以三性為宗,故因緣幻有。因緣幻有者,依他起也。本宗安立三性,理兼空有;而以因緣幻有之依他起為染淨樞紐,包括全體大用於無餘,故今所談獨在於是。他之言緣,顯非自性。緣之謂種;法爾新生起有漏種,法爾新生起無漏種,都為其緣。法待緣生,即無自性,即顯畢竟空義。此與空宗本屬吻合,觀《中論》"因緣所生法,我說即是空,亦名為假名,亦名中道義"(此即天臺三觀所本)一頌可知。但龍樹雖知有賴耶,而不談其持種受熏,於因緣生法之實際略焉不詳。至於清辨變本加厲,並賴耶亦遮撥之,緣起道理遂不能徹底了解。以視本宗立義,無即說無,有亦說有,稱量而談於我無與者,其相去誠遠矣。

緣起通於有漏、無漏,依他起法,即有二別。有漏緣生曰染依他,無漏緣生為淨依他。徧計圓成二性即依依他而顯。執為實有曰徧計所執,空其所執曰圓成實。夫以成之為言乃一成不變義者,則是常義,即涅槃常、樂、我、淨義;彼依他緣生則三法印者,無常義、無我義、苦義。若以成之為言為究竟斷染義者,則淨分依他是其所事,體徧而用亦徧,非虛而亦非染;圓實二義依他別具。三界心、心所是虛妄分別故,淨分依他攝屬圓成。若分別立名唯目緣慮,則淨分染分皆依他攝。撥因緣無,黜依他有,彼惡取空流,諸佛說為不可救藥者。

即如清辨造《掌珍論》,有頌曰"眞性有為空,緣生故如幻"云云,撥無依他起法。此頌具足三支,成一比量(眞性簡過,有為正是有法,空是其法,合之為宗。緣生故為因。如幻為喻)。然量有過,立義不成。清辨宗俗有眞無,以眞性言簡有為是其眞諦,故性本空。然對本宗眞性有為勝義是有,如此出量,便犯因明有法一分不極成過。又因喻云:緣生故如幻,此雖遣法自性,而不遮功能,即可幻有,如何空無?故此量有過不能立也。據此談空,便鑄大錯。若以本宗道理解者,即可用其因喻立相違量云,眞性有為非空非不空,緣生故,如幻。蓋緣生法分明有相,是故非無;待緣而起,生滅不停,取喻如幻(《楞伽》幻不自生,依明咒起，亦是緣生)。即因緣生法非有自性，不從自故，不從他故，不從共故，非自然生故；唯各自種子仗托而起，生必有滅，無實作用，故緣生諸法又畢竟性空；此亦喻之如幻。

“眞性有為空”一頌別見於《楞嚴經》，清辨立說似依至教；然在當時清辨對敵立宗並不提明此是聖言。若是聖言，顯揭以談，諍論冰銷，何棼千古？護法宗徒縱加破斥，而亦未聞有人據為叛教。奘師東傳法相，又亦未聞說有此經；故其門下直就量破，不留餘地。若果聖言，顯蹈悖謬，豈其有智！故《楞嚴》一經入於疑偽，非無因也。（經文更有可疑之處，今不具舉。）

第七，抉擇五法談正智

五法者何？相、名、分別、正智、眞如是也。云何為相？謂若略說所有言談安足處事？云何為名？謂即於相所有增語。云何為分別？謂三界行中所有心、心所（有漏心法）。云何為正智？（無漏心法）即是世、出世間如量如理之智。云何為眞如？即是法無我所顯、聖智所行、非一切言談安足處事。此之五法，前四為依他起（分別一種合諸識見相分而言。然安慧別義，淵源性宗，以相見為徧計無，不可遵信），後一為圓成實。或為能緣，或為所緣，先總括為一表：次釋其義。（分別惟緣相、名。正智自緣其智，亦緣分別，以成一切智智，將能作所故。篇末附錄答梅君書，可以參看。）

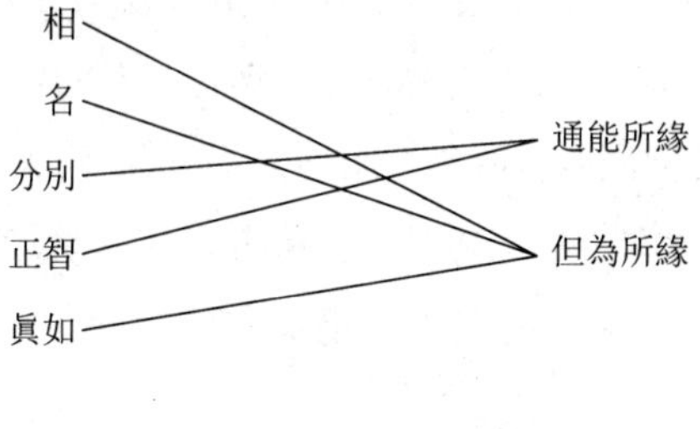

就無漏言，眞如是所緣，正智是能緣。能是其用，所是其體。詮法宗用，故主正智。用從熏習而起，熏習能生，無漏亦然。眞如體義，不可說種，能熏、所熏，都無其事。漏種法爾，無漏法爾，有種有因，斯乃無過。是故種子是熏習勢分義，是用義，是能義。正智有種，眞如無種，不可相混。眞如超絕言思本不可名，强名之為眞如，而亦但是簡別。眞簡有漏虛妄，又簡徧計所執。如簡無漏變異，又簡依他生滅。此之所簡，意即有遮。蓋恐行者於二空所顯聖智所行境界不如理思，猶作種種有漏虛妄徧計所執或無漏變異依他生滅之想，故以眞義如義遮之。是故眞如之言並非表白有其別用（如謂以遮作表，亦但有表體之義。本宗即用顯體，以正智表眞如淨用，即但視眞如之義為遮）。古今人多昧此解，直視眞如二字為表，益以眞如受熏緣起萬法之說，遂至顚倒支離莫辨所以，籲可哀也！

眞如緣起之說出於《起信論》。《起信》作者馬鳴學出小宗，首弘大乘；過渡時論、義不兩牽，誰能信會，故立說粗疏，遠遜後世，時為之也。此證以佛教史實無可諱言者，次請約略述之。佛滅度後，小宗盛行。約百餘年。有大天者，唱五事以說阿羅漢不遣所知障，未為究竟（上座部學者堅守舊義，故《毗婆沙論》、《異部宗輪》等，皆斥大天為極惡，不留餘地）。五事者，頌云：餘所誘無知，猶豫他令入，道因聲故起，是名眞佛教。阿羅漢仍有煩惱習氣為天魔嬈，是為餘所誘。又微細無明不染汙者未除，是為無知。處非處善巧方便未得，是故猶豫。自證不知，仗他指示，是故他令入。因聲聞得道，故道因聲起。即此五事是名佛法。當時四眾爭論甚盛，遂分兩部；從此說者為大眾部，不從者為上座部。自後迄於佛滅四百餘年。兩部又屢屢分歧，大眾部分為九，上座部析為十一，合有二十。其閒說理精粗頗有等差，其最精處且有接近大乘性相兩宗而開其先路者。馬鳴初弘大教，由粗而精，由雜而純,法爾如是,無待飾言。今先表諸部分裂之次第,再敘其理論之大概。

(佛滅後百餘年)　(第二百年間)　(第三百年間)　(第四百年初)

- (一)大眾
  - (三)一說
  - (四)說出世
  - (五)雞胤
  - (六)多聞
  - (七)說假
  - (八)制多山
  - (九)西山住
  - (十)北山住
- (二)上座(雪山)
  - (十一)說一切有
    - (十二)犢子
      - (十三)法上
      - (十四)賢胄
      - (十五)正量
      - (十六)密林山
    - (十七)化地
      - (十八)法藏
    - (十九)飲光
    - (二十)經量

諸部異執若以淺深列成次第,凡得六宗。第一犢子部"我法俱有宗",計我在蘊外,非有為、無為;此正對破外道所計主宰常徧之我。第二說一切有部等"我無法有宗",此計三世三科皆屬實有,但不立實我,較犢子部之說為進。第三大眾部"法無去來宗",於三世法中惟說現在法及無為法有。第四說假部"現通假實宗",於現在法中又分別界處是假(不可得故),惟蘊是實。第五說出世部"俗妄眞實宗",於現在實蘊更分別世俗是假,勝義是眞。第六一說部"諸法但名宗",於勝義世俗蘊法説為但有假名。

此上四宗立義漸次精微,至於諸法但名則幾與法性宗説相銜接矣。然説法實有,乃小宗之通執。其間異論,或謂現在蘊法是實,界處是假;説假部(分別論之末流。分別論者,合大眾、一説、説出世、雞胤、四部而名之)、《成實論》(經量部別派),皆同此計。或謂界是實法,蘊處是假;經量部本宗作此計。又或謂界處是實,蘊是其假,《俱舍論》作此計(俱舍用經量部義,故亦是其別派)。所謂界則是因義種子義也,故小宗視界為實法者、自然意許有種,而其立説側重用邊,與大乘法相宗立種子義以界處攝無為而闡明依他者頗相接近。又小宗視界為假法者,自然不許有種,而其立説側重體邊,與大乘法性宗遮撥種子惟談圓成者亦甚接近。大乘教雖非直接自小宗出,然流布較後,傳播者對機立説,其與小宗思想難免關涉,不辯可知。今即本上所説,略示大小關合之點以成一表如次:

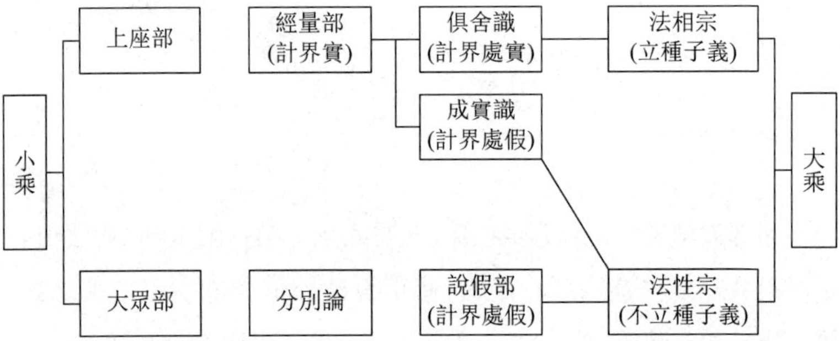

觀上表即可知,法性宗之不立種子,頗與分別論等相近,而首先就法性立説之馬鳴《起信論》即極見有此種形跡。又馬鳴初在中印度盛唱異説,中印度則分別論流行之地也,其思想之受影響當有不期然而然者。及後為脅尊者弟子,北去迦濕彌羅,從五百尊者之後筆受

《毗婆沙論》(解釋有部本論《發智論》)之文,備聞一切有部諸師異論,不能愜懷,以至於別宏大乘,其取反對一切有部之思想如分別論等者,又屬應有之事,可無待言也。然分別論之義頗覺粗淺支離,馬鳴為相似之談,其失遂同。分別論者無法爾種,心性本淨,離煩惱時即體清淨為無漏因,如乳變酪,乳有酪性,是則以體為用。體性既淆,用性亦失(體為其因,因是生義,豈是不生?自不能立,須待他體以為其因,故用性失)。過即無邊(本論出過備有八段,至文講釋)。馬鳴之論與分別論相似處,觀下所對列各條自明。

分別論:心性本淨(一),客塵煩惱所染污故,名為雜染(二),離煩惱時,轉成無漏(三)。

《起信論》:是心從本以來自性清淨(一),而有無明;為無明染有其染心(二),雖有染心而常恒不變。(中略)所謂以有眞如法故,能熏習無明。(中略)謂諸菩薩發心勇猛速趣涅槃故(三)。

分別論:無為法有九,第八緣起支無為。緣起非即無為,然有無常生滅之理是常是一,說名無為(一),能令緣起諸支隔別有轉變故(二)。

《起信論》:以依眞如法故(一),有於無明,則有妄心,不覺念起現妄境界,造種種業,受一切身心等苦(二)。

《起信論》不立染淨種子,而言熏習起用,其熏習義亦不成。熏習義者,如世間衣服實無於香,以香熏習則有香氣。世間衣香,同時同處而說熏習;淨染不相容,正智無明、實不並立,即不得熏。若別說不思議熏者,則世間香熏非其同喻。又兩物相離,使之相合則有熏義,彼蘊此中,一則不能。如徧三性,已徧無明,刀不割刀,指不指指,縱不思議,從何安立?

《起信》之失,猶不止熏習不成而已,其不立正智無漏種子也,則於理失用義,於教違《楞伽》;其以三細六粗連貫而說也,則於理失差別,於教違《深密》。《楞伽》五法,眞如正智並舉而談。《起信》無漏無種,眞如自能離染成淨,乃合正智眞如為一,失體亦復失用也。《深密》平說八識,故八識可以同時而轉,以是俱有依故;又識各有種,種生現行不妨相並故,因緣增上二用俱有故。《起信論》豎說八識,三細六粗次第而起,幾似一類意識,八種差別遂不可立矣。

從史實與理論觀之,《起信》與分別論大體相同也如彼;以至教正理勘之,《起信》立說之不盡當也又如此;凡善求佛法者自宜慎加揀擇,明其是非。然而千餘年來,奉為至寶,末流議論,魚目混珠,惑人已久,此誠不可不一辨也(即如《起信》有隨順入無心之說,談者遂謂無分別是智,有分別是識,佛之遺教依智不依識,即是去識不用。然根本智無分別,而後得智則明明有分別,又與智相應者亦明明有分別之識,安可以無分別是智等概為解釋?無分別有分別繫有所對待之言,正未可以一句說死。至於佛教依智不依識云云,蓋謂依智得證圓成而如量知依他起性,依識思惟分別則多為徧計所執而不能當理也。反觀《起信論》家所談,非錯解之甚乎?);今故因論正智有種而詳言及之。

馬鳴著《起信論》,立義雖多疏漏,然僅此一書不足以見馬鳴學說之全而決定其眞價也。考馬鳴之重要著述已傳譯者猶有數種。一,《六趣輪回經》,詳談六趣生死輪回,無甚精義。二,《大莊嚴論經》,歸敬脅尊者而說引凡外入內事,又說歸依供養因果事,說十二因緣事;此似初入佛教時之作,猶限於小宗所說。三,《佛所行贊經》,與《大莊嚴論經》同其旨趣,而原典文辭特美。四,《尼乾子問無我經》,昔人於此未嘗重視,然提法空要領而談因緣生法俗有眞無,實為法性宗之要籍。五,《大宗地玄文本論》,此論亦有疑為偽作者,然其所談五位,義極廣博,甚可推重。所謂五位乃談五義,非立五宗。一切諸法俱非位談《大般若經》法無自性之義,一切諸法俱是位談《阿毗達磨經》五姓齊被之義,無超次第漸轉位談《解深密經》三祇成佛之義,無餘究竟總持位談《楞伽經》亂住之義,周徧圓滿廣大位談《華嚴經》帝網重重之義。五經皆大乘最要之籍,而此論已概括其大義而無餘(又其說果位有無量過患,故教化之用盡未來際;此既含有無姓之義,實為甚精)。是故馬鳴所弘大乘不可但以《起信》一論相推測也。

第八,抉擇二無我談法無

執之異名為我;煩惱障存則有人我,障其所知則有法執。我者主宰義,人與法皆因緣和合而生。謂有主宰即名曰執。佛教大要無非破執二字。執著是眾生,執破即是佛,而破執者則二無我之教法也。依教修行,大小乘各不同。大乘悲增,修一切智,十王大業,貫徹法空。蓋智從悲起,所悲者深,故所修者廣,所知者徧,而歷時不得不久;自欲界人王至於色界諸禪(大乘直往菩薩必在色界成佛,與回心者異),皆受極果,得以自在度生;故地前造十王業(人中鐵金二輪王,欲界五天之王,色界初二四禪王),而後得除所知障淨盡,以貫徹法空無我也。補特伽羅無我亦大乘所證,但依小乘所不共者專談法無。此在法相唯識兩宗所修,又各有別。三科(蘊、處、界)、緣起(十二有支)、處非處(善因果、不善因果)、根(二十二根)、六種善巧,法相所修。自性(八種識)、相應(諸心所)、色(諸所緣),及無為(識體),百法明門,一切唯識;唯識所修。法相道理等視萬法,有即說有,無即說無,故依他圓成真幻俱立,徧計本無不加增益;此之謂如量之證,相應如如;唯識道理獨尊識法,攝一切法不離心王,識亦虛幻,法空無我(空就體言,無我就用言,三法印中合此二為一法印也),歸無所得。兩宗究竟,一極唱高,寧有容上!

第九，抉擇八識談第八

凡夫小乘分別心粗，止知有六種識。蓋前五識現前可知，第六識亦顯明易加比度也。但了別之謂識，了別之用依根而起，前五識既各依一根，第六識亦必有不與他識相共之根。前五識外緣實色(此說第八識所變非前五識所親取名外緣)，故五根屬於淨色；第六識多內緣獨影相分，待分別而後起，故所依根必非無知色法。又前五識緣現境色、聲、香、味、觸，相分自有其種，即有能引見分之力。六識緣境，相分多隨見分種而生，不復能引於見分，故第六識所依根必倍有勢力助第六之能緣使其強盛而後可。依上三義應知別有第七識，自此識常與我執相應分別力强而言，得名為識；又自此識能發生第六而言，得名為根；蓋一心法而有二義也。但此第七識性有轉易，染淨功能仍不能依彼恒存，知必更有受持之第八識在。立第八識而後一切染淨起滅(此但功用隱顯，非是法體有無。猶如熟睡時五識不起，非其功能斷滅，特睡眠種子現行，前五識種隱而不現耳)，皆有依據，不同憑空來去；此蓋大乘法相宗立義最精之處也。

法相宗之立第八識也，所依至教凡有五類，所依證成道理復有十種或八種。勘《唯識論》：(一)五教十理及於八證而立此識(第八識)。此義在八段十義後，姑不必談。然《顯揚》先談建立，後說體業，讀者心朗；今雖不能詳談，亦必略表其目。其顯近易知者，更抉一二別續而詳之。

五教大意　五教者，《阿毗達磨經》二頌為二，《解深密經》、《入楞伽經》各一頌，又合小乘共許經，乃有五也。第八識梵云阿賴耶，義譯為藏(舊譯阿梨耶，義為無沒失)，凡具三義：能藏(持種)，所藏(受熏)，我愛執藏(第七識恒量所緣)。又梵云阿陀那,譯為執持,亦有三義:執持,執受,執取。此種種義皆非前六識所能有。五識無依義(為諸法依即所藏義)。六識無攝藏義(此即能藏義)。六識無執持法種,執受色根,執取結生相續義。大乘四教證成此識,不外就此諸義立說。

初一教,《對法》頌云:無始時來界,一切法等依,由此有諸趣,及涅槃證得。此頌以用顯體,凡有三解:一解,初句明能生之因(界即是因),次句明依持之緣(前五識既依五根即不能更持五根,必別有一識持之,即是第八)。因緣具而後有諸趣之染及涅槃之淨。二解,初句說自性,次句說緣生,針對空宗立義;後二句同前。三解,初句明此識相續,次句明依他,三句明徧計,四句明圓成。此頌所明受熏及與依義,蓋偏就所藏邊為言。

第二教,同上經頌云:由攝藏諸法,一切種子識,故名阿賴耶,勝者我開示。此頌明持種義,蓋偏就能藏邊言之。

第三教,《解深密經》頌云:阿陀那識甚深細,一切種子如暴流,我於凡愚不開演,恐彼分別執為我。以其執持、執受、執取三義,說此識為阿陀那。此中言執與第七識之執不同,七計有主宰為我,而八則不爾也。所云執受又有二義:一,覺受義,執受根身而能領略。二,執持義,執受器界。至云恐彼執為我者,凡愚本有其俱生之我執,聞說不了,必更起分別我執,故不為說也。

第四教,《入楞伽經》頌云:藏識海亦然,境等風所擊,恒起諸識浪,現前作用轉。此頌仍顯賴耶三藏之義。初二句明賴耶受熏即是所藏義,恒顯我愛執藏之恒時不舍,起則顯能生諸法是持種能藏也。

第五教,合小乘諸密意經說而言。大眾根本識,上座有分識(三有之因,即種子義),化地窮生死蘊(生死位俱有之),有部愛樂欣喜阿賴耶,五教外之小教皆談第八。此等不過名目不同,所指之法實是第八也。皆詳《攝論》,可勘(《述記》以大並為一教,小為四教;今以大為四,小為一,亦可)。

十理大略 唯識十理。一,持種心。《瑜伽》、《顯揚》、《對法》八證第四,有種子性。有契經說,諸法種子之所集起故名為心。此心必要決定、恒轉,方能持種。決定云者,謂於三性中決定是一類無記。恒轉云者,非斷非常,亘古相續。由前一義乃得徧持三性法種,由後一義乃得持久不失。前六識皆無此義,故必別立一第八識。此在小宗頗有異計,然皆不成,詳《成唯識》,今但略敘之,如經部計轉識是心。然有閒斷故,易脫起故,不堅住故,非可受熏持種。彼部或計六識無始時來前後分位識類無別,即名為心。然即彼識類是實則同外道,是假則無勝用,受熏持種之義不成。彼部或計六識事類前熏於後而得名心。然前後念不俱有,如何相熏?此亦不成。又如大眾部計六識可俱時轉,第六為依名心。但諸識俱而無熏習,即無種子,更無持種之義。又如上座部計色心自類前為後種,有因果義。然彼自類無熏習,且有閒斷,不成心義。又如有部計三世諸法皆有,因果感赴無不皆成。然過去未來非常非現,又無作用,亦不得名為心。又如清辨等惡取空者執大乘遣相空理為究竟,謂心非實有。彼違經論,成大邪見,無種無識,功用唐捐。是故應信有第八識能持種心,依此建立染淨因果。

二,異熟心。八證第六、身受差別。眞異熟心酬牽引業,徧無閒斷。依據此義應別立第八識(第八猶如庫藏,凡所藏物隨用取攜;諸法依第八,隨其業報有現有不現),眼等識有閒斷故,非一切時是業果故,又在定中或不在定、起眼識時或餘識時、有別思慮無別思慮、如理作意或不如理、此來彼去理有衆多身受生起,後時此身遂有怡適或勞損,若非恒有眞異熟心,如何有此?故知定有此第八識眞異熟心。

三,趣生體。有情流轉五趣四生,為彼體者必應實有(有體)、恒(無間無雜)、徧(徧界地有)、無雜(惟生自趣法)。命根非實有故,諸生得善及意識中業所感者不恒有故,諸異熟色及五識中業所感者不徧無色界故,非異熟法住此趣起餘趣生法故,皆非眞實趣生體;故知別有第八識。

四,能執受。八證第一、依止執受。五色根及彼依處惟現在世是有執受,能執受心必具五義:一,先業所引,體任運起,非現緣起。二,非善染等。三,一類異熟(此眞異熟非異熟生)無記性攝。四,徧能執受五根等法,為五根等共依。五,相續執受不使爛壞。此五義皆前六識所不具,故應別有第八識能執受心也。

五,持壽暖。壽謂命根(因業所感第八名言種子現行之時長短不定,假名彼功能上生現分位為命根)。暖謂暖觸。經說壽、暖、識三,更互依持。壽暖一期相續,識亦應無間無轉。此義非前六識所具,故應別立第八識也。

六,生死心;八證第八、命終不離。經說受生命終必住散心。當時身心惛昧,如極悶絕,明了轉識必不現起;非別有第八識相續無變,不成散心。又將死時,由善惡業下上身分冷觸漸起,若無此識,彼事亦不成。

七,二法緣。經說:識緣名色,名色緣識,輾轉相依。名謂非色四蘊,色謂羯邏藍等。前六識即攝在名中,不能更與名色為緣,故應別立第八。

八,依識食。一切有情皆依食住。食是合義,為生順緣,與生合故。此食有四種,欲界香、味、觸三變壞時,能長養造色,是為段食(欲界身需段食乃自然之理,苦行少欲,固不可非,然至違反生理時則不可許)。欲、色界六識相應之觸與思,皆有資益於身之義,謂為觸食、思食。又有相續執持之三界有漏識,能使諸根得受觸思資長,是為識食。一類相續,前六並非,故應別立第八識。

九,識不離;八證第七、二定不離。經說:住滅定者識不離身(持壽暖故)。滅定中前六識不行,故應別立第八以成不離身之識(無想定例此可知)。

十,染淨心。經說:心染淨故有情染淨。此謂染淨法依心生,心持彼種子故。前六識於三性,時時轉易,無染心中(無想等上地)應不能持煩惱種,後時下沒應不起煩惱。世間道中應不能持淨種,彼出世道初不應生。故須別立第八識也。

上來十理當八證之五,餘有三證皆對小宗有部不許諸識俱轉難立第八而說。即第二,並不初起;如有一俱時欲見乃至欲知者,爾時作意、根、境三種無差別而現前。不應隨有一識最初生起;故立第八恒時現行與他識俱無妨也。第三,並則明了;眼等識緣境,意識分別,如不同時並起,則意識憶念過去,必不明了;實不如是,故諸識可以俱起,即不妨立第八識恒與他識俱也(又五六俱起則應於別依外猶有總依,此即第八也)。第五,業用差別。識法起時隨有了別器、依、我、境等用,即用顯體,應有諸識俱轉,即不妨立第八識。

法性法住,如是如是,本不待於安立。然而有五教十理證成唯識者,此乃方便破執,不得不爾。凡夫外道計執實我,說是五蘊假名,小乘又計實法;更說法無自性,不了義大乘又蹈於惡取空;以是攝法歸識,顯二無我,示其中道。假使諸執盡除,唯識自亦不立。乃今人之聞唯識教者,每視為實有建立,有識可唯;是則仍成法執,同於所破也。於此不可不特舉現觀一義以補救之。現觀之義,同於證量。諸法相用歷然差別,由用顯體,由能帶所,現前現成,無用安排;此唯現觀能親得之。若談唯識猶不免執,毋寧即說佛教使人現觀之為究竟。

今故略明其義如次：

一者，何為現觀？現有義三：一，非造作而現成，二，不隱沒而現在，三，不迷昧而現見。觀亦三義：一，思，二，證，三，行。思謂地前於諸諦理決定思惟，證謂地上證得二空所顯，行謂如量徧知諸法。此諸行相即能觀智；現前明了，觀察現境，故曰現觀。

二者，何所觀？見道以後所觀至繁，姑以六門列之：一，三界九品（三界各有九品）所知事，二，苦集有漏法，三，滅道無漏法，四，四諦所攝未見法，五，滅道所攝未受法，六，法智類智所行境。

三者，以何觀？以出世無分別智（平等性智與妙觀察智俱起）能觀。邪見、見取、戒取，及疑等俱遣故，方得現觀。

四者，何處觀？惡趣苦障，上界耽樂，皆無現觀。唯在欲界人、天，有佛出世，說三法印，方得現觀。

五者，誰能觀？此通三乘學、無學果，凡有五種人：一，未離欲者（離修道所斷欲界煩惱），此謂聲聞初果、十六心見道二果。二，倍離欲者（離欲界修惑盡），謂三果。三，已離欲者（離三界修惑盡），謂阿羅漢果。四，獨覺。五，菩薩。

六者，何者入？唯心能入，非我能入。心是無常（有漏能作無漏等無閒緣）、有境、待緣、能生智故，依心能斷粗重我執及與我愛故；我由七識執起，違一切法無我，非是智因故。

七者，何次入？次第有六，即六現觀。一，思現觀，謂最上品喜受相應思所成慧。二，信現觀，謂緣三寶世、出世閒決定淨信。三，戒現觀，謂無漏戒、除破戒垢，令觀增明。四，現觀智諦現觀，謂一切種緣非安立、根本、後得、無分別智。（有四後得智：一，緣理後得與根本智俱時；二，緣事後得在根本後時；三，有漏後得，地上無漏仍有漏故；四，無漏後得，佛果功德純無漏故。此非安立無分別智後得，緣理後得也。）五，現觀邊智諦現觀，謂現觀智諦現觀後諸緣安立出世智。六,究竟現觀,謂盡智等究竟位智。此六現觀,思、信、戒三,是現觀加行,所以引生現觀;次二是根本現觀,以因果分為二;究竟現觀則在圓滿佛位。修行次第,首重加行。依至教量廣為辯論,惟在凡夫(禪境好寂,聖位自證,都不喜諍;理以諍明,惟凡夫事);多聞熏習,如理作意,是思現觀。無漏種子由此引生,三十七菩提分法始于此修,三法印(無常,無我,涅槃寂靜)於此深契,一切法共相眞如亦於此證知。益以信戒現觀,以次能得後三。

八者,現觀相。智境決定,凡有十相:一,衆生無;二,徧計無;三,無我(二無我)有;四,相有;五,粗重有(此二縛無);六,我無無我有(此二不滅);七,法及法空無別(法即空,空即法);八,空無分別;九,法性無怖;十,自在能斷,不復從他求斷方便。

九者,現觀差別,有十八種:聞、思、修所生智為三,順決擇分智、見修究竟道智為四,不善淨善淨俗及勝義智為三,不善淨善淨行有分別、善淨無分別智為三,成所作前正後智為三,聲聞菩薩智為二;合有十八。現觀諸門,略如上辨。

談第八識以五門明建立所由,上來初一門訖。

(二) 唯識以識攝蘊而立此識。羯羅藍位(胎中初七日位,義云雜穢)五識不行;而《名色經》言,識緣名色,名色緣識;則七八仍行。受想行識之名及色為五蘊,五蘊中之識為名中識,但是六識。名色緣識之相依識乃是八識。相依識與名中識互為其緣,即是八識與六識互為其緣耳。法相以蘊攝識(攝是不離之義),所被極廣,及於二乘。是故不善《般若經》、僻執聲聞藏,都但説六,信有五蘊,不信賴耶。時多邪慧,正學荒蕪,六識不足範圍,更恃誰何而堪折正?

(三) 深細不可知之識是此識:二定、無想天、睡眠與悶絕,此之五位、六識不現,七八仍行。如加二乘無餘依則為六位無心,就人分別有無、略如次表：

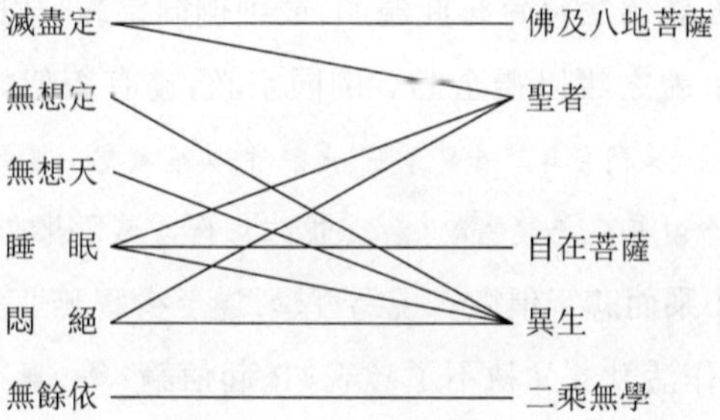

且談眠悶，粗顯免爭。死生一寤寐閒耳，斯又何奇！寤而復醒，仍依此身，死而又生，但身別易。身依容異，識有是同。但是細微極深無底，非若六識粗淺可知。若以深細不知而即言無，無則現前粗細俱無，云何熟睡昏迷震驚仍覺？此意深長，烏容釋究。斯固知八識持種，六雖不現，種為八持，斷而復續。（就現行言）職是之由，立有八識，夫然後理可通也。

（四）不為聲聞而立此識：《攝論》云：何故聲聞乘中不說此心名阿賴耶識，名阿陀那識？由此深細境所攝故。所以者何？由諸聲聞不能於一切境智處轉，是故於彼雖離此說，然智得成，解脫成就，故不為說。若離此識，不易證得一切智智。一切境智則廣大，阿陀那境則深細，由深細而後成其廣大，亦惟廣大乃至於深細處也。《深密經》云：阿陀那識甚深細，一切種子如暴流，我於凡愚不開演，恐彼分別執為我。一則無用乎此，二則益其僻執；不立之由，誠如經、論。

（五）因為大悲而立此識：本宗約智談用，為智根源、為用血脈者，則大悲也。《瑜伽》四十四云：是故如來、若有請問菩薩菩提誰能建立，皆正答言菩薩菩提悲所建立。是故智由悲起，悲之等流又以智為究竟。非有大悲貫徹，將無由求得徧知、三祇無厭。亦非至於一切智智圓滿無缺，不可得無緣大悲之所歸宿。二者表裏始終，蓋有如是者。然今時人談佛法每每昧此源頭，或則例同宗教，或則視為哲學，又或偏執不了義之說以概全體。例同宗教，遂有貌似之淨土、宗門（指不到家之淨土、宗門言耳。若眞淨土、眞宗門，與唯識是一貫之學），誤解了生死之言（此本謂明了，乃誤解為了結），並亡悲智。或隨順外道而有悲無智。或趣入小乘而悲智俱微。視為哲學，遂至少智無悲，漫談宇宙人生，於名相中作活計。又執不了義說如《起信論》等，無正智種，遂至大用無源，悲智不起。凡此皆非所以語於眞佛法也。佛法以菩提為極果，而以大悲為根本。大悲之言絕待無緣，既非憂戚悲愁，亦非顧戀哀愍；一滯人、法，即有所不徧而不能成其大。今人於此亦多所誤會，次更以數門釋之。

大悲云何差別？略有十門：一者，自性，相屬憐愍本來具有故。二者，數擇，數數抉擇見功過故。三者，宿習，先世久修熏習積集故。四者，障斷，障悲貪愛得斷除故。五者，平等，於三受皆見苦而生悲故。六者，常恒，亘古亘今無間斷故。七者，深極，自他平等故。八者，隨順，如理拔濟一切眾生苦故。九者，淨道，此是對治相貌故。十者，不得，是無生法忍故。

云何大悲緣起？此略有五：一由深細苦境而生，二由長時熏習而增上，三由救濟眾生猛利而生，四由極清淨地而生，五由慈力澆潤而生（若以四緣分別，即以因力為因緣，等流為等無間緣，觀苦為所緣緣，善友為增上緣）。

復次，就深細境緣起而言：云何而悲？觀眾生百一十苦（詳《大論》四十四）而起大悲，觀眾生昧三十二法（詳《思益經》）而起大悲。云何觀眾生而起大悲？無人，無我，無眾生，皆一心之差別。此識持一切種，徧周沙界；周沙界識網周沙界，相繫相維，相與增上，觀乎眾生自然而悲。心穢則佛土穢,心淨則佛土淨,悲其穢矣,屬其心矣,必了心體。有斷然者。蓋窮苦緣起於無常,差別於種子,必究阿賴耶而後能盡也。

此外猶有異門,他日詳談。今人不明大悲為學佛要事,實屬誤解佛法之尤,不可不抉擇發揮。且概括數言示其要略,曰:諸佛菩薩由觀苦而起悲(諸佛以苦諦為師,明了觀苦乃無繫縛;見他即自,又自然牽動而生大悲,此非逃苦、厭苦、怖苦、捨苦所可比也),由大悲而利他,由利他而起苦(一切苦悉入生死苦中,不舍生死即是不舍一切苦,此蓋觸眞實苦以苦為大樂乃能如是),由起苦而不住涅槃。

上來五段明建立八識所由畢。

第十,抉擇法相談唯識

一時極唱,性相兩輪。明了而談,一遮一表。都無自性故,所以必遮;相應如如故,所以必表。法相賅廣,五姓齊被;唯識精玄,唯被後二。詳見他敍,此姑不贅(《瑜伽論》敍十義、《眞實品》敍六義,參看。法相攝《阿毗達磨》全經,唯識攝《攝大乘》一品;法相攝十二部經全部,唯識攝方廣一部)。

附:歐陽竟無先生答梅君書

(前略)批張君文云:用是生滅,體是眞如,見相生滅,內二分正智緣如;若克實言之,內二分安立證義概屬正智邊;言以證自證為如自證緣之,則自證為智;以自證為如證自證緣之,則證自證為智云云。

王君疑以證自證為如自證為如兩句,令為解之,分三段:

一,自證與如義:《述記》五十五卷七頁右一行云:自證分與眞如境體義無別。《義演》二十三解之云:眞如是一切法體,亦是無分別智之體,自證復是見相二分之體,據此道理說云無分別。相見道不法自證者,以其無分別與如俱屬體邊故也。相見後得須表詮分別,故唯法眞見道之見分,屬用邊故也。是自證與如就用有分,就體雖非是一而無分也。

二,自證緣如義:智如雖二,然無分別智為能緣,緣眞如所緣時宛若如一。且智不起用時,寂然泯然與如無別。智不起用者,如處女腹中他日有生子用,今日謂之為處女子,然實處女今日無子也。智雖不起,他日必起,今日不謂如而謂智,如處女子也。然其實智與如相處寂然泯然,無能倏然即時別出其智,如實處女今日無子也。自證緣如與如相處,如是如是。

三,批文是曲順自證緣如一句之意:自證緣如,今自證緣自證及證自證緣自證,豈非不緣如耶?故曰:以自證為如,以證自證為如也,以為之言,非自證即如,特以之為如耳(將能作所之意)。

於此有難者曰:如即是如,智即是智,絕然不同,而可容人隨意顛用耶?

答:依如為智體、智為相見體言,說智而如攝其中,且以之為體,一無別也。依智不起用時言說智而如不可離,二無別也。又況批文是說能緣邊事,主旨成就內二分是智之意也。能緣而緣其所緣,一向是說眞如所緣矣,今忽說自證是所緣,不亦是變其能而作所境耶?能不可任意變作所而變之者,必其有可以變作之理在故也。即自證智不起用與其眞如無別,所以以之為所,而緣彼之證自證亦乃得用其所謂能者也。然其實則非眞如也。今批文亦然,以之為所、為如,非即是如故也。

然則以智緣智耶？以智緣如耶？克言之，以智緣如不可分之智如也。就如邊言曰正智緣如也，就智邊言曰自證智緣證自證智也。法相不可亂，而亦不可不細察其微也。（後略）

内學雜著

《內學》序

範圍之比例，因果之遞嬗，天然之模仿，天下古今，世、出世學，盡在乎是，是不可以已乎？雖然，有說。今吾且問：立範圍者誰？寧不操柄而聽其命！範圍有量，量寧局是？範圍有數，是數以外何獨無事？率爾操柄，是名武斷，武斷者不足以立範圍；聽命非創，非創者不足以立範圍。宛轉虛妄，無可憑據，吾復奈何而熒惑乎哉？因不以因起，是因以前因復有因，因則無窮；果不以果止；是果以後果更有果，果則無窮。無窮者莫可得而窮詰也，誰復有能疲薾神精媾結虛牝？如水呈形，如鏡呈影。攝前遺後，顯表晦裹，語不足闡義，跡不足達旨，扣槃捫燭，璞周鳳楚。悲夫，執一行一門者之汩汩沉沉，無出期也！離諸根量宗因譬喻；我說因緣非第一義。三世佛冤，如言取義。是故範圍之比例，因果之遞嬗，天然之模倣，學其所學，非吾黨學。

處處經中皆作是言，善男子，爾及諸菩薩摩訶薩應如是學。此復云何？現證而已矣。共所成立，不由審取，地唯是地，非水、火、風，苦唯是苦，非樂、喜、捨，是名世俗現證。諸法非實，如幻如化，如餤如夢，如影如響，水月鏡像，乾城虛空，是為勝義現證。云何為現？三界分別，自心所現。云何為證？不取於相，如如不動。世俗謂游方以外，吾學謂還滅自內。應如是學勝義現證，是名內學。現證云者，不可以驟得，不可以一概；禹鼎神姦，一覽窮悉。如觀無常，五蘊無常，剎那集顯，是名現證。一眞法界，周徧無外。應如是學，無外之內，是名內學。

吾所親愛，如一子地，寒暑陰陽，淩蔑失序，一舉一動，人之圖己，恐恐惴惴，光天無之。吾之愛矣，奈何勿悲？悲之甚矣，日夜迫切以思，求所以醫，豈秦人視越人之肥瘠？盡大地人皆吾一子，皆失其序，皆吾所悲，吾皆求醫。醫也者，學也。悲而後有學，憤而後有學，無可奈何而後有學，救亡圖存而後有學。不如是而有學，其施也不親，其由來也不眞，其究也無歸，唐其智力精神。危乎冤哉！天下有如是學，吾其愈益悲也。夫人心理咸其一致，如理者事在一己，如量者發由乎人，不可以不審。聲聞、緣覺悲心微薄，是故聲聞出定不識食鹽，緣覺化人顯通無二，鈍之至矣，烏足以言佛！菩薩摩訶薩生心動念莫不皆悲，舉足下足無非是學，牛溲、馬勃，實於芝、苓，醫方、工巧、因明、聲明，但可致用，都非蕪菁。惑執無邊，慧解無邊，過患不已，功德不止，三阿僧祇，豈有終極？其悲也大，故其學也大。應如是學，大往大來，是名內學。（吾嘗論之：亂之興也自無悲始，治之萌也自親愛起。生心動念唯私一已，天下亡矣。一舉一動環顧皆人，世界太平。食不摶飯，坐不橫肱，比丘立戒二百五十，多視大眾袪彼妨害。任教育者可以思矣，治學問者可以知矣。）

現證者學之自體，悲者學之緣起。然吾病病，又烏知乎人之病？吾亦常、樂、我、淨，又烏知乎無常苦空，無我寂靜？吾亦徧計所執外物眞實，又烏知乎幻化夢燄、影響虛空、水月鏡像、乾闥婆城？以是因緣，又復須知方便者學之行軌。洪濤無梁，舟楫是從；徑路雖絕，風雲可通；親辦無因，同類有功；銅山西崩，響應洛鍾；火騰陽燧，水液方諸。菩薩摩訶薩無漏種隱，有大方便引發勝品，曰聖言量，至心歸命。危懼而不捨，不可得也，不此之往，又何之矣？攙己於其閒，不可得也；吾如足智，先已知矣。歸命曰信，一信以往，次解次行，大有事在。

既非盲從,亦非臆度,研求有的,解無量也。既非冥行,亦非說食,遵道守轍,行無量也。隨順現證,趣向現證,臨入現證,學之序也。多聞熏習,熏此現證;如理尋思,思此現證;修斷轉依,依此現證;三慧漸頓,學之事也。無邊沙界,平等現證;盡未來際,一味現證;學之至也。如此而已矣。支那內學院刊一年《內學》,呈諸大雅,質諸同好,自今伊始歲其有。一星終矣,穮蓘獲年。刊成,歐陽漸喜而敘。

影印宋磧砂版《大藏經》序

影印磧砂宋藏成，問序於予。予何言哉？亦惟略述是藏三事：一曰，刊刻始末；二曰，價值需要；三曰，影印因緣而已。考磧砂為平江府陳湖中小洲，南宋乾道八年僧寂堂築庵其上，曰延聖寺。其後水卻田增，文物漸起，刻經弘法，此藏之所以名磧砂也。磧砂創刻於何人？創始於何年？所應考者。按今陝西開元、臥龍二寺所存之磧砂藏，其尾跋最早之年為《寶積經》一百一卷，題紹定四年七月解制日范顯施刊，然不足為據，則亦不敢遽決為創始於是年是人。何也？蓋跋中曾未涉及磧砂延聖寺。

又筆法雜帶行草，體非方正，而作山谷長斜形，與諸卷不類，非磧砂本也。且蜀刻依《開元錄》始於般若。自是南北中外梵本書本，除弘教藏外，皆據蜀本，始於般若。即明南藏本依磧砂而刻者，亦無不始於般若。不應磧砂反創始於《寶積》。況明明磧砂之端平目錄開始於《大般若經》耶？然則目錄作於端平，其創始於端平歟？曰不然。尾跋《無量壽》刻於紹定五年五月。紹定在端平前，則不始於端平可知。然則即始於紹定五年五月歟？曰不然。《無量壽》即《寶積》五會異譯。既不許始《寶積》，即不許始《無量壽》。且《文殊所說大般若》尾題紹定。《文殊般若》在六百卷外，豈霎時刻就六百卷，又成一百二十餘卷後而及於《文殊般若》耶？則非始於紹定又可知。然則究始於何時，殆無考歟？曰不然。磧砂《大般若》六百卷雖燬於寶祐六年之延聖大火。補於宋咸淳及元泰定至順天曆之妙嚴寺版。然原刻零本猶有十五卷在,為五八、五九、七一、七七,及二百八二、八三、八五、八六、八七、三百九二、四百四八、四百六一、八二、六五也。又日本辻森要修南禪大藏跋文蒐錄,載存十卷為二一、二二、二三、二七、百十六、百卅八、百七一、七二、二百二、三百六九也。合中日現在二十五卷題跋而考之,亦可得其端倪矣。其卷二十二題延聖比丘惟拱書:"大檀越保義郎趙安國一力雕經一部六百卷。"二十三卷題:磧砂破屋道人陸靜德書,"大檀越保義郎趙安國施財一力雕造此經六百卷"。凡一百卅八卷以上均如是題:"大檀越保義郎趙安國一力雕造此經一部六百卷。"凡一百七十一卷以下均如是題:"大檀越成忠郎趙安國一力刊經一部六百卷。"而端平元年目錄上下亦題:"都勸緣大檀越成忠郎趙安國。"是則曰延聖比丘,曰磧砂道人者,固明明為磧砂本無疑也。曰保義郎或成忠郎趙安國施雕者,固明明為創刊之人無疑也。

而創刊之年猶未知也,此二十五卷尾跋無年月可考故也。然則仍歸於不可考之數歟?曰不然。既得其人,推勘有路。趙安國初為保義郎,後為成忠郎。《宋史·職官志》,二郎是武階小使臣,成忠視保義上一階。紹興釐正官職,此類五年一轉。據此則《大般若》之前百三十八卷題保義郎者,應在未轉官前之五年。後四百六十二卷題成忠郎者,應在已轉官後之五年。又據紹定六年刻四小之《法苑珠林》以資普募為四百六十二卷竣後重訂辦法之事。其未竣而題成忠郎者,理當在紹定六年前,推至元年至五年,更推而上之百三十八卷題保義郎者,理當在紹定前約至寶慶初年之五年。夫寶慶紀元不過三年,紹定紀元不過六年,合之亦不過九年。此九年中刻得《大般若》之六百卷,刻得《般若》眷屬至《文殊大般若》之一百二十餘卷,刻得《寶積》眷屬至《無量壽》之一百五十餘卷,都凡總計將不下九百餘卷上下。習慣手續，古今或同，亦事屬情理中也。於此暫告結果：磧砂宋藏其可說發起於趙安國其人，而創刻於理宗寶慶初年時歟？考古窘於材料，得其近似告止。博雅君子幸其教之，或得更確之據，應亟匡正。

此藏據圓覺尾跋，於淳祐十年曾由趙公一補損缺。寶祐大火。景定、咸淳所刊甚微，漸漸歇事。未及數載，杭州普寧於至元十五年發起刻藏，施主奔赴，直待至元二十六年普寧告竣。而後磧砂始得方便，繼續其功。然所補刊悉依普寧編序，而改端平目次至順帝至正九年蕆畢，凡五百九十一函，一千五百二十一種，六千三百一十卷。斯乃磧砂宋藏刊刻始末之大較也。

債砂價值，曰眞宋猶存，曰法典增益，曰為南藏樞紐。具此三事，遂成南藏中決不可少之藏。眞宋猶存者，考本藏尾跋，除律論依元版補刻外，大乘經中存《般若》十五卷無年月。計紹定所刊者六種，內《無量壽》較早，刻於五年五月。計端平所刻者六種，內《文殊所說般若》較早，刻於元年三月。計嘉熙所刊者七十一種，內《法苑珠林》第四十五較早，刻於元年二月。計淳祐所刊者三十四種，內《小品般若》較早，刻於元年六月。計寶祐所刊者十一種，內《法苑珠林》六十一卷較早，刻於元年一月。計景定所刊者二種，《須賴》及《菩薩生地》俱刻於五年八月。計咸淳所刊者十二種，內《放光般若》較早，刻於元年四月。又年月不明而可斷為宋刻者九種，都一百五十二種。小乘經中計淳祐所刊者為三種，合卷之《教化地獄》等，俱刻於五年七月。計咸淳所刊者八種，內四種合卷之《夢見十事》等較早，刻於元年六月，都十一種。聖賢撰集中計淳祐所刊者二種，內《無量壽》、《莊嚴》較早，刻於三年三月。計景定所刊者為五種，合卷之《四無所畏》等，俱刻於五年三月。計咸淳所刊者五種，內四種合卷之《八大曼拏羅》等較早，刻於元年六月，都十二種。此所謂眞宋猶存者歟？

法典增益者。端平目錄止於合字南本《涅槃》，為一千四百三十二種，五千八百五十七卷。今合字下增多八十九種，四百五十三卷（仍有欠缺）。此所增多，除前《宗鏡錄》及後《帝師所說羯磨序》等共二十種外，餘皆密部法典，閩湖所無，元明乃有。蓋以元時南北路通，腥穢雖濃，文物即隨之而至，亦不幸中之幸歟？

為南藏樞紐者。磧砂一部份由南方閩湖普寧而來，一部又由北方弘法而來。由閩湖來，福州思溪普寧之精華固已攝受；由弘法來，明南藏本依磧砂者，即亦依是而又詳勘之，以故較北藏本而精。蓋弘法由印經院來，又依據丹本，本自精絕故也。

磧砂有缺，應以弘法補之，是故有一磧砂而南藏諸本皆知涯矣。斯乃磧砂價值需要之大較也。

影印因緣。係三人功德。一為朱慶瀾居士，一為余友葉居士恭綽，一為範成上人。林下退居，奔走法事，誠韻舉也。是藏於二十年發現於開元、臥龍二寺。朱為陝災以其聲譽募振數百萬，活人無算，故能全藏任影大作功德。不然，康更生名士也，何以一說藏經全陝起而唾之，未幾而方便若是歟？葉之為人，綜覈名實，八方維繫，故能恣其搜羅而多得佽助，大其方術而不窘於財。範一樸實辦事僧也，陝藏梵篋整理影運，其他諸藏索以補影。如楊惺吾之思溪，青蓮寺之普寧，以及景定陸道源本，延祐亦黑迷失本，無不得其方便。閒關豫晉，寒暑數易，又得弘法翻本，偉哉勞而有功歟！

夫銅山洛鐘，誠則相應。古磧砂創刊之《大般若》將出而燬於祝融，今磧砂影印之《大般若》將出亦燬於祝融，其諸有不可思議之因緣乎？磧砂初刻募施奇難，當時有比丘尼弘道者，斷臂激勸，至於三世，願卒圓滿。葉於火後寓書於予,咨嗟太息。然不逾月二批發行,一批補出。發奮勇為亦㸌鬅弘道之徒歟!斯乃影印因緣之大較也。眾生之福無涯,法寶大發現於晉趙城廣勝,三君子何以應之?

二十三年五月

《瑜伽法相辭典》序

徧計施設性，相無其實而施設其相，名無其實而施設其名。染淨所推刹刹塵塵，於一毫端施設賅盡，自非如來黠慧殊智，孰能為此？《阿含》三科而已，《般若》加以道相，《瑜伽》則一切智智法界括囊。初地百法明門，遞次而千而萬，《瑜伽》則略錄而百，廣演無邊。又況名相未安，翻經多誤，《攝論》、《地論》，斷港截流。奘師以九死餘生，探五分秘要，迴環師授，蓋亦有年，是以一語之安，堅如磐石，一義之出，燦若星辰。生石點頭，什舌不爛，但憑祕證，孰若顯文？漸以為彌勒未來而瑜伽先生至，直不啻網先佛因陀羅，而生後佛芬陀利也。奘師悲力，甘露披來，乃使迻譯將事，用大匠規，研辨登峰，遵大王路，又不啻覩史置蔑戾車，而雜華馥淡泊路也。高曾基厚，既勤室家，念我云礿，應施丹臒。曩編《瑜伽法數》，棄置未成，夙夜殊恧，二十五年秋，朱君黻煌述其編《瑜伽法相辭典》請予作敘，彼事未竟，我固未應，二十六年秋，歐陽德三揭朱君所編體例而至，促余敘成，然已戰起，亂離瘼矣。歲暮至蜀，遂至江陽，朱君江陽人也，緣何不期而湊，雖陷北平，猶函促敘，乃不得不敘。《瑜伽辭典》一用論釋，不參己意，悉出卷葉極便推尋，俾精熟《瑜伽》者，一覽而數徧家珍，未諳《瑜伽》者入目即驚知美富，瓊林玉樹，大會無遮，功德較量，有數率哉？風雨雞鳴，伊可懷也，趨蹌正軌，殊可敬也。

昔者大德，唯建陀羅、迦濕彌羅乃堪論辨，苟非其人，去矣世親，大道式微,波旬盈衢,尚念之哉?吾因之有感矣!新貴少年譯彌勒《辨法法性論》,以實無而現為虛妄,以無義唯計為分別,此可謂彌勒學乎?彌勒《辨中邊論》明明說虛妄分別有,明明說非實有全無,其言無者,無二也,其言有者,妄中有空,空中有妄也。而彼但以二取名言之現實無唯計,以盡概乎虛妄分別之義。兩譯並存,是為以一嗣尊,二三其德,去奘留今,則一切奘譯俱不必存,而何《瑜伽法相辭典》之作?嗚呼,向唯稗買於名場,今則倡狂於法苑,侮聖言,淩先哲,掩眾明,是可忍也,彼何人哉?

民國二十七年四月歐陽漸敘於江津支那內學院蜀院

支那内學院經版圖書展覽緣起

立國在端始，滅虜以全力。晋始之東也，有聞雞起舞之精神；南朝馴至隋唐，國威振於殊俗。宋始之南也，趙構愚癡，貪位忘讐，寡廉鮮耻，民亦寖寖無氣，遂使大好河山淪於夷狄。明始之東奔西突也，諸王非其君，弘光、永歷之閒又無其臣，民亦胥漸泯昏，遂使夷虜入關，數百載恣睢中夏。

前車若此，今日何如？今之遷蜀也，非安之也，圖抗戰也，空前未有也。敵軍勝人以猛烈之器，今之抗戰堅決長持，勝人以不受爾汝之氣。以器勝人者，將驕民怨，崩潰可期；以氣勝人者，嘗膽臥薪，精神無敵。是則今日入蜀，已端其始也。雖然，氣之於人也，必充滿於一身，全其體而無或虧缺，而後可作也。民各安其位，盡量發揮。譬如人身，農若筋骨，工為體膚，商猶脈胳，士其精魂。所以使一身部位盡量無虧以作其氣者，則政府之責也。有力以資無力，有能以教無能，俾皆有獨到之精神，蓬勃鬱蒸，夫然後可以救亡，可以圖存。

予，士也。予之所事，承先待後之事也。釋迦以至道救世，承其後者事乃在於流通。迦葉、阿難，結集流通；龍樹、無著，闡發流通；羅什、玄奘，翻譯流通。自宋開寶雕版於益州，至予師楊仁山先生刻藏於金陵，為刊刻流通。先生之徂西也，付囑於予曰："我會上爾至，爾會上我來，刻藏之事，其繼續之。"予小子頓首稽首，敬以將命，夙夜不敢康。師創金陵刻經處五十餘年，予繼支那内學院二十餘年，合揚州磚橋一部分之版，殆將萬卷。今之展覽，僅支那內學院一部分，十之一二耳。夫以近八十年之經營，垂一萬卷之鉛槧，灰飛煙滅，未悉存亡，所留貽於此者，僅十百之於一二，甚可哀也。然此一二，從猛火烈燄中破空而來，剝之至極，碩果不食，亦可幸也。若據此燼餘盡量發揮，充碩果之精神，馴至扶蘇蔽虧日月，不又可慶乎？

履端於始，以作氣也。樹之風聲，以致遠也。暴露於人，以求助也。此予今日展覽之意也。予何以盡量發揮以充其獨到之精神耶？予宜黃人也，宜黃有儒者曰譚綸，明嘉隆時巡撫閩浙，硾鑢拔擢，得俞大猷與戚繼光而大破倭酋。予不能執干戈衛社稷如譚襄敏，然友如陳銘樞，子如歐陽格。有執干戈衛社稷之責者，未嘗不嚴夷夏之義而勖以大無畏之精神。若夫以繼往開來之事共建邦家之基，住寧二十五年不出戶庭，蛩巨不離有呂秋一，《藏要》成，教義明，圖書聚，修綆得。今則《藏要》圖書亦如經版，痛什百之存一二也，然猶有存也。內院之友散而之四方，若錫予、十力、幼南、叔吉、質夫、漢章，無論矣！其在於蜀，晞明精研，化中勤說，闓士篤護，文通、文畦、衡如、東明、芸生、質宣之倫，雖致力未專，頗能直趨王路，為斯事輔。今將棲息江津，甄延英俊，講學以刻經，以續古之人，此則精神之所在也。大力菩薩助予無力，堪能大士教我不能，予垂七十，願敬以從事。

精刻《大藏經》緣起

緣起說三事:一,刻藏拔苦痛以慰忠魂;二,刻藏整至教以永慧命;三,刻藏辨法。

一,刻藏拔苦痛以慰忠魂

抗戰三年餘,忠魂數百萬,國家獲無疆之福,死士受無限之悲。報功者報功矣,而飲痛者仍痛。是知報功不若安慰,安慰不若超拔,超拔不若作佛事,作佛事不若刻大藏經。空寂悲智回向感應,六妙義門佛歸極門。佛在屬佛,佛滅屬法。神識不滅,忠魂必在天地間,而法之有寂,周徧法界無所不至,如許忠魂必皆遇於寂中也。夢幻泡影,有何苦痛?執之則苦,捨之痛除,而法之有空,誠眞解脫門甘露味,受縛忠魂必脫然於空中也。不可思議是之謂智。化苦為甘轉痛為猗,一剎那間事,忠魂得此無不拔也。懇到逾恒是之謂悲,凡痛代受,為苦作替,有依者不迫,忠魂得此無不拔也。因緣增上回此為彼是為回向,忠因有三,佛法增七,何礙區區苦痛,忠魂得此必能拔也。毫釐不爽,謂之感應,典籍熏名字,誦讀而聖賢,聖賢而太平,功德如是大,受福如是大,如是大福生,如是大苦滅。經云:讀一四句偈,勝於恒河沙數供養布施,故必刻藏乃慰忠魂。周公植璧秉圭,身代武王之死,翊日王瘳。精誠所至,自拔幽冥,但問關切忠魂誠不誠耳!世有大悲菩薩,必能作此功德事。

二,刻藏整至教以永慧命

《涅槃》遺囑,以教戒為師,佛在師佛,佛滅師法。阿難、帝須,先後結集;龍樹、無著,空有周圓;玄奘、鳩摩,譯傳獨邁。於是而此方教法甘露味真,誠哉!藏之為藏國魂民命之所繫也。顧何以徧施法界慈雲悲雨,而貪心殺氣反熾全球?又何以十二部經獅吼雷音,而無畏精神翻滋闒茸?復何以恒河沙界身命布施,而賣國自肥甘心狗彘?則以藏貌雖存,藏真早喪。一喪於金沙雜聚,而魚目篡珠;二喪於浩渺無津,而久隳簡陋;三喪於義深文澀,而屏棄誰披?經律論撰,但日增加,宋元明清,從無整理。嗟乎!瓊瑰雖備,棄不莊嚴;海藏空羅,任其潰壅。遂使既得金而反礦,久握珠而還貧。教不能行,藏不能讀,藥不能醫,豈不冤哉!故茲之刻藏,整理為宗,以為是先務之急也。整理應分三事:一,刪蕪;二,嚴部;三,考訂。譬彼六經,刪削繁蕪僅存三百,《詩》然後興。《尚書》二九、《春秋》十一,亦以辨今古文之真偽,簡百二國之不修也,故刪蕪第一。譬彼六經,辨方分職、吉凶異時,《禮》然後立,故嚴部第二。譬彼六經,參互考訂,雅頌得所,《樂》然後成,故考訂第三。《詩》興《禮》立《樂》成,然後傳道來世,藏亦何獨不然歟?

第一,刪蕪者:一,刪著述。法自西來,實蘊譯本。疏剔演繹,著述乃增。若談單譯,經二千三十六,律五百二十九,論一千三百一,加密七百八十四,不過四千六百五十卷耳。益以重譯,亦不逾六千。若合著述,則萬猶不啻。一經演注數十萬言,一先生談動逾百萬,學綱尚昧,教網先纏。本為病除,又增藥魅。蓬山遙遠,更隔萬重。冤何可言?急刪第一。刪之云者,正藏崇譯,著述人續,仿《四庫》例,著錄刻全文,存目但評判。餘付藏外,任世浮沉。二,削疑偽。疑偽之來源於學謬,由學謬而譯謬,由譯謬而造作謬。為欲傳謬,迫而造據,是以疑偽經論葳蕤紛綸,戕慧命、闇天日、賊聖教,不可長也。此方謬種,源於菩提流支,移譯既乖,創宗復誤。布濩既廣,開導獨先,六朝隋唐承流奉化,於今為烈,誰撤樊籬,猶可縱歟?

第二,嚴部者:經律論三,通遵結集,於中分部,則未精嚴。說圓首《華嚴》,談空首《般若》,既非結集源流,亦無聖量根據。今謂之嚴者,遵《瑜伽師地》五分、《攝大乘》三類,經立部六、律一、論二故也。經立部六:遵《瑜伽·本事分》,立寶積部。大乘本事應云方等,然方等徧於六部,不可本事既為通門,又與抉擇分司別部。今標寶積,同最初四大之一,同各部首冠經名,既通門不淆於別部,亦本事實現於方等。遵《瑜伽·抉擇分》,立楞伽部、般若部、華嚴部、涅槃部,此之四部又遵《攝論》境、行、果三類,分別次第。《攝論·所知相》,境也,《楞伽》,古學一百八句,今學五法、三自性、八識、二無我句,於九事所攝中為古開今括,皆諸佛立教、法相所存,謂之境也。《攝論》《彼入因果分》、《彼修差別分》,行也,《般若》十度為因果行,《華嚴》十地為差別行,謂之為行也。《攝論》、《彼果斷分》、《彼果智分》,果也,《涅槃》解脫相應為果斷,《般若》法身相應為果智,謂之為果也。遵《瑜伽·攝事分》,立阿含部,無量佛說輾轉傳來,名曰《阿含》,《瑜伽》通法,不局聲聞,《攝事分》之事,《阿含》之事,無所歧於行處緣起食諦界與菩提分法故也。律遵《攝論》,大應攝小,但更增上,大戒列前,小律隨後,以是為一而已。論遵《攝論》,大自小來,部執轉捨,圓法轉成,亦但為輾轉增上耳,故亦宗經釋經大前小後,以是為二而已。又遵《瑜伽·攝釋分》,立釋經論;亦遵《智度》毗曇、毗勒,立宗經論也。遵《瑜伽·攝異門分》,收秘密門;教外別傳古入雜藏,今亦異門例存,但為方便,不廁正宗。

第三考訂者:一,闡明譯本獨有精神,譯人學說主之。二,力保譯文眞廬面目，蒐求舊鈔，採取初刻，參酌章疏主之。三，發揚吾國殊特文學，刊定句讀、條析章段主之。

三，刻藏辦法

一，藏本方式，用木版刻，大小遵金陵方冊本而統一之，分合流通各視其便。二，編校方面，分三期進行：初期編校稿本，次期編刻並進，三期專事校版。三，刻版方面，亦分三期：初期訓練帶徒，次期分局帶徒，三期各局進行。四，用費方面，以六千卷計，每卷照現在價算約　　元正，總計需款　　元。用途以十之八用於刻版上，以十之二用於編校上。若有不敷，臨時籌補。五以十年蕆事。

得初刻南藏記

二十七年冬，得初刻南藏於崇慶上古，喜而為之記。源委考證，秋一有文，予唯記搜藏之事之重且難且至急而已。

結集殊異，界內縝密，界外寬弘。僧祇上座，各有所長，人以為重且大也。翻譯殊異，留支親依如彼，羅什、玄奘如此。對勘取勝，人以為重且大也。獨版片之學，人則以字體雕鏤，瑣瑣細微無足談也，而不知此亦重且大也。錐一指而傾海盪，穿一髮而舉身痛，一字不眞，全體皆似；一語或岐，宗祧易位。因緣即空，亦為假名，番梵作即，此是中道，即此云者。龍樹、無著於空假外無別有中也。因緣即空，亦名假名，此方亦名中道義。亦名云者，天台、賢首於空假外更別有中也。海市蜃樓，蹈虛纏繞，中土法壞，一字攸關，寧細故哉。此雖譯事，版片相類，是故重且大也。版片官刻，原始於益州，不可得而見矣。吾聞國中猶存數十，須置殷勤，依據蜀藏而不誣者，東北則麗丹，西北則西夏，皆至寶也。版片私刻，創肇於福州，亦不可得。合東禪開元繼續而成一整部閩版者，又乃隱據於倭宮，此皆北宋本也。

南宋則湖州，元本則杭州。湖州依據北宋官私，杭州又依據思溪閩本。並依宋元而別刻一藏者，為磧砂藏。然思溪陷於北平，普寧究非至善。脫胎磧砂而髣髴者，其惟初刻南藏乎？初刻南藏以磧砂本全體翻槧，誠足上探閩、蜀，始於洪武，燬於永樂，誠可貴也。永樂續刻有所移易，世所稱據，不足珍也。是則版本之研等於結集，南藏之價，閩、蜀是追。蓋搜藏之事之重也如此。

唯其重也是以難也，唯其難也是以其急也。顧所謂難者何耶？以通才之難也。嫻世典而不深內典，習內明而不學外明，皆不足以言通。不深內典，時則捫燭扣槃，郢書燕說，謬何可言？不學外明，時則孤陋僻執，望文生義，謬何可言？博而要，洞其竅，心細而能忍，樂此而不疲，此之所以難也。秋一住院垂三十年，善內外明，孜孜以誨人。學生蔣唯心就之學，慨然啟邁往之志。二十四年兩游晉，初訪太原，出雁門，訪大同雲岡，無所獲。後棲趙城，粗糲陋室月余，得金藏源委，承秋一指示，作《金藏始末考》，而後千百年金藏之眞廬，明白於天壤。然其赴趙城也，無端書遺囑置諸簏，已而涉風陵，果舟覆頂沒，救不死。歲杪奔喪入川，窀穸事畢，促之崇慶上古探南藏，途次盜掠之。中夜竄遁，盜覺而害之。遺囑之讖，幸不死於水，而卒死於兵。法未獲而身殊，才足器而命乖，齎志不錄，吁其痛矣。復有所謂難者，冥頑之僧滿谷，不恤法微，鼠齧蟲蠹，坌蝕爨酷，而獨惡求法人寓目。情僞之離奇，道路之崎嶇，貲斧之不給，皆足產生艱阻，蓋搜藏之事之難也如此。

國都淪陷，院藏內外典三萬卷蕩然無存。工作無器，行邁無貲，然不可已已。從吾入川者，不乏人，德潛英邁，以秋一教導，繼蔣唯心之作，住崇慶上古月餘。遂得遇初刻南藏之眞面也。是穮是蓘。誠大有年。雖然，歲一終矣。由南藏而諸藏，由諸藏而校文，由文番而索義，由義當而法眞，由法眞而啟行，千里之遙，何時獲至？蓋搜藏之事之急也又如此。

辨方便與僧制

不畏聖言,天下無是非,當前之糾謬不能,遂亦無希望於後日,而教之危險何可勝言?漸既非比丘,亦未從政,又不與聞近時法事。然數十年讀書,是非則昭然明白,本其所知陳於當世,俾有不克匡正於現在者,必將有救於未來。世尊之遺囑云何?淪胥之悲願云何?此固可已於一言乎?故前於僧人藉佛教會名義請預國選事,嘗據出家根本僧制以斥之。乃有謂是考據家言耳,有謂是不知方便之言耳,又謂是偏於小乘不適潮流之言耳。而佛教報章競載諸文於其篇首不以為異,以是知是非將淆亂於天下,乃不能已於言。夫聖言遺囑,但為供考據家資料,斯言也吾不欲辨。若夫居革命時代而不知方便、不適潮流,其顛倒是非,動人聽聞者,非善巧絕倫乎?惟其善巧,斯又非辨之不可者也。

初辨明方便,凡四:

一,團體創制之為方便也

究竟為方便(《華嚴》、《般若》皆有此義)。佛之知見為方便,一切智智為方便(《法華》有此義)。方便者,佛法之極詣,非證果人,不足以言此。是故,用方便於團體者,惟佛乃能。釋迦牟尼於一燈明國,以菩薩為僧,而於娑婆此土觀眾生根器下劣,無堪任能,於是大行方便,於此娑婆國土,唯以聲聞為僧(《大智度論》)。以是佛法住持,乃住持於聲聞也(《瑜伽師地論》)。佛法住持於聲聞,是團體方便佛為已施於娑婆世界，烏容於方便之餘更用方便耶？今僧人請預國選，非個人權宜之舉，乃團體變制之為。夫全體變制，此何如事？初不聞諮於四眾，訪於有知，討論研求至再至三，先事長時審擇所處。但忽爾報載勸人熱烈參加，忽爾報載政府已准所請。迨至大義相繩，乃曰是行方便。嗚呼！方便云乎哉？古德以個人方便益以團體，今人乃以團體方便益以個人，是之謂以劫奪之手段，行變制之妄為，方便云乎哉？

二，利物利人之為方便也

中國內地，僧尼約略總在百萬之數，其能知大法、辦悲智、堪住持、稱比丘不愧者，誠寡若晨星。其大多數皆游手好閒，晨夕坐食，誠國家一大蠹蟲，但有無窮之害，而無一毫之利者。此如不整理、不嚴揀，誠為革命時之一大遺憾。說者如具方便之心，應思此百萬之眾如何俾以利國利民，不應但參加國選即以為利國利民也。

漸以為，應於百萬眾中精細嚴察，朝取一人拔其尤，暮取一人拔其尤，如是精嚴，至多不過數百人。夫以數百人較四萬萬民眾，不啻九牛之一毛，以是從國家乞捨，如奘師乞太宗捨基師之例，以為專作住持大教之用，以為教團眞正比丘眞實宏教之用，以其清淨慈悲、超然無諍，為諸大夫國人所矜式。國家萬無沮尼之理。蓋所捨之民少，而所得利國之益大故耳。其餘遊民，則俾復公民之位，因以作其眞正公民之事，若士、若農、若工、若商，日出而作，日入而息。則國家歲省百萬眾之耗食，歲收百萬眾之力作，夫然後乃得謂之為方便也。今置此不圖，乃輕率徒眾參加國選，謂為方便，方便云乎哉？在國家，未受公民之實，仍為棄民；在教團，驟受公民之名，翻礙規法；進既不能補於國，退復不能安於團，疚心盲目，未之思耳。狼狽一至於此，方便云乎哉？

三,各族現身之為方便也

佛法之住持聲聞者,其事云何耶?被袈裟,住蘭若,不婚宦,不與俗事而住持也,如是謂之比丘。白衣廛閈,婚宦務俗,如是謂之公民。各以其類,不可混淆,淆則非驢非馬,不可顯類。故比丘變相,以無其類而佛教以亡。夫佛化群類現群類身,觀音三十二應,亦各以其類而現其身。彌勒住覩史天,即亦現其天身。菩薩十王大業,初地現轉輪聖王身,乃至十地現摩醯首羅身,皆不以本身,皆同所化之身。此固善權方便,不欲衆生發生疑竇故也。

說者果具方便眞心,以其高等以視團衆,則應勸其捨比丘身,現公民身,以救世行化也。以其卑等以視團衆,則應覈其不足作比丘身,但可還其公民身,以各從其類之實也。乃說者以袈裟比丘之身,出而為白衣公民之身,一身跨兩頭以為方便,方便云乎哉?夫公民為在家人,比丘已舍家而出家,今復為公民,是又捨出家而反俗為在家人也。藉曰不然,則又是騎牆蝙蝠,混沌窮奇,世無其類,立足何依?善巧之謂方便,拙笨至是,方便云乎哉?

四,引外入内之為方便也

出家菩薩行四攝法,法有同事一條,非方便之證歟?然四攝之所謂攝者,由世間之外攝之入佛教之內也。比丘參加國選,由出世之內捨之入世間之外也。四攝之同行,正導之不入而誘掖之,誘掖之不入而鈎牽之,鈎牽之不入而同化之。必目的之是達,一切手段之不擇,是何誠摯,是何善巧,是何悲智,故曰方便行也。比丘參加國選,問何目的之是達,而唯手段之不擇?誠摯善巧悲智之謂何?應於此判曰:引外入內是方便行,捨內趨外是慕羶行。今說者於比丘參加國選之慕羶行,乃竟誤為方便行,方便云乎哉?曲當其情耶,除卻不以規矩無一合語,方便云乎哉?

次辨明僧制，凡四：

一，出家者應行頭陀，居蘭若也

聲聞弟子少欲少事，此無論矣。即以出家菩薩而言，應學應行，亦詳見龍樹、無著、寂天諸家同據之《寶積·鬱伽長者會》。此經云：出家菩薩應作是念，我今應住於四聖種，樂行頭陀。又云：出家菩薩見十利故，終不捨於阿練兒處（即阿蘭若）。可知頭陀蘭若，固出家者所應行也。

出家何事？學佛而已，自學未成，安能度眾（此義詳龍樹《十住婆沙》卷一）？故如救頭然，專精三學，一念而不可懈。行戒在頭陀，則龍樹之言也（《十住婆沙》卷十四）。修定先蘭若，則寂天之說也（《集菩薩學論》卷十三、十四）。出家菩薩為利他故，固可廣受施襯，亦可聽法化生伽藍入眾。然根本之行，不能廢頭陀蘭若。勤行自度，即為度他，超凡入聖，造端於是。龍樹大士不厭反復說為出家不共之行，其意深長，可思也（見《十住婆沙》）。

我佛在世，遊行宏化，不遑寧處，乞食露宿，時見經文。竹園、祇洹之精舍，集眾說法地，非常住也。後世僧制日壞，養尊處優，習於喧雜，故一聞頭陀蘭若，輒目為遺世絕俗，至舉迦葉頭陀第一之說相難，一若此非餘人所得行者，何見之陋也。今出家者皆貌為菩薩受梵網戒矣，常應二時頭陀冬夏坐禪，非《梵網》明文耶？豈並此亦可忘之耶？

二，出家者不應參預世事，又不應為名利親近國王宰官也

出家菩薩之異於在家者，以其無有攝受父母親屬，營農商估事王業等種種艱辛遽務憂苦也（見《瑜伽》卷四十七）。出家菩薩必免此攝受俗事者，出入聚落，則見聞聲色諸根難攝，發起三毒，六度心薄。又與白衣從事，則利養垢染發起煩惱，弱者不能以思力制心，或死或惱，或舍戒還俗也(《十住婆沙》卷六)。是故佛於《大涅槃經》中最後說戒:比丘不應畜財奴役、種植市易、談說俗事,又不應親近國王大臣。此等經律所制,皆是如來所說(經卷七)。又說息世譏嫌戒,不作販賣田宅種植,不畜財物,不觀軍陣,不作王家使命,乃至菩薩堅持是戒與重戒等(經卷十一)。又說聲聞弟子如修集在家世俗之事,又以稱譽親近國王王子,受使鄰國通致信命,如是之人,皆魔眷屬,非佛弟子(經卷二十六)。由是可見,出家不與世事,不親國王宰官,聲聞固不必論,即出家菩薩,亦懸為厲禁。誠以出家務俗必招譏嫌,既妨修道之專精,復失俗眾之信奉。此非自度度他之道,亦非住持大法之要也。

佛囑護法有國王宰官,但必國王宰官之自來親附,非以僧徒趨奉為合法也。贊寧有言:末代垢重,情移奉身,罕聞為教而親近國王大臣者(《僧史略》卷中)。自昔已然,於今為烈,彼奔走權貴,自許國師之流,心地齷齪甚矣,豈可以為教親近解之乎?且稽之佛傳,佛在世時,教化國王宰官,絕少親赴。說法或不廢王法正論,亦所以引俗入道,而與干政有別。如為禹舍大臣說跋祇國七事難勝,同時以此喻誡弟子,有種種增長出家七法,不預世事、應居蘭若,皆在其數見(《長阿含》卷二)。說者乃引七事為出家參預俗務之證,可謂適得其反也。

佛法東流,側重王護,歷代君王乃得以專制淫威,種種矯作,多不可為法。有如羅什之依涼、秦,一再毀戒,蓮華泥污,銜憾終身(《高僧卷》卷二)。乃至玄奘,便殿周旋,內宮就譯,亦違本懷(《奘傳》卷九,表請入少林寺翻譯,可見一斑)。至於譯場限制,難盡譯家之能事,尤難勝論。今者國體已更,教法自主,乃不惜曲解史實,以求引僧入俗,大謬矣!

三,出家者不應服官,不應與考也

出家沙門,宏道利物,敝屣王侯,故能抗禮萬乘,高尚其事。六代而還,沙門不禮王者,論議不絕。此非吝於一拜,乃所以重佛法、護僧制,根本壁壘未可棄也。不居其實,即不受其名,故世俗爵秩亦未應施之方外。然南北朝因設僧官,弊端漸啟,帝王專制必鄙視僧徒,如卿相而後已。降至宋代,譯場諸僧,頻首稱臣,一無異辭,而僧格掃地以盡。然此猶止於虛秩也,乃若慧琳因宋文之幸,竊參機要,賄賂相繼,孔顗嘆為黑衣宰相,冠履倒置(《南史》卷七十八),此正深惡其不倫也。今之說者,乃欲舉此為僧徒楷模,可謂辱盡佛法矣。

贊寧撰《僧史略》,摭取史實以資談助,不必盡為典據。然其言曰:朝廷行爵,釋子競官,官階匆盡,貪愛無滿,胡不養其妻子跪拜君親?有識者於此無取焉(《僧史略》卷下)。此誠快論也。一念之貪,非盡驅僧徒返俗不止,亦非返俗不能盡其官興也。說者知引贊寧之書,而不知贊寧之意,豈非大惑哉!至於國家考試制度,乃為干祿從公技術人員而設,僧徒不赴考,宜也。必以舊日考試度僧相附會,彼亦秕政,不足為訓。出家受戒,廣律本有專章,簡別嚴淨,而皆由僧團自主其事,不可以假手俗吏也。今之僧徒,淆雜浮濫,究其病源,即在不依律實行,故至為逋逃藪為卑田院,不可收拾,豈有關於考試哉?又豈足為參預俗事之藉口哉?

四,出家參政,大違戒律,亦有礙世法也

出家離俗,自有其根本律儀,今三壇誓受,十方證明者,猶古之法,即所行持,亦必期古之人,不得藉口時代潮流,而自喪其信守。《梵網》有言:正見經律,皆應受持。則如前舉《寶積》、《涅槃》諸經者,豈復有絲毫可以參政之餘地?必一切不顧,戒可毀,經可焚,俗事不可不為。是不但自喪其僧格,抑亦無人格之尤也,何待他人剝奪之哉?且即就參選事論,國法以公民平等而不簡僧徒,與佛法放棄俗利而專志道業,兩不相强,本無所礙也。今之熱中者,不僅欲參選,且必欲獲選,故僧徒例同普通公民,本屬區域選舉之類。一二黠者乃不惜利用佛教會,欲附會於職業團體。然國選名額早經規定,職業團體亦已列舉,無所謂佛教會員也。僧徒必欲於其間分一杯羹,勢非枉法不止,此所謂大礙世法也。至於蒙藏僧徒,所奉之教乃顯密雜參,非盡出之釋迦教,史實學理皆有可考。日本、暹羅之佛徒,以在家形式而干政,亦非此所論。但此數地,教非常軌,有待我先進,糾謬繩愆,導之正路,非可盲從顛倒所事也。說者藉口,又何足取哉!

辨虛妄分別

虛妄分別，凡諸經論，如《楞伽》、《瑜伽》、《顯揚》、《中邊》，皆詮依他性。而以之詮一切法相，則《辨中邊論》與《辨法法性論》獨舉。藏傳彌勒五論，與奘師彌勒五論，書不相同，是大問題，訖未解決。對於此事，安能遽爾率然？然譯者既從藏譯五論，則藏人談《辨法法性》時，與《中邊》相提並論，謂其說依、圓實有，而徧計實無，如隆都喇嘛集內《慈氏五法名數錄》，即有此義，譯論者不應於此加之意歟？

《辨中邊論》談一切法法相，以非空非不空為宗，空是其無，不空詮有，蓋有無並舉也。虛妄分別有，言亂識上見、相二分是有也。於此二都無，言亂識上所無者是二取也。此中唯有空，言亂識上所有者是空性即法性也。於彼亦有此，言空性上所有者亦此亂識也。亂識從因緣有生，不從計執無生。其相如幻，其體是有，所謂其中少有亂識生是也。亂識非實有，亦非全無，許滅解脫故。謂於亂識相、見分上，擇滅二取計執，解脫二取纏縛，種種聖道許以慮托。若亂識全無，安所慮托歟？所謂有無並舉非耶？

今譯《辨法法性論》，談一切法法相，詳其趨勢，乃在無邊。蓋非有無並舉，以宗其非空非不空也。實無而現，無義唯計，無而現有，無有別非一，有無無別非異，最是有無一異一頌，則竟以全無義邊談法相也。夫談唯識，偏對外境，無其外義，而內識則唯。若談法相，則非談相之作用，而必談相之體性。體性之質實，體性之賅攝，必一一詳之。而《辨法法性論》乃詳無略有,何耶?若謂法性是有,法相止可談無邊者,何不舉法性眞有、法相幻有義耶?若謂觀無乃可入眞,幻有亦何礙於觀無義耶?是則談《辨法法性論》:一,五論未解決;二,法相異《中邊》義未解決也。此論梵文不存,根本無從研覈,徒憑重譯,輾轉相沿,又烏知其中所蘊何若?卻怪譯者曾不矜慎,匆匆重譯,又不署重譯之辭,而直書某某所譯。一若非譯藏文,而直譯梵文者;一若原譯摩訶闍那等之責,皆可代負者。非所謂侮聖言、凌先哲、掩眾明者耶!

復次,分別與計度或徧計之名詞,古不區別,初無異議。至先哲玄奘法師時,則界限精嚴,不容稍混。計度或徧計義,範圍甚狹,唯六、七有;五、八則無。分別義寬,既賅六、七計度,亦攝五、八任運也。《成唯識論》周徧計度,故名徧計。安慧八識皆能徧計,所據理教不能精確,犯過重重。護法破以十義,會以三事,而計度、分別,惟攝屬第六、第七心品乃定。自是以後,辨理譯文,莫不奉為圭臬,是則計度之範圍至狹,不可概虛妄分別之全分也。《瑜伽》七分別,解家以任運分別,為五、七、八識有,餘六分別,皆隨念計度所攝,計度唯六、七識有。是則必三分別,或七分別,始攝得八種識盡,所謂分別義寬也。

《辨中邊論》談分別,則悉舉五、八、六、七識。曰:識生變似義,有情我及了。而《辨法法性論》談分別,譯者但以無義唯計為分別,又申之曰:分別者,謂一切無唯計度耳。又引其師說,妄現為有,妄執為有,二種俱名分別者,以實一切境義唯自徧計分別故。師弟舉分別名詞,俱但舉計度一面,一若分別唯攝六、七計度,不必攝五、八不計度者。夫其談妄現妄執於義無失,而名詞有失。又使譯名詞於古時無失,於今時有失。其師是藏人,或以僻遠不讀中籍,無論矣。譯者是中土人,不讀中籍而為中國譯典,可乎哉?譯家不閑千數百年輾轉辨別、最後定為一尊之名詞,或閑故不用,而徒執先時混沌不分之名相以迷惑國人,又非所謂侮聖言、凌先哲、掩眾明者耶!

辨二諦三性

大乘有兩輪：曰二諦，曰三性。二諦以說法，《中論》“諸佛以二諦，為衆生說法，一以世俗諦，二第一義諦”，是也。三性以立教，《密嚴》五法、三自性、八識、二無我，此即是諸佛最後之教理是也。說法無二道，其極曰一眞法界；立教視機感，其極曰二空所顯。既已云一眞法界矣，而復曰二空所顯者，法界法爾，唯如是眞，增益固不得；法界法爾，有如是幻，損減亦不得也。不眞無體，幻滅無用也。依眞說法，依幻立教，此其所以立二諦復談三性歟！二諦詮眞，剋實唯遮世俗諦；三性詮幻，剋實唯詮依他起性。第一義諦周徧有也，依他起性少分有也；第一義諦如實有也，依他起性如幻有也。皆有也。其為無者，二諦中俗諦無，三性中計執無也。眞俗以有無判，依、圓以眞幻判也。

何謂二諦剋實，唯遮世俗諦耶？談二諦者，莫不依般若波羅蜜，龍樹有言：觀一切法實相慧，名之曰般若波羅蜜，一切法實相涅槃也，即第一義諦也。第一義諦有，依之以觀一切法，則凡不與第一義諦相應者，無也、非也、不也，無色聲香味觸法，乃至無智無得等也，非常非樂非我非淨等也，不生不滅不增不減等也。此豈言一切法斷滅無哉？《般若經》言：如諸愚夫異生所執非一切法如是有故，應如無所有如是而有；若於無所有法不能了達，說為無明生死三界。《般若經》又言：甚深般若波羅蜜多，非如是等諸法所攝，亦非不攝，如是所攝所不攝法,所有眞如不虛妄性、不變異性、如所有性,如諸如來及佛弟子菩薩所見,是謂般若波羅蜜多。是蓋言第一義諦如實而有也。其所謂無者,乃計執之俗諦無也。以計執之俗諦無,立一切法畢竟空義,文殊、龍樹、清辨等而以為宗。

何謂三性剋實,唯詮依他起性耶?依他起上,若復起執,為徧計所執性,即二諦之俗諦,畢竟無有;依他起上,不復起執,為圓成實性,即二諦之眞諦,如實而有。於二諦外別立一性,非無如計執,非有如圓成。而亦有亦無繫於一法,繼二諦而創立者,其唯依他起性乎?二分之謂識,雜以二取之謂亂。二分識上之二取亂,所謂境無識亦無也;二取亂上之二分識,所謂識體不滅之為有也。此於變似,應得詳談。變之謂能,似之謂所,似於能邊謂之為分,似於所邊謂之為取,分取相錯,字為亂識。亦有亦無,就識邊言,則所謂少分有也。此非獨影從見如空中華,本無所有也,此由先種今緣,二分變現,不可云無也。云何立此亂識有耶?亂識之謂染,所謂染依他也;亂去之謂淨,所謂淨依他也。諸佛立教,莫不依於染淨,有染然後有淨,去染然後得淨。若染依他無,則識本無亂,何所為去!去之云何,又何淨至?唯其有染,則有纏縛,乃有解脫。縛脫對治,染去淨存,是之謂教。法爾有亂識,法爾建立有,乃諸佛方便立教之深意歟!以依他之染性非眞有非全無,立一切法非空非不空義,彌勒、無著、護法等而以為宗。

兩宗既立,共談一義,所趣不同。如共談計執無義,二諦唯詮二取之畢竟無也,三性則必詮二取之無,於二分識上有也。如詮計執,《密嚴經》言:諸法不生滅,不斷亦不常,不一亦不異,不來亦不去,妄立種種名,是為徧計性。又言:諸法猶如幻如夢,與乾城陽餤、水中月、火輪雲電等,此中妄所取,是為徧計性。二諦以不義詮,唯談計執無也;三性以如義詮,必談無其執於有上也。又如共談圓成眞義,若二諦邊,以眞諦有對俗諦無,則有無異也;若三性邊,圓成眞有對依他幻有,則依、圓同有,不以有無異,而以有上之眞幻異也。兩宗既立,各詮其所詮,各極其所至。經言:文殊觀一切法平等平等,不見山河大地,瓦礫磽确是也。經言:若復一法超過涅槃,我亦說為如幻如化,是也。兩宗既立,各極其至,不可以相譏,法法不相知;不可以相淆,法法不相到。非彌勒不嫻《般若》,非文殊不審《瑜伽》,既各宗其宗,法相自不容或亂也。然宗雖各別,而道不相離,八萬四千門一妙清淨道故也。二諦遮執,三性詮染,宗不同也。歸極於眞有,結果於涅槃,彼云第一義諦,此云圓成實性,道無異也。

不達斯旨,《般若》、《瑜伽》之上別立一宗,昧法平等,俯瞰群流,高居統攝,謂為融洽。理不可通,教其無據,是謂波旬,象恭滔天。一或不愼,喪慧失命,誠可哀矣!若欲徹底嫻《般若》、《瑜伽》於一,是唯涅槃三德伊字,一語三玄,一玄三要,乃稱妙旨。須再詳談,今姑且止。故曰:今所宜闡揚者,《般若》、《瑜伽》之教,龍樹、無著之學,羅什、玄奘之文。

附:解惑四則

前作《辨虛妄分別》,廣《瑜伽法相辭典·敘》末段之義,其根本之點,在《辨法法性論》說分別是無,與彌勒非空非不空宗有無並舉不合,不得視為彌勒學。此學說異也。而又五論未決,無梵可覈,更分別與計度譯名有違,故云翻譯不可不愼耳。文意至明,然猶有惑者,因復略解之。

一，論宗不合

彌勒一切法非空非不空宗，建立於《中邊》。《中邊》說虛妄分別，以二分為有，又以空妄互有為有，有故非空；以二取為無，無故非不空。變現之自體，二分也，從因緣生，不可謂無；變現之所似，二取也，計所執境，不可謂有。因二分之現，乃有二取之執，安慧釋謂餘分別執為二取，其體非有是也。《攝論》隨順《中邊》，說虛妄分別所攝諸識，由二性安立唯識性，有相有見二識別故，此為二分釋分別之所據。若云自證之義，實發見於陳那，不可以後難前，而責無著二分之不合也。

偏計所執之能取所取二取也，能偏計之能取取與所取取，亦略云二取也，其《成唯識論》之說二取熏習，與由二取輪迴者，亦皆就二取取言。安慧、護法翕然無諍，不可誤為所執之二取具能熏流轉之用為實有也。明分取義，則知《中邊》所說虛妄分別，有無並舉，始能盡概，義不傾動。《辨法法性論》非有無並舉，烏乎可立？論說法法性非一異處，據藏人所傳之世親注疏而釋，是謂虛妄分別法為無，眞如法性為有，故法與法性非一。因法無而法性顯，故法與法性非異。又論說入轉依處，亦據藏傳以釋，是謂法性由法無而後顯，故法現則法性隱，法隱則法性現。此皆以無義談虛妄分別，乃達於極點，幾視依他與偏計為一，空妄互有亦無以立，其與《中邊》不符，與彌勒非空非不空宗不合，猶待深論乎！

二，五論未決

奘傳五論見《瑜伽倫記》，為瑜伽一系之舊說；藏傳五論，則超岩寺師子賢始顯現觀，大梅咀梨波始傳《法性》與《寶性》，是乃無著以後六百年中顯密雜參之談。故奘傳純而藏傳駁，明明因時代先後而性質以易也。奘傳五論中《金剛經論頌》，藏譯乃不諳作者為誰。藏傳五論中《實性論》,奘門始斷為堅慧所造。又,奘傳謂《金剛論》、《瑜伽》、《莊嚴》、《中邊》皆彌勒為無著所說,而藏傳則謂彌勒但說《般若》、《瑜伽》,其《莊嚴》、《中邊》及餘三書,乃彌勒自造,合為五論。此奘藏兩傳,明明因時代先後而內容以變也(近人《慈氏五論頌合刊序》,於舊譯《寶性》,謂原題堅慧所造,於藏文《瑜伽》,謂非出慈尊所說,又謂藏文不聞有釋《金剛頌》云云,皆有誤)。

奘傳五論,皆無著、世親傳之,至玄奘、義淨不替。藏傳則《法性》、《實性》二論之師承,在宗喀巴一系即有異說,或謂無著、世親、安慧等歷代相傳,與《莊嚴》、《中邊》無異;或謂不然,無著後二論失傳,師子賢釋八千頌《般若》時,猶不知有其書,迨無著後六百年,大梅呾梨波始於荒塔得之,以遠承慈氏(此第五代達賴《尊聞錄》之說。由此可知,藏人謂《法性論》有兩種傳承者,乃對於一種譯本之異解而說耳,與譯本之同不同無涉也)。揆之史實,後說較信。是奘、藏兩傳,又明明因時代先後而師承以改也。今既溝通漢藏,兩傳變遷之故俱得而詳,詎不應善事抉擇,以期見彌勒學之眞歟?不加抉擇,即視《法性》與《中邊》一類,甚至疑為分別《瑜伽》,欲以闌入奘譯之林,學統淆然,其烏乎可!

三,無梵可覈

從目錄家通例,書之云佚者,以並世不見其本為斷,流沙石室或有埋藏,非所問也。印度尼泊爾等地已發現之梵本,皆有目錄,皆不載《辨法法性論》,故謂梵本不存耳。今譯但有西藏本可據,而藏本異文雜出,摩訶闍那等初譯,為散文本(北平刻藏文《慈氏五論》收之)。寂賢等異譯,又另為一散文本,摩訶闍那等再譯,又改為頌文本。據傳世親注解指論文處皆云如修妬路,修妬路是散文體,兼以寂賢異譯亦作散文,似散文本最在先出,然與藏傳彌勒餘論皆為頌文者即不侔。此底本有待刊定者也。娑訶闍那傳《法性論》入藏。授其子摩訶闍那譯之，所譯先後成散文、頌文兩本，以一傳承而自歧其例，此又底本有待刊定者也。至三本文義出入，名相異同，亦有審訂必要，皆非稽之梵文不可。今梵本不存，研覈困難，翻譯可不慎之又慎歟？

四，譯名有違

分別有自性、計度、隨念三種，此本毗曇舊義，故分別與計度，名義寬狹各不同，護法許之，安慧亦許之（見所糅《雜集論》）。以其兩家俱許，護法乃能據以為因，而與安慧諍八識之孰為計度，孰能徧計（因明立量，因須極成，未有但自許是因，而可立義以曉他者。奘師唯識量因云自許，乃簡因中初三兩字，並非簡因之全體，基《疏》釋之極詳）。即在陳那、法稱亦許之，《因明論》常說五識離隨念計度等分別是也。故從護法，不可混分別與計度為一，即從安慧、陳那、法稱，又何得淆分別、計度為一乎？此豈一家私言，而譯藏文可不必遵依者哉？舊譯名詞，精嚴未逮，自奘師刊定而後，百世譯宗，無可改轍。今猶欲概以計度譯分別，攝義不盡，所解全非，是亦不可以已歟！（舊譯常以計度、徧計為分別，如能徧計譯能分別，徧計性譯分別性，皆以總詮別，故其說泛。新譯嚴其界畔，總說處必譯分別，如依他性之為分別；別說處或譯徧計，如六、七識之為能徧計，各適其適，俾無異解。此固學說精研之由致，抑亦翻譯之例所應爾也。今譯虛妄分別義，於總說分別之處，而以別說計度義譯之，是則以別詮總，既異舊譯之以總詮別，復異新譯之以總詮總、以別詮別。新舊諸譯，皆無其例，顛倒解生，斷乎不可，又何涉於學說異同哉？故其譯札迦注解，既云五識無計度，又云五識唯自徧計分別為境，前後乖反，殆亦計度、分別二名察之未審，而譯之不當之故歟！札迦原書具在，可覆按矣。）

二十七年七月初與渝友談義

辨唯識法相

前辨《二諦三性》文，明二諦空宗為文殊學，三性非空非不空宗為彌勒學，而於彌勒學之內容未能剖判，今故繼述此文。

蓋彌勒學者，發揮法相與唯識二事也。初但法相，後創唯識。彌勒《瑜伽》中詮法相於《本事分》，而詮唯識於《抉擇分》。是法平等曰法相，萬法統一曰唯識。二事可相攝而不可相淆，亦復不可相亂，此彌勒學也。

無著者，親近彌勒，此間以為初地菩薩，藏中稱為三地菩薩也。《解深密經》、《攝大乘論》者，相宗大匠皆據為講彌勒學之經論也。作論有一定格式者，無著《攝論》，遵彌勒攝釋而刊定其法則也。無著《攝大乘》之言曰：若有欲造大乘法釋，略由三相應造其釋：一者由說緣起，二者由說從緣所生法相，三者由說語義。緣起者，本轉種子之唯識也；法相者，三性之一切法也；語義者，佛功德與菩薩行之大悲相也。蓋前二為深義，後一為廣義；或初一為深義，後二為廣義也。此唯識法相德義，論本及世親《無性論釋》發揮明晰，不可誣也。所以唯識法相必分為二者、世尊義如是也。

世尊於《楞伽》、《密嚴》，既立五法、三自性之法相矣，而又立八識、二無我之唯識。《密嚴》以為最勝之教理，衡量一切法，如稱如明鏡，照耀如明燈，試驗如金石，奈何淆而一之，或亂而易之哉？唯識法相德義之作論格式，試舉其例：初如《攝大乘論》，是唯識邊論，大乘對小乘，故適用尊勝也。於境則所知依立阿賴耶，由諸聲聞不於一切境智處轉故；於行則彼入因果立六度行，由諸聲聞但於三十七菩提分轉故；於果則彼果斷立無住涅槃，彼果智立法身，由諸聲聞但二涅槃解脫身轉故。唯識注重觀行，故於因果差別三學之先，提要特立入所知相分也。

次如《辨中邊論》，是法相邊論，三乘莫不皆法，故適用平等義也。一切法者，賅染與淨，淨法是有，染法亦應是有。若染不立有，則何所滅而何所存耶？《中邊》談一切法中道，必立染有。先於《相品》辨亂識相為少有，而染得生；次故於《障品》立五障、九障、十因、三乘障之染有。若有若無，稱法而談，則染淨皆有其眞實，故《眞實品》立十種眞實有。小乘對治三十七菩提分，小大分位共有十八，小乘得果但有所得也。若無上乘則行果異小，正行十波羅蜜行，而修別有六。十波羅蜜之所緣，十波羅蜜之修證，皆廣大無邊也。凡此皆法相邊義也。

又次，如《大乘莊嚴經論》，是德義邊論，不但攝乎大乘而已，而且莊嚴乎大乘，故適用廣大義也。《瑜伽·菩薩地》詮菩薩行是廣大義，《莊嚴》品目悉不與異。然《莊嚴》意存光大，必較《瑜伽·菩薩地》而更充盈，則《瑜伽》所無而必加補，《瑜伽》所略而必加詳，於是於德義邊而亦賅攝乎唯識法相。如《述求品》詳談唯識，又加諸相也；如《梵住品》別說大悲有二十六門也，如《菩提分品》三十七菩提一一詳敘也。蓋《瑜伽·菩薩地》於唯識法相義，散見於前後諸地，而《莊嚴》則必聚於一處，直不啻以一論而賅攝《瑜伽》，誠可謂大乘經之極莊嚴矣！故西域不熟《莊嚴》不能弘法，意誠當也。舉此三例，唯識、法相，德義體例各別，不相淆亂，彌勒學也，反此或淆或亂，非彌勒學也。

復次，聽法眾生有樂廣文，有樂略文，故經論長行有前中後嗢陀南以為賅攝；而極略則在一經論之名。故世尊說一經竟，當機必請以何名此經，要使一望此經之名，而即知所說之事義若何也。論亦何復不然？《攝大乘論》十殊勝殊勝語，止是賅攝大乘，非是詳敘大乘。以少攝多，以統攝散，談唯識邊事義，一望其《攝大乘》名而即知梗概也。《辨中邊論》立虛妄分別有，乃有染有淨，是一切義普能決了三乘法故，非各局於一邊談法相事義，一望其《辨中邊》名而即知其梗概也。《大乘莊嚴經論》說經義，譬如蓮華開敷榮茂，非止賅攝，故於其初成大乘宗，而於中後即菩薩地而更詳之，談德義邊事義，一望其《大乘經莊嚴》名而即知其梗概也。即論名字，即論事義，此彌勒學也，反此，或義不與名合，或此名乃彼義用，非彌勒學也。

二十七年八月初與院友談義

附：解惑二則

一切法者，《百法明門》攝無為眞如法，是知染法不足盡一切，染法之生死法更不足盡一切。處處經中談染法，皆指生滅而言，不第談生死，生死義狹，生滅義廣故也。今《辨法法性論》名為一切法，實則非一切法，但局於生死一法，名實異矣。又，生死涅槃相翻，通常法門亦平等法門，小乘解脫身相共，不足攝大乘法身，故亦不足盡一切法，而亦不足賅法性之量。今《辨法法性論》，謂抉擇依大乘，而又說唯以生死涅槃，是詮參差異矣。又，二諦以徧計所執詮一切法，則凡與法性不相合者，皆不之無之，故可言一切法無，唯法性有也。三性以依他起詮一切法，空中固有此虛妄分別，故不可言一切法無，唯法性有也。試舉其例：《大般若經》四百七十八《空性品》，具壽問如來：永斷習氣,豈亦是化?佛言:諸法若與生滅相合,亦皆是化;涅槃不與生滅相合,是法非化。是則菩提與不生滅相應,謂之轉依,而必與生滅相合,乃堪為用,乃堪盡未來際作諸功德。是故,徧計談行談畢竟空,依他談行乃談善巧。善巧即與寂滅寂靜相應也,焉可云一切法無、唯法性有也?今《辨法法性論》謂一切法無,唯法性有,不覺詮體而廢用,說豈能圓滿哉!今為之說曰:若"法法性論"標"生死涅槃論",則名實相符矣。乃內容生死,而外標一切法,一切法不足,與《中邊》談無欠缺者不同,故曰非彌勒學。

《中邊》虛妄分別,性是依他有,境是徧計無,而《辨法法性論》直是但詮徧計無耳。何也?《攝大乘論》徧計所執相,謂於無義唯有識中似義顯現,《法性論》不過於此一句演為一頌而已。現二及名言,實無而現故,以是為虛妄,即似義顯現也。彼一切無義唯計故分別,即謂於無義,唯有識中也。不得但以現字計字附會《中邊》有,遂惑徧計作依他用也。故曰非彌勒學。

與章行嚴書

行嚴先生無恙耶！嘗於報紙觀見行事翊翊有生氣，凋瘵之國，若都如此，外侮內爭其不可以熄乎！武人利器殺一團，辯士政策殺一國，學說潛勢殺天下萬世，使人樂酖狂死而不悟，進化論是矣！（門人景昌極評進化論生命及道德文頗切。）甲午以還，奔走悽惶，無所托足，石埭楊居士講究竟學於寧，乃與桂伯華諸人相率以事之，不仕不葷，絕男女之欲，悉力精研者二十年，而後豁然淹貫，講學育才，將以移易乎天下萬世，此支那內學院之由來也。別調孤彈，宗教則屏為世學，世學又屏為宗教，舂糧且不能宿，蓋垂青者寡矣。十二年秋，公曾與太炎、印泉、右任諸公，謀所以佽內院者於滬商人，而無效，公與印泉頗悶損。今者時機大至，公為天下教宗，乃作支那內學院非宗教性質、是講學機關之文，將用以釋群疑，呈請左右，必為宣傳。嗚呼！如先生者，可謂上不負國，下不負友者歟！天下誰不竭誠盡忠，獻芹奉曝者，而況於漸乎！謹先陳支那內學院性質四條外，將一及乎教育之精神肝髓。

所稱支那內學院性質者何耶？

一，所學之目的：求得如鏡之智，照一切事物能究竟，即用為拯拔群眾苦迷之器具，而天下皆脫苦解迷。

宗教有悲無智，科哲學有智無悲，佛法則悲智雙運。然其悲亦非宗教之悲，以宗教悲人不為善而生天堂，佛法則悲人不證不生不滅、平等自由之理。又其智亦非科哲學之智，科學因果律展轉比量，不能超量，物理推至原子電子而術窮；哲學之知識，或謂出先天，然不明先天為何物，或謂由經驗，然何以突有經驗，更何以歷久長存？以故事物窮研，每難結果。佛法鏡智但是現量，一剎那閒如物而量，不用比證；一剎那閒現前明了，不藉先天，現成即是，不用經驗。以是佛法能得究竟。夫現量者，術語名無漏種發現，與常人日用行習思想邏輯之有漏種發現者，截然兩物。是故，佛法非宗教非科哲學，而別為一學也。

二，求學之方法：假聖言量為比量，多聞熏習，如理作意，以引生其他日之無漏。由聖言渾涵中推闡以極其致，詳前所略，釐前所雜，或疏失之糾修，或他義之資助，以期思想之大發達。

聖言量者，非宗教之教條，但有服從而無探討，實若因明之因喻，幾何之公理也。宗教有結論無研究，哲學有研究無結論，佛法則於結論後而大加研究以極其趣，非待研究而希得其結論。是故，佛法於宗教哲學外，而別為一學也。

三，現得之學理：一，群眾三苦熾然，而後學興，一切所學，為他而學。二，唯識、法相學是兩種學，法相廣於唯識，非一慈恩宗所可概。三，法性、法相是一種學，教止是談法相，龍樹、無著，實無性、相之分。四，教以法義為通途，無大小乘之畛域。五，教無進化之理，而有遞嬗之跡。六，理非佛說盡，而必從法印而生。七，世所棄幻相是眞相，世所執實相是空相，道在空其所實而眞其所幻。八，一切法相體用因果，法爾如是。九，法相不可亂，六根互用以耳為見者，耳中具眼種，耳帶之發現，而實眼見。十，三性是一物，無別實物，但是緣起，故明依他起用義而法界立。十一，不立無漏種說心性自生自滅者，墮外道說。十二，唯識學有今學、古學之異。十三，今古學同尊無著、世親之籍，而傳本各異，奘師承今學，譯名潤文，但存今學傳本之精，以西藏異譯勘無著、世親原文，而古學傳本之精時見。十四，古以無不屬識為唯，今以無不離識為唯。十五，古唯受用緣起，今創自性緣起。十六，能緣挾帶所緣而起，古學就所緣種邊曰眞如緣起，今學就因緣種邊曰正智緣起。十七，眞如緣起說無漏則通，說一切不通。十八，諸行刹那頓起頓滅。十九，一切有情各自識變，各一宇宙。二十，各變宇宙，互不相礙，光光相網。

略述二十理，恐繁且止，而皆術語，不能詳析。他日內院學理書成，將以呈公，藉餉國人。此二十條中，一至六為總得之理，七至十為法相之理，十一至終為唯識之理。其古今傳本之異，法相亦然。

佛法之晦，一晦於望風下拜之佛徒，有精理而不研，妄自蹈於一般迷信之臼；二晦於迷信科哲之學者，有精理而不研，妄自屏之門牆之外。若能研法相學，則無所謂宗教之神秘；若能研唯識學，則無所謂宗教之迷信感情。其精深有據，足以破儱侗支離；其超活如量，足以藥方隅固執。用科哲學之因果理智以為治，而所趣不同。是故，佛法於宗教科哲學外，別為一學也。

四，現學之科目：一，唯識學，二，法相學，三，因明學，四，印度哲學，五，印度歷史學，六，佛法律學，七，佛法心學，八，佛法美術學，九，梵藏英日文學，十，中國古文學。

心理學有與唯識意識中之一部分相似者，物理學有與唯識色法中一部分相似者，哲學有與唯識中多數部分相似者。然唯識學之因果緣依伴業所及，一物之起，實繁有緒，單純粗率，決不能同。因明之三十三過十四類，以視近時邏輯學亦然。印度無史，依經比附，全賴佛徒。世史一任其殘，斯科乃不稱學。大乘之律，捨跡誅心，參其用意，足濟世間法律之窮，如何非學！化腐為新，轉凡成聖，全恃觀力，豈有神奇？萬變唯心，組成緒統，如何非學！美術者，適當其可之象徵也。思想高邁，構結遂神，此中雕塑畫像，獨非學乎？周秦邃籍，毫不問津，內典深文，烏容涉逕？風騷雅頌已不敵呵呀呢嗎之聲久矣，留此餼羊，忍云非學！

所稱教育神髓者何耶？從民之慾望，趨時之潮流，始事而兆亂者，不得辭其過。然烏頭以治風，水來而土掩，因應復因應，亦復何時已乎！夫事有似迂而實神者，端本澄源之謂，遊刃於虛之謂也。教育不以興國為的，而以民能充其所以為人之量為的。國可亡，天下不可亡，明不可失其所以為人耳。夫人也者，仁也，克己之謂仁，無我之謂仁。生心動念，唯知有己，非人也；舉足下足，環顧皆人，人也。為仁之方曰：己欲立而立人，己纔有其欲，而立之見為事實者即在乎人，孔子之教育也。

今天下何能之不有？而朝野上下，賢否智愚，第一拳拳止知有己而不負責，豈獨武人？夫亦焉往而不滅亡者哉！事已無可奈何，以故不得不創菩薩以他為自之教育。無言之教，不行而至，華周、杞梁之妻，善哭其夫而變國俗。陽明而後，誰其繼者？以故須復宋明講學精神之教育，搗虛以實，去囂以樸，專門之學愈簡愈精，一藝一材必充其量。苟能分門別類，無學而不踐其實，而所謂虛驕夸誕之士氣，能長存而不變者，未之有也。以故，須趨重學術團體之教育。

漸愚，止足知此，唯公裁之。

八月十五日，自南京支那內學院發

覆陳伯嚴書

承詢漸身體學術，敢悉備陳，為長者告。漸雖年未及老，而精力已衰，夜多溺、多夢。食飽夢，盛怒夢，勞思夢，大聲讀書夢，作文夢。夢高險或幽深。已三年，醫皆不知症。細審察久久，是丹田冷，以手溫之，夢即止。節勞平氣，夢亦止。然不能斷病根。建侯示服天生磺，謂應助眞陽，服之效。入冬又將服高參，看是如何也。死亦尋常事耳。若天假以年，所願略輯，則心更帖然。任運而已，可必乎哉？

夫所謂願者：《大藏提要》、《晚年定論》，二書而已。《提要》分兩段：前考據，後義理。考據段，書之眞僞，譯善、版善，必求精審以餉學者，此一段事，千年以來，已無作者矣。義理段，則文之脈絡，科判本以銷文，反因藥而加病，今須廢科判法，以文法敘次，敘次已，應抉擇經義。談到經義，千年以來更蕪穢不治。第一，分部不確當；第二，各溺其所宗而誣概全域；第三，敷淺氾濫充棟汗牛，乃無一紙切當示要之論。今須革弊興利，成一不刊之典籍，斯誠非易易矣。前段以囑秋逸，後段漸勉為之。好在諸大部經論如《般若》、《華嚴》、《瑜伽》、《涅槃》等，數十年來已整理有緒，今所增益補治者，中部、小部居多，完成或不大困也。《提要》成，然後溫讀一過，會通融洽為晚年論定之作。此作以簡為主，如周子《通書》例，數十條而已。

兩書成,束書不讀,修觀實相以俟死。大約五年可矣。雖則云然,能保人事無障礙耶? 此學術之大概,唯長者教之。

二十五年五月二十一日

覆魏斯逸書

三十餘年，得公賜書，無任愉快。顧賜在二月朔，而覆乃在五月下弦者，講學之說，不容不慎也。且有須俟數文脫稿後意乃得達者，最要是《大密嚴經敘》文，乃漸晚年論定之學說。文成而清明節近，歸宜黃修先人墓。十有八年，一親鄉裡，傷心慘目，亂後孑遺。知政少年不識疾苦為何物，兆鄉民打死科長之變，於是有致熊天翼書。回支那內學院，作《夏聲說》，應粵友《夏聲》發刊詞，寄去而胡展堂死矣。然講學不可以已，作《孔佛》，昨成，而今覆書。是以若是遲遲也。

來書不識太玄能得昌黎、涑水尊許與否。世叔直探孔子者也，玄何足云？有堪千古者在，尊許與否又何足恤？誠學之士，與之談佛易契，與之談儒亦入也。耳入之儔，儒難與之徵信，佛亦資之稗販耳。經藏充汗，佛之幸亦儒之幸，是說也，識超宋明，千載希聲，小儒封錮，烏足語是，而世叔尚矣！

至謂漸以遯無不利，置正直而談因果，毋乃逕庭。漸之學佛，與他人異。我母艱苦，世叔所知。病魔生死，儒既無術應我推求，歸根結蒂之終，下手入門之始，亦五裏墮霧仿佛依稀。乃於我母謝去之一時，功名富貴，飲食男女，一刀割斷，廁足桑門，四方求師友聞道，轉展難償，甚矣其苦也。三十年讀書，求諸西方古人，乃沛然有以啟我。家不幸，女蘭，十七，從予學於金陵，予以刻經事入隴，歸則夭歿。中夜號慟，既已無可奈何，乃發憤讀書，數數達旦。於是《瑜伽》明，唯識學豁然。迺有滇游，四方之士日至。子震元，英邁有志，又游泳斃，發憤讀《般若》，讀《華嚴》，讀《涅槃》，次第洞然。馴而至於近年，融會貫通，初無疑義，乃有論定學說。一知半解，誠有以窺見而不謬者在也。返而讀孔子書，誠有與宋明諸君子墮封錮之說者異也。此則是漸學佛之明效大驗者，彰彰在也。

元年客北平，與蒯若木、章太炎、李正剛、孫少侯及其他多人談，有舉佛義陋程朱義者。太炎曰：誠是，然程朱是自義，今乃借義。須知古人智予而不可慢也。予應之曰：誠是，吾智不及程朱，吾福勝程朱，乃有佛義而可借也。抑今思之，程朱何嘗無福？若使啟其封錮，豐其涊注，以聖人之書疏聖人之書，其不勝於諸賢之凡情世智說經萬萬歟？以宋明諸賢聰明研得，其不勝於下走劣陋研得萬萬歟？而不能然，徒失於封錮，可慨也夫！此吾所以佩世叔之識高千古也。研得幾何，何以教我也。

今世唯物學行，階級資產萬力摧破，乃並批判及孔。孔子眞髓至理，不昭白於天下，腐爛陳言，苟且談之，其何以應海潮罡颶之趨勢？念先疇之畎畝，又何以播厥百穀於天下歟！

答熊子真書

子真來函，三性之說，將依、圓析成一片說去，一方是恒常，一方是生滅，反求諸心，無論如何，總覺其不可通。非敢有立異之私也，亦求其安於心而已云云。此依凡夫妄心，而批評神聖立教。不得已之悲，而不能已之於言。

聖教既於《般若》談二諦，而復於《瑜伽》談三性，以建立其兩輪者何耶？是有二義：一，圓滿詳盡，袪除險墮義；二，捨染趣淨，闡揚聖教，簡別魔外義。二諦簡無以顯有，三性更簡有中生滅虛妄之有，而顯有中涅槃眞實之有。二諦之俗諦，即三性之依他，既稱為諦，妄有非無。《涅槃・四諦品》：不倒為諦，顛倒為四。據此則知俗而不諦，徧計無也；俗諦依他，非即無也。談二諦而不談依他者何耶？二諦直捷明體，不暇詳用，但俗之俱非，即眞之頓顯，因此而知彼頓之為超悟境界也。然略依他之有，利根超悟無論矣。鈍不超悟，必墮惡取空，或別有所墮。馴至於是，一唯我執，上不知世尊，下不容論難，淪墮之險，可勝言哉！談依他之有，則由用以顯體。體既藉顯，用亦得盡其能。所謂漸義，由節節相應而圓滿相應，更何所墮歟？

魔佛異，外內異，實染淨義異。教之所以為教者，染淨義也，捨染取淨義也。趣向生滅之謂染，趣向涅槃之謂淨，染之為流轉，淨之為還滅，皆用中事。二諦直捷取體，一切皆淨，更不舉染，故略依他。三性則盡量詮用,必染淨雙談,故依他獨詳。然淨依他亦名圓成實,言與圓成實之為圓成實義,各有異門,兩不相涉。成實之圓,真如徧於一切也;依他之圓,勝用周徧耳。成實之實,諸法實性也;依他之實,離倒非染耳。至於成之為義,成實則不生滅體常也,依他則捨染取淨,捨有漏之不究竟,取無漏之究竟,如是之為成耳。由趣向而臨入,由臨入而現證,現證之正智緣如時,無術分指若者是智、若者是如,是故智如雖非是一,至此而不可分二。

以不可分二故,而密意說常耳。是則,依他之常,趣向畢竟之常,仍說涅槃常,非說菩提常也。此有三義:一,舉果談因義,舉畢竟之後果,談必竟之起因故;二,將能作所義,將能智之緣如,作所如之融智故;三,概全說分義,此須喻明。喻如百步穿楊,楊喻涅槃常,步喻生滅無常,所發之矢經歷步步,而注射直趨於楊。夫此注射直趨步步無常,卻步步不落於無常,且步步迫近於常;以所穿之畢竟是常,即可謂能穿之步步是常。此一段義,應參《大般若經·二分·空性品》始明也。是則淨分依他,亦為圓成實者,菩提是也。境無識亦無,藤知如蛇知,生滅之染,教所舍也。諸佛如來,勸一切眾生發菩提心,示由菩提用顯涅槃體,教所取也。是則三性談依他,建立捨染取淨之教也。

於此生疑,不探經論,唯憑妄心,倉卒斷言,無有是處。非愚則妄,云何而不速即淪墮！雪山一偈,教之策源也;《涅槃》一經,教之竟委也。偈說諸行無常,是故流行不可說常;《涅槃》說佛性為我,是故不可說即流行即主宰。佛如是,孔亦何獨不然?《大學》知止,知《涅槃》常之為止也;《中庸》改而止,改去汝生滅無常之止,而趣向汝涅槃常之止也。此亦教之趣向畢竟而捨染取淨之旨也。孔書處處,無非示人於流行用中,而求其所依之體。月往則日來,日往則月來,欲人知感之無心耳。逝者如斯,不舍晝夜,欲人知循循然之相應於寂耳。言有宗,事有君,易有太極,宗也君也;是生兩儀,兩儀生四象,四象生八卦,八卦定吉凶,吉凶生大業,言也事也。天命之謂性,命而必繫於天,亦猶依他之淨也。維天之命,即上天之載也,於穆不已,即無聲無臭也,亦猶淨依他之相應於寂滅寂靜也。與寂相應,不可說天命是生滅;畢竟空中天命仍在,不可說天命即寂滅。謂之為主宰者,指所應之寂也,其能應之寂,但如心所相應於心王亦稱為心,而密意說言謂為主宰也。豈即流行即主宰哉?不然,夫獨非以無常為常,而不可通哉!

五法、三自性、八識、二無我,釋迦一代設教,具有深意。五不可四,淆智如於一;三不可二,撥依他於無。智如淆一,如不獨尊;如不獨尊,趣歸無路,行果大亂,學何可為?依他既無,染於何托?無托何捨,無捨何取?一任流轉,而無還滅,教何所施?滅教禍世,無有窮極,可勝痛哉!

覆歐陽湲明書

來函謂《法相辭典·敘》惹起糾紛云云，甚矣，愛我之甚，敢不如教，上追無諍！顧此次《敘》末寄感，亦實是萬不得已之苦衷。在我輩歸依三寶，法將大混，教岌岌危，明見及此，烏能已已？

何謂法混教危耶？文殊弘二諦，而彌勒別弘三性者：一以求眞，一以去妄故也。求眞在辨別偽無，知一切執無，則知一法界有，故其工夫在悟入，般若之教如是也。去妄在抉根株，在傾勢用，必染種上中下轉弱，方淨種下中上轉强，故其工夫在對治，瑜伽之教如是也。對治者，如水對火，必皆有其物。若一虛一實，亦何對之足云？是故貪觀不淨，嗔觀慈悲，癡觀緣起，慢則析根，疑則數息，所謂初步五停心也。進則三十七菩提分至涅槃城，三三昧入涅槃門，此平等通行之對治也。四無量柔心，進而十度、十地，而菩提得涅槃果果，此大乘無上之對治也。

如稱兩頭，低昂平等，如穀久儲，朽無生用，是為染去，豈一言染，則謂之無？若虛妄分別無，則亦安用對治？對治不必用，止談悟入，則教之曲折繁重，豈非多事？如是則戒、定、慧三學可不重矣！世尊涅槃，垂淚殷囑，於戒特重，顧何為哉？與戒同囑，是謂為教，又何為哉？大乘不食肉，比丘不開淫戒，而今有別說而可相違，其源皆由不知虛妄分別有，不知有之勢用剛强，非戒嚴、教嚴，三僧祇劫一息不苟對治發生,不足為勝。不知虛妄分別有,而以為無,一切犯戒,可易引生,並視為不足危懼,幾何而不戒絕教滅,而末日時至耶?

吾誠哀懼,而不得已於言。若正法未闡,吾儕應急起直追,昌言正論,此責非復漸一人之責也。

與李正剛書

學問甚難，漸年七十，始幸溝通。原欲四大德親就商量，乃先弱一個，悼痛何如！即漸風燭餘生，又豈能久住耶？正法須徹上徹下，融於一貫，不可遺棄何段。史實有窮源竟委之繫屬，遺棄或疏略，皆不得教之翔實，即法不如實也。不可拘牽何段，各部皆與全體相關。摩尼寶珠不於一顯，水不能攝火，法各不相知。然段段義明，即全體畢露，一段而局，即本段亦非，拘牽或概簡，亦皆不得教之方便苦衷，亦法不如實也。自小乘經四《含》，論六《足》，各部執，而歸極於《俱舍》。如是中觀大般若四論，瑜伽六經十一論，如是而一乘三法，所謂經《涅槃》、《密嚴》。分為四段，段段精研以為教，不遺棄，不拘牽，徹上徹下，融於一貫，則漸意旨也。

近《答陳真如論學書》，揭出二語：宗趣唯一，無餘涅槃；法門無邊，三智三漸次，可以知其概矣。悲夫，教之久晦於天壤也！既得其髓，寧皮相以貽人？今後著述編刻，敢輕率徇情？一息尚存，不容稍懈，敬為我知己告也。世人明白者少，惟公法中龍象，當必有以主持明白，不拘拘徇俗歟！晞明不明此義而遽淹逝。化中由晞明述意，未見信來，蓋以導俗繩眾為歸竟也。子真方將以其別裁大鳴於世，安所事此？故舊刊落，何論新知。已矣前途，潸焉出涕。晞明著述，我都不知，當視其可存則存。其《雜含經論》，雖本漸及秋一之義，猶須糾正也。

答陳眞如書(一至二)

答陳眞如書

前數日,冶公寄到弟覆十力書數紙,以為此不過尋常辨論之文,托便寄閱,邀共欣賞已耳,非商量大事、懇求眞知灼見以圖歸根結蒂者,故例置答。今得親函,有惶恐求責,使知實踐不濫議論之辭,並希得覆。是則非尋常辯論之作,而唯一大事之舉,又安得不答?直心是道場,不直則道不見。弟覆十力書時,試檢其時是何心境,若有一毫求勝之心,豈唯應師友呵斥?若眞是商量大事,駁斥背教之談,則彼被駁者應如何感激涕零、恩同罔極!而翻事呵斥,以塞人口,是何異周厲王殺人以弭謗,告子不動心冥然罔覺悍然不顧已耶?!明辨以篤行,但有道理,雖佛亦許質難糾繩。講學而呵責辨論之人,吾未之前聞也。既已辨論,而復求師友呵斥,吾亦未之前聞也。

玩十力之辭,以推十力之意,蓋謂殺人須從咽喉上着刀,說食豈能即飽,固亦自具苦衷,而亦豈容抹殺。所可咎者,自既未得眞甘露味飫人饑虛,而徒跡襲宗門掃蕩一切之陋習、宋儒鞭辟為己之僻執,遂乃孤明自許,縱橫恣睢,好作一往之辭,墮入謗十二部經、謗般若波羅蜜而不自覺。其罪伊何?寧不省惕耶!眞如據教駁斥,固無不合,然亦只破得十力掃教而不嫻教之愆,並不知其立宗而不成宗之謬。又所談無所有不可得無念為念諸端,則不知境界不諳法門,儱侗顢頇,離題太遠,誠可呵責。乃正襟令顏莊重發語大聲判告曰:十力、眞如,不知佛之宗趣唯一是無餘涅槃,不知佛之法門八萬四千,自發心以至正覺,節節境界,節節行持,節節殊異,而非以一法門概也。

無餘涅槃為根本涅槃。所謂涅槃無體,寂滅寂靜,畢竟空是也;所謂一眞法界,一切所依是也。此畢竟空人人皆具而不能顯,謂之自性涅槃。胎卵濕生、情與無情乃至俱非,我皆令入無餘涅槃而滅度之。我皆令入,則盡未來際作諸功德以充其量,是故不入涅槃,謂之無住涅槃。無住涅槃為勝進涅槃,為大涅槃,而其根本仍無餘涅槃也。無餘猶俗言質量,無住猶俗言數量也。小乘解脫,雖不若大乘法身數量圓滿,然不能因數量不滿,遂並略棄解脫質量亦不談也。

顧何以勸示發心動言三藐三菩提耶?涅槃所顯得,菩提則所生得。生得一分菩提,即顯得一分涅槃,涅槃必待菩提而顯,故必發菩提以顯之。作用在菩提,歸趣仍在涅槃也。《大涅槃經》云:菩提為果,涅槃為果果是也。涅槃待菩提顯,而大涅槃又必待大乘大般若顯、一乘大方便顯。發心在無上菩提,充量在一切智智是也。菩提之謂智,智是無分別,必得與涅槃相應,乃能無分別,乃可謂之智。智亦是無漏,必正智緣如,與涅槃相應時,乃能無漏,乃可謂之智。智亦是般若,龍樹云菩提是般若之果,般若是菩提之因;又云能觀實相慧,謂為般若波羅蜜,實相是涅槃,慧觀實相即與涅槃相應,乃稱般若,乃可謂之智。智亦是觀緣,《大涅槃經》云:十二因緣為因,觀緣智為因因是也;《密嚴經》云:非不見眞如而能了諸行皆如幻事等,雖有而非眞是也。了眞乃知幻,即與涅槃相應乃能觀緣,乃可謂之智。是中如幻義皆屬菩提,非詮涅槃。《大般若經》四百七十八卷《空性品》:諸法乃至如來,永斷習氣,與生滅二相合者,亦皆是化;涅槃常空,不與生滅相合,非化;然變化與空,如是二法,非合非散;此二俱以空空,故空,不應分別是空是化。據空化不應分別義,則知五百五十六卷涅槃如幻者,是就無二無別說涅槃如幻,以皆不可得不可說故也,並非如幻義既屬菩提又屬涅槃也。法義不可限,法相仍不可亂也。

觀上菩提義、無分別義、無漏義、般若義、緣生義,皆必得涅槃相應義乃成立,是故佛之宗趣唯一,即無餘涅槃是也。十力徒知佛門無住涅槃之數量,又錯讀孔書,遂乃附會支離,竊取雜揉孔、佛之似,而僻執其一途。既恐怖無餘涅槃,而大本大源于以斷絕,無本之木如何生,無源之水如何長也? 常、樂、我、淨仍不離無餘涅槃,蓋不生不滅是常,大寂靜離鬧是樂,大牟尼名法是我,解脫是淨。十力乃云止是自己分上事,究竟屬自己分上何等事耶? 明德是無聲無臭,中是喜怒哀樂之未發,誠是體物之鬼神,易是無思無為寂然不動,此與無餘涅槃皆有關係。《毛傳》解天命即是天道,得經文天之所以為天,包並天之體用全義。宋儒乃有流行命令偏解,而十力泥之。又拘解《繫辭》生生之謂易之義,而不盡其妙。遂乃不知孔學根本於寂滅寂靜也,是則錯也。眞如駁十力而不能道出種種,故曰十力、眞如皆不知佛門宗趣唯一是無餘涅槃者,此也。

宗趣唯一,法門無量,既曰無量,則各自有其境界。無所有不可得,無分別無心,皆般若所行地上菩薩境界,非地前境界也。毛道凡夫二取熾然,何論無所有不可得? 一念無心入正性離生,初地菩薩尚入定無漏、出定有漏,而云念念無心耶?《大密嚴經》:得無分別便入密嚴宮,密嚴是大明妙智之殊稱。《大般若經》佛告善現:汝以辨才,應為菩薩摩訶薩眾宣示般若波羅蜜多,六百卷《般若》皆為地上菩薩說法也。《智論》謂善現是大士示現於小位,又善現得無諍三昧樂說無相,樂說無相則所說詳盡佛獨加持,雖彌勒天王舍利弗等皆不得為教授教誡諸菩薩主,是之謂菩薩境界也。於此境界又足借徵無餘涅槃唯一宗趣已。

唯一宗趣無餘涅槃,是則徹上徹下、徹始徹終、須臾不離無餘涅槃也。故般若為地上事,為根本智,相應涅槃矣,而三智所繫,皆不離乎根本。隨順無漏,趣向無漏,臨入無漏,是亦無漏,是即所謂地前加行智,朝宗根本也。以無所得為方便而不捨離一切眾生,是即所謂地上根本智,固根本也。一切智智皆從般若而得生故,甚深般若復由一切智智而得有故,是即所謂地上最後後得智,得根本後以之用於世間,而仍是根本行也。

據是三智,有情成佛,凡有初中後三漸次。引生無漏為初漸次,由凡入地歷七方便,加行智境也。無相無功用住為中漸次,自初至八煩惱障盡,根本智境也。圓滿菩提為最後漸次,一切智智乃證極地,後得智境也。如是或談五行,或立五位,或開十三住,在何位住,即何境界,談何行法,不可誣也。故曰法門非一也,而皆以無餘涅槃為宗趣也。吾輩皆毛道凡夫,當急求初漸次加行智境界法門,若侈談無所得,或竊取有所得,非方廣道人,即順世外道,於生死大事何曾涉着一毫,此可欺人或自欺耶?

念念無心,是無漏地上境界,凡夫有漏,從何覓得?然無路可通,而有方便,大智慧人苦心婆心貽我大寶,豈堪忽視?無漏則無心,有漏則有心,雖則有心,而心之內境有自證分,亦現量得。此之現量,世間現量,但能建在率爾墮心上,稍一剎那則尋求決定染淨與六識俱矣。發生六識之根,是四惑相應之末那,纏眠演繹,無可出期。若自證分則有漏中至善,久久緣習,忽無漏生,所謂徑路絕而風雲通也,此即隨順依處,依之立引發因,能引發無漏法也。諸修道人皆恃此心,而於宗門唯一取用。然此但說心用,而法門則仍有種種可談矣。

無所有不可得是無漏地上境界,凡夫有漏但是二取,然有方便可以趣入。其在無著《瑜伽》,有四尋思,得四如實智。依識有所得、境無所得生,而所取破,即得煖頂位;依境無所得、識無所得生,而能取破,即得忍及世第一位。世第一位,一刹那見道入地矣。其在龍樹中觀,初觀無常,馴習以後繼以觀空,所謂三十七菩提至涅槃城、三三昧入涅槃門是也。初熟柔順忍,後得無生法忍,得無生法忍而入地矣。其在一乘《大涅槃》,由聖行三學,進梵行無量,復由梵行所修之捨為十八空,乃得天行,入地六度矣。其在《華嚴》,地前七方便異常明了,淨行修無我,梵行修無法無盡藏行而入地矣。三十七菩提分者,大小共由之路,瑜伽以之修對治,中觀以之修無常。雖三十七而根於四念住,雖四念住而要於循身觀。修循身觀者,初嫻數息以定其心,繼嫻不淨以入其境,數息不淨,龍樹謂此二觀法中眞甘露門也。若欲直探般若,則亦必由三慧作意入門,而助伴於十法行句。凡此地前方便法門,任擇一途皆可入地,無容夸大鄙薄輕非。

宗趣唯一無餘涅槃,法門則有三智三漸次。非惟佛法則然,孔學亦何獨不然!但讀《中庸》,二義明了:初段,"天命之謂性"至"萬物育焉",統明宗趣唯一、法門三次。二段,"仲尼曰"至"唯聖者能之",但明能中庸與不能。三段,"君子之道"至"治國其如示諸掌乎",分明宗趣唯一。四段,"哀公問政"至"達天德者其孰能知之",分明法門三次。五段"衣錦尚絅"至"無聲無臭至矣",復明宗趣唯一。

文段既晰,可以談義。一段,《中庸》是素隱之書,素其隱於不覩不聞,則與無餘涅槃相應,譬如獅子據得其窟,然後可以出而大吼,此之謂唯一宗趣。未發之中,天下大本,如根本智;發皆中節,中和位育,如後得智,此之謂法門三次。然天命之性已示宗趣,率性修道已詳法門矣。一陰一陽之謂道,成之者性也,一陰一陽則無思無為與涅槃相應,天命即一陰一陽之天道也。自誠明謂之性,自明誠謂之教,非三漸次耶?三段,夫婦知能費也,聖人不知能隱也,般若無知無能也。天地之大費也,人有所憾隱也;大小費也,莫載莫破隱也;鳶飛魚躍費也,戾天於淵隱也;忠恕違道不遠無入而不自得,費而隱也;鬼神離軀殼而應於無餘涅槃,得物之體而萬物無不育,學者如鬼神,初空其身繼空其心、心所,即立於無餘涅槃地與鬼神同,體萬物而王天下,豈奇異事耶?君子之道,鬼神之為德,一本於無餘涅槃而已矣。四段,不思而得,不勉而中,從容中道,誠也,聖人也,是即無所有不可得入地般若行也,則所謂根本智是也。其次致曲,可欲之謂善也,曲能有誠,有諸己之謂信也,誠則形形則著,充實之謂美也。著則明,充實而有光輝之謂大也,明則動,動則變,變則化,唯天下至誠為能化,大而化之之謂聖也。何謂化?轉有漏心、心所成無漏四智,異物曰變化也,則入地成聖矣,則所謂加行智是也。唯天下至誠為能盡其性乃至贊化育與天地參,先知如神,則聖而不可知之謂神也,則所謂後得智是也。此非三漸次而何?五段,入德而天下平皆歸乎隱微乃至無聲無臭,則又鄭重歸結於無餘涅槃,唯一宗趣可以想矣。

熟讀《中庸》,乃知孔、佛一致,一致於無餘涅槃、三智三漸次而已。自孟子外,宋明儒者誰足知孔?唯王陽明"無善無噁心之體、知善知惡是良知",得有漏心之自證分。而轉有漏為無漏,隨順趣向於無餘涅槃,何曾夢得;三漸次之後得智,更何足談?若其餘諸儒,一言寂滅寂靜,即發生恐怖;恐怖不已,發生禁忌;禁忌不已,大肆謗毀。夫至謗毀而無漏途竭,輪轉三途豈有窮極?滅燈毒露慧命枯亡,痛寧已哉!至三漸次更不足論,明明二之中四之下也。神聖差等,經數可按,而曰非聖人之上又有一等神人,甘持世俗見解敢與經文相背也!

陽明"堯舜萬鎰,孔子九千",與經文"以予觀於夫子,賢於堯舜遠矣"相背,又何足與談十地差别、十王大業?

至極之果且盲不知,民亦何能得所歸宿?宋明諸儒不熄,孔子之道不著,邪說誣民充塞仁義,豈食人肉而已哉!如一闡提剷無漏根,寧細事哉?敬告十力:萬萬不可舉宋明儒者以設教也。應知孔子之道晦數千年,當繼孟子後大啟昌明也。吾非敢鄙儒,躬行實踐,誰敢不敬?但不可以世間之賢,阻至極之路也。嗟乎悲哉,晞明死矣,曾聞何道,得箇什麼?吾門諸子,其他且置,十力、眞如皆行年五十,石火電光,其與幾何?商量大事,應如救火追亡,一切客氣悉皆屏棄。吾年七十,死亡更促,執筆答此,痛徹心脾。十力、眞如:此豈求勝之書也哉!此豈求勝之書也哉!

十力原書云:一念恒持不失自己,三藏十二部都如此得着落,否則都是戲論也。善學者於此把定,不要侈談無所得與涅槃如幻。《般若》六百卷,滿紙是無所得,學人實透般若,乃於無所得而無不眞有得矣。眞有得矣,必不漫言無所得也。涅槃只是常、樂、我、淨,此是自己分上事,自明自見云云。

再答陳眞如書

得本月二十一日覆書,謂於我所答書,循環奉誦,繼以日夜,開示蒙昧,受恩無涯。曩學內院,粗知《瑜伽》,近讀《般若》,乃知無上法味,層出不窮,師所告誡,完全接受。惟十力我見極深,乃至與諸佛爭勝,師以至義對十力說,均非對症,此書永遠寶存,不復轉示十力云云。

從善之勇,服膺之摯,心境之光明,誰與吾子?此何如事,為己為人,不應如吾眞如哉?今人談義,既非為己立足於心身性命之場,亦非為人取譬於欲立欲達之地。初無樹志淩霄,繼乃名利恭敬,而又益之以幾卷古書,幾條道理,烏得不我見如山,奚能倏爾崩角?三十六種外道,一與佛談,即盡棄所學,無論矣!老名士董羅石一見陽明,盡棄詩瓢,積縑表摯,豈復見於今日哉?十力究竟不算豪傑,雜毒已攻心矣,我亦奈之何哉,而亦烏足計哉?惟是此篇答書,吾並非止為眞如、十力發表要義,吾實為盡天下人發表忠言。蓋發表之意有激於自身而出者,有激於唐宋諸儒而出者。

激於自身而出者:漸幼孤,庶出,母長年病。初習程朱,得鄉先生大譽,雖足樹立,而生死事不了。繼學陸王,雖較直截,而亦不了生死。母棄養,無奈何,吾友桂伯華導看《起信》、《楞嚴》,雖怏然知生死由來,而豈知無餘涅槃之說哉!於是年四十矣,究極所歸,學《唯識》、《瑜伽》而不能入。女蘭,年十七,隨予學於寧,予入隴而死,痛徹於心脾,中夜哀號而無可奈何,遂翻然求學,通宵達旦,鑽研《瑜伽》,於是《唯識》、《瑜伽》渙然冰解。四方之士畢至,眞如、十力亦於是結道義之交。於是年五十矣,又豈知無餘涅槃之說哉!無端而東兒死,生世十九年耳,聰明而不祿,誠悼痛之,許一鳴同時死,黃樹因同年死,於是習《般若》,不能融貫。逾年而同懷姊死,又聶耦庚死,乃發憤治《智論》而《般若》嫻習。雖得畢竟空義,猶未敢執無餘涅槃以為宗趣也。進治《涅槃》,年已六十,作《涅槃敘》,苦不克就。乃避暑廬山,會散原至,留連數月,而《涅槃敘》竟,而後知無餘涅槃之至足重矣。蓋九一八大水氾濫,東夷猖獗之時也。都城未陷,予於寧院五題講會,蒙文通、湯錫予二君主持之,大提特提無餘涅槃唯一宗趣之義。會竟而七七事起,竟成寧院講學終結,豈細故哉?我皆令入無餘涅槃而滅度之，初以為對小乘之說，繼但存疑，數年後，夫乃決知。誰都能有漸之長年，誰非出家而畢生如漸唯此一事？誰於諸宗作窮研融會，徵實以得南針？是故知無餘涅槃唯一宗趣，不易易也！此所謂激於己而出者也。

韓愈文人，烏足知道，更何論清淨寂滅！村嫗唯計飽食昏睡，談何清廟明堂？宋人說理始《太極圖》，世俗根由且依稀髣髴，何論出世眞詮，又何論涅槃寂滅？闢佛者極惡寂滅，仇而恨之，其非種者鋤而棄之。人謂大乘度人窮極六道，謗者則曰：雖則普渡有情，而所渡仍是寂滅，故佛異端耳。略談粗義，都譏禪學，試問禪何害於爾，而惡之拒之如是？皆盲昧之流，非惡寂滅，實惡斷滅，以斷滅為寂滅而惡之也。非惡禪，惡清談廢事，以清談廢事為禪而惡之也。說風是風，盲從不究，世皆敗壞，殃及學林，馴至於今，仍是張冠李戴。夫無餘涅槃為何如事，天下陷溺為何如危，此烏可已已耶！此所謂激於唐宋諸儒而出者也。

來書請益：無餘涅槃，幸加垂示。應重答之，諦聽無忽。無餘涅槃者，寂滅之謂也。《瑜伽》說有二種寂滅：一者，寂靜寂滅。有《涅槃》說四寂靜：當來不生，而苦寂靜；三毒永斷，而煩惱寂靜；背惡習善，而不損人寂靜；見聞覺知，不憂不喜，而捨寂靜。今無餘涅槃，增說亦四：無算數言說，而數教寂靜；無身，而一切依寂靜；無身生苦，而依依苦寂靜；不思未來苦生不生，而依依苦生疑慮寂靜。此以寂靜見寂滅者，依他惑盡之境界也。二者，無損惱寂滅。經說：比丘求寂滅，名眞安樂住；又言：由實有無生、無為、無等生起，而有生、有為、有等生起，有永出離；世尊依此密意，說言甚深廣大、無量無數，是為寂滅。所具功德難了知故，名為甚深；極廣博故，名為廣大；無窮盡故，名為無量；有非有不可說，即蘊離蘊不可說，以無二故，不能以數說，名為無數;以其一向無垢,謂之為無損惱也。此以無損見寂滅者,圓成德備之境界也。《瑜伽論》言:依他起上無徧計執,便是圓成,是故依、圓皆寂滅也。亦可謂依他惑盡,略如《攝論》說彼果斷;圓成德備,略如《攝論》說彼果智也。不可說無住非無餘、智則異寂,而不明相應義也。

無始時來,恒河沙數諸佛世尊,最崇最上,曰無餘涅槃,釋迦說法四十九年,最終歸趣,亦大演涅槃。以是因緣,而後吾人飲甘露味於一切法海,若全襟驪珠在握,是故智者先務之急在《涅槃經》,豈不然歟!此經說三德:曰解脫德是體,曰法身德、般若德是相、用也。其宗趣有三:曰涅槃是常,解脫體也;曰一切眾生皆有佛性,曰一乘,《大涅槃經》見性成佛,法身、般若相、用也。是三德者,不即不離,不一不異,至微至妙,妙於相應。夫相應者,不可思議,法爾如是境界也。經言:我今當令一切眾生,及以我子四部之眾,悉皆安住秘密藏中;我亦復當安住是中,入於涅槃。何等名為秘密之藏?猶如∴字三點,若並則不成伊,縱亦不成,別亦不得。解脫之法亦非涅槃,如來之身亦非涅槃,摩訶般若亦非涅槃,三法各異亦非涅槃。我今安住如是三法,為眾生故名入涅槃,如世伊字。細味經言,而知相應至妙之義,一語具三玄,一玄具三要是也。舉一涅槃而即具三德,一語具三玄也。舉一解脫,法身以充其量,般若以顯其德;舉一法身,清淨無垢本於解脫,功德無邊資於般若;舉一般若,因之為無分別起於解脫,果之為一切種智成於法身;則所謂一玄具三要也。皆相應義也。並則一劃,縱則一貫,誰居左右,誰為始終?面目無序,君臣無位,淆混一團,法相亂三,是則即也,一也,有過也。別不具三,解脫則有小而無大,法身則詳增上而略本質,般若則明用而非詮體,非圓相也。異地而處,三法雖具,不相連屬,非妙相也。是則離也,異也,亦有過也。伊之三點,非並非縱,亦非別異,而仍三法。以法相談,則治而不亂;以至理談,則融洽無閒;相應之妙如是哉!

是故,菩提、涅槃曰二轉依,此二皆以畢竟空而空,則無二無別,相應義則然也。寂則凝然不動,智則萬化皆通,無礙自在,相應義則然也。佛各具法身,而同一法界,亦相應義則然也。《起信論》開眞如、生滅二門,而不立正智法,談者說同歸一法界,則止有一法界,其不明相應義,而過現重重,大都然也。無餘涅槃既大小殊,其為異門亦大小異,解脫則同,法身、般若不同,所以異也。寂滅異門,小乘有八,斷與無欲、滅諦斷知、及沙門果有餘、無餘;大乘無量,略二十六,《瑜伽》說也。《涅槃》解脫一百餘門,法身有四:常、樂、我、淨;然一百餘門可攝於彼二十六門,彼二十六門可攝於此常、樂、我、淨四門。常、恒、久住、無變、有法,攝於常也;舍宅、洲渚、救護、歸依、及與所趣、安隱、淡泊、善事、吉祥,攝於樂也;或攝於我也;無轉、無垢、難見、甘露、無憂、無沒、無熾、無熱、無病、無動、乃至涅槃、永絕戲論,攝於淨也。常、樂、我、淨可攝於一。一之為歸,寂滅是也。諸行無常,寂滅為常也。生必滅故,寂滅為樂也。我得八自在,寂滅則我也。一法界清淨,寂滅則淨也。是則一百餘門與二十六,常、樂、我、淨盡之矣。常、樂、我、淨,寂滅盡之矣。寂滅者,定境也,名大三昧深禪定窟,亦名無相三昧,無色聲香味觸生住男女十相,無色而住去來進止如是之義諸佛境界,非諸聲聞緣覺所知。此定境界猶如虛空不可壞滅,名涅槃界,亦名法界,如來出世,若不出世,此性當住,又名法住性、法界性、法尼夜摩性,若有此尼夜摩三摩地者,於諸有情心無顧戀證於涅槃,退轉諸佛法門,不得入於究竟之慧。是故菩薩捨而不證,近住而已。一切如來令從定起,超第八地乃至法云,入佛內證作諸功德,如來變化所為事畢,然後住於眞身隱而不現。此寂滅境,佛對小乘說為無色,對大乘說色,無餘涅槃,非斷滅境,一眞法界,清淨無垢而已。燈明滅盡,燈爐猶存;然木滅盡,灰質猶存;煩惱雖滅,法身常存;非胎藏生而微妙身,初地應寂能意生身,此之謂也。

《維摩詰經》捨生死而樂法身,從如是無量清淨功德,生如來身,是也。定慧相資,乃得生顯;慧從定生,不定無慧;定從慧顯,不慧無定;刹那相應,不可說二,而寂滅則一也。寂滅就用、就智、就慧相應邊言,亦名密嚴國,是內證聖智之所行,是大明妙智之殊稱。《密嚴經》言:此土最微妙,不假日月明,佛及諸菩薩,清淨光恒照,無有晝夜時,亦無老死患,殊勝密嚴宮。諸天所希慕。最上瑜伽者,地地而進修,其身常清淨,而生密嚴國,得解脫智慧如來微妙身。三德相應義,此亦如是云。又云:極樂非胎生,光淨悉瑜伽,若比於《密嚴》,百分不及一。

上來所談寂滅諸義,於無餘涅槃已得其概。略說如是,若欲詳明,讀《大涅槃經》、《大密嚴經》。

覆梅擷芸書(一至七)

覆梅擷芸書一

連接二函,於菩提、般若義詳細明辨,可謂古之勤勇哲人。漸亦何知,但本聖言解析之而已,敬述如下:

來函問:般若與菩提何分,般若是根本智,抑是五及五俱意識,又四眞中之前二及率爾或至決定,或現量亦比量,皆是般若否?

答:自唐宋以後,說教多不嫻名相,所以紛紜難悉。龍樹《智論》,明明說觀實相慧是般若波羅蜜,是則非實相觀皆非般若也。實相者涅槃也,菩提,全體與涅槃相應也;除全體相應而相應者,般若也;是謂般若為行中相應,菩提為果中相應也。龍樹說世間現量如牛羊眼,非涅槃相應之現量,為有漏故也,有漏必流轉也。嗟乎!般若豈易言哉,必與眞應,乃見道,入地稱修六度,然初地入定無漏,出定有漏,必六地滿盡、七地無相,方稱出世,自初至六配度以次,至是乃可云般若耳。地前所修,隨順般若,趣向般若,臨入般若,權稱般若,非實般若也,非波羅蜜多也。般若既稱為觀實相慧,是為無漏行,如來盡未來際作諸功德,豈無所行哉?般若為佛後般若無漏行,在《華嚴》為佛後普賢行,佛與菩薩判之以位,豈判之以事哉?審此則一切所疑皆可解矣。

來函問:四智是般若,抑是菩提?

答:四智是般若上分析之相(依各識而分),般若是四智上發現之行。

來函問:三德不說菩提,意涵般若中,或文字通用,否則依龍樹言,但有般若而無菩提矣!

答:菩提是果,般若是行,涅槃之解脫身,此一德大小相同,涅槃之法身是大牟尼,小不能與。所以不能與者,有菩提,無大菩提故也。大菩提以出纏眞如為大悲般若常所輔翼,盡未來際作諸功德,如是而成,此所謂無住涅槃也。菩提者,佛之果名也;般若者,佛所以為佛之行也,即化身、報身之行也,即佛後之行也。三德以法身對解脫身言,而法身以般若現,法身即菩提也,法身亦佛之異名也,非不言菩提也。

來函問:觀緣智、十二緣、菩提、涅槃四種名相解釋,藉明有因因、有因、有果、有果果之義?

答:觀緣智者,觀十二緣實相之觀慧也,即般若也。十二緣者,中道也,一色一香無非中道,煩惱即菩提也,十二緣實相是佛性,佛性猶胎中人,佛猶出胎人也。菩提者,佛也,由佛性而佛,即胎中人而出胎也。涅槃者,法住也,清淨法界,一眞法界也。此所以顯得,由菩提顯也,菩提則所生得也,成佛然後見性證眞也。是故以智而得緣因因,而後因成也。佛性而佛十二緣,而菩提,因果自然之理也。以生果顯究竟果,所謂以佛用得佛體也,所謂以果歸果果也。略談數語,詳須多讀經論,《大智度論》是極要也。

覆梅擷芸書二

前覆書論般若義數條，想已寓目。今復得來書，問般若義數條，想見公用功至勤，研討深入，故又答之，幸察。

來書一問：般若為用，而言眞如是般若，若般若為體，則無為法不應是用？二問：經既以眞如為般若，相宗又以眞如為圓成實，而經言般若非圓成實，何耶？三問：經言見聞龥嘗無常癰箭，又言諸法空相，不生不滅、非染非淨，何耶？

一答：凡學須根本義明，本義不明，一切自礙。此有二義：一，二轉依非一非二義；二，舜若言是空而無，舜若多言是空性而有義。二轉依非一非二者、菩提與生滅合是用(化即是用)，涅槃不與生滅合是體(非化即體)，不能渾而為一法故，此化、空二法，莫不皆以空空而空，不能分其誰空誰化。蓋正智緣如時，能所相應非二相故，一相寂滅而無相故，此是《空性品》經義，請披讀其文而研之。般若是菩提因、觀實相慧，觀慧自是用，而非與體為一也。慧與寂應為智緣如，自不與體倏然異而為二也，就慧義邊言為用，就應義邊言為體，所以文於各處不同也。

二答：三性是依他起上事，與依他異而為徧計，不與依他異為圓成，皆用邊事，三性不離唯識也，文既就般若相應義邊而言是眞如，則非談觀慧用邊事，故言非圓成實也，唯識以用圓成為眞如，亦其與體相應而已，故曰即是唯識性也。

三答：《心經》“五蘊皆空”、“是諸法空相”，此空是空性也，色空不異而即，則空相即法相，法相即空相，皆實相也，實相之色，不生不滅、不垢不淨,此空相是實有也,其非繫非離繫,亦如是也。非實相之色,空中無是色也,即見聞齅嘗之色,無常癰箭,空中實相無是色也。此間《教訓釋》稿在證剛處,公可函索,是稿無義不陳,若得一讀,公自此諸義冰釋,無復疑問矣。然菩薩病為眾生病,或是後更多問,亦不可知。

覆梅擷芸書三

頃讀三日來諭,敬悉一切,《院訓釋》已刻竣,前示加入之義,已加入呈覽。唯淨土義則無從加入,蓋與此文談佛境義、尚頓義不同,又與菩薩行由漸而頓義不同故也。唯智學染捨而取淨之第八淨土義,言瑜伽所生勝於極樂,已有他力意,但比較極樂之生為勝而已,故亦不必加也。若要另發揮一文,容俟他日為之。

第二函四問,如經論之問,透闢無倫,此是菩薩代眾生決隱析疑之作,豈眞少讀書而幼稚者哉?今為答之。凡人情執,無義不求死式,而絕無虛靈空活之趣,故悟解不生,貫通無日矣。此有五義:

一,無餘界非斷滅一切人境也,但微妙不可思議而已。所謂一眞,所謂清淨,一切無少欠缺,故言二種寂滅:一,寂靜寂滅;二,無損惱寂滅。無損惱寂滅,則無邊功德具在也。

二,菩薩學時非證時,學時於無餘界但遊觀而不入住,證時則學滿而可入住。然亦入大定窟,而非入滅也。故菩薩無住,以學滿而證為止。佛無住,以證後相應先時菩薩發願,今日遇緣發現以作功德為始也。

三,佛更不復志願,志願皆為菩薩時具足,滿足而後成佛。無為之狀,即為隱為不現。其作功德,皆應菩薩時志願而已。化身報身不論矣,多寶塔中,涅槃佛說《法華》,即是此義。

四,常、樂、我、淨具攝三德。小德名解脫身,大德名法身。所以能法身,惟般若為能,故曰三德。涅槃八相中,聲聞但六。六即解脫身,不能眞實,即不得法身;不能我、常,即不得般若。常,是法住;我,八自在,大作功德正是八自在威力也。

五,如如如如智不可言一言二。即空理與色法亦不可言一言二。般若言色即是空,空即是色亦然。總之,微妙境界,一切無缺,非一切斷滅也。

略陳五義,四問之疑不出乎是也。隱而不現,佛微妙身,眾障不相應不相見,說隱而不現,入大定窟無為自適,說隱而不現也。無餘涅槃之色,即微妙色,如無色天之淚下如微雨也。法住之常,對斷滅或間斷說,非如執家說死常也。《內院雜刊》云:如來變化至隱而不現,文引《密嚴》。此寂滅境至對大說色,引龍樹《智論》。

覆梅擷芸書四

問:《華嚴》"一切諸佛身、唯是一法身"半偈不明,疑是譯者之誤筆。

答:誠然誠然,藏中此種處甚多,明唯識者當能一一了然,故吾《院訓·釋教·研究文字》,最初在唯識宗也。欲詳半偈,當詳一法界,今釋之。出纏為法身,佛身者,即法身也,故凡諸佛身皆謂法身,淨業圓滿,等同不異。據不異言,謂一法身,非塵塵諸佛共一法身也。無法非空,豈猶有刊定一法為一法身哉?法在人為法身,法在法為法界,故名一法身,亦可名一法界也。諸佛各一法界,此之所謂諸佛非一佛也。諸佛同一法界,此之所謂法界不異,淨業如一也。法界無量無邊,周徧圓滿,必無不淨,故時須三僧祇,有情須皆作得度因緣,然後成佛,謂為法身,一切有情皆一法界中法故也。何謂一切有情皆吾一法界中法耶?托質變相,皆吾相分,一也;互為增上,二也;皆徧一切,光光相網,三也;故一切有情皆吾法界中法也。諸佛唯一法身,譬如同業眾生感報娑婆,皆網於一處,謂為一世界,其實皆無量無邊有情之無量無邊世界也。

覆梅擷芸書五

來函謂此次致恩洋信中,精義甚多,可否由公或令門摘出若干段,俾日後及現今十方得讀云云。敬遵所命,節各函義如下:

道之不明也,一,不明權實之法,而將權作實;二,不明總別之法,而得總或不得別、得別或不得總。由前而說,是為捨月觀指;由後而談,是為負固不服。欲道是明,焉能忽此,請略言之:慧日休光,部執競計,世友以諸部駁雜而立有部,分別以有部執私而變經部,大乘龍樹始創空醫有,大乘無著復明有拯空,賢首、天臺又以性相各詮一隅未能融貫,於是華嚴圓融、法華一乘之教出。諸宗林立,固自有其誰是誰非、誰正誰頗,今且不談。談凡立教者,皆自挾補偏救弊之意以俱來之旨。推其補救之跡,因彼而後有此,此雖成理,卒繫於彼起,誰為崛起一峰插天天外飛來無因緣而契第一義,則皆非是,是故教外有宗不可謂全屬虛妄也。既非虛妄,不應毀棄,所不毀棄者,又非是便其悟貪其頓也,誠欲直握驪珠、破陣擒王,認實為實,不欲認權為實也！念念佛，法法佛，非教非禪，教之步步為營，宗之念念注的，誠欲其相成也，則所謂佛境而菩薩行也。徒知佛境，知總不得別，禪與天台方便入門之術覺非盡善；徒知菩薩行，知別不得總，則般若明義，云何後世而增上慢哉？《瑜伽》立教，云何後世而蹈入破碎支離哉？是故負固不服者大可慮也！

徧一切法皆是性，皆是相，性徧一切法故，有七眞如；相徧一切法故，有眞如相、法界相。不可分一切法中但因緣所生法為相，但無為法為性。性相二宗之名，為自來譽說所誤，今應矯正。

菩薩攝受有情為一體是也，而不達有情本來一體，則知其當然而不知其所以然。何謂所以然耶？大悲者，佛法根本也，若不從一法界出，有何交涉而謂之根本哉？菩薩攝有情為一體固也，何以有情為有情、我為我，而談一體而能一體耶？又何以不相交涉，而談攝受而能攝受耶？必推至一切有情皆吾一法界中法，取懷而予，乃能一體，乃能攝受。是故不達有情本來一體，參理解義終未徹也。

立理事分別之說以判一切緣起。甚矣！言不可以若是其幾也。其所謂理，若何為理；其所謂事，若何為事：是不可以徹底明辯歟？一眞法界理耶？事耶？豈不謂理，然大牟尼名法，牟尼理也，大牟尼則無量無邊功德事也。無餘涅槃理耶？事耶？豈不謂理(涅槃是眞如異名)，然彌勒謂一寂靜寂滅，二無損惱寂滅；寂靜則理，無損惱則無量無邊功德之事。二轉依理耶？事耶？豈不涅槃理而菩提事，然《空性品》佛說：是二法皆以空空故空，不能說其誰化、誰為非化。第一義諦理耶？事耶？豈不是眞諦理而俗諦事，然無著《順中論》說：不異世諦而更別有第一義諦，無自體如本性空如，此則是諦，一相所謂無相，眞俗不分，理事可分乎？離言自性理耶？事耶？豈不離言是理，然《眞實品》中明明說是事，又多義發明是理。色即是空，離言自性之色即是空性之空;空即是色,空性之空即是離言自性之色,色空可以理事判耶?是故空中無色,無言自性之色,豈無離言自性之色哉?若以理事立義以成宗,則眞實投降台、賢。何也?天台說一念三千,賢首說理事無礙法界是也,爾以理事不亂說賴耶緣起,台、賢則以理事不礙說眞如緣起,為有理事之立義,遂不能徒執不亂義而拒其不礙義故也。是故釋義不精,隨便立宗,未有不前門拒虎而後門進狼也。理事二義立宗,並不見《阿含》,惟憑臆見,臆見可為權度以衡人哉?又言執事為理,何以見染淨一如?豈不凡言一如,皆唯是理?然吾但聞說煩惱即菩提,未聞說煩惱之理即菩提之理,蓋離言自性之煩惱事,即離言自性之菩提事,事本幻而不實故也。若執死事是實,而又於死實事外,談非事是一如,事中之理乃一如,如此見解,眞所謂墮五百劫野狐禪也。

談者問曰:此說理事立宗,適暗投台、賢固也,故眞如緣起之說,台、賢誠不謬乎?

答:體用不分,烏乎不謬。

問:台、賢既謬,而理事又不可硬作分別,然則以何緣起?

答:以聖言量所說為緣起。《般若》說:與生滅相合為菩提,是化;不與生滅相合為涅槃,非化(說不與生滅合不合,不可說不生不滅合不合),是則為正智緣起。《楞伽》說:自心所現相續而生,生已即滅,名刹那法,如來藏名藏識,所與意識諸習氣,俱是刹那法,是則為賴耶緣起。正智緣起、賴耶緣起,持業釋也。緣起是正智、賴耶之相,正智、賴耶是緣起之名,有相有名,不可名先於事也。唯識家以其能變所變功能之相而立唯識之名,非持業釋如何?今之談學,每每執死成法,看不活動,如說緣起,必先立理事,又立非理而事,為緣起之因由,是以動輒皆過,則死法之為害也。是故應說生滅之為緣起,萬不可說非理而事之為緣起也。

四月九日來函,六月節錄以應。

覆梅擷芸書六

來書說一法界義,相宗、台、賢都少發揮,欲漸作專論或短文,此是至要法事,敢勿如命,但年來精力衰頹,著作須邏輯精詳,誠不能從事,短文亦所不能。無已,則在此覆函中略談數義:一,法界、法身別;二,如來藏與法身之性得、修得別;三,生因為正智緣起、緣因為眞如緣而非起別。三義既明,足免法相淆亂之虞,聊以慰先生悲願而已。

法界者,法謂一切有為、無為之聖法,一切聖法生長依因名界,則界即依止義。一切法實性、一切如來自體名界,則界即體性義。清淨無生滅,猶如虛空,具足功德,即涅槃,即眞如。如來出世、若不出世,此性常住,諸佛有情平等共有,即法住,即法性。《佛地經》以虛空一喻解諸十難,至詳且盡也。

法身者,體依聚義,總說為身。體依義與清淨法界之界同,聚義則身所獨,即此身聚五法為性,兼攝四智心品,不僅與清淨法界同,二轉依果皆此攝,故《金光明》說如如如如智故,是則以聚義談身。三身無別,總名法身,若以體依義談身,則身有分別,自性身名法身,受用身、變化身不名法身。自性身者,《莊嚴》由依義、心義、業義說諸佛三身平等無別,《佛地》則說各有同異,雖法身共有無別,而就能證因仍有差別,《攝論》自性法身,依業同《莊嚴》,而無量現覺則同《佛地》,《金光明經》以多復次詮法身總義,至詳且盡也。法界、法身,一切眾生平等共有者,性有也,非修得也。修得則唯佛有,下續詳之。

如來藏者,聖教染淨所由立,而聖修所由出也。《勝鬘經》:自性清淨如來藏,而客塵煩惱所染,此染之所由立也;七法刹那不住、不種眾苦,不得厭苦樂求涅槃,如來藏無前際不起不滅法種諸苦得厭苦樂求涅槃,此淨之所由立也;在纏為如來藏,出纏為法身,若於無量煩惱藏所纏如來藏不疑惑者,於出無量煩惱藏法身亦無疑惑,此則聖修所由出也;非壞法故名為苦滅,無始無作無起無盡離盡,常住自性清淨,離一切煩惱藏,此則性有;生佛不異,而其分位則有差別,法身為煩惱所纏、生滅流轉名眾生界,厭苦捨欲、於十波羅蜜八萬四千法門而求菩提說名菩薩,永除煩惱垢、清淨住法性、一切法自在說名如來應正等覺,此則修有生佛不同。

然修之云者:無漏種子最初本有,蘊如來藏中;次則如來藏中種子發生現行,則見道生如來家;又次正修,於如來藏除染分證法身;終則修滿,金剛道後,異熟盡空,如來藏中無垢充塞,遂坐道場究竟修得,流轉凡夫又烏能有?如佛身之於佛性,一切眾生有佛性而非佛身者,佛性為煩惱所障,而不能眼見佛性也。法身之於如來藏,一切眾生有如來藏而非法身者,如來藏為煩惱所纏,而不能修淨於如來藏也。是故學者不恃性得而重修得也,阿賴耶即如來藏,發揮捨染義說阿賴耶,發揮取淨義說如來藏也。

菩提所生得,涅槃所顯得。生是用能義,種子發生現行,皆用能邊事;顯是常住不動義,如燈顯物,非如功能漸漸生起事。性則終古是性,用則終古是用,既說緣起,便非常住,而又說常住生起,便自語相違。故說緣起者是正智邊事,非眞如邊事。《空性品》說:化、空二法,皆以空空故空,不能辨別誰空誰化者,雖則均在空空中不容分別,而法法凝入,亦不容淆亂故也。

然見道必須二障全伏,相應涅槃,然後菩提種起發為現行者,何耶？獨頭菩提力能羸弱，不堪自起，須得涅槃强力，助之而起。亦如所云慧由定生，定為慧助故也。涅槃雖非緣起生因，而是緣因。是故說緣起者，起則證智邊正因事，而緣亦眞如邊助因事也。此義是靈泰義，奘師解正智緣如，挾帶體相為緣，是謂以能帶相，靈泰則說相亦帶能，譬如病夫無力自起，强者挾其兩腋而起之，譬如竿袋不能自起，仗腰間帶，帶而起之，病夫竿袋為智，强者腰閒為如，如能助智而起也。諦審此義，是增上義，作意如理，因即采之，解決一切。

乃直判之曰：眞如止可為智助緣，不可遂說眞如緣起也。自如來藏中本有無漏種子發為見道現行，皆生起邊事，故可昌言正智緣起也。《起信論》所以種種墮過者，墮在不立正智以對無明也，故直揭之曰：正智不可不立也，五法也，二轉依也，聖教如是也。又直揭之曰：正智對無明，不可不立也。《大般若經》說：若於如是無所有法不能了達，說為無明；《密嚴經》說：法與理相應，明了能觀，見說為正智。是故所知障，無明也；發菩提心，去二障，正智也。而不立此，轉輾墮過，職是由歟？

染淨依於藏識，迷悟依於眞如，染淨自是有漏種子、無漏種子也。如來藏之淨種、阿賴耶之染種，皆名藏識也，染出於無明，淨由於正智也；無明為迷，正智為悟，以迷悟而成種；而其所以迷悟者，則依於法界，仗法界力助之而起，是故因緣須仗增上也。是故學者須由多聞熏習而起，發心有四因、四緣、四力，而皆不遺增上也，是故無明、正智為對治事也。

此義易明，而人皆蔽。讀台、賢書，粗得智如不二，即說眞如緣起，而不能辯其非是生因；固定唯識，執死智如不一，但見說一法界種種義，即斥為眞如緣起邪說到來，而不能辯其非無緣因；是皆徐六擔版漢，不可與之談佛法，且終身墮五裡霧中而不求廓清之道，誠可哀也!

三身義,窺基說如《十地》、《金光明》、《楞伽》、《金剛》、《般若》、《涅槃》、《勝鬘》、《解深密》、《法華》、《無垢稱》等經,《瑜伽》、《攝大乘》、二《般若》、《對法》、《佛地》、《唯識》、《寶性》、《莊嚴》等論,《法華》、《無垢稱》等疏,廣辯其相。然於《不增不減》、《如來藏》等經,《法界無差別論》,《法苑義林章》,亦所當究。

覆梅擷芸書七

來書云:《楞伽》、《維摩》於眾生如幻義雖詳,然未說眾生一體,發生大悲毋乃大難,願為詳說一切眾生一體義。承示如此,此之知見,非直探驪珠、問鼎輕重者,那能道得?蓋此一體義不明,儱侗者不得精微諦當,談圓頓義終屬支離,嚴界者不得廣大自然,行大士行終非親切,有鑒於此,徑情發問,是真度眾生者,是真探法界者,故應作答也。

所云眾生一體者,諸佛以法界為自性身,則體者法界也,談實體於眾生,而無邊法界皆同一味,是為眾生一體。若是應談法界眾生義,此有四義:一者,法界繫眾生界義,是一體義;二者,眾生界屬法界義,是一體義;三者,一體義,是增上義;四者,一體義,是畢竟空義。四義悉明,一體義晰,稟其然乎。

云何法界繫眾生界是一體義耶?《勝鬘》說:如來藏是法界藏,一切眾生皆有如來藏。眾生如來藏於法界中,有是三法:一,依本際相應法界體,說眾生有自性清淨心;二,依本際煩惱所纏法界體,說眾生客塵所染自性清淨心;三,依未來際一切法、根本一切法備具平等法界體,說眾生即法界異名,是故眾生界是法界。《涅槃》說:一切眾生皆有佛性。佛性者,諸佛皆以此為性,即如來體性也;體性是法界,而在眾生身中,是故說眾生界是法界。《涅槃》又說:佛是有情成。凡是有情皆可作佛,一切眾生皆是有情,是故眾生界是法界。《瑜伽》說無餘涅槃,其無損惱寂滅中,所有功德無量無數,難可了知。凡言功德,皆不離一切眾生,是故眾生界是法界。《唯識》說:大牟尼名法。法身之牟尼必大,大於作功德度眾生,是故眾生界是法界。均是法界眾生,云何不為一體?

此其義不明,必捨眾生而求法界,但計法界清淨,契尼夜摩,何卹虛焦敗是嫌,沉湎永溺!如是非法身而解脫身,非大寂滅而寂靜寂滅,無上法王永無希望。無上法王者,一切眾生界所積而成也,法界無邊,眾生界即無邊,一切法界清淨周圓,一切眾生皆得滅度,然後大業咸熙,證等正覺,是故優缽曇華時一出現,三阿僧祇倉卒難成也。鑒於此義,是故行菩薩行,念念法界而念念眾生。

云何眾生界屬法界是一體義耶?《般若》以實際為刊量,經言:非度有情於實際,乃度實際於實際。是故菩薩觀滿法界眾生,實為觀滿眾生法界也。是故說法界是眾生界。經云:眾生眾生者,即非眾生,是名眾生。無著五例釋段段文,釋"即非眾生"句為安立第一義,第一義者,清淨法界是也。是故說法界是眾生界。經又言:胎卵濕化等滅度,實無一眾生得滅度者,眾生本無,實唯一法界是也。是故說法界是眾生界。眾生均是法界,云何不為一體?

此其義不明,一者,必謂眾生實有、實度眾生,是則生實度實。云何畢竟空義?唯畢竟空是佛境界,非畢竟空云何為佛弟子?經言:若菩薩有眾生想者,即非菩薩,說非菩薩,則外魔也。《般若》以無所得為方便而求一切智智,又云學法界於一切法、學一切法於法界,若修學菩薩最初不明無所得佛境,而惘惘然行一切法菩薩行,則功德愈弘大,有所得者亦必與俱弘大,又安所望於歸其有極?二者,必謂眾生與法界為二,是則眾生非法界中物,彼摩訶衍以他為自者,終不得解而疑無根,無根之修雖信不了,雖堅强不息,其後遇緣必仍退墮於聲聞小乘。又寂滅寂靜之法界如此,希奇驚赫之功德如彼,既不相融矣,則《華嚴》之舉足下足當願眾生,《般若》之舉足下足求本性空,均無刹那互相容忍,何以聖教動稱不二法門?若知唯一法界,凡所修行非度一切眾生,乃圓滿於一法界,斯則一切無礙,冰釋渙然。

云何一體義是增上義耶?《瑜伽》說阿賴耶相,謂賴耶亦是有情互起根本,一切有情相望,互為增上緣故,所以者何?無有有情與餘有情互相見等時,不生苦樂等更相受用,由此道理,當知有情互為增上緣。《唯識》因緣不涉外境,而《瑜伽》增上相網如一,眾生所以一體也。眾生一體,於法界中,何獨非然?是故華嚴世界帝網重重,於一毛孔中容十方世界,將此都世界並碎為微塵,亦一一塵中又具無邊界。世界無增減,眾生無增減,夫然後廣大不可思議,則增上義之所致也。

此其義不明,一者方廣道人,說圓頓象,墮一合相,無所條理,無所解析,莽莽濛濛,幾何不類娑毗伽羅所談冥諦。二者因噎廢食,以執因緣,卻忘增上,但聞一體惶懼不安,豈知以一體義法乃廣大,以一體義眾乃親切,以法日廣智乃日增,以眾日親悲乃日熾,念念一體,悲智所繫。此之所謂摩訶衍,非幾近於聲聞乘,《唯識》析義雖甚精微,而《瑜伽》行修卻獨廣大,行大士者,當一談增上義於《瑜伽》歟?

云何一體義是畢竟空耶?諸佛是空,法界是空,一切法是空,一切眾生是空,空是實相,實相是刊量,故得畢竟空相應,去菩提不遠。來書所云《楞伽》觀眾生如壁畫,《維摩》觀眾生如五大、六陰,而不說眾生一體,云何起悲者?此正是說眾生畢竟實相,此正是說眾生以法界畢竟空為一體,此正是說無緣大悲之所由起。菩薩以實相為刊量,無念無依不在實相中,眾生是吾一體,一體空而不空,以是悲起;眾生同一法界,法界空而不空,以是悲起。《思益梵天經》云:一切法無我、人、眾生、壽者,而眾生以為有,菩薩於此而起大悲;一切法無體、無住、無執藏主宰事物我所,而眾生以為有,菩薩於此而起大悲;一切法無生、無滅、無垢離三毒、無去來、無造作戲論,而眾生以為有,菩薩於此而起大悲;一切法空、無相、無願,緣生靜寂,而眾生以為不然,菩薩於此而起大悲。菩薩悲起而行修,諸佛悲起而立教,若眾生自知畢竟空,菩薩不必行修,佛固不必建立至教也。是悲切於一體,悲切於一體之人,不自知其實相空也。

此其義不明,則所起之悲皆不外世間相,皆有緣之悲。骨肉之痛,痛徹心脾,悲也,而非大悲也。觀一切眾生百一十苦而起悲,大悲也,而非究竟大悲也,皆不免有情緣與法緣也。夫有情與法緣皆非二空,異畢竟空義,君子不以為極至。《華嚴》:善財入彌勒樓閣,羨豔無邊功德,彌勒彈指,使其出定,示為夢境。《華嚴》敘述功德不可思議,而皆謂為夢現,則畢竟空義,無緣之悲之所生故也,斯乃所謂極至也。發智觀空,空應智徹,然後悲竟,是故根本大悲生於智,而增上大智生於悲。

四義如此,是則眾生一體是法界義,是畢竟空義,佛境在是,佛境菩薩行在是,先生以為何如?

《楞伽》疏決

卷一

讀《楞伽》有四難、六利、四最。難者，疏而通之，利者、最者，抉而出之，名之曰《楞伽疏決》。四難、六利、四最者。

一，百八句詮難。文有三聚，大慧問佛一聚，世尊牒問一聚，世尊述古一聚，若遺義牽文，聚聚不合，難一。百八之數，宋魏唐譯都缺不足，不符百八，不合聖言，難二。分別意量，須以四句方攝得盡，故凡言句皆是四句。不明此例，生句不生句必致誤作一反一正一俗一眞之解，宋譯不過以不生文寫生文上作不生句生句，楞伽宗不通遂望文生義，竟據以為宗門唯一要旨是不生義，不生弁首經有深意云云，誤俗義為眞義，強超義於墮義，何啻認賊作子，咒龜成蛇。究其受害，在不明凡言句義皆屬四句所致，遇此著述莫判涇渭，難三。九事之開，古為百八，九事之約，今為五法，此而不知，則百八句文淩亂散沙苦無條貫，文尚難知，況得其旨，難四。依事詮義，義在法外，是故法唯蘊諦，義則無量（《無量義經》）。義唯無相，法則百八，迭相善巧，誰少誰多，不明乎此法內求義，動輒障疑況能得旨，難五。凡此五難，開卷墮霧跬步面牆，今欲疏而通之，應信《瑜伽》諸佛語言九事所攝之文，應信《雜含》九誦四分之意。《瑜伽》了義相應,《阿含》轉展傳來,據以詮古,舍此無由。先詮百八句,後詮問牒偈。百八三詮,句事與義,詳見下文,五難冰釋。

二,文字不便難。名相代有不同,與慣見異,則易生誤,難一。句法顛倒,虛字全無,文既改觀,義無從得,難二。句義略極,文少義多,隱晦澀艱,思索不得,難三。凡此三難,目不數行,況能終卷,今欲疏而通之,有明員珂《楞伽會譯》在。宋魏唐三,融取即明,缺一仍昧。宋譯文晦,其義不彰。唐善伸文。魏時出義。借唐解文,以魏補義,罄無不宜。然今則逕取唐文,折衷宋魏,而三難渙矣。

三,啟縢無鑰難。宗匠式微,三關誰勘。唯識絕學,委細誰研。故凡不得其解者,都付諸五法、三自性皆空、八識二無我俱遣以了之。唯一大言,宮商同調,廬無眞面,望國卿哀,經可通歟。

今為臚舉全經,皆空俱遣不如是談。經云如來藏者,生死流轉涅槃苦樂之因,凡愚不知妄著於空(卷六二左),如何乃有皆空之言。經云諸取根滅,諸諦解脫,而實未捨未轉如來藏藏識之名(卷六十八右),如何乃有俱遣之語。十有五處徧稽不得,相似法流正法難見。十五處者,攝法有三,曰一切佛法悉皆攝入此五法中(卷五二十一),曰此五種法三性八識及二無我一切佛法普皆攝盡(卷五二十二),曰唯願為我說心、意、意識、五法、自性相、眾妙法門此是一切諸佛菩薩入自心境,離所行相,稱眞實義,諸佛教心(卷二一右)。即眞有三,曰凡愚不了五法自性,諸識無我,於心所現(卷五十九右),曰五法為眞實,三自性亦爾,修行者觀此不越於眞如(卷二二十三),曰覺二無我是佛體性(卷四三左)。執計有四,曰五法諸心自性等中如言取義,則墮建立及誹謗見(卷四十左),曰離心、意、意識妄分別想(卷五十五左),曰捨五法自性諸分別見,是故我說虛妄分別,執著種種自心,所現諸境界生(卷四八右),曰識種轉依即說此惡名為眞如,是故眞如離於心識,離分別者,悉離一切諸分別故(卷三十一右),此所應捨,亦但捨執。入位有五,曰了心、意、意識、五法自性、二無我、境住第八地(卷三十左),曰願為我說五法自性諸識無我差別之相,知此慚修至如來位(卷五十九右),曰菩薩摩訶薩當善知三自性相(卷二十三左),曰我今當說妄計自性差別相,善知此義證聖智境(卷三十二右),曰菩薩善知心、意、意識、五法自性、二無我相已、示現佛身說唯心法(卷二十六左)。空遣之言都無所有。楞伽述古百八句法,以無相為宗,《楞伽》創今五法,以一切唯心所現自證所行而為其宗,是故以聖事說空法,談如幻而捨不生(卷四十三右),奈何自墮空無,因誣聖教。聖教為惡取空者說,寧可我見如須彌山,不可空見懷增上慢。但空詮唱奇難阻生,今欲疏而通之。法當由唯識言說法相,入唯心宗不趣法相(二法相見卷四六右)。法當由禪宗宗趣法相,參印心言說法相(菩提達摩指示四卷楞伽以印心)。宗匠需人,唯識有籍,是在智者擇而趣之。

四,雜厠無敘難。雅頌失所,琴瑟不調,增我繁蕪,安能純繹。讀雜亂書,倍阻機穎。今欲疏而通之。如治世籍,典志以通,事紀本末,不嫌學顰。割裂全部,以義類萃,凡得六聚,曰知法義,曰辨中邊,曰解深密,曰超一切量,曰五法三自性,曰八識二無我。既循轍埒,風雲可通。

五,知法知義利。掃除文字一法不立,是為知義而不知法。奔逐名相數寶說食,是為知法而不知義。《解深密經》,修奢摩他毗鉢舍那諸菩薩眾知法知義,五相知法,十相知義,云何而可缺法遺義?《楞伽》明明別意說須知法。其於自利,曰言說顯義第一義因言而入,曰因語言燈入自證境。其於利他,曰菩薩善觀句相而了其義,疾得菩提開悟眾生,曰方便度生,故說九部教。《楞伽》明明別意說須知義,曰實義是涅槃因,言說是生死流,實義從多聞得,多聞謂善於義,曰言語分別不能顯示自證,不可如言取義。《楞伽》又明明合意說須知法知義。曰義語不一不異。今欲決而出之。聚知法義。都凡十節,應如是學。

六,辨析中邊利。空者是妄計性句義(卷二十六),則如幻者是緣起性句義,如實者是圓成性句義,既說證智行相矣,云何而言諸識行相?既說觀察離相智矣,云何而言建立執著智?既說證智相由如幻三昧起,願持相由本願加持起矣,云何而言無影像相由外小習慣起?空斯淨矣,云何以事說空?不生寂矣,云何而談如幻?圓融周徧,上下四旁,無欠無餘,中義斯在。大哉觀乎,語海拘虛。今欲抉而出之。聚辨中邊,都凡五節,應如是學。

七,釋解深密利。方便則三權一實,機異則三實一權,一聚訟也。《楞伽》解之,聲聞依他無自捨三說一。聲聞未覺法執捨一說三。執性者,闡提有佛姓五逆皆授記,執相者,障重則姓無,姓無則障重,一聚訟也。《楞伽》解之,佛不捨眾生,善根或時生。執頓者漸為初大,執漸者頓為惡空,一聚訟也。《楞伽》解之,淨自現流法爾相漸,自證聖境法爾是頓。妙義重重,於斯觀止。今欲抉而出之,聚解深密,凡十六節,應如是學。

八,超一切量利。外法實無,量於何有?自證自心,超於何右有?說此岸量,說彼岸超,仍依方便。有漏法中一切皆是執著分別,無漏法中一切皆是自心所現。不取於相如如不動,是大涅槃,是不思議,是大波羅蜜,是佛體性,是自覺性。今欲決而出之。聚超一切量,凡十六節,應如是學。

九,五法三性利。分別有二,諸法如幻自心所見妄分別起,依彼分別心心所起,是緣起性。此之分別,現妄為相緣起分別,起心為見緣起分別,是為緣起分別。自心所現生執著時,八分別起,是妄計性。此之分別,是為執起分別。妄計亦有二,緣起分別是妄所謂聖亦現妄,執起分別方是妄計。能所取亦有二,藏識影像相現屬緣起分別事,愚墮二見分別有無屬執起分別邊。如是種種皆有二相,二相不明,說有墮世,說無墮空,皆外道種。《楞伽》文在,鏡口明光,纖悉不遁。今欲抉而出之。聚五法三自性,凡十三節應如是學。

十,八識無我利。佛以性空實際涅槃不生,是等句義說如來藏,是為淨八識(卷二)。無始僞習所熏名為藏識(卷六),是為染八識。八識謂如來藏名藏識意及意識並五識身(卷五),是為染淨一處,《攝論》無漏寄賴耶中據是聖言稽考《楞伽》,凡稱如來藏必曰如來藏藏識,文不一見略舉六條。一,而未捨如來藏藏識之名,二,應淨如來藏藏識之名,三,若無如來藏名藏識者則無生滅,四,如來藏藏識本性清淨,五,如來藏藏識與七識俱起,六,如來藏名藏識與意等習氣俱。因是而談,則凡言如來藏者,非獨特說無我如來藏也,亦連類說同居阿賴耶識藏也。故曰如來藏是善不善因能徧興造一切趣生,是以賴耶為不善因也。若非賴耶,無漏如何能為不善因耶。故曰甚深如來藏而與七識俱,八以七為俱有依也。客塵七識也,為客塵所染,八七俱有依相依也。現識以不思議熏變為因,賴耶為無明熏變,非如來藏為無明熏變也。七八異體而能熏變,故稱不思議熏也。慧日容光,纖毫難混,《楞伽》不明,相似教興,長夜迷淪,哀我眾人。如何無明能熏眞如,如何眞如受無明熏。如何心性本淨客塵所染心性非識唯是眞如。如何不生不滅與生滅和合。《楞伽》,外道有實性相名不生滅(卷二),內法但以凡夫虛妄起生滅見不如法性而言諸法離於生滅(卷五)。遮義則是,表義則非。有塵有根有識稱三和合,有不生不滅有生滅稱不生不滅與生滅和合。是豈如《楞伽》聖言耶,是豈合《勝鬘》如来藏藏識與七識俱起耶。熟讀《楞伽》,霾雲障霧一掃而空。今欲決而出之,聚八識二無,我凡十二節,應如是學。

十一,最早出。《般若》、《法華》大乘經外,阿昆達磨如來出現功德未來,《華嚴》略境,《密嚴》唐出,《深密》雖亦同譯然未全文。故讀《楞伽》頗知古義。

十二,最博大。禪宗法性法相而外兼攝眞言。胎藏頓現,金胎漸修,《楞伽》同意頓漸兩談,無相何次,而三味加持乃在初地,灌頂加持必在極覺。金剛藏菩薩成就功德菩薩,即身成佛,仗勅行事,而仍位在極喜。故讀《楞伽》無宗不備。

十三,最整簡。或卷盡而義出,或數卷而旨彰,每憚繁重,向若望洋,楞伽不然,一段一事,文多數百,文少數十。故讀《楞伽》引人入勝。

十四,最緊切。唯識法相每苦散碎,數千百卷贯通綦難。楞伽節節朝宗,段段歸義,賅備諸法,極利觀行。故讀《楞伽》無殊入定。

談十四事已,更有一語鄭重相談,一切唯有識詳說起義,一切自心所現總觀現相,應如是學。

百八句第一。唐譯開始,有《羅婆那王勸請品》一卷,其文分二段。

初段世尊示自心分別實境事,次段楞伽王用四尋思得四如實智。蓋捨法非法即生自證聖智,得現觀入初地,乃是見道邊事也。又楞伽王問法非法與大慧問百八句同旨,確是初品相貌。但以二譯都無,今不入聚。唐譯最後有《偈頌品》二卷,宋譯亦無,亦不入聚。百八句者,先佛事義,應入知法義聚,然以今古事異,百八句判為一談,若云此之第一特是詮釋古佛之法古佛之義,第二以後乃是今佛五法今佛一切自心所現義耳。百八句以三種敘,曰詮曰事曰義。

初詮。句者,四句也,蓋一事四義為四句,非四事為四句也。一事四句者,如說生句,不生句,生不生句,非生不生句,四句也。經不出後二句者,俱句非句,熟習法句者,一望而知,不必贅文也。經必出前二句者,根本具也,生句對不生句為根本,生不生句對非生不生句為推增是也。今以本經言四句者證之,有曰諸佛說法離於四句謂離一異俱不俱及有無等建立誹謗,此但三事耳(卷三六),有曰離有無等四種句故,此但一事耳(卷三九),有曰四句者謂一異俱不俱有非有常無常等(卷三十八),此雖四事,然與三事一事皆置等言,則數不唯四,斷可知耳。句義何以必須四耶,言四句者但依世俗而有言說(卷五),諸因及與緣從此生世間與四句相應耳(卷五),若超過四句不可度量矣(卷五)。

次事。《瑜伽》諸佛語言九事所攝先佛世尊輾轉傳來是稱《阿含》。《阿含》九誦實維九事,是則先佛之法定必九事,確乎無疑。本經云此百八句皆是過去諸佛所說(卷二二十二右)。離諸根量宗因譬喻,魏譯量為《阿含》聖經所說(卷五二十一)。又云言說法相者謂說九部種種教法(卷四七左),是則百八句為先佛之法,百八之事開於九事,又確乎無疑。是故詳釋百八應根九事。初釋古百八句,後釋問牒兩偈。

《心學》大意

詮解名義分

心學者何？禪學也，定學也。然禪名局於靜慮(靜慮只色界義，無色界及欲界定非靜慮故)。禪只局於有心定(二無心定非禪故)，定名不能賅慧(有定無慧乃同木石，故定、慧不相離)。《解深密經》一心為止，多心為觀，止、觀皆從心詮。奘師譯《大論》、《攝論》等，三學名皆為戒、心、慧。茲從其例名為心學，不循通例名為定學。

敷演因緣分

曷為而說心學耶？機已動故，示行軌故，防邪修故。且述其說。道無定則，貴在當機。邇來承學之士，多有以如何修持乃能入其所悟之理為問者，是宜可及時而開示心學矣！吾為茲喜。

多聞熏習，如理作意，吾所揭以自啟啟人者也。人亦有言：知者知所行，行者行所知。舍教而冥行，其為唐勞，固無論矣！倘徒博觀經論，而不圖切實證會，則空持名相，以興諍論，煩惱仍存，執障不破，為益於實際者幾何？吾為是憂。

院中同人，或以課餘修觀，或以養屙習定，是則是矣；然心學學也，不先講究而遽從事，寧不虞其為邪道之歸乎？吾為此懼。

綜上三故，特講斯門。本意原在總合《般若》、《華嚴》、《瑜伽》、《舍利弗毗曇》、《顯揚》、《雜集》、《法蘊足論》、《解脫道論》、《俱舍論》、《成實論》等外，更合《等目菩薩所問三昧經》(《華嚴·十定品》)、《如幻三昧經》(《寶積·善住意天子會》)、《菩薩念佛三昧經》(《大集經·念佛三昧分》)、《般若三昧經》、《月燈三昧經》、《首楞嚴三昧經》、《慧印三昧經》(三乘)、《力莊嚴三昧經》、《無極寶三昧經》(似《維摩詰經》演說眾多三昧)、《金剛三昧不壞不滅經》、《寂照神變三摩地經》、《超日明三昧經》、《成具光明定意經》、《如來獨證自誓三昧經》、《佛印三昧經》、《法華三昧經》、《金剛三昧經》、《四童子三昧經》、《集一切福德三昧經》(以上大乘經)、《雜阿含經》(阿練若雜事)、《正法念處經》、《大安般守意經》、《禪秘要法經》、《治禪病秘要法》、《有部毗奈耶雜事》、《陰持入經》、《身毛喜豎經》(九次第定、十力、四無畏)、《治意經》(說安般守意)、《身觀經》(身不淨無可愛)、《禪行三十七品經》(少時修三十七品)、《禪行法想經》、《法律三昧經》、《五門禪經要用法》、《坐禪三昧經》、《禪法要解》、《思維略要法》、《菩薩呵色欲法經》、《禪要經》、《小道地經》、《修行道地經》(僧伽羅剎集)、《道地經》、《達磨多羅禪經》、《內身觀章句經》、《法觀經》(數息)、《修禪要訣》(以上小乘經、律等)，四十五種至教，類別部居，觀同較異，詳加檢擇，勒為一書，俾言定者有所法守。以成就需時，先舉體要焉。

料簡餘宗分

定之為事,內外之所共有也,而宗旨途徑殊焉。古之外道不必譚,今之外道不屑譚,姑先舉中土所有諸宗,關於心學部分與印土交歧者略論之。

(甲)

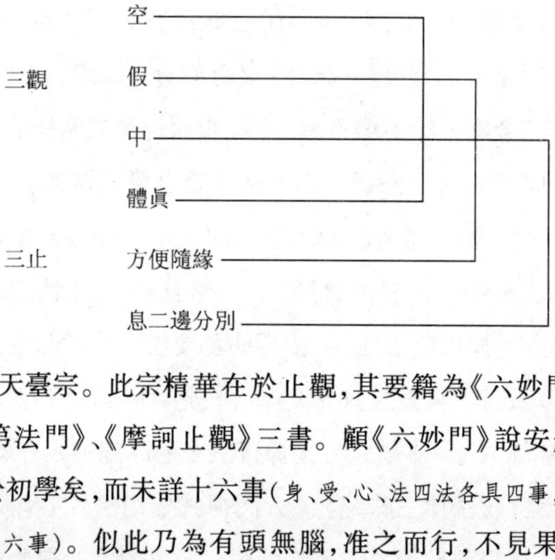

(一)天臺宗。此宗精華在於止觀,其要籍為《六妙門》、《釋禪波羅蜜次第法門》、《摩訶止觀》三書。顧《六妙門》說安般守意(數息),誠便於初學矣,而未詳十六事(身、受、心、法四法各具四事,異生至無學皆修,是為十六事)。似此乃為有頭無腦,准之而行,不見果利之所在也。《釋禪波羅蜜次第法門》說世間禪、非世非出世禪,詮九次第定(色界四、無色界四、加滅盡定一,為九)。只具大意,而不說出世禪,師子奮迅三昧亦未道及,蓋傷缺矣。至《摩訶止觀》,於此宗最為要典,其中心在於本般若宗龍樹《中觀論》"因緣所生法,我說即是空,亦名為假名,亦名中道義"偈之緣生勝義,而立三止三觀(見甲圖)。初則止觀雙運,更進則融三為一而即空即假即中,於一刹那打成一片,圓通之義於焉蕪矣。特以瑜伽宗圓成實義格之。圓則圓矣,而未實也。彼三止三觀者,僅具總相通相,分析以求其實在則彼為無,是尚有待於商量者歟?

(二)賢首宗。此宗宗《華嚴》,即無殊宗《瑜伽》。應講各各無量三昧,而彼用法界觀,亦僅言總相通相。其謂一攝一切、一即一切,而發揮四無礙、四攝、四即之理,固為精到,然於各各無量三昧亦未有明;故從之者多以宕然無藉之玄譚自困,而於禪學卒亦無由而入也。

(三)羅什派。什公言定之書,如《集禪秘要法》等,皆從小乘。小乘以涅槃為總相,以對治貪等為別相,而以不淨為勝定。蓋以淫為生死之本,所宗在了生死,故首之也。(按:什公本宗《般若》,其言小乘定不足以盡所學。)蓋中國禪學,源於安世高等,所譯有《安般守意經》等。睿法師不了所學,適什公在關中,時從質疑焉。什公乃順機集此以應其求,非修禪扼要之典則也。

標示正旨分

印土正宗有二:一,般若宗;二,瑜伽宗。就心學言,般若主空、無相、無願三三昧,推而廣之則為百八三昧。此百八三昧攝入三三昧中,皆用無所得,於《大品》(第二分)、《問乘品》具明之,可覆按也。

（乙）

四三昧
- ——大乘光——初地、二地、三地、四地修此。一部分說，如《寶積》等，謂之小總。一法王所說相續、盡未來際作功德之法，謂之大總。無量佛所說謂之無量總。鳩一部分或數部分總法，光弘於世界，名大乘光。
- ——集福王——五地、六地、七地修此。菩薩修十王大業，成佛時稱兩足尊，未成佛時得大其用。
- ——賢守——八地、九地、十地修此。大總無量總任持不失，稱賢善守法。九地能以陀羅尼說法。
- ——健行——佛地修此。號決定行，說法亦稱獅吼。

此四名義，見《攝論・增上心學分》、《唯識述記》五十六，及《佛地經論》卷五。

瑜伽宗主大乘光（智）、集福王（悲）、賢守（一切善法守而不失）、健行（强健之行菩薩不及）四三昧（見乙圖），推而廣之，則為百三三昧。此百三三昧，入一切佛自在堅固，善現決定無相，於晉譯《華嚴》四十五卷具明之，可詳覽也。此三三昧、四三昧高矣遠矣，吾之宗旨於是乎在。

三三昧空後事，四三昧地上事，眾生何由而及之乎？曰，事有其序，安可驟企。登高自卑，則當由小乘世間出世間禪，而入於出世間無上之禪也。眾生煩惱所縛，頓超直入，談何容易？譬於定亂，對治為先。貪觀不淨，嗔觀慈愍，癡觀緣起，慢觀根界，疑則數息。此五停心實為初步（見丙圖）。此觀稍得相應，即可改修世間一切不可樂觀，欣上厭下而入初禪。漸入九次第定，引生五通。此小乘世間有漏禪一路也。其出世間無漏禪不必由五停心入，直捷由四諦入。

復次，當知佛法住於二緣，一教，二證。教則十二部三藏，證則三十七菩提分法。就小乘言，非由《六足》、《婆沙》、《俱舍》、《成實》、《舍利弗毗曇》、《解脫道論》以入於《瑜伽・聲聞地》，則教不得通。

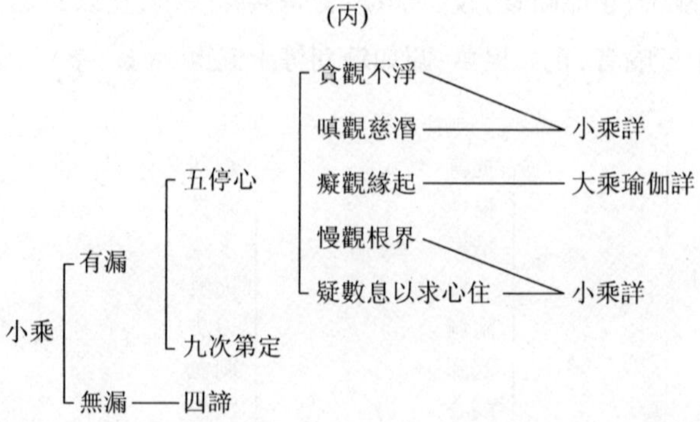

非由四念住(三十七菩提分以四念住為主。《大智度論》慧多名念處,精進多名正勤,定多名如意足,十二法鈍根人名根,利根人名力,力則疾趣辦事,事未辦名道,正思辦名覺,故三十七菩提以四念住為主。《瑜伽·聲聞地》析心為三十六,受為二十一,身為二十,法為二十),以通五停心(如數息十六事),則證無從冀。明夫四念住十六事,則由五停心曆四禪、而加行、而見道,入四三昧、得百三三昧可也;由四諦觀入空三昧,得百八三昧可也。或根利障輕,不從五停、四諦,而直從大乘光下手亦可也。惟是行依於法,法依於教,修心學人不務明教,師心自用而無失者,匪我攸聞。

條申體義分

止故能定,觀故能慧,定慧交長,止觀不離,此為大小乘通義。故《解深密·分別瑜伽品》十八門分別中,其同異門主張止與觀非有異(以觀所緣境為所緣故),非無異(一心為止,多心為觀),其雙單門主張一向修和合修,此為大乘止觀不離之證。若小乘之言止觀不離者,莫詳於《成實·止觀品》三能十五喻。三能者,止能遮結,觀能斷惑;止能捨

樂，觀能離苦；止能斷貪，觀能離癡；皆是共作一事，止以始之，觀以成之也。十五喻者，止如捉草，觀如鐮刈等十五也。（如丁表）

（丁）

止如	捉草	观如	鐮刈
	掃地		除糞
	揩垢		水洗
	水浸		火熟
	附癰		刀決
	起脈		刺血
	調心		沒心
	灑金		火炙
	牽繩		用刬
	鑷鑷刺		剪刀剪發
	器鉀		兵杖
	平立		發箭
	服膩		投藥
	調泥		印印
	調金		造器

上來既總標綱要已，茲更條申體義以窮幽致。佛法所詮，盡於因果，定為佛事，自莫能外，述因果第一。一行之立，有名有數，有體有相，是名物相，述法相第二。一行之立，不能無待，內外處所，緣具理彰，述觀行第三。藥至病騰，道高魔奮，攻守有道，乃剋奏功，述護持第四。

因果第一

果之發起為因，因之圓滿為果，因果相即，二者循環。先且明因。言因則有二。有以所求為因者，智其首也。有以資糧為因者，戒其首也（如戊、己二表）。若為求得通而修定，則與外道同，外道有五通有定。若為求除障而修定，則與世間同，界系由下障除，乃能升上而得上定。

若為求涅槃而修定,則與小乘同,小乘極果入無餘涅槃,由四諦出世定而得。是故大乘所為獨求而修定者,乃在無上菩提也。

菩薩地云:智是悲之等流。吾謂因智求定,定亦是智之等流。觀苦自起悲,聞法乃知苦,有慧乃聞法,得定乃有慧。故定可謂之道,亦可謂之修。《雜集》說:定皆攝屬修道,職是故也。定非恰到好處不能得,得定則一切洞然,無罣無礙。習之既久,行往坐臥乃至夢中無不定時,如是乃可稱定。世途以兀坐如槁為定。此死定,非智定也。

(戊)

所求為因
- 得通(內外)
- 除障(世、出世)
- 涅槃(大小)
- 菩提(大)

(己)

資糧為因
- 戒
- 聞思
- 善知識——教理

戒為馬埒,定如馬行。循循而行,固云是定,超速而行,亦可云定,如奮迅三昧、如超禪皆是。《深密》云:以屍羅為因,淨慧為果。《瑜伽·聲聞地》初持詳戒,四持詳慧。《解脫道論》、《婆沙》、《成實》等,莫不以戒為始,五通、四諦為究竟。定資於戒,無戒不定,大小共信,此其徵矣。

復次,所求因以慧為首者,更徵諸《深密·分別瑜伽品》十八門而益明白。初依住門言,以法假安立(十二部經模仿法爾道理,假施設以資人),及不捨阿耨多羅三藐三菩提為依為住。三能求門,謂由聞思起身心輕安(於所聞法了然明白,輕安自生),如是獲得止觀。九依法、依人門,謂隨法行、隨信行,從他聞法憶念所從聞法。會而觀之,義具見矣。於此而談,定是修事,必從聞思得來。故學定,一要師,二要教。

然教為勝,一以師難尋教具在故,二以隨法根利,隨信根鈍故。

復次,更陳十障十治(如庚表),並略發之(《大論·三摩呬多地》、《舍利弗毗曇》、《俱舍》、《成實》皆有修光明想法)。

(庚)

十障十治
- 貪命——死想
- 定散——滅想
- 味定——離欲想
- 定患
  - 强沉思
  - 馳見聞
  - 好起諍
  - 驚滅怖空
  - 掉
  - 潛利養
  - 身心疲
  - 睡蔽心
  - 身粗重
  - 疑業果
  - 大劣退
  - ——光明想
    - 十一種定患,一光明想即可治之。修此想者,須知唯識托質自變影像相分而緣之義,或外托日月之光為質,或內托教典法義為質。
- 戲論——一切世間不可樂想
- 段食——厭食想
- 身見——苦無我想
- 懶惰——無常苦想
- 身行——無常想
- 母邑——不淨想

法相第二

法相有四:名、數、體、相。凡學一法,凡作一事,先須了別其名,次須略了容積區別多少,次須了其性質,次須了其作業,四者備而法相得矣。《雜集》云:初地無量三昧,除佛菩薩,餘尚不知其名,況復能入?《婆沙》六十二云:佛涅槃入不動明等至,舍利弗入師子奮迅三昧,目犍連入香象嚬呻三昧,阿難入旋風等至;舍利弗等所入定,除舍利弗等，餘不能知；佛所入定，餘聲聞人舍利弗等不能知。據大小乘教欲習定學須講名數，不可以其名數而遂忽之也。

先審名

名有總別，第一總名。定名等引，亦名等持，又名等至，名靜慮，名心一境性，名止，名現法樂住（如辛表）。

（辛）

新譯梵文	舊譯梵文	新譯義	差別
三摩呬多（《大論》分品）	三摩提	等引（一平等能引、二能引平等、三平等所引發）	心通有無，位唯在定，就功德言就總概言。
三摩地	三昧	等持（《大論》前後同影，平等任持）	心唯其有，位唯在定。
三摩鉢底	三摩跋提	等至（平等至極）	心通有無，位唯在定。就體性言，就勝盛言。
馱衍那	禪那 持阿那	靜慮（《大論》：繫心內緣，不外流散）	義同等持，唯局色界。
質多翳迦阿羯羅多	——	心一境性（定不定地繫心於定）	位通定散，心唯其有。
奢摩他	——	止（《大論》：寂靜安止）	——
——	——	現法樂住	——

從基師義，七名一法是為總名，名之為定。然有分別，等持等至四句料簡，大小不同（如壬表）。

（壬）

· 大乘如《大論》十三有四句　　《大論》又四句

等持非等至	是三三昧， 非勝處徧處滅盡。	善知名句文差別， 非入諸行狀相。
等至非等持	是勝處徧處滅盡， 非三三昧。	隨一能入諸行狀相， 而不知文句差別。

俱非俱句可知	同
·小乘如《婆沙》一百六十三有四句	
等持非等至,不定心相應等持。	《婆沙》又二義差別,等持一物為體,等至五蘊為體;等持一刹那間,等至相續
等至非等持,二無心定。	
俱非俱句可知	

第二別名,如空、無相、無願之類,繁多不舉,但括其數,詳在數中。

次審數

小乘有定數,大乘初地即有無量三昧,即不能舉數。凡諸經論所舉者,猶是略舉總數為言也(如癸表)。

(癸)

· 大乘三昧數	
《攝論》、《唯識》	四三昧
《佛地經論》	
《華嚴》	百三三昧(散見者菩薩十,六地十,七地十一,十地十一,菩薩正受十等)
《般若》	百八三昧
《大論》	三摩呬多地五十八三昧,聲聞地二十三三昧
· 小乘三昧數	
《身子毗曇》	二百六十三三昧
《法蘊足論》	十六三昧
《解脫道論》	九十八三昧
《俱舍論》	十六三昧
《成實論》	十二三昧
《婆沙》	十九十六三昧

且明七法:
- 未中四本——各百六十四——共九百八十四
- 空處——五十二
- 識處——三十六
- 無所有處——二十四

(空處、識處、無所有處)共一百一十二

(以上)合一千又九十六

次審體

一切定以九次第為體。超出三界此其路故，欲界有定無定猶未決故，然言九次第定則無欲界定故，其勝處徧處等定則屬四空故，體又有總別，總以別境心所念定慧為體，別則大立十，小立十一（如子表）。

（子）

	·《大論》十	·《婆沙》、《雜心》、《俱舍》十一
初禪	尋	尋
	伺	伺
	喜樂	喜
		樂
	定	定
二禪	內淨	內淨
三禪	念	念
	捨	捨
	正智	正智
	樂	樂
四禪	不苦不樂	不苦不樂

前已明克實支數，茲更陳綺互配合支數（如醜表）。

（醜）

·《大論》六十八支

四禪三十六：根本十八　（初二等五後二齊四）；近分十六　（同根本）

四空三十二：根本十六；近分十六

·《身子對法》四十支

四禪三十六　中四（觀喜樂心）　四空不立支分

· 上座部十一支

· 正量部十一支

初定五　二定三（除尋伺）　三定二（樂定）　四定一（一心）

·《大集經》十七支

·《本業經》三十八支

四禪十八（同《大論》）

四空五支（想念止觀一心）

據《成實》言，則欲界亦有定，即所謂如電三昧，以一刹那五停心依心一境性為體者是也（《舍利弗毗曇》亦有此說）。欲界身亦可入色無色界定，蓋身觸雖繫於欲界，而所緣影像相分則色無色界也。

後審行相

行相入觀行第三中講，可考行相之書有四十五種，應善理之而滙其通。

觀行第三

先述三圓滿。蓋事必待緣，緣具而事始順成也。

（一）處所圓滿。言夫地，則以息諸紛擾，離諸憒鬧為急，故應處阿練若林間空室巖穴。而修不淨觀者，更宜棲處塚間，以便攝取屍骸壞脹朽惡之狀。若不得其處，則繪畫其相，懸於坐卧之處，俾自識得托以為質，變現影像相分以為所緣，使所作成辦也。言夫事，則以取求悉給罣礙都無為要。故須無怖、無毒、無匱、無牽，而又有善知識調護扶掖於其間也。

（二）威儀圓滿。行則分散行、經行、大眾行。住則分直立、翹足立等。坐則須坐具綿軟，衣服輕鬆，腎囊須空，穀道勿遏（道家行氣，腎囊穀道中閒而過，《倫記》基師謂無道可通。《舍利弗毗曇》氣入即散，出則一尺以外即散，故修定者須保護尺地，目視亦以尺地為限，不拘開閉），眼視一尺以內，手放臍輪之間，全跏（右上左下）、半跏（左上右下）各隨其便（按密宗剛日或修金剛界則右壓左，柔日或修胎藏界則左壓右），而尤當注意者，口則閉七留三，鼻則正對於臍，坐之前後頸部腰部均數數揉之，揉七八反，剛合其度乘勢勿移，良以禪病之生往往由此也。臥則右脅而臥，以學師子王反耽欲故。

（三）遠離圓滿。內則屏絕一切惡見，外則杜絕一切惡友，由此正行無阻，正覺隨生也。

次述七作意。定即作意，蓋必策心警心念念相續乃能得定故，作意實引發定之根本也。作意有七：（一）了相作意，於對治方便之能所二相，仗聞思力明了無疑故。（二）勝解作意，起粗細觀，由觀至禪，欣淨妙離厭苦粗障，此為六行伏惑，修以是為初步故。（三）遠離作意，遠離上品惑故。（四）攝樂作意，得靜妙斷中惑故。（五）觀察作意，審察煩惱斷未，靜妙得未，進修對治故。（六）加行作意，欲界一切煩惱不行故。（七）果作意，證初靜慮根本故。

能觀七作意為瑜伽師，凡修瑜伽者，皆稱瑜伽師。攝初修、已習、已度三位，於修習善法欲至決擇分未起修前四作意者（自凡至資糧滿，已觸未觸，心一境性），名初修業位。於前六作意（四加行），名已習行位。於證入正性離生之果作意（二見道），名已度行位。七作意配三位，則見瑜伽行人深淺差別。若配眾多法相為四十作意，則彼彼法門，深淺差別，咸得其概（如寅表）。

（寅）

一緣法　初一 ┐
　　　　　　　├── 以七配教義
二緣義　後六 ┘

三身 ┐
四受 │
五心 ├ 攝七 ── 以七配四念住
六法 ┘

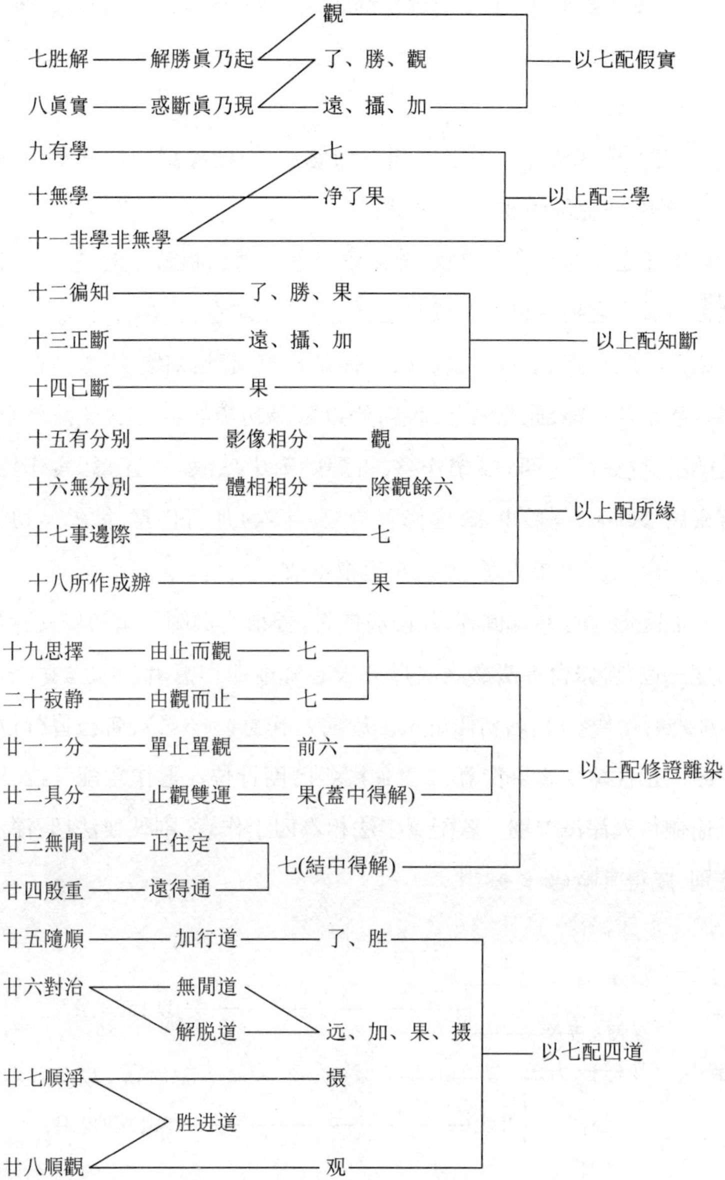
觀
七胜解
解勝眞乃起
了、勝、觀
以七配假實
八眞實
惑斷眞乃現
遠、攝、加
九有學
七
十無學
净了果
以上配三學
十一非學非無學
十二徧知
了、勝、果
十三正斷
遠、攝、加
以上配知斷
十四已斷
果
十五有分別
影像相分
觀
十六無分別
體相相分
除觀餘六
以上配所緣
十七事邊際
七
十八所作成辦
果
十九思擇
由止而觀
七
二十寂静
由觀而止
七
廿一一分
單止單觀
前六
以上配修證離染
廿二具分
止觀雙運
果(蓋中得解)
廿三無閒
正住定
七(結中得解)
廿四殷重
遠得通
廿五隨順
加行道
了、胜
廿六對治
無間道
解脱道
远、加、果、摄
以七配四道
廿七順淨
摄
胜进道
廿八順觀
观

廿九力勵——七不攝
三十有閒
卅一有功——了、勝、遠、攝
卅二自然——加、果
——以七配四位

卅三思擇——慧——了
卅四內攝——定——胜
卅五淨障——害漏种——远、摄、加
卅六依淨行——离粗身——果
——以七配慧定離障自在

卅七他立——聲聞從他悟
卅八內取——獨覺菩薩自悟——七
卅九廣大——菩薩無住涅槃——七不攝(非自利)
四十徧行——佛一切智菩薩諸善巧——佛果、菩薩七
——以七配三乘因果

若以四十作意之例,更推而配於一切法,則直可貫通三藏。故心學行相,作意而已。止事在九心,而所用作意乃在所配四位。觀事在四慧,而所用作意乃在所配四所緣。當次第說之。

次述止九心。一,內住,令心住內不使向外馳逸也。二,等住,挫心令微細也(上二為力勵運轉)。三,安住,安置內境也。四,近住,近於念住不令馳外也。五,調順,挫心令不流散也。六,寂靜,無五蓋也。七,最極寂靜,視前更進也(以上為有閒運轉)。八,專注(以上為無閒運轉)。九,等持(以上為無功用運轉)。初學習止,但能使心不外馳,挫令微細,七作意行望塵莫及,唯是力勵運轉而已。牛若嚼青,扭轉其鼻,除餘無法。然此力勵,又非都無方便,一味逞强所能辦得,當知有六種力,能成九心:一,聽聞力;二,思惟力;三,憶念力;四,正知力;五,精神力;六,串習力。惟此六力,一、二為力勵運轉所攝;三、四為有閒

運轉所攝，五為無間運轉所攝，六為無功用運轉所攝。是則欲習奢摩他者，始於力勵，力勵之始，仍不外乎多聞熏習，如理作意已也。

次述觀四慧，而及於三門六事。其就觀位淺深而言，則有三門。三門者：一，隨相行，於教授未思推也；二，隨尋行，於教授推察也；三，隨伺行，於教授審觀也。若就能觀正務而言，則有四慧。四慧者：一，正思擇，於淨行、善巧、淨惑三所緣，思擇盡所有性也；二，最極思擇，即於三所緣思擇如所有性也；三，周徧尋思，取彼相狀也；四，周徧伺察，審諦於求也。亦就所觀而言，則有六事。六事者（五停心皆有六事）：一，觀義（語必有義）；二，觀事（內外二事）；三，觀相（自共二相）；四，觀品（黑白功過）；五，觀時（事在三世）；六，觀理（觀待、證成、作用、法爾四道理）。本其四慧，運行乎六事，修觀業用於焉庶幾。

上來彙萃群言，於觀行之義，略已周盡，然僅明大綱，未及詳釋，樂尋繹其義者，應循斯目，更求之也。

護持第四

修定過患，曰魔與病。魔有四魔、八魔之稱，病則為數無量，略言之有七十二治禪病法。四魔者：蘊魔，煩惱魔，死魔，天魔也。八魔者：一，出離善法，退善耽欲也；二，密護根門，樂趣相好也；三，於食知量，樂趣美味也；四，悎寤瑜伽，妙趣睡眠也；五，妙女妙事，多作眾處也；六，疑三寶、四諦也；七，怖畏人至也；八，心樂利譽慳悋也。祛彼魔病，禪乃無妨，所事護持，為數非簡，容俟他日，委細條陳也。說大意竟。

民國十三年五月內院第六次研究會講演記錄

（韓孟鈞記）

《經論斷章讀》敘

法海難言，汪洋淵懿。學者嘗以易解文字囑請抉擇，而苦無專籍。因思方便，於諸經論節取雜集，期不背乎《般若》、《瑜伽》，以應其求。凡十五章，名之曰《經論斷章讀》。《左傳》賦詩斷章，予取所求，蓋斯意也。

舍生死身而取法身，猶儒者義利之辨，入德之門。如是讀《維摩》之《方便》、《密嚴》之《胎藏生》二品。

如何能舍生死身，以解空法故。如是讀《智論・十喻》。不能倏然與空相應，方便先觀無常，數息以定心，不淨以入境。龍樹稱法中甘露門也。如是讀《般若・念住品》。定根于戒而成於慧，最初三皈，念佛、法、僧；三學之戒，念戒、舍、天；定，念息、死。如是讀《智論・八念》。

三學之慧，般若眞諦，瑜伽俗諦。如是讀《大般若・空性品》、《智論・般若波羅蜜》、《瑜伽・勝義伽他》。

實相為無上菩提，方便為一切種智，佛之知見，方便為究竟。如是讀《法華・方便品》。一乘絕唱，在不舍離一切眾生，一百四十一當願眾生，信行位也；觀察身語意業，佛法僧戒皆不可得，而勤修十智，住位行也；皆地前行也。如是讀《華嚴》、《淨行品》、《梵行品》。

地上菩薩，自在無礙行。如是讀《華嚴・十忍品》。佛前佛後，皆本一行。如是讀《華嚴・普賢行願品》。

學佛所在,在決定死心。如是讀《金光明》捨身飼虎故事。學佛所忌,忌決定死法。如是讀《大涅槃》阿闍耆世王故事。探驪取珠,掃賊殄渠,何駭怪之有,何不可思議之有?!

民國二十八年四月歐陽漸敘於江津支那內學院蜀院

《觀所緣緣論釋》解

觀者，察義；為能慮、為能緣、為見分。所緣者，有境義；為所慮、為相分。緣者，能生義；為所托、為實體。觀所緣緣者，謂能緣起時，帶此相分有境，此境體實，能生識現；觀察之為所緣緣也。《成唯識論》謂，若有法，是帶已相；心或相應，所慮所托，是也。此所緣緣，有親有疏。親為挾帶，為體相之相分，為智緣眞如；疏為變帶，為相狀之相分，八識本質，變相狀故，為識緣生滅。一切法界，相分攝盡。《成唯識論》：若與能緣，體不相離，是見分等內所慮托，應知彼是親所緣緣；若與能緣，體雖相離，為質能起內所慮托，應知彼是疏所緣緣，是也。悲夫凡外愚迷，不了山河大地，為共有之相分；小乘差謬，不了眼色為緣，實帶起之自性；執境執外，長劫沉淪。陳那哀之，所以造論。護法增釋，理更加詳。薩婆多執極微，具體而缺相，為無所緣。經部執和合，具相而缺體，為非緣義。《正理》執和集，克實等極微，同前所破。立三破量，成一唯識。

若論眞空，內有分別，同是執情。但依世諦，缺過既彰，便非能立。為自淨之地，開縱許之門，破量所以神，因明所以妙也。論文易曉，釋說難明。引而伸之，為便諷籀，豈有別見，矜著於篇。

若言能令毒智人，為令其慧極明了，及為消除於罪惡，稽首敬已觀其義。

此護法將欲釋論歸敬偈也。不了三界唯心，萬法唯識，能所愛憎,日相尋逐,是為毒智。

了則一真自性,平等如如;是如清除罪惡,稽首三等。觀此論義以觀自性之義。

論曰:諸有欲令(眼等五識以外色作所緣緣)者,或執極微許有實體能生識故,或執和合以識生時帶彼相故。

眼等五識(有法),以極微作所緣緣(宗),許有實體能生識故(因)。眼等五識(有法),以和合作所緣緣(宗),以識生時帶彼相故(因)。外二量如此。

釋曰:諸許限等識者,於所棄事(析須彌為七分,棄六用一,輾轉相析相棄,成極微事)及所收事(收極微,六以合一而成七,輾轉相收相合,成和合事),或捨或取,是觀察果故。所捨事體及顛倒因,是所顯示(無正因,名顛倒因,為彼宗所取因)。

諸執識緣外色之小乘,於極微事及和合事,或捨或取,是彼宗觀察抉擇之智。而所捨所取之事體,是彼宗顯示教人之法。

此中等言,謂攝——他許依其色、根五種之識,他許五識,依外色、依外根,由他於彼一向執為緣實事故;意識不然,非一向故。許世俗有緣車等(實事),故從許意識緣實事境有其片分,亦能將識相似之相離無其境,於根等識,境不相離得成就已方為成立,是故於此不致殷勤。

此中等言，彼宗等攝前五識，而簡意識由外小之旨，前五識緣實事能一向長遠，故意識不能一向長遠。雖世閒有意識緣實境之事，非是一分之緣耳。共一分隨即能將此車等，變為影質境，而離棄車等之實事境也；必五識於實事，境長不相離，成就事後，方為成立。故等之為言簡六識，而不取。

又復於串修果智所了色（假想觀中極微色），誠非吧迦（意識名）所行境故，及如所見而安立故（意識緣本質色，安立名言；即彼妄執假想觀中，分析極微者）。今此但觀聞思生得智（意識名）之境也；如斯意識所緣之境全成非有，此於自（極微）、聚（和合）不能緣故。復緣過未非實事故，猶若無為。為此等言，攝五識身。

又復意識於假觀極微色，及其分析極微色，誠不能緣，而但緣聞思生得之非有境也；是意識所緣之境，全成非有境，不能緣極微、和合故也。又緣過未，事既非實，猶若無為，與不緣等。故等之為言，攝五識而非餘。

若爾，根識引生所有意識，斯乃如何？此非共其根識同時；或復無閒皆滅，色等為所緣故；或緣現在此非根識曾所領故。斯乃意識自能親緣外境體性，此則遂成無聾盲等。復違比量，知有別根此遮增色（五識，緣本質自相色，復從此色起長、短、方、圓假相之色，是名增色。比量者，如見地、水、火、風，比知是堅、濕、暖、動，必托增色，推明增色，既遮比量，遂缺），是所欲故。

詰之云：若如爾說，意識既非長遠，又非實事，簡而不取，是誠然矣！然根識是實，則引生之意識，亦不為不實，斯又何說？

外有三答：一，引生意識非同時答；二，引生意識乃緣已滅之色答；三，引生意識所緣之現在非根識已曾所緣答。據此三答，斯乃意識與根識兩不相涉，不藉根識自緣外境，則色不待目而見，聲不待耳而聞，天下遂絕聾盲之種，此一謬也。又復與比量相違，何以故意識之知，既不待根引而生，則別有其根；別根既有，增色遂遮，以是為欲，比量之路斯絕，此二謬也。

然於意識不復存懷，眼等諸識，色為依緣而方有故。無表但是不作性故，自許是無，本意如此。

二謬雖彰，然彼於此意識，仍是簡去不復存懷，以為眼識等許極微。色如緣者，極微體既自然有不作性，又德本堅常而能生識，乃可為所依之緣。有此二者，方得為有故也。眼識等不許無表色為緣者，無表如意識所緣之色，但有不作之性，而無堅常之德，缺一不生故也。彼宗自許簡去意識之本意，乃如此。

此於所緣將為現量，是所取性故，深履邪途故。為此正意遮所緣性，因便方遮斯所依性。同時之根，功能之色，將設許之。

彼意以極微為所緣緣，遂將以為五識現量者，是彼有所執取之性，深陷邪途之所致也。為此應一一破之，然意有所屬，遮破其所緣緣性，則彼所依性，因便而亦遮破，正不必縷縷細陳也。所依既破，則執五識，而簡意識之能依，更不待破而解矣！破所緣緣，具下二量，同時之根為五根，功能之色為極微、和合，量中不但遮之，方將設許之耳。

言外境者,彼執離斯(識也),而有別境;此顯其倒,顯彼執有異事可取,故言境也。如何?當說或言總聚,由非總聚實事應理。識如來難,彼自前後道理相違,餘復何失。

論言:以外色作所緣緣者,何言及外境耶?蓋彼宗執離識外而有別境,為顯其顛倒,顯其執取有異識之事,故以外境立言也。如何為異識之事?當為明說,以彼宗或有言和合者;由不言和合,則又執極微為應理也。誠如上來諸難之義,彼過既彰,于我何失。

緣其實事及緣總聚是所許故,將欲敘其別過,為此且放斯愆,或許極微。雖復極微,唯共聚已而見生滅,然而實體一一皆緣,不緣總聚;猶如色等。設自諸根悉皆現前,境不雜亂,彼根功能各決定故,而於實事斷割有能,一一極微成所緣境。彼因性故,彼眼等識之因性故,是彼生起親支分義。然而有說其所緣境,是識生因在諸緣故。

極微實事、和合總聚,彼宗所許,我宗不許犯,所別不極成過,將欲敘其因中缺過之義,為此且置宗過不論,既不置論,何妨言陳。論中或執極微云;云者,謂彼宗雖以積微至聚始見生滅,然緣微不緣聚;猶如五塵,都緣別相,從五根齊發;五塵亦必齊應,不相淩亂。彼五根決定,於諸極微,分別不紊,微亦如是。一一極微,分別不紊,成所緣境,斯乃因性如是,眼識等之因性如是,是生識之親支,非疏支之義也。汝大乘亦有說,共所緣境,是生識因在諸緣故之言,可引為證;彼極微宗所執之義如此。

或復於彼為總聚者。彼諸論者,執眾極微所有,合聚為此所緣,相識生故。由於總聚而生其智,是故定知彼為所緣。如有說,云若識有彼相,彼是此之境。此二論者,成言彼相,應斯理故。

又論中或執和合云;云者,謂彼宗執微之聚為所緣緣,識從此相發生故;由於和合而生其識,是故定知和合為所緣緣。汝大乘亦有說,若識有彼和合相;和合即是識境之言,可引為證;彼和合宗所執之義如此。凡此二宗,自以極微、和合之相,與理相應,故立為宗。

論曰:二俱非理,所以者何? 極微於五識,設緣非所緣,彼相識無故;猶如眼根等。所緣緣者,謂能緣識帶彼相起,及有實體,令能緣識托彼而生。色等極微,設有實體能生五識,容有緣義;然非所緣,如眼根等,於眼等識無彼相故。如是極微,於眼等識無所緣義。論文易知。

釋曰:若不言因,此因無喻;猶如因等成因等性,極微總相是所緣性而成之。又能自許不於識外緣其實事,應有有法自相(缺一相字)違過。

若不立量言因,破其過失,則執見何由開悟;此極微之能生,因和合之有境。因不能一因具全二義,為不定因;因既不定,喻中有能立不成過,是為無喻;凡因明例用已成因。成、未成宗;以因成宗,非以宗成因。今之立宗,猶若為能生因性,而立極微,為有境。

因性而立，和合以成，是所緣緣之二義。非先有一因，具二之性，以成是極微、和合。則因既不定，喻則無有；宗亦非淨，三支互缺，故必立量言因，破其執而開悟也。又若立內色如外現（有法），為識所緣，宗自許不於識外緣共實事故（因）。彼外現有法，為自宗所不許。如今立之，應有有法、自相相違過。出過量云：汝所言內色，為非內色；汝所言似外現，乃實外現；宗自許不於識外緣其實事故（因）。實事明明言陳意許，但不緣耳為示他悟；為防自失，都以設立破顯，為安妥故，論立量言因也。外小不明唯識，特在不知所緣、相分義，故陳那造論，辨明所緣緣義；則唯識無境，昭朗若揭。然止是能破而非能立；蓋破極微、和集為缺有相義，與破和合為缺能生義，則具此二義之為內色有者，不言而知。故內識如外現之四句偈，非立量言，乃明義言也。

唯識眞量，至唐玄奘，始乃成立。量云：眞故極成色（有法），定不離眼識（宗）；此宗除寄言簡過外，克實言之，為相分色不離自證分識也。量云：自許初三攝眼所不攝故（因），此因克實言之，為不於識外緣色故，即相見俱依自證起之意也。初三為眼界之塵識根，塵為相，識為見；根在相見外，他宗妄執，自證所無，在所不攝（然今所謂眼根實，亦識上色功能。但他所不及知，豈如兔角）。量云：同喻如眼識，異喻如眼根；此同喻之眼識為見分，與相分同依自證，故用為同品。自宗不許之眼根外色，為他宗所執者，故用為異品。克實言之，同如見分，異如外色也。此量變所緣緣之有境、能生二義為一名言；蓋初三之中，具相分有境之所緣義；攝之為言，具自證能生之緣義。因義雖寬，因性實狹；狹因能立寬，因非立故。陳那許彼相在識及能生識故者，非立量言，乃明義言，用能破即是能立之例故也。

然法稱不許，斯乃於他亦皆共許；即以為喻。若但如所說，應於所立義而屬當之前量。意云：論本二因，但是明因所以，不即是因，以無共成之喻；為此須出彼相應因。

所以立破他之量如是。然破之為言，立敵俱諍在宗中之法，餘所不諍也。今法中既不許其所緣義，乃又於緣義，而共許之者，何也？蓋明其因中違悖二義，則此違二義之喻，亦難為言，以一義而縱許之，即得以一因之義，立其異喻故也。若但如正破之說，應於自所立義而相屬，相當以為對諍，然前所陳彼宗之量，其意蓋云：彼論本非決定之一因，乃猶預之二因；但是以極微、和合成因義之所以，而不即是一定之因，以無二義共成之喻，為此之故。所以須設許彼有相應之半因，以便能破之立言也。

何以如此？次復顯己所論之理是無謬妄，明他共許，置第五聲（第五聲者，八轉聲中第五相從，就義名為從聲縱許之辭，非實辭也）。設許為因，猶如共許諸非有事、非有性故。非因極誰微，而且縱許諸極微體是其因性；但說不合是所緣性。

極微原非緣，何以縱許？豈獨無過。故次復顯非所緣，謂我論無謬，不妨許彼非有之事，非止許彼極微為因，又且許其極微有因性；但不許其為所緣性。則彼過已彰，於我無失。

由非彼相、極微相，故此云根識、極塵非境。如根者言，猶如於根縱，實是識親依之因，無根相故非彼之境，極微亦爾。

上來破彼立宗之意如此。今彼因中所言,由以彼極微之相,為非相故;所以此云:五根識上,非有極微塵境。今彼喻中所言,根縱為識親依,然識不見於根,根非識上境,眼根喻如是,極微宗亦然。

諸無其相,彼非斯境者,何謂也?為此說其名境者等。言自性者,謂自共相(境之自相,具二種功能,名自共相),了者定也。如何此復名如了耶!如彼相生故,此言意者,同(同者,帶也)彼相貌而識生起,由隨彼體故;此則說明了彼境也,而實離識無別所了,可與其識為因性耶!然而但有前境相狀,於其自己猶如鏡像,而安布之共許,名斯為了其境,然非極微(一一自體識,隨彼狀);由此極微,而為境體。

彼極微相,非此識境,何也?說彼與名言假境等,非與此自性實境等。稱自性實境者,獨為明了自共相者,定其稱也。云何為了?如彼相故,謂能緣生時,帶起所緣相貌,並隨托所緣實體而緣之;兩義具備,名了斯境,而實離自證分,識無別所了。彼極微離識,豈可許為所緣緣之因性耶!但所緣緣雖具二義,亦止如依他起之相狀,而安布在鏡體實性中,名為了境耳。然此一一自體之識,隨彼相狀之義,絕非屬於極微;而言極微為彼境體,故曰彼非斯境也。

縱有因性,由非因義所緣。如根,雖是因性,不為所緣;若由因性,許作所緣,根亦同斯應成彼也。斯言前說彼相應理故,因有不成過。然而意顯非唯因性,即是其根所緣之相。若如所說,因將為能立者,則彼因性故為所緣性耶,於根亦有成不定過。

極微非彼境矣！縱許彼為有緣之因性,而非許彼為有所緣之因義。譬如眼根,雖有緣義,無所緣義;若許極微如所緣義,則根亦應同彼許,殊非當理之論。此言謂前許彼相,與緣義之理相應者,以無所緣,因不徧是宗法性,有一分隨一不成過,業已顯其因過也。然而以喻合成,更有過在;以意中所顯,非惟以因性所緣,亦即喻根所緣,如是以喻成因為能立者,無此道理。又為以喻根合成其因中,同品一分轉異品徧轉之過(同答如眼識有緣義一分轉異,咃如眼根,非所緣徧轉)。

若如是者,由非彼相,其義何也？為明成立自己之宗,由非但述他宗過故,己義便成,此言為彰。非即能生自識相故(因);境非極微(宗),猶如眼等(喻),若其是彼因性之言,將為論主前立他宗,明他共許。此時意在遮他顯己,能破義成,置斯言矣！宗許,定彼不定,他宗恐其不許。

問曰:彼立極微,有過如是,斥之為非所緣斯已,何必又立量言因？

答曰:欲明自宗之義,非但斥他便成,故必立破他之量,此由非彼相之言,為彰明破他之因量也。若設許之言,如前時宗中言耳,此言因之時,則在奪他顯已成就能破,必棄置縱許之名言矣！因中奪而宗中許者,將以所許,定彼不定過也;他宗固惟恐人不許耳。

向者與他出不定成即是能破,何假自宗更申比量。凡言不定,未必決定不成。恐致疑惑,是故更須立量;或可由斯非彼相者,於諸極微非定了性。如相識生是謂決了,既彼非故明知決了此,亦無由應可說非決了性故,唯出此因不是所緣。

又問:論前言二俱非理,已成彼不定過,即是能破,何必又申量言因,乃為能破耶?

答:空言不定,猶未決定其故,敵必致疑,故須立量言其所以。因量既立,彼宗或可由此得悟,極微非自證分之了性。蓋如彼相生乃為決了者;極微既非此境,則決了之性必為明知也。然此宗中所陳,亦不必眞說非決了性。唯言極微之因不是所緣,彼必由因量,而悟及之因明之昕以最妙也。

如根極微,有餘復作諸識差別,顯其成立眼識不能了極微色(宗),無彼相故(因),如餘根識(喻)。如是余識,翻此應言;如根之言,誠為乘也。共喻別須義准而出,又復縱是因性之言為無用矣!彼雖因用非所緣性,此亦如是,實為有用。然非聲等,所有極微可是餘根之識生因。

如陳那破量之根,喻與極微宗,有餘,師復另以諸識差別之喻,顯其成立之量云云。又以餘識,如其量翻成多量,則如根之喻,猶如輪乘,誠可通轉為用也。其喻止須,義准其量而出之耳。又復此師之量宗中不用縱許矣!北師量中無彼相因,雖用非所緣之意,而陳那之因,亦復如是,惟縱許稍異;顯縱許之妙,實為有用。此師不用,未為善因明者。然聲等上色,不能生餘根等上之識,則如決定之理。

論曰:和合於五識,設所緣非緣,彼體實無故;猶如第二月色等和合,於眼識等,有彼相故;設作所緣,然無緣義。如眼錯亂,見第二月,彼無實體,不能生故。如是和合於眼等識,無有緣義。論文易知。

釋曰:有說於識自體無聚現(極微聚,而現相,名聚現),故非是所緣;如根眾微,由境相狀,安布於識,是彼相性,此非有故;理即說其無有聚現,如是且述鉢羅摩怒(極微名)不是所緣。彼之能立不相應,故及(非境性量)善成故。

有諸餘乘,心服破量;乃即說言,於識自體中無極微,故誠非所緣;蓋如根之喻,眾微之宗所成之破量,言彼由所緣具在識中,為相性者而乃無有,理應說無極微。以如是量意,故以極微為非所緣也。他宗能立不成,則論主破量善成矣!

若爾總聚是境。然由所說諸有能立,若望謨阿(大乘名)宗皆有不成性,理實如此。然而總聚實有,彼相有是所緣。無因性,故由彼相,識不能生。其總聚相,識總聚不生。彼既不生此識,如何令此緣彼所緣之相。不相應故,非所緣義。由此前云:彼相應理,斯乃不成。

有餘諸乘,雖心服善,執迷未空,旋即轉計;若如所說,極微非境,則和合為境;然彼宗之種種能立,若較大乘,皆不成性,理誠如是,非故斥之。蓋和合有相,設為所緣,而嫵實體;識不能從彼相上而生,既和合之識,不生於和合境,則境不生識,兩不相到,如何令不相到之識,緣不相到之境?此理誠不相應,絕非所緣緣,以是之故,彼宗於前,自許應理,斯乃不成。

若爾,何謂所緣之相?凡是境者,理須生其似自相識,隨境之識。彼是能生,彼是所緣。有說凡為境者,理必須是心及心生起之因也；此既生已，隨境領受而與言論，於時（是也）名此為所緣境。若義具斯二種相者，此乃方合名為所緣，是能生性、所緣之境。引《阿笈摩》（大眾部經名），此即便是說生（能生義）、緣（所緣義）性，由是生因，彼識生緣；共許是其所緣之境，自體相現。此中無益，故不言之。

問曰：極微、和合，皆非所緣緣。則汝大乘以何為相？

答曰：凡是識境，當生似塵之識，名隨境之識。此之一法，具二功能。若者為能生，若者如所緣；斯為大乘所緣緣義。豈惟大乘，汝小乘亦有說言；凡為識境者，理必須心及心生起之因，以是生識，識生之後，隨逐其境而作領受言論諸事，於是得名此境為所境、緣境。義具二相，方合名為所緣緣；所謂能生性及所緣境之二相也。上來所引《阿笈摩》，即是汝小乘所說能生及所緣二相，由是能生因，令彼識得生於所緣，乃大小二乘共許為所緣緣之體相；更有言說，非此所取，略而不論，所緣緣相如此。

能非總聚，是能生者，非實事故；由其總聚不是實事，此於有聚一、異二性不可說故。又復無有不實之事，能有生起果用功能；猶如二月，如第二月不能生識。

論主和合破量云。云所以能破其計，和合為能生者，以恃彼體實無之因故也。和合不是實事者，一性異性，俱不可得。以言一，則和合有極微；以言異，則極微為和合故也。又復無有假事，能生諸法之理。故論言二月；如第二假月，本無所有，不能發起瞻視故也。

第二月相若爾,何因有斯相現?根損害故,若時眼根,由翳等害損其明德,遂即從斯損害根處,見二月生,非實境故;由此二月縱有彼相,然非斯境。如第二月,縱令此識有彼相狀,由不生故,不名斯境。此由非實事,有性等總聚,不是識之生,因非實性故。如第二月,由斯方立非因性故;不是所緣還如二月。又復將此第二月喻,於彼相因,應知說其不定之過。復由識,義理成就故,至是相違。

問曰:二月與和合同相如是;和合以極微成假,二月以何因成相?答曰:根損害故,眼根由翳損明,遂從損處見月,並非實有其境;則二月縱有相現,非眼根眞緣之境也。以喻合法,二月如足,則此識縱亦似有和合相現,以和合不生,而亦非此識眞緣之境也。此法執之由,由於破其極微,遂轉計此無體之和合,豈識本能生,而本為非實。又以喻合法,二月如是;以喻之假月相,而成法之非因性,意有所屬,豈所緣是實,而還加月假。又復以喻合法,則彼相之因,有同品一分轉異品徧轉之過。復由辨明唯識之後,則其過全成比量相違,立縱許宗,以喻合因,如是而已。

復緣眼識(有法),不緣青等聚集極微(宗),為由彼體非生性故(因),如餘根識(喻)。此喻共許,故不別言。第二月喻非實事故,應知此是於非因性,而成立之。如所說之,縱有相性,然非彼境;斯言復是非彼因。

義復有餘師,緣立別量云云。此量之喻,眾所共知,不為特別之言。然二月非實之喻,為成彼非因之性,而特別立之,意有所屬也;如是而言，宗中之一縱、一奪，其言亦為破彼因義，而特別立之耳。

若言無有第二月者，如何現見有二相生？謂從內布功能，差別均其次已，似相之識而便轉生；猶如夢時，有見境起，由此令似妄作斯解，於其月處乘更覩餘。

問曰：前以根損，證二月無有；若言無有，如何現見相生？

答曰：從其內境所作，先損根，後現月，次第布已，似二月識轉生；如夢見境，因作妄解，於眞月處轉更覩餘。所陳正義，唯識無境。

諸有說云：而於眼識雙現之時，此二次第難印定故，將作同時於斯二種相貌之後，意識便云：我見月之第二月也。或復有云：於共許月數有錯亂，由根損故。若望（不許外境）之宗，如斯眾見，但是妄執。

諸師解二月者，第一師說云：月及二月雙現之時，眼識難為印定，將於二相同現之後，意識執取名為二月也。第二師云：一月頻亂，為第二月由根損，故止見第二耳；眾見如是。

若以大乘唯識所觀，執境、執色，都無實義。

由非眼識所緣，無閒引生意識供於一時雙緣二相，作如斯解，見二月耶！又於聲等緣彼之識，不知其次，應有二聲等見同時起耶！好眼之人，意識次第，尚多難解，何況依於色根之識，測其差別，便成多有二相等見一旃達羅（月名），若時離識許實有者，斯乃何勞妄增二月，而言於數有其錯亂。

汝第一師所云者：由我破汝二月，非眼識所緣；遂將眼識無閒引生之意識能緣二相，作如是解，以為眼見二月耶！眼識所計如是；不又於聲等處，耳識等不知其次，應有二聲如二月等見同時起耶！好眼人用，意識懸揣二月之眞妄次第，尚多難解，何況以親依色根之現識，而能測其眞妄差別；是則便成於一月上有二相等見，於理難通。汝第二師所云者：謂其時二月雙現，離識實有，則二月非假，斯乃何勞增月為妄，而立數有錯亂之言。

論曰：故外二事，於所緣緣互缺一支，俱不應理。

釋曰：離識之外，執有二種極微、總聚，此皆缺其一分義故。又如所說，能立能斥道理力故。以之為境，成不相應缺一分故。自體相現及能生性具斯二分，方是所緣。於極微處，即缺初支；於第二邊便亡第二。若如是者，如向所論二種過失，重更收攝，令使無差。

彼宗於識外執極微、和合，二者皆缺一分義。論主能立量斥之者，據理為言耳，彼以極微、和合為境，不應道理，互缺一分之義故也。必自體相與能生性二分義具，方為所緣緣。彼極微缺相，和合缺體，以如是故。論主所以斥其過失，欲使彼宗謹飭，歸至無差；乃菩薩方便慈悲，開示迷悟之至意，立破逞能，仰揚人我，方斯誤矣！

論曰：有執色等各有多相，於中一分是現量境；故諸極微相資，各有一和集相。此相實有，各能發生似已相識；故與五識作所緣緣。此亦非理，所以者何？和集（有法），如堅等（喻），設於眼等識，是緣非所緣（法），許極微相故（因）。如堅等相，雖是實有，於眼等識,容有緣義,而非所緣;眼等識上無彼相故。色等極微諸和集相,理亦應爾,彼俱執為極微相故。

極微和集既破,乃執外色有多種假相,於中一分本極微相,是現量眞相;為諸假極微所資,諸極微資之,遂亦一一極微,各有一一相,名為和集。此和集相,固是實有,而又不離極微之體,能發生似已相識。二支不缺,為所緣緣。論主立量破之,謂極微於本極微相;如山水之於堅濕;堅濕離山水,無別實堅濕之相。則極微無相,和集亦無相也,所破之文可知。

釋曰:有說集相者,於諸極微處各有集相,即此集塵而有相現,隨其所有多少極微,此(和集也)皆實有。在極微處,有總聚相,生自相識實有性故(有和合相,具一支,以其實有體性,能生自相識,又具一支),應是所緣,斯乃雙支皆是有故。此即於前所有成立,求進無由,為聚集相即是極微,為不爾耶!

彼宗轉計和集如此,此蓋於前所成立之極微、和合,皆有過失,無由進計,遂轉以聚集相,即是極微,而自以為然。由諸境義有眾多相,即此諸微,許有微狀,亦有集相。如何得令二相,共居一事,為應理乎!

然有六種妨難證汝過失:第一,為二相一事難。汝許諸微,有微相,有集相;是以一事中,同居二相。二則不一,一則不二;而汝違此,豈為應理。

有眾多相;凡諸有色合聚之物,皆以地等四大為性。彼皆自性有勝功能,青黃等相,隨事隨根而為了別。即此於其眾多相處,極微之處有總集相;即將此相為眼等識所行境故,是現量性。若如是者,於諸微處,識有聚相。何不言之。

第二,聚相生識難。汝解眾多相,謂凡現見之物,皆以四大為性。性有功能,變青黃等相,為色聲等事,隨事隨根相對了別。為眾多相,即此眾多相以四大為性之處,比知極微上有總集相,而用為五識緣境。若如爾說,微處有相,則於諸微處生眼識時者,亦應即有總聚相,共生眼識也。何不言之耶!

塵有聚相,何不言識有聚相耶!

第三,識有聚相難。謂所緣塵上之聚相既可言,則能緣識上之所作相,亦應可見,何不言耶!

所以復云:然於微處有總聚相,即以此言為其方便,亦顯識有極微總相。若爾,一一極微有此相者,何故?復云:總集相也。

第四,贅說總集難。汝言微處有總聚,為汝方便,許識中亦有。若爾,一一極微已具總集,止言極微已足,何必復言總集,豈非贅說。

色聚眾多,極微分別,是論所許。此即是其總聚性故,不是實有。如前已陳,何勞重述,有別意趣(何有別意而勞重述)。縱令實事(極微名),別別體殊(具總集相)。然此相狀,但於集處更相藉故,而可了知,說觀集相更無餘矣(縱極微有總相,但可於總處了知其有,更無餘處可了)!

第五,餘處了知難。謂總集於總集處見,不能於極微處見。

又復設使諸有極微合聚為性,然而一事有其勝劣(和集易見為勝,極微不見為劣,勝能隱劣),隨事觀之,且如蒼色(喻和集)是其地界(喻極微),如是等說,誠為應理。縱許如是,如極赤物,初生起時多事皆強(青、黃、白、黑與蒼、赤等名為多事),遂無容(容隱也)矣!依容有處,作此譸議。

第六,勝劣不隱難。謂極微具合聚者,合聚勝相能將極微劣相隱奪,使根不見;然蒼色隱地界。若多色齊蒼色,則地界不能隱,證知和集隱極微。若多集齊和集,則極微又安能隱耶! 尚得有處有隱可憑,為此譸張之議耶! 六難如是,和集已破。

若爾,如何說諸極微非根所見,又復何如唯有如知(意識名)能見極微。由其塵相非是識義,非是依根識之境界,故曰非根。非根之義,獨是如知之所觀察。復如何理現見極微,塵形不睹如堅性等,如堅潤等,於彼青等縱有其事,非是眼等識之境界。根之功能各決定故,塵亦如是,無違共許,豈非顯微。無其堅性由別體故。此對宗法許其十處,但是大種斯言無過,然此已陳。

問曰:如何五根不見極微,惟意識能見?

答曰:由極微,無能緣識體上變帶之義,非根識境界,故曰非根所見。此非等識所見之假物,獨意識妄現耳,更有何理,能見妄現之極微耶！塵形難覩，如堅性等，縱彼堅潤於青等色上有其實事，然眼識不到，無其境界；猶如五根功能，分途各定，耳不聞色，眼不見聲，塵亦如是，眼根所及，不見極微，乃共許之理，無所違悖，豈非顯明極微為不可見乎！是則眼識上無其堅性及無其極微之別體，有斷然者，堅性為能變，根塵十處為所變，許是實有，然已陳言，但極微是假，不同堅性是實，又為必然之理也。

論曰：執眼等識，能緣極微、諸和集相，復有別生。瓶甌等覺相，彼執應無別，非形別故別，形別非實故。瓶甌等物，大小等者，能成極微，多少同故，緣彼覺相應無差別。若謂彼形物相別，故覺相別者，理亦不然。瓶等別形，惟在瓶等假法上有，非極微故；彼不應執極微，亦有差別形相，所以者何？極微量等故，形別惟在假，析彼至極微，彼覺定捨故。非瓶甌等能成極微，有形量別(有別形量)，捨微圓相故(相不可析，是名圓相，析則失相成空故)，知別形在假非實。又形別物析至極微，彼覺定捨，非青等物析至極微彼覺可捨。由此形別惟世俗有，非如青等亦在實物。是故五識所緣緣體非外色等，其理極成。

論文易知，一以極微多少，成形大小，同是極微一相所成，破其相別為妄，所形別非極微別，析彼別形至一極微，異見即一，破其覺別為妄。

釋曰：汝瓶甌等覺者，汝如是證者，於瓶及甌便成根覺相似，而觀於其自境識不差故。復由根覺隨現有境而相生，故識境不別。

論主破極微、和合已;彼即轉計極微體具和集,以顯二法皆有。論主又以如堅之喻破之,彼又轉計和集之體,即是極微,謂有別生。論主復以瓶甌等喻破之;今釋最後之破,如汝以覺瓶甌之覺,證有別生者,此乃於瓶甌上生其相似之覺,其自體實境之識仍不差別。如是例推,即凡根覺於諸有現物上,隨而相生者,亦其自體實境之識仍不差別也。

如何得知?由匪於其瓶甌等處,眾微有別而此言說。

問:如何得知彼為妄計?
答:由彼不於瓶甌處,審其眾微有別、無別,而漫然言說故也。

然諸極微,以總聚相而為其境;固非於彼缻等自體了別之時,於眾多聚,體有片(分也)別。彼之實事相貌之外,無別積聚體可得故。緣彼根識便成相狀,無有差殊;由此方成於塵自體是所緣性,復非於彼無別相處覆審之緣,異解性故。

彼以總聚為極微境者,以了別瓶等時之缸等,與他眾聚,體無分別;缸等即眾聚故也。極微相外無眾聚可得;緣聚之根,亦無相貌差殊;是則仍以極微自體為所緣性,復非於極微處,為瓶等所覆有審度而知之緣故;但是彼宗異解執性。

如緣青等,若相殊故;所言殊者相,謂形狀佈置有殊,於其缻(音缸,長頸瓶名)、甌胭(瓶頸)、腹(瓶腹)、底(瓶足)等殊異狀故。由境有別覺乃遂殊,誠為應理。無如是事,非於根識所觀境處極微,有殊。然此總聚,是三佛粟底(即三摩鉢底,此云假)。而此總聚非根識境,此已斥破。復非非境有別(無別境即極微),而令識相有殊,可為應理。

汝言境別覺殊,誠為應理。無如境是極微,極微無殊,總聚假境,已破為非;固非一相之極微,能令識相有異,是顧可為應理耶!

復如何知諸極微處,別狀非有。極微形相,無別異故。凡諸事物有支分者,必有別狀於方處轉,然諸極微體無方分,至窮極處,斯即何曾得有形別:於缻甌等縱令事別,而極微性曾無有殊,斯乃一體無增減故。是故定知於總聚處非實物有,凡有方偶布列形狀,皆非根識所行之境。

問:極微何無別狀?

答:極微體,無有方分。凡有方分,必是合聚假相,乃有別狀,非實識境。

上來如此眾多詰責,儻欲顯其有別相故。

上來詰責之意,為汝宗欲顯極微有別而然。

缻甌等覺,非以別事為所緣境;猶若蘇佉(此云樂)、毒佉(此云苦)情矣!然而極微是不別境,即是彰其非彼境性。

對缻甌而生覺相,此相不以缻甌別事為境,意許以極微為境也。

極微、和合，顛倒妄計，本不生識；猶如眾生顛倒，而生其苦樂之情，實則本無所有矣！然而雖言極微不別之非境，此中惟在彰彼缻甌非境，而破之耳。

若相殊故方言殊者。此言意顯向云：非以不別之事而為境（非以不別極微為境，是以和合為境）者，是立已成。彼意說，言極微為轄，其實無殊；然為形相別，故別也。

汝若謂缻甌相殊，方言覺殊者；蓋汝意以前執和合為境，我大乘已縱許所緣，為已成立。

又意以極微為境，其實與和合無殊；止為和合、極微形相有別，故名稱有別，實則和合成，極微亦成也。

極微無殊，我亦共許，是立已成；由諸極微量無別故。此顯殊事，是其別境。答非已成或可。

汝欲成此極微無殊，我亦許是生，因為已立成，共以微量為無別故。今此缻甌殊事有別，則極微破量中，有已成及非已成二義，我或可用非已成義答汝也。

此明諸根之識；於缻甌等（有法），無有極微相狀性故（因）。極微無有此別狀性故，非是所緣（法），猶如余識（喻）。余識，謂意或餘根識（釋喻），但緣青時無黃相故。於諸極微，雖體眾多無差別故；而諸根識差別相故，斯乃共成，非塵狀性（釋因）。

上來皆明,極微上無此別相,則缸甌相假,何能有所緣義。

頌於極微差別之言,同前問答。若其總聚,許覆相已,形非實境,理方可成,如斯勝理,是應成立。若言離(析也)極微如是等,如離彼者,彼覺便無故,猶如軍等;此言缸等是非實義。由非實事(瓶等),此顯餘宗諸非不實(極微),皆非捨彼相違事也;如於聲等,青覺非有,此形相別,是覆相有(隱覆極微之相而有者),以其缸等為境性故。雖引眾多異見道理,而竟不能顯其極微實事之體,有其差別。

頌極微量等故,形別惟在假,析彼至極微,彼覺定捨故之言。前問:復如何知諸極微處別狀非有?前答:極微形相無別異故。已明釋矣!今再釋之,頌前二句云者,謂若彼知極微量等相無差別,乃總聚之形蓋覆;而此總聚別形,是假非實理,乃特勝應是成立。頌後二句云者,謂形別所生,覺相亦以之差別;若析彼形相至極微時,所生覺相,決定無有。凡此頌言以缸等為非實義,由缸等及餘宗極微,皆不能捨棄比量相違之過也。如耳對聲,於眼覺青上為無,此缸等為蓋覆極微而有,實相既覆,安能引生差別之識?識不能生,汝以缸等假有為境性故。汝雖引比多見,究不能顯一相極微,為有差別。

論曰:彼所緣緣豈全不有,非全不有;若爾,云何?內色如外現,為色所緣緣,許彼相在識,及能生識故。外境雖無,而有內色似外境現,為所緣緣;許眼等識,帶彼相起,及從彼生,具二義故。問曰:此內境相,既不離識,如何俱起能作識緣。答曰:決定相隨故,俱時亦作緣;或前為後緣,引彼功能故。境相與識定相隨故,雖俱時起亦作識緣。因明者說,若此與彼有無相隨(此即五識,彼即五根。有是現行,無是種子。謂識與根俱有現種,而不相離,是唯識義),雖俱時生,而亦得有因果相故。或前識相,為後識緣,引本識中,生似自果功能,令起不違理故。問曰:若五識生,惟緣內色,如何亦說眼等為緣。答曰:識上色功能,名五根應理。功能與境色,無始互為因。以能發識比知有根,此但功能非外所造。故本識上五色功能名眼等根,亦不違理,功能發識理無別故。在識、在餘,雖不可說,而外諸法理非有故,定應許此在識非餘。此根功能與前境色,從無始際展轉為因;謂此功能至成熟位,生現識上五內境色。此內境色,復能引起異熟識上五根功能。根、境二色,與識一異,或非一異,隨樂應說;如是諸識,唯內境相為所緣緣,理善成立。

論文易知。

釋曰:據內境體,謂立自宗所緣之事;若也,總撥無所緣境,便有違世、自許宗過,四種緣性於經說故。

陳那內相分色,自宗立為所緣,若亦概撥不立。而唯言唯識,則世以五識緣境,經中說所緣有境,俱與相違,便犯世間相違、自教相違二過。經說四緣者,因緣、等無間緣、所緣緣、境上緣也。

此中內聲,為顯不離於識,而有所緣。言境體者,是所取分(相分色,名所取分),是識變為境相之義。然在識外別分而住(然世皆以境在識外,而住於極微、和合),將以為境,違世之過,如前尚在(今以為內如前犯世間相違過)。由諸世俗共許於境在外而住,應云如外;此不離識其所取分(相分色),如外而現。云:我見境生其慢想(我、見、慢、想,並是五識刹那後之意識),實此為因,如於眼識現其髮等(目勞,則燈現毛輪;色雖似外,實不離心)。外境雖無,謂實無其在外之境非了性故。以理究尋,不可了其自體定在於外,縱令許彼實有外相,然非識緣非彼相性;故非極微相現,如似外相顯現之時,此即是其所緣緣也,彼相相應故。

頌言:內色如外現,為識所緣緣。內色者,謂相分色,是識變為境之義。如外現者,寄言簡過,而實亦是生識之因,為識所緣緣者;加長行中,言外境雖無云云。外極微境非了性,即非識相,不為識緣;則如外之內,為識所緣緣,與理相應。

由若與相,理相應故者;此即是此(此即是此能生,此即是此所緣),如因性等(能生因)。由與自相,理相應故,復顯所緣差別體相。如云:識有彼相故等,明不假藉外事為境,如情所計,境相隨生(意識、情識計度,獨影境相隨生)。又情所計,若離於識,非外有故(獨影亦不離識,但是疏所緣緣)。此之境相,原不離識,由此名為內境相也。

頌言:許彼相在識及能生識,故由內相與理相應者,二義俱具,內足自辦,不藉外事。亦如六識,隨情生境;又六識境,亦非外有,不離於識,故名內境相也。

此中內聲，言不離識，本無其外，望誰為內，及從此生（外法，若無內亦不立。本無其外，望誰為內，及從此內而生識耶）。有此方生（定先打此相分，方乃生此五識），或可從此（從有相、從生義，相分與識相從而起，為五識。從有、從生義，依相分變現，即從變現而得生起，為六識，此言從生義）。由第六、五義有別故；由非離境得有其識，是故有此方乃識生，不言第五（第五聲縱許之名），二法合故，明其所緣道理合故，顯能立也。此即但以共相（能生、所緣）之境為其能立。若差別者，共仳若南（識蘊即意識名）不緣外事，於其夢位以為顯示，如說二種為一能立，識有彼相，復是識生，緣此二用，方成一量。

問：外既無有，何必有內？

答：有內相分，五識方與同生，六識方得從此而生。六、五雖云有別，皆非離識有境，是故有此相分，六、五乃生；既具二義，理合所緣緣；故不縱言，直顯能立也。此但顯六、五能立，若就差別而論，六識亦非緣外，所緣夢假，雖與五異，然具二能立，亦為夢中之識，有夢境相；夢境之相，復是識生，所以者何？由有此二義之用，方成比量，名為能立。

且復縱許有其內相，但觀外境妄有相，故言無他相；如情計境生，其領受境之相狀，列在於內，將為應理。如何是彼一分得，作同生之緣，其所取分離識無故。斯之一分復還生識，便成自體相違之過。復還是彼一分性故，如能取分，斯乃便成匪能生性。但由外相染識而生此，即相分與識同起，非二同時有因果性；如牛兩角。又匪於其不異之事，同在一時，以同伴聲而合說之，亦非於識別說有境。

意識決實為內,若謂意識但觀外境妄相,縱許為內,而言無他外相;如彼情計境生,領受相狀,列之於內,將為應理。如此而言,則如和合之縱許所緣,止具一分之義;如何一分義得,作同生之所緣緣,其所取分之所緣,既離識外而為無境,以此一分復還生識,便成自教相違之過。又復一分所緣,如彼能取分之能緣,俱為一分,俱不成立,斯乃斷成為匪能生之性。是則外境不生,絕實為內也。然則六五差別,以何而知。彼六識但由已生之似外染識為境,更復而生其識。此五識即相分與識同起,為此不同耳。七識有三種差別之義:一種,非相見二義,同時親起,有因果性;如蝸牛兩角。一種,非相見不異之事,同在一時,以同伴聲而合說之。一種,依識妄見之夢境,非如五識,相見各別實有。

斯乃如何名同伴性。理實如是,然由相狀差別力故,猜卜為異而表宣之。由有見分、相分之殊,遂得此識而有差別。

問:相見既分,何名同伴?

答:理實如是,但由相狀差別,聖者猜卜為異,而為言說。由相、見有殊,遂名識有差別。其實相、見俱依自證而起,自證有何差別?

若如是者,緣性亦應但是所執,非分別事有自性體,斯乃應成非眞緣性,此罔相違。由其緣義,於餘所執差別之境亦共許之;如等無間滅,同分之識為斷割時,此識亦以四種多緣而為緣也。

問:若如猜卜為異,則所立分相緣性,亦是執情,分別無體,非真緣性破極微等,以為相違;斯誠謬罔。

答:由其所緣緣義,於極微、和合亦縱許之,但各缺一支,不能成立;相分能立,意俱不揀執情,如等無間緣滅,不能引生同分意識之時,此五識獨生,亦將以四種多緣,而為其緣,則所緣之為必有也。

《攝論》大意

欲明白佛學，須於空有二字上求。佛因眾生執著實法而說空，又因眾生執空而說有。說此空有，皆須善巧。若比較言之，說空猶易，說有最難，因須知得有而不實之義也。此關鍵全在種子。有種子一義，則謂其有實在相貌歟，然尋不着痕迹。謂其純屬空虛歟，然又有其功能。如是方能有而不實。此猶從道理上求也，別於史實，亦有可證者。

小乘薩婆多以說有立宗。其說色有也，極至無表色亦實有。無表繫業色，無所表白於外，不同身語意之可徵，但在內而有發動之力而已。以此類同四大所造，說為實有，較為困難。然小乘視為動作心身之關鍵，卻多說之。至於表色之解釋，各部亦不一律。有部說是形，正量說是動，其間已有虛實之分，而仍執着實在。是皆說有不善巧也。經部改正其說，以為無表是種子，表業是為心發而動者，合二家之義以歸之思。其間學說之相因，蓋甚顯然。

經部又於種子之說以為舊解難通，別須建立，故依理推求而云有心種、色種之別。推至其極，無想天無心定皆無心，心種如何存在？又無色界等無色，色種如何存在？如有部說諸法續生或依於命根眾同分等，其說極粗。今則進一步謂心種可依於色，色種可依於心，心中又心依心所，心所依心。如是於無心、無色之時皆得礙。

然經部互依之說所依不徧，又不永久，等於無依。此但因舊說之罅隙而略彌補之，其立說之不圓滿如故。於是阿賴耶識不可不建立矣。種子已甚微細，所依之賴耶自更微細。即如經部所云色種依心，此心亦不得為第六意識一類，其粗細不侔故，今應云有不可知之賴耶。建立賴耶，而後得一結論曰，為種子而立第八識，第八識法又自種子而生，此即互為因果之義也。知此乃可見《起信論》等不立種子卻有賴耶，於理極為不合。今人或謂賴耶之說創自無著、世親，一若此說可隨宜創之者，不知無著、世親之意乃大有准據也。

然空宗不詳說賴耶，何耶？曰，彼之所宗則爾也。空宗不說有而明空，無輕重於緒法之閒。一法空則一切法空，三科五蘊，徧歷皆空，故有七善巧之說。即觀自在行深般若波羅蜜多時，亦照空五蘊。此即視五種蘊無所側重也。講五蘊即攝第八識於蘊，不須另開矣。若重視識而攝蘊於識，此特有宗之義耳。故於有宗詳說種子賴耶，於空宗則不爾，非不能詳，意不在此也。

由種子義乃立賴耶，由賴耶義而著《攝論》，《攝論》宗旨在此。從前解論或有未善，今特發揮種子所依之義而解釋之。《攝論》十殊勝語先提賴耶，為一切依據，即表示種子之所依也。至於法相差別之用且針對他宗者，在於第二殊勝語之依他起。此二分皆為境。入境為唯識性即入所知相，能入行相為六波羅蜜多，行相位為十地。又由六度開為三學，皆屬於行。菩提是智，涅槃對縛而為解脫，就所斷得名為斷。斷惑證智事不可混，故初地菩薩發二種願，得果亦即為二。此皆屬果。

法相義根本之書為《中邊論》，唯識義根本之書則《攝論》也。法相譬之全身髮露，唯識則猶畫龍點睛。根本原委雖詳法相，然無唯識，亦無睛之龍而已。

《攝論》詳講十殊勝語，今言其最難讀者，唯所知依一分，其文大科應如次分為三段。

一,教理成立賴耶二

一,教成立此中最初至具有四緣(十頁右)又二

一,異門(釋名)皆先引教後釋名

二,相(出體)皆先釋義後引教(教即《阿毗達磨經》伽陀)

二,理成立如是已安立至轉依不應理(十六頁右)

二,賴耶差別復次此阿至應不得成(十八頁右)

三,賴耶性何因緣故至無覆無記(十八頁右)

第三差別段最要。因繫唯識通於法相之點,成《唯識論》猶有未詳,故須着意發揮。且講教成立一段,以見大略。世親、無性釋此段皆無科判,雖無性釋稍有端倪可尋,而條理猶待組織。且此段明何事耶?一言蔽之曰:本識轉識互為因緣一義而已。論文發揮皆在於此。此說因緣,即概果相。以受熏持種而萺,受熏即是轉識為本識因,持種即本識為轉識因。論文以二事概括因果。自相合因果而言,故明因果而已足。因相即本為轉因,果相即轉為本因。論文建立二相,實不外互為依之一依字也。然《攝論》安立此互為因緣義果何為耶?曰,有多義。一者,不可思議義,二者,如幻義,三者,親而無外義,四者,依義。餘義且略不說。余段論文亦應准此細讀。

問:《攝論》以何為宗耶?

答:世親聞《十地經》悔小悟大,無著授此,俾之作釋。據此則《攝論》學,十地學也。《攝論》十殊勝,實俱系屬十地。凡談教理,有境、行、果別,依境起行證果。故所知依,所知相,境也。入所知相,入因果體,因果修及其三學,行也。果斷,果智,果也。果由行而證,與境必起行,故注意在行,所謂乘故。行中之修,十地也。入所知,十地前之加行也。六度為因果體,乘是入唯識,唯識者無所得也。十地有

無相雜,六地以還為見修,六地以後純無相行為修,歸無所得也。三學已攝,六度中特舉而別之,種種區於小乘故也。然則《攝論》學,十地學也,何以異耶?曰:十地直敘地上事,《攝論》針對小乘,抉擇料簡之語多。然則謂之為階梯可乎?是雖亦可,然《攝論》境行果具,一切菩薩藏提綱挈領之書,又非第十地階梯已也。

問:唯識、法相分立二宗,何所據而云然耶?

答:《論》二:若有欲造大乘法釋略有三相應造其釋,一者,由說緣起;二者,從緣所生法相;三者,由說語義。由第一相本宗建立唯識宗,由第二相本宗建立法相宗,由第三相唯識、法相之所詮表。二宗分途,以此文為據。

問:《攝論》何宗耶?

答:唯識宗。無著以前唯識多談一分,無著詳明相見二分,陳那立三,護法加四,唯識至四無過無遺。馴至奘師立量標準,然後言之而有名,釋之而有義,持之而有故,對內對外本本源源,唯識一宗卓然成立。顧其所祖,則在《攝論》初說相見二攝相歸識,故《攝論》為唯識宗之鼻祖。攝相歸識者,以法相貫唯識,則唯識而法相;以唯識貫法相,則法相而唯識。《攝論》談法相云,有相有見,識為自性,所謂回相入識也。按此方隅,觸處皆是,故曰唯識宗。

問:徧計所執性二宗何別耶?

答:法相家詮一切施設性,以如理心了知無相證彼眞如,名為心善巧差別。若唯識家詮此,《攝論》所談,滅已不生,纔生即滅,如是滅無為小乘有,畢空無惟大乘得。

問:依他起性二宗何別耶?

答:法相家詮體雖不實有種種相,既許亂性惟是事攝,所謂蘊處界事無量無邊。若以唯識家詮此,《攝論》所談八識種子虛妄所攝,諸識名言我見有支一切顯現,皆是虛妄分別,唯識為性。

問:所知依即阿賴耶,何不以賴耶名而以所知依耶?

答:小乘斷煩惱障,不斷所知障,《攝論》為揀小之書,則注意在斷所知障一面。障所知者賴耶種子,對治所知障者無漏種子,皆繫所知,且蘊積一處。言賴耶嫌不備故,多就有漏說故,無漏寄其中未說表故言所知依有無漏皆舉故。

問:所知依與轉依別耶?

答:依地不殊,但執捨別,斷果分言。斷謂無住涅槃,不捨生死,轉依為相,轉依即依他起性,對治起時捨染得淨。雖賴耶未轉依之廣大,不殊菩提涅槃已轉依之廣大,然以依訓詞通已未轉,賴耶不通,故無著立所知依篇取賴耶。

問:《攝論》必建立所知依,何耶?

答:《論文》:聲聞不於一切境智處轉,故雖離此說,然智得成;若諸菩薩定於一切智處轉,若離此智,不易證得一切智故。則知大乘發趣在一切智智,目注心營,舉念動言,莫不屬廣大之區、無邊之境。如初舉所知依,後所知相入所知、入因果等,無不皆然,讀誦思維,義應絡繹。

問:此土空宗破《攝論》立賴耶,何耶?

答:空宗破賴耶為不失法,墮於常見,一不明時量之幻無有過未,二不明等無間緣之巧用,能破還成似破耳。何以言之?處夢謂經年,寤乃須臾頃,故時雖無量,攝在一剎那。空劫以前之種,剎那剎那等無間緣持至末劫遇緣發生,發生以來轉展因果,轉依時滅。若知時幻與纔生即滅不異,雖實無量與剎那同,如稱兩頭,低昂互等。所謂生住異方一剎那,即滅一剎那也。空宗不明幻時,謂賴耶為有過未之不失法,殊非本論所謂。又不識等無間之妙用,剎那剎那等無間滅,便非是常；刹那刹那相似相續，便非是斷。空宗云：雖空亦不斷，雖有亦不常。雖空亦不斷，彼之所以立宗；雖有亦不常，彼之所以破別。然彼所謂不常之有，以法顛倒虛妄無實為宗。此無實宗，本論緣起如幻，何獨不然，此則犯相符過。宗且有過，所破豈成！

問：論頌有云：若對治轉依，非斷故不成，因果無差別於永斷成過，是對治不足言斷，轉依乃足言斷。《大論》煩惱起時，對治起時平等平等，如稱兩頭，如何會通？且諸小乘之斷亦有可取者耶？

答：經部一念許引多生，不染汙者般涅槃時方滅，中間死數生，法爾分分不同。此說與大乘不殊，正是此論斷義。此論說因果差別者皆現在斷，無過未斷。其因為數數之分證，其果為永永之總無。幾分總斷皆現在斷。《大論》據分，此論據總；分名對治，總名轉依，分數數斷，總永永無。又《大論》說斷相貌，此論說斷分齊（斷無相見，對治起為相見）。自來地論師、攝論師有誤會斷義，學者為蔽不淺，准《瑜伽論》記正之，攝錄於下。

地論師：非初非中後，前中後取故。

（誤）據此偈即言聖道一運相續，前後相資，諸惑不生，名為斷惑；非是別以一念無礙，正斷煩惱，深證解脫。

（正）此偈總就三世明斷不斷。過惑已斷不可斷，未來未有不可斷，現在自滅不可斷。此就三世惑性以求，皆不可斷，當非初非中後句。三世惑種縛不得脫，由聖道起無惑種起惑因不成名斷過去，未來應生不生名斷未來，聖道既生即惑種滅名斷現在，當初中後取故句。

攝論師：集想修刹那，能滅諸惑聚。

（誤）即言義同小乘，無礙與所斷惑種同時俱入過去，名為斷惑。

（正）聖生現在，惑入過去，解惑相違，如明破暗。

問：分總之說如何與一運相資、前後相續異耶？

答:大異。衆生必變幻,或對治起,或不對治起,非長時對治起。但起時即斷時,不起時即不斷時,是為分斷,非如一物節節分析之分也。若如有物節節分析,是必至總,然後事畢,則一運相資、前後相續之說也。惑屬氣分,本無實物,對治亦屬功能,本無實物。兩幻登場,彼演此歇,彼歇此演。曰斷云者,轉易之謂,非消滅之謂。是則一日對治起,一日即毗盧,萬年皆對治畢竟大牟尼,亦視奮發如何耳,道究何常之有哉。

問:心意識三名之差別,因心釋意,何不因意釋識耶?

答:唯識為此論後廣釋,此論注意區別大小,六識大小乘同,惟同時意識或有昧者,然亦少分,故所知相,文中舉一類師立唯有意之說,因敘唯識第三相異義及之已耳。六識已立,今特不釋,非不立也。

問:《大論》境有九地,此論所知依、所知相二分,詳略太遠,何耶?

答:此論菩薩藏提綱挈領之書,《大論》乃廣論種種之籍,故詳略懸絕。然義莫外唯識、法相二宗。此論二分,初談緣起,次談緣生,緣起緣生攝境已盡,《大論》九地就中別開故耳。又此論承十地而作,故論云,此中教者如《十地經》薄伽梵語,如是三界,皆唯有心。此論既決為唯識宗,所知相中皆屬唯識談。示此方隅為一切唯識宗准。其法相宗,集論八識隸繫識善巧中,說如之。

問:入所知為地前加行,其種姓發心何略耶?

答:此分前攝多聞熏習之種姓分,及三種練磨其心之發心分,後攝地上之見道修道分,敘一切位盡,而皆關鍵於四尋思、四如實智。加行以前四十心,四十心以前之凡心,皆可以相似尋思、相似如實智入手。極至入地而由假入空,緣不能外。雖非尋思,而是現觀,特判粗細,所謂以楔出楔者此也。則此一分之入言,意有攸在,而所攝悉盡,更無有遺矣。

問:論言加行智、後得智皆無分別智,何耶?

答:唯識家以無分別智貫加行、後得,見諸此論。法相家以後得智貫加行根本,見諸《瑜伽》。讀《攝論》滿眼皆是唯識,讀《集論》滿眼皆是法相。

問:既說六度,又說戒定慧三學,何耶?

答:六度、三學本無別異,詮旨有殊,固應別說。施、戒、忍、進為定加行,而以戒攝四度,故獨言戒。定為慧加行,而歸宿生慧,由加行因得一切智果。唯識家總攝邊言,以根本慧度攝後得智度,故恒說六。法相宗別開邊言,慧不攝智,故別說十。又大乘所依在六度,六度為發生菩提根本,故《攝論》義不能略,而名仍捨六度取因果言,且趨向唯識而說。又《攝論》對小乘義三學增上,顯戒四種殊勝,顯定六種差別,顯無分別智自性等種種詮表,皆小乘中所無。

問:唯識見道在入地,《攝論》見道在地上,何耶?

答:唯識見道得三身,初地已得三身,至十地乃善清淨,是之謂修得三身故。《攝論》六地前有相無相雜行,六地後無相純行,謂之為修,無相行故。

問:彼果斷分獨言無住涅槃,與《大論》立有餘、無餘異。何耶?

答:《大論》廣被,涅槃滅共。此論揀小,獨說無住。因是以明,斷義為轉義,何嘗有滅義!無始以來盡未來際,初賴耶有為,後無漏有為,涅槃假名,實則不住,安有化城可以息眉。小乘惰逸,佛種是斷,況復異彼,侈言無為。

問:有情界周徧具障而缺因二種決定轉諸佛無自性,此論立無種姓,何耶?

答:眞如不動,不受熏習。智障二法,依於所知,轉展對敵。全智大覺,全障闡提,有所知障為小乘種,二障薄有立為不定。皆是正智有無,不繫眞如增損。眞如所緣,正智能緣,種子習氣屬能緣邊。帶彼功能,縱橫法界,有漏無漏,奚恤區分。此義詳悉具《金光明》,學者詳之。

彌勒、無著、世親相傳一脈皆談本有,護法本有始起並說,勝軍始起,馴至基師仍復古義立無種姓。是種種說皆有深密意義,非肆奇異。為引攝一類,及任持所餘,由不定種姓,諸佛說一乘,法無我解脫等,故姓不同,得二意樂化,究竟說一乘,斯偈殊可味也。

民國十三年七月第七次內院研究會紀錄

《維摩詰所說經》敘

佛國品第一　　方便品第二
弟子品第三　　菩薩品第四
問疾品第五　　不思議品第六
觀眾生品第七　　佛道品第八
入不二法門品第九　　香積佛品第十
菩薩行品第十一　　見阿閦佛品第十二
法供養品第十三　　囑累品第十四

《維摩詰經》者,乃正法之常軌,大道之通途,世所稱常識是也。於此能嫻,可以共學,此猶不達,凡小盲魔,終古無見天日之期,亦大可哀也已。讀是經者,應先判文,次後抉義。

最初序分為《佛國品第一》,最後流通為《法供養品第十三》、《囑累品第十四》,是三易明,今且勿論,論正宗分。

正宗十一品,境居其九,行果各一。境居其九者:菩薩以自他利為境,而先利他,其能利者,方便是也。密談方便而總敘,為《方便品第二》。密談方便而別敘,敘其昔之化小,為《弟子品第三》;敘其昔之化大,為《菩薩品第四》;敘其今之普化,為《問疾品第五》。顯示方便,俾得親證而易趣入,為《不思議品第六》。其所利者,眾生是也,為《觀眾生品第七》。菩薩利他,亦以自利,以俗諦事自利,為《佛道品第八》;以真諦理自利,為《不二法門品第九》。別利敘已,繼以總談,為《香積佛品第十》。行果各一者、行為《菩薩行品第十一》,果為《見阿閦佛品第十二》。

其文如是,其事則文殊問疾,維摩顯通;須彌得座,演不思議法門;香國得食,作無文字佛事;大士聞盡無盡法以去,維摩取妙喜世界以來;自始至終,無非現通;是故《維摩詰經》又名《不可思議解脫法門經》也。夫游於方之內者,數十寒暑,數十品類,千年歷史,萬裡區宇,展轉相律,不出其域,維彼覺人,超量過量,出乎其方,是故世、出世間,一切離異,不可以世規出世,不可求出世於世,是則欲知法義、先求常識者,舍《維摩詰經》何由哉?

《維摩經》義,姑以十談:

一者,神通義。本自無封,烏得有通?惟世間有封之實,斯菩薩有通之名,蓋惟示以本然之義,救其不自然之封而已。封者,小不可容大,而維摩丈室容三萬二千師子座,謂之為通。封者,堅不可入堅,而妙喜國土接入娑婆世界,謂之為通。封者,男不可女,女不可男,而舍利弗作天女形,天女象易舍利弗身,謂之為通。封者,天樞地維不可移易,而解脫人斷取佛刹如陶家輪,謂之為通。雖今時地球星球之說但自繞動,且非赤手斷取,而猶以為誕也。故夫封者,不可以理喻,徵之以通,然後乃信。然無通也,一切有為,夢幻泡影。夢本無稽,幻原不礙,泡唯是假,影自重重。世界虛妄,但有名言,都無實事。知其無實事,云何有封?又焉往而不通哉?是故學佛,應知宇宙人生,無非幻化,法無定相,無不皆通。

二者,究竟義。經言方便為究竟,《法華·方便品》:開示悟入佛之知見,為一切智智;此經《方便品》:厭離色身,求樂法身,從無量功德而生。無量功德即一切智智,以三身言,應是報、化,而言法身從功德生，何耶？法身是體，報、化是用，即用以顯體，就能顯而談所顯故也。諸佛得果，曰二轉依，從無漏種起一切有為，而生四智，曰菩提所生得。清淨法界，一切功德所依，佛、衆共有而寂滅無為，要須菩提然後乃顯，曰涅槃所顯得。合能顯所顯，言四涅槃：自性涅槃是體所顯，其三涅槃是用能顯；有餘、無餘曰彼果斷，以解脱用而顯體也，《般若》所詮：我皆令入無餘涅槃而滅度之，是也；無住涅槃曰彼果智，以功德用而顯體也，《瑜伽》所詮：轉依成滿，入大涅槃，是也。凡此斷智二用，皆為顯現自性清淨之體而發也。無用談體，是為淩駕自欺；無體談用，不墮於焦芽敗類，即墮於蒼莽無歸也。《大涅槃經》：一切衆生皆有佛性，要藉修習，然後乃見，是故衆生雖有法身，要藉有為發生四智，然後乃顯；是故經言法身從無量功德所生也，即能顯而談所顯故也。是故學佛，應先發阿耨多羅三藐三菩提心，六度萬行，成等正覺，而得涅槃。

三者，平等義。佛為增上慢人，說離婬怒癡為解脱耳；若無增上慢者，佛說婬怒癡即是解脱，此以不增談平等也。菩薩觀法，不見有法非菩提因，煩惱幻化，無處隱藏，無有聚集，法無二性，如煩惱性即菩提性，此以不二談平等也。又復諸法但有名字，無決定性，有二比丘犯律疑悔，阿闍世王大逆恐怖，為說眞相都已拔除，此以不定談平等也。物性平等，法爾本然，對治但遏流，平等乃清源也。得是平等，縱横自在，入不思議法門。不知平等，我見須彌，長夜淪迷，無有出期。塵沙瞖目，玉屑障視，等無有異。是故學佛，應知諸法差别，本無所有，徧一切一味。

四者，圓滿義。諸佛依二諦，為衆生說法，般若眞實義，瑜伽方便道，如車具兩輪，所謂因緣法，即空即假名，分别中有空，空中有分别，是則契中道也。此經三十二通達佛道以說俗，而如來種為汙下所生；

三十一不二法門以說真，而無表無示遂爾默然。此經演一切法，先破後陳：先破以詮真，後陳以詮俗。先破來相見相，而後陳其問疾辨論。先破牀座，而後陳其須彌燈王八萬四千由旬師子之座。先破雜食，而後陳其香積法食。先破沒生，而後陳其妙喜之沒、堪忍之生。此經演盡無盡法，不住無為契世俗諦，不盡有為契第一義諦，此其所謂圓滿中道義也。是故學佛，應以龍樹、無著並為一談，爭相爭空，為不解事。

五者，大悲為人義。菩薩觀於眾生，如幻如化，如空中鳥跡，而眾生自不謂然，執是實有，菩薩因此而起大悲。大悲切至，譬如一子，子病母病；如是眾生有病，菩薩亦病。作大醫王，多方療治，於是有為人之學，建立以為大乘。生心動念，舉足下足，皆是眾生；六度三學，四梵五明，皆為眾生；毫髮善根，回向實際，回向菩提，而皆回向眾生。眾生有苦，我代其受；眾生有虧，我給其求。為眾生故，十王大業，入生死海；為眾生故，示行煩惱，長劫闡提；為眾生故，遊於十方，隨機度化。若問菩提，久稽一切智智；若談解脫，發趣大般涅槃；此豈悲心微薄，但自清淨之所樂為者哉？大悲所激奮者然也，故曰大悲為根本也。然佛世尊是菩薩成，非聲聞得。是故學佛，須觀滄海，莫貪牛跡；應圖烈日，勿務螢光。

六者，破執義：對破，壞破，雙徵破，實事破。何謂對破？在家發心，即是出家；觀罪性空，即是奉律；道法而現凡夫事，即是宴座；離緣捨見，即是智慧。又復陰無所起，即是苦；究竟無有，即是空；於我無我不二，即是無我；本無所滅，即是寂滅。何謂壞破？以五逆相解脫，墮六師所墮，同惑離淨，謗毀三寶，不到彼岸，終不滅度。何謂雙徵破？受記為過去耶、未來耶、現在耶？為如生耶、為如滅耶？天眼所見，為作相耶、無作相耶？何謂實事破？華著比丘身，移比丘以女身，施比丘以魔女。惟執之者憑空膠固，遂破之者險誕離奇，純任精神，羌無跡象。若能不驚、不怖、不畏，而執破矣！世有眾生，然後有佛；眾生有執，然後有法；岸到筏銷，執破法捨，直下本來，有何事哉！是故學佛，須知有八萬四千煩惱，乃有八萬四千法門，釋迦四十九年，何嘗說於一字？

七者，苦切義。有苦切之言，有苦切之事。云何苦切之言？猨猴跳梁，種種制御，然後馴習，象馬懭悷，楚毒徹骨，然後調伏；剛强難化眾生，苦切之言，然後入律。是故教言是三塗八難，是十惡六蔽，是礙無礙、罪無罪、漏無漏，如是種種等。云何苦切之事？難行苦行，須過量精神，然此精神，非安平有，而逼迫有。不可思議解脫菩薩，或作雪山夜叉，為說半偈，須食熱血，逼而出之，令行堅固；或作乞者，從乞頭目髓腦、妻子城邑，逼而出之，令行堅固。蓋四攝之愛語、同事，先以欲鉤牽也，此經之苦切語、苦切事者，後置之於道也。是故學佛，須知是大丈夫事，非愛人以姑息，不謂菩薩行非人情。

八者，佛事無定義。此方教體，文字語言；他方佛刹，則不儘然。或以光明；或以化人；或以菩提樹；或以佛衣服臥具、園林臺觀及以佛身相好、虛空而作佛事；又或以夢幻影響、鏡像水月而作佛事；又或以淨土寂淨，無說無示、無作無為而作佛事。而於此方教外別傳，亦復拈華豎指，瞬目揚眉，顧鑒而咦，正不獨維摩香飯為非常可怪事、惟一僅有之佛事也。諸佛威儀，無非佛事，即八萬四千煩惱，佛亦以此而作佛事。是故學佛，須是直探龍驪，觸處皆能悟入。

九者，遊諸佛刹義。維摩從妙喜沒而來生此，文殊游於無量阿僧祇國，蓋是大士事佛，意生化身，來往自如，與輪回異。若夫維摩入定，令所化人自識宿命，殖眾德本，即時豁然，還得本心，則是分段生死，喪其憶力，入輪迴趣。夫命終蛻脫，依一微塵，為中有身，緣至入胎，獨入不迷，是生天趣；入住不迷，聲聞生世；惟夫大乘，入住出三，畢竟朗然；惟夫凡夫，入住出三，畢竟迷悶。昧其實歷之本事，而憑臆妄之推測，撥無三世充塞仁義，至可哀已！夫業取習氣，異熟相續，理至切也，習氣所嗜，各從其類，勢至順也。吉乘人天，凶入三塗，殘忍自虎，盜竊化鼠，乖氣所兆，人死為羊，和氣發生，羊死為人，皆其自嗜，又何怪哉？是故學佛，不可有常見，不可有斷見，充人之量，窮天地，亙萬古，未有其極，而以數十寒暑自拘哉？

十者，居士說法義。諸佛立法，視機深淺，初無一定。有以菩薩為僧，有以聲聞為僧，有以菩薩、聲聞雜而為僧。釋迦於此土以聲聞為僧，文殊、彌勒入聲聞僧中次第而坐。而於一燈明國，但有菩薩僧，無聲聞僧。若夫說法，則夜叉、羅刹，且得敷坐，授一四句偈。末世無知，乃倡讏言：居士非僧類，無師範，不可說法，遂使大道唯屬聲聞，佛廣流通而故縮塞，豈不悲哉！《維摩詰所說經》，與佛說某經某經，名稱一致，但理不誣，世尊佛弟子等，四眾等，有何別哉？是故學佛，要會其通，不可僻執，局於形跡。

上來十義，略談常識，昧茲常識，或為無慧，恇罔迷盲，傾倒神祕，不通一隙；或為邪慧，宇宙人生，世見陷阱，正見不生。長夜漫漫，何時旦歟？若能熟讀此經，常識自足，而後深入諸門，讀《大般若經》入般若門，讀《華嚴經》入普賢門，讀《楞伽》、《深密》諸經入瑜伽門，讀《大涅槃經》入涅槃門，然後融會貫通，知釋迦一代大乘之教。

贈友《藏要》

啟者:

智超三有,悲徹萬靈,宇宙人生,學其所必須者,其唯佛典乎！擷葉梵於五天,譯師時出;湧思潮於六代,哲匠浸滋。顧瓊瑰盈庭,從無收拾。遂亂流四下,不得津涯,學者苦之。竊以為整理之道,厥有三端:

第一,學忌淩蕪,應本西竺論說,編成一系。

第二,法有眞面,應將異文異譯,刊定一尊。

第三,讀有方便,應將凡書文義,提要鉤玄。

循茲三事,訂為一書,名曰《藏要》。至德要道之所在也。分為三輯,輯數十種。茲其一種,敬奉臺端。伏願賜以南針,指其紕繆,婆心所至,法味斯腴。並懇珠玉,隨同發九天之咳唾,遂使琳琅普雨,充十界之饑虛。

佛法非宗教非哲學而為今時所必需

今日承貴會要請,來此與諸位講演佛法,此是鄙人最願意事。但是鄙人沒有學問,今日只將我對於佛法一點意思說出,與大家共同研究而已。

今日講演題目是:“佛法非宗教非哲學而為今時所必需”,內中意義向後再說,先將佛法名詞解釋一過。

何謂佛?何謂法?何謂佛法?按:佛家有所謂三寶者:一,佛寶,二,法寶,三,僧寶。佛寶指人,法寶指事,僧者眾多弟子義。寶者,有用、有益之義,言此三者能利益有情,故稱為寶。已得無上正等菩提的人,是稱為佛。法則範圍最廣,凡一切真假事理,有為、無為,都包在內。但包含既如此其廣,豈不有散亂無章之弊耶?不然。此法是指瑜伽所得的。瑜伽者,相應義,以其於事於理,如如相應,不增不減、恰到好處,故稱為法。此法為正覺者之所證,此法為求覺者之所依,所以稱為佛法。

宗教、哲學二字,原系西洋名詞,譯過中國來,勉強比附在佛法上面。但彼二者、意義既各殊,範圍又極隘,如何能包含得此最廣大的佛法?正名定辭,所以宗教、哲學二名都用不著,佛法就是佛法,佛法就稱佛法。

次,言義。云何說佛法非宗教耶?

答:世界所有宗教,其內容必具四個條件,而佛法都與之相反,故說佛法非宗教。何者為四?

第一,凡宗教皆崇仰一神或多數神,及其開創彼教之教主,此之神與教主,號為神聖不可侵犯,而有無上威權,能主宰賞罰一切人物,人但當依賴他。而佛法則否。昔者佛入涅槃時,以四依教弟子。所謂四依者:一者,依法不依人;二者,依義不依語;三者,依了義經不依不了義經;四者,依智不依識。所謂依法不依人者,即是但當依持正法,苟於法不合,則雖是佛,亦在所不從。禪宗祖師,"於天上地下,唯我獨尊"語,而云:"我若見時,一棒打死與狗子吃。"心、佛、眾生,三無差別,即心即佛,非心非佛。前之諸佛,但為吾之導師、善友,絕無所謂權威賞罰之可言。是故,在宗教則不免屈抑人之個性,增長人之惰性,而在佛法中絕無有此。至於神、我、梵天種種謬談,則更早已破斥之,為人所共悉,此即不贅。

第二,凡一種宗教,必有其所守之聖經,此之聖經,但當信從,不許討論,一以自固其教義,一以把持人之信心。而在佛法則又異此。曾言依義不依語、依了義經不依不了義經,即是其證。今且先解此二句名詞。實有其事曰義,但有言說曰語,無義之語是為虛語,故不依之。了有二解:一,明了為了;二,了盡為了。不了義經者,權語、略語;了義經者,實語、盡語。不必凡是佛說皆可執為究竟語,是故盲從者非之,善簡擇而從其勝者,佛所讚歎也。其容人思想之自由者如此。但於此有人問曰:佛法既不同於宗教,云何復有聖言量?答:所謂聖言量者,非如綸音詔旨更不容人討論,蓋是已經證論,眾所公認、共許之語耳。譬如幾何中之定義公理,直角必為九十度,過之為鈍角,不及為銳角;兩邊等,兩角必等之類,事具如是,更又何必討論耶!此而不信,則數理沒從證明。又,聖言量者,即因明中之因喻。因明定法,是用其先已成立共許之因喻,比而成其未成將立之宗。此而不信,則因明之學亦無從講起。要之,因明者,固純以科學證實之方法以立理破邪,其精實遠非今之論理學所及,固不必懼其迷信也。

三者,凡一宗教家,必有其必守之信條與必守之戒約,信條戒約即其立教之根本,此而若犯,其教乃不成。其在佛法則又異此。佛法者,有其究竟唯一之目的,而他皆此之方便。所謂究竟目的者,大菩提是。何謂菩提?度諸眾生,共登正覺是也。正覺者,智慧也。智慧者,人人固有。但由二障,隱而不顯,一,煩惱障,二,所知障,此二障者,皆不寂淨,皆是擾攘昏蒙之相。故欲求智慧者,必先定其心,猶水澄清乃能照物耳。而欲水之定,必先止其鼓蕩此水者。故欲心之定,必先有於戒。戒者,禁其外擾,防其內奸,以期此心之不亂耳。然則,定以慧為目的,戒以定為目的;定者慧之方便,戒又方便之方便耳。是故,持戒者,菩提心為根本,而大乘菩薩利物濟生,則雖十重律儀,權行不犯,退菩提心則犯。此其規模廣闊,心量宏遠,固不同拘拘於繩墨尺寸之中以自苦為極者也。夫大乘固然,即在小乘,而亦有不出家、不剃發、不披袈裟而成阿羅漢者(見《俱舍論》)。佛法之根本有在,方便門多,率可知矣。

四者,凡宗教家類必有其宗教式之信仰。宗教式之信仰為何?純粹感情的服從,而不容一毫理性之批評者是也。佛法異此。無上聖智要由自證得來,是故依自力而不純仗他力。依人說話,三世佛冤,盲從迷信,是乃不可度者。《瑜伽師地論》:四力發心:自力、因力難退,他力、加行力易退,是也。然或謂曰:汝言佛法既不重信仰,何乃修持次第資糧位中,首列十信;五十一心所、十一善中,亦首列信數?答之曰:信有二種,一者愚人之盲從,一者智人之樂欲。前者是所鄙棄,後者是所尊崇。信有無上菩提,信有已得菩提之人,信自己與他人皆能得此菩提,此信圓滿、金剛不動,由斯因緣始入十信。此而不信,永劫沉淪。又,諸善心所,信為其首者,由信起欲,由欲精進,故能被甲加行,永無退轉。是乃丈夫勇往奮進之精神,吾人登峰造極之初基,與夫委己以依人者異也。

如上所言,一者崇卑而不平,一者平等無二致;一者思想極其錮陋,一者理性極其自由;一者拘苦而昧原,一者宏闊而眞證;一者屈懦以從人,一者勇往以從己。二者之辨,皎若白黑,而烏可以區區之宗教與佛法相提並論哉!

所謂佛法非哲學者,按:哲學之內容,大約有三,而佛法一一與之相反,故佛法非哲學。何者為三?

第一,哲學家唯一之要求在求眞理。所謂眞理者,執定必有一個甚麼東西為一切事物之究竟本質,及一切事物之所從來者是也。原來,哲學家心思比尋常聰明,要求比尋常刻切。尋常的人見了某物某事便執定以為某物某事,一例糊塗下去。譬如宗教家人說有上帝,這些庸人便承認以為有上帝,牧師教人崇拜耶穌,這些人便崇拜耶穌,一味盲從,更不思索,千百年來只是糊塗下去。自有哲學家以來,便不其然。你說有上帝,他便要問問上帝是個甚麼東西,眼可以看得見麼?耳可以聽得到麼?如謂世界人類都是上帝造的,上帝又是誰造的?上帝如果不待誰個造他,世界又何必要上帝造他?所以自從有了哲學,一切人便不肯一味糊塗了。哲學家在破除迷信一方面,本來是很對的,是可崇拜的。但是,他一方面能夠破除迷信,他果眞能不迷信麼?他能破人謬執,他果能不謬執麼?他天天求眞理,他果能求得到眞理麼?翻開一部西洋哲學史,中間大名鼎鼎的哲學家,如像破除有人格的上帝過後,便迷信一個無人格的上帝;破除獨神論過後,便迷執一種泛神論。不信唯物的便主張唯心,不信唯心的便主張唯事。笛加爾善於懷疑,於是便破壞世界一切事實,都以為非眞理,但隨即迷信一個我,以為我既能懷疑一切非眞,我便是眞。到了現在的羅素,便說他那個我能懷疑,我固是眞還靠不住。羅素既能破一切唯物唯心非眞理,然而隨又執定一切現像是眞。仔細想來,他那種現像是眞,與笛加爾的我是眞,有何分別呢?總而言之,西方一切哲學家對於世間一切事物,你猜過去我猜過來,紛紜擾攘,相非相謗,皆是執定實有一理。甲以為理在此,乙以為理在彼,別人誠都可破,自己卻不能有個不可破的學說服人。破一立一,不過增加人許多不正確的見解而已。

問者曰:如你說世間既無眞理,到底還有甚麼?如謂一切都無,則彼虛無主義、無世界、無人類,豈非是唯一獨尊的學說嗎?

答曰:虛無主義,克實亦只是一種妄見,如說眞理者一樣,但名辭不同耳。並且當知,此種見解為害更大。彼輩計一切都無,趨向斷滅,主張破壞與自殺,使人橫生邪見,思慮顛倒,行為悖亂,危於世界,蓋難盡言。諸君又當知,此種異說非但在現在的時候方有,從前印度亦復如是,所謂斷滅外道,所謂惡取空者皆是也。今復質問彼曰:如謂一切皆假,此假又何所從來?如謂一切都無,云何復有斷滅?且既一切無矣,何以你又起如是見,立如是論?又何以要懷疑?又何以要破壞?此種自語相違,自行矛盾,是為誕妄之極。但其立說膚淺,也可不必多辨了。

問者曰:你謂哲學家之眞理無有,又說眞理不可求,而又不許人計空計滅,然則你們到底說甚麼、作甚麼呢?

答曰:佛法但是破執,一無所執便是佛也。故佛之說法,不說眞理而說眞如。眞如者,如其法之量不增不減,不作擬議揣摩之謂。法如是,說亦如是,體則如其體,用則如其用,決不以一眞理範圍一切事物,亦不以眾多事物奔赴於一眞理。所謂在凡不減,在聖不增,當體即是,但須證得,凡物皆然,瞬息不離者也。夫當體即是,何待外求。如彼所計之眞理本來無有,但屬虛妄,則又何可求耶?有則不必求,無則不可求,故云不求眞理也。

問曰:如你所說,既云眞如即吾本體,不待外求,云何又為吾人所不知?且既當體即眞,物物不二矣,云何又有此虛妄耶?

答曰:茲先設一喻:諸君夜靜三更時,寢於创牀榻,忽生一夢,倏見山河、草木、宮室、樓台,更有人物,或親或怨,汝時感情激發,喜怒愛惡,或泣或歌,或欣或懼,及至醒時,了無一物。當汝夢中見山河人物時,汝能知其假否?當汝夢中喜怒悲懼時,汝能知汝妄否?然雖假、雖妄,而實不離心,如離汝心,汝又安能有夢?然又不可謂汝夢即是眞實。如謂汝夢即眞,醒時何以又知其顛倒不實?諸法眞如亦復如是。未至眞覺,終在夢中;既在夢中,虛妄顛倒,昏蔽纏心,云何得識眞如本性!然雖不識眞如本性,而此世閒種種,山河、大地、人禽、動植,一切喜怒哀懼,一切心行語言,要皆不離眞如本性。此雖不離眞如本性,而又非即眞實,及成佛果,大覺菩提,始知當時顛倒有如昨夢。然雖大覺,契證眞如,此覺此如,亦非從外而得,非從無忽有,仍亦即汝當日自體。是故,既不可以不識而撥無,又不可以執假以為實也。眞如自性,如是如是。

問曰:眞如既如所言,吾人又如何證得耶?

答曰:此閒有一句格言,聞者應深信受,即所謂"不用求眞,但須息妄"是也。夫本體既恒不失,自可不必徒勞,獨妄為眞障,是以當前不識,彼障既除,眞體自現。譬之人處夢中,亦能思慮察覺,然任汝若何推尋,終始總是夢中技倆;任汝推尋有獲,所得仍惟是夢。及一旦醒時,而昔之虛妄,不求知自有知;今之眞實,不求覺而自覺。故吾人眞欲了知眞實,惟當息此虛妄,跳出此虛妄之範圍耳。

雖然，所謂息妄者，非一朝一夕所能成功。吾人歷劫以來，種種顛倒煩惱種子，蒂固根深，豈能一期拔盡？園師藝園尚須時節，農人播穀且歷春秋，況欲跳此生死範圍，證得菩提碩果，而可不歷劫修持？但求速效，烏能濟也！故必境、行、果三，明了無蔽，由聞而思，由思而修，三大僧祇，始登究竟。若不明此，徒以少數功德，片刻時光，見彼無成，退然思返，且謂無效，墮人信心，此乃愚癡謬妄，可悲可痛者也。

復次，所謂息妄，亦非如伐木拔草，斬斫芟夷。應知依他起性，有相是空，空自不必除，有則不可除。但權衡審度，應識其機，用捨黜陟，唯辨其性，善者既伸，惡自無由，如秤兩頭，低昂時等。此中妙用，未可悉言，眞發心人，應自探討。

然又當知，夫妄亦何過？妄本無過，過生於執。譬如吾人開目則妄見山河人物，珠玉珍奇，此乃自識相分，妄而非實，不離自體。然眼識變現，任運起滅，都無執著，不生好惡，則雖此幻妄，抑又何害？唯彼俱時意識，尋思執著，認為實有，而曰："此實山河也，此實人物也，此實珠玉珍奇也。"又從而推究之曰："此實有山河種種者，必有其從來之眞理也。"持之而有故，言之而成理，執之而益深，遂為天下之害根。所謂"生於其心，害於其政，發於其政，害於其事者"是也。蓋由執生愛，由愛生取，與愛相違，復生於嗔。由此，好惡逞情，爭訟斯起，相殺相淫，相盜相欺，惡業輪迴，終古不已。夫果何過？過生於執耳。苟能不執，物物聽他本來，起滅任其幻化，都無好惡，取捨不生，身、語、意業，悉歸烏有，云何異熟招感，而起生死輪迴？迷苦永消，登彼大覺。是故，執破為佛，破執為法，非別有佛，非別有法。

二者，哲學之所探討即知識問題。所謂知識之起源，知識之效力，知識本質，認識論中種種主張，皆不出計度分別。佛法不然，前四依中說依智不依識。所謂識者，即吾人虛妄分別是也。所謂智者，智有二種：一者根本智，二者後得智。根本智者，親緣眞如，和合一味，平等平等，都無分別是也。後得智者，證眞如已，復變依他，與識相應，而緣俗諦以度群生是也。此後得智既緣一切，是故眞妄、虛實、五法、三自性、八識、二無我、世間、出世間，盡無不知，盡無不了。由斯建立法相學，由斯建立唯識學，由斯建立一切方便學。彼所謂認識論者，從彼之意俱可了達。如是設問知識之來源何如乎？則可答曰：有阿賴耶識含藏一切名言種子(具受熏持種之性，而非是種，但是持種)無始傳來，種(種子)現(現行)熏習；八、七、六、五，輾轉變現，能了能別，所謂知識由斯而起。彼不達此阿賴耶者，或謂知識出於先天，而先天為是甚麼？不了其體，何以示人？又或謂出於經驗者，經驗何以存而不失？又復何以無端發此經驗？此疑不解，何以取信。其為批評論者，則又不過調停兩是，捨百步之走，而取五十步之走而已。然彼二既是徒虛，更何長短可說？今既了達賴耶，一者，識有自種，為生識因緣，故不同於經驗論但執法塵。二者，諸識現行，復熏成種，復由此種，能生後識，故不同於先天論但執一常。種生於現，現生於種，八識因依，執持含藏，理實事眞，不復同彼調停兩可論但有言說。吾敢斷言之曰：若必談知識之本源，惟有佛法為能知也。

所謂知識之效力如何耶？在彼未達唯識者，則或以為吾人知識無所不了，是謂獨斷論；其或以吾人之知識了無足恃、一無所能者，是為懷疑論；其或以為吾人之知識實有範圍，越此範圍則在所不悉，是謂積極論。今唯識家言，俱異於彼。一者，眾生之識，各局其量，詳彼哲學家知識之範圍體性，不出唯識家所謂之率爾尋求決定之六識也。六識局於法塵，八識、七識之緣得著者，六識尚緣不著，況乎與淨識相應之四智之緣得著者，而謂六識能緣得著耶？恒河沙數世界外一滴之雨咸知頭數，而謂六識能知耶？故不同於獨斷論。二者，凡屬有情,皆具八識五十一心所,此心、心所,由見、相、自證、證自證四分成就。見緣相分,自證緣見,內二互緣,皆親所緣,皆現量得。雖或見分緣相有比有非,而自證緣彼亦屬現量,自證為見果,證自證為自證果,自證復為證自證果,而皆現量(柏格森直覺非現量,但是率爾尋求之獨頭意識)。是故無無窮過。是以,無染無淨,無比無非,一入自證,悉成眞實。七識執我雖為非量,然若疏緣我影,任緣第八,而不執八為我,以我為八,亦復無過(六識徧計同此)。過生於執,非生於緣,是故一切眞實,一切決定,以是理故,不同於懷疑論。彼積極論者,但為調停兩可,而此於彼一切俱非,是故不同於彼積極論。

所謂識之本質為何耶?彼未了達唯識者,或謂知識本質唯吾觀念,或謂知識本質存於實在之物體,或謂非心非物但現象耳。了達唯識義者,始知凡識四分合成:一者,見,謂能識。二者,相,謂所識。三者,自證,此見、相二分皆依自證而起,此自證分是稱自體,此體若無,便無相、見,亦無量果。四者、證自證,此證自證分復為自證分之量果,而復以彼以為量果,俱如前說。如謂無相則無所緣,既無所緣即不成識,非於龜毛而生識故,是故不同於觀念論。如謂無見則無能緣,亦不成識,非彼虛空亦能了故,是故不同於實在論。如無自證即無相、見,相、見俱無即不成識,非無蝸頭起二角故,假依實有,現象依自體有,是故不同於彼現象論。從上說來,所謂知識問題,在彼則謬妄重重,乖舛莫定,在此則如實正智,金剛不搖。如何佛法同彼哲學?今之哲學非特不知知識之來源、效力、本質而已,即曰彼知,亦只是知散亂意識之一部分耳,識量之廣大,彼俱不知也。

問:人有此知識,止知有此知識可耳,更求識量之廣大,有何必要耶?

答:即此知識,不能孤起,相繫相成,不能獨立,故有求識量廣大之必要。知識之本體名自性,自性之起必有所依,此依名根。自性依根而起矣!起必有所及,此及名塵。一識之起必有其伴,此伴名心所。自性、所依、所及、所伴四者合,而識起之事得矣。然此識起亦非徒然而起,起必有所為,此所為名作業。必有此五事,而後知識之事始畢。此事雖畢,經數十年後復能記憶之,則必有攝藏此事者為之攝藏,此攝藏名八識。知識自性名六識,與知識同起之眼耳鼻舌身識名五識。五識有依根,六識亦有依根,名七識。此其識量之廣如是,而俱與知識有密切關係,知識不能離是而獨立也。是故獨隘一知識而求知識之來源、效力、本質,決不能得其眞相也。是故,哲學者無結果之學也(上來說理稍近專門,如欲求精詳,當研唯識)。

三者,哲學家之所探討為對於宇宙之說明,在昔則有唯心、唯物,一元、二元論,後復有原子、電子論;在今科學進步,相對論出,始知宇宙非實物,不但昔者玄學家之唯心論、一元論無存在之理由,即物質實在論亦復難以成立。今之科學之所要求者唯方程式耳,世界之所實有者惟一項一項的事情,非一件一件的物質也。羅素之徒承風而起,由是分析物、分析心,物析而心,心析而物,但有現象不見本體。夫既無本體,現象復何由而生?且既執現象實有,亦是離識有境。此種論說,以較西方舊日,誠見高明,以彼西方學說,舊無根柢,而科學勃興於二三百年間能有此成功,亦良足欽佩。然佛法之言,猶異夫此。茲以唯識之義略為解釋於後。唯識家但說唯識,不言宇宙。心即識也,色亦識也。譬如於眼,能見於色是為眼識,此色非離眼識、實有,以離識不起故。相分不離自證,亦猶見分不離自證,是故色非實有,但有眼識。聲香味觸法,亦復如是。一切色法,但為識之相分。山河大地亦有本質,而此本質即為八識相分。故曰三界唯心、萬法唯識。故宇宙離識非是實有。

復次，又當知此識亦即是妄，都無自性。何者？仗因托緣，方得起故。譬如眼識生時，非自然生，待因緣合，其數為九：一者根，二者境，三者作意，四者空，五者明，六者分別依六識，七者染淨依七識，八者根本依八識，九者識自種子。如是，耳識生時，因緣必八，鼻舌身識因緣需七，六識需五，七識需五，八識需四。既有所仗托和合而起，故非實有，但如幻耳。既無主宰，亦非自然，是為依他起性。

復次，又應當知此因緣，有亦不常。何者？以其頓生頓滅，刹那不停故。蓋識之生，眾緣既合，種起現行，現行起時，復熏成種，才生即滅，現謝滅已，種復生現，現又熏種，種又生現。如是刹那刹那，相續前後，於現生時，山河大地歷歷在目，生已即滅，又復寂然。是故，吾人一日半日中，已不知歷盡許多新天地矣。

或曰：既云頓生頓滅，何以吾人目視山河，但見其生，未見其滅？但見其有，不見其無？曰：此無可疑，譬如電影，以彼電力迅速，遂乃見彼影像確然，前後始終宛如為一，而不知彼數分種之閒，頓滅頓生，舊去新來，已易百千底片矣。宇宙幻妄，頓滅頓生，亦復如是。

復次，此雖幻有，而即是識。識雖起滅無恒，而種子功能永無消滅。但有隱顯之殊，絕無生滅之事，既無有始，亦無有終。是故，不同彼現象論者謂無心有事，從無忽有；又不同彼斷滅論者，有已忽滅。雖則頓起頓滅，而實不生不滅。

復次，當知一人八識，各有相、見，是故山河大地有情各變，而非多情共一山河大地。以俗語表之，即人各一宇宙是也。雖同居共處，而亙始亙終彼此不能相離。彼不能越出彼之宇宙，而攙雜此之宇宙；此亦不能越出此之宇宙，攙雜彼之宇宙。是故，對語一室，而天地各殊；同寢一榻，而枕衾各異。此中妙理，更復難言。或曰：既云彼此之天地各殊，何以復能共處一室而不相礙？又，有情所變既異，云何復能共證一物耶？答：此亦設一喻，譬如燈光，於一室中燃彼多燈，一一燈光都非相礙，一一燈光都能照室。有情變相亦復如是，業力既同，處所無異，所變相似，不相障礙，如眾燈明，各徧似一，光光相網，胡為相礙！業力既同，處所既一，故所緣雖別，亦互證而知。雖互證知，而實各證所知，非共證一知也。何者？以業力異者，雖同一處所證別故。如無病人與有病者共嘗一味，甘苦各別，由此故知境非實有，唯有心耳。

復次，既知心外無境，大地山河與吾為一，由此當悟吾人之身非復局於七尺之軀，吾人之心量廣闊，如同法界，徧於虛空。自從虛妄分別，徧計固執，遂乃把握七尺臭皮以為自我，自此之外別為他物。愛憎劫奪，橫起狂興，歷劫沉淪，永無超拔，棄舍瀛渤，認取浮漚。是故，"佛告文殊：善男子，一切眾生，從無始來，種種顛倒，猶如迷人，四方易處，妄認四大為自身相，六塵緣影為自心相。譬彼病目，見空中華，及第二月。善男子，空實無華，病者妄執，吾等眾生，無始時來，長處夢中，沉屙莫治，今當發無上菩提之心，息此一切虛妄，復吾本性，識取自身，是為丈夫唯一大事。"

總而言之，彼諸哲學家者所見所知，於地不過此世界，於時不過數十年間，不求多聞，故隘其量，故扃其慧。若夫佛法，則異乎此。彼諸佛菩薩，自發起無上菩提心、廣大心、無邊心以來，其時則以一阿僧祇劫明決此事，二劫見之，三劫修滿而證之，然後隨身現化，普度有情，以彼真知，覺諸後起。其說為三世諸佛所共證而莫或異，其地則自一世界至無量無邊世界而不可離。舍此不信，徒自暴絕，以螢火之光當日月之明，高下之辨不待言矣。

問者曰：如汝所云，類為常情所難了，亦為世理所未經。汝斥宗教為迷信，汝言得亦非迷信耶？

答曰:佛法之於宗教,其異既如上言,此即不辨。至佛法,亦有難信難解者,雖然,稍安勿躁。世間難信難解之事理亦衆也,然勿謂其難信而遽斥其迷焉。譬如,物質實在,此亦常人之恒情也,然在羅素等,則謂無有物質,只有事情,吾人遽可以常理而斥彼迷信乎?又如萬有引力之定律,二百年來人所不敢否認者也,自安斯坦相對律出,而彼萬有引力之定律乃失其尊嚴,吾人遽可以舊日之見,而斥安斯坦之迷信耶?抑又如任何三角形,三角之和必等於二直角,此亦自希臘以來人所公認之定理也,然近日新幾何出,復云三角之和有大於二直角者,亦有小於二直角者,吾人又安可以常情而斥其為迷信耶?以一指翻動太平洋全體,人必曰此妄人也,此妄語也,然事有誠然,如將入此一指於太平洋中,其近指之水必排動其鄰近之容積而後能納之,此鄰近又必排其鄰近,則雖謂太平洋全體翻動亦可也。牽一發而全身動,故必知三阿僧祇劫,然後知此一刹那也;故必知無量無邊世界,而後知此一世界也。是故,人智原有高下之不齊,而斷不可用常情以度高明之所知。彼科學家、哲學家與吾人同處夢中者耳,智慮不齊,尚不可以常情測,佛與衆生一覺一夢,則又烏可以夢中人之知解,而妄測大覺者之眞證耶!如眞欲斥佛法之迷妄者,亦非不可,但必先讀其書,先達其旨,而後始可從事。苟於彼之書尚未曾讀,或尚未能讀,而動以逸出常情相非難,且將見笑於科學家矣,於佛法奚損毫髮耶!

(以上言佛法與宗教哲學之異既盡)

恩洋按,上來所談,妙味重重,俱達問題深處。洋六月自北大來謁吾師,朝夕侍側,渥聞勝義,玄音一演,蒙妄頓消。始知昔日所治哲學,種種迷執,有同說夢,安身立命,別有在也。晨鐘木鐸,更焉求之。由是踴躍,愛莫忍去。今以記錄之便,備以平日所聞,具列如上,以餉好學。嗟乎!同志盍其歸哉!

此篇系歐陽竟無先生在南京高等師範學校哲學研究會講演。由其弟子王君恩洋筆記。當時講題,系“佛法非宗教非哲學而為今時所必需”。因限於時間,未畢其半。“佛法為今時所必需”一段,系王君恩洋續成。附錄篇後。

附:佛法為今時所必需

王恩洋

云何謂佛法為今日所必需耶?答此問題,先需聲明幾句話。便是一切有情,但有覺、迷兩途,出迷還覺,捨佛法別無二道,是故欲出迷途,必由佛法。佛法者,非今日始需,非現在始需,又非特中國人始需,又非特人類始需。佛告須菩提:“諸菩薩摩訶薩,應如是降伏其心,所有一切眾生之類,若卵生、若胎生、若濕生、若化生、若有色、若無色、若有想、若無想、若非有想非無想,我皆令入無餘涅槃而滅度之。”偏極大千沙界,窮極過、現、未來,一切一切,無量無邊,皆佛法之所當覆,皆菩薩之所當度者。而於時間則分現在,於空間則分中國,於眾生則分人類。而曰人類當學佛法,中國人必需佛法,現在當宏佛法,若是捨棄菩薩大願,是為謗佛法,非宏佛法也。然而,謂佛法為今日所必需者,謂夫時危勢急,於今為極,迫不及待,不可稍緩之謂耳。

所以者何?答曰:縱觀千古,橫察大地,今日非紛亂危急之秋乎?強淩弱,眾暴寡,武力專橫,金錢驕縱,殺人動以千萬計,滅國動以數十計,陰慘橫裂,禍亂極矣。雖然,此猶非所最痛,亦非所最危。所謂最痛最危者,則人心失其所信,竟無安身立命之方,異說肆其紛披,竟無蕩蕩平平之路。莊生有云:哀莫大於心死,而身死次之。心既失其所信,而無可適從,於是言語莫知所出,手足不知所措,行為不知所向。潦倒終古,醒痗一生,如是而生,生曷如死!且夫人心不能無所用,不信於正則信於邪;人身不能無所動,不動於道則動於暴。如是,則盜竊奸詭,何惡不作矣!

然則,今日世界之亂,特其果耳;今日人心之亂,乃其因也。蓋彼西歐,自希臘、羅馬之末,國勢危惴,學說陵夷,於是北方蠻族,劫其主權,復有猶太、耶教,劫其思想,千餘年間,是稱黑暗時代。然人心不能久蔽而不顯,思想不能久屈而不伸。爰有哲學家破上帝造物之說,除迷信,研形而上學,而一元、二元之論,唯心、唯物之談,紛紜雜出;嗣有科學家,研物質學,創造極多,而利用厚生、日用飲食之事,於茲大備。二者之間,科學盛行。持實驗主義者,既不迷信宗教,亦不空談玄學,以為人生不可一日離者,衣食住也,要當利用天然,以益人事,本科學之方法,謀人類之幸福耳。夫利用厚生,亦何可少?人類一日未離世間,一切有情,皆依食住,是故科學家言,甚盛行也。

雖然,人心不能無思,所思不能以此衣食住為限;人心必有所欲,所欲不必唯在物質之中。而欲人之盡棄哲學妙理而不談,而不思,而不欲,此大不可能之事也。又況唯是主張人生,於生從何來,歿從何去,一切不問,但以數十年寒暑之安樂為滿足,其或有鄙棄此數十年之寒暑為不足,而更思其永久者,則又將奈何?又況科學進步,物質實在之論既已不真,彼蓋安斯坦輩之所要求者,唯一方程式耳,羅素輩目中所見之物非物也,所見之人非人也,一件一件的事情,由論理學而組織之耳。由此以談,則所謂人者何?一方程式耳;物質者何?現象之結合耳。如是,一切虛幻,除虛幻更無有實。是人生之價值既已完全取消，又何必勞勞終日，苦心焦思，以事創造，以事進取耶？

是故，今之哲學家言，科學家言，大勢所趨，必歸於懷疑論。然於此際有異軍起，一切哲學理智及科學方法、論理學概念、觀念廢而不用，以為此皆不足以求眞，皆不足創造，而別有主張，號為直覺，謂此直覺但事內省，便可以得一切眞，見一切實，便可以創造進步，使生命綿延於無窮，則所謂伯格森者是也。平心論之，人類之行為豈果出於理智？一舉一動而必問其所以然，而必推其結果，則天地雖大，實無所措其手足矣。是故，為行為之動力者，純屬感情，則欲事創造生活，良以直覺為當。雖羅素主張理性，而於行為則認衝動為本，故欲生命之綿延，柏氏主張誠非無見。又科學之組織，純以概念、觀念為具，以方程為准。概念也，方程式也，皆名言也，皆假說也。名言所得，唯是名言；假說所得，唯是假說。欲求本體，親證眞實，愈趨愈遠。是故，柏氏之反對科學，亦非無故。雖然，彼所主張之直覺，遂至當乎？遂無弊乎？當知吾人同在夢中，於此夢中，一切之意志、感情、知識均不可恃，則彼直覺亦胡可恃？蓋雜染種子，紛措混淆，隨緣執我，所得常為非量故也。直覺之說非至當也，而彼主張理性、主張科學者，又即以修正此情感衝動之錯誤為其理由。故羅素反對柏格森曰："文明人都有理智，野蠻人反之；人類都用理智，動物反之。如尚談直覺，則請回到山林中可也。"以吾觀之，使今人准柏氏之道而行之，棄科學規律而不用，盲參瞎證，取捨任情，其不流入武斷派者鮮也。是故今日哲學界之大勢，一面為羅素之現象論，一面為柏氏之直覺論，由前之勢必走入懷疑，由後之道必走入獨斷。平心而論，羅氏、柏氏果非昔日之懷疑派、獨斷派乎？不過科學進步，其所憑藉以懷疑、獨斷者根據既厚，以視昔之懷疑、獨斷者為有進步焉耳。然在昔懷疑、獨斷風行一世之日，又豈非持之有故，言之成理，而莫可奪者？後之視今，亦猶今之視昔,二者之辨,相差何能以過也。

抑又以理推之,今後之哲學當何如耶?吾意繼羅、柏而起者,必有風行一世之虛無破壞斷滅派。何者?西方哲學於相反兩家學說之後,必有一調和派出現。而二氏之學,果有調和之餘地乎?以吾觀之,於善的一面部無調和之餘地,於壞的方面,則融洽乃至易也。何者?由羅氏之推論,歸於一切皆虛,然懷疑至極,終難捨我。要知我執至深,隨情即發,縱理論若何深刻,此我終不能化,羅氏既於哲理一面破壞所謂人之實在也,然而仍復主張改造,主張進化,我既虛偽,改造奚為?故知其非眞能忘我也。由我見之存,則柏氏直覺之說即可乘機而入。其必曰:"一切皆假,唯我是實,但憑直覺,無為不可。"以羅氏之理論,加入柏氏之方法,自茲而後,由懷疑而武斷,由武斷復懷疑。於外物則一切皆非,於自我則一切皆是。又復加以科學發達以來,工業進步,一面殺人之具既精,一面貧富之差日遠,由茲怨毒潛伏,苦多樂少,抑鬱憤慨之氣,充塞人心,社會人群既無可聊生,從而主張破壞,主張斷滅,機勢既順,奔壑朝東。是故吾謂二氏之後,必有風行一時之虛無破壞斷滅派出世也。

諸君!諸君!此時非遠,現已預見其倪,邪思而橫議,橫議而狂行,破壞家庭,破壞國家,破壞社會,破壞世界,獸性橫流,天性將絕,乃至父子無親,兄弟相仇,夫婦則獸合而禽離,朋友則利交而貨賣。當斯時也,不但諸佛正法滯礙不行,即堯舜周孔所持之世法亦滅亡淨盡,人間地獄,天地鐵圍,危乎悲哉!吾人又當思之,宗教果無死灰復燃之日乎?吾意當彼支離滅裂之際,人心危脆,必有天魔者出,左手持經,右手持劍,如謨罕默德之徒,芟夷斬伐,聚殲無辜;又必有若秦始皇坑焚之舉,今古文獻,蕩滅無餘,以行其崇奉一尊之信仰。何者?狂醉之思想,非宗教固不足以一之;紛亂之社會,非武力固不足以平之;而脆薄弱喪之人心,又至易以暴力、宗教懾服之也。若是,則全球盡為宗教、暴力所壓服,而人類黑暗之時代復至矣。羅素在北京末次講演告我國人曰:"中國人切莫要單靠西方文明,依樣模仿的移植過來。諸君要知,西方文明到現在已經走入末路了。近幾十年來,引入戰爭一天甚似一天,到得將來也許被他文明所引出的戰爭,將他那文明摧滅了。"此語之發,非無故也。吾人今日而不急起直追,破人類一切疑,解人類一切惑,除宗教上一切迷信,而與人類以正信;辟哲學上一切妄見,而與人類以正見,使人心有依,而塞未來之患,是即吾人之罪,遺子孫以無窮之大禍矣。諸君諸君,心其忍乎!

方今時勢之急,既有若此,然而求諸近代學說能有挽此狂瀾,預防大禍者,縱眼四顧,除佛法曾無有二。蓋佛法者,眞能除宗教上一切迷信,而與人以正信者也;佛法者,眞能除哲學上一切邪見,而與人以正見者也。何以故?宗教家之信仰唯依乎人,佛法則唯依於法;宗教以上帝為萬能,佛法則以自心為萬能;宗教以宇宙由上帝所造,佛法則三界唯心、萬法唯識,山河大地與我一體,自識變現非有主宰;宗教於彼教主視為至高無上,而佛法則種姓親因唯屬自我,諸佛菩薩譬如良友但為增上。又當知:即心即佛,即心即法,心佛衆生平等無二,從此則依賴之心去,而勇猛之志堅矣。抑又當知:彼諸宗教唯以天堂為極樂,以自了為究竟,實亦不能究竟;而佛法者,發大菩提心,發大悲心,自未得度而先度他,三大僧祇皆為度衆。是故,菩薩不舍衆生不出世間,寧自入地獄而不願衆生無間受苦。然則,佛法與宗教之異,非特眞妄有殊,抑亦公私廣狹、博大卑陋永異矣!

復言佛法與哲學異。哲學家所言之眞理乃屬虛妄,佛法言眞如乃純親證;哲學家求眞理不得便撥無眞實,佛法則當體即是更不待外求;哲學之言認識但知六識,佛法則八識五十一心所無不洞了;哲學家惟由六識計度,佛法則以正智親知;哲學家不走絕端則模糊兩是,佛法則如如相應,眞實不虛;哲學家於宇宙則隔之為二,佛法則與我為一;哲學家則迷離而不知其所以然,佛法則親親切切起滅轉變一唯由我。以是之故,哲學家不走入懷疑而一切迷妄,則走入武斷而一切固執;佛法則眞眞實實,是是非非,有則說有,依他幻有、圓成實有故;無則說無,徧計俱空故。由是,一切諸法,非有非無,亦有亦無,實有實無,不增不減,不迷不執,遠離二邊,契會中道。由上之故,一切哲學唯是說夢,於人事既無所關,於眾生且極危險,懷疑武斷易入邪見故。入邪見者,執斷執常,計有計無。計無之禍其害尤烈。何以故?一切虛幻都無所有,善既無功,惡亦無報,更何為而修習功德?更何為而濟度眾生?由彼之言,必至任情取奪,異見橫生,破壞一切世間、出世間善法故。而在佛法則異乎此,所謂依他如幻,以因緣生故;如幻有相,相復有體,即眞如故。所謂一切唯識,但遮外境,而不遮識。當知一切有情,皆有八識、五十一心所,無始以來與我光光相網,俱徧法界,必發大悲大願之心,與之同出苦海,不似計滅者,竟至忘情背恩入險薄故。又當知,依他起性如幻起滅,而眞如體如如不動,不增不減,無生滅故,現識雖復時起時滅,而八識持種,永無壞故。由斯過去、現在、未來恒河沙劫,永非無有,以是因緣,當勤修學,自利利他,善惡果報,毫髮不爽故。故哲學為危險之論,佛法為眞實之談,取捨從違,理斯准矣。

諸君應知:吾言佛法非宗教非哲學,非於佛法有所私,非於彼二有所惡也。當知一切宗教家、哲學家皆吾兄弟,彼有信仰之誠,是吾所敬;彼有求眞之心,尤吾所愛;惟彼不得其道,不知其方,是用痛心,欲其歸正。又應當知:佛法陵夷,於今為極,諸信佛法者流,不同二乘之顓愚,則同外道之橫議,坦坦大道,荊棘叢生。自近日西化東來,乃復依稀比附，或以擬彼宗教而類我佛於耶穌，或以擬彼哲學而類三藏於外道，婢膝奴顔，苟且圖活，此非所以宏佛法，是乃所以謗三寶也。諸君應知：天地在吾掌握，吾豈肯受宗教之束縛？萬法具吾一心，吾豈甘隨哲學而昏迷？一切有情，但有覺、迷兩途，世間哪有宗教、哲學二物！當知我佛以三十二種大悲而出於世，三十二種大悲者，即悲衆生起一切執，生一切見耳。一切見中，差別有五：一，我我所見；二，斷常見；三，邪見；四，見取；五，戒禁取。見取者何？謂於諸見及所依藴，執為最勝，一切鬥諍所依為業。戒禁取者何？謂於隨順諸見戒禁及所依藴，能得清淨，無利勤苦所依為業。所謂哲學，即是見取，一切鬥諍之所由興故。所謂宗教，即戒禁取，一切無利勤苦所由起故。是二取者，佛法之所當辟，而何復比附依違之也？

或復難曰：佛法誠高矣！廣矣！雖然，當今之世有强權而無公理，使人皆學佛，則國不亡、種不滅乎？又況乎佛法以出世為歸，以厭世為始，一切都是消極主義，於人類之生存，世道之混亂，有何關乎？

答曰：凡此之難，如前所言，俱可解答。彼輩之惑，蓋一則以宗教例佛法，一則以二乘目大乘故耳。今復總答此問，一者，當知佛法根本乃菩提大願，二者，當知佛法方便多門不拘形式，三者，當知學佛要歷長劫。菩提大願者，求正覺而不求寂滅故，衆生不成佛，我誓不成佛故，由此大願以為根本，曰定曰戒，皆其方便。所謂方便多門不拘形式者，佛度衆生，其徒有四，曰比丘、比丘尼、優婆塞、優婆夷，在家出家俱無礙故。佛有三乘，曰人天乘、曰小乘（中分二：聲聞，獨覺），曰大乘，種姓不定，應機說法故。佛法制戒，有大乘律，有小乘律，大乘持戒，菩提以為根本，是以經權互用，利物濟生，犯而不犯故。所謂學佛要歷長劫者，佛由一切智智成，一切智智由大悲起，大悲由不舍衆生起，自未得度而先度人者，菩薩發心，衆生成佛，菩薩成佛，菩薩以他為自故,他度為自度故。以是因緣,菩薩不厭生死,不住涅槃,歷劫修行,俱在世間,化度愈宏,種姓斯生,馴而不已,即成正覺。而三身化度,窮未來際,是故佛不出世,佛不厭世,佛法非消極,佛法非退屈。治世禦侮,濟亂持危,亦菩薩之所有事也。總之,佛法之始,唯在正信,唯在正見,唯在正行;佛法之終,唯在正覺。然則,根本決定,金剛不搖,外此則隨時方便,豈執一也。然則,種種危懼,皆屬妄情,一切狐疑,非達佛旨。

如上所明,於佛法要義略示端倪,如欲求精詳,當專研經論。諸君諸君,今何世乎？眾生迷妄,大亂迫前,我不拔度,而誰拔度！又復當知,我佛大悲,說法良苦,諸大菩薩,慘澹經營。我國先哲,隋唐諸彥,傳譯纂記,垂統綦勞;宋明以來,大道微矣,奘師、窺師之學,唯識、法相之義,若浮若沉,幾同絕響。是則,賢聖精神,擲諸虛牝,大道橐籥,漫無迪人。譬諸一家,其父析薪,其子弗克負荷。既內疚於神明,徒虛生於宇宙。誰有智者,而不奮然以正法之宏揚為己任,以眾生之危苦而疚心？先業中興,慧輪重耀,勃乎興起,是在丈夫。

恩洋按:此文吾師在南京高師哲學研究會之講演錄也。師以局於時間,未盡其意,詞亦未畢其半,恩洋復以平日所受,備而錄焉,以供同志研討。自"云何佛法為今日所必需耶"以下,洋謬以己意續成之者。前後文詞未及修正,知不雅馴,閱者但求其意可耳。

支那内學院研究會開會辭

今日此會為内院第一次研究會。此會規模須貫徹到底,即貫徹到佛陀眾會說法之時,故不能盡效世俗學會辦法。現就會名研究略為解釋,以見此意。

其一,研究性質

可分二層:

一,與尋常師弟之授受不同。諸佛以苦諦為師,師法不師人,今之研究亦依傳法之接續師。師非唯以行果為標準也,有果上師,佛菩薩是;有行上師,觀行有得者是;有境上師,精研法相者是。若學有師承不悖佛說,且能提出精華,資益後學,使慧命相續者,則接續師也。學依接續師,即于古人立義不應輕易改動;改動立義即非師承。有如法相家立種子義,今言法相而謂種子不可立,則失其師承也(他宗或不贊成種子,亦有道理須研;然是他宗,即非此宗師承)。但宗義創自先哲,推闡亦留待後人,或詳其所略,或匡其所雜,或疏失之糾修,或他義之資發;破棄盲從,革除儱侗,有果有因,整然不亂:此乃眞所謂師承,與標宗定義之授受不同,亦與泛爾皈依之師弟有異也。

二,與世間從多數不同。世間事從多數,期其能相安無害而已,不必求徹底也。今言學則不然。處處須得眞相,即處處須以教理為斷。初言教者,由無漏智等流而出,非世間見之比。吾人今日既未見道,未起無漏,念念之心雜彼煩惱,舍教而外無足憑依。儒家者言人皆本有昭靈不昧者,可為依歸,此乃過信世智,與佛家根本不同,不可無辨。次言理者,由教引起,演繹而不離其宗,非徒憑直覺隨意立義可以相擬。教理皆為研究探討之所取決,故公認熟於教理者有批評之職,乃屬當然之事。研究者信其人之批評,不異即信教理也。今更有一點須附及之。吾人現在研究,乃結論後之研究,推闡發揮,皆不能外於已定之結論,非由研究遂別得一新結論也。此非迷信之談,處有漏而究無漏,其理則然耳。設不爾者,必須見道以得其教,再用因明以成其理,始得別作主張也。

其二,研究規模

此須從學派言之,又從資糧言之。以學派論,此間研究不可不景仰舊時天竺之那爛陀寺。此寺規模,佛滅以來允為第一,雖我國昔日關中慈恩之盛,不足方其百一也。如寺中每日講座百餘,性、相、密三,鼎足傳宏,小乘、外道,無一不備,此其派別可謂繁極。今之規模,期在於此,餘十年以來規畫內院者,亦在於此。再由資糧言,《大論》一序具提綱要,可以參研,且不贅說。今日研究,誠當以法相為主,其餘研究則皆歸束於此。

其三,研究效果

言其大果,成佛與一切佛事無一不是。若在今時,縮小範圍,且說一種,即以研得各派學說精確無錯且堪傳佈為目的也。此當今日事雜言龐之際,尤為急要。佛謂五逆之罪破僧第一,方今龐雜之言違背教理,斷人慧命,皆破僧之類也。吾人急宜於繼續慧命著眼,教理各端當求精確堪於流布,更何待言! 於是有研究略法四條,須知遵守。

一,凡學公例如因明之因喻,不待再用商量。如果別有所見,亦須種種發明,然後再立新例。

（一）必舊例實有缺點。

（二）必所立新例種種無缺。

（三）必眞能立量破他，不蹈似破似立之過。

二，虛心容順，不可輕易違反舊說。淺人謗深語，如初犢鬥虎。然謂凡人一時揣摩，能勝菩薩數十年親證，世間寧有此理？故於舊說，須抱發明主義，不可抱違反主義。

三，研究須靈活超脫，不可死煞句下。佛教依義不依語，如果於義緣得純熟，亦無不解之語。（依義即緣義作觀之謂。）又以喻語為法語，是學者通病，所謂不觀月而觀指也，切忌。

四，讀書宜多作零碎筆記，不可動輒作長文。

讀書宜勤手錄。遇到稍有意義之處，雖一字一句之少，亦必如見深仇，眼明手快即時錄下，不可一絲放鬆。

讀書須一條一條商榷，不可自恕自是。

此會之研究，以上述種種為標的，為方法，必須切實做到；同人其共勉之。

民國十二年七月內院第一次研究會紀錄

法相大學特科開學講演

今日支那內學院法相大學特科開學。創此大學者,為本人宜黃歐陽漸。漸創此學,固必有其所創之宗旨,與其所經之歷史。

今先述歷史。明清以來,隨手掇拾一經一論,順文消釋,就義敷陳,如是講壇,無時不有。興設學校,編制學科,三乘教義抉要示人,如是規模,則向來無。世法且忌躐等,學佛自當有序。印土學人通例,先治小乘三年。降逮中國,鄙夷聲聞,小固可輕,然復何易?彼惟無悲,斯與大異;九事所攝,法則共同。小非外大,大實涵小;不知此小,焉足稱大?吾華昧此,遺棄小乘,任彼高談,終嫌籠統。因其基礎,繼長增高,固當大小通談,融求的當也。學校制度,通行東西,既著攸功,何妨採擷。我親教師楊老居士首創祇洹精舍,余亦曾觀發起。意在陶鑄眞士,重入五天,考求文獻。一時學人有太虛、仁山上人、晞明居士等。旋因款絀,半載即停。諦閑、月霞二大法師,相繼設學。今茲所存,惟武昌佛學院與本院,實承祇桓精舍而來也。

次揭宗旨。《瑜伽》三十五云:菩薩發心由四種緣:一,見佛神變;二,聞佛說法,此二為佛在時而發心者;三,哀正法滅;四,悲眾生苦,此二為佛滅後而發心者。吾人不幸不能見佛聞法,因於佛後感而發心,遂不得不立二種宗旨:

第一,哀正法滅,立西域學宗旨。正法能傳,賴眞師承;眞師承者,淵源於印度也。佛後眞師,龍樹、無著,位皆初地,說法獨正。何以故？緣藏識中無漏、有漏二類種子絕對不蒙。下士凡夫無漏種隱、有漏種現，初地菩薩有漏種隱、無漏種現，無漏種現乃所謂正法也。初登地時，歡喜至極，說法遂詳，詳則易解，接近世俗。馬鳴八地，語略難知。若夫智者自謂五品，等是凡夫；其在賢首，多襲天臺，所有說言，更無足恃。是故非西域龍樹、無著之學不可學。

第二，悲眾生苦，立為人學宗旨。為人云何？無我之謂。所謂無我，非先有我，後使之無，如先有樹，執柯伐之。為己為人，方向不同，東西非同步，為人則生心動念止知有人，即至無上菩提亦非為己，眾生不成佛我不成佛，蓋以他為自，非推己及人耳。今來學者自問：是否發心因法欲滅？是否發心因眾生苦？吾志在此，合者都來破釜沉舟，同向毗盧遮那頂上行去也。（劉定權記）

民國十二年七月內院第一次研究會紀錄

今日之佛法研究

解釋此題可分數層：

一，佛法（此即研究之境）。

二，佛法研究（此即研究者之行）。

三，今日之佛法研究（此即研究者隨分之果）。

第一，云佛法者，其詳可列一表如次：

- 佛法
  - 不可言說
  - 方便言說
    - 事
      - 諸佛語言 / 九事所攝
        - 蘊、處、緣起、界、諦、食(境) ┐
        - 菩提分(行) ——— 所學事
        - 佛弟子(果) ┘
        - 八眾 ——— 能學人
    - 義
      - 小乘
        - 蘊假界處實
        - 蘊實界處假
        - 蘊處實界假
        - 三法皆眞
      - 大乘—三法皆假
        - 空宗—涅槃—寂靜 ┐
        - 相宗—知見—圓明 ┘ 結論
          - 寂靜而圓明
          - 圓明而寂靜

依表解釋。若說佛法實有勝法可學，此即魔說而非佛說。佛法乃日常應用恰到好處之事，亦猶人生眠食起居，不足希奇。無論佛出世若不出世，法性安住，法住法界，法爾如是。佛有所說，但老實人說本分事而已，論其實在固不可言說也。

然凡愚未能遽語於此也。凡外造三惡趣因，墮於有見。小乘偏執我空，墮於斷見。二皆增損，皆非老實，更不是說本分事。佛以大悲心憫凡愚之迷惘，從旁面反面而為說之，惟避忌諱不說正面。所謂從反面說之者，有如空宗說一切俱非而顯法性。從旁面說之者，有如有宗以二空所顯而說眞如。凡此皆方便之說也。

余二十年來，談空談有，談小談大，時苦不能貫通。然今依教法，乃得文字上之一貫，悟佛說方便之法門。一貫之說無他，事義之分別而已。大小空有所依之事皆同，所謂諸佛語言，九事所攝；又謂乘則有三，教則唯一也（九事詳如表列）。然三乘於同依之事，說義即有不同。小乘解釋三法有假有實，乃隨少分所見以談，未能圓滿。大乘證見既周，乃說三法皆假。其中復具空有兩輪，不可傾動。不知空而言有，比乃空前法相，所謂毫髮不可有者。既知空而言有，此乃空後法相，所謂毫髮不可無者。二輪相成，不可缺一。然復分二宗言之者，如云徧計一切非是，又云依、圓一切皆是，比之是非一時不能並舉，並舉適成自違，以是各就一端言說，遂成兩面也。空宗說無餘涅槃一切皆空，寂靜不起，此指體言。若正說之，即錯同外道，故但從遮而顯。相宗說涅槃同時之菩提知見，相貌圓明，無一毫之欠缺，此就用言，故從善巧方便而說也。二宗之不相蒙如此。

由空有二宗以談佛法結論，則寂靜而圓明、圓明而寂靜二語而已。合圓明寂靜為一片，而後言寂靜，不失於枯槁，言圓明又不失於浮囂。禪家所謂月在上方諸品淨者，仿佛似之。然此皆言說事，學佛究竟，猶不可拘此言說也。

第二，云佛法研究者，因寂靜圓明之境非世間眾生所知，必無漏人乃見得到。此境既非世智所知，即不可以世智相求，於是研究上有

兩種困難:

一,苦無出世現量。

二,苦世智不足範圍。

正面無路,乃不得不假借:

一,假聖言量為比量。此雖非現量,而是現量等流,可以因藉。此為假借他人。

二,信有無漏本種,久遠為期。以是發心最應注意。此為假借他日。

准是研究,有二要語應知:

一切佛法研究,皆是結論後之研究,非研究而得結論。

舉例釋之。如以佛說諸行無常為結論,而研究得其因於生滅。又以有漏皆苦為結論,而研究得其因于無常。又以諸法無我為結論,而研究得其因於苦。如是輾轉相比,道理盡出,即是研究。否則但知言苦,不詳因緣,他人何不可無因而言樂。故學佛者全須用心思惟,徑路絕而風雲通,學佛有之。然不先有結論,專憑世智思量,則亦漫無歸宿而已矣。

於是,又得一研究之重要方法曰:

多聞聞持,其聞積集(此較會通),熏生無漏。

是數語也,亦可易辭言之曰:

多聞熏習(他力),如理作意(自力)。

第三,云今日之佛法研究者,其事有二:

一,須明遞嬗之理。

(一) 佛在世時說法隨機。此在當時未即記載,但於大小空有,義理皆具。後來菩薩詳細發揮,總不外其範圍。若並此一層亦不置信,則魔外並起,無從分剖。

(二) 佛滅度後,二十部小乘興諍。此皆切實可資研究。今人對於大乘立義,每有望塵莫及之歎,而小乘思想接近,亦可藉以引導也。

(三) 龍樹破小。此為大小轉移之一關鍵。所云一切皆空者,空其可空,乃最得我佛之意。

(四) 無著詳大。此繼龍樹之說而圓滿之。故二家缺一不可。

(五) 唐人薈萃。此於無著以來各家學說皆得會通。然其後絕響及千餘載,今繼唐人,須大家擔當。

二,須知正期之事。

(一) 整理舊存。此有二事:簡別眞偽,一也;考訂散亂,二也。眞偽之簡別,在不輕置信,在讀書細心,終於無漏引生,知其相應與否。至為此初基者,則多聞也。多聞乃膽大,乃心細,乃眼明,而有判別。又舊存之書多有散亂,必考較異譯,論其短長,為之勘定,而後可讀。

(二) 發展新資。此亦有二事:借助梵藏文,一也;廣采時賢論,二也。梵藏文中要藉未翻者極夥,如能參閱其書,多所依據,立論乃確。時賢議論不必盡當,惟讀書有由反面而見正面者。如法相要義散漫難尋,吾昔年讀《掌珍論》中駁相應論師數行,而得相宗大概;又如因大乘非佛說而得研究途徑,證明大乘實有演繹佛說而成之義;皆其例也。

本題解釋且盡於此,其中精微,他日當自為文以發之。

民國十二年九月內院第二次研究會講演紀錄

談内學研究

今談内學研究,先内學,後研究。

内學之謂内,有三義:

一,無漏為内,有漏為外也。《雜集論》云:墮於三界為漏。其有漏法即流轉法,與還滅法截然二事,猶水與火,猶黑與白,以其種子即成二類也。昔人於此每每講錯。以為眞如本淨也,煩惱染之則流轉,煩惱遠離則還滅。二者相替如輪轉焉,而不知其實不相謀也。

因此而談,儒家所云人欲淨盡、天理純全,措語亦有病。孟子亦云:養心莫善於寡欲。宋儒注云:寡者非絕。於此知其夾雜不純也。此在佛家謂之雜染,一分染亦是染法。染則須絕,非徒寡之。故儒家所云寡欲,表面似有理,實則雜理欲二者、成黑白業,仍屬雜染,不究竟也。儒家又云:大人者,不失其赤子之心者也。此赤子之心即雜染,而以為天理,故理終屬不淨,亦猶驢乳終不可為醍醐矣。儒家而外,如現行耶教講愛,亦屬偏頗,不能及物,故殺生非所禁戒。此皆成其為有漏與外而已。從無漏種發生,即不如是。故云:有無漏可判内外。其理應於《大論·眞實品》中詳求。四眞實中,煩惱障淨智所行與所知障淨智所行,皆以純淨得名眞實,内學即應認清此眞實。又此雖就現行立說,所從來者乃在種子。此無漏種子之義雖自後人發明,然其道理建立不可傾動。

二,現證為内,推度為外也。如今人言哲學,研究眞理而不得結論。以其出於推度,人各不同,遂無定論也。若出諸現證,則盡人如一,無有異說。如見物然,同見者則說同,出於想像則不同也。以是先佛、今佛、當佛皆言四諦,大小、空有、顯密乃至諸宗疏釋,亦莫不說四諦,以其現證同而立說同也。又如諸佛以苦空、無常、無我為教,乃至涅槃言常,亦為無常之注腳,此又現證同而立說同也。由此即得結論與哲學有異。

余常云:內學為結論後之研究,外學則研究而不得結論者也。此為內外學根本不同之點。由此內外方法亦不同。哲學每用比方,以定例為比量,即有範圍限制。如以三百六十度測周圓,二直角測三角內和,皆屬一定限制,不論圓角之形大小如何,皆不出此限制,哲學家用心思推測,無論各人推測如何,而均在不得結果之一範圍內,人心所限制然也。內學則不如是,期在現證,無用比度,如說四諦,即是現證,即是結論。研求結論,乃有種種解析方法。又如不能理會苦而說苦由無常,復由種種分析以明無常,此皆為教導上不得已之辦法。故內學所重在親證也。然學者初無現證,又將如何?此惟有借現證為用之一法,所謂聖教量也。有聖教量,乃可不憑一己猜想。若不信此,亦終不得現證。世間哲學家即不肯冒險置信聖言,以為迷信,處處須自思一過,遂終墮於推度矣,此又內外分途之一點也。

三,究竟為內,不究竟為外也。經云:止有一乘法,無二亦無三。故佛說法無不究竟者。惟此就起點含有全體而言。雖始有未竟,而至終則究竟,如不了義經,得其解釋終歸了義也。《無量義經》云:四十九年皆說《法華》,其間雖實說三乘法,意則均在《法華》也。故云:教則為一,乘則有三。乘以被機有三,實亦各究竟也。由此內學者,應生心動念皆挾一全法界而來,大悲由此起,大智從此生。即如大乘唯識說阿賴耶,亦以其挾全法界而得究竟也。此種全體大用上講求是為內學,反此皆屬外學。

次言內學研究。即知所研究者,為無漏現證究竟之學,而起研究也。此可分人、法兩者言之:法是所學,人是能學,各有四端。

法有四者:一,研究之必要;二,研究之範圍;三,研究之所務;四,研究之方法。

今一,言研究之必要,先以理對學論之。

其一,理是法爾,學是模填。法爾八萬四千法門,言議不及,禪家每用但字調,以為但得即是,然此意仍可商。今謂法爾未得,先事模填,如畫作模填采也。學問即模填之事,可以由得法爾,故屬方便,非眞實。

其二,理是現在,學是過、未。以學過念即非,落第二著。即云參究,亦落次念,成為過去,惟由此方便,得到現在。

其三,理是現量,學是比量。學為方便,則屬借用現量,信解道理。能處處作此觀,開眼生心,皆此道理,則可以發生現量。此義見《眞實品》。故學雖比量,而是現量方便。

其四,理是無為,學是觀察。此乃本其所有而精細審量,亦得證會無為。

其五,理是不動,學是建立。理皆法爾常住,有佛無佛不稍動移。學由人興,故出建立。但由學可證理。

其六,理是眞如,學是正智。

其七,理是無分別,學是有分別。

其八,理是離心意識,學是猛用六識。此皆如前分別可知。

次以教對學言之。教待機感,而有權實、半滿、漸頓,又有詳略異門。由學研理,教仍是一,以是各端研學有必要也。

二,研究之範圍。但研究教,即概括宗在內。宗是總持,非差別,非分析,而亦不能違背三藏,實亦是教,今即總談教而不別開。

教分西方、東方。西方教先有三藏。經律則為阿難等在王舍城所結集,以十二分教攝大小乘,攝論議。又有律,為耶舍等在吠舍離之結集。又有論,為帝須等在華氏城之結集。自此以後,有小大、空有、顯密等別,而其學悉彙萃於那爛陀寺。蓋自佛滅以後,講學範圍之寬,無能逾此地者。西方佛學亦以此為終。

東方佛學,如關中之空,慈恩之有,匡廬之淨,曹溪之禪,南山之律等,皆本諸西土。此中禪宗雖雜有我國思想,然理與空宗相合之處,仍出西方也。

今茲研究範圍,應全概括諸教。範圍不寬則易衰歇,昔日空有諸家,其前車也。但佛教範圍雖大,內容仍是一貫,仍有條理充實。今之研究,亦將由分而合,以期成一整體之佛教。言余素願,乃在建立支那之那爛陀矣。

三,研究之所務。此宜擇要而談,又分兩端:

其一,要典。依余見解,必由唯識入門。故應誦習之籍,初為一本十支論,次為《掌珍》四論,次為《俱舍》、《成實》、《毗曇》,次為四《含》,次為四律五論。餘有密典,重在事相,必明理相而後可習。

其二,要事。讀要典竟,應做以下各事:

(一) 經論異譯比較。舊譯不必盡誤,仍有所本,仍有其學問。如《楞伽經》,由會譯比較,乃見舊時魏譯最好。又有翻譯經久不得定本者,則須參互考訂以定之。此為吾人應做之事,凡不能翻譯者,尤宜肆力於此。

(二) 藏梵未譯研求。此有賴於翻譯。

(三) 密典純雜考證。又咒印彙考。由此乃能習密宗。

(四) 律典各部比較。由此可見各派異同,又可改正舊行各律之不合佛制者。

四,研究之方法。此宜知四入、四忌。

四入者:

(一)猛入。此如數百卷書之一氣連讀,又如任何種類之取裁,不分晝夜之思,又如空宗之般舟三昧。教中蓋有如此猛晉之事,未可忽視也。

(二)徐入。此謂融貫、浸潤、結胎、伺鼠、湊拍、節取,而後有生髮。

(三)巧入。此有反證、借徑等法,三藏十二部皆反覆申明之言,而能入之法不一。如佛法本甚莊嚴,宗門之悟道,乃向青樓浪語中得之。

(四)平入。此謂循習而純熟。

四忌者:

(一)忌望文生義。(二)忌裂古刻新。(三)忌蠻强會違(此謂泥古不化)。(四)忌模糊尊偽(如華嚴學者之尊《起信論》)。

次言研究人。有四者:一,研究之因力;二,研究之可能;三,研究之緣助;四,研究之興趣。

一,研究之因力。平常但言求離生死,因猶不真。今謂另有二語曰:親證法爾,大往大來。證法爾即發菩提心,所謂菩提心為因也。大往來即大悲,所謂大悲為根本也。因須通槃打算,而後有力。因謂依,是人依我,非我依人。因又謂自,仗自不仗人。所謂法爾,即自也。萬法皆由法爾緣起,故有力能生。儒家亦有知此理者,如象山云:六經皆我注腳。佛學亦然,從親證法爾下手,則十二分教皆我注腳。毗盧遮那頂上行,禪宗境界亦不過爾爾。

大往大來,由於信得因果。因果須合三世觀之。業有生受、現受、後受,不能拘拘一生以談因果。信此,則得大往大來。此雖老生常談，然今之學者不于此致意也。學者如以信因果心為根本，聞熏亦可依恃，不定須念佛等。此非反對彼等法門，但於此見出因力不退之理。《大論》有云：自因力不退，可以為因，他力加持力皆退，但可為緣。故求不退，應熏因力大往大來，時間則三無數大劫，空間則大千沙界無量眾生，以他為自而思及眾生，此特擴而張之，即是因力，前所云挾法界以俱來也。此是大悲為本，是真佛學。

二，研究之可能。此謂六度，乃為自憑藉者也。

（一）佈施。無我歸命為佈施。不留一毫私用，將此身心奉塵剎，乃有力量，孟子所云能盡其才者也。佛希望人皆盡其才，皆以出世法為目標而歸命。

（二）持戒。此就可能為言，制之一處，事無不辦。戒如馬捋，馬受捋則力强而行速。學亦以戒為方便，而後有可能。吾人經驗中亦有此證明。如作事不廢時光。日計不足，月計有餘。但亂念極耗歲月，去亂念即是戒，此不可作陳腐語看。

（三）忍辱。諦察法忍之為忍辱。諦察則有味。《易》云：苦節不可貞，其道窮也。有味乃不窮，乃有生髮，觸處洞然，而後能耐。又道理一種涵萬，必細察乃省。前云四入之徐入，與此相應。

（四）精進。此是能力根本。佛力充足，全在精進。如世親治小乘則由有部而經部，而《俱舍》。繼而舍小入大，則又先法相，而後唯識。健行不息，此最能精進者也。精進為因，般若為果，般若為相為體，精進為可能為功用。又般若為總相，精進為條理。故佛智骨髓在此。空宗貫六度以般若，相宗貫六度以精進，即是意矣。

（五）禪定。畢生定向無他志，是為定。

（六）智慧。此應注射于無師智，自然智。此雖非當下可得，然應隨順，趣向，乃至臨入。讀書多聞，尤須于此致意。

三,研究之緣助,有三:

(一) 指導門徑。欲學之省時省力,不可無師,不可我慢。然今人時習甚重,每每趨向無師。另有顓固者流,如天臺家解說《梵網》四十二輕曲為說法一戒,以為不可為在家人說,在家無師範故。此則限制師道於極小範圍,心地何等狹隘!後來太賢即引《瓔珞》夫婦可以互授之說而駁之。《瓔珞經》雖待考,然此駁固是。依《大論》所說,比丘可在在家人邊學,故維摩為文殊說法。如天臺家言,此又謂之何?可知其說或出於我慢耳。凡指導學者門徑者,不限出家或在家。師義亦有三類:圓滿師,分證師,接續師。不知接續師,即不能擔任,即是輕法犯戒,極宜慎之。

(二) 問辨釋疑。此乃朋友之事,因其能委宛曲折而盡之。

(三) 多籍參考。或乃求師友于古人,或聞時論於異域。

四,研究之興趣。研究須合眾,離群索居,則無生趣。故研究此學:(一)須朝夕之過從。(二)須風物之怡快,以暢天機。(三)須有暮鼓晨鐘之深省。具三事,而後興趣勃勃也。

民國十三年九月第八次研究會講演記錄

外　　學

孔佛

有體，有用，有依體之用，有用滿之體。宇宙萬有，群衆思慮，莫不依于一心。心必有其體而後可心，狀體之相貌，强而名之曰寂，非寂而誰足以當之？心必有其用而後能心，狀用之相貌，强而名之曰智，非智而誰有以能之？智非尋常分別之慧也，必有以見寂，而常與寂相應也。宇宙萬有，無非幻化，群衆思慮，莫非習成。於斯時也，幻有廓然，習思不起，一切皆空，身涉其境，謂之見寂；見寂而不住，百為萬事，以致其巧便之能，謂之為智。

此智與寂，須臾不離也，若須臾離，則邪見偏見，執斷執常，狂瞽異端，是非蠭起。須臾不離，則凡所為，叢脞而條理井然，權變而適當其可，大小内外，時措之宜，無不自得，寂靜而有為，有為而寂靜，斯謂之為應體之用。是用也，與體相依，而致力圖功，乃在於用。是故正名謂之為行。寂則有全體大寂，智則有一切智智。全體大寂盡人所有，聖亦不得而增，愚亦不得而減，障而不顯之謂凡，障淨全顯之謂聖。一切智智則非盡人有，所謂常人但有其種，種纇發生，生充其量然後乃有。寂以智生而顯，智以障去而生，障以修積而淨。淨一分障，生一分智，顯一分寂。淨纖悉細障，生一切智智，顯全體大寂。寂固無為也，不生也，仗智之有為、智之發生以為顯也。

此寂與智，亦須臾不離也。若須臾離，則灰身滅智、沉空趣寂，但了一身，焉知大道？須臾不離，則觀一切無所有，而不舍離一切衆生，必使宇宙齊放光明,然後眞身證住清淨,斯謂之為用滿之體。是體也,以用而顯,而目注心營,乃在於體,是故正名謂之為果。知行果之解義者,可以談孔、佛矣。

孔道,依體之用也,行也。天行健之謂性;君子法天,自强不息之謂道;天命不已,天之所以為天;文德之純,文之所以為文。子在川上曰:逝者如斯夫,不舍晝夜;健也,不息也,不已也,純也,不舍也,皆所以為行也。然君子素位而行,思不出位,位也者,中庸也,寂然不動之謂中,感而遂通天下之故之謂庸,知能大小、費顯、隱微不可得而限之,隨舉一隅,畢張全體,行然後可以素位。知如此之為中庸,然後可以入德。入德之初誠也,及其成功至誠也,無非誠也,誠固物之終始也,必極於鬼神不測、無聲無臭,是之謂見寂之智,是之謂應體之用。

佛法,依體之用,而用滿之體也,行而果也。二轉依之謂佛,空其所知之障,轉所依為智曰菩提;空其煩惱之障,轉所依為寂曰涅槃。有本來自性清淨涅槃,具諸功德無生無滅,湛若虛空,所謂全體大寂也,名之曰法身。有無餘涅槃,煩惱既盡,依滅無餘,由此而證得全體大寂也,名之曰解脱。有無住涅槃,無餘無為,為令衆生皆入無餘,則必有為,而於無為依而不住,所謂依寂之智也,名之曰般若。由般若而解脱,由解脱而法身,頓證之時,三德不分,故談果者,皆舉無餘涅槃也。所謂有因有因因,有果有果果,菩提為果,涅槃為果果是也。證大涅槃則法界清淨,法界一眞,常我樂淨,安隱而住也。何謂常我樂淨耶?金剛不壞之謂常,得八自在、離繫超然、不屬於他之謂我,非受非覺、上妙無倫寂滅之謂樂,無障無染、一味平等之謂淨。有如是不可思議之鄉,是故結願在是,趣向在是,歸止究竟在是也。頓空其分別所生之二障,窺見眞如,謂之見道。漸空其無始以來之二障,眞如多分顯現,謂為修道。二障全空,眞如出纏,頓證佛果,圓滿轉依,謂為究竟道。故曰依體之用,而用滿之體也。故曰行而果也。

上來所說孔、佛如此。知孔道之為行者說生生,生生,行也,非流轉於有漏,奔於習染也。知佛法之為果者說無生,無生,果也,非熏歇、燼滅、光沉、響絕之無也。淆孔於佛,壞無生義;淆佛於孔,壞生生義。知生生而無生,是依寂之智,則知行之相貌有如此也。知無生而無不生,是智顯之寂,則知果之相貌有如此也。佛與孔之所判者,判之於至不至、滿不滿也,其為當理,適義一也。

孔佛概論之概論

佛學淵而廣，孔學簡而晦，概論所以需要也。顧概論亦難，今日且談概論中之概論。

毗盧遮那頂上行，六經皆我注腳，求人之所以為人斯已耳，何佛之學，何孔之學？然聖人先得我心之所同然者，求然之同故，佛須學，孔須學。孔學是菩薩分學，佛學則全部分學也。斯義亦據聖言量耳。知必以聖言為量，故不具四例，不可以為學。

一，不可以凡夫思想為基，而必以等流無漏為基也。有漏稱凡夫，雜故染故，無量劫來煩惱擾亂，識海汪洋，充滿其種。譬如讀書，豈能一字一字如定者數息終日不搖，處囊之錐東西突出，空中樓閣結撰奔馳，一息之條貫不能，萬裡之蛛絲安索？鹽車之渾水無靈，塵刹之根株何鑒？以如是雜染心判斷不可思議無上法門，而曰聖言之量不如我思之量也，天下有如是理耶？若夫聖言，則等流無漏也，從心所欲不逾矩也。畏天命，畏大人，畏聖人之言，君子有三畏；小人則不知天命而不畏也，狎大人，侮聖人之言，烏足以為學？

二，不可主觀，而必客觀也。主觀心實，客觀心虛；主觀有對，客觀無對；實故不入，虛故能入；有對故封拒，無對故到處皆學。主觀者先有結論，但採納以為敷佐，可利用則斷章節取，有何義之研討？客觀者先無結論，博學審問，慎思明辨，比較而擇善，舍己而從人。主觀有心，客觀無心。深山有寶，無心於寶者得之，故主觀不可以為學。

三,不可宥於世間見,而必超於不思議也。公孫宏曲學阿世無論矣,子誠齊人,但知管、晏,且畏羲、皇,況秕糠堯、舜?是故順世外道,無當於理事。仲尼之徒,不道乎桓、文,蓋身在山中,不識匡廬眞面,欲窮千里,要知更上一層也。豪傑之士,舉足下足,自道場來,動念生心,無非尚友。臨濟觀佛有鼻有口,曰:我可作佛,他日竟作祖開宗。象山幼時思天際不得,讀古往今來,悟無窮無盡,遂為南宋大儒。一鄉之迷傾一國,一國之迷傾天下,天下盡迷,誰傾之哉?如有,必為聖人之志者,是必超於不可思議也。

四,不可以結論處置懷疑,而必以學問思辨解決懷疑也。天下有二種人:一盲從,蓋無知識不用思想者,此無論矣。二懷疑,是有知識能用思想者,學以是而入,亦以是而得也。疑必求析,若急於析,則稍相應,必作結論以是處置懷疑者,古之人、今之人,驅而內諸罟擭陷阱之中,蓋比比也。吾嘗終日而思矣,不如須臾之所學也。學不析則問,能問於不能,多問於寡,則無不可問矣。問而不析,又思,思日愼有矩有繩矣。思猶不析,則徹底而剖辨之,所謂明辨是也。分析必於極微,至教不可以人情也。以是而析疑,而疑可析,結論乃得焉。

四例既具,可學矣,可以談孔學、佛學概論矣。略舉四義而談:一,寂滅寂靜義;二,用依於體義;三,相應不二義;四,捨染取淨義。四義皆本諸二家之經,佛家則凡大乘經,除疑偽者皆是;孔家則性道如《中庸》、《大學》、《論語》、《周易》皆是,文章如《詩》、《書》、《三禮》、《春秋》皆是。

一,寂滅寂靜義。自韓、歐諸文學家,誤解清淨寂滅以為消極無物、世界淪亡之義,於是千有餘年讐棄根本,不識性命所歸,寧非冤痛!原夫宇宙人生,必有所依以為命者,此為依之物,舍寂之一字,誰堪其能?是則,寂之為本休,無可移易之理也。寂非無物也。寂滅寂靜,即是涅槃。燈滅爐存,垢盡衣存,煩惱滅除,一眞清淨,所謂人欲淨盡,天理純全是也。欲明斯旨,佛家當讀《大涅槃經》、《瑜伽師地論·無餘依地》也,孔家應讀《學》、《庸》、《周易》也。孔道概於《學》、《庸》,《大學》之道又綱領於"在止於至善"一句,至善即寂滅寂靜是也。何謂善?一陰一陽之謂道,繼之者善也,成之者性也。就相應寂滅而言謂之道,成是無欠謂之性,繼此不斷謂之善,道也、性也、善也,其極一也。善而曰至,何耶?天命之謂性,於穆不已之謂天,無聲臭之謂於穆。上天之載,無聲無臭,至矣!則至善之謂無聲臭也。至善為無聲臭,非寂滅寂靜而何耶?明其明德而在止至善,非歸極於寂滅寂靜而何耶?不知寂滅寂靜,是無本之學,何有於學,何有於佛學,何有於孔學?吾為揭櫫孔學、佛學之旨於經,而得二言焉。曰:古之欲明明德於天下者,我皆令入涅槃而滅度之。

二,用依於體義。寂滅寂靜,常也,不生不滅也,眞如也,涅槃也,體也;變生萬有,無常也,生滅也,正智也,菩提也,用也。體則終古不動,用則畢竟是動。動非凝然,非凝然者不為主宰,故動必依於不動,故用必依於體也。此依即依他起之依,依他有淨即菩提是,依他有染即無明十二因緣是。蓋用之為物,變動不居非守故,常幻化而幻化之,是曰菩提;幻化而眞執之,是曰無明也;用之性質有如此也。是故說用依體可也,有去來故也;說體隨緣不可也,祖父從來不出門也。大衍之數五十,其用四十有九,餘一不用也。不用者何也?與體相應也。何以必與體相應耶?蓋不用而後能生用,用根於不用,其用乃神。孔家肝髓,實在乎此。發而皆中節,根於未發之中;感而遂通天下之故,根於寂然不動;兩儀、四象、八卦,根於太極;皆是也。然此不用,非即是體。何也?仍是五十內之數,數之性質猶在也。凡孔家言性、言命、言天,皆依體之用也。易之道廣矣、備矣,而命名為易,易者,用也;曰交易,陰陽交而成卦也;曰變易,六爻發揮,惟變是適也;曰不易,與體相應,無思無為,而能冒天下之道,所謂生生之謂易是也。吾嘗有言:孔學依體之用也,佛學則依體之用而用滿之體也。

三,相應不二義。用依於體,而用猶在,不可說一;明明相依,不可說二;是故闡《般若》義者曰不二法門,是故闡《瑜伽》義者曰相應善巧。既曰相依矣,相應於一處矣,無孤立之寂,亦無獨行之智,而言無餘涅槃者,就寂而詮寂故也。獨陽不長,不可離陰而談陽也,而乾之為卦,六爻純陽,就陽而詮陽也;孤陰不生,詮坤亦爾也。是故談涅槃者須知三德,伊字三點,不縱不横,不即不離,是涅槃也。唯有不二法門,唯有相應善巧之可談也。

四,捨染取淨義。捨染取淨,立教之原,無著菩薩顯揚聖教,作《顯揚聖教論》,一部論旨,唯明是義而已。扶陽抑陰,孔學之教:陽,善也、淨也、君子也;陰,惡也、染也、小人也。扶抑即取捨,則孔亦捨染取淨也。《易》之夬、垢、復、剝、泰、否六卦,於義尤顯,比而觀之,可以知要。

☱☰夬,揚于王庭,孚號有厲。陰勢已微,猶揚猶號者,極其力而夬去之也。

☰☴垢,女壯,勿用取女。陰之初起,侈而言之曰壯,厲而禁之曰勿用也。

☷☳復,至日閉關,商旅不行,後不省方。養之令長如是。

☶☷剝,碩果不食。珍之護惜如是。

☷☰泰,小往大來,君子道長,小人道消。

☰☷否,大往小來,君子道消,小人道長。往來消長而判泰否,其義又如是。

了此四義,可知人之所以為人,天之所以為天,孔、佛為二,循序漸進,極深研幾,是在智者。

《中庸讀》敘

中庸,以一言之,曰誠;以二言之,曰中庸、曰中和、曰忠恕;以三言之,曰費而隱、曰微之顯。無所謂天地萬物、中外古今,止是一誠;無所謂天下國家、禮樂政刑,止是一誠;無所謂智愚、賢不肖、知能大小、曲直險夷,止是一誠。誠至,則生天、生地、生物不測;誠不至,則一切俱無。心非其心,境非其境,事非其事。以之為己,烏乎能存;以之為人,烏乎能信;以之為天下國家,與接為構,日以心鬭,變態誰究,又烏乎能行?及其至也,不敢知其人,不足以為國,豈不哀哉!

誠者,物之終始,但喜怒哀樂未發之中,而天下之大本以立;但庸德庸言之行謹,而天下之達道以經綸。天下大本,非貫徹於無聲無臭、不睹不聞之無可貫徹,不足以立也;天下達道,非推極於繼志述事、參天贊地之無可推極,不足以經綸也。中庸之實,一曰費而隱,逆而窮其源也;一曰微之顯,順而竟其委也。不如是,不足盡終始之量也;不如是,不足盡中庸之量也。道通為一,非畛非域,中即淵深,庸即高明,亦何怪哉?

道之不明也,一言中庸,而一切過不及之名、平常之名以至。何者過不及,何者平常?但是空言,都無實事。明明經釋"喜怒哀樂之未發謂之中",觀喜怒哀樂未發時氣象,即行實地,不勞揣摩。明明經文"庸德之行",繼以"素位而行",素患難,行患難,為人君止於仁,即庸德之行也。千有餘年,後儒之說行而聖訓晦,名句之學徇而實事疏，否塞晦盲，釀為風俗，沉淵刲股，致死藐諸孤，精誠格鬼神，獨不利儒者之口。天下奇男子，行人所不能行，而不能以一盼。鄉黨自好者流，居之似忠信，行之似廉潔，全家保妻子，簞食豆羹見於色，又何恤乎邦之阢隉？黠者於是乘其弊，竊其器，以鉗制一世，而復任艱無伎，私熾無智。於是乎，日蹙國百里，强者乃吞噬不已。揆厥病源，皆不識中庸之道之所致也，而豈細故哉？

或問：如子之言，中庸之道高深若此，聖人之事，常人烏能？

答曰：萬物皆備，四端固有，但是有心，皆是聖人；聖人與人同，人自異於聖，直下自承，念念悉誠，則亦博厚配地、高明配天而已。若本非聖，而求作聖，望空出華，寧非虛妄？！

又問：直下自承，心若不純，險不可言，敢鹵莽耶？

答曰：誠者自成也，待他而成，雜而不純；現成自成，焉得不純？不學而知，其良知也，何險之有？不此之恃，復何所恃？若他可恃，何必定此？惟其門外天涯，皆荊棘也。

又問：世態萬變，而獨一誠，迂不可行，不合世情，奈何？

答曰：至誠無息，不言而信，參前倚衡，夫然後行。誠為物體，情為無物，無物必反，為時不遠。

又問：天下國家，萬幾叢脞，獨以一誠耶？

答曰：凡為天下國家，有九經；其所以行之者，一也。

又問：若是，則枯坐寂然，大道是禪，何須學耶？

答曰：禪亦須學，況此非禪。中庸有所以為中庸者，尊德性而道問學是也。為性而學，學以盡性，是宗旨也。認明宗旨，學問思辨大有事在。唯天下至誠，為能聰明睿知，足以有臨也；寬裕溫柔，足以有容也；發强剛毅，足以有執也；齊莊中正，足以有敬也；文理密察，足以有別也，然後溥博淵泉而時出之。誰謂是誠，而顧可以不學哉！

嗚呼！千有餘年，中庸不明，人不務誠，失其本心，大義不行，浩然之氣不存，蓋已非復人閒世矣。南渡君臣，偷安寡恥，河山恢復，初亦未始無心，但恨不能作氣。日月駸駸，安然無事，自有肺腸，俾虜卒狂，父母蒼天，人之無良。陸象山發憤，作《大人詩》曰：

從來膽大胸膈寬，
虎豹虬龍億萬千，
從頭收拾一口吞。
有時此輩未妥帖，
哮吼大嚼無毫全。
朝飲渤海水，暮宿崑崙巔，
連山以為琴，長河為之絃。
萬古不傳音，吾當為君宣。

嗟乎象山！天下大亂，孔學將亡，吾烏得其人，而旦暮遇之？

民國二十一年十月歐陽漸敘於支那內學院

《大學王注讀》敘

擅一世之雄者，以其能欺人也。雖然，人不可欺，自欺而已。自欺者無志，不圖勝事而甘劣跡；自欺者無氣，不勝艱鉅，巧於趨避；自欺者無恥，不恤鰥寡，但畏强禦；自欺者喪心，不事清明，而工虛妄；自欺者自戕，未有虛妄而不速亡。末世不自欺者，誰哉？

宜救火追亡，講大學之道。陽明之言曰：大學之道，誠意而已矣。誠意之道，毋自欺而已矣。人禽判，此也；聖狂判，此也；治亂興亡判，此也。如是其重大也，如是其切近也，如是其易簡也！或以為高遠難行，或以為迂濶無當，終不勝其人欲之私，而不一試焉，可痛哉！

陽明又言曰：意者心之動，知者意之體，物者意之用。是則知也者，即心之體，心之動體也。是則此知非知見之知，而心體之知也；知為心體，即《中庸》之誠也。誠者物之終始，無物非誠，即無物非知也。如其誠而誠之，謂之致知，即謂之誠意。用當而體復，謂之格物，即謂之誠意，如惡惡臭、如好好色，謂之誠意，即謂之致知。慎獨謂之誠意，即謂之格物。夫道一而已矣，屋漏是獨，大廷亦獨；進德是慎獨，修業亦慎獨。道不可須臾離，慎獨可須臾離乎！此《淇澳》之詩所以為格物事也。道學者，道問學也；自修者，尊德性也。恂慄者，盡精微也；威儀者，致廣大也；優優大哉，威儀三千是也。是則《中庸》之所以主張而貫徹者，皆格物事也。孔道至大，一言以蔽之，曰：古之欲明明德於天下者，天下一人也，萬物一體也，黍黍以量烏乎丈，銖銖以稱烏乎鈞？器原有若是之廣且大也，必先治其國，乃至致知在格物者，費而隱也；物格而後知致，乃至國治而後天下平者，微之顯也，皆誠之事也。故曰：大學之道，誠意而已矣。

曾子曰：夫子之道，忠恕而已矣。中其心之謂忠，如其心之謂恕，忠恕之道，誠意而已矣。忠恕所以正心，所以修齊治平，亦誠意而已矣。忠恕之道不行，忿懥四者有所，心不在不正，而身不修也。忿懥何害？害於有所故也。王赫斯怒，臨事而懼，仁者樂山，作易者有憂患，心在無所，亦何害也。忠恕之道不行，親愛五者而辟，身不修而家不齊也。老安友信少懷之志，明德於天下之志，忠恕之志也。曰孝者所以事君，曰上老老而民興孝，非老者安之乎？曰弟者所以事長，曰上長長而民興弟，非朋友信之乎？曰慈者所以使眾，曰上恤孤而民不悖，非少者懷之乎？而曰所藏乎身必恕，是以君子有絜矩之道，非忠恕之是事乎？則亦誠意而已矣！

民為邦本，長國家者，其知之乎？民之所好，好之；民之所惡，惡之；此之謂民之父母。好人之所惡，惡人之所好，是謂拂人之性，菑必逮夫身。民具爾瞻，辟則天下僇，峻命不易，失眾則失國。聖人所以重民，所以垂示於為民上者，丁寧反覆，深且切矣，長國家者亦知懼乎？眾怒難犯，專欲難成，亦知反乎？孔子歿，大學廢，秦漢數千年來，體國經野，建官分職。豈為民極？子孫帝王萬世之業，視民之疾痛，固若秦越人之肥瘠。國有大災，民自拯之；道路橋梁，民自理之；強鄰噬食，民自起而抗之。匪唯忽之，又從而撓之害之。媢嫉有技，聚斂悖入，亦既菑害並至，善者無如之何矣。嗟乎！天下不忠恕，死喪無日哉。嗚呼！為民上者，庶乎念民而忠恕哉。

民國二十一年十月歐陽漸敘於支那內學院

附:讀《大學》十義

讀《大學王注》竟,有須闡明者十義,錄之為行遠升高之助。

一曰大人之學也。大人亦不過充人之量而已,四端皆具而誰非人?大人亦不過與天地合其德而已,盡性知天而誰無性?故人亦第為大人,又何事而非大人?然而人皆可堯舜,而堯舜不再見,何耶?風氣力强,習非成是。自有生而少長而老死,自家庭而朋友而國人,曾不聞先王之法言,日夜與非聖為伍,交相習也,成自然也。冉冉悠悠,沓沓泄泄,溺淖失知,自視日卑,見義不為,危機無惕。譬如二人俱值非常,有鴻鵠志者,倉卒定謀,化家為國;作富家翁者,徘徊終夜,戀棧而亡。蓋一則有觸斯通,一則本無其事故也。而況窮性命之源,了生人之本者哉!國可亡也,種可滅也,人類可熄也,而終不勝其一己之私也。非故汙也,非自戕也,非不欲為也,而終不能一鼓作氣也。然而擲一粒於平沙萬頃之地,而見雨即芽也,多方以植之,而蔽日參天也,苟試為之何如也,群而習之又何如也!作聖而日臧,不作聖而日亡,亦何憚而不為大人之學哉!夫大學者,大人之學也。

二曰天下之欲也。板屋之材,不足供明堂之用;斗筲之器,不足作釜鍾之歸;鄉黨自好者流,不足臨大事、決大疑、任天下艱鉅。推己及物云者,言舉斯心加諸彼而已也,非謂小知而可擴之大受也。有聖人之量者,然後可以聖人;有天下之欲者,然後可以天下;始之函乎天下者,乃終之盡乎天下者也。為仁之方,己欲立而立人也,誠者所以成物也,明明德者,非明明德於一己也,而明明德於天下也。是故格物者,為天下而格物也;致知者,為天下而致知也;誠意者,為天下而誠意也;正心修身者,為天下而正心修身也。是故言古之欲明明德於天下者。鞭辟近裏著己,崖岸高,門戶隘,異同之禍烈。宋明以來,儒者之學,非孔子之事;潔身之概量,非萬物一體之氣象。

三曰孔子之志也。昔者孔子有云:吾志在《春秋》;又云:大道之行,丘有志焉,天下為公,人不獨親其親、子其子,是謂大同;又云:盍各言志,老者安之,朋友信之,少者懷之;而《大學》平天下則曰:上老老而民興孝,上長長而民興弟,上恤孤而民不倍。是數者合,有以異乎?無以異也!孔子天下至聖,以言所達,譬如天地之無不持載,無不覆幬。以言所本,則先王有不忍人之心,斯有不忍人之政。是則孔子之志,本其不忍之心,而達之為大同之政而已矣。《春秋》太平世,內外受治,老安少懷,則不獨親其親、子其子,絜矩之道,上下前後左右全體均平,皆大同之政。吾故曰是數者合,無以異也。雖然,《春秋》者,天子之事也,天子大事制禮,而禮生於仁,禮云禮云玉帛云乎哉?蓋《詩》亡然後《春秋》作,彰善癉惡之秋霜,乃繼於溫柔敦厚之春露也。五始之元,即四德之元,元者善之長,而曰君子體仁,足以長人也。平天下不言夏時商輅,而曰好惡無辟,慎德好仁也。以是知大同之政其達,而其本乃在不忍之心也。孔子不得位,大同之政不容現,謂之為志,而至悲天憫人之懷,則又無息而非實現者。學者於此三致意焉!若夫侈口大同,毫無悲愍,空談聖志,不解聖心,亂天下者,必此人也。故下之為夸誕之學,而上之有優偽之政。

四曰忠恕之道也。格致誠正修者,忠也;齊治平者,恕也。先修其身,乃至先致其知,致知在格物者,忠也;而後家齊,乃至而後天下平者,恕也。自明不已,所以親民止是修身、止是誠意者,忠而後恕也。惟囊括宇宙、包並六合者能恕,惟大公無我者能恕,惟捨己從人者能恕,惟順其幾之自然者能恕,惟行其所無事者能恕。而不然者,則矯糅造作矣,功必自我成,名必自我居矣,不以欲從人,而以人從欲矣,此天下所以騷然矣。夫亡國之君亦自有才,但恨其不能恕耳!夫千聖百王,豈有神奇,亦不過行其恕耳。是恕也,必忠信以得之,驕泰以失之。

五曰得國之實也。水積成淵,蛟龍生焉;土積成山,風雨興焉;眾志成城,而國立焉。毋謂兵強,民不畏死,強於兵者亡於兵。毋謂財聚,生之不眾,而源竭不來。毋謂政柄在我,民可得而欺,其所令反其所好,而民不從。毋謂今不與於古,情切而無迂,明明簞食以迎師、火熱而望霓,不誣也;撻秦楚之堅甲利兵,不誣也;外患不足患,天菑不足菑,民渙而國渙,不誣也。吾所恃以敵強梁者,民,奈何並民而敵之。吾所恃以植基本者,民,奈何捨民而他植之。鋤異而異熾,噬我不我恤,而民不然,奈何獨於民而棄之?得國之實,在得民心,得心有道,無逾《大學》。《大學》之言曰:民之所好,好之;民之所惡,惡之;此之謂民之父母。好人之所惡,惡人之所好,是謂拂民性,而菑必及身,彥聖不通有技娟嫉者,仁人放流之,是謂能好人、能惡人。民具爾瞻,辟則為天下僇矣。峻命不易,失眾則失國矣。徵諸近事,豈迂談哉!長國家者,顧不求實哉?

六曰格物之功也。泥德性者,先立乎其大者而無事矣,及其弊也,六藝廢,禮樂崩,言之無文,行而不遠。泥問學者,窮致事物之理而多事矣,及其弊也,支離於文字,逐物而誰歸?私意補經,欺今誣後。格物之不明,聖學之不行,千有餘年矣。陽明釋《淇澳》之詩曰:引詩言格物之事,於是而格物之說明,證之於《中庸》,而格物之說愈明。自修而道學,即尊德性而道問學也,為性而學,學以盡性,以是為格物之主張也。威儀而恂慄,即致廣大而盡精微也,以是為格物之貫徹也。君子之道費而隱,所以知遠之近、知風之自極於無聲無臭者,為格物事也。鬼神之道微之顯,所以知微之顯,極於參天贊地者,亦格物事也。《中庸》言可以入德矣,《大學》言格物而後知致,乃至天下平矣。夫道若大路然,未有若一丘一壑一先生之言者矣。格物之說建立不搖,天下自此平歟!

七曰孔顏之樂也。所謂誠其意者,毋自欺也,誠之事也。如惡惡臭,如好好色,此之謂自慊,誠之有得也,快也,足也,所謂樂也,知之者不如好之者,好之者不如樂之者也。君子造道自得,則居安資深,左右逢源,有諸己之謂信也。是則樂也者,誠也,而即信也。仁義之實,事親從兄是也;智之實,知斯二者是也;禮之實,節文斯二者是也;樂之實,樂斯二者是也。是則樂也者,誠也,信也,而即所謂樂也。仁義智禮信,而即仁義智禮樂也。興於詩,立於禮,成於樂,是之謂孔顏之樂。與其云蔬食而樂在其中、陋巷而不改其樂,謂之為孔顏之樂,曷若云不厭不倦、拳拳服膺,謂之為孔顏之樂歟!學孔顏之樂,毋寧學孔顏之誠歟!或問:何謂孔顏之誠即孔顏之樂?曰:當下心安而已。又問:有殺身以成仁者,樂乎?曰:求仁而得仁,又何怨?

八曰眞實之知也。知止而後有定,知所先後,則近道矣。於止知其所止,可以人而不如鳥乎?於是學者談行,必求其知;於是學者求知,不求於盲師,必求於故紙。夫知也,不求諸自我,不求諸現在,而顧可得而眞實哉?陽明之言曰:非實能修身,未可謂之知修身。此言乎知,為其證知,非徒解知也。驟言證知,憑何而能,是有妙術不可思議,則必為聖人之志是也。譬如復仇,懷必死之心者是也。制之一處,無事不辦也,思之思之,鬼神通之也。是之謂眞實之知也。

九曰《學》、《庸》之事也。夫學有區徑,有方術,有效果也。《中庸》之書,三者具備,孔學之概論也。費而隱、微之顯者,道也,區徑也。誠者,行也,方術也。贊聖者,極也,效果也。若夫《大學》,止示方術,唯是聖行也。格致誠正,止於至善也;修齊治平,止於至善也;皆行也。君子欲學問思辨,讀《中庸》;君子欲篤行,讀《大學》。

十曰《學》、《庸》之序也。常言《學》、《庸》,先《大學》而後《中庸》,為曾子之師,先於子思之弟,此說出朱晦庵,而不知其所據,故不從。《史》記子思作《中庸》,而未言曾子作《大學》,一也。《戴記》明明《中庸》列前,《大學》列後,二也。程子亦言:《大學》,孔氏遺書,不言曾子所作,三也。陽明旁注,逕題"漢戴聖撰",四也。今之意,先欲明孔學概論,而後談孔學聖行也,故《中庸》先,而《大學》次也。

嗟乎!孔學之不行久矣。蓋支離之為弊,而迂濶之誤視故也。《王注》讀,而支離之為弊祛;十義明,而迂濶之誤視除。蓋實有不能已於言者,而豈好事之徒,嘵嘵不已者哉?

《論語課》敘

能使其國必亡而無可救藥者,偷與私也。能使偷私之禍深錮而不拔者,鄉願也。求生則害仁,謀道不謀食。而鄉願同流合汙,奄然媚世。積習中於人心,豆羹簞食是圖,而何有於國?大廈將傾之勢,而聊樂我員;流血百萬,乃視若無覩、聽若無聞;若之,何其救之也!

疾雷破山風振海,儻足以動之;烈日當空,儻足以明之;其必曰:孔子眞精神,嚴之以義利之界也歟!義利之界明,譬之播種,始可以言耕耨,以是談學,志不離道而遊不廢藝,學袪其蔽而思通其神,忠必參前倚衡,恕必人立人達,詩必於思,禮必於本,性天必至於寂,而上達乎不可思議。若乎為政,則大同之世,必極於均和而安。孔子之道有如此夫!

義利之界不明,二千餘年晦盲否塞,反覆沉錮,以極於今日也。《論語》至言,視之如秋日慘淡而無光也,嚼之如土飯陳羹而無味也。以是談學,鄉願也,偽孔也。國危如是,人心如是。孔子眞精神,嚴義利之界,於《論語》中表而出之,課己課天下,溺以是援,憒以是啟,誕先登岸,德以不孤,誠先務之急哉!誠先務之急哉!

民國二十七年五月敘於江津支那內學院蜀院

《論語十一篇讀》敘

佛學有結集，有毗曇，三藏浩瀚，循其統緒而可讀。孔學無是，既阨秦火，又復年堙，於是老師宿儒，曾不能答具體之求，而世無眞孔。世既不得眞孔，尊亦何益於尊，謗亦烏乎云謗？苟可取而利用，崇之如天，或不利於其私，墜之如淵，於孔何與哉！東海有聖人焉，此心同，此理同也；西海有聖人焉，此心同，此理同也。而愚者不然，曰此禪也，非聖也，死於門戶之拘，一任衆芳蕪穢，天下不知務者又如此也。嗚呼！孔學亡矣。若能精內典，嫻般若，興晉以秦者，文武之道猶不盡墜於地歟？

般若直下明心，孔亦直下明心，蓋墨子短喪薄葬，一切由事起；孔子食旨不甘、聞樂不樂，一切由心起。直下明心，不願乎外，是之謂一；無入而不自得焉，是之謂貫也。然因是而有疑意見之心直下危險者，而不知般若固自性離言，但行於義也，般若固無知也。般若離言行義，孔亦離言行義，所謂時行物生，天亦何言也。般若無知，孔亦無知，所謂問我空空，叩端而竭也。然因是而又有疑乎？純任天然墮落無事甲裏者，而不知般若固相似相續而不絕也。般若相似相續，孔亦相似相續，所謂逝者如斯，不舍晝夜也。於穆不已，天之所以為天；至誠無息，人之所以為人也。非盡心知性不足以知天，非知天之所以為天，不足以知人；非知人之所以為人，不足以知仁，仁者，人也，孔之所以為孔也。如是集《性天篇》而讀也。直下明心不由事起，故求仁得仁,無與於父命天倫,殷有三仁,無與於去奴與死,忠清難行而無與於仁,欲仁至仁而無與於遠。仁也,性天也,一也,然達於事,則分別非一也。事親,仁也;從兄,義也;知不去乎二者,智也;節文斯二者,禮也;樂斯二者,而烏可以已,樂也。義集而快足也,意誠而快足也,有諸己之謂信也,是則樂也者,信也。興詩立禮而成於樂也,知之好之不如其樂之也。是故孔顏之樂,豈吟風弄月以歸而倉卒可尋也?如是集《仁篇》而讀,集《禮篇》而讀,集《達道篇》而讀,集《為政篇》而讀也。直下明心有諸已而信,循至美大聖神而高堅前後不可為象,然有其方,則下學而上達是也。博文而約禮,文行而忠信,不息悠久則博大而高明,如是集《為學篇》而讀也。溫恭而安,悲愍而為,如是集《聖德篇》而讀也。始之集《勸學》、《君子小人篇》而讀,以定其趣也。終之集《群弟子》、《古今人篇》而讀,以博其義也。

孫輩讀經,苦無課本,類而聚之,曰《論語十一篇讀》也。倉卒應求,粗疏無當,若必組織成統緒談,須萃群經,大其結集,然後有濟。此儒者所有事也。嗚呼!先疇畝畝,蕪穢如斯,在我後之人,又安能忍與此終古哉!

民國二十年辛未十月歐陽漸敘於支那內學院

《孟子八十課》敘

文武之政在方冊，人存政舉，人亡政熄，故為政在人。然久之而不得其人者，其故何哉？一，畏言聖人；二，不畏鄉願；三，生死事大、仁義事小；四，貴勢不貴自；五，不知輕利而重義；六，不知生於憂患死于安樂；七，不知心之為聖；八，不知學之至易；九，不知學惟不已；十，不知虛名可恥。

以是十因，而草野無賢：一，不知民為貴君為輕；二，不知政乃不忍之心之所寄；三，不知廢興存亡之係於仁政；四，不知禦侮之在於自强；五，不知時勢之易為；六，不知政外之政；七，不知巧便以行其政；八，不知王霸之辨；九，不知殺人兵戰之不可用；十，不知人民、土地、政事有根本之創制。

以是十因，而國家無政：一，不知事功之非極；二，不知勢祿之非泰；三，不知聖教之差別；四，不知成人之差等。

以是四因，而天下無道。無道則無人，無人則無政，無政而天下亂，乃至於亡。

反而言之，師道立則善人多，善人多則有政，有政而國理以强。若是乎，教之至足重哉！夫教必自童蒙始，蒙以養正，聖功也，先入者主之。人皆可以為堯舜，植基之教，不擇而施焉。乃斷章取義於《孟子》，得八十課而課之。

民國二十五年夏歐陽漸敘於支那內學院

《孟子十篇讀》敘

生孟子後二千餘年,取其書而讀之。若周穆王遊化人之居,光影所照,目眩不得視,音響所來,耳亂不能聽,何物聖言,奪人神識若是!蓋浩然之氣,盛大流行,窮天地亙萬古而常新者也。

浩然之氣集義所生,是故孔子言仁,孟子言義。羞惡之心之謂義,人能充無受爾汝之實,無所往而不為義。名節事極大,生死事極小。唯一義行,恣肆縱横,舉之而無上,揮之而無旁,敵之而無當,至大至剛,何弱何强,天下若此,而可侮哉?生死事極大,名節事極小。轉移於時勢,有人而無己,偷習中於膏肓,無往而非畏葸,一卻一前,自伐自毁,輕河山於一擲,坐以待斃而已。均之為國也,擇術不可不慎也。

月征日邁,鍥而不捨於物質之有形,貨財而甲兵。月征日邁,鍥而不捨於道義之無形,磅礴而彌綸。其致力也平,其充分也等,固無足輕重於其間者矣。然而有形有律,受配於數常不能越量而非常,聽命於時勢不敢自主而超勢,倚物而後起,不能憑空而憤起,一機械之器而已矣。若夫無形,履虚若實,變動不居,匪守故常,不可思議,優敗而劣勝,甚險而至平,自倚於長城,其遊於天之庭乎?是謀國之楨幹也,奈何駭視扶蘇而忘其楨幹乎?楨幹先撥而扶蘇不害乎?利或時不利,義則無不利,吾故曰均之為國也,擇術不可不慎也。

今天下亡矣,横議熾矣!有奮勇自拔者,彈之曰唱高調,而上達之機斬矣；有壞法逾閑者，護之曰私德不干涉，而下流之居保障矣。上之日偷日懦，而無所謂國矣；下之自衣自食，而無所謂國矣。伈伈俔俔行，直不知人閒有羞恥事矣！沉淵溺淖，至矣極矣！疾雷破山風振海，十日並出，金石流，土山焦，振聾瞶於今日者，其唯《孟子》乎？

人之所以為人者，氣也，節也；國之所以為國者，民也；是三者，天下之大本也。如是讀《氣第一》、《士第二》、《民第三》。仲尼之徒，崇本而黜末。如是讀《義利王霸第四》。民往而歸之曰王，歸之於仁也。如是讀《仁政(上下)第五》。事親者仁之實也，孝弟者堯舜之道也。如是讀《孝弟第六》。父子主恩，君臣朋友以義合。如是讀《君臣朋友第七》。仁義根於學，乃所願則學孔子也，孔子之學，誠而已矣，孟之學孔，易簡而快足是矣。性善也，義內也，四端固有，萬物皆備也，不慮而知、不學而能也，立乎其大，小不能奪也，人人親其親、長其長，而天下平也，凡若此者，易簡也。充其量也，盡其才也，盈科而後進，放乎四海也，自得居安左右逢源也，凡若此者快足也。如是讀《學第八》。孔子之學一貫，當下安心，孺子入井之惻隱，即親死委壑之顙泚也。墨子兼愛，二本而失本，孰不可忍也。如是讀《非彼第九》。有私淑艾者。如是讀《自宗第十》。

疾雷破山風振海，十日並出，金石流，土山焦，振聾瞶於今日者，其唯《孟子》乎！

民國二十一年十二月歐陽漸敘於支那內學院

《毛詩課》敘

迨天之未陰雨，綢繆牖戶，誰敢侮予？今則流血百萬，慘不可言矣。事前有備，謂之未雨綢繆；事後追隨，謂之亡羊補牢。然今日之亡羊補牢，又他日之未雨綢繆也。綢繆在作新，作新在作氣，作氣在觀感而憤悱。聲音之感人也，成於樂而興於詩。古人於詩，朝會燕饗則歌，鄉飲鄉射則歌，迎寒逆暑則歌，一室琴書歌聲，若出金石。蓋無時無處無人無事不歌，此其所以日新不已也。合樂曰歌，樂亡而歌亦亡，吾獨奈何哉！王陽明歌詩，一人堂上舒徐節奏，十餘人堂下隨其節奏密詠酣吟。徒歌曰謠，亦善權方便而可法歟？滬戰烈，渡江棲六合，兩閱月成《毛詩讀》三冊，節彼三百篇之三十，以為課也。繞梁裂石，奮然起矣！

民國二十七年五月敘於江津支那內學皖蜀院

夏聲說

人必有所以為人，然後能人，然後謂之曰人。人之所以為人者，惻隱、羞惡、是非之心是也。堂下觳觫，堂上不忍，況乎國將亡、族將滅、種將絕？痛之所不勝，不得不大聲疾呼，奔走號咷。大聲疾呼，奔走號咷，而後舉國震悚，萬眾一心，出其才力智能以自拯。蹴爾嗟來，寧死不屑，況乎謂他人君、他人父，妻子生命繫其所屬？恥之所不堪，不得不雷聲獅吼，誅心褫魄。雷聲獅吼，誅心褫魄，而後大盜不能移國，神奸不能蠹國，强暴不能噬國。顛倒不平昭釋於路人，況乎周孔例桀跖、操檜儕曾史？傾天柱地維，溺人心於必死，忍之所不能，不得不直聲執言，日光明照。直聲執言，日光明照，而後莠不能亂苗，紫不能奪朱，鄉愿不能亂德。

本人之所以為人之心，以發其至大至剛至直於聲，稱之為夏聲。無惻隱之心，非人也；無羞惡之心，非人也；無是非之心，非人也；是則無人而無夏聲也。中國蠻貊之所之，舟車人力之所至，日月霜露之所被，吾夏聲一呼，宜乎盡人憤悱，而相應以起也。孔子之道不著，軻之死不得其傳，夏聲乃不得不發。夏聲者，孔子之中庸，孟子浩然之氣也。夏聲者，以一言之曰誠，以二言之曰中庸，以三言之曰直方大，以四言之曰浩然之氣，人之所以為人，其為物不二故也。

中庸何以是夏聲耶？君子之道費而隱，鬼神之德微之顯，合費隱微顯於一物，謂之為中庸，至眞之物不可以費隱微顯囿也。民質之日用飲食,即包並乎知化窮神,天命之微妙玄通,無以異乎日月呈露。小以誠小,大以誠大,幽以誠幽,明以誠明,不誠無物,誠固物之終始者也。何謂終始?譬如車行,跬步其始,千里其終,輪廓錐地,轉點轉積,以得一周,積周成里,積里成千,盈億累兆之周,而不能缺錐地之一點,缺一點於錐地,即不能成周成里,其勢然也。參天贊地,點之至於千里也,愚不肖知能,點之起於跬步也;受命制禮,點之至於千里也,不覩不聞,點之起于跬步也。千里之點即跬步之點,點固無殊也,舉費即舉隱也,舉微即舉顯也,費而不遺隱,微而不離顯也。眞實周通是謂中庸,故曰夏聲為中庸也。是則直方大之夏聲,亦誠而已也。

今夫人心之姦偽,而無術以止之也,為之鬥斛權衡以量之稱之,則並與鬥斛權衡而竊之;為之符璽仁義以信之矯之,則並與符璽仁義而竊之。治老氏學者曰:掊鬥折衡而民不爭,焚符破璽而民樸鄙,攘棄仁義而天下之德玄同矣!無為而自然,希夷微而一。此雖得中庸微之顯之理,而不得其費而隱之道。據未來將至之幾,而不順素位現在之誠。若是謂之希聲,異方直大之夏聲,包藏禍心者,又並此而竊之曰老成謀國,委曲以將事,於是鬼域充於朝野,國眞無以為國矣!致用之所至,容或一相似,而以為大本大經者,則君子不由也。

國之瘠貧,民之寡恩,聞墨氏之風者,又作而起矣,節用短喪薄葬,裁物質之贏虧,以抑其性情之舒發。君子曰不然,誠不可戕賊,而均則無貧。兼相愛,交相利,愛人者,人必從而愛之;利人者,人必從而利之。君子曰不然。吾誠於身而愛身,吾誠於人而愛人,若為人之愛我而兼愛人,則愛不誠,所為二本也。此亦異乎直方大之夏聲也,君子不由也。

君子之正人心也,必中庸是由,不誠無物,故君子貴誠。誠非第成己也,所以成物也,故至誠無息。誠則至矣,盡矣,蔑以加矣!請益，曰不息而已。不息則久而徵，博厚而高明。昭昭之天不息，而日月星辰以繫；撮土之地不息，而華嶽河海以置；卷石之小不息，而草木禽獸寶藏以聚；一勺之水不息，而蛟龍魚鼈以生，貨財以殖。天之所以為天，文王之所以為文，皆於此不息寓也，又何人心之不得其正哉！此不測之義然矣。

請舍不可思議，而證以目前淺義，亦無不效也，久於其道，天下化成故也。久則是非之大明也，神咒呼名，鬼蜮藏形，效一。久則識種之觸應也，人非一成善惡環生，效二。久則有徵之足信也，冰山非倚，金石足恃，效三。久則主客之勢移也，喻利拜金，聞義依心，效四。久則多寡之勢敵也，敵彼咻楚，丁寧鐘鼓，效五。久則環境之變遷也，素視琦寶，須臾弁髦，效六。久則仁義未嘗不利也，信徧國人，廣譽施身，效七。久則監偽之無終也，趙孟貴賤，董叔繫援，效八。久則清議之不容也，落魄無歸，有靦無依，效九。久則垢穢之無傷也，四凶不穀，元愷迭出，效十。故曰君子正人心也，必中庸是由也，是則救人以夏聲，亦久於其道而已也。

古之所謂夏聲者，詩三百篇，聖賢發憤之所作，《節南山》以下諸詩是也。《孟子》七篇，則疾雷破山風震海，直方大之聲，振聾啟聵於末世，無以逾焉。勾踐滅吳精神，見於《吳語》、《越語》。《史》、《漢》之刺客遊俠、黨錮獨行，凜凜有生氣。下而至於韓之文，杜甫、陸遊之詩，辛棄疾之詞，史可法之疏，乃至忠肝義膽，片言舒鬱，莫不皆夏聲之所寄。

夫夏聲者，人之所以為人之心，人莫不皆然，吾烏知今必異于古所云？丁寧淳於振鐸，急起行之而已矣！

論學書

與陶闓士書(四則)

與陶闓士書一

鄉願何以為德之賊？孔孟何以必取狂狷？蓋相似法流與義利之辨之所以必講也。

孔子開口曰:君子謀道不謀食;孟子開口曰:舍生取義。必如是充類至義之盡,而義利之界始明,鄉願、聖人之分始晰。是則存一毫生望以為學,便是小人喻於利;有一毫苟且,淆襲神明不快足,便非君子喻於義。種瓜得瓜,種豆得豆,種子雖微,發生乃大,不辨於初,必墮於終,人禽之分一成不易,可畏哉！陽明有言:不抉其根日滋灌培,但培其惡,可懼哉！是則不欲為人則已,如欲為人,則必學聖。不欲學聖則已,如欲學聖,必辨義利以端其趣也。

鄉願不然,謀食不謀道,舍義而取生,既持之有故、言之成理,而凡人又樂易於習俗而難有出類拔萃之志,如是輾轉相承,無非鄉願。以兩可為中庸,以淆襲為道義,亦復誰能覺察哉？

孟子直指斥其立足曰"奄然媚世",銷青年向上之芽;又直斥其毒害曰"為德之賊"。明白若是,尚可誣哉?有恆產而有恒心者,為一般平民言也;無恆產而有恒心者,唯士為能也;又直斷之曰:士何事?仁義而已矣!一簞食,一瓢飲,賢哉,回也!賢哉,回也!捉襟見肘,歌聲若出金石,吾黨之士則然也。嗚呼!士既困於特立獨行之無資,而又困於賢父兄之不得,銷沮英雄,往往若是,千百萬群有一於此不受困縛,而又縛於不願人為聖賢,儕落於氓之蚩蚩,何其不幸哉!有平民之教,有豪傑之教。若不輕乎群眾,孟子則曰人皆可以為堯舜而已矣。

嗟乎!闓士,立教不當如是哉?救今天下,應以舍生取義之教。世無聖人,大亂不止,政變必不能善,雖強如列強,可以已哉?政變之變,變豈有極哉?

二七年四月六日

與陶闓士書二

昨發長函,辨明立教之邪正,大柢生滅立腳為邪,無生立足為正,孔孟與釋迦不異。若不先事辨明,息息直追,他日何能見危授命?夫見危授命,已是今之成人,並此而推翻之,曲順世求,此其所以多漢奸也!如某某者,學問文章、政治科學,擅絕一時,前後都以漢奸為藏身之所,蓋無以植基,聲譽日隆,浸假而入於歧途而不覺也。捨生取義,今日植基;見危授命,他日將事;不可錯也。寡尤寡悔,祿在其中;學也,祿在其中;忠信篤敬,蠻貊亦行,奈何懼政變餓死而改其趣!故既辨明立教之本,而復咏歌其事,得偈凡六。吾子不俗,當可談歟!

藝堪盟主千生造,文到驚人萬死來,解放且尋吾故我,黃昏杜宇一聲哀。

八十行年十二耳,古來七十且稀奇,莫將文字來求我,六念先應死念追。

求生的是利邊存,肯死方為義入門,瑣尾流離必有事,金剛威力自然尊。

孔子毗曇彌勒天,向來水火不同年,中庸無臭涅槃寂,菩薩原來倚佛邊。

涅槃非一復非二,橫固蹈非縱亦非,一語三玄玄三要,箇中消息莫相違。

須知初步研唯識,二步還應唯智研,三步涅槃探果果,我常淨樂秘經傳。

四月七日

與陶闓士書三

兩函談義利之辨,認明生之為利謀生而徇俗,是鄉願之根株,此為入德最初法門。於此方針決定,無一毫夾雜,他日必聖賢。於此方針不定,謀食、謀道,紛然雜出,善斯可矣,何為踽踽?今日鄉願,他日焉得而不漢奸?故不得不反覆丁寧也。世之所以一說聖人,即奔走駭汗而不顧聞者,為其舍生也,為其舍生則於數事不可解也,餓死之教不可普及,仰事俯蓄不可不理,科學致用不可不悉,三事是也。

茲為解之:孟子"無恆產而有恒心",明明為士言也。其為民言,明明說“有恆產而有恒心”也。士者,民之中堅,國之所基,而教之所寄,烏可以齊民恕哉?然子貢問政,子曰:足食、足兵、民信之矣,而必究乎民之所以為民,則去兵乃至去食,曰:自古皆有死,民無信不立。孟子:養生送死無憾,王道之始;而至談人之所以為人,則曰:人皆可以為堯舜。政可宜也,教不可移也。齊民可隨也,士不可恕也。樗櫟梗楠視其種,江漢澤淖視其趣,決定革命不惑保皇,決定抗虜國不可亡,近事取徵,矧談大道,而立大教。“仰不足以事父母,俯不足以蓄妻子”,孟子此言為齊民言也;士於事蓄乃無不足,衣敝緼袍而負米百里,歌聲金石而藜藿晨昏,但見古人過量精神,未聞餓死豪傑父母。習膠貴族而夢繞玉堂,便不可織屨辟纑,便不可泥塗胼胝。寄生之路塞,不得不趣高官厚祿一途,縱飫雞豚,而豈其養志?立身行道,揚名於後世以顯父母,豈犬馬之養已哉?大同之政不興,學供終歸無術,若但恒年粗糲,豈必稚子悽其?

君子喻義,已立初關,以此成材,自須博學。譬之藝木,播種植根,其始也;枝葉扶蘇,其繼也。立志辨道,其體也;多才多藝,其用也。豈惟科學致用應亟學也,文章淵雅豈廢學哉?然君子科學意在致用,小人科學乃以謀生,趣各不同,國家收穫,亦憑判豐歉。子路問成人,子曰:若臧武仲之智,公綽之不欲,卞莊子之勇,冉求之藝文,之以禮樂,亦可以為成人矣。體用賅備,乃稱全人,然亦之云者,猶有最上一層在也。今之成人,體用難並,姑先其體,曰見利思義,見危授命,久要不忘平生之言,亦可以為成人矣。此言亦者,但具人格,異非人而已。體之為物,人禽之路,邦家之基,禍福之胎,而可忽哉?

先不言體,遽談無體之用,且以致用之用作謀生之用,盜明堂之器,咽賣餳之簫,何教不摧,何法可益?為之斗斛權衡以信之,則並此斗斛權衡而竊之,亦窮於術哉!嗚呼!世之敗壞,至是極矣。觀國是者,莫不歸過於貪汙之官吏,豪劣之士紳,苟且偷墮之社會,此固然矣。然亦知病本之由來乎?二千餘年,孔子之道廢,鄉願之教行。孔子謀道不謀食,鄉願則同流而合污;孟子舍生而取義,鄉願則曲學以阿世。既有令名,復求壽考,腰纏十萬,騎鶴揚州,以視枯槁獨行,動輒駭俗,其於世閒心理,孰得孰失?其於堯舜之道,孰入孰出?當判然矣。

天下之理,不上即下,豈有中流雜染無誤?豈有安樂忍性動心?亦習偷者之姑息自欺而已矣!夫人豈甘下流哉?無主於中,饑寒迫外,衆習所徇,牽率依違,不能自拔,隨風墮溷,漸染漸安而不自覺。緣起於不能舍生,依據於鄉願以立足也。今日者,流血百萬,安全之地乃偃仰棲遲,曾不能掀牀露柱,刺激淋漓,而闒闠委蛇,衣食奔走,若不闡明孔子眞精神,何以建國?何以全愛?何以慰慘?夫孔子固溫良恭儉讓,吾非斯人之徒歟,而誰與也?但得其似,則中庸者,曲學阿世之媒;無可無不可者,包藏禍心之逋逃藪也。千秋萬歲遂至於今,孔子哀之,特於和平雍穆中,表而出之曰:鄉願,德之賊也!此則孔子之眞精神也。

再言鄉願,亦止是義利之界不明,雜食於道,兩歧之立足而已。孫中山先生革命是一條鞭,不可雜保皇黨開明專制。今日抗戰到底是一條鞭,不可收容主和敗類。孔子謀道不謀食,孟子舍生而取義,踽踽獨行,不可夾雜鄉願、兩邊立足之相似教。

四月二十二日

附:示陶道恕

君子先志而後事,孝慈之志不立,建國救亡之公忠不植,而遽言科學,科學利用急需之要,以圖其植私謀食之媒,以學以教。此神姦巨蠹埋葬英材而不用畚鍤也。百萬忠勇流血於前,而曾不動不移於毫末,有良心哉!深錮如是,尚有國哉!人不為國謀,國可存哉?國之不存,身將安傅哉?孔子大聲疾呼曰:鄉願,德之賊也!君子謀道不謀食也,舍生而取義者也。七十二子,誰不身通六藝?而必先立乎其大者,先其道而後其食,國與身俱强;先其食而後其道,身與國俱亡。供家小教習固非,識字田舍翁尤非。世兄亟須辨志,然後談事。

四月二十六日

與陶闓士書四

昔有參道者,左參遭斥,右參遭斥,萬道俱塞,百思無術。最後憤極,乃得一決定法,索性不參,遂豁然爆發。又有一參者,坐攀樹上,祖師教放下,乃下一足,再放下兩足,手猶攀枝;祖師大聲:放放!乃放一手,最後一手抵死不放;祖師呵棒不已,並其一手亦放,遂爾頓墜;然未墜至地,忽然爆發。

漸參死字,不下十餘年,今國破家亡,人生處處危險,無一毫安全可望,乃於儒門舍生取義,忽然開朗,快樂萬分,有把握無恐懼又千百萬分,證之佛說,乃無不合。遂欲與人共同享受,以諸函之來,正相觸動,因此喋喋多言,乃無一毫苛責人意,非背東門不得入西門,非置生死度外不得直趨涅槃。謀食以謀道,無此雜種,雜種不生稻而生莠,斷然之理也。此又非高談性命,乃生死呼吸腳踏實地也。

來書謂今日走高徑,他日反因以墜失者,此是苦節不可貞其道窮也之意。須知此種人,皆始念之志不眞,繼念之學不篤,未得障堤而洪濤即至,是以隨流下駛也。若志眞學篤,神明之地有無表色(小乘名詞)生,能為閑闌。劣種日銷,强種日熾,毫釐纖悉與心無欺,精積力久兢兢業業,但循其道消息盈虛,他日見危授命,可息息自驗矣。舍此則節節放鬆,泄泄沓沓,聖人無安坐以致之理,又況其植種之不同哉?本為解說,並無他意,乃不覺言之又長也,請止。

五月二十日

覆張溥泉書

辱書:教我提倡墨學,墨義種種切到,儒偏中和,不適抗戰時用。盥誦之餘,曷勝欽感!然吾有義陳前,幸鑒奪之!

抗戰是非常時期事,節節非常,應具一段眞精神,觸處求益。今之抗戰,貞元交會,為非常非常時期事,不但非常異昔日之常為非常,又於造他日非常之常與之不異為非常非常。蓋建國也,應具一段超遠精神,觸處自在,是則取古以資今,但有我合,而無他縛。萬不可執一先生學說處理一切,亦不必屏誰氏子論議,俾不入場,此一義也。

借資須權,而自樹必經,所謂立天下之大本,大本刊定,異則簡之,同則收之,必求大本相符,非取誰家誰氏,此又一義也。

人皆知墨,墨義於抗戰非常,多可權借。人不知儒,公亦曲從世稱,謂儒偏中和。嗟乎!此豈儒哉?取此偽儒,唯害於爾家,凶於爾國,人用側頗辟,民用僭忒,由昔平時取用至今,家國人民已如斯矣。然一談儒,無非舉偽,數千年前,儒已墮偽,彼篡此位,此代彼誅,帝閽三十三天鳴冤何處?九幽十八層地獄無此沉埋。朝野上下,此類尤多,必截根株,應明眞孔。蓋吒閣補單那咒呼其名,然後去也。新周故宋王魯,革命之義出於《公羊》,而偽儒以為說經義齊駁,豈是魯純?民為貴,君為輕,民權之義出於《孟子》,而偽儒專制之奴,謂孟子泰山巖巖,英氣甚是害事。大同出於《禮運》,而偽儒竟謂《禮運》大同之說非孔子之言。凡不合其奴性組織,皆武斷廢除,職其根據,皆自誣蔑中庸而來。眞孔以狂狷為中庸,偽儒以鄉願為中庸。眞孔中庸還我實落,偽儒中庸但有美言。樸者墮迷,奸人利用。曾子忠恕,子思素隱,孟子集義養氣而後,誰為豪傑,辨別孔子中庸?孟子集義,粉碎無遺,尚餘浩然之氣一分,不失時呈。宋明節義之士,如文、史諸人,皆有造於國家,乃至今日抗日猶能長時,無非賴是。但有一毫眞孔,得福不可道裡計,恒河沙數所不能盡,而況全體哉?眞孔既分別,人皆知孔矣。孔義不但於抗戰非常,多可權借,尤於抗戰建國非常非常,足以經宗。蓋中國哲匠,蝟起林立,於我大本,唯孔相符,同則取之,俾我大本之通於國中也。辨眞孔而已,此又一義也。

何謂大本?求寂、主一、達情是也。

何謂求寂?思議者,測施有方,規矩不逾,範圍所及之事,用莫善之。範圍不能攝,思想所不到,不知所從來,烏得其究竟?則不恃思議,而恃有不可思議。夫不可思議者,非神秘也,深隱連屬之根株,運轉密移之經歷,全體披露,洞鑒無遺,先此後此,正方異方,供彼取用,一奠萬年,人莫測所來,强而名之曰智是也。妙智由洞鑒來,洞鑒由披露來。披露由何來?由二千年鄙儒謗棄之寂滅來,由二千年鄉願誣蔑之中庸來。惟天下至誠,為能立天下之大本,中也者,天下之大本也,喜怒哀樂之未發謂之中,中即是寂,故曰求寂。

先說寂象,求寂工夫,此姑不談。寂之境界,人欲淨盡,天理純全境界也。一泓秋水,蕩滌纖塵,漣漪不動,寂滅寂然:於此悟人欲淨盡境界,佛家名寂靜寂滅。天光雲影,人物山川,悉於中現,無勞一睇:於此悟天理純全境界,佛家名無損惱寂滅。小乘寂滅,止用寂靜,大乘兼用無損惱。今談治國,應大乘同,觸處洞然寂滅全體,故曰眞孔中庸還我實落。

墨不能然,《天志篇》者,《墨》之談本也。以天之賞罰,知義從天出,以有義則治,無義則亂,知有義無義,轉展環徵,還不出一毫實落,倒果為因,因明犯過,烏乎能立?亦何異偽儒無過不及之中庸耶?異我大本,是故簡之。

飛龍在天,利見大人,大人者,與天地合其德,四時合其序,鬼神合其吉凶,先天而天弗違,後天而奉天時是也。是以坐而論道,吁咈都俞,上之燮理陰陽,中之經綸天下,下之格君心之非。堯、舜、湯、武之為君,禹、皋、伊、旦之為臣,知斯理而建國矣。自此以往,以漢高帝、蜀昭烈、唐太宗之犖犖大度、器量聰明,足以學道。以子房之沖漠無朕,諸葛之寧靜致遠,李泌之靜若用智,而玄奘之法門龍象,都為修道有得之人,乃未聞有坐而論道之舉。餘則子孫基業之不了,救時宰相之尚難,是以補苴罅漏,苟且數千年,外侮內偷之至於今日也。忽聞建國,奚翅登天大道將行也,求寂之芹獻,烏容稍緩須臾哉?

何謂主一?一則真,一則能生,一而不已,所生之數量不測。是故建立大本於一,為學為政,以是焉進退。疾呼子慎,夢應而驚,孺子入井,怵惕惻隱,忽時變時,亦不失一矣。用志不紛,乃凝於神,勢用強大,天地萬物皆甲坼矣。為物不二,生物不測,宇宙海嶽,精英誰悉矣!是故親親之殺,尊賢之等,為國以禮,不取兼愛。簡寬而狹,簡雜而純,一之為不動因也。

難者曰:大同之不獨親其親,子其子,主一者何解耶?

解之者曰:此數量邊事,非質量邊事也,親親子子,質之真也,其親其子,隘於一也,不獨其親其子,不隘於一也。千里之行跬步起,起足跬步,畢乎千里,仍跬步也,而千里也。未聞始起跬步而千里也。天行健,天之所以為天也,大道之行以不息,文王之所以為文也。一而不息,乃大同矣。誠者自成,至誠不息,所以成物矣。明德自明,自明用其極,而新民矣。忠者不欺,忠而不已,謂之恕矣。吾道一以貫之也。大同以不已生，非以兼生也。而不然者，捨質而談數，初政必大同，則民族主義幾何不因以隨逐而動搖？

難者曰：大悲之冤親平等，主一者又何謂耶？

解之者曰：判凡以執，物以執封，界以封限，此限此界，不通於彼，彼限彼界，不通於此，色不通聲，香不通味，戚不通疏，是以冤不通親，不平等也。聖判於無執，執無故封無，封無故人我界無，界尚無矣，從何所限？是以皆通，通則無不平等也。故曰：冤親平等，聖者邊事。凡者以直報怨，法界不亂，法界亂而世界滅亡矣。是故求學當求不執，毋開口平等。

難者曰：愛人者，人恒愛之，亦主一者之言，墨子兼愛何害耶？

解之者曰：兼不眞，李種桃種，無桃李種。兼無力，千鈞而二用之，生之能耐不强。兼者頓象，漸而後繼，頓則不繼。以是故，兼之為害，不可勝言。黑白之於色也，義利之於理也，忠奸之於人也，不嚴其界而故談兼，初假其名，後反其眞，今之發現變態怪形以危害邦國者，尚何言哉！孔子曰：惡似而非者，惡利口之覆邦家者，行岐道者不至，事兩君者不容也；目不兩視而明，耳不兩聽而聰也，是故君子結於一也，誠惡乎兼之為害也。自動者有力能，有精神，有繼續，作新民者應激民自動。唯性情是自中物，唯性情是相率自動，捨性情而用感情，毋曰互助也，已棄自動而被動矣。墨義無非感情互助來，感情互助，寧有種乎？感情互助，力能勢用過自動乎？感情互助，百年不變而不息乎？

何謂達情？仁者人也，仁愛結撰之謂人，是故人類之立立以情。過此不生，謂之死邊，死邊以往，衣食住行，乃至文物聲明，世宙以生存，謂之達情。唯王建國，設官分職，舉國勤動，夙夜匪懈，謂之達情之行。五行百產，天之所生，源源不盡，謂之達情之供用。是故物受支配於情,但可為情而益物,不可因物而損情。假達情之名,行縱欲之行者,情不稱物,謂之暴殄天物。物已盡而情莫達,情與物俱害也,如是須節用愛物,是謂節財之流。夫節財之流,亦唯求其情之達而已矣。至若物不稱情,不當損情而當益物,是謂開財之源。夫開財之源,亦唯求其情之達而已矣。墨不達情,役於物者,但有節流。情不稱物,節流也。物不稱情,寧抑損情,仍節流也。曾不聞一論開源。屨短而削足,冠小而剟首,其與幾何,亡無日矣!至愛者誰逾父母,大事者誰逾送死,哀痛迫切之餘,桐棺三寸,掩不及泉,三月無事。傷情無奈何,又摧其情於喘息未定之際,與其生也,無寧死。動感以樂,奮發以樂,鼓勇以樂,赴湯蹈火以樂,宣鬱以樂,通幽以樂,使民久而不亡以樂。季札聞樂,判十五國之治亂興亡,樂固可非哉?墨以酣歌恒舞之巫風,毁鐘鼓笙竽之聖雅,懲羹廢食,吁其甚哉!

夫抗戰達情也,達羞惡之義之情。喪葬達情也,達惻隱之仁之情。樂達情也,達四端之情。俱情蘊,俱本心;而謂相礙不通,不互助,不相成,乃至相剋。固矣夫,何其重物若是,而輕情又若是耶!夫為逸樂以暴物,人見而易刺也,至為偷習以暴物,則多所忽而不察矣!避難後方,建築、藏版、印訂、流通,凡木工、瓦工、土工、雜工、印工、訂工,材料所需,無所愛惜,摧殘與作成,大者一與一之比,小者不啻一與三、四之比,以此而推天下暴物,可算數譬喻哉?人世三十年,送死所費,準其所生,上者不逾十年,下者或不能一年。養生所需之摧殘,費不啻一倍二倍。若設工官,竭誠研究,督斷摧殘,以視短喪薄葬,誰贏誰絀,必有能辨之者。

上來大本所稱求寂、主一、達情,犖犖大端,墨氏皆違,違則簡之。然則墨義無所取耶?夏后氏尚忠,禹勤民事,足胝手胼,誠適用於抗戰非常之時。除《天志》、《兼愛》、《短喪》、《薄葬》、《非樂》諸篇,餘則應深研幾，信受奉行。如公來書，《尚同》者，服從主義，不容異議，抗戰之成，首在是也。《魯問》者，大國不當攻小國，抗戰極合也。《貴義》者，赴湯蹈火，積極精神不回顧也。《非攻》者，弱小民族不可犯也，反侵略不可緩也。親戚私好鄉人，不可偏重，是故《尚賢》。細文繁禮悉除，是故《節用》。必盡人力，毋委氣數，是故《非命》。抗戰死士忠魂不滅，是故《明鬼》。其他《備穴》諸篇，無非兵法，切用於目前。懇摯精誠，淪肌浹髓，誠甘露味，吾當與公共宣佈也。

公則應於大者、遠者，極深研幾也，求寂、主一、達情，是也，非偽儒說也。

二十九年一月二日

跋《中庸傳》寄諸友

每年人日大會一次，貢獻以言。入川三年，今其三次，貢此一冊。世亂由漢奸，源出於鄉愿中庸。書生不能從戎，然有道。天下溺，援之以道，道也者，寂滅也，涅槃也，孔、佛之道一也。

寄呈若木先生，須識此册繼孟子學旨，唐宋以來，諸儒皆背孟而行，此其所以產鄉愿而亂世也。請細讀此册，竟無非七十之年不能說此，毋輕視之。不薄今人愛古人，公豪傑，有此態度。（蒯若木）

入川定道友一年會一次，時在陰曆正月七日，名人日大會。會上必貢獻以言，今會談此册。君雖不與，而奮興逾人，爰贈此册以表敬意。天下亂於鄉愿中庸，眞實中庸，請精研此。前君寄之文，敬佩，非力爭上流者，不能道其隻字也。（傅冰芝）

人日大會，去年談《心經》，今年談《中庸》。漸自認識佛義在無餘涅槃，轉讀孔書，始粲然矣。此作係七十之年乃能，毋輕視。衡如聰明，何所不能，顧知之易，而行之難也。（劉衡如）

闓士死矣，行誼不媿古人，斯亦足矣。無人傳意長者，乃逕情直達，未具正式箋候，不敬歟？孔、佛原來無異，而唐宋人異之。無病而藥，又藥以醫藥。饒舌哉，然不可已已。（趙堯生）

孔、佛通，通於此册。漸非七十之年不能說是，幸毋忽之。一字一句，皆有根本。孔書本孔，不牽於佛，解經家法，法爾如是，唯我文通，始足與談。孔學聊發其端，大事無量，甚望我弟繼志述事。（蒙文通）

寄此册，閲後與倪、毛、王諸君同看。能擴充宣傳，俾人人知狂狷中庸，然後佛法乃大昌明也。（虞修庵）

孔學，文通外唯君尊重。寂滅義，阨於唐宋元明清，猶不提出，可謂無心肝人。不敢苟從，亦我芸生所計及也。（彭芸生）

闓士去，我愴然，公愈甚也。衛武公耄而好學，寄此册求匡正。鄉願中庸害數千年，乃不能不提出狂狷中庸也。（李泉浦）

君不能與會，大減色矣。雖然，講學亦不在見面，寄呈此，必有見以見教矣。（賴以莊）

孔家義唯君講，孔與佛無異義亦唯君談。顧無溝通，著述不得，今寄此册，視如何耶？此不過概論，略呈。多大事，希續現於世。（梁漱溟）

此書以寂滅寂靜為趣，力闢鄉願中庸，救今時漢奸之蔽。（楊杈吉）

覆蒙文通書

昨日得二十五函，更發此函，心中無限欣悅，不覺瑣瑣詹言也。云何喜耶？喜吾弟能以所學會友，孔門生趣將自此發動。昔以洙泗之傳，期諸漱溟與弟，果不負所期哉！陳學源君，相見於南京内院，頗多時日，今猶不倦所學，誠難得也。曾義甫君，與弟同赴人日大會，雖未傾談，然挹德深矣。諸君子濟濟一堂，各以所得，發明妙義，向往何已！蓋不減稷下諸賢，而上毗鄒魯之盛也，嗚呼，足矣！漸老無用，得見諸君子之林，誠不為不幸矣。欣悅之餘，乃將私見一陳於前，可乎？

道之不明也，於此數千年，究其原始，乃在孔子既沒，無結集大儒，缺毗曇大教，秦火漢儀，安知道之攸寄，如阿難、迦葉之於佛教者？故佛學尚有典型，而孔學湮沒無緒，可勝歎哉！今欲不忘大教，以正人心，應談最勝極最勝三事。

第一，道定於一尊。一則眞，二則僞。孔一貫，孟一而已矣，經旨具在，而可誣哉?！中國推至全球，唯有孔、佛，理義同一，餘則支離曼衍，不可為道。陸量弘而程量隘，東海、西海，聖同心、理，淫聲女色，强忌於先，識者知所判別矣。是故欲尊孔而有力能者，當先握生天生地、唯一不二之權，乃可整頓乾坤，位育一世，雖有萬魔，無損毫末。孔道不行，式微中露，尚惕然哉！

第二，學得其根本。根本者，性道文章。性道，仁也，文章，禮也。性道略以《易·繫辭》談性，曰：一陰一陽之謂道（一句，所謂天道，語言心行俱滅)；繼之者，善也(二句，善無準則，續乎天道為則)；成之者，性也(三句，性非苟得，圓滿充足而完成)。《大學》則談誠意，曰：毋自欺也(自即語言心行俱滅之天道，凡人皆具，始念常見。不欺者，繼其始念也，所謂善也。孔學全在不已，在止於至善，止於不已而已也。天行健，所以為天；自强不息，所以為君子)，如好好色，如惡惡臭，此之謂自慊(慊，快也，足也，則誠至於成也，所謂圓滿充足之性也，此之謂盡性)。《中庸》則談誠之不已，曰：誠者自成也(易一句同)，物之終始，不誠無物，是故君子誠之為貴(物之終始即格物，無別格物。易二句同)。誠者，所以成物也，故至誠無息，則無為而成(易三句同)。修道原於率性，既誠於道，而可忽於性天哉？性天不可聞，子貢聞而歎息不置，猶佛書之得未曾有也，遂謂不談性天，豈理也哉！子罕言仁，亦不作口頭禪而已矣。文章不但禮，而禮為幹，克己復禮，充之為國以禮。居廬郊禘，見精神極其貫格；法制政刑，見巧便不離其宗；故性天為未發之中，文章則中節之庸；仁融於心，而禮寄於事。自鄉黨以至朝庭，自小學以至大學，舉足下足，皆禮是蹈，禮之為孔道之達哉！

第三，研學必革命。天下英雄，使君與操，世間霸圖，尚須包藏宇宙之機，囊括乾坤之量，況大道之所寄哉！毗盧頂上行，直探第一義，依文綴字，三世佛寃矣。曰古之人古之人，雖無文而猶興，在陳思魯，狂簡縈於夢寐矣，价闍黎須仔細，此何如事，與無擔當人商量乎？補清末所缺，事也，非志也；比肩鄭、馬，上溢董、劉，事也，非志也；極追游、夏，猶事也，非志也。删修大事，有德必有言，若使顏氏子在，安知不能贊一詞哉！顏、曾、思、孟，是一流人，不惡於志。顏淵曰：舜何人也，予何人也，有為者亦若是；孟子曰：乃所願，則學孔子也；孔子曰：吾十有五而志於學，故必先定其志歟？孟子曰：士何事曰尚志，無志失士名矣(宋明程、朱、陸、王最足崇拜，在能尚志)。觀唐虞夏商周於《尚書》,得伊尹、周公之志;繼以《詩》,則記言、記事之外,採風什雅,感人音律,豳歌雅詠,胥見其志,見盛周之全也;《詩》亡然後《春秋》作,孔子志在《春秋》,《春秋》者,天子之事也。故必有志,然後乃可言學。數千餘年,學之衰弊,害於荀子,若必興孔,端在孟子。《詩》、《書》、《春秋》,統歸而攝於《禮》,《荀子·禮論》無創制之意,《中庸》本諸身,徵諸人,皆製作之能。學《荀》未免為弊人,學《孟》然後為豪傑之士也。有志然後能文章,更能進於性天。《禮》須囊括宇宙,《易》則必超於六合之外;《禮》唯集中國之大成,《易》則必契般若、瑜伽之妙,而得不可思議之神。《中庸》之素隱不已與修道,語語皆與涅槃寂靜相符,漸既揭之矣,而《易》之契般若、瑜伽者,留待能者可乎!自來說經,唯《易》採道家語,而猶未能融佛氏理,蕅益《禪解》,八股時文最足害人。發菩提心,超祖越佛者,干雲直上,唯見徧周沙界,眞幻一味,則必不遺《易》與瑜伽之參究者歟!

三段私見,若解經家都願學孔,或不河漢視之。

三十二年二月一日

《中庸》傳

緒言

一,學有概論,乃有系統,雖不得全,猶知其概。孔學有系統談,止是《中庸》一書,《大學》猶所不及。顧幸有概論,而又為鄉願所誣,則與無概論等。雖然,概論而原無,不害其無;概論而亂有,實害其有。故欲探學,必辨概論。

二,認寂本體。人非喪心病狂,無不知重自家本體。何為本體?寂滅是也,寂滅非頑空無物也,乃人欲淨盡,滅無一毫,而後天理純全,盡情披露,寂滅寂然,是其相貌,故寂滅為本體也。天下充量,動曰全體,全體者,廣大義,顧廣大誰逾於寂?天下至竟,動曰實體,實體者,精微義,顧精微誰逾於寂?是故寂之為體也。體但名字,廣大精微之寂,則實相也。人但緣目前小境,不肯緣全體大寂者,小兒不知天廚糗備,自不捨手中餅餌,無怪然也。此有三事:一,錯;二,駭;三,怖。達者則異。一錯者,不知人欲毫不可留,不知天理別有乾坤,但認寂滅全體無存,此其錯也。韓愈誤清淨寂滅,遂惡清淨寂滅,並使千載至今,張冠李戴,豈不冤哉!人何以服韓而不信聖書難讀也,習易從也,蔽之為害也,須辨也。演若達多,晨朝攬鏡,自怪其頭,駭絕狂走,蓋由誤來,乃至惡自而駭自,寧有日而返自,故宜辨急也。誤而駭,駭而怖,然無可怖,魚日在水中,人日在寂中,寂焉可離,怖亦不得,但辨之,即啞然也。故欲研《中庸》,須先認寂。

三,為眾立教。止有寂滅,是大王路,曾無人道歧於天道,然人質有殊,而皆可堯舜,是以方便,依天道性,立人道教。依天道性,雖雜染種,而隨順清淨種,由隨順趣向,而引發轉變,乃胎脫其凡家生於聖。是則教與非教之判,判之於寂滅清淨是依,流轉雜染是隨而已,而世見不知也。形色天性也,然是雜染種寄居清淨種之場,而不可隨也。教之為捨染取淨依,於清淨而引發其種也。是故性無頓漸,而教有等差。

四,切求功夫。功夫止是一,不已而已,念念相續,無有間斷,身語意業,無有疲厭是也。性修非二,二則功夫全然不是;性修非一,一則已至,不用功夫,故曰不已。不欺也,善推其所為也,苟能充之也,拳拳服膺也,固執也,立見其參於前也,在輿則同見其倚於衡也,一物也。心莫知其向,何所術而使之不已,然有二方便,曰:厚植善根,增上善知識。厚植善根,不外乎時習,譬如牧牛,若趨水草,狃之歸路,久則馴熟而有勢引。勢引者,根力強厚,如開導依,開前導後,謂之曰引。詩翁陳散原,一日謂予:作詩如有嗜好者,役命於癮,轉輾不捨,功於是深,癮之為言引也。善知識者:一,人;二,法;三,作觀;四,離擾。人,為師友;法,為圖書;作觀,如十目所視,十手所指,如《淨行品》一百四十當願眾生;離擾,則可已之緣應遠離,持戒第一。

五,非一人之中庸,非高談性命之中庸。談者曰:習定是個人事,然則治天下國家,須終日擾攘耶?叢挫之謂何?故知非一人之中庸,而天下之中庸。談者曰:中庸高談性命,何補經權?然則所謂九經不必一誠耶?離位育參贊,誠不知其復何所為謂之實事。

六，非鄉願中庸。中國自孟子後數千年來，曾無豪傑，繼文而興，蓋誤於鄉願中庸也。狂狷中庸，義利之界嚴，取資之路寬；鄉願中庸，義利之實亂，取資之徑封。似義實利，別為一途，如半擇迦非男非女、亦男亦女，如不死矯亂非是非非、亦是亦非。其曰無過不及之謂中，則迷離惝恍，無地可蹈也；其曰平常之謂庸，隨俗浮沉，無萃可拔也。東海西海，聖人心理無不皆同，而斥為異端，簡為禪學，防為淫聲女色，一不相避即入其玄，無非凡心支解聖量，遂使心思慧命，戕賊天下後世於邪慝之手，乃猶曰中庸法爾而然也，人皆盡承曰中庸法爾而然也，嗟乎冤哉！

為上六端，作《中庸傳》。

民國二十九年一月歐陽漸述於江津支那內學院

《中庸》傳

喜怒哀樂之未發謂之中，發而皆中節謂之庸。中，即無思無為、寂然不動之寂；庸，即感而遂通天下之故、之通。《莊子》：庸也者，用也；用也者，通也；通也者，得也，適得而幾矣，因是已，已而不知其然之謂道，易窮則變，變則通也。寂曰大本，通曰達道，寂而通曰中庸。未發寂也，與寂相應而中節，發亦寂也，寂即隱也。《中庸》有隱名，無寂名，故曰《中庸》索隱之書也。

《中庸》三大義，曰修道，曰素隱，曰不已。隱，道也；素隱，修道也，素隱而不已，修之成也。文詮三義，為三科：曰略論，曰廣論，曰結論。第一科略論，有三，初詮修道。人皆可以為堯舜，而中下人多，特開方便，建立修道之教，雖修屬於人，而道則皆天，趣向於天，修而不已，成功則一，故於人道而溯源天道。

天命之謂性，率性之謂道，修道之謂教。

初詮修道。命猶道也，天命，天之道也，先天而天弗違之道，一陰一陽，現成天然也。繼之者善，成之者性，天命不已，貫徹終始，謂之性也。率性者，後天而奉天時之道，不思而得，不勉而中，從容中道，亦天然現成也。此率性，是生知安行事，自誠明謂之性，天道也。修道，以仁、禮所生也。有至德在位而作禮樂，為國以禮，謂之為教。此修道，是學知利行、困知勉行事，自明誠謂之教，人道也。

道也者，不可須臾離也；可離，非道也。是故君子戒慎乎其所不覩，恐懼乎其所不聞。莫見乎隱，莫顯乎微，故君子慎其獨也。

次詮素隱。天命不已之為性，故須臾不離之為道。須臾之不離是畢竟道，故不覩、聞之戒、懼，為畢竟修。畢竟者，大本也；大本者，中也；中者，隱也，乃其所以為中而素隱也。誠不可揜，大德必受命，虛妄則忽焉沒已，眞實則日月常昭。用為見顯，體是隱微；有大本之體中，然後乃有達道之用庸。君子慎獨，獨者隱也，乃其所以為庸而素隱也。莫見乎隱，君子之道，費而隱也；莫顯乎微，鬼神之德，微之顯也。

喜怒哀樂之未發，謂之中；發而皆中節，謂之和。中也者，天下之大本也;和也者,天下之達道也。致中和,天地位焉,萬物育焉。

後詮不已。本曰大,道曰達,量不局於一隅也,充大與達之量,必天地位、萬物育,其體在隱,其功在致。在隱,則喜怒哀樂未發上求,發皆中節上求;在致,則拳拳弗失仁勇上求,溫故知新上求。其次致曲,致而不已,至誠如神,可以贊天地之化育矣。人道天道,一也。

第二科廣論。文分六段:一段,廣修道之德;二段,廣道之隱;三段,廣修之誠;四段,廣修之不已;五段,廣修道之禮;六段,廣致中庸之成。或分三段:初,道隱,為境;次,修誠、修不已、修禮,為行;後,致成,為果也。初段廣修道之德,有三節:

仲尼曰:"君子中庸,小人反中庸。君子之中庸也,君子而時中。小人之反中庸也,小人而無忌憚也。"

初節,小人反中庸。君子畏天命、畏大人、畏聖人之言,所以時中。小人不知天命而不畏也,狎大人,侮聖人之言,是以無忌憚。君有短垣,而自逾之,無所不至矣。上天下澤履,履者禮也,為國以禮,辨上下,定民志,大畏民志,此謂知本。本實先撥,天下大亂而不止矣。

子曰:"中庸其至矣乎!民鮮能久矣。"子曰:"道之不行也,我知之矣:知者過之,愚者不及也。道之不明也,我知之矣:賢者過之,不肖者不及也。人莫不飲食也,鮮能知味也。"

次節,民鮮能中庸。飲食過量不及,量是一事,飲食知味是一事。中不在過、不及上求,亦不在非過非不及上求,捫燭扣槃,盲焉得日?髻珠懷寶,不悟終貧。仁者見之謂之仁,智者見之謂之智,百姓日用而不知,故君子之道鮮矣。

後節,君子能中庸。有二:初,分述達德;後,總明達德之行。初分敘達德,又三:

子曰:"道其不行矣夫!"子曰:"舜其大知也與?舜好問,而好察邇言,隱惡而揚善,執其兩端,用其中於民,其斯以為舜乎!"

一不能中庸者,不如舜之知也。好問則裕,自用則小也。夫婦密邇,察以至天地也。君子以遏惡揚善,順天休命也。齊乎物論,道並行不悖也。素隱不已,用中於民也。

子曰:"人皆曰予知,驅而納諸罟擭陷阱之中,而莫之知辟也。人皆曰予知,擇乎中庸,而不能期月守也。"子曰:"回之為人也,擇乎中庸。得一善,則拳拳服膺,而弗失之矣。"

二不能中庸者,不如回之仁也。顏子心齋坐忘,三月不違仁。

子曰:"天下國家可均也,爵祿可辭也,白刃可蹈也,中庸不可能也。"子路問強。子曰:"南方之強與?北方之強與?抑而強與?寬柔以教,不報無道,南方之強也,君子居之。衽金革,死而不厭,北方之強也,而強者居之。故君子和而不流,強哉矯!中立而不倚,強哉矯!國有道,不變塞焉,強哉矯!國無道,至死不變,强哉矯!"

三不能中庸者,不如子路之勇也。辭爵不報,南方之忍;蹈刃不厭,北方之勁;皆不能中庸。君子和則中節,中為天下立本,而始終不變。故聞柳下惠之風者,鄙夫寬,薄夫敦。聞伯夷之風者,頑夫廉,懦夫有立志。聞史魚之風者,邦有道如矢,邦無道如矢。此孔子所以惡鄉願而思狂狷也。

下總明達德之行。

子曰:"素隱行怪,後世有述焉,吾弗為之矣。君子遵道而行,半塗而廢,吾弗能已矣。君子依乎中庸,遯世不見知而不悔,唯聖者能之。"

素隱之名立於此。素之為言本也,隱之為言寂也,不言本寂而言素隱,則中庸之言也。達德烏乎行?所以行之者,一也;一者,誠也。君子居素隱之名而行離道之怪,不誠非知也。然君子遵道而行,而不能始終不已,非仁也。君子依中庸行,不知而不悔,則神勇也。《易》曰:"龍德而隱者,不易乎世,不成乎名,遯世無悶不見是而無悶,樂則行之,憂則違之。"確乎其不可拔也。怪行,雖有述而弗為。中庸而不悔無所得行,地上無漏者行也。

二段廣道之隱。此有二節:一節,君子之道費而隱也;二節,鬼神之德微之顯也。費而隱,即道不離也;微之顯,即莫見莫顯也。此所謂素隱之中庸也。費而隱節又三:初,費即是隱;次,隱不離費;三,素位而行。夫費即是隱,芥子所以內須彌也。隱不離費,無量不出乎現量也,知隱周法界,而後費之大小可以不拘。君子居素位之行,而惟持有素隱之功,此其所以為中庸也。豈不必素隱,而但素位之為中庸哉!中庸三大義,根依惟在素隱,修道立教,為素隱而立教也;推行不已,為素隱而不已也。明乎素隱一義,而後可以談彼二義。

君子之道,費而隱。夫婦之愚可以與知焉,及其至也,雖聖人亦有所不知焉。夫婦之不肖,可以能行焉,及其至也,雖聖人亦有所不能焉。天地之大也,人猶有所憾。故君子語大,天下莫能載焉;語小,天下莫能破焉。《詩》云:"鳶飛戾天,魚躍于淵。"言其上下察也。君子之道,造端乎夫婦,及其至也,察乎天地。

此明道唯是隱也。道唯是隱,誠為物體也。譬如百體,聽命天君,心不在焉,視而不見,不誠無物,無費不隱。誠,隱也;隱,寂也;寂,廣大精微也;廣大精微,無窮無盡也。有量有邊之費,即無窮無盡之隱之所寓。舉費,則夫婦與知能;舉隱,則聖固不窮盡。天地大小,費也,大猶有憾;莫載莫破,則無窮無盡之隱矣。飛躍造端,費也;戾天于淵,察乎天地,則無窮無盡之隱矣。費而隱,盈天地間皆道,盈天地間皆隱也。象山悟宇宙原是無窮無盡,悟宇宙內事即吾分內事,吾分內事即宇宙內事,知隱也。《楚辭·王注》:"費,光貌也,察視也。"

子曰:"道不遠人,人之為道而遠人,不可以為道。《詩》云:'伐柯伐柯,其則不遠。'執柯以伐柯,睨而視之,猶以為遠。故君子以人治人,改而止。忠恕違道不遠,施諸己而不願,亦勿施於人。君子之道四,丘未能一焉。所求乎子,以事父,未能也;所求乎臣,以事君,未能也;所求乎弟,以事兄,未能也;所求乎朋友,先施之,未能也。庸德之行,庸言之謹,有所不足,不敢不勉,有餘不敢盡,言顧行,行顧言,君子胡不慥慥爾?"

此明隱不離費也。盈天地閒皆隱,故人之為道,道不離乎人,彼不離乎此,恕不離乎忠,彼之所求,不離乎此之未能也。何謂道不離乎人、彼不離乎此耶?道不遠人者,人之為道也;仁也者,人也;合而言之,道也。若以道遠人,不可以為道矣。若執柯伐柯,視此人之則,造彼人之治,人我之界存,道亦猶以為遠矣。是以君子以人治人,但改而止。而,汝也。為人君止於仁,為人臣止於敬,為人子止於孝,為人父止於慈,與國人交止於信。改止,君改其不止於仁,臣改其不止於敬,子改其不止於孝,父改其不止於慈,交改其不止於信而已,所謂思不出其位也。何謂恕不離乎忠耶?能止曰忠,充忠之量曰恕,但是一施,無閒乎人之與己,一貫之為,吾道也。何謂彼之所求、不離乎此之未能耶?人二而道一,人封而道通也。隱不離費,是故君子處費而素隱,言行於庸,必求乎中節而應乎中,欲訥於言而敏於行也。言行者,君子之所以動天地也,可不慎乎!

君子素其位而行,不願乎其外。素富貴,行乎富貴;素貧賤,行乎貧賤;素夷狄,行乎夷狄;素患難,行乎患難;君子無入而不自得焉。在上位,不陵下;在下位,不援上。正己而不求於人,則無怨,上不怨天,下不尤人,故君子居易以俟命,小人行險以徼幸。子曰:"射有似乎君子,失諸正鵠,反求諸其身。"君子之道,辟如行遠必自邇,辟如登高必自卑。《詩》曰:"妻子好合,如鼓瑟琴。兄弟既翕,和樂且耽。宜爾室家,樂爾妻孥。"子曰:"父母其順矣乎!"

此明素位而行也。盈天地閒皆隱,君子能素隱,故行但素位,素位即所以素隱也。隨其行于富貴、貧賤、夷狄、患難之位,而無不得其自於中庸之隱。無不得其隱,則所謂不陵、不援,不怨、不尤,俟命而反求,亦何憚而不為歟?卑邇而高遠,宜家而父母順,亦無非素得其隱而已。君子本素隱之中庸,而行於素位,鄉愿則創素位之中庸,而不言素隱。媚世求容,何所用涼涼踽踽、藏身求固,何必不憧憧爾思?乃使天下之人循習安常,老死牖下,曾無豪傑,不文而興,醉夢悠悠,安知身外?蓋未有害於爾家、凶於爾國之至於此極也。

下第二節,微之顯也。微之顯,又二:初,鬼神體物之顯;次,先王制禮之顯。

子曰:"鬼神之為德,其盛矣乎!視之而弗見,聽之而弗聞,體物而不可遺。使天下之人,齊明盛服,以承祭祀,洋洋乎如在其上,如在其左右。《詩》曰:'神之格思,不可度思,矧可射思?'夫微之顯,誠之不可掩如此夫!"

此鬼神體物之顯也。死歸於土,謂之為鬼。其氣則發揚於上,為昭明焄蒿悽愴,百物之精有所附麗,謂之為神。神,聰明正直而一者也,總一誠之為之也。鬼神不可視聽,微之至也。然為物體,無物可遺,則顯之至矣。至誠交於神明,如在格思,顯至如此,又可揜歟?誠不可揜而必舉鬼神者,鬼神隱也,隱而後誠也。

下,先王制禮之顯。亦二:一,舜受命之顯;二,文王以武周制禮之顯。先王與鬼神合德,立於禮,猶不遺於體。

子曰:"舜其大孝也與!德為聖人,尊為天子,富有四海之內，宗廟饗之，子孫保之。故大德，必得其位，必得其祿，必得其名，必得其壽。故天之生物，必因其材而篤焉，故栽者培之，傾者覆之。《詩》曰：‘嘉樂君子，憲憲令德……宜民宜人，受祿於天。保佑命之，自天申之。’故大德者必受命。”

舜受命之顯如此。

子曰：“無憂者，其唯文王乎！以王季為父，以武王為子，父作之，子述之。武王纘大王、王季、文王之緒，壹戎衣而有天下，身不失天下之顯名，尊為天子，富有四海之內，宗廟饗之，子孫保之。武王未受命，周公成文武之德，追王大王、王季，上祀先公以天子之禮。斯禮也，達乎諸侯、大夫，及士、庶人。父為大夫，子為士，葬以大夫，祭以士；父為士，子為大夫，葬以士，祭以大夫。期之喪，達乎大夫；三年之喪，達乎天子；父母之喪，無貴賤，一也。”子曰：“武王、周公其達孝矣乎！夫孝者，善繼人之志，善述人之事者也。春秋，修其祖廟，陳其宗器，設其裳衣，薦其時食。宗廟之禮，所以序昭穆也；序爵，所以辨貴賤也；序事，所以辨賢也；旅酬下為上，所以逮賤也；燕毛，所以序齒也。踐其位，行其禮，奏其樂；敬其所尊，愛其所親；事死如事生，事亡如事存，孝之至也。郊社之禮，所以事上帝也；宗廟之禮，所以祀乎其先也。明乎郊社之禮、禘嘗之義，治國其如示諸掌乎！”

文王以武、周制禮之顯如此！五禮莫大於喪祭，三年之喪，達乎天子，但有良心而無貴賤，立人道之大本，物之受命於心也。廟中者，四竟之象也，族姓之不淆也，上下之有序也，才能之有選也，群眾之得情也,老之有敬尊也,一日之有事,一國之化治也。禮樂而尊親,死亡而生存,事帝祀天,皆以至誠之極。達至微於至顯之場,雖參天贊化而不難,又何有於治國!

三段廣修之誠。自"哀公問政",至"擇善而固執之者也",《家語》亦載此文。有四節:初,明修道之概端;次,明行道以德,行德以誠,終無頓漸之別而始有引導之宜;三,明修身以及天下國家,不外知三行一;四,明誠與誠之者,其始有別,而終則同。

> 哀公問政。子曰:"文武之政,布在方策。其人存,則其政舉;其人亡,則其政息。人道敏政,地道敏樹。夫政也者,蒲盧也。故為政在人,取人以身,修身以道,修道以仁。仁者,人也,親親為大。義者,宜也,尊賢為大。親親之殺,尊賢之等,禮所生也。在下位不獲乎上,民不可得而治矣。故君子不可以不修身;思修身,不可以不事親;思事親,不可以不知人;思知人,不可以不知天。"

此明修道之概端也。為政在人,人必修身而修道。修道以仁義,而極於禮,故君子修身事親,而極於知人知天。知人則俟聖不惑,知天則鬼神無疑,此唯誠為能。誠者,天之道也,天道者,誠也。

下明行道以德、行德以誠,終無頓漸之別,而始有引導之宜。

> "天下之達道五,所以行之者三。曰:君臣也,父子也,夫婦也,昆弟也,朋友之交也。五者,天下之達道也。知、仁、勇三者,天下之達德也。所以行之者,一也。"

此明行道以德、行德以誠；五、三，一是也。

“或生而知之，或學而知之，或困而知之，及其知之，一也。或安而行之，或利而行之，或勉强而行之，及其成功，一也。”子曰：“好學近乎知，力行近乎仁，知恥近乎勇。”

此明終無頓漸之殊，而始有引導之宜也。朱氏云：“聞道有蚤莫，行道有難易，自强不息，其至則一。”呂氏云：“愚者自是，自私者殉欲，懦者甘下人，好學非知，然足破愚；力行非仁，然足忘私；知恥非勇，然足起懦。”

下明修身以及天下國家，不外知三行一。

知斯三者，則知所以修身；知所以修身，則知所以治人；知所以治人，則知所以治天下國家矣。

此知三也，用誠之具也。下，行一也，用誠於所事之九經也。

凡為天下國家有九經，曰：修身也，尊賢也，親親也，敬大臣也，體群臣也，子庶民也，來百工也，柔遠人也，懷諸侯也。

九經之目。

修身，則道立；尊賢，則不惑；親親，則諸父昆弟不怨；敬大臣，則不眩；體群臣，則士之報禮重；子庶民，則百姓勸；來百工，則財用足；柔遠人，則四方歸之；懷諸侯，則天下畏之。

九經之效。

齊明盛服，非禮不動，所以修身也；去讒遠色，賤貨而貴德，所以勸賢也；尊其位，重其祿，同其好惡，所以勸親親也；官盛任使，所以勸大臣也；忠信重祿，所以勸士也；時使薄斂，所以勸百姓也；日省月試，既廩稱事，所以勸百工也；送往迎來，嘉善而矜不能，所以柔遠人也；繼絕世，舉廢國，治亂持危，朝聘以時，厚往而薄來，所以懷諸侯也。

九經之事。

凡為天下國家有九經，所以行之者，一也。

自修身以至治天下國家之事，壹是用誠為本，猶《大學》之條目也。

下，明誠與誠之者，其始有別，而終則同。初，明善；次，天道人道，差而無差。

凡事豫則立，不豫則廢。言前定則不跲，事前定則不困，行前定則不疚，道前定則不窮。在下位不獲乎上，民不可得而治矣；獲乎上有道，不信乎朋友，不獲乎上矣；信乎朋友有道，不順乎親，不信乎朋友矣；順乎親有道，反諸身不誠，不順乎親矣；誠身有道，不明乎善，不誠乎身矣。

初，明善也。以四類徵豫之立，言行事道。而道自治民，五推而至明善,乃知止在於至善也。

> 誠者,天之道也;誠之者,人之道也。誠者,不勉而中,不思而得,從容中道,聖人也。誠之者,擇善而固執之者也。博學之,審問之,慎思之,明辨之,篤行之。有弗學,學之弗能弗措也;有弗問,問之弗知弗措也;有弗思,思之弗得弗措也;有弗辨,辨之弗明弗措也;有弗行,行之弗篤弗措也。人一能之,己百之;人十能之,己千之。果能此道矣,雖愚必明,雖柔必强。自誠明,謂之性;自明誠,謂之教;誠則明矣,明則誠矣。

次,天道人道,差而無差也。誠者,天道;誠之者,人道。標也。

繼之者善,成之者性,率性則全善在握也,全善在握無所事於智仁勇,不勉而無不仁,不思而無不知,從容而無不勇,此所謂誠者天道,行無所得行,入地聖人能之。其次,則誠之者人道,不能握全善,猶能明善而得一善,又能以仁勇而固執之也。釋也。

學問、思辨,是擇善事;篤行,是固執事;學知利行以之。知行不已,百倍其功,神勇若此,明强必矣,況非愚柔哉!困知勉行以之。惟有致力,曾無成敗,教有困勉,聖無獨據矣。廣釋也。

自成之誠,握全善之明,為率性之性。自中得一善之明,執之不已,至自成之誠,為修道之教。及其成功,誠明不二,天人無差。結也。

四段,廣修之不已。有四節:初,明天人不已之殊;次,明誠與不已之所以;三,明不已之呈象;四,明不已是天與聖行之體。道以不已而大,功以不已而成,聖凡以不已而判,修道之具,不已而已,此孔學之惟一義也。

唯天下至誠，為能盡其性；能盡其性，則能盡人之性；能盡人之性，則能盡物之性；能盡物之性，則可以贊天地之化育；可以贊天地之化育，則可以與天地參矣。其次致曲，曲能有誠，誠則形，形則著，著則明，明則動，動則變，變則化，唯天下至誠為能化。至誠之道，可以前知。國家將興，必有禎祥；國家將亡，必有妖孽。見乎蓍龜，動乎四體。禍福將至，善必先知之，不善必先知之。故至誠如神。

此明天人不已之殊也。天道之聖，但以四事以充其量，以至於成，其性人性物性天地化育，盡而贊之，與天地合德矣。至夫人道之君子，不能四事充量，則必由六等之教推而致之。自初至終，念念不已，則亦至誠矣。夫所謂不已者，不已於不勉不思從容之聖道是也，道惟有一，頓亦由之，漸亦由之也。六等之中：善、信、美、大，是加行智，地前有漏境界；聖、神，是根本、後得智，地上無漏境界也。

其次致曲，曲一善也，一善而致之，可欲之謂善也。曲能有誠，誠自慊也；自慊而自得，有諸己之謂信也。誠則形，形則著，充於內者溢於外，成形暴著，充實之謂美也。著則明，煥乎其有文章，充實而有光輝之謂大也。凡此皆加行智也。明則動，有漏善引發無漏善也。動則變，變之為易種也，煩惱相應有漏種如莠，寂滅相應無漏種如嘉禾，種各不同，趣向易位，謂之為變也。變則化，渾然無漏，發生現行也，唯天下至誠為能化，則根本智而入地矣，所謂大而化之之謂聖也。夫道一而已矣，是非歧二不謂之道，有漏、無漏異種之說，外典所無，此文有所義，應以內典釋而明之。釋而明之，而後千載以後聖凡有判，因果有趣，不繫三有，咸入涅槃。至誠全體之明，在前而知後，物自呈形，不由人索，故至誠前知如神，聖而不可知之之謂神也。地前，惟加行智;初地至八地,根本、後得智;八地至十地,唯後得智。中庸一宗趣,詳於素隱;中庸三智三漸次,詳於此文也。然後知中庸為修道之教也。

誠者,自成也;而道,自道也。誠者,物之終始,不誠無物。是故君子誠之為貴。誠者,非自成己而已也,所以成物也。成己,仁也;成物,智也。性之德也,合外內之道也。故時措之宜也。故至誠無息。

此敘誠與不已之所以也,誠何以為自成耶?本心之謂自,即一陰一陽之謂道也。無欠之謂成,即繼之者善、成之者性也。《大學》述誠意曰毋自欺,蓋後念本心不異前念本心,即繼之者善、止於至善也。曰自慊,本心無欠好惡至於快足,即成之者性也。合三經而讀之,乃得確解,曰誠者本心無欠之自成也。率性為道,道不離乎自也,如是凡物皆不離乎自也。君子知誠物不二,其於物也,見誠不見物,誠貫終始,故物有終始。眾人離誠物為二,其於物也,見物不見誠,終始無誠,故終始無物。格物以誠意,曰君子貴誠。誠者貴,誠之者亦貴,此一句也。全體為誠,於己自成,於物亦然。擇善而固執之,是為成己之仁。明照於全體,是為成物之知。性成而德得,成性存存道義之門。合內外全體之道,而發皆中節,無往不宜也。曰至誠無息,誠之者無息,誠者亦無息,此一句也。

不息則久,久則徵,徵則悠遠,悠遠則博厚,博厚則高明。博厚,所以載物也;高明,所以覆物也;悠久,所以成物也。博厚配地,高明配天,悠久無疆。如此者,不見而章,不動而變,無為而成。天地之道,可壹言而盡也:其為物不貳,則其生物不測。天地之道,博也,厚也,高也,明也,悠也,久也。今夫天,斯昭昭之多,及其無窮也,日月星辰繫焉,萬物覆焉。今夫地,一撮土之多,及其廣厚,載華嶽而不重,振河海而不洩,萬物載焉。今夫山,一卷石之多,及其廣大,草木生之,禽獸居之,寶藏興焉。今夫水,一勺之多,及其不測,黿鼉蛟龍魚鱉生焉,貨財殖焉。

此敘不已之呈象也。朱義:久常於中,徵驗於外,悠遠、博厚、高明,皆驗於外也。覆載成物,與天同用,配天地而無疆,與天同體。如此者,章不待見,變不待動,成不待為,即體即用,即寂即通,蓋至誠不息之呈象如此。此一句也,博厚高明,悠久為物不貳,天地山川生物不測,蓋天地不息之呈象如此。此一句也。

《詩》曰:"維天之命,於穆不已。"蓋曰天之所以為天也。"於乎不顯文王之德之純。"蓋曰文王之所以為文也。純亦不已。

此敘不已為天行聖行之體也。天行健,君子以自强不息。所以為天,所以為聖,既得之矣,天與聖而違我哉?此中庸所以為須臾不離全體,見顯而素隱也。成以言境,不已以言行,厚殖種姓,善友增上,致行之始功也。

五段廣修道之禮。分四:初,敘禮必德而行;次,敘修德之足乎己;三,敘修德之信乎民;四,敘君子作禮之效。為國以禮教之至也,故微之顯敘喪祭之顯,修身為政,以禮所生為政,此之修道以崇禮、制禮為修道也。

大哉聖人之道！洋洋乎發育萬物，峻極於天。優優大哉，禮儀三百，威儀三千。待其人而後行。故曰：苟不至德，至道不凝焉。

此敍禮必德而行也。育物制禮，必聖人而在天子之位，故曰待人。又反言以足之。

故君子尊德性而道問學，致廣大而盡精微，極高明而道中庸，溫故而知新，敦厚以崇禮。是故居上不驕，為下不倍。國有道，其言足以興；國無道，其默足以容。《詩》曰："既明且哲，以保其身。"其此之謂與！子曰："愚而好自用，賤而好自專，生乎今之世，反古之道，如此者，烖及其身者也。"

此敍修德之足乎己也。尊德性，率性也；道問學，修道也。隨順、趣向、臨入，則修道亦率性也，此句言修道也。廣大，達道之庸也；精微，大本之中也；致、盡，皆擴充意，即致中庸之意，此句言素隱也。如切如磋者，道學也，即道問學也；如琢如磨者，自修也，即尊德性也；瑟兮僩兮者，恂慄也，即盡精微也；赫兮喧兮者，威儀也，即致廣大也。《大學》以格物言，《中庸》以致中和言也。必極其功效於高明配天，而率履乎時中庸德。時習其故有，而增進其新知。皆不已之意。如是篤實修德以欽崇於禮焉。君子時中，是以崇禮，不驕而忽徵，不倍而越尊；小人無忌憚，是以輕禮，驕不求徵，倍越其尊，吉凶判矣。

非天子，不議禮，不制度，不考文。今天下車同軌，書同文，行同倫。雖有其位，苟無其德，不敢作禮樂焉；雖有其德，苟無其位,亦不敢作禮樂焉。子曰:“吾說夏禮,杞不足徵也;吾學殷禮,有宋存焉;吾學周禮,今用之,吾從周。王天下有三重焉,其寡過矣乎!上焉者,雖善無徵,無徵不信,不信民弗從。下焉者,雖善不尊,不尊不信,不信民弗從。故君子之道,本諸身,徵諸庶民,考諸三王而不謬,建諸天地而不悖,質諸鬼神而無疑,百世以俟聖人而不惑。質諸鬼神而無疑,知天也;百世以俟聖人而不惑,知人也。”

此敘修德之信乎民也。信乎民而民從者有三:一德,二位,三徵。徵又開四:天地、鬼神,以知天;前王、後聖,以知人。

是故,君子動而世為天下道,行而世為天下法,言而世為天下則。遠之則有望,近之則不厭。《詩》曰:“在彼無惡,在此無射。庶幾夙夜,以永終譽。”君子未有不如此,而蚤有譽於天下者也。

此敘君子作禮之效也。己足民從,有所動作,有所言行,烏得而不風靡?是以君子素隱。

六段廣致中庸之成。有三:初以如天贊成,次以配天贊成,後以其天贊成。

仲尼祖述堯舜,憲章文武,上律天時,下襲水土。辟如天地之無不持載,無不覆幬。辟如四時之錯行,如日月之代明。萬物並育而不相害,道並行而不相悖,小德川流,大德敦化,此天地之所以為大也。

此以如天贊成也。一序成，二明贊。朱義：遠有所宗，近有所法，運本自然，理循一定，知天知人之大成也。覆載而並育不害，錯代而並行不悖，蓋大德之化無疆，所以並育並行也；小德之流有系，所以不害不悖也。取辟四事，贊所成之大也。

> 唯天下至聖，為能聰明睿知，足以有臨也；寬裕溫柔，足以有容也；發強剛毅，足以有執也；齊莊中正，足以有敬也；文理密察，足以有別也。溥博淵泉，而時出之，溥博如天，淵泉如淵。見而民莫不敬，言而民莫不信，行而民莫不說。是以聲名洋溢乎中國，施及蠻貊；舟車所至，人力所通，天之所覆，地之所載，日月所照，霜露所隊；凡有血氣，莫不尊親，故曰配天。

此所以配天贊成也。一序成，二明贊。朱義：聰明睿知，生知之質，其下四者，仁義禮智之德。充積於中，時發於外，庸德之大成也。天德及民，民信從之；聖德及民，民信從之，乃無少異。所以以配天贊成也。

> 唯天下至誠，為能經綸天下之大經，立天下之大本，知天地之化育，夫焉有所倚？肫肫其仁，淵淵其淵，浩浩其天。苟不固聰明聖知，達天德者，其孰能知之？

此以其天贊成也：一，序成；二，明贊；三，敘知聖之難而自贊歎。經綸大經者，即是九經，所謂達德之庸也。立大本者，即中；中也者，天下之大本也。知化育者，即天地位、萬物育也。生天生地，為一切倚，而倚一切哉，中庸之大成也。朱義：以經綸言肫肫，以立本言淵淵,以知化言浩浩,以其天非特如天,以贊成也。聰明聖知,雖生知全善,然與學、困之得,一善無殊,如陽明所謂鎰兩不同,眞金則一也。達德為智仁勇,達天德則所以行之惟一誠。苟不固執其擇善而達德於一誠者,其孰能窺識聖相而表彰之哉! 此子思之知聖而自贊歎也。

第三科結論,結於素隱也。略、廣論《中庸》已竟,復又結而論之,如《騷》之亂是也。一,入德以隱;二,修己及人治國平天下以隱;三,示隱之眞相。

《詩》曰:"衣錦尚絅。"惡其文之著也。故君子之道,闇然而日章;小人之道,的然而日亡。君子之道,淡而不厭,簡而文,溫而理,知遠之近,知風之自,知微之顯,可與入德矣。

此敍入德之隱也。朱義:淡、簡、溫,狀闇然之象。不厭而文且理,狀日章之象。遠之近,見於彼者由於此。風之自,著乎外者由乎內,此言大本在中也。微之顯,此言寂無不通也。知二者之在隱,則知素隱,而有方便之門。

《詩》云:"潛雖伏矣,亦孔之昭。"故君子內省不疚,無惡於志。君子之所不可及者,其唯人之所不見乎!《詩》云:"相在爾室,尚不愧於屋漏。"故君子不動而敬,不言而信。《詩》曰:"奏假無言,時靡有爭。"是故君子不賞而民勸,不怒而民威於鈇鉞。《詩》曰:"不顯惟德,百辟其刑之。"是故君子篤恭而天下平。

此敍修己及人治國平天下以隱也。引《正月》詩而無惡於志,隱以修己也。引《抑》詩而敬信於不動不言,隱以及人也。引《烈祖》詩而勸威於不賞、不怒,隱以治國也。引《烈文》詩而百辟刑於不顯,隱以平天下也。《大學》明明德於天下,《中庸》素隱於天下也。

《詩》云:"予懷明德,不大聲以色。"子曰:"聲色之於以化民,未也。"《詩》曰:"德輶如毛。"毛猶有倫。"上天之載,無聲無臭。"至矣。

此示隱之眞相也。明德、中庸,名異義一。示明德眞相,即所以示中庸眞相也。舉聲色之不大,以狀明德也,而不知聲色已根本非是。舉毛之本微以狀明德也,而不知毛猶有對而非是。絕對之象,聲臭且無,非寂滅之境而何?是則明德之象,寂滅象也;中庸之象,寂滅象也。寂滅之為至善矣,止矣,蔑以加矣!示隱之眞相如此。

合觀略、廣、結論,則《略》之為不離見顯而素隱也,《廣》之為費而隱、微之顯而素隱也,《結》之入德與修己及人治國平天下莫不皆素隱也。誠哉!中庸之為書也,素隱之書也。

《心史》序

有由我，有不由我。由我者，咒願是也。小之洞金石、塞滄海、移太行、王屋，大之生天、生地、生物不測、造極樂國，但一誠之所至，無不皆至。不由我者，現量是也。事本現在，不由乎人望後扳前。事自現成，不由乎人逞私營己。事原顯現，不由乎人索隱鉤深。運不守乎故常，理非極於一往，過時必復，皆不人由。若能永貞其由我，而時乘其不由我，天下事蔑不濟矣！古之志士仁人，循是道以收其效者，比比皆是。

鄭所南，其一人也。鄭所南作《心史》，其久久書，屢屢敘，療病咒，永貞乎由我者也。不起義兵，但以心志移灌後人，綿綿以俟時，乘乎不由我者也。元運終八十年，而河山恢復，所南心志竟成，非天下事蔑不濟歟！

夫人有心，國亦有心。心之精爽是為魂魄，精爽至於神明，强死猶能為厲，魂不附乎肢體，何論人事陰陽？悲乎！有國有家者不知也。徒眩人，不信自，慴惕而無氣也。虜强我弱，時也。神明之胄之强，日月經天，江河行地，萬古而不移也。不信自，無魂魄也，亡矣，直需時耳！若欲不亡，應信自，應信神明之胄必强，應攝持其魂魄。古今慷慨悲歌之士，鏤肺肝，括肪髓，不得已而發乎文字之聲音，皆魂魄之所寄也。中國有百千萬億如是之聲，如之何其必亡也！？中國有百千萬億如是之聲，如之何若存若亡而不一敷布也！？

敬恭告天下:天下今日迫切復迫切,殷重復殷重者,心學也。嗚呼!世之舍心言學,以提倡於國人也,久矣。《四庫》于《心史》,曰不避諱,錯人名,文詞蹇澀,紀事與史不合,斥為偽,不著錄。是蘄蘄於郛外,不知魂魄肺肝何物。夫以不知魂魄肺肝何物,率天下後世學,人奈何有氣,國焉得不亡?事急矣,學不可不變。

格兒二十年讀《心史》不得。得讀,出資請梓,因敘而梓之,以貽國人學。

民國二十二年八月敘於支那內學院

雜　著

詞品甲敘

菩薩視眾生將墮三塗而不得不非悲，視羅刹之必赤人族而不得不憤。既悲且憤，不得不奔走呼號。蓋亦異乎大愚不靈，大哀心死者矣。山河破碎，上下晏然。

秉國不均，民將無氣，若使無氣，則碪俎宰割固無妨。赧顏事讐亦何害，人生至此尚足問哉？吾焉能忍與此終古。國之強也，氣之熾也。國之亡也，氣之餒也。誰能使氣之熾而終於不餒耶。要此錐心刻骨之事常目在之而後可也。昔吳王以闔閭之死也，出入必使人呼曰：夫差汝忘越王之殺汝父乎。則對曰：唯不敢忘。三年遂報越。吾不懼乎國破家亡也，吾懼乎滅亡之事與時俱去曾不一怵惕也。悲憤之激不得其平，要使窮天地亙萬古而不沒者也。果窮天地亙萬古而不沒也。無涯之悲憤必得其平會有時也。身語意業無有疲厭，林池樹鳥皆演法音。且將轉五濁惡世於極樂國而無難也。痛定思痛奔走呼號，冤霜夏零杞哭城崩，天地亦為之動容矣。獨有情乎哉。精衛銜木石，群馬悲鳴而不食，百族且為之傷感矣，獨人類乎哉。農傷於壠，工歎於肆，商忿於市。乃至嫠不恤其緯而憂宗周之殞，舉國黔首日夜腐心咸扼腕裂眥而不可已矣，獨士君子乎哉。士君子者，懷寶櫝班。坐視陸沈，帝胄左袵，歌聲裂石穿雲，振古而今。是故此一篇者，乃奔走呼號之一聲也歟。凡物寫眞其狀至賾，司空圖繼梁鐘嶸作二十四詩品，詞亦何獨不然。

花閒大晟，秦黃耆卿，後夢窗而前美成，此一品也。浩氣超塵，東坡蘇林，此一品也。仙風颯爽，世外希眞，此一品也。胸中不平，議論縱橫，稼軒後村，此一品也。去國哀思，羈愁沈鬱，李煜而後，遺山彥高之倫，此一品也。既談斯事，應區品類曲盡其致，然今天下溺矣，救火追亡，直奔走呼號而無及，故其他一俟承平，而先發奔走呼號之一聲。事竣，格兒請梓，願出資，急國難，應如是。從之。

民國二十二年五月敘于支那內學院

詞品乙敘

建國於自由平等，非建國於雜霸功利，雜霸功利歐禍蔓延，不可已已。中國數千年神聖之教不受爾汝之義根於心，以之抗敵即以之建國，不受爾汝之義忠於己曰自由，恕於人曰平等，以之建國即以之大同致太平世。世界先導師產生母，今中國也。宜知是時，寧用終日。夫以不受爾汝之忠為自由，則必不以縱橫恣睢唯吾不違為自由也，又以不受爾汝之恕為平等，則必不以均勢分利各霸一隅為平等也，有自由平等之心。然後有自由平等之行，有自由平等之行，然後有自由平等之果。福生有基，禍生有胎，植種不純，趨勢演繹，日尋干戈，安所望於飲和食德。無自由平等之行而得自由平等之果者，未之有也。見群龍無首吉，是故舜以不得禹皋陶為己憂，舜視五臣皆舜之才，皆為舜事是為五舜。五舜皆為，一舜乃可無為。若乃以一為五，量局小康，苟簡自用，上行下效捷於影響，則割據囂然，淩駕競起，民亦各有其家，各利其利。四億五千封建國制，有何公益。無自由平等之心而能自由平等之行者，未之有也。夫所謂自由平等之心者何耶。天下何思何慮，由仁義行非行仁義者，孔子之教也。息其煩擾惱亂，而現其寂滅寂靜者，釋氏之教也。順化也，息機也，不事安排大公無我天然自然也。此則自由平等之心也。相貌難言，詩人言者取酒取嬾。夫所取以酒者忘機天籟之是取，非沈湎昏昧之是取也。而所取以嬾者，不事安排之是取，非消極廢事之是取也。昏昧廢事，則爾汝甘受,有何人性？以視雜霸且天上人閒不嫺斯意,不能讀斯詞也。抗敵以不受爾汝之忠氣不憤悱不能忠。詞品甲語悲歌慷慨,建國以不受爾汝之恕,氣不和順不能恕,詞品乙語清淨幽閒,非相違也,而相從也。不嫺斯意,不能讀是詞也。人日大會,眞如超如孟如冶公德三佛心茂芹,相率遣至,報之斯冊,公之天下,儻亦邦家之基歟。

民國二十八年三月敘於江津支那內學院蜀院

楊仁山居士傳

清末，楊仁山居士講究竟學、深佛法，於佛法中有十大功德：一者，學問之規模弘擴；二者，創刻書本全藏；三者，搜集古德逸書；四者，為雕塑學畫刻佛像；五者，提倡辦僧學校；六者，提倡弘法於印度；七者，創居士道場；八者，捨女為尼，孫女、外甥女獨身不嫁；九者，捨金陵刻經處於十方；十者，捨科學伎藝之能，而全力於佛事，菩薩於五明求，豈不然哉！

此土思想，涵蓋渾融，善而用之，登峰造極，故曰中土多大乘根器；其不善用，則淩駕顢頇，毫釐千里，亦足傷慧命之源。北魏菩提流支重譯《楞伽》，大異宋譯，譯籍雖多，歧義屢見，於是《起信論》出，獨幟法壇，支離儱侗之害，千有餘年，至今不熄。蓋《起信》之謬，在立眞如門，而不立證智門，違二轉依。《般若》說：與生滅合者為菩提，不與生滅合者為涅槃；而《起信》說：不生不滅與生滅合者為阿梨耶識。《瑜伽》：熏習是識用邊事，非寂滅邊事；而《起信》說：無明、眞如互相熏習。賢首、天台欲成法界一乘之勳，而義根《起信》，反竊據於外魔，蓋體性智用，樊亂淆然。烏乎！正法乘教何分，而教網設阱，都談一乘，胡薄涅槃，天台過也。不明增上一皆合相，圓頓奚殊，襲四而五，賢首過也。奘師西返，《瑜伽》、《唯識》日麗中天，一切霾陰蕩滌殆盡，誠勝緣哉！有規矩準繩，而方圓平直不可勝用，法界一乘建立，自無殞越之殊。獨惜後人以唯識不判五法，圓頓甘讓《華嚴》，而一隅自守。職其法義,精審有餘,論其法門,實廣大不足耳。

仁山居士,學賢首遵《起信論》,刻賢首《起信論義記》及《釋摩訶衍論》,而集志福等注以作疏。博求日、韓,得賢首十疏之六,與藏內十餘卷,都二十種,彙而刊之曰《賢首法集》,刻《玄文本論》,而詳論五位以籠罩一切法門。然其《與桂伯華書》曰:研究因明、唯識期必徹底,為學者楷模,俾不顢頇儱侗,走入外道而不自覺。明末諸老,仗《宗鏡錄》研唯識,以故《相宗八要》諸多錯謬,居士得《唯識述記》而刊之,然後圭臬不遺,奘、基之研討有路。刻《門論》、《百論》等,然後中觀之學有籍,而三論之宗復明。嘗示修禪,曰離心意識參,曰守當前一念,曰《中峰廣錄》善,然後禪有徹悟之機,而宗門可入。與日人論十念往生,而必發菩提心,然後淨土之宗踐實。唯居士之規模弘廣,故門下多材:譚嗣同善華嚴,桂柏華善密宗,黎端甫善三論,而唯識法相之學有章太炎、孫少侯、梅擷芸、李正剛、蒯若木、歐陽漸等,亦云夥矣。然其臨寂遺囑,一切法事乃付託於唯識學之歐陽漸,是亦可以見居士心歟!

居士喜奇書,有老尼贈以《金剛》,發逆亂甫定,於皖肆得《起信》、《維摩》、《楞嚴》,循環研索,大暢厥心。因而徧覓經論,又卒不一獲,於是發憤而起,與王梅叔、魏剛已、曹鏡初等謀刻大藏全經。獨江都鄭學川最切至,厥後出家名妙空,創江北刻經處於揚州磚橋雞園,而居士創金陵刻經處於南京。居士在英牛津時,與日人南條文雄善,後仗其力由海外得古德逸書三百種,抉其最善者刻之。而倭印《續藏》,居士亦供給多種。然以為《續藏》蕪雜,應區別必刊、可刊、不刊三類而重刻之也。

居士嘗謂,刻經事須設居士道場,朝夕丹鉛,感發興致,然後有繼以漸而長。昔年同志共舉刻事,乍成即歇者為多,雖磚橋刻經不少,而人亡業敗，以故設立學會於金陵刻經處，日事講論不息。今以避難移川，而刻事猶未衰歇者，由是而來也。

居士謂比丘無常識，不通文，須辦學校。當時金陵南郊、揚州、常州，皆設僧學，而金陵刻經處辦祇桓精舍，僧十一人，居士一人，以梵文為課，以傳教印度為的，逾年解散。因詢居士何因歇廢，居士以無學生答。意以奘師未游印時，《婆沙》諸籍精熟無倫，今欲印遊，須研解固有學義，而後法施資糧不匱。今時印通，若談游印，非仍居士之說無當耳。

居士於事純任自然，每有水到渠成之妙。嘗謂漸曰：牛應貞女夢中讀《左傳》全部，以志不遂而夭折，此父母不善處之之過也。故於女圓音任其出家，於孫女輩聽其獨體。辛亥八月十七開護刻經處會，居士問幾鍾，而曰：吾刻事實落，吾可以去。即右脇而逝，蓋自然如此，生死亦自由矣。

居士於事又復能捨。金陵刻經處經營五十年，刻經三千卷，房室數十間，悉舉而公諸十方，以分家筆據為據。此猶物質，而精神亦捨。居士聰慧嫻科學，從曾惠敏赴英、法，又復從劉芝田赴倫敦，廣有製造，悉售於湘時務學校，而以其資創金陵刻經處。居士善工程，李鴻章函聘不往，曾國藩密保不就。志在雕塑，先事繪畫，成《極樂世界依正莊嚴圖》、《靈山法會圖》，布列數十人無閒隙，雕刻則極其精微，而又一本造像度量，使人觀想不誤。

居士名文會，字仁山，石埭人。父樸庵，成進士，官部曹。居士二十七失怙，家貧世亂，跣足荷槍從戎，百煉險阻以成器，而一趣於佛事，年七十五而卒。著有《等不等觀集》若干卷，《玄文本論略注》四卷，《佛教初學課本》一卷、注一卷，《十宗略說》一卷，《觀無量壽略論》一卷，《闡教編》一卷，《陰符》、《道德》、《南華》、《沖虛》四經《發隱》四卷,《論》、《孟》《發隱》二卷。子自新、自超、福嚴,孫庭芬、桂芬、穎芬、智生、緣生、雨生、祥生,曾孫時逢、時中。塔於金陵刻經處,遵居士囑,經版所在,靈柩所在也。

贊曰:居士有言,末法有七千餘年,初分時經論不昌,安能延此長久?居士初生,母夢古剎有巨甕,啟笠則一朵蓮華,殆天生居士昌大教于初分時耶!元明來,書則有缺,伣伣伈伈以迄清末,居士出而宗風暢。嗚呼!豈偶然哉!

散原居士事略

改革發原於湘，散源實主之。散原發憤不食死，倭虜實致之。得志則改革致太平，不得志則抑鬱發憤而一寄於詩，乃至於喪命。徹終徹始，純潔之質，古之性情肝胆中人。發於政不得以政治稱，寓於詩而亦不可以詩人概也。

緒丙午予始識散原，因梁任公談道定交，乃在民國壬戌。公生平事，殊昧然，不堪傳概。然先生嘗謂予曰：石埭稿編不善甚，至人自有千古，此亦何足重輕？以是觀之，不堪傳概何害。雖然，予猶得有述者。光緒丁未，散原督辦南潯鐵路，恨無獻替，則施其薪於金陵刻經處辦祇桓精舍。未久，格人事廢罷。丙戌，予自隴歸，同事有遺言，散原以詩戒予曰：對子怪且歎，未礙須彌尊。萬緣自推轉，萬蠕自吟呻，生天亦安之，守死嚌其眞。是雖戒予，亦自道也。越二年戊午，支那內學院建立，散原又作緣起曰：世無往而非階亂造劫之具。續石埭未竟之志，謬冀進之清淨悲智。推窮無復之運會於百一也。

越數年，壬戌，梁任公研唯識學來，嘗相聚於散原別墅。一日酒酣，噓唏長歎。蓋散原任公湘事同志，不見二十年，見則觸往事而悽愴傷懷也。任公語予：蔡松坡以整個人格相呈，今不復得矣。散原語予：蔡松坡考時務學堂，年十四，文不通。已斥，予以稚幼取之。以任公教力，一日千里，半年大成。今不可復得矣。酒闌，絮絮語。余謂任公放下野心法門龍象。散原曰：不能。任公默然。散原問何佛書讀免艱苦,任公以《夢遊集》語之。散原乃自陳矢,今後但優遊任運以待死,不能思索,詩亦不復作也。

辛未夏,散原避暑北平。升車,將發,忽不適,而住廬山。予《敘涅槃》久不成,乃亦住廬山,月餘而就。稿甫脱,亟視散原,悲鴻次彭俱在,距躍無已。散原翌日造予,邀遊黃龍觀雙樹。予獻詩曰:剩有娑婆一散原,天工鬼使滯征轅。纔探《般涅槃經》秘,便示娑羅雙樹痕。散木斧斤終莫夭,至人淵嘿總無言。黃花翠竹都饒笑,秀北能南兩弗諼。散原曰:永矢勿諼也。自後一晤於支那内學院而住北平,遂不復見。寄余書曰:住北平,終日不出戶庭,寂坐如枯僧。予以為優遊任運以待死也,而豈知發憤不食,忿怒亡哉!吾知之矣。

墟墓生哀,宗廟生敬,情用不同,所以為情一也。天倪曼衍,正氣捨生,所以嚌眞不失本心一也。大殺戮,社將屋,惟彼木石冥頑不此怒。夫散原者,固古之性情肝胆中人,始終一純潔之質者也。

九江桂伯華行述

四肢之於安佚也性也，有命焉，君子不謂性也。聖人之於天道也命也，有性焉。君子不謂命也。無一廛之居一瓶之粟。父母兄弟親戚所資以事蓄者不下十餘人，乃不以奪其志廢其學，意之所至無富貴貧賤威武患難夷狄，名傾海內外欿然不自足，晚近中有是人乎？其諸九江桂念祖伯華是歟九江名士蔡澤賓說之，妻以女，有絕句云。好古能文稚齒纔規行矩步亦奇哉，半生潦倒吾甘受，博得東床快壻才，未婚而女死，伯華感知遇，終身不娶。蓋其節即操在弱冠時已然矣。伯華身世經涉，及其所學，凡三變。初父丹嚴先生病盲使伯華教學鄉里，博升斗粟。伯華惡其僻陋在野，將以墮其志也，雖父命而不可，全眷移南昌，藉書院膏火存活。初以豫章甄得二名，賣一石買米。繼則經訓屢列前茅，而晨昏菽水乃不匱。然以藝不工不止，或嘗過時違限，文不得達閱者所。困亦甚矣，晝粗礪，夜攻苦達旦，無燭苦蚊，以蚊香映讀苦亦極矣，而其學以是時丕變，學宗顧亭林，解經主今文家言，詩祟杜蘇，凡注疏詩集無不全部錄讀，生平不草一字，造次執筆皆工整，教人有法度，以點書入門而一馭以開合法，篇開而章章開而句，句開而字，必使開無可開而止。然後合字為句，合句為章，合章為篇，而筋髓畢露。金谿知縣杜憐光聘為書院山長。諸生未通文法者，數月斐然能文。弟桂元度，妹桂圓成，皆能文。元度舉於鄉，伯華亦丁酉副舉，以甲午受刺激甚也，戊戌從康梁變政，主筆滬萃報館，梁任公離湘時務學堂舉以代,未行而難作。六君子死,緝康黨急,伯華匿於鄉,歲暮病虐,中夜孤燈依牀褥,得《金剛經》一册晨夕讀,恍然於人生虛幻,疾愈趣金陵,依楊仁山大師學佛,蓋其學至是又一大變。伯華為人口吃,顧雄於談,語語從肺腑出,娓娓動人,教人則孜孜不倦,知無不言,言無不盡,惟恐人不知,設多方便。科舉時談佛大忌也,而伯華昌言之。先輩同輩交相斥為怪物不稍動。予時屈以王陽明義,不爭辨,但納予《起信》、《楞嚴》曰:姑置牀頭作引睡書讀何如?予不覺為之牽轉也。昔以求學全眷移南昌,今則以學佛全眷住金陵。昔以文學徧導弟妹,今則以佛學徧化家人。父母兄弟姊妹無不素食持名,大閱經論,圓成適李正剛氏,如迦葉金色女故事,夫婦而賓客也。正剛之父母不悦,乃為之納妾迎圓成以歸,赤貧之士安得金錢幹此,乃乘鄉試隙為人捉刀,賺資以集事。此固不可常。事蓄之日長,乃兄若弟留學日本,藉官費以存活,則又舉其全眷住東洋,與民報諸革命家友善,相感以佛化,迎月霞法師東渡說《楞伽》,聽講有章太炎、蘇曼殊、孫少侯、劉申叔夫婦、蒯若木夫婦若而人。伯華乃喟然歎曰:自來辜負講經人,今日則辜負聽經人矣,若再開講須自登座。蓋伯華分疏經論淹通條貫,誠不饜尋常講經法師所談,將安心著述盡貢所學以餉世。元度不能為兄所為,走歸故國,冰炭填膺,鬱邑侘傺,發狂死。伯華哀之,以為方便不足療治其疾於生前,神通不能了澈其趣於死後,日夜疏剔文字奚益,乃盡棄所學從事眞言,日夜持咒觀想,蓋至是而伯華之學三變矣。久之,母死,臨終,垂念桂氏後。伯華哀之,將謀所謂娶妻生子者,以俯蓄艱難不果。

伯華留東十餘年,住樓下三鋪席,飲食居處讀書會客胥於是在,久之病濕偏枯潰瀾,以喪其命。時民國四年三月五日也。死之日予命陳銘樞東渡視疾。夜至,伯華喜為一飯,娓娓而談,垂達旦。次日鄰家火起,銘樞背負伯華行。安置別旅館。甫定視故所居一切灰燼,著述無復存。伯華無所動,強起易新衣,安然以歿,先自輓句云:無限慚惶,試迴思曩日壯心,只餘一慟;有何建白,惟收拾此番殘局,準備重來。圓成以其喪及母喪歸國葬九江。為立桂氏後,圓成以是侘傺二十年至今不愈。

民國二十四年一月述

黄建事略

唯識學展於安慧，空有二宗學紐於安慧。此土不正學影響極大而久，亦無不涉於安慧。陳那菩薩無性菩薩者，唯識中最勝大匠也。諸德論著，玄奘義淨不及備譯乎前，後人精唯識學能梵文苦不得兼具，實不易遇，遇不知貴，貴不能顯，遂使學者千數百年枯槁沈沈，潤澤發明一無足憑。黄樹因者，得藏莢《三十唯識頌》安慧釋，《莊嚴經論》安慧釋，《論軌》德慧注。陳那《集量論》本及釋，《攝論》三種釋，《莊嚴經論》無性釋，幸甚哉，天日覩矣。樹因能忍第一，鎮日研一字，窮年究一事，循習委蛇無厭苦，以故善唯識能梵文，闢幽徑抉伏藏無難也。樹因年十八，畢業南洋中學，姚柏年引之聽講，佛學趣向定。十九從予遊，其母懼兒厭世也，禁之。樹因乃能旋轉母意，腦痛瞶，不克用，乃朝夕習拳技，白晝中夜趺坐，日讀《瑜伽師地論》數行，倣完白山人書數字，要期於畢世，其往學拳技也必以夜。道距十裏，風雪甚不閒，技師鬻業茶肆，必為之堆檢几案，力能施技。樹因不為苦，如是者垂四年，神於是旺也，體於是壯也。年二十二，從德人雷興學梵文於山東。年二十四，從俄人剛和泰學梵文藏文於北京。今年二十八，業成，將歸金陵支那內學院次第譯要籍，且窮數年學，作游印藏資量，以竟玄奘未竟之業。今乃賫志飲恨一切烏有。悲夫！樹因不婚，不肉食，居古廟，飯粗糲，且不克時應，忍之數年。以竟厥事。難哉！予友桂伯華，不婚，不肉食，學日本金胎兩界，忍苦十餘年，垂歿而恨，恨不致力西藏也。若使尚在,慟也何如先師付囑漸,十餘年來,得超敏縝密之呂秋一可以整理,得篤實寬裕之黃樹因可以推擴,吾其庶幾乎。

噫,樹因死矣。樹因名建,廣東順德人,家金陵,懺華其兄,典華、興華其弟也。於十二年五月某日歿於北京臥佛寺。懺華歸其櫬。歐陽漸為之略敘行事。

歐陽東泗斃哀紀碑

東,宜黃歐陽漸之子也。生三歲,以日視日而不眴,入裏社廟,視土偶人崢嶸而不惕,薄暮居空院,承塵走鼠,落其鼻,大聲誦咒。山中無可學,拾芋栗而已。其姊梁,年十七,歿江南,東乃於是歲辭家而至寧。是時,陳眞如愛護之甚至。轉展寧滬閒,入學校者數年,學未得也。習染甚,體為之羸。東大恐,中夜憤悔,痛哭不可仰。熊子眞挾與北學,幽燕水深土厚,不半年而體强。得友詹大權、王平叔、韓佯生諸君子,慨然有通中西學、超古先哲人之志。乃習德文,入滬同濟大學,為奮發權輿。誰知乎浴泳而溺以死哉!溺處,先有德人拉佩克者,同濟物理教員,於九年五月十八日溺,而東又於十二年九月十八日溺也。東年十九,英挺有大志。同一時,許一鳴死於寧。先一月,黃樹因死于燕。皆能于玄學有發明。是歲也,倭人大難,橫死無慮數十萬人。吾如之何弗悲。徒碑以悲之無益,吾乃為東發願,為一切眾生發願:

願一切眾生,如舍利弗,智慧第一。若在重纏,登高臨深,曠野險巇,乘急戒急。或稍離縛,威儀庠序。除不得已,絕現神通,都無遊戲。

願一切眾生,永無溺事。人如魚游,水如空氣。鳧浮龍潛,過涉厲揭。耨池香海,康逵坦地。

願一切眾生,匪徒無溺。罡威海嘯,山烈地坼,霎時惶惑,虛空逼塞,雉經刀藥,王難蟲食,一切夭横,永茲除祓。魔不得便,人不得隙。

願一切眾生,匪徒不夭横,首丘賢善,終其天年。預知時至,脫然須臾,如比丘入三禪。

願一切眾生,心溺超度,淨六根三毒。情纏靈汨,虎耽獸欲,鬼謀神蠹。滔滔洶洶,稽天沉陸。莫大心死,毋矜身續。心海波平,溺事焉觸。

願一切眾生,無冤無債。亦恩者平,非讎者快。三業清淨,祥光溢乎大宇,胡夷胡隘。

願一切眾生,有恨皆消,無症不釋。滄桑精衛,胡倀胡厲。夢響影焰,飄何根蒂。蒼莽乘白雲,帝鄉且憩。

願一切眾生,各安各居。烈火寒冰,誕育蠕孳。水府幽宮,友虯侶支。便大莊嚴,利樂熙熙。悲願以有為。

願一切眾生,普皆發願,仗佛光力,及願光力,無間幽獄,痛苦齊息。同發大願,證等正覺。

願一切眾生,生生世世,飫聞佛法,得值知識。無死無生,證大菩提,入大涅槃,永永元吉。

吾為東,吾為一切眾生,供養百千萬億無量阿僧祇三寶,直至成佛,圓滿此願。唵唵唵唵唵唵唵唵唵唵唵唵唵唵唵唵唵唵唵唵唵。

民國十二年十一月某日歐陽漸撰並書

盧冀野中興鼓吹題語

詞作蘇辛體,句硬而難醇,語熟而難新,何也。硬句以鬱積出之又無不醇,熟語而現前用之乃無不新,何也。不眞不誠,不能動人,眞誠所至攸往咸宜故也。然則能詞不必限於詞,亦不必限於詞客歟。盧君鼓吹,悲憤雄豪,心念國恥未雪,詞唯蘇辛體乃足興起,吾知其已得驪珠矣。而不知其詞境若何。雖然,吾不知詞,吾謂能詞者必若是也已。

昔有一群人,深夜度曠野,行經淡泊路,懼曠野鬼出祟,衣毛悉豎,舉身顛動不堪步。中有一人大聲疾呼,大膽向前去。一群人應聲氣作,皆大聲疾呼,且行且號,須臾出險。憶昔少時,與友局試院,文卷至門,不得行。乃聚六七人,齊聲疾搥扉,閽者應聲至。籥啟,蜂擁出門矣。誦《楞嚴咒》一聲迦吒補丹那,而奇臭小鬼應聲走不及。疾雷裂空,鼾沈噩夢者應聲而清醒,得未曾有。臨濟一聲喝到,應聲而三日耳聾,遑能野心勃勃。光音天一聲響到,應聲而魂悸失度者三月,自是充無穿窬之心而義不可勝用也。冀野中興鼓吹,意在斯夫,意在斯夫。蘇辛自寫其抑鬱不平之氣,冀野方便即用是鼓吹也。

作蘇辛詞,第一要膽大,俯視一切敢發大言。第二掛書袋子,開口閉口總是吃現成。第三情摯,一肚子不合時宜,不堪久鬱,不管是非,滂薄而出之。河山沈痛,身世蒼茫,文在三者之外。冀野能詞,已於初一桄得三昧矣。

予過時失學,不能文,不敢強作解人。國家多難,鬼蜮罔極,他日曾言安得夏聲警狂溺,然愧不能,亦不暇。今某君為夏聲主,盧冀野大鼓大吹,不可謂國無人望不易副。

昔者南宋之有聲也,朱晦庵張敬夫以誠意正心之學鳴,而辛稼軒劉改之諸人則一倚聲於詞。子致力內學,猶晦庵等。復與冀野周旋,非稼軒堂上有朱張跡耶,而冀野鼓吹遂欲強予饒舌,豈知子乃不能。雖然,誰似東坡老,能詞能詩能文能書畫能政事,卻復參徹禪心出語可人意耶。天下無成人,合一材一藝之多身,作多材多藝之一身,庶幾哉五明大菩薩三十二應身也。吾於冀野鼓吹,亦勉以周旋之意而已矣。

跋龔秋穠元明以來書法評傳墨蹟大觀

人以作聖為充量,水以觀海為充量,書法以兩漢分隸李斯史籀為其基,而邏緝陶融於商周之鐘鼎盤彝為充量。蓋眞草無異分隸,即亦無異篆蟲,非形格之不分,而氣勢韻味與夫筆法運用之無別。故充量之說可得而言。右軍見受禪華嶽,悔學衛徒勞。参枕中諸秘中州衆碑,始造詣殊特,蔽虧乎八角垂芒,幾駕而上之。此自是南帖之祖,已見其必量充而藝始絕也。眞書斷自中郎太傅,過則禁談,量已嫌隘,而況乎棄北朝諸碑而專事江左諸帖者哉。永嘉渡後,江山異趣,烏衣子弟瀟灑風流,天時地勢人事,固應有一段新蘊結垂顯藝林。然澤國之氣柔,躭逸之風靡,偏地之資嗇,長此千年精盡糟存,亦何取哉。晉書以疏冷勝,唐宋失之緊嚴,姑置不論,論元明清。石軍大令之風,宛延至於海嶽。吳興遠得其傳,而高資積學,遂一躍而入晉侶,張幟數百年。迄乎香光,亦由米入,而瀟逸古秀,純任自然,取徑獨殊,奪松雪席。清帝愛媚,得天石庵諸家,出入顏米,而莫不以玄宰成。趙董勢力驅策駭汗數百載人才,俾不出雷池一步地,猥俗委靡無一毫丈夫氣,雖有片長,誠不足觀矣。安吳革弊,能集衆益。然剛健篤實光輝殊難夢想,猶是力靡無能樹幟者何也,不充其量甘阱帖奴有以致其死命者在也。中多豪傑不無思想,顧篆不出陽冰鉉鍇,隸不過婁壽曹全,猛龍敬邕視為峰極,則亦何充量之足云哉。夐乎完白,天縱殊資,甘苦八年,大類禹跡,直追秦漢矣。而剛健不克光輝,變化殊少風雲者,猶量之不充而取資之未弘歟。近時有龔君秋穗,聞其於書法致力垂數十年,周君邦道持其所著元明以來書法大師評傳及其墨蹟大觀一書見示。觀其論斷,融儀徵安吳南海諸說,而不局於一隅,於元揚鮮于而抑松雪,於明推南宮枝指而不重香光,於清則以懷寧涇縣並為一談,而猶不重乎得天退谷。眼光識力向出尋常。至其三部敘述諸名大家,搜羅既富,簡別亦精,藝苑擷華,一覽賅備。創作也,切作也,亦無背乎充量之說也。嗟乎,河山破碎,強虜縱橫,民氣不揚,國魂安傳。豐腴柔媚,輭骨之鴆,鐵石冰霜,強根之鍜。要使耳濡目染,意匠心營,無不皆嶽峙淵停,而絕盡山溫水輭,然後斯民浩氣,勃然興而沛然盛也。是故經必孟子,史必馬遷,文必昌黎,詩必少陵,詞必稼軒,而字必分篆者,胥作氣之資糧也。卓哉龔君,其極必上於一桃乎。若是,誠先民是程而大猷是經乎。

歐陽竟無先生學術年表*

1871 年(同治十年)

此年農曆十月初八日生。名漸,字鏡湖(50 歲時改竟無)。生於江西省宜黄縣縣城南門。耕讀仕家,曾祖歐陽文楷、祖父歐陽鼎訓、父親歐陽暉,都精書法、詞章,祖父和父親都是舉人,都曾在京任閒職(父親官户部陝西司主政),都不置家業,雖家學淵源深但家境清貧。歐陽漸庶出,爲父親第三妻汪氏所生。

1876 年(光緒二年)

此年農曆二月三十日,父親歐陽暉病逝。家境至困,三母五兄妹凡 8 人相依爲命。叔父歐陽昱是貢生,委爲州判而不就任,對歐陽漸家裏多有照護。是年秋,歐陽漸隨叔父讀。

1890 年(光緒十六年)

入南昌經訓書院讀書。“由曾胡程朱諸家言,轉涉經史,兼工天算,爲經訓書院高材生,時稱得風氣之先。”(吕澂:《親教師歐陽先生事略》)

1891 年(光緒十七年)

是年,著名經學大師皮錫瑞任南昌經訓書院山長。歐陽漸隨皮氏學經史、攻漢學,即吕澂所指“轉涉經史”。

---

* 本年表由徐清祥撰写。

1894 年(光緒二十年)

此年七月,中日甲午戰爭爆發。

1895 年(光緒二十一年)

二月,北洋艦隊全軍覆没。四月,李鴻章與日本代表簽訂《馬關條約》。全國爲之嘩然,拒約之聲此起彼伏,康有爲公車上書。五月二日,光緒下詔批準條約。全國爲之沉迷徬徨。歐陽漸"慨雜學無濟,專治陸王,欲以補救時弊。"(同上)

1897 年(光緒二十三年)

此年農曆十月初四,兄長歐陽浞病死。自此,全家生計賴歐陽漸一人。那時有三母,一嫂、三姐,皆守寡在家。歐陽漸説:"霾陰悍鷙之氣充於庭,無寧日矣。"(《釋悲》)

1898 年(光緒二十四年)

此年六月十一日,光緒頒佈"明定國是"詔書,維新變法開始。九月二十一日,慈禧發動政變,變法流産。後捉拿康黨急,皮錫瑞被指責爲新黨,被迫離開經訓書院,歐陽漸的同學桂伯華(曾讀經訓書院)因追隨梁啓超宣傳變法,被劃爲康黨,桂伯華避禍而從上海回到南昌。伯華後轉信佛,二年後入金陵刻經處隨楊文會學佛。伯華勸歐陽漸學佛,曾送《起信論》、《楞嚴經》於歐陽漸,作"引睡讀物"。此爲歐陽漸接觸佛學之始。

1903 年(光緒二十九年)

此年歐陽漸參加科舉考試,被取爲"優貢生"。

1904 年(光緒三十年)

歐陽漸以優貢赴廷試,朝考二等,被委爲廣昌縣教諭。從北京回家鄉途中,路至南京,入金陵刻經處看望同學桂伯華。經伯華引薦,拜識了楊仁山(文會)居士。

1905 年(光緒三十一年)

利用廣昌縣教諭的身份,在宜黃興辦正志學堂。"斟酌科目、體用兼備,自編課本課之。"(吕澂:《親教師歐陽先生事略》)

1906 年(光緒三十二年》

此年農曆二月十三日,生母汪氏病死。歐陽漸"哀慟愈恒,即以母逝日無肉食,絶色欲,杜仕進,歸心佛法,以求究竟解脱焉。"(同上)

1907 年(光緒三十三年)

此年三月,再赴南京金陵刻經處隨楊仁山居士游。秋,東渡日本訪遺籍。在日本與蒯若木夫婦(此爲初次見面),桂伯華三人同住東京,近半年之久。

1908 年(光緒三十四年)

春,自日本歸。謀久學之資,任兩廣優級師範講席,旋病歸。冬,楊文會於刻經處創辦"祇洹精舍",文會親自講授佛學課程,從之僧俗十餘人,歐陽漸爲其中之一。歐陽漸專習唯識。

1909 年(宣統元年)

秋,太虚入"祇洹精舍"隨文會學。年終,因經費問題。"祇洹精舍"停辦。歐陽漸回到宜黄。

1910 年(宣統二年)

與李正剛在家鄉九峰山辦農業,又大病瀕死。乃决心舍身爲法,不復家計,再赴南京,依楊仁山居士。

1911 年(宣統三年)

此年八月十七日(農曆)楊仁山死。遵居士遺命,陳稺庵任印刷流通,歐陽漸任編校經典,陳宜甫任外來交際。后辛亥革命爆發,值"革命軍攻寧急,師居危城中守經坊四十日,經版賴以保全。"(吕澂《親教師歐陽先生事略》)

1912 年

春,與李正剛等發起“中國佛教會”,主張政教分離,改革僧制。不果。不久即解散。

1913 年

春,因南京擾攘,歐陽漸閉户珂里宜黄治梵經兩年。

1914 年

春夏間,携愛女歐陽蘭入金陵刻經處主編校事。十一月,開始講學於龔家橋陳氏空屋。聽講者,有姚妙明、吕澂(秋逸)、黄樹因、徐克明、蘇心田等人。

1915 年

此年,從學者漸多,除上述幾位外,還有劉抱一、黄子山、陳眞如(銘樞)、黄懺華(黄樹因之兄)、邱晞明、姚伯年、黄健、鄔愛平、黄民、劉遯等人,可謂學者日衆。十一月,在刻經處設佛學研究部,於雙塘巷賃屋講學、研究。吕澂説:“師既主編校,病刻經處規模未充。又乏資廣刊要典,乃設研究部,只身走隴右,就同門蒯若木商刻費。比返,愛女蘭病卒刻經處,哀傷悲憤,治《瑜伽》,常達旦不休。積久,乃曉然法相與唯識兩宗本末各殊,未容淆亂。”(同上)

1916 年

此年桂伯華(念祖)在日本東京逝世。陳眞如(銘樞)嘗從學於伯華,歐陽漸命眞如去日本看望(陳在伯華死前即到日本)。

秋,歐陽漸敘成《百法五蘊論敘》和《世親攝論釋敘》,從義理和經論兩邊判法相、唯識爲兩宗。

冬,歐陽漸作完《成實論敘》。此《敘》從思想淵源上和義理上,把《成實論》和《俱舍論》這兩部小乘名著作了比較;并且認爲,《俱舍論》和《成實論》分别影響了大乘法相學和唯識學;更從《俱舍》、《成實》與《般若》《瑜伽》之間關係，説“造極於般若瑜伽，而漸次於成實俱舍。”所以主張大小乘一切經論皆應學，並明顯露有融貫佛學的思想。

1917 年

春。歐陽漸作《佛地經論敘》。此護法門人親光等所造，玄奘翻譯時以此論爲瑜伽系學説的總結，可見是一部很重要的論著。歐陽漸精析名相，詳談九義：一所謂如來説法不説法唯識義，二佛會能化所化唯識義，三心體自照有四分義，四佛身佛智有相分義，五無佛種性不定定性義，六無漏種子本有新薰義，七無明不通善性義，八三身略義，九爲相因體爲用因義。對唯識宗的種姓説、三身義等要義作了簡要闡化，並區別了正智與眞如的關係。

秋，金陵刻經處刻成《瑜伽師地論》一百卷。此論奘師所譯，“元明展轉刻而復毁之”。楊文會發願復刻《瑜伽》，僅成前五十卷（自注：一説五十一卷）而去逝，臨終前囑歐陽漸繼刻《瑜伽》。歐陽漸不負師命，將這項歷時二十年的刻經工作，最終完成。歐陽漸作《瑜伽師地論敘》，“五分以敘事”，“十要以提綱”、“十支以暢義”、“十系以廣學”，全面而系統地闡述了瑜伽系學説的全貌和綱要，慈恩絶學，日麗中天，唯識奥堂，登室有基，爲千年來所未見。（注：此論作成時間，吕澂言民國七年，實民國六年也。）

1918 年

十一月，歐陽漸在刻經處研究部設支那内學院籌備處，發佈《支那内學院簡章》。他在《簡章》闡明内院宗旨、規模、學科設置等問題。前清遺老，學界重鎮沈曾植作《支那内學院緣起》。章太炎也作了《支那内學院緣起》。著名詩人陳三立作《支那内學院簡章書後》。

此年，吕澂應歐陽漸之邀，回到刻經處，協助歐陽漸作内院的籌備工作。

注:塵空《民國佛教年記》(《文史雜誌》四卷第九、十期合刊,36-37 頁)言內院設籌備處發佈《章程》、《緣起》的時間爲民八年十一月,實誤。

1919 年

"南游滇,應唐蓂賡講《維摩》、《攝論》。北赴燕,爲蒯若木講唯識。稍稍得資助。"(吕澂:《親教師歐陽先生事略》)

注:吕澂未明具體時間,此爲推算。

春,作成《雜集論述記叙》,叙《雜集論》内容要點和讀書次第,更對唯識、法相分宗談十義之别。

1920 年

秋,熊十力經梁漱溟的介紹,入刻經處研究部學佛。許多關於熊十力的論著説熊爲支那内學院的第一期學員,認爲内院是民國九年開學,誤也。内院正式開學在 1922 年秋。此時尚是籌備時期。

1921 年

秋,作成《瑜伽真實品叙》,談十義:一辨教,二出體,三所詮别,四法相唯識非一,五真如正智非一,六虚妄分别有,七世間相違過,八聖言量,九修证,十异門。《瑜伽真實品》綱要爲之概出。

10 月,歐陽漸在南京高師哲學會作講演,題目爲《佛法非宗教非哲學而爲今時所必需》。在這篇講演裏,他用對比的方法,把佛法和宗教、哲學一一作了比較,認爲佛法既非宗教,又非哲學。

1922 年

九月,支那内學院正式開學,院址設在南京市半邊街。歐陽漸自任院長,周少猷主事務,邱晞明主編校,吕澂主教務。

十月,梁漱溟來南京内院問學,並商請吕澂入北大執教事(歐陽漸不允,後熊十力經梁漱溟推薦入北大),梁啓超、張君勱也到南京演講,陳銘樞、熊十力(子眞)、聶耦庚、王恩洋(化中)等弟子亦咸聚内院,歐陽漸於是主講《唯識抉擇談》。學人畢至,群情踴躍,激動一時。

《唯識抉擇談》談唯識宗要義,作十抉擇:第一抉擇體用談用義,第二抉擇四涅槃談無住,第三抉擇二智談後得,第四抉擇二諦談俗義,第五抉擇三量談聖言,第六抉擇三性談依他,第七抉擇五法談正智,第八抉擇二無我談法無,第九抉擇八識談第八,第十抉擇法相談唯識。此抉擇所談,基本全面地闡述無著系學説的大綱。此書的問世,是慈恩千年絶學在近代復興的代表作。

1923 年

七月,在支那内學院成立内院研究會,歐陽漸在第一次研究會上致《研究會開會辭》。他在《開會辭》中談了"研究性質"、"研究規模"以及"研究方法"等三個問題。關於"研究性質",他强調佛學研究與傳統師弟傳授不同,與世間從多數的原則不同,認爲研究應處處須得實相,不唯師説。關於"研究規模",則主張以法相爲主。關於研究方法,他主張不要輕易違反舊説,不要死煞於文字,不要動輒作長文。

八月,弟子黄樹因病死。

九月十八日,兒子歐陽東在上海同濟大學游泳溺死。同年同月同日,弟子許一鳴病死於内院。兒死、友死,歐陽漸悲苦無奈,乃發願循龍樹舊規,讀《大般若經》六百卷。此爲歐陽漸佛學一大轉變。〇此月,歐陽漸在第二次研究會作《今日之佛法研究》之演講。此演講認爲大、小、空、有皆是一貫,事義分别而已,所謂"乘則有三教唯是一",强調佛教内部的和合精神。此演講還首次較系統地闡述了研究佛學的"結論後研究"的方法。〇此月,設研究部試學班,用導師制,通習法相唯識要典,間月開研究會一次,發表研究,至 1924 年年終,開始將研究成果編印成年刊與雜刊。

1924 年

五月,歐陽漸在第六次内院研究會上作《心學大意》之演講,對心學(定學)之觀修作了大綱式的提要。

秋,歐陽漸作《成唯識論研究次第》一文,對《成唯識論》研究的要點和次序作了説明。九月,作《談内學研究》之演講。

冬,歐陽漸撰成《阿毗達磨俱舍論記叙》,叙中談了十個問題:一九品叙事,二阿毗達磨,三五天時學,四俱舍稱學不稱宗,五舍有部義取經部義,六舍經部義而取俱舍義,七舍餘部義取俱舍義,八舍俱舍義取大乘義、九稱贊世親,十略説其餘。這是一部以《俱舍論》爲核心,系統研究小乘經部,有部要義的著作,文中對小乘思想的淵源和思想的發展作了較爲全面而精要的概括,尤其是分析《俱舍》對大乘法相學的影響,同時,對有部與經部的分歧也作了較爲詳細的分析,並探討了法相學、唯識學與有部、經部的影響關係。

十二月,支那内學院刊行《内學》年刊第一輯,歐陽漸作《内學序》。此《序》對内學的性質作了論述,認爲"悲爲學之緣起","現证爲學之自體",强調"悲而後有學,憤而後有學,無可奈何而後有學,救亡圖存而後有學。不如是學,……其究也無歸"。這裏重佛學的救世精神(當然,這種救世與世俗功利之救世不同)。

1925 年

六月,歐陽漸在内院第十一次研究會作《龍樹法相學》的演講,認爲法性法相義無别而總别有殊,教之經律論皆涉法相,龍樹學亦是法相學。甚至認爲,"龍樹亦有説依他","龍樹亦講賴耶義",因此認爲龍樹、無著是一學,只是一重法無自性(龍樹),一個重依他(無著),詳略不同而已。

九月十三日，内院法相大學特科開始招生，於此日舉行開學典禮。王恩洋任特科主任。院長歐陽漸報告本科開辦歷史，上係繼承楊仁山居士之祇洹精舍而來，其宗旨則在提倡西域之學與爲人之學。

秋，立院訓曰：師、悲、教、戒。歐陽漸作《釋悲》，揭明在家衆可以住持佛法之義，以奠居士道場之基。

冬，作《楞伽疏决》六卷。卷一“百八句第一”，疏古一百零八句。卷二“知法義第二”，“辨中邊第三”。卷三“解深密第四”。卷四“超一切量第五”。卷五“五法三自性第六”。卷六“八識二無我第七”，“陀羅尼第八”。《疏》發譯説讀《楞伽》四難六利四最，揭明五法三自性八識二無我是如來一代之聖教。後在各卷按一個一個問題分析並劃出了《楞伽經》文的層次，並有簡單提要。

此年，太虚在廬山針對歐陽漸判法相、唯識爲二宗的觀點，作《法相必宗唯識》之講演，内院《内學》第二輯遂發表歐陽漸的舊作《攝論大意》以作答，太虚在看到此文後又作《再論法相必宗唯識》以破之。争論不果。

1926 年

三月，内院召開第十四次研究會，歐陽漸先後作《今日此方應用律》、《研學方法》之演講。

十一月，内院接待了日本佛教考察團的來訪。

十二月，成立樹因研究室。此室以研究外文佛典爲己任。黄樹因是内學同人中最早研究梵藏的學者，爲了紀念他對内院的貢獻（搜集蕃藏），故以“樹因”命名。歐陽漸在成立大會上作演講，强調佛學研究中外文研究的重要，鼓勵大家作好外文佛典研究。

1927 年

一月，歐陽漸的同父同母的姐姐歐陽淑病死。歐陽漸在悲痛中敘完《釋悲》,並從此由《般若》轉而讀《密嚴》、《涅槃》等經。此又爲他佛學之一變。

三月,因國民黨奠基南京,軍隊駐入内院,歷久不去。

夏,停辦法相大學特科。同時,第一院各部組織(注:法相大學特科原在第二院開辦),亦因經濟關係,縮小規模。問學部取消,研究部亦停頓。

秋,開始集中精力編刊《藏要》。由《大藏經》中選出要籍,精校詳注,分輯出版。計劃共出四輯。(實出三輯)

1928 年

2 月,弟子聶耦庚死於滬。歐陽漸"大恐","乃閉關作叙"。

四月,《大般若經叙》成。歐陽漸學《般若》三張三弛,前後二十八年(實際時間從 1923 年兒死後即未斷,共五年),至此了願。此叙,分五段:一、五周叙事,二、十事抉擇,三、諸經所系,四、諸家所明,五、緒言。後來,在晚年手訂的《内外學》中,上叙中的"二、十事抉擇","三、諸經所系","四、諸家所明"等三部分全部删掉,又"方便般若"節亦全改换。其原因作者自己認爲這些部分"多紕謬"。〇此月,歐陽漸致蔡元培公開函,討論當前佛學問題。

1929 年

七月,支那内學院編印《藏要》第一輯開始出書。第一輯選《大般若經第二分》、《大般若經第五分》、《華嚴經》、《楞伽經》、《大般涅槃經》、《解深密經》、《菩薩藏經》、《勝鬘經》、《無量壽經》、《法華經》、《雜阿含經》、《菩薩戒本羯磨》、《十誦戒本羯磨》、《善見律毗婆沙》、《中論》、《辨中邊論》、《大智度論》、《瑜伽師地論》、《集論》、《攝大乘論》、《二十唯識論》、《成唯識論》、《因明正理門論》、《品類足論》、《异部宗輪論》,凡十一經三律十一論,共 25 種。此《藏要》是經過對校梵藏各本、新舊各譯,用批判方法,校注定稿的。之後,付上海仿宋印書局精印。歐陽漸稱,《藏要》爲《大藏經》中之要,而《藏要》第一輯爲要中之要。内院編《藏要》作了二項工作,一是考據,一是義理。考據段,書之真僞,譯善版善,必求精審以餉學者。此一段事,千年來已無作者矣。義理段,則文之脈絡,科判本以銷文,反因藥而加病。今須廢科判法,以文法叙次,叙次已,應抉擇經義。談到經義,千年以來更蕪穢不治:第一,分部不確當;第二,各溺其所宗而誣概全局;第三,肤淺泛濫、充棟汗牛,乃無一紙切當示要之論。今須革弊興利,成一不刊之典籍(《内學雜著·覆陳伯嚴書》)。所謂考據,就是經文的具體編校、考證、挑選工作,這個工作是吕澂負責完成的。所謂義理,就是《藏要》提要,歐陽漸後來寫成的《藏要叙》,就是這個工作。這個工作由歐陽漸自己完成(到1940年最終完成)。

1930 年

七月,支那内學院院士德格請得蕃藏全部運抵内院(此年《海潮音》載文《支那内學院請得蕃藏始末》,對此事經過作了介紹)。

1931 年

八月,歐陽漸旅居廬山,會陳散原和徐悲鴻,並作成《大涅槃經敘》。此敘分"讀文"和"抉義"兩部分,"讀文"對經文脈胳作了梳理;"抉義"部分概括經義。"抉義"分十部分:一涅槃,二佛性,三中道,四因緣,五經,六行,七戒,八慈悲,九方便,十其餘。此叙提出了二個非常重要的觀點:無餘涅槃是佛之唯一宗趣;大涅槃三德(般若、法身、解脱)相齊。

九月十八日,"九一八"事變爆發。民族危機加劇。歐陽漸開始轉入儒學的研究。此亦爲歐陽漸學術一大變。

十月,歐陽漸編成《論語十一篇讀》,並作叙文。此書按照不同的思想内容和主題，把《論語》編成十一篇："勸學第一"，"君子小人第二"，"爲學第三"，"仁第四"，"禮第五"，"性天第六"，"達道第七"，"爲政第八"，"聖德第九"，"群弟子第十"，"古今人第十一"。關於如此編次的原因，歐陽漸在敘中説："始之集《勸學》、《君子小人篇》以定其趣，終之集《群弟子》、《古今人篇》而讀，以博其義。"這就是説，"君子、小人之辨"是《論語》的旨趣（勸學，可視爲導論）。歐陽漸首次在此書中提出了孔佛一致的主張，並認爲秦漢之後無真孔，學儒須先嫺《般若》精内典，後讀孔書方能得其髓。

1932 年

十月，歐陽漸編成《中庸讀》和《大學王注讀》。《中庸讀》對《中庸》作了逐句注解、逐節提要。他認爲："中庸之實，一曰費而隱逆而窮其源也，一曰微之顯順而竟其委也。"又説："中庸有所以爲中庸者，尊德性而道學問是也。爲性而學，學以盡性，是宗旨也。"他在《大學王注讀》中闡述了《大學》十義："一曰大人學也"，此段説"大學"性質，即盡性知天之謂大人，大人之學之謂大學。"二曰天下之欲也"。此段明"明明德者，非明明德於一己也，而有明於天下也"之根本義。"三日孔子之志也"，此段立孔子之志在大同之政根本義。"四曰忠恕之道也"，此段釋忠恕曰：格致誠正修者忠也，齊治平者恕也。"五曰得國之實也"，論得國之實在得民心。"六曰格物之功也"，贊同陽明關於爲盡性而學爲格物的主張。"七曰孔顔之樂也"，認爲孔顔之樂，即是誠。"八曰真實之知也"，贊同陽明"知即是行"的觀點，認爲"思之思之鬼神通之也，是之謂真實之知也"。"九曰學庸之事也"，此段説《中庸》具備區徑、方術、效果等三事，爲孔學概論。"十曰學説庸之序也"，認爲應先學《中庸》，後《大學》。他在《敘》中認爲，道只有一極，孔道至大，一言蔽之曰：古之欲明明德於天下者，天下一人也,方物一體也。

十二月,歐陽漸編成《孟子十篇讀》,並作有敘文。《孟子十篇讀》把《孟子》一書中的"孟子曰"(孟子語録)摘録出來,按内容和論題編爲十篇:氣第一,士第二,民第三,義利王霸第四,仁政第五,孝弟第六,君臣朋友第七,學第八,非彼第九,自宗第十。他認爲,國民之氣節是天下大本,今天下危機,外患不足畏,最可怕的是上上下下都失去了氣節。因而認爲"振聾聵於今日者,其唯孟子乎?"○此月,歐陽漸爲劉衡如《破新唯識論》作敘,批評熊十力"呈才智""妄非聖言,乳臭牖闚,惟非堯舜、薄湯武是事"。

1933 年

五月,歐陽漸編成《詞品甲》。凡四十調一百首。多爲南宋作品,如辛棄疾、岳飛、陸游、文天祥等,内容多爲"奔走呼號之聲"。他在"敘"中說:"菩薩視衆生將墮三途而不得不悲,視羅剎之必赤人族而不得不憤,既悲且憤不得不奔走呼號。"此言已"悲""憤"之情和"奔走呼號"救亡圖存之的。

1934 年

十月,他在《覆陳伯嚴書》中談了兩件事:

一身體。"漸雖年未及老,而精力已衰。夜多溺、多夢,食飽夢,盛怒夢,勞思夢,大聲讀書夢,作文夢,夢高險或幽深。已三年。醫者皆不知症。細審察久久,是丹田冷,以手温之,夢即止。節勞平氣,夢亦止。然不能斷病根。"

二打算。"夫所謂願者,《大藏提要》、《晚年定論》,二書而已。"他所謂的"大藏提要"是指後來完成的《藏要敘》,所謂"晚年定論"指後來完成的《釋教》(或指《大乘密嚴經敘》,他說此書爲晚年定論。但二書主題(結論)是一致的,即融瑜伽、中觀於一涅槃之境,無餘涅槃三德相齊。)又言:“兩書成,束書不讀,修觀實相以俟死。大約五年可矣。”

1936 年

三月,作成《大乘密嚴經敘》。他在《覆魏斯逸書》中稱此爲“漸晚年論定之學説”,可見非常重要。此分“經文”和“經義”兩部分。“經文”説經之旨趣及文之脈絡。“經義”談十個問題:一總,二教,三經,四如來藏阿賴耶,五法身,六唯智學,七定,八身,九不壞世間,十辟謬。要點是:由二轉依説四涅槃之體用,立“無餘涅槃是根本涅槃”義;立“五法三自性八識二無我,是諸佛之教”之根本義;對唯識學,提出唯智學的概念,並將兩者作比較研究;對法義説法身義;從正智、真如的區別出發,证《大乘起信論》爲僞説。更爲重要的是,他提到了儒釋之辨:“古之欲明明德於天下者,我皆令入無餘涅槃而滅度之”,前者是儒,後者是佛。這是他第一次從宗趣上對儒、佛的概括,含義深遠。

四月,清明節回宜黄掃墓(他已十八年未回故里)。回内院後作《夏聲説》(此文爲粤友《夏友》雜誌作發刊詞)。他在此文中説:“夏聲者,孔子之中庸,孟子浩然之氣也。夏聲者,以一言之曰誠,以二言之曰中庸,以三言之曰直方大,以四言之曰浩然正氣。”這是把中庸(注:他对中庸的理解與宋明儒不同)和浩然正氣,看成是中華民族的精神。又説:“人之所以爲人者,惻隱羞惡是非之心是也。堂下觳觫,堂上不忍,况乎國將亡族將滅種將絶!痛之所以不勝,不得不大聲疾呼奔走號咷;大聲疾呼奔走號咷,而後舉國震悚萬衆一心,出其才力智能以自救。”

五月,作《孔佛》、《孔佛概論之概論》。這是兩篇非常重要的文章,歐陽漸在文中從“寂爲體”、“智爲用”、“體用相依”的基本觀點出發,揭明儒佛的宗趣是"古之欲明明德於天下者,我皆令人涅槃而滅度之"。他對佛學作了總的概括,對儒學作了全面的新解釋,按照他的結論,儒與佛在義理上是相通的(承認有區别),在宗趣上則最終必歸一。

六月,編成《孟子課》,分"言聖人"、"言鄉願"、"言生仁義"、"言貴自不貴勢"、"言輕利重義"、"憂患生安樂死"、"言心之謂聖"、"言學不難"、"言政"等十個主題編次而成。

1937 年

夏,"集門人講晚年定論,提無餘涅槃三德相齊之義,融瑜伽、中觀於一境,且以攝《學》、《庸》(注:《大學》和《中庸》)格物誠明,佛學究竟洞然,而孔家真面目亦畢見矣。講畢,日寇入侵,師率院衆並運所刻經版徙蜀。"(吕澂:《親教師歐陽先生事略》)

冬,歐陽漸率院衆息影江津,開始籌建支那内學院江津蜀院,得鄧蟾秋、張茂芹兄弟之助。歐陽漸在《鄧蟾秋壽序》中説:"支那内學院挾其經版圖書入川,將於江津刻經研學分立蜀院。先生布千金,張茂芹兄弟讓地,購得院基以興建築。"

1938 年

正月,人日(夏曆正月初七),舉行大會,蜀中及門者皆集,乃成立蜀院。恢復"講學以刻經"之舊規,設流通處及作場。〇舉辦支那内學院經版圖書展。

五月,編成《論語課》、《毛詩課》。《論語課》按"義利之辨"、"忠恕之事"、"思學相須"、"詩書執禮"、"性與天道"、"爲政之道"等六個主題依次編成。《毛詩課》從《毛詩》中精選出"三十篇"編校而成。

冬,蜀院得初刻南藏。歐陽漸作《得初刻南藏記》,吕澂作《初刻南藏考》。

此年,歐陽漸的兒子歐陽格被逮捕。歐陽格(1896-1940),歷任電雷學校教育長,中山艦長,浙江水警廳長,海軍總指揮,海軍中將,國民黨中央監察委員。因抗戰不力,不戰而退,且涉嫌貪污軍餉,而遭逮捕,

1939 年

二月,編成《詞品乙》,凡五十調一百二十七首。他在敘中說:"建國於自由平等,非建國於雜霸功利。"又言:"四億五千封建國制,有何公益?"關於《詞品甲》與《詞品乙》的區別,他說:"抗敵以不受爾汝之忠,氣不憤徘不能忠,《詞品甲》語悲歌慷慨。建國以不受爾汝之恕,氣不和順否能恕,《詞品乙》語清净幽閒,非相違也,而相從也。"

七月,陳眞如(銘樞)將他與熊十力的争論文章(書信)寄給歐陽漸,歐陽漸先後作《答陳眞如書》、《再答陳眞如書》。他在這兩封信中明確提出了"佛之宗趣唯一無餘涅槃,法門無邊三智三漸次"的觀點,他認爲:"十力眞如,不知佛之宗趣唯一是無餘涅槃,不知佛之法門八萬四千,自發心以至正覺。節節境界節節行持節節殊异,非以一法門可概也。"他批評熊十力:"十力徒知佛門無住涅槃之數量,又錯讀孔書,遂乃附會支離,竊取雜糅孔佛之似,而僻執其一途。既恐怖無餘涅槃,而大本大源於以斷絶。"

○楊鶴慶在《内院簡史》中說:"二十八年(即 1939 年),建立院學,分毗曇、戒律、瑜伽、般若、涅槃五科,由言教變遷之實以求觀行踐证之眞,其略見於《院訓·釋教》。"(《歐陽大師紀念刊》)吕澂亦說:"以頓境漸行之論,五科次第,立院學大綱。"(《親教師歐陽先生事略》)但是,查《釋教》(1940 年作)只分俱舍、瑜伽、唯智、涅槃四科文字。這是爲什麽呢? 肖永明在《支那内學院佛學思想論綱》(載《宗

教》93 年 1 期）説："四三年歐陽漸逝世後，他繼任支那内學院院長，並着手實施歐陽漸初步建立的院學。他先對歐陽漸四科佛學進行調整，把四科——俱舍、瑜伽、般若、涅槃，改爲五科——毗曇、般若、瑜伽、涅槃、戒律。這樣，與佛學的實際情況更加吻合了。"

1940 年

一月，二日他在《覆張溥泉》信中指出，孔義是建國之大本，但"數千年前儒已墮僞"，所以今日之急在於復真孔面目，而不是"倡墨"。又認爲，"孔義不但於抗戰非常多可權借，尤於抗戰建國非常足以經宗。"又言："何謂大本？求寂主一達情是也。"〇此月，作成《中庸傳》，這是歐陽漸闡述孔學最系統的一部代表作，也是最後一部儒學著作。歐陽漸認爲《中庸》有三大義：曰修道，曰索隱、曰不已。因而《中庸傳》相應分爲三科：第一科略論，第二科廣論，第三科經論。"略論"詮三義：初詮修道，謂人皆可爲堯舜，特開方便建立修道之教。次诠修道在人而道則皆天。後詮成功則於人道而溯源天道。第二科廣論，文分六段：一廣修道之德，二廣道之隱，三廣修之誠，四廣修不已，五廣修道之禮，六廣致中庸之成。又歸納結爲境、行、果三段：初道隱爲境、次修誠修不已修禮爲行，後致成果。第三科結論也分三段：一人德以隱、二修已及人治國平天下以隱，三示隱之真相。《中庸傳》内容要點：以佛之理論框架（境、行、果）對《中庸》作出新解釋，認爲《中庸》的唯一宗趣（也是孔學宗趣）是明明德於天下（非個人份上事），是整體之事。此境界相當於"我皆令入無餘涅槃"，而明德即中庸即誠即寂、修行就是要顯示這個實相（中庸、誠、寂），這個修行也有"三智三漸次"的過程。他在《覆梁均默書》中談到了他作《中庸傳》的宗旨，他説："唯年來私肊别有發明，竊以爲孔子眞精神，必至於是始大披露。"

二、三月間作成《五分般若讀》。(此時間依吕澂説而推算出)

五月,蜀院發起精刻《大藏經》全藏,歐陽漸作《緣起》,談三事:一刻藏拔苦痛以慰抗戰忠魂,二刻藏整至救以永慧命,三刻藏辨法。

六月,歐陽漸的妻子熊夫人在江津病逝。

七月,歐陽漸的兒子歐陽格被蔣介石槍决。至此,歐陽漸的骨肉之親全部死亡:二兒一女,三姐一兄,父母,凡九人。唯有筏蘇、勃蘇(孫女)、應一、應象(孫兒),四人均在國外。歐陽漸迭遭家難發憤作《釋教》。

冬,刻成《藏要叙》,分《經叙》和《論叙》兩册。這是對出版的三輯《藏要》所作的提要,即他在 1936 年説的"義理段"。《經叙》有:《大般若經》第二分,《大般若經》第五分,《解深密經》,《大方廣佛華嚴經》(以上第一輯《藏要》所選),《華嚴經十回向品》,《大涅槃經·師子吼品》,《無盡意菩薩經》,《維摩詰所説經》(以上《藏要》第二輯中所選),《大般若經》第十六分,《合部光明經》,《大涅槃經·正法分》,《大乘密嚴經》(以上第三輯《藏要》中所選)。《論叙》中包括:《中論》,《辨中邊論》,《大智度論》,《瑜伽師地論》,《集論》,《攝大乘論》,《二十唯識論》,《成唯識論》,《因明正理論》,《品類足論》,《异部宗輪》。《經叙》十二篇,《論叙》十一篇,共二十三篇。洋洋大觀,不愧於一部巨作。

1941 年

是年作成《釋教》,凡一萬九千餘字。《釋教》以"頓境漸行"爲總論,以"舍染取净"説教中之義,以"唯識、唯智、涅槃"説教中三學,最後立"俱舍、瑜伽、唯智、涅槃"四科文字。於是内院院學大綱而成。《釋教》貫徹着三學相齊、四科一貫的精神。

1942 年

是年作成《心經讀》。吕説:“民國二十九年,遭家難,矢志觀行,於《心經》默識幻眞一味之旨,夙夜參研,期以徹悟。三載,始着《心經讀》存其微言,蓋師最後精至之作也。”(《親教師歐陽先生事略》)《心經讀》以境、行、果段三以統全文,他説:“所謂《心經》全義者,皆空之謂境,行深般若之謂行,照見皆空之謂果也。”又説:“十六分六百卷如咒,《心經》寥寥幾句如咒心,故不讀六百卷不足以讀寥寥幾句,而不讀寥寥幾句又不足以讀六百卷也。”

1943 年

二月六日,感冒示疾,轉肺炎,體衰不能復,然猶繫念般若不已。

二月二十三日晨七時,轉側,右卧,安祥去世。

三月五日,教育部致公祭文:

維中華民國三十二年三月五日,教育部部長陳立夫及全體職員謹致祭於歐陽竟無先生之靈曰:嗚呼,晦影歸眞,大師長往。梁木摧頹,學人安仰。嗚呼,慈恩雲遠,絶學將亡。宗風丕振,孰紹招唐。昔我西巡,西京古寺。瞻禮徘徊,三塔鼎峙。明道嗣法,篤生宜黄。仁山繼起,震旦之光。嗚呼,發海潮音,説諸空相。大願宏慈,待刊佛藏。法無常住,道則常新。存神過化,長懷哲人。嗚呼哀哉,尚饗。

四月二十七日,國府發佈褒揚令並附“教育部呈請行政院轉呈國府褒恤歐陽大師”原呈:

國民政府令民國三十二年四月二十七日

耆學歐陽漸,早歲精研性理,倡導良知。嗣以清季政俗衰頹,乃思以佛拯世。民國以後,編刊内典,著述益宏。爾年避寇來川,感乏時艱,激揚正義,志行老而弗衰。兹聞溘逝,良深珍惜,應予明令褒揚。並特給恤金一萬元,以彰宿學而示來兹。此令。

六月,支那内學院成立院友會,公推吕澂攝理院長。

○熊夫人,葬於四川江津東郊雷家院壬山。

○歐陽漸,葬於江津支那内學院院内。

注:資料來源,《江西宜黄南岳歐陽氏五修宗譜》、《宜黄縣誌》、《南昌府志》、《江西通誌》、《歐陽竟無内外學》、《内學》年刊、《歐陽大師紀念刊》、《海潮音》、《民國佛教篇》(中國佛教史論叢。臺北)、《金陵刻經處歷史資料點滴》(五册。此書是金陵刻經處歷時三年收集編輯而成,未公開出版)。

歐陽竟無與佛教研究

黄夏年

歐陽竟無,名漸,江西宜黄人。人稱宜黄大師。幼年受啟蒙教育,20歲時捐得秀才,不久入南昌經訓書院,讀經史,兼修天文和數學。後受友人桂伯華的影響,轉向佛學。1904年至南京,受教於楊文會,研習佛典。1906年因喪母痛,發願斷葷絕色,不再仁進,皈依佛門。越年至南京,繼續隨楊文會學習佛學,遵師囑東渡日本東京學習密宗要旨,訪求佛教遺經數月,其間與章太炎、劉師培等人切蹉佛學。回國後,先於廣州兩廣優級師範任教,不久因病辭職,後與友人李正剛等於九峰山經營農業,大病一場,心灰意懶,遁徹空門。1910年再赴南京從楊文會學習唯識瑜伽。翌年楊師逝世,遵師遺教續辦金陵刻經處,主持刊校佛典的工作。1912年與李正剛、桂伯華等人創立佛教會,從事佛學研究。逾二年,在金陵刻經處設立研究部,培養學人。1918年與章太炎、陳三立等在南京金陵刻經處籌建支那内學院。1922年内學院正式建成,親任院長。院内設學、事二科和學務、事務、編校流通三處,以辦學和編印佛典為宗旨,同時在研究部開辦試學班,培養佛學研究人才。1925年後,改為學問、研究、法相大學三部,在法相大學内設特科,專講法相唯識,學者湊泊。又編輯校刻百余卷唐代法相唯識要典及章疏,流通海内外。1927年起,組織人員,選編集粹,刊印《藏要》三輯。抗日戰爭爆發,率領内學院學生,攜刻經處經板至四川江津再建支那内學院蜀院。三年後因操勞過度而謝世,享年72歲。身後留有晚年親訂《竟無内外學》26種,曾由内學院蜀院輯為30餘卷刊行。現由金陵刻經處取名為《歐陽竟無先生内外學》刊佈流通於國内外。

一、佛法非宗教非哲學

歐陽竟無先生是我國當代佛學研究的先驅者之一,也是當代佛教的教育家,他主持的金陵刻經處對我國當代佛學研究作出了巨大貢獻,在世界佛學界有着重要影響。

歐陽竟無站在佛教唯本的角度,不同意西方給佛教下的定義,認為佛教是特殊的學問,並非西方所說的是哲學和宗教。他說:"宗教、哲學二字,原係西洋名詞,譯過中國來,勉強比附在佛法上面。但彼二者、意義既各殊,範圍又極隘,如何能包含得此最廣大的佛法?正名定辭,所以宗教、哲學二名都用不著,佛法就是佛法,佛法就稱佛法。"①即是說,在受傳統文化薰陶的歐陽竟無來看,西方的論斷並不能眞實地說明佛教的特點,首先佛教是以自我心靈解脱為特徵,所依託的是正法,即"昔者佛入涅槃時,以四依教弟子。所謂四依者:一者,依法不依人;二者,依義不依語;三者,依了義經不依不了義經;四者,依智不依識。所謂依法不依人者,即是但當依持正法,苟於法不合,則雖是佛,亦在所不從。"②佛教沒有像西方那樣依靠一個無上威

① 《佛法非宗教非哲學而為今時所必需》,见本书572页。

② 同上,见本书573页。

權的神來主宰世界。“宗教有悲無智,科哲學有智無悲,佛法則悲智雙運。然其悲亦非宗教之悲,以宗教悲人不為善而生天堂,佛法則悲人不證不生不滅、平等自由之理。又其智亦非科哲學之智,科學因果律展轉比量,不能超量,物理推至原子電子而術窮;哲學之知識,或謂出先天,然不明先天為何物,或謂由經驗,然何以突有經驗,更何以歷久長存?以故事物窮研,每難結果。佛法鏡智但是現量,一刹那間如物而量,不用比證;一刹那間現前明瞭,不藉先天,現成即是,不用經驗。以是佛法能得究竟。夫現量者,術語名無漏種發現,與常人日用行習思想邏輯之有漏種發現者,截然兩物。是故,佛法非宗教非科哲學,而別為一學也。”①

其次,西方的聖經只能讓人信從,不許討論。“聖言量者,非宗教之教條,但有服從而無探討,實若因明之因喻,幾何之公理也。宗教有結論無研究,哲學有研究無結論,佛法則於結論後而大加研究以極其趣,非待研究而希得其結論。是故,佛法於宗教哲學外,而別為一學也。”②佛教經典是讓人開智的,學習佛教不必盲執佛說是不是究竟,佛陀讓人只需選擇自己認為有益處的經典就可以了,所以佛教“其容人思想之自由者如此。”③

第三,西方的宗教家“必有其必守之信條與必守之戒約,信條戒約即其立教之根本,此而若犯,其教乃不成。”佛教也讓人持戒,然而佛教持戒者是以發菩提心為根本,秉乘的是大乘菩薩利物濟生的理念,雖然佛教重視十重律儀,但更重視的是菩提心的培養,菩提心一

① 《與章行嚴書》,见本书 460－461 页。

② 《與章行嚴書》,见本书 461 页。

③ 《佛法非宗教非哲學而為今時所必需》,见本书 573 页。

旦退失就會犯戒,所以佛教戒律規模廣闊,心量宏遠,“固不同拘拘於繩墨尺寸之中,以自苦為極者也。”①

第四,宗教的信仰是“純粹感情的服從,而不容一毫理性之批評者是也。”佛教則是要人通過修行而獲得無上聖智,亦即是説佛教是依靠自己的力量來獲得解脱的,不是靠着他人的力量而得到聖智,“聖言量者,非宗教之教條,但有服從而無探討,實若因明之因喻,幾何之公理也。宗教有結論無研究,哲學有研究無結論,佛法則於結論後而大加研究以極其趣,非待研究而希得其結論。是故,佛法於宗教哲學外,而别為一學也。”②所以佛教認為“依人説話,三世佛冤,盲從迷信,是乃不可度者。”③

以上四點可以看出,宗教與佛教的區别就在於“一者崇卑而不平,一者平等無二致,一者思想極其錮陋,一者理性極其自由;一者拘苦而昧原,一者宏闊而眞證;一者屈懦以從人,一者勇往以從己。二者之辨,皎若白黑,而烏可以區區之宗教與佛法相提並論哉!”④

歐陽竟無的弟子王恩洋又根據乃師的思想,整理論證了“佛法非哲學者”的思想。王恩洋説:西方一切哲學家對於世間一切事物,你猜過去我猜過來,紛紜擾攘,相非相謗,皆是執定實有一理。而佛法但是破執,一無所執便是佛也,故佛之説法,不説眞理而説眞如。眞如是如其法之量不增不減,不作擬議揣摩之謂,體用分别,決不以一眞理範圍一切事物,亦不以衆多事物奔赴於一眞理。所謂在凡不減,在聖不增,當體即是,但須證得,凡物皆然,瞬息不離者也。哲學所探

① 《佛法非宗教非哲學而為今時所必需》,见本书 574 页。

② 《與章行嚴書》,见本书 461 页。

③ 《佛法非宗教非哲學而為今時所必需》,见本书 574 页。

④ 《佛法非宗教非哲學而為今時所必需》,见本书 575 页。

討的是知識問題。知識之起源,知識之效力,知識本質,認識論中種種主張,皆不出計度分別。佛法強調萬法唯識,八識中有阿賴耶識。這個識是自有的種子識,依靠與其他的識所緣而生,不同於西方經驗論所說必須依靠外在的環境而顯現。阿賴耶識是因八識的薰染而成為種子識,故而是認識世界的根源。西方先天論者認為知識常在,佛法認為知識是無常的,且是經常變化的,所以"若必談知識之本源,惟有佛法為能知也。"[①]哲學家之所探討的是對宇宙之說明,過去則有唯心、唯物,一元、二元論,後來又有原子、電子論等,現今科學進步了,相對論也提出了,宇宙並非是我們所見到的實物,過去所說的唯心論、一元論的看法也受到了挑戰,物質實在論亦複難以成立。科學所要求證明的是唯方程式,即世界實有者只是每一件事情,不是每一件物質。但從佛法而言,只說唯識,不言宇宙。心即是識,色(物質)亦是識,佛教說三界唯心、萬法唯識,宇宙離不開識,非是實有。總而言之,哲學家者的所見所知,於地不過是所見的世界,於時不過是數十年間,不求多聞,故隘其量,故扃其慧,以螢火之光當日月之明。而佛法發起無上菩提心、廣大心、無邊心以來,"其時則以一阿僧衹劫明決此事,二劫見之,三劫修滿而證之,然後隨身現化,普度有情,以彼眞知,覺諸後起。……其地則自一世界至無量無邊世界而不可離。"[②]高下之辨,不待言矣。

西學東漸,讓打開國門的中國人對西方知識有了更多瞭解,用西方思路來思考中國的事物,成為當時社會與學界的流行做法。"別調

① 《佛法非宗教非哲學而為今時所必需》,见本书 579 页。

② 《佛法非宗教非哲學而為今時所必需》,见本书 583 页。

孤彈,宗教則屏為世學,世學又屏為宗教,舂糧且不能宿,蓋垂青者寡矣。”①佛教在千餘年發展史上,已經構造了自己獨特的精密思想體系,表現出縝密的理論思維。在西方人的眼裡,縝密的佛教理論是東方哲學思潮之一,因為其所包含的哲學體系並不亞於西方哲學理論。又由於佛教主張佛菩薩崇拜,有自己的神靈體系和經典,並形成了一整套完整的儀軌,而在社會上佛教寺院遍佈各地,佛教僧侶管理寺院,所以從宗教的要素來看,佛教也是宗教之一。

歐陽竟無之對西方學說有自己的看法。他曾經批評西方進化論是搞壞世界的重要學說,“嘗於報紙觀見行事翊翊有生氣,凋瘵之國,若都如此,外侮內爭其不可以熄乎！武人利器殺一團,辯士政策殺一國,學說潛勢殺天下萬世,使人樂酖狂死而不悟,進化論是矣！”②他強調“佛法就是佛法”,佛教是非宗教、非哲學,這也是對傳入的西方治學方法論不滿意,認為這些方法不能體現佛教的整體思維,不能突出佛教特有的強調唯識的認識作用,沒有發揮學者自心自證的主體性,不如佛教的眼界廣大等等。這種認識是在民族主義與佛教為中心的背景下提出的。學術意義上的佛學研究是在這一百年才開始興起的。西方國家的船堅炮利,促使中國人開始將眼光投放到世界,中國政府派出學生到西方學習科學技術,其中也包括了學習文史哲的學術研究方法。佛教作為中國傳統學問之一,並沒有像西方一樣從學科和解構的知識方法之角度來看待佛學,而傳統的治學方法無外是我注六經或六經注我,這種治學的方法不能從多角度來認識佛教的各種功能,所以西方學術研究方法傳入之後,馬上被學者接受,用

---

① 《與章行嚴書》,见本书 460 页。

② 《與章行嚴書》,见本书 460 页。

西方的方法研究佛教成為主流。

西方治學方法研究佛教也有不足的地方。東方的宗教與哲學要求從整體上去認識世界，追求天人合一。西方強調分體的研究的方法，有割裂佛教和望文生義的傾向，不能充分反映出佛教的整體。歐陽的觀點儘管不能改變或阻擋中國學術界流行的西方治學方法論，但是也反映了一部分人維護傳統治學的想法，有其一定的合理性。時過百年，我們回頭再看歐陽的提法，佛教是宗教已成為人們的共識，但是他所講到的對佛教整體認識的方法論還是有積極意義的，如今已經有學者肯定了這一點，指出"隨着近代以來的西學東漸之風，注重'內在理解'與'唯證乃知'的傳統研究原則遭遇到西方現代學術方法的挑戰和衝擊，中國佛教研究方法因此呈現出了多元化的局面，不同研究方法的運用，固然豐富了佛教研究的成果，但是由於傳統與現代方法之間的張力，以及佛教研究者對於不同研究方法之間的界限，及各自的有效性仍缺乏足夠的清醒與自覺，因而也在某種程度上導致了方法論的混亂與交流的困境。可以說，佛教言說的內在詮釋之路在現代佛教研究中幾乎被完全遮蔽，被堵塞。原因在於，中國近百年來，西學東漸，西方文化精神以及學術研究方法在學術界漸漸佔據統治地位，中國的佛教研究者們漸漸放棄對佛教精神特質進行如實把握的訴求，陷入了二元對立的誤區，對佛教的研究要麼是遊離或者說外在性質的主觀碎解，要麼以西學的框架與範疇予以比附，他們呈現的'佛教'實際上早已是一種在現代性的'祛魅'魔鏡中的異化之像，與佛教的本來面目相互乖離，雖然這種本來面目只是一種傳統中顯現，對其認同可能承擔着不堪質疑的風險。"①一言敝之，歐

① "佛學研究方法論"專欄編者按，《華東師範大學學報》2008 年第 4 期。

陽竟無的想法最終在百年以後,才逐漸為人所理解。

二、佛教研究是結論後的研究

歐陽竟無認為“吾人現在研究,乃結論後之研究,推闡發揮,皆不能外於已定之結論,非由研究遂別得一新結論也。”[①]佛教是內證之學,“世俗謂游方以外,吾學謂還滅自內,應如是學勝義現證,是名內學。現證云者,不可以驟得,不可以一概。禹鼎神奸,一覽窮悉,如觀無常,五蘊無常,剎那集顯,是名現證。一眞法界,周徧無外,應如是學,無外之內,是名內學。……三阿僧祇,豈有終極,其悲也大,故其學也大。應如是學,大往大來,是名內學。”[②]與之相對的世間其他學問包括儒學等都是外學。內外之學的不同在於:“內學為結論後之研究,外學則研究而不得結論者也。此為內外學根本不同之點。由此內外方法亦不同。哲學每用比方,以定例為比量,即有範圍限制。如以三百六十度測周圓,二直角測三角內和,皆屬一定限制,不論圓角之形大小如何,皆不出此限制,哲學家用心思推測,無論各人推測如何,而均在不得結果之一範圍內,人心所限制然也。內學則不如是,期在現證,無用比度,如說四諦,即是現證,即是結論。研求結論,乃有種種解析方法。又如不能理會苦而說苦由無常,復由種種分析以明無常,此皆為教導上不得已之辦法。故內學所重在親證也。”[③]

① 《支那內學院研究會開會辭》,见本书 594 页。
② 《〈內學〉序》,见本书 423-424 页。
③ 《談內學研究》序,见本书 604 页。

佛學的研究符合內學特點,因為內學特點有:一,無漏為內,有漏為外也。二,現證為內,推度為外也。三,究竟為內,不究竟為外也。所以佛學研究就要"先內學,後研究"。① 歐陽竟無之所以推崇內學,皆是因為他的佛教信仰立場所致。他認為佛教是現證的,也是無漏而清淨的,是由內心而流出的眞實學問,如"煩惱障淨智所行與所知障淨智所行,皆以純淨得名眞實,內學即應認清此眞實。"②又如哲學是"研究眞理而不得結論。以其出於推度,人各不同,遂無定論也。若出諸現證,則盡人如一,無有異說。如見物然,同見者則說同,出於想像則不同也。"③但是佛教不是,佛教是得到了證明以後,才說出來的,例如佛教強調苦集滅道四諦,這是以生命而體驗到世間諸苦,然後提出解決諸苦各種辦法,所以四諦就是"以其現證同而立說同也"。④ 現證和立說相同,是內學的特點,也是與哲學不同之處。

他指出,佛教是"師法不師人,今之研究亦依傳法之接續師。"⑤按佛教傳統,師資授受有以崇拜為標準的佛菩薩果上師;有觀其行為而學習者的行動上師;有精研法相在悟境上做指導的教師,可見佛學廣博,學無一統。歐陽竟無說:"若學有師承不悖佛說,且能提出精華,資益後學,使慧命相續者,則接續師也。學依接續師,即於古人立義不應輕易改動;改動立義即非師承。"⑥由此可見,傳承在佛學研究中非常重要,先哲創造了宗義,後人進行推闡,"或詳其所略,或厘其

① 《談內學研究》,见本书 603 页。
② 《談內學研究》,见本书 603 页。
③ 《談內學研究》,见本书 603-604 页。
④ 《談內學研究》,见本书 604 页。
⑤ 《支那內學院研究會開會辭》,见本书 593 页。
⑥ 《支那內學院研究會開會辭》,见本书 593 页。

所雜,或疏失之糾修,或他義之資發;破棄盲從,革除儱侗,有果有因,整然不亂:此乃眞所謂師承,與標宗定義之授受不同,亦與泛爾皈依之師弟有異也。"[①]有了傳承才有"接續",傳承是在繼承乃師宗義的基礎上所做的調整,重點是在理論上的發揮,不是一般意義上的歸依,也不是篡改。歐陽竟無指出,傳統法相宗講種子可以成立,所以,佛教的研究就是在一代代的傳承中完成並發揚光大的。

歐陽竟無研究佛教數十年,卻慨歎力不從心,"時苦不能貫通"。[②] 他覺得談空談有,談小談大,佛法廣博,"依教法,乃得文字上之一貫。悟佛說,方便之法門。"故將佛法研究分為三個層次,第一個層次是佛法,這是指整個佛教,即研究佛教的物件。第二個層次是佛法研究,指的是研究者的行為或方法。佛教是出世間學說,是通過修行之後而取得無漏解脫智慧,不是一般的世間見解,這就要求學佛者要"處處須得眞相,即處處須以教理為斷"。[③] 因教而引起的"理"之教理,就是宗義演繹,它是經過教家推理研討與分析闡述之後而建立的,不是憑直覺而隨意立意的。第三個是今日之佛法研究,即研究者所出的成果。在歐陽竟無看來,佛教文多義廣,不易貫通,"大小空有所依之事皆同,所謂諸佛語言,九事[④]所攝;又謂乘則有三,教則唯一也。"[⑤]這是說佛教研究不是迷信,是複雜的工程,"處有漏而究無漏",[⑥]用於宗教解脫之理,"必須見道以得其教,再用因明以成其理,

① 《支那内學院研究會開會辭》,见本书 593 页。

② 《今日之佛法研究》,见本书 599 页。

③ 《支那内學院研究會開會辭》,见本书 593 页。

④ 九事指的是:(境)蘊、處、緣起、界、諦、食之六種內外境;(行)指菩提分,即屬於所學事;(果)指佛弟子,即八眾能學人。

⑤ 《今日之佛法研究》,见本书 599 页。

⑥ 《支那内學院研究會開會辭》,见本书 594 页。

始得別作主張也。”[①]例如，佛教對世界的解釋，小乘佛教認為作為個體的“我”是空的，只是一種假有，而外在的世界是存在的，是一種眞實，所以我空法不空。大乘佛教認為，不管是個體的“我”，還是外在的世界，都是空的，所以我法兩空。“空有”作為佛教認識論兩輪，是佛教認識的基石，不可傾動，“不知空而言有，此乃空前法相，所謂毫髮不可有者。既知空而言有，此乃空後法相，所謂毫髮不可無者。”[②]所以“二輪相成，不可缺一。”[③]歐陽竟無抓住了佛教認識論特徵，把空有的重要性提到了認識基石地位，沒有經年的學術歷練，是達不到如此深刻認識的。

歐陽竟無強調，佛教研究“若在今時，縮小範圍，且說一種，即以研得各派學說精確無錯且堪傳佈為目的也。此當今日事雜言龐之際，尤為急要。”[④]佛教法門秋晚，違背教理，斷人慧命的事情不斷發生，所以“吾人急宜於繼續慧命著眼，教理各端當求精確堪於流布，更何待言！”[⑤]學習佛教貴在準確與深入理解，重要的是要知道學問的來源與發展脈絡，以及後來的變化，“知其然而不知其所以然，是為學役，監其腦而百體唯吾號令，是為學髓，役無超跡濟窮之望，髓有產生創立之能，學固不問其髓而甘心為役乎？木之有本也，水之有源也，學之有理也。”[⑥]歐陽竟無提出的學問追本，學術蹤源的觀點對後世的影響很大，現在的佛學研究無不遵循了這一做法，力究找到出處的

① 《支那內學院研究會開會辭》，见本书 594 页。
② 《今日之佛法研究》，见本书 599 页。
③ 《今日之佛法研究》，见本书 599 页。
④ 《支那內學院研究魯開會辭》，见本书 594 页。
⑤ 《支那內學院研究魯開會辭》，见本书 594 页。
⑥ 《〈因明正理門論〉本》，见本书 322 页。

源頭。

他提出佛教研究的四條要求,即一,凡是在邏輯上經過證明的,就不用考慮,可以直接接受。如果有新的見解,則要種種證明,然後再立案。二,有新見解的,一定是舊例有缺點的。三,要立新見解的應是沒有瑕疵的觀點。四,必須是確鑿的問題,不搞似是而非的結論。他諄諄教導學人要"虛心容順,不可輕易違反舊說。淺人謗深語,如初犢鬥虎。然謂凡人一時揣摩,能勝菩薩數十年親證,世間寧有此理? 故於舊說,須抱發明主義,不可抱違反主義。……研究須靈活超脱,不可死煞句下。佛教依義不依語,如果於義緣得純熟,亦無不解之語。(依義即緣義作觀之謂。)又以喻語為法語,是學者通病,所謂不觀月而觀指也,切忌。……讀書宜多作零碎筆記,不可動輒作長文。"①

他又提出佛學研究,一忌望文生義,二忌裂古刻新,三忌蠻強會違,四忌模糊眞偽,這是對佛教研究是"結論後的研究"所做的進一步說明。例如佛教所說的"空",在一般的字詞裡面,是一無所有之"空",但是佛教所說的"空",是與"有"相待而提出的一種認識,指的是在世界萬物中,諸物皆無自體、實體、我等,自性是空,所以不能只看到"空"字就想到了空無所有,而要瞭解佛教的教義理論之後才能下結論。又如,禪宗講不立文字,意思是講一切語言文字都是有限的,不能表達所有最完整的意思,所以文字是修行的障礙,故修行中要去掉文字障,強調不立文字的重要性。但是一些學者將不立文字理解為禪僧主張不看經典文字,這不是明顯的曲解原意,裂古刻新嗎? 再如,佛教創立已有二千五百餘年,中國佛教也有二千餘年,印

① 《支那内學院研究會開會辭》,见本书 595 页。

度佛教僧人是托缽乞食,中國佛教僧人是農禪並作,現在要中國僧人再回到乞食制度,這就是泥古不化,忌籠強會違。最後,學者憑己私忖,以為《大乘起信論》談歸一法界,殊不知"《起信論》開眞如、生滅二門,而不立正智法,談者說同歸一法界,則止有一法界,其不明相應義,而過現重重,大都然也。"①又如有人認為《起信論》談"一心",阿賴耶識為種子而立第八識,但是"《起信論》等不立種子卻有賴耶,於理極為不合。"②這些都是忌模糊眞偽的典型例子。

總之,歐陽竟無指出的佛學研究現象忌諱值得重視,其所指的都是學習佛教出現的常見錯誤,原因就是對佛教的理論沒有掌握,又用"模填"的機械方法去生搬硬套,把佛教的"理"與佛教的"學"相混,所以內學研究者首先要掌握佛教之理,然後再使用"模填"的方法。"理"是現在、現量、無為、不動、眞如、無分別,"學"是過去、未來、觀察、比量、建立、正智、有分別,亦即說,"學"也是一種方便,借用佛教之理,生起信心。但是"學問即模填之事,可以由得法爾,故屬方便,非眞實。"③對學者而言,"由學研理,教仍是一,以是各端研學有必要也。"④故他所說的:"一切佛法研究,皆是結論後之研究,非研究而得結論。"⑤並非臆說或空穴來風也。

概言之,歐陽竟無提出的佛學研究要須明嬗變之理,須知正期之事二件大事。就是指佛學研究要有積累的功夫,創新的研究。這個看法至今對治佛學者而言,還有着重要的指導意義。但是歐陽竟無

① 《再答陳眞如書》,见本书 484 页。
② 《〈攝論〉大意》,见本书 557 页。
③ 《談內學研究》,见本书 605 页。
④ 《談內學研究》,见本书 605 页。
⑤ 《今日之佛法研究》,见本书 600 页。

又認為,從宗教之“教”上來講,印度在中國西方,歷史上稱之為“西土”,中國則稱為“東土”,故“教分西方、東方”。① 因為佛教的經律論三藏是在西方印度形成的,大小乘和空宗有宗,以及顯密理論是在印度那爛陀寺匯萃完成的,所以“蓋自佛滅以後,講學範圍之寬,無能逾此地者。西方佛學亦以此為終。”②在這個看法的影響下,歐陽竟無把佛教判為以印度佛教所說為主,並奉為圭臬,強調“此須從學派言之,又從資糧言之。以學派論,此間研究不可不景仰舊時天竺之那爛陀寺。此寺規模,佛滅以來允為第一,雖我國昔日關中慈恩之盛,不足方其百一也。如寺中每日講座百餘,性、相、密三,鼎足傳宏,小乘、外道,無一不備,此其派別可謂繁極。”③他領導的金陵刻經處致力於印度佛教經典的校堪,出版了學術品質很高的《藏要》,在佛教界和學術界產生了重要的影響。歐陽本人也被認為是近中國佛教學術研究泰斗。他又認為“東方佛學,如關中之空,慈恩之有,匡廬之淨,曹溪之禪,南山之律等,皆本諸西土。此中禪宗雖雜有我國思想,然理與空宗相合之處,仍出西方也。”④強調:“今茲研究範圍,應全概括諸教。範圍不寬則易衰歇,昔日空有諸家,其前車也。但佛教範圍雖大,內容仍是一貫,仍有條理充實。今之研究,亦將由分而合,以期成一整體之佛教。言余素願,乃在建立支那之那爛陀矣。”歐陽竟無的研究理路,對後世佛教研究影響很大,後續的佛教研究要進行追蹤溯源,言必談印度佛教之本,再講中國佛教,已在學術研究上形成範式。現在看來,這個理路對中國佛教的發展也有一定阻礙作用,言必稱印

① 《談內學研究》,见本书 606 页。

② 《談內學研究》,见本书 606 页。

③ 《支那內學院研究會開會辭》,见本书 594 页。

④ 《談內學研究》,见本书 606 页。

度佛教,給當代中國佛教的發展套上了印度佛教的框架,使二千年來的中國佛教始終不能擺脱印度的影響,中國佛教不能獨立於世界佛教界。

三、佛教義學之研究

歐陽竟無是著名的佛教學者,他對學習佛教的目的非常明確,強調"諸學佛人,毋謂侈談凡非聖境,新學菩薩,文字窮源,不數年間,必知梗概。先得佛之知見,念念皆一切智智,則無論何科,所學歸極,滴滴赴壑,法法登峰,豈不懿歟? 若不知通,昧於其的,任學何科,都墮隅負。大道自全,得少為足,又如之何其可哉?"①他指出學習佛教文字的重要性,通過文字薰修,可以進入學佛之門。又強調得佛知見是學佛基礎,但是沒有"通",則只能墮於一隅,所以他重視經典作用,指出:"讀《大般若經》入般若門,讀《華嚴經》入普賢門,讀《楞伽》《深密》諸經入瑜伽門,讀《大涅槃經》入涅槃門,然後融會貫通知釋迦一代大乘之教。"②中國佛教是大乘佛教,以菩薩乘為其特色,"菩薩正軌,境之為《楞伽》,行之因果為《般若》,差別為《華嚴》,果之為《涅槃》。"③上述幾部經是學習大乘佛教入門的經典,也是大乘佛教的根本典籍,分別起到不同的作用,並且尤其重要。

歐陽竟無説學習佛教根本途徑是三條,即境行果之理論與實踐

① 《釋教訓第三》,见本书 69 页。

② 《藏要·〈維摩詰所説經〉》,见本书 252 页。

③ 《〈藏要〉經敘〈大般若經·第二分〉》,见本书 228 页。

法門："法門無量，區別於境行果三，果之為《大涅槃經》，行之為《大般若經》《佛華嚴經》，而境之為《大乘密嚴經》。"①所有的佛教學習離不開這幾部經典。"果"指成佛結果，故有談成佛學說的《大般涅槃經》。"行"指理論與實踐，《般若》經是佛教空宗理論的代表，《華嚴經》是講圓融的經典，這些都是屬於"行"的範疇。既要成佛，必要到達一個境界，於是就有了專談境界的《密嚴經》，總之，從境、行、果三支來談佛教的教學體系，這是歐陽最關心的地方。又如從理論與實踐的關係來看，菩薩乘有"正軌"和"（方）便道"，前者是理論的體系，後者是修行的法門，深究起來，就是佛教某一學派之經典。歐陽竟無說："乘乎正軌，又有不易之則，曰境、行、果，依此抉擇，而得四經：一曰《大般若經》，二曰《華嚴經》，行菩薩乘有不易之則，一曰因果，二曰差別：因果者，運用之妙，《般若》盡之；差別者，境界不同，《華嚴》盡之；故《般若》、《華嚴》者，菩薩正軌之行也。三曰《楞伽經》，古學一百八句，一切自心所現，今學五法、三自性、八識、二無我，知法知義，於此廣博，故《楞伽經》者，菩薩正軌之境也。四曰《大涅槃經》，我皆令入涅槃而滅度之，此佛出世大事因緣，對機則四鄔柁南，畢竟則常、樂、我、淨，見性而已，又多乎哉？是故《大涅槃經》者，菩薩正軌之果也。《解深密經》，境、行、果三，都約其要。《菩薩藏經》，但約行中因果差別。《勝鬘》明識，屬隸《楞伽》。《無量壽經》，是方便道；《法華》則經中之揭櫫者也。聲聞舉一，曰《雜阿含》，佛言諸佛世尊具大智力，總攝諸法，安處四種鄔柁南中，展轉傳來，是名《阿含》，傳此四句，是名《阿含》，《瑜伽》五分，釋《雜含》多，大小溝

---

① 《藏要·〈大乘密嚴經〉》，见本书 265 页。

通,《阿含》亦大故也。”①他指出了大乘佛教經典的基本作用,例如《般若經》講因果,《華嚴經》講境界,《楞伽經》講心法,《大涅槃經》講解脫。大乘佛教的知識與修行都在這四部經的統率之下,再由此流出各種不同的法門。如“《般若》以殊特義,說行中因果義;《無盡意經》則以平等義,說行中因果義也。又《般若》、《華嚴》諸經,以殊特義說境、行、果義;而《維摩詰經》,亦以平等義說境、行、果義也。方便利他,眞俗神通,行菩薩行,見十方佛。世俗以之為神奇,大道以之為通途也。《雜含》五誦,深於談禪;《長含》四分,詳於破執。一輯、二輯,都舉其初而已。《法句經》者,要偈多存。”②學習佛教者,要善於掌握佛經的特點,找到正確的入門行徑,例如“《維摩詰經》者乃正法之常軌,大道之通途,世所稱常識是也。於此能嫻可以共學,此猶不達凡小盲魔終古無見天日之期亦大可哀也已。……是故學佛,要會其通,不可僻執局於形跡。”③

歐陽竟無曾經撰寫多篇與義理有關的文章,特別是對印度佛教般若和唯識學的學說,做過精心研究。“般若”是梵文“智慧”音譯,以講空而為其特色,“不知空而言有,此乃空前法相,所謂毫髮不可有者。既知空而言有,此乃空後法相,所謂毫髮不可無者。二輪相成,不可缺一。然復分二宗言之者,如云徧計一切非是,又云依、圓一切皆是,比之是非一時不能並舉,並舉適成自違,以是各就一端言說,遂成兩面也。空宗說無餘涅槃一切皆空,寂靜不起,此指體言。若正說之,即錯同外道,故但從遮而顯。”④學習般若學,就是要掌握空性的

① 《藏要論敘》,见本书 285-286 页。

② 《藏要第二輯敘》,见本书 335 页。

③ 《維摩詰所說經》,见本书 247-252 页。

④ 《今日之佛法研究》,见本书 599 页。

認識,以此而獲得解脱。他説,"應學般若學。般若者,五度之目,萬行之鵠,三世諸佛之所自出。有母然後有子,有般若然後有世閒人天、出世聖賢。般若者,智也;智也者,用也;用也者,以空為具,非以空為事也。是故空有二義:非義、不義、無義之空,空亦應空;如義、實義、涅槃義之空,空不必空。般若之相,無住涅槃;般若之行,瑜伽巧便;般若之至,無上菩提。"[①]這是説般若是佛法之母,大乘佛教的學問都與般若有重要聯繫。"今應談般若因果。菩提之因是般若,般若之果是菩提,般若菩提相應不異,是為因果。"[②]欲要了解大乘佛教的教理,首先要掌握的就是般若知識,由般若而知"應學涅槃學。華嚴為説法之始,涅槃為説法之終,河漢江淮朝宗於海,四十九年十二部經歸於涅槃。涅槃為果境行為趣。涅槃為體用能所依,清淨法界所謂涅槃,五行之外有如來行所謂大乘《大涅槃經》。是故須學涅槃學。"[③]由此可知,大乘佛教的華嚴學和涅槃學都是般若學而來的,因為華嚴學介紹了佛教的名相,而涅槃學則是成佛的結果,它們之間存在着因果關係。

歐陽竟無對唯識學非常關注,"宗匠需人,唯識有籍,是在智者擇而趣之。"[④]唯識是智者的最好選擇,因為"不研唯識,其心不細,易入歧途;其陋不除,易流儱侗,是故學佛入門,須始唯識。"[⑤]從佛法與宗教的關係來看,"佛法之晦,一晦於望風下拜之佛徒,有精理而不研,妄自蹈於一般迷信之臼;二晦於迷信科哲之學者,有精理而不研,妄

① 《〈大般若波羅蜜多經〉敘》第一卷,见本书 70 页。
② 《〈藏要〉經敘〈大般若經 · 第二分〉》,见本书 228-229 页。
③ 《〈大涅槃經〉敘》,见本书 170 页。
④ 《〈楞伽〉疏決》,见本书 503 页。
⑤ 《釋教訓第三》,见本书 63 页。

自屏之門牆之外。若能研法相學,則無所謂宗教之神秘;若能研唯識學,則無所謂宗教之迷信感情。其精深有據,足以破儱侗支離;其超活如量,足以藥方隅固執。用科哲學之因果理智以為治,而所趣不同。是故,佛法於宗教科哲學外,別為一學也。"①唯識學的最大特點是對佛教的名相做了很詳細的剖析與解釋,可以給學習佛教的人帶來掌握基礎知識的便利,有助於進一步的提高,故歐陽竟無強調:"且初識相門,先明宗要,後廣識相。先明宗要者:離識而外,無別實人,識種與法,互熏習故,有憶識誦習。心、心所法,因緣力故,有造業受果。身心相續,煩惱厭患故,有生死涅槃。諸不如是,執有實我,種種安立,是故有過。離識而外,無別實法。"②唯識學來源於部派佛教的俱舍學。"俱舍"是梵文的音譯,意譯為"辭典"。佛教經典《俱舍論》是一部專門解釋佛教基本義理的著作,對佛教的許多名相做了詳盡的解說。這一做法影響了後來的唯識學,故歐陽竟無說把俱舍學看作是唯識學之本,認為"唯識法相學,應學俱舍學。木有其本,室有其基,親有其禰。"③般若學與唯識學之間有着密切的聯繫,具體地說就是:"一切法空宗為般若,一切法無我宗為唯識。智慧與識屬法相事,空及無我屬法性事。空是其體,無我是用,唯識詮用義是一大要旨。"④

唯識學之所以重要,在歐陽竟無看來,是因為"唯識者,詮如實法界之一大法門也。此如實法界超乎世間乃克談,非世間見所能及,世見之所以不及者狃于故常習非成是,涅目辨色夫豈堪能,如以為能,

① 《與章行嚴書》,见本书 462 页。
② 《〈瑜伽師地論〉敘》,见本书 159-160 页。
③ 《〈阿毗達磨俱舍論〉敘》,见本书 202 页。
④ 《〈成唯識論〉研究次第》,见本书 377 页。

則凡即是聖習即是悟，又安用學。一鄉之迷不足傾一國，一國之迷不足傾天下，天下之迷孰傾之哉，大覺世尊超乎世間，立三法印傾天下迷，所謂無常故苦，苦故無我，法界無我而唯是識是也。世見執常、執樂、執我，焉能唯識，諸於唯識不嫻不信入而復出者，皆展轉於四倒中而不能自拔故也。"①萬法唯識，三界唯心是唯識學認識世界的出發點，在唯識學看來，世界的一切都是"識"的顯現，沒有獨立存在的物，是"如實法界"。然而世俗之人看不到這一點，執著于常、樂、我、淨等顛倒的認識，看不到世界的空性，於是在此中而不能得到解脫，所以"若唯有識，色即是識。識本無礙，色法自轉。色法既轉，心法亦轉，一切智智依即全轉。唯異生聖人以唯識判，唯外道內法以唯識衡，唯小乘大乘以唯識別，行莫妙於般若，學莫精於唯識。"②

唯識學以解釋法相而為其特點，在歐陽竟無之前，佛教界並沒有嚴格區分唯識與法相的關係，認為唯識與法相沒有分別。但是到了歐陽竟無時，他提出唯識與法相是二家，即："略談唯識學。見眞而了幻，求學究竟在唯識性。思假而智實，入學方便在唯識相。唯識相者，無常而能存，無我而能立者也。"③也就是說，從佛教的實性與方便兩個角度來看，唯識是最究竟(圓滿)的理論，法相是從為了說明問題而做的方便解說。他又說："法當由唯識言說法相，入唯心宗不趣法相(二法相見卷四六右)。法當由禪宗宗趣法相，參印心言說法相(菩提達摩指示四卷《楞伽》以印心)。"④這是說佛法當由唯識而決定的，法相是由識來顯現的。禪宗所追求的是法相，所謂參祖心印就是印證

① 《藏要·〈唯識二十論〉》，见本书307页。
② 《〈攝大乘論〉本》，见本书305页。
③ 《藏要·〈成唯識論〉》，见本书309页。
④ 《〈楞伽〉疏決》，见本书503页。

法相。

歐陽竟無說:“今日研究,誠當以法相為主,其餘研究則皆歸束於此。”①他將唯識與法相兩家的學術觀點納入內學院教學體系,認為現代佛學的學理一共可以歸納為二十種內容,即“一,群眾三苦熾然,而後學興,一切所學,為他而學。二,唯識、法相學是兩種學,法相廣於唯識,非一慈恩宗所可概。三,法性、法相是一種學,教止是談法相,龍樹、無著,實無性、相之分。四,教以法義為通途,無大小乘之畛域。五,教無進化之理,而有遞嬗之跡。六,理非佛說盡,而必從法印而生。七,世所棄幻相是眞相,世所執實相是空相,道在空其所實而眞其所幻。八,一切法相體用因果,法爾如是。九,法相不可亂,六根互用以耳為見者,耳中具眼種,耳帶之發現,而實眼見。十,三性是一物,無別實物,但是緣起,故明依他起用義而法界立。十一,不立無漏種說心性自生自滅者,墮外道說。十二,唯識學有今學、古學之異。十三,今古學同尊無著、世親之籍,而傳本各異,奘師承今學,譯名潤文,但存今學傳本之精,以西藏異譯勘無著、世親原文,而古學傳本之精時見。十四,古以無不屬識為唯,今以無不離識為唯。十五,古唯受用緣起,今創自性緣起。十六,能緣挾帶所緣而起,古學就所緣種邊曰眞如緣起,今學就因緣種邊曰正智緣起。十七,眞如緣起說無漏則通,說一切不通。十八,諸行剎那頓起頓滅。十九,一切有情各自識變,各一宇宙。二十,各變宇宙,互不相礙,光光相網。”②上述二十種學理,“一至六為總得之理,七至十為法相之理,十一至終為唯識之

① 《支那內學院研究會開會辭》,见本书 594 页。

② 《與章行嚴書》,见本书 461-462 页。

理。其古今傳本之異,法相亦然。”[①]所謂“總得之理”是指佛教的總綱,發展軌跡與印證的原則。“法相之理”是指建立在般若學基礎上的法性和法相之學說。他還專門撰寫《辨唯識法相》,說:“明二諦空宗為文殊學,三性非空非不空宗為彌勒學……蓋彌勒學者,發揮法相與唯識二事也。初但法相,後創唯識。彌勒《瑜伽》中詮法相於《本事分》,而詮唯識於《抉擇分》。是法平等曰法相,萬法統一曰唯識。二事可相攝而不可相淆,亦復不可相亂,此彌勒學也。”[②]“文殊學”是般若學,唯識學是彌勒學,“彌勒”是唯識學的創立者,故唯識學以他的名字而得名。彌勒的弟子無著是唯識學的另一創立者,歐陽竟無認為,“無著《攝大乘》之言曰:若有欲造大乘法釋,略由三相應造其釋:一者由說緣起,二者由說從緣所生法相,三者由說語義。緣起者,本轉種子之唯識也;法相者,三性之一切法也;語義者,佛功德與菩薩行之大悲相也。蓋前二為深義,後一為廣義;或初一為深義,後二為廣義也。此唯識法相德義,論本及世親《無性論釋》發揮明晰,不可誣也。所以唯識法相必分為二者、世尊義如是也。”[③]也就是說,從大乘佛教的理論來看,整個世界都是由識而緣生,故是緣起義,是深義。又由識而緣生出三性[(1)遍計所執性,又作虛妄分別相、分別性。(2)依他起性,又作因緣相、依他性。(3)圓成實性,又作第一義相、真實相]以及大悲相,是派生義,或廣義,總之,“唯識、法相,德義體例各別,不相淆亂”,[④]唯識是以“德義”作論格式,法相是以“平等義”作論格式,即是用五蘊、十二處、十八界的蘊、處、界等來統攝一切事物

① 《與章行嚴書》,见本书 462 页。
② 《辨唯識法相》,见本书 456 页。
③ 《辨唯識法相》,见本书 456 页。
④ 《辨唯識法相》,见本书 457 页。

是法相，以心、心所、色、不相應、無為、來統攝一切事物是唯識，所以唯識是根本義，法相是解釋義，兩者不能為一，只能為二。

歐陽竟無提出的唯識法相是兩家的觀點，在民國佛教界裡引起了爭論，以太虛為首的佛教界人士就反對這種說法，太虛先後撰寫了《竟無居士學說質疑》、《論法相必宗唯識》、《再論法相必宗唯識》、《閱〈辨法相與唯識〉》等文章，從不同角度反駁歐陽竟無的說法。太虛認為："近人將唯識諸論，畫其範圍，謂何者屬法相，何者屬唯識。吾皆以為虛妄分別也！"①法相與唯識是一家，從很多方面可以證明，例如從唯識的角度來看，法和法相都唯識所出，"是故稱法相即括唯識，談唯識即攝法相。"②從諸識有染淨的角度來看，有染淨變化的前六識都是有為法，"皆是識所變緣，安立施設，後得為用。"③也正因為有染淨變化，所以才有分別相，法相就是後來生起的智慧（後得智）緣生之產物，所以法相只能是幻相，"皆依識假說，唯識為宗"。④ 再如，從緣的關係來看，法相的特點是相互待緣而起，呈現成就相，是諸事萬物。唯識的特徵是待緣而起，是從識中流出顯現，呈現種子相，是事物所宗之本，所以"是知法相明法，唯識明宗；法為能宗，宗為所宗，能所相合，宗乃成立。離法相則唯識是誰之宗？離唯識則法相以誰為宗？緣起理是明法相之宗，緣生理是明識宗之法，何得別為二宗？"⑤從修行的角度來看，學習唯識的目的是要獲得解脫。既要解脫，就要用觀心的修習，由心而產生行為，最後得到結果。法相是修

① 《太虛大師全書》精第 9 冊，第 1462 页。
② 《太虛大師全書》精第 9 冊，第 1460 页。
③ 《太虛大師全書》精第 9 冊，第 1461 页。
④ 《太虛大師全書》精第 9 冊，第 1461 页。
⑤ 《太虛大師全書》精第 9 冊，第 1463 页。

行的入門,唯識是修行的深化,“故由法相教理,反博歸約而起行趨果者,正在唯識。唯識為唯有識以觀心,是故法相依唯識為宗。否則、法相如童豎戲,不能趨行證果。”①從經典的角度來看,唯識的“六經十一論”的主旨都在於要明確說明萬法唯識的道理,如果既立唯識又立法相為二宗,那麼唯識二字亦可立宗,甚至可以判更多的宗,唯識的本義將不知如何表現?故“吾敢正告之曰:十支諸論,若《攝論》,若《顯揚》,若《百法》,若《五蘊》,或先立宗後顯法,或先顯法後立宗,無不以唯識為宗者。若於立顯之先後微有不同,強判為唯識與法相二宗,則不僅十支可判為二宗,即一支、一品亦應分為二宗。如是乃至識之與唯,亦應分為二宗;以能唯為識,所唯為法故。誠如所分,吾不知唯識如何安立?”②

法相和唯識是兩家的觀點,是一個顛覆性的論點。歷史上法相唯識是一家的看法,一直是歷代佛教學者無異議的事情,人們已經習慣這種思維,並且把它看作非常合理的解釋。但是歐陽將法相和唯識判為兩家,這不僅是對傳統學說的一種推翻,而且還改變了以往的唯識宗理論結構,割裂了已呈圓滿的唯識佛學理論,特別是傳統唯識經典的“六經十一論”的整體,這對沿續千年的中國僧人學習佛教的治學傳統與唯識宗的歷史知識是一個極大的破壞,等於從根源上挖掉了唯識宗的歷史根據,無疑是對中國佛教界的最大打擊,所以它不能不受到佛教僧伽的反對,起來維護自已的傳統與祖師。

此外,他認為中國佛教徒受傳統思維的影響,歷史上出現了五種弊端。一是不注意仔細研究佛法,不去在教理上下功夫,“中國人之

① 《太虛大師全書》精第 9 冊,第 1464 - 1465 页。

② 《太虛大師全書》精第 9 冊,第 1466 页。

思想非常儱侗，對於各種學問皆欠精密之觀察；談及佛法，更多疏漏。在教理上既未曾用過苦功，即憑一己之私見妄事創作。極其究也，著述愈多，錯誤愈大，比之西方佛、菩薩所說之法，其眞僞相去誠不可以道里計也。”二是在經典的翻譯上也不注意選擇，譯錯的地方不少，“學人之於經典著述，不知抉擇。了義不了義乎，如理不如理乎，皆未之思也。既未之思，難免不誤。剋實而談，經論譯文雖有新舊，要以唐人新譯為勝。唐人之書間或深博難通，然其一語義俱極諦審，多舊譯所不及。又談著述，唐人亦稱最精。六朝要籍未備，宋明古典散亡，前後作者乏於依據，難云盡當。今人漫無簡擇，隨拾即是，所以義解常錯也。”①三是在學習佛教的方法上欠缺，沒有正確的思路，“徘徊歧途，望門投止，非視學佛為一大難途，即執一行一門以為究竟，如今之言淨土者即是。如此安望佛法之能全顯露耶！且今之學者視世、出世智截然異轍，不可助成，於是一切新方法皆排斥不用；徒逞玄談，失人正信，比比見矣。”②四是站在印度佛教正宗的立場上批評傳統中國佛教：“禪宗入中國後，盲修之徒以為佛法本屬直指本心，不立文字，見性即可成佛，何必拘拘名言？殊不知禪家絕高境界繫在利根上智道理湊泊之時。其於無量劫前，文字般若熏種極久；即見道以後亦不廢諸佛語言，見諸載籍，非可臆說。而盲者不知，徒拾禪家一二公案為口頭禪，作野狐參，漫謂佛性不在文字之中；於是前聖典籍、先德至言，廢而不用，而佛法眞義浸以微矣。”③五是批評中國佛教的華嚴、禪宗、天臺等宗不知抉擇，濫演佛教，背離了佛陀的眞諦，“自天

① 《〈唯識〉抉擇談》，见本书387-388页。

② 《〈唯識〉抉擇談》，见本书388页。

③ 《〈唯識〉抉擇談》，见本书387页。

臺、賢首等宗興盛而後,佛法之光愈晦。諸創教者本未入聖位(如智者即自謂繫五品位),所見自有不及西土大士之處。而奉行者以為世尊再世,畛域自封,得少為足,佛法之不明宜矣。"①天臺宗的宗經《摩訶止觀》,所立的三止三觀即空即假即中的圓通之義,"特以瑜伽宗圓成實義格之。圓則圓矣,而未實也。彼三止三觀者,僅具總相通相,分析以求其實在則彼為無,是尚有待於商量者歟?"②賢首宗的宗經《華嚴經》,"而彼用法界觀,亦僅言總相通相。其謂一攝一切、一即一切,而發揮四無礙、四攝、四即之理,固為精到,然於各各無量三昧亦未有明;故從之者多以宕然無藉之玄譚自困,而於禪學卒亦無由而入也。"③三論宗的經典"如《集禪秘要法》等,皆從小乘。小乘以涅槃為總相,以對治貪等為別相,而以不淨為勝定。蓋以淫為生死之本,所宗在了生死,故首之也。按:什公本宗《般若》,其言小乘定不足以盡所學。蓋中國禪學,源於安世高等,所譯有《安般守意經》等。睿法師不了所學,適什公在關中,時從質疑焉。什公乃順機集此以應其求,非修禪扼要之典則也。"④總之,中國人的失誤造成了中國佛學傷痕累累,錯誤百出,要想回到正確的道路,"非先入唯識、法相之門不可。唯識、法相,方便善巧,道理究竟。學者於此研求,既能洞明義理,又可藥思想儱侗之弊,不為不盡之說所惑;且讀唐人譯述,既有了義之可依,又得如理之可思,前之五蔽不期自除。"⑤

① 《〈唯識〉抉擇談》,见本书 387 页。
② 《〈心學〉大意》,见本书 511 页。
③ 《〈心學〉大意》,见本书 511 页。
④ 《〈心學〉大意》,见本书 511 页。
⑤ 《〈唯識〉抉擇談》,见本书 388 页。

四、護持居士佛教的思想

歐陽竟無生活的時代正是中國佛教處在衰落,又時逢佛教界要求變革的時期。佛教亂象影響了諸如歐陽竟無等一批居士對佛教僧伽的看法,他們懷着對佛教的虔誠信仰,迫切要求改變佛教界現狀。因為佛教界人才不出,所以这些居士佛教影響不斷增大,而且脫離僧伽,獨立出來。

歐陽竟無面對"在我輩歸依三寶,法將大混,教岌岌危,明見及此,烏能已已"①的情況下,怎能置之度外,他指出,中國佛教已經淪為名利場,與世俗社會商賈沒有兩樣,"嗚呼,向唯稗賈於名場,今則倡狂於法苑,侮聖言,淩先哲,掩眾明,是可忍也,彼何人哉?"②佛教的墜落到了不可忍受的地步,笑岩德寶就指出當時佛教僧人"兩兩三三,聚夥成隊,專抱執卷冊子,東刺頭,西插耳,采拾將來,摸尋前人義路葛藤,聚頭相鬥,朝四暮三,妄淨慎喜,何異按圖索馬,畫餅充饑"③的現象,可見犯戒者眾多,難怪順治皇帝指責佛門僧徒:"末法比丘,少奉戒律。其口談無而行在有者,又如麻粟也。"④到了民國,佛教界"上焉者,厭世者逃禪,冥心枯寂;下焉者,假衣營養,貽玷梵林,無補世道人心。轉為社會,藉口所謂獅子身中蟲,自噉獅子之肉也,寧能

① 《覆歐陽浚明書》,见本书 471 页。

② 《〈瑜伽法相辭典〉序》,见本书 432 页。

③ 《笑岩北集》上。

④ 《玉林禪師語錄》卷首。

與世界宗教競生並存乎哉?”[①]佛教界雖然號稱人數百萬,但是卻不能把佛教往前發展,這是中國佛教的悲哀。歐陽竟無強調佛教戒定慧三學不可不重視,“世尊涅槃,垂淚殷囑,於戒特重,顧何為哉?與戒同囑,是謂為教,又何為哉?”[②]戒律是佛教的生命,也是僧伽的行為規範和寺院的制度,有“戒”才會有“教”,但是一些出家者對“大乘不食肉,比丘不開淫戒,而今有別說而可相違”,[③]虛妄的認識可以引發一切犯戒行為,讓犯戒者不感到危懼,不久就會“戒絕教滅”,佛教末日真的就要到了。他為中國佛教感到痛心,看見“中國內地,僧尼約略總在百萬之數,其能知大法、辨悲智、堪住持、稱比丘不愧者,誠寡若晨星。其大多數皆遊手好閒,晨夕坐食,誠國家一大蠹蟲,但有無窮之害,而無一毫之利者。此如不整理、不嚴揀,誠為革命時之一大遺憾。”[④]

面對佛教的衰落,佛教界人士深醒振奮,積極要求振作起來,“我諸方大德,奈何不猛省時機,力圖振作耶。其隨波逐流,因循舊觀者無論矣。即或能行吾道,而正覺不明,自生障礙,遂放任棄本分者,往往而是。要皆智願薄弱,罔知觀機逗時,因勢利導,從根本著手,故也。”[⑤]佛教居士也強烈要求佛教進行整肅,歐陽竟無強調“吾誠哀懼,而不得已於言。若正法未闡,吾儕應急起直追,昌言正論,此責非復漸一人之責也。”[⑥]他提出佛教僧團要嚴揀:“應於百萬眾中精細嚴

① 《佛教進行商榷書》,《佛學叢報·論說(二)》,1911年10月初一出版。
② 《覆歐陽浚明書》,见本书471页。
③ 《覆歐陽浚明書》,见本书471页。
④ 《辨方便與僧制》,见本书442页。
⑤ 《佛教進行商榷書》,《佛學叢報·論說(二)》,1911年10月初一出版。
⑥ 《覆歐陽浚明書》,见本书472页。

察，朝取一人拔其尤，暮取一人拔其尤，如是精嚴，至多不過數百人。夫以數百人較四萬萬民眾，不啻九牛之一毛，以是從國家乞舍，如奘師乞太宗舍基師之例，以為專作住持大教之用，以為教團眞正比丘眞實宏教之用，以其清淨慈悲、超然無諍，為諸大夫國人所矜式。國家萬無沮尼之理。蓋所捨之民少，而所得利國之益大故耳。其餘遊民，則俾復公民之位，因以作其眞正公民之事，若士、若農、若工、若商，日出而作，日入而息。則國家歲省百萬眾之耗食，歲收百萬眾之力作，夫然後乃得謂之為方便也。"[①]作為佛教居士，歐陽竟無重提沙汰僧團，指出了僧人"誠國家一大蠹蟲"，要求"精細嚴察"，將多餘的僧人遣回社會，又以唐玄奘選擇弟子窺基和尚為例，培養佛教人材，選取宗教領袖，作為佛教徒帶頭人，利用其嚴格修行和表率作用，影響一方教徒，這一想法一直都是歷代朝廷所採用的，唐代曾經一下就淘汰了二十余萬僧人。清末民初，百萬僧人沒有能夠發揮佛教治心作用，反而影響了佛教的形象，成為國家"一大遺憾"。

由於居士佛教的影響增大，引起佛教界內部的紛爭，與歐陽竟無同為江西宜黃老鄉李正剛最早在中國組織居士佛教的"佛教會"，"發佈文告，欲一舉而滅寺僧，代以居士佛教，旋以遭反對而自停止。"[②]太虛指出："七眾律儀住世，乃為佛法之住世。故好心正信三寶之長者居士等，為尊重佛律儀故應尊重僧，不應與僧同立在住持佛教之地位，甚而以執行委員名義，宰製寺僧，統率寺僧，如此冠履倒置、壞亂佛制，倒不如根本消滅寺僧，主張只要在家佛教，反免污辱佛教之面目。近來自有不少波旬之流類，或借佛教團體為政治運動工

① 《辨方便與僧制》，见本书 442 页。

② 《太虛大師全書》精第 29 冊，第 53 页。

具,儼然以五欲自恣之白衣統理四眾。或有由居士頭銜獲得佛教會委員頭銜後,占持一縣或一省支配僧寺等佛教行政權,甚而訓斥僧眾,類似僧官者。亦有鑽研故書,諳練咒術,趁住持佛教寺僧衰亂之際,稍有所得,即不顧破壞佛制,占住持佛教之地位,自立門庭,令七眾皆奉為大師、依止師、及阿闍黎,欲以佛法正統自任;此亦猶明儒狂禪李卓吾輩遺習,既不能舍俗形好如佛律儀入僧,又不勝其執持佛教教化之野心,遂較宋儒竊取佛法緒余以儒自居者,更進一步而為此破壞佛制之舉。於此全國寺僧應深切覺悟住持佛教教化之責任,努力自立,誓不為彼波旬徒屬;喚醒出家眾,堅壁清野,決不依之學習;而正信佛教、尊重佛制之長者居士等,當持興隆僧寶、擁護僧寶之正義,勿令波旬輩得其所便!故應明白以護法自居,另組佛教護法社也。"①居士佛教發展,影響了政府判斷,政府認為"佛教居士為數眾多,尤以以前達官顯貴,一旦脫身政務,恒籍佛為遁世之地,因與名僧締結深厚姻緣,事無足異,惟以護法之故,參預寺產僧廟人事關係,捲入糾紛,加重主管機關處理之困難。此種情形,經見不鮮,甚至有人指責居士中之不肖者,假佛教會為牟利之具,故前中央民訓部有劃分僧眾與居士組織之決定,針向所在,非出無因也。"②民國佛教僧伽與居士的矛盾,迫使政府決定以"會內無居士,會外無僧尼"③作為整頓中國佛教會的原則。歐陽竟無作為居士佛教的代表人物,勇敢地站

① 《太虛大師全書》精第 17 冊,第 428－429 頁。

② 《國民黨中央社會部關於整理中國佛教會意見致蔣介石函件及國民政府文官處復函(1940 年 6 月)——整理中國佛教會意見(密件)》,《中華民國史檔案資料彙編》第五輯第二編文化(二),第 775－783 頁,中國第二歷史檔案館編,江蘇古籍出版社。

③ 宏法等:《我們所要請民訓部周部長明白指示的幾點》,《改造中國佛教會的呼聲》第 126－127 頁,蘇川湘豫黔皖各省佛教聯合會印行。

出來替居士說話,認為佛教之所以衰敗,並不是居士造成的,而“非僧不許為師,非出家不許為僧,種種封畦,創為異議,執之不移,遂使大教日即式微淩夷,至於今日也。”①他舉出各種疑問,分析各種經論,直指僧伽,如“在家發菩提心,是大福田,在家戒見,亦眞福田,在家弘法,理應得食,云何居士不為福田、不應化緣?”②“非唯比丘乃即稱師,居士雖賢必不可師。”③“《大智度論》歷歷詳敘,處處經中不少此類,皆足取據,云何白衣不當說法?智者大師疏《梵網經》,於四十六說法不如法戒中言,在家不全為法主,止說一句一偈,不如法亦犯。諸不善讀,執而不通,謬倡嚳言,在家白衣於法止說一句一偈,非為法主不可說法,三藏十二部遂錮一隅,漸積陵夷,誰之過歟?”④“奈何在家發菩提心受菩薩戒,不應詳閱比丘戒律?”⑤“云何比丘不可就居士求學?觀音六字大明傳於居士,舍利弗等不二法門聞於文殊及維摩詰,玄奘法師唯識法門,五天獨步,此土創垂;然其就學,乃在勝軍居士一年有餘,載《慈恩傳》,可細披尋。云何比丘逞其封固,棄甘露味,自絕生途?尚慎旃哉!慧命摧殘,何嗟及矣。”⑥“比丘不拜善知識,非理也。必執一說而固守之,亦小乘人毫無悲心而已。”⑦“諸所爭者,在前在後而已,豈謂出家在家不可入中,不應敘次?”⑧總之從居士的角度來看,只要居士做奴僕,一味奉諾,背離平等的原則,佛教的

① 《支那内學院訓釋》,见本书 9 页。
② 《支那内學院訓釋》,见本书 11 页。
③ 《支那内學院訓釋》,见本书 11 页。
④ 《支那内學院訓釋》,见本书 12 页。
⑤ 《支那内學院訓釋》,见本书 12 页。
⑥ 《支那内學院訓釋》,见本书 13 页。
⑦ 《支那内學院訓釋》,见本书 13 页。
⑧ 《支那内學院訓釋》,见本书 14 页。

發展必然受到阻礙。從比丘的角度來看,封閉自守,面向一隅,只能徒增我慢,知識日微,佛教的慧命不能流傳。歐陽竟無"迫不得已,發沉痛語"①之置疑懼,為居士張目,批評對居士的指責,並把這件事情提高到"幹大丈夫不可思議、不可一世作佛大事!"②之高度,充分反映了居士對佛教的認知與佛性自覺,為中國佛教發展堪擔了自己應有的責任。

民國佛教之"戕慧命、闇天日、賊聖教,不可長也。此方謬種,源於菩提流支,移譯既乖,創宗復誤。布濩既廣,開導獨先,六朝隋唐承流奉化,於今為烈,誰撤樊籬,猶可縱歟?"③菩提流支是北魏永平元年(508 年)經西域來到洛陽的印度僧人,他在中國參與了譯經活動,主張佛性始有,判教五宗,是北朝地論派道北學派的宗師。菩提流支在洛陽重新翻譯了禪宗的根本經典《入楞伽經》十卷,歐陽竟無認為"北魏菩提流支重譯《楞伽》,大異宋譯,譯籍雖多,歧義屢見,於是《起信論》出,獨幟法壇,支離儱侗之害,千有餘年,至今不熄。"④中國人的理解佛教,善於發揮,"此土思想,涵蓋渾融,善而用之,登峰造極,故曰中土多大乘根器;其不善用,則淩駕顢頇,毫釐千里,亦足傷慧命之源。"⑤大乘佛教認為證悟了眞理叫作般若慧,通達利益他人之方法和手段,叫作方便智。《楞嚴經》有"歸元無二路,方便有多門"的說法,面對許多世俗的弘法事件,佛教界都是採取所謂的"方便"做法,其結果是大開方便之門,佛教神聖性降低,故社會上流傳有

① 《支那內學院訓釋》,见本书 14 页。
② 《支那內學院訓釋》,见本书 14 页。
③ 《精刻〈大藏經〉緣起》,见本书 437 页。
④ 《楊仁山居士傳》,见本书 689 页。
⑤ 《楊仁山居士傳》,见本书 689 页。

"方便出下流"的說法。歐陽竟無認為"然今依教法,乃得文字上之一貫,悟佛說方便之法門。"①但是他卻批評佛教界濫用方便的做法,強調"究竟為方便(《華嚴》、《般若》皆有此義)。佛之知見為方便,一切智智為方便(《法華》有此義)。方便者,佛法之極詣,非證果人,不足以言此。是故,用方便於團體者,惟佛乃能。釋迦牟尼於一燈明國,以菩薩為僧,而於娑婆此土觀眾生根器下劣,無堪任能,於是大行方便,於此娑婆國土,唯以聲聞為僧(《大智度論》)。以是佛法住持,乃住持於聲聞也(《瑜伽師地論》)。佛法住持於聲聞,是團體方便佛為已施於娑婆世界,烏容於方便之餘更用方便耶?"②"一切智智"是指佛陀之智慧是一切智中之最殊勝者,也是盡知一切的智慧。"佛以大悲心憫凡愚之迷惘,從旁面反面而為說之,惟避忌諱不說正面。所謂從反面說之者,有如空宗說一切俱非而顯法性。從旁面說之者,有如有宗以二空所顯而說眞如。凡此皆方便之說也。"③在歐陽竟無看來,"方便"並不是通融世間的善巧,而應是在佛陀的根本原則下所做出的一種善變。

但是在民國,出於自身的壓力,以及急於改變形象,佛教界一些出家人提出參政的想法,如有人認為,整個中國社會有八十萬出家的僧人,而其他的組織行會,如律師行會、醫師協會和記者協會都沒有達到這個人數,所以"八十萬信徒,其地位的崇高,實不容忽視,他們對國家社會高度文明之促進,化導人民,增進道德,提高禮俗,其任務之重大,實不亞於整個社會之任何領導人物。不談民主則已,既談還

① 《今日之佛法研究》,见本书 599 页。

② 《辨方便與僧制》,见本书 441-442 页。

③ 《今日之佛法研究》,见本书 599 页。

政於民實行民主,則構成中華民國全體國民之一環的佛教僧尼,亦當仁不讓。我全國僧眾,尤其京滬同胞,應即依合法手續,大規模的向南京政府請願,爭取合法的國大代表。民主的國家社會,是絕對同情我們的,我們堅決的認為,如果國民大會沒有絕對大多數自由職業的團體八十萬僧眾代表參加,絕對不是全民大會,同時也失去國民大會的意義。"①太虛也認為佛教徒也是公民中的一員,"政治是眾人之事之管理。又政權是人民有權,議定政法;治權是政府有能,治理國民。僧伽不得不是眾人之事中的眾人,所以於眾人中的本人或同人的自治會議,縣參議會,省參議會,國民代表大會,均應參加一分子,為本人同人全民眾人議論除苦得樂之辦法。但所參預的,以此各種議事場所為止,亦即人民政權機關為止;而執行五權治權的中央和地方機關,概不干求參預。換言之,只參加選舉被選為議員,決不干求作官,運動作官將——文官武將等。"②

以公民身份抱團以佛教會的名義參加選舉,這在歐陽竟無看來,是根本違背了佛陀制定的教制,因為出家之人已經離開家庭,遠離社會,進入出世間,現在再要求返社會,參政選舉就是背離了佛陀當初制訂的清淨教規,所以他反對僧人參加選舉,參與政事,認為"今僧人請預國選,非個人權宜之舉,乃團體變制之為。夫全體變制,此何如事?初不聞諮於四眾,訪於有知,討論研求至再至三,先事長時審擇所處。但忽爾報載勸人熱烈參加,忽爾報載政府已准所請。迨至大義相繩,乃曰是行方便。嗚呼!方便云乎哉?古德以個人方便益以

① 《絕對大多數自由職業團體八十萬僧眾爭取國大代表》,1946年8月19日第六期。

② 《太虛大師全書》精第18冊,第182页。

團體,今人乃以團體方便益以個人,是之謂以劫奪之手段,行變制之妄為,方便云乎哉?”①僧人參加選舉,佛制確實是沒有定制,但是佛教戒律清規已經明確要遠離世間,“今之僧徒,淆雜浮濫,究其病源,即在不依律實行,故至為逋逃藪為卑田院,不可收拾”,②佛教界提出參加選舉的人以“方便”之“變制“來掩飾自己的政治訴求,歐陽竟無指出“今置此不圖,乃輕率徒眾參加國選,謂為方便。方便云乎哉?在國家,未受公民之實,仍為棄民;在教團,驟受公民之名,翻礙規法;進既不能補於國,退復不能安於團,疚心盲目,未之思耳。狼狽一至於此,方便云乎哉?”③如果說根據佛教的特點,指出僧伽不能參政,這是有理由的,但是若以僧伽不是公民不許參政,此說未必有些勉強。雖然“且即就參選事論,國法以公民平等而不簡僧徒,與佛法放棄俗利而專志道業,兩不相強,本無所礙也。今之熱中者,不僅欲參選,且必欲獲選,故僧徒例同普通公民,本屬區域選舉之類。”④民國已經進入了民主政體時期,接受了西方政治學中的政教分離主張,但在國家的法律中仍然將出家人看作是公民一員,並沒有說出家人不是公民,沒有選舉權和被選舉權,歐陽竟無強調的出家人是“棄民”之說,顯然是不合法的,濫用了政教分離說法,但是他看到了“比丘參加國選,由出世之內捨之入世間之外也”之趨勢,⑤指出了“比丘參加國選,問何目的之是達,而唯手段之不擇?誠摯善巧悲智之謂何?應於此判曰:引外入內是方便行,捨內趨外是慕膻行”之特點,故“今者國

① 《辨方便與僧制》,见本书 442 页。
② 《辨方便與僧制》,见本书 446 页。
③ 《辨方便與僧制》,见本书 442 页。
④ 《辨方便與僧制》,见本书 446 页。
⑤ 《辨方便與僧制》,见本书 443 页。

體已更，教法自主，乃不惜曲解史實，以求引僧入俗，大謬矣！”①“方便”不過是一藉口而已，結果是“誠以出家務俗必招譏嫌，既妨修道之專精，復失俗眾之信奉。此非自度度他之道，亦非住持大法之要也。”②

依據政教分離的原則，歐陽竟無認為，“說者如具方便之心，應思此百萬之眾如何俾以利國利民，不應但參加國選即以為利國利民也。”③僧要像僧，僧俗分開，這是佛教的基本原則。“佛法之住持聲聞者，其事云何耶？被袈裟，住蘭若，不婚宦，不與俗事而住持也，如是謂之比丘。白衣廛閈，婚宦務俗，如是謂之公民。各以其類，不可混淆，淆則非驢非馬，不可顯類。故比丘變相，以無其類而佛教以亡。”④出家之人就是要安住寺院苦修，遵守寺院的清規，以解脫為期，“可知頭陀蘭若，固出家者所應行也。”⑤然而佛陀離世以後，弟子們破壞了佛陀生前制訂的法規，養尊處優，習於喧雜，有人還俗，沒有還俗者趨附國王宰官，特別是中國的僧官制度，出家人納入了官府體制，清淨佛教變了味，但是傳統的“乃所以重佛法、護僧制，根本壁壘未可棄也。”⑥所以歐陽竟無強調“出家離俗，自有其根本律儀，今三壇誓受，十方證明者，猶古之法，即所行持，亦必期古之人，不得藉口時代潮流，而自喪其信守。”⑦如果“說者果具方便眞心，以其高等以視團眾，則應勸其捨比丘身，現公民身，以救世行化也。以其卑等以視團眾，則應核其不足作比丘身，但可還其公民身，以各從其類之實

① 《辨方便與僧制》，见本书 445 页。
② 《辨方便與僧制》，见本书 445 页。
③ 《辨方便與僧制》，见本书 442 页。
④ 《辨方便與僧制》，见本书 443 页。
⑤ 《辨方便與僧制》，见本书 444 页。
⑥ 《辨方便與僧制》，见本书 445-446 页。
⑦ 《辨方便與僧制》，见本书 446 页。

也。乃說者以袈裟比丘之身，出而為白衣公民之身，一身跨兩頭以為方便，方便云乎哉？夫公民為在家人，比丘已捨家而出家，今復為公民，是又捨出家而反俗為在家人也。藉曰不然，則又是騎牆蝙蝠，混沌窮奇，世無其類，立足何依？善巧之謂方便，拙笨至是，方便云乎哉？"①

面對"不畏聖言，天下無是非，當前之糾謬不能，遂亦無希望於後日，而教之危險何可勝言？"②之緊急情況，歐陽竟無勇敢地站出來批評僧團一小部分人籍"方便"口實破壞佛教傳統，這仍然是僧伽與居士兩界矛盾比較緊張的反映。民國期間，佛教界僧伽與居士的矛盾始終存在，有人撰文指出："民國肇興，佛教因抵抗摧殘，加以道德日漓，人心日壞，有識之倫，以佛教理論，昔也曾為儒士所推崇，而又曾流行於民間，莫不以居今之世，代儒宗而教化社會者，舍佛教其誰屬？故近年來，佛教之內，不在沙門而在居士。又以沙門學佛，從清世宗廢應試僧制，而日益荒蕪，僧伽之寶，千中一二，佛世且不論，即我國昔時，沙門佛教，猶足以風化社會，今也，高僧沉隱，不足以應民眾之師，學佛者輒無師自習，幾不知有皈依僧師之必要者，故居今之世而不欲提倡佛教也，則幼者不能自立，累及父老，勢必同罹於難，同歸於盡，故近年來，沙門寺院，荒蕪摧殘，時有所聞，縱有重興，絕無新建，而居士佛教集團，則某會某社，如雨後春筍，層出不窮，此無他，亦勢使然也。"③金陵刻經處和支那內學院獨立辦學，講經說法，當時產生很大影響，很多出家人，包括太虛本人也前來學習。佛教的知識並不是僧伽專利，凡是對佛教有興趣的人都可以鑽研，有一定體會就能夠

① 《辨方便與僧制》，见本书443页。

② 《辨方便與僧制》，见本书441页。

③ 范古農：《中國佛教居士公會建議書》。

闡發新意,所以從佛教理論層面來看,人人都是平等的,而且只要你提出的理論能夠推動佛教發展,就會被佛教界人士接受。近代以來的楊文會、歐陽竟無等人無不是佛教理論創新人物的代表,居士對佛教理論的闡揚與創新是佛教發展的重要組成部分。但是居士又參與了原本屬於出家人獨自所有的專利——佛教法事或法會,搶奪出家人飯碗,也是當時頗為注目的現象。曾有法師在報紙上撰文批評居士與出家人爭食,曰:"居士學佛,近年以來,頗形踴躍,有識者,深觀佛徒散漫,感慰並增,深且辟毀。雖應藉他山之助,以故相形見绌,漸有以佛教產業,提倡興社會事業。應當如此,而或有以佛教利益,攬有人己有者,如武漢各類居士等。於僧類之複雜,近且搭祖衣,戴毗盧帽,上表放焰口,公然而以勢力消滅佛教僧類之生活,此皆固無業遊民,藉經懺生活,而效同樣僧眾,為人關亡拜懺,念經放焰口,以奪僧之生存,近更產生蓮社淨業社,居士亦分別收徒,創立門戶。其生產則與人念經而不要錢,以致省會略學佛者,以結緣之名義,到處號召,其宗旨原非基督教、回教,眞實以社會業務為生,而以本教宣傳及聯感信仰者,以此則上等居士,不與為伍,任其瓷意肆行矣。佛教如此,僧眾複無團結力,及能以學識領導,使同人正規,似此現狀,將見僧伽自尋消滅矣。經懺事業,原非僧眾之可能生業,必以農工學歷始可得其信仰,更加以私人意見,或擴充勢力者,如某法師,此次來鄂,而收歸徒數且盈千,將來歸徒與僧眾相形見绌處頗難,所謂護法與破法而得其相當平允矣。因歸師以多多益善為榮,更有徒黨派別之隱患,似此情形,將來僧伽難以生存矣。"①白衣是否有資格講經說法,

① 《武昌某和尚致函太虛老法師痛述危急僧伽現狀之一封書》,《佛教日報》1936年4月28日。

一直是僧界和居士界爭論的一個重要的話題。歐陽竟無隨順了這一“使然”,特別是“若夫居革命時代而不知方便、不適潮流,其顛倒是非,動人聽聞者,非善巧絕倫乎?惟其善巧,斯又非辨之不可者也。”①他對當時社會上有人提出“居士非僧類”、“白衣不當說法”、“在家(居士)不可閱戒”的各種說法作了批評,提倡居士佛教,居士護法,其實就是在維護居士權威,因為佛學的解釋權更多的掌握在以歐陽竟無為首的居士手中,他很自信在佛學解釋上擁有一定權利,雖然“(歐陽)漸既非比丘,亦未從政,又不與聞近時法事。然數十年讀書,是非則昭然明白,本其所知陳於當世,俾有不克匡正於現在者,必將有救於未來。”②因此“僧徒必欲于其間分一杯羹,勢非枉法不止,此所謂大礙世法也。”③

五、刻印藏經與整理佛典

金陵刻經處是晚清著名學者楊仁山先生一手創辦起來的。楊仁山先後從日本和朝鮮等國尋回了《中論疏》、《百論疏》、《唯識述記》、《因明論疏》、《華嚴三昧章》等約 300 種國內早已散佚的隋唐佛教著述,加以刻印流佈,中國佛教宗派學說得以複明。1907 年,歐陽竟無赴南京追隨楊仁山居士學習佛法。1911 年,楊仁山居士逝世,歐陽竟無主持金陵刻經處編校、刻印事業。他回憶:“予之所事,承先待後之

① 《辨方便與僧制》,见本书 441 页。
② 《辨方便與僧制》,见本书 441 页。
③ 《辨方便與僧制》,见本书 447 页。

事也。釋迦以至道救世,承其後者事乃在於流通。迦葉、阿難,結集流通;龍樹、無著,闡發流通;羅什、玄奘,翻譯流通。自宋開寶雕版於益州,至予師楊仁山先生刻藏於金陵,為刊刻流通。先生之徂西也,付囑於予曰:'我會上爾至,爾會上我來,刻藏之事,其繼續之。'予小子頓首稽首,敬以將命,夙夜不敢康。師創金陵刻經處五十餘年,予繼支那內學院二十餘年,合揚州磚橋一部分之版,殆將萬卷。"①經過兩代人的努力,刻經處經板上萬,成為當代中國佛教文化的最寶貴財富之一。

歐陽竟無為了保全刻經處經版,不遺餘力。辛亥革命軍攻打南京,他堅守刻經處四十餘日。此後他埋頭整理佛典,著述注疏,自述"夫所謂願者:《大藏提要》、《晚年定論》二書而已。《提要》分兩段:前考據,後義理。考據段,書之眞偽,譯善、版善,必求精審以餉學者,此一段事,千年以來,已無作者矣。義理段,則文之脈絡,科判本以銷文,反因藥而加病,今須廢科判法,以文法敘次,敘次已,應抉擇經義。談到經義,千年以來更蕪穢不治。第一,分部不確當;第二,各溺其所宗而誣概全域;第三,敷淺氾濫充棟汗牛,乃無一紙切當示要之論。今須革弊興利,成一不刊之典籍,斯誠非易易矣。"②在弟子呂澂等人的支持下,幾十年來刻經處整理與刻印了《般若》、《華嚴》、《瑜伽》、《涅槃》等大部頭經典,完成了《大藏提要》,成為歐陽竟無"會通融洽為晚年論定之作"。③

歐陽竟無整理佛典,態度認眞,治學嚴謹,認為"則以藏貌雖存,

① 《支那內學院經版圖書展覽緣起》,见本书 433-434 页。

② 《覆陳伯嚴書》,见本书 464 页。

③ 《覆陳伯嚴書》,见本书 464 页。

藏眞早喪。一喪於金沙雜聚,而魚目篡珠;二喪於浩渺無津,而久牘簡陋;三喪於義深文澀,而屏棄誰披? 經律論撰,但日增加,宋元明清,從無整理。嗟乎! 瓊瑰雖備,棄不莊嚴;海藏空羅,任其潰壅。遂使既得金而反礦,久握珠而還貧。教不能行,藏不能讀,藥不能醫,豈不冤哉! 故茲之刻藏,整理為宗,以為是先務之急也。"①鑒於佛教經籍卷帙浩繁,編次混亂,錯訛迭出,給後人的學習和研究帶來重重困難,他強調"整理舊存。此有二事:簡別眞偽,一也;考訂散亂,二也。眞偽之簡別,在不輕置信,在讀書細心,終於無漏引生,知其相應與否。至為此初基者,則多聞也。多聞乃膽大,乃心細,乃眼明,而有判別。又舊存之書多有散亂,必考較異譯,論其短長,為之勘定,而後可讀。……發展新資。此亦有二事:借助梵藏文,一也;廣采時賢論,二也。梵藏文中要籍未翻者極夥,如能參閱其書,多所依據,立論乃確。時賢議論不必盡當,惟讀書有由反面而見正面者。"②刻經處要精選要典,慎擇版本,嚴加校勘,編輯刻印通過多次認眞檢查及精美設計,"藏本方式,用木版刻,大小遵金陵方册本而統一之,分合流通各視其便。二,編校方面,分三期進行:初期編校稿本,次期編刻並進,三期專事校版。三,刻版方面,亦分三期:初期訓練帶徒,次期分局帶徒,三期各局進行。"③經過二十年的努力,最後編選刻印成《藏要》三輯,收入經律論七十三種。許多經論都以不同漢譯本,以及梵文本、巴厘文本、藏文本等多種版本詳加校勘,品質堪稱上乘。其中"菩薩藏中,聲聞藏中之經律論,西土此方著述,既抉其要分為六輯以為《藏要》。

① 《精刻〈大藏經〉緣起》,见本书436页。
② 《今日之佛法研究》,见本书601页。
③ 《精刻〈大藏經〉緣起》,见本书438页。

又抉經律論最要者為第一輯,是為要中之要,猶呪中之心中心也。可以便讀,可以知概。"①成為一部眞正供學習、研究佛學者使用的權威經典。

歐陽竟無除了領導勘刻佛經之外,還親自動手撰寫序言,敘其源流及要旨,論說精審,內容簡捷扼要。如民國七年(1918年)刻成《瑜伽師地論》後五十卷,並做長敘一篇,闡發慈氏法相唯識學一本十支的奧義,發前人之所未發。他介紹經典時,尤其注意綜合的關係,指出經典的影響及其重點,如:"《阿毗達磨》多談法相,屬境義邊;《十地》說修,屬行義邊;《佛地》說證,屬果義邊。以言乎經,經莫重於是。菩薩依地入住出三,入地加行,《攝大乘》有論;住地正行,《十地》有論;出地究竟,《佛地》有論。以言乎論,論莫切於是。《對法》、《瑜伽》見釋迦、彌勒學,《十地》、《攝論》及其所釋見無著、世親學,《成唯識論》、《佛地經論》見護法、親光學。玄奘、窺基開此土之始,護法、親光結西域之終。以言乎學,學莫賅於是。因學以了論,因論以明經,因經而知見正;是故當談護法、親光學,當談《佛地經論》。"②介紹《心經》,言"此文從《舍利子般若》抉出,旨要唯是表第一義諦,更無其餘。如《十二門論》,抉《中論》十二義,示空三昧,入涅槃門,旨要唯是一空義也。又如咒之有心中心。十六分六百卷如咒,《心經》寥寥幾句如咒心。故不讀六百卷,不足以讀寥寥幾句;而不讀寥寥幾句,又不足以讀六百卷也。"③全面介紹了《心經》與各種經典的關係。還如"在《辨法法性論》說分別是無,與彌勒非空非不空宗有

① 《〈藏要〉論敘》,见本书285页。
② 《〈佛地經〉論敘》,见本书352页。
③ 《〈心經〉讀》,见本书369页。

無並舉不合，不得視為彌勒學。此學說異也。而又五論未決，無梵可核，更分別與計度譯名有違，故云翻譯不可不愼耳。”而“最要是《大密嚴經敘》文，乃漸晚年論定之學說。”①

六、儒佛一致的思想

歐陽竟無是佛教學者，擁有佛教信仰，也是傳統文化維護者，對儒家學說充滿熱情，他曾經自述學佛經歷：“漸之學佛，與他人異。我母艱苦，世叔所知。病魔生死，儒既無術應我推求，歸根結蒂之終，下手入門之始，亦五裡墮霧仿佛依稀。乃於我母謝去之一時，功名富貴，飲食男女，一刀割斷，廁足桑門，四方求師友聞道，轉展難償，甚矣其苦也。三十年讀書，求諸西方古人，乃沛然有以啟我。家不幸，女蘭，十七，從予學於金陵，予以刻經事入隴，歸則夭歿。中夜號慟，既已無可奈何，乃發憤讀書，數數達旦。於是《瑜伽》明，唯識學豁然。乃有滇游，四方之士日至。子震元，英邁有志，又游泳斃，發憤讀《般若》，讀《華嚴》，讀《涅槃》，次第洞然。馴而至於近年，融會貫通，初無疑義，乃有論定學說。一知半解，誠有以窺見而不謬者在也。返而讀孔子書，誠有與宋明諸君子墮封錮之說者異也。此則是漸學佛之明效大驗者，彰彰在也。”②許多人接觸佛教都是在精神彷徨之際，歐陽竟無也不例外。他歸入佛門是在經歷家難，兒女早逝的悲慘情況下，於是認眞鑽研佛理，乃至歸入佛門。

① 《覆魏斯逸書》，见本书 466 页。

② 《覆魏斯逸書》，见本书 466-467 页。

他的身上儒家精神仍然沒有脫去,他說:“抑今思之,程朱何嘗無福?若使啟其封錮,豐其浥注,以聖人之書疏聖人之書,其不勝於諸賢之凡情世智說經萬萬歟?以宋明諸賢聰明研得,其不勝於下走劣陋研得萬萬歟?而不能然,徒失於封錮,可慨也夫!”①宋明理學是中國古代社會的官方思想,程朱的著作是古代士大夫必須學習的教材。“五四”運動打倒孔家店,宋明理學的思想基礎被推翻了,西方進來的學說影響了人們,但是儒家在社會上仍然還有影響,“誠學之士,與之談佛易契,與之談儒亦入也。耳入之儔,儒難與之征信,佛亦資之稗販耳。經藏充汗,佛之幸亦儒之幸,是說也,識超宋明,千載希聲,小儒封錮,烏足語是……”②

歐陽竟無認可儒學影響,認為“孔子眞精神,嚴之以義利之界也歟!義利之界明,譬之播種,始可以言耕耨,以是談學,志不離道而遊不廢藝,學袪其蔽而思通其神,忠必參前倚衡,恕必人立人達,詩必於思,禮必於本,性天必至於寂,而上達乎不可思議。若乎為政,則大同之世,必極於均和而安。孔子之道有如此夫!”③君子於義,小人於利,儒者有忠恕之義,國家與社會將達大同,這就是儒者精神。歐陽竟無又認為,儒家經過秦始皇焚書坑儒,以及歷代農民起義的文化劫難,在典籍上已無孔學,不像“佛學有結集,有毗曇,三藏浩瀚,循其統緒而可讀。”④世上沒有眞孔,“孔學亡矣。若能精內典,嫻般若,興晉以秦者,文武之道猶不盡墜於地歟?”⑤佛教信仰促使歐陽決定“佛比

① 《覆魏斯逸書》,见本书 467 页。
② 《覆魏斯逸書》,见本书 466 页。
③ 《〈論語〉課敘》,见本书 630 页。
④ 《〈論語十一篇讀〉敘》,见本书 631 页。
⑤ 《〈論語十一篇讀〉敘》,见本书 631 页。

儒眞”的理念。

但他也指出儒佛兩者間的同異,“《禮》唯集中國之大成,《易》則必契般若、瑜伽之妙,而得不可思議之神。《中庸》之素隱不已與修道,語語皆與涅槃寂靜相符,漸既揭之矣,而《易》之契般若、瑜伽者,留待能者可乎! 自來說經,唯《易》采道家語,而猶未能融佛氏理,蕅益《禪解》,八股時文最足害人。發菩提心,超祖越佛者,乾雲直上,唯見徧周沙界,眞幻一味,則必不遺《易》與瑜伽之參究者歟!”[①]這是說,在中國文化典籍中,唯有儒家經典最與佛家相契,特别是像《中庸》與佛家涅槃寂靜的學說極其契合,可以達到“超祖越佛者,乾雲直上”的眞幻一味境界。

他又說:“知孔道之為行者說生生,生生,行也,非流轉於有漏,奔於習染也。知佛法之為果者說無生,無生,果也,非熏歇、燼滅、光沉、響絕之無也。淆孔於佛,壞無生義;淆佛於孔,壞生生義。[②] 生生是不息的行為,儒家的進取行動。無生是佛家境界,修行追求的目標。歐陽竟無將生生與無生進行比較,認為生生是行為的表現,有受到染汙可能,而無生是修行果位,不受染汙而達清淨。所以儒佛兩家“生”之行為與認識是不一樣的,他們不能相混,“淆孔於佛,壞無生義;淆佛於孔,壞生生義。”但依佛家“寂滅”智慧而看,“生生”通過“無生”而知道行之相貌,有無生而達到無不生,這是果的相貌,佛家與儒家是由“至不至”和“滿不滿”來做標準的,他們在“理”上是一致的,歐陽竟無將儒佛不同轉向了“同”。

他又從“心”的角度而言:“般若直下明心,孔亦直下明心,蓋墨

① 《覆蒙文通書》,见本书 657 页。

② 《孔佛》,见本书 615 页。

子短喪薄葬,一切由事起;孔子食旨不甘、聞樂不樂,一切由心起。直下明心,不願乎外,是之謂一;無入而不自得焉,是之謂貫也。然因是而有疑意見之心直下危險者,而不知般若固自性離言,但行於義也,般若固無知也。般若離言行義,孔亦離言行義,所謂時行物生,天亦何言也。般若無知,孔亦無知,所謂問我空空,叩端而竭也。然因是而又有疑乎?純任天然墮落無事甲裏者,而不知般若固相似相續而不絕也。般若相似相續,孔亦相似相續,所謂逝者如斯,不舍晝夜也。於穆不已,天之所以為天;至誠無息,人之所以為人也。非盡心知性不足以知天,非知天之所以為天,不足以知人;非知人之所以為人,不足以知仁,仁者,人也,孔之所以為孔也。"[1]儒家談人,是做一個具有正義與良知的儒者,即"人之所以為人者,惻隱、羞惡、是非之心是也。"[2]這是儒家入世的標準。但從心學而言,儒佛兩家都有當下明心的體驗,屬於內省的行為。儒佛強調"心"的悟道,不同之處則在於:佛家的"心"是達到空性,即禪宗所說的明心見性;儒家的"心"做到大義,即充塞宇宙浩然之氣,雖然兩家有相通之處,但是入世和出世的根本宗旨,決定兩家最後的價值取向是不一樣的。

歐陽竟無對理學復興抱着希望,他感慨理學喪失,指出古人議佛,"韓愈文人,烏足知道,更何論清淨寂滅!村嫗唯計飽食昏睡,談何清廟明堂?宋人說理始《太極圖》,世俗根由且依稀髣髴,何論出世眞詮,又何論涅槃寂滅?辟佛者極惡寂滅,仇而恨之,其非種者鋤而棄之。人謂大乘度人窮極六道,謗者則曰:雖則普渡有情,而所渡仍是寂滅,故佛異端耳。略談粗義,都譏禪學,試問禪何害於爾,而惡之

① 《〈論語十一篇讀〉敘》,见本书631页。
② 《夏聲說》,见本书637页。

拒之如是？皆盲昧之流，非惡寂滅，實惡斷滅，以斷滅為寂滅而惡之也。非惡禪，惡清談廢事，以清談廢事為禪而惡之也。說風是風，盲從不究，世皆敗壞，殃及學林，馴至於今，仍是張冠李戴。夫無餘涅槃為何如事，天下陷溺為何如危，此烏可已已耶！此所謂激於唐宋諸儒而出者也。"①他希望唐宋諸儒再出，認為："今世唯物學行，階級資產萬力摧破，乃並批判及孔。孔子眞髓至理，不昭白於天下，腐爛陳言，苟且談之，其何以應海潮罡颶之趨勢？念先疇之畎畝，又何以播厥百穀於天下歟！"②雖然這時他已經歸入佛門，又創辦了支那內學院，以"求得如鏡之智，照一切事物能究竟，即用為拯拔群眾苦迷之器具，而天下皆脱苦解迷"③為宗旨，從事佛教教育，言"講學育才，將以移易乎天下萬世"。④ 然而內學院的"菩薩以他為自"教育體系中，儒學也被納入，而且"數千餘年至於趙宋，楊時事程頤，入室，頤假寐，時侍移晷，門外雪深三尺矣。由是觀之，師之尊也，師弟之際，情之至也，義之盡也，骨肉之無逾也。以是嚴厲，以是精神，以是懇悃，雖造天地，鑄宇宙，不難也。"⑤歐陽竟無稱："所稱教育神髓者何耶？從民之欲望，趨時之潮流，始事而兆亂者，不得辭其過。然烏頭以治風，水來而土掩，因應復因應，亦復何時已乎！夫事有似迂而實神者，端本澄源之謂，遊刃於虛之謂也。教育不以興國為的，而以民能充其所以為人之量為的。國可亡，天下不可亡，明不可失其所以為人耳。夫人也者，仁也，克己之謂仁，無我之謂仁。生心動念，唯知有己，非人也；舉

① 《答陳眞如書》，见本书 482 页。
② 《覆魏斯逸書》，见本书 467 页。
③ 《與章行嚴書》，见本书 460 页。
④ 《與章行嚴書》，见本书 460 页。
⑤ 《支那內學院訓釋》，见本书 15 页。

足下足，環顧皆人，人也。為仁之方曰：己欲立而立人，己纔有其欲，而立之見為事實者即在乎人，孔子之教育也。”[1]儒家講“仁”，“天下歸仁焉”，內學院教育仍在於對“人”的培養，“可知人之所以為人，天之所以為天，孔、佛為二，循序漸進，極深研幾，是在智者。”[2]智者歐陽竟無認為“以故須復宋明講學精神之教育，搗虛以實，去囂以樸，專門之學愈簡愈精，一藝一材必充其量。苟能分門別類，無學而不踐其實，而所謂虛驕誇誕之士氣，能長存而不變者，未之有也。”[3]儒家的克己與佛家的無我都是“仁”的表現，較好地將儒佛結合在一起了，完成了佛家與孔子教育。

歐陽竟無认为儒佛既有同，又有異。他看來由于缺少經典和傳承，所以沒有大儒：“道之不明也，於此數千年，究其原始，乃在孔子既沒，無結集大儒，缺毗曇大教，秦火漢儀，安知道之攸寄，如阿難、迦葉之於佛教者？故佛學尚有典型，而孔學湮沒無緒，可勝歎哉！”[4]雖然他認為儒不如佛，但是他還是覺得儒佛兩家是全球可以推出的兩個重要的歷史文化形態，關鍵是要有一位可以有權有勢和有影響的人物，可以將儒佛兩家推向世界，故“中國推至全球，唯有孔、佛，理義同一，餘則支離曼衍，不可為道。……是故欲尊孔而有力能者，當先握生天生地、唯一不二之權，乃可整頓乾坤，位育一世，雖有萬魔，無損毫末。”[5]

① 《與章行嚴書》，见本书 463 页。
② 《孔佛概論之概論》，见本书 619 页。
③ 《與章行嚴書》，见本书 463 页。
④ 《覆蒙文通書》，见本书 655 页。
⑤ 《覆蒙文通書》，见本书 655 页。

七、強烈的時勢關懷

歐陽竟無揣有修齊治平的儒家理想。他认为國家生滅來自於“民”的意志:“孔子歿,大學廢,秦漢數千年來,體國經野,建官分職。豈為民極？子孫帝王萬世之業,視民之疾痛,固若秦越人之肥瘠。國有大災,民自拯之;道路橋樑,民自理之;強鄰噬食,民自起而抗之。匪唯忽之,又從而撓之害之。娟嫉有技,聚斂悖入,亦既菑害並至,善者無如之何矣。嗟乎！天下不忠恕,死喪無日哉。嗚呼！為民上者,庶乎念民而忠恕哉。”①一國之興,取決於民。民猶如水,水可載舟,水可覆舟。率濱之王當要體恤下民,民自會報答之。如若暴政,民自抗之。“文武之政在方册,人存政舉,人亡政熄,故為政在人。”②一國之亡,取決於媚俗趨時的鄉願小人。他們都是道德敗壞的淵藪,自私自利的竊位大盜,故“能使其國必亡而無可救藥者,偷與私也。能使偷私之禍深錮而不拔者,鄉願也。求生則害仁,謀道不謀食。而鄉願同流合污,奄然媚世。積習中於人心,豆羹箪食是圖,而何有於國？大廈將傾之勢,而聊樂我員;流血百萬,乃視若無覩、聽若無聞;若之,何其救之也!”③

歐陽竟無生活的時代,正值中國社會戰爭綿延不絕,外有侵辱,內有憂患的時候,他本應過着講學注疏的平靜生活,為中國佛教培養

① 《〈大學王注讀〉敘》,见本书 624 页。
② 《〈孟子八十課〉敘》,见本书 633 页。
③ 《〈論語課〉敘》,见本书 630 页。

學術人才，但是日本軍隊佔領南京，打亂了他的平靜教學生涯，支那內學院也被迫隨着政府南遷而到重慶江津。內學院“今之遷蜀也，非安之也，圖抗戰也，空前未有也。敵軍勝人以猛烈之器，今之抗戰堅決長持，勝人以不受爾汝之氣。以器勝人者，將驕民怨，崩潰可期；以氣勝人者，嘗膽臥薪，精神無敵。是則今日入蜀，已端其始也。雖然，氣之於人也，必充滿於一身，全其體而無或虧缺，而後可作也。民各安其位，盡量發揮。譬如人身，農若筋骨，工為體膚，商猶脈胳，士其精魂。所以使一身部位盡量無虧以作其氣者，則政府之責也。有力以資無力，有能以教無能，俾皆有獨到之精神，蓬勃鬱蒸，夫然後可以救亡，可以圖存。”①在歐陽竟無看來，中國抗戰最重要的不是取決於武器，而是士氣。孟子曰：“我善養吾浩然之氣。”②“千有餘年，中庸不明，人不務誠，失其本心，大義不行，浩然之氣不存，蓋已非復人間世矣。”③“天下之道”是國家命脈之重要內容，“而天下無道。無道則無人，無人則無政，無政而天下亂，乃至於亡。”④君子正人之心，乃是抗戰士士氣所在，決定抗戰勝利的不在於科學與武器的好壞，“君子先志而後事，孝慈之志不立，建國救亡之公忠不植，而遽言科學，科學利用急需之要，以圖其植私謀食之媒，以學以教。此神姦巨蠹埋葬英材而不用畚鍤也。百萬忠勇流血於前，而曾不動不移於毫末，有良心哉！深錮如是，尚有國哉！人不為國謀，國可存哉？國之不存，身將安傅哉？孔子大聲疾呼曰：鄉願，德之賊也！君子謀道不謀食也，舍

① 《支那內學院經版圖書展覽緣起》，见本书433页。
② 《孟子·公孫醜上》。
③ 《〈中庸讀〉敘》，见本书622页。
④ 《〈孟子八十課〉敘》，见本书633页。

生而取義者也。”①就像古代“夏后氏尚忠,禹勤民事,足胝手胼,誠適用於抗戰非常之時。”②總之,中國抗戰能夠取得最終勝利,就是依靠中國傳統文化裡面養成的宏大剛強,殺身成仁,以正求義的人間正義之氣,這股人間正氣在政府引領下“蓬勃鬱蒸”,故他把政府看作是提高士氣的主體,要用政府力量將全國人民團結在一起,同仇敵愾,走向抗戰勝利。此外,他指出中國文化裡面有很多與抗戰有關的典籍,例如在《詩以》裡,“《尚同》者,服從主義,不容異議,抗戰之成,首在是也。《魯問》者,大國不當攻小國,抗戰極合也。《貴義》者,赴湯蹈火,積極精神不回顧也。《非攻》者,弱小民族不可犯也,反侵略不可緩也。親戚私好鄉人,不可偏重,是故《尚賢》。細文繁禮悉除,是故《節用》。必盡人力,毋委氣數,是故《非命》。抗戰死士忠魂不滅,是故《明鬼》。其他《備穴》諸篇,無非兵法,切用於目前。”③

但是作為一名佛教居士,歐陽竟無對抗戰所能做的還是與佛教有關。他說:“抗戰三年餘,忠魂數百萬,國家獲無疆之福,死士受無限之悲。報功者報功矣,而飲痛者仍痛。是知報功不若安慰,安慰不若超拔,超拔不若作佛事,作佛事不若刻大藏經。空寂悲智回向感應,六妙義門佛歸極門。佛在屬佛,佛滅屬法。神識不滅,忠魂必在天地間,而法之有寂,周徧法界無所不至,如許忠魂必皆遇於寂中也。”④抗戰期間中國佛教界積極參加抗戰活動,將參加抗戰看作是報恩的機會,“我們不但要圖報要挽救苦惱已迫切眉睫,垂在死亡線上的我國家我民族的恩者,同時將瀕於水火之中,或間接直接與我們

① 《示陶道恕》,见本书 645 页。
② 《覆張溥泉書》,见本书 651 页。
③ 《覆張溥泉書》,见本书 652 页。
④ 《得初刻南藏記》,见本书 435 页。

有恩者的他國家他民族,我們也要圖報挽救之,那末我們亦不得不自起而抗敵,抵抗我們的敵人,抵抗侵害我恩者的敵人!”[1]超生薦死是佛家主要任務之一,抗戰期間許多寺院都在放焰口、辦法會,超度在沙場的勇士和遭難的難民,支那內學院雖然是佛教界學府,只是一所學術機構和學校,做法會沒有力量,可以發揮刻經特長,用刻大藏經的行為來表達對死去的將士與同胞的熱忱,儘管“國都淪陷,院藏內外典三萬卷蕩然無存。工作無器,行邁無貲,然不可已已。”[2]但是內學院並沒有屈服困難和壓力,最終完成“遂得遇初刻南藏之眞面也”。[3]

結語

20 世紀是中國佛學興起與發展的時代,其中尤以歐陽竟無為代表的居士佛教研究和以太虛大師為代表的僧伽研究而有特色。“思想者,獨一無二之物也,天下若有超思之軌,不許超軌之思;既許超軌之思,胡乃不忍世間有無漏事?”[4]能夠代表時代特色學說,必然要有自己的創新,同時還要有一定特色,歐陽竟無領導的支那內學院在 20 世紀上半葉的佛學研究領域獨領風騷,引領了一代佛學,培養了一大批佛教研究人材,許多著名的佛教學者,如呂澂、王恩洋、熊十力、李正剛、景昌極、邱晞明、陳銘樞等都出於此,其他著名學者如梁啟超、梁漱溟、湯用彤等人也與支那內學院有過交集。總之內學院佛教研

① 雨岩:《佛教報恩與抗戰》,《華南覺音》第二期。
② 《得初刻南藏記》,见本书 440 页。
③ 《得初刻南藏記》,见本书 440 页。
④ 《支那內學院訓釋》,见本书 5 页。

究在歐陽竟無領導下，對當代中國佛教研究功不可沒，並且影響到現在的佛學研究。

歐陽竟無研究佛學的特色在於嚴謹和創新。他組織同仁校勘佛經，品質上乘，無人可比，給佛教界與佛學界留下寶貴的文化遺產。他對唯識法相學說的貢獻，被人們視為中國南方佛學研究的巨擘，與北方另一唯識大家韓清淨並列，時稱"南歐北韓"。他積極參加學術界對《大乘起信論》和《楞嚴經》眞僞大辯論，不囿師說，不同意揚文會將此二書作為西天印度撰述的說法，將其列為"僞作"。他的學術淵源遠承印度無著、世親，上繼唐代玄奘、窺基諸師，直承楊文會師，同時又有選擇地、有批評地發展諸位祖師學說。他對大乘佛教空宗般若思想做研究，撰寫《心經讀》。曾有人認為他的佛學思想僅是有宗一家，其實他的空宗研究也是值得重視的。他提出"佛法非宗教非哲學"，至今仍然得到一些人贊同。他對佛教命運的關懷與對佛教時弊的批評，仍然有借鑒意義。歐陽竟無處在佛學研究高地，是時代驕子，代表了當時佛教研究最高水準。但是他的研究也有缺陷，他對中國佛教的批評有待商榷，他說中國人不注重對各種學問进行精密觀察，在教理上研究不用功的說法，是不符合事實的。他對禪宗、天臺、華嚴宗的批評，也是站在唯識法相的立場來作出的判教，帶有一定的偏見。

"悲而後有學，憤而後有學，無可奈何而後有學，救亡圖存而後有學。不如是而有學，其施也不親，其由來也不眞，其究也無歸，唐其智力精神，危乎冤哉！天下有如是學，吾其愈益悲也。"①天下事皆要學

① 《〈內學〉序》，见本书424页。

之，人間事更要學之，“學”者“學其所學，非吾黨學。”[①]天下人皆要悲之，人間事更是悲之，“悲”者“日夜迫切以思，求所以醫。”[②]歐陽竟無因人生之悲而進入佛門，又因悲之而開始學佛，對人生與社會有了更深入的體驗。醫天下病難，醫心下病更難。悲心起天下寧，念起聞解脫，是為“任教育者可以思矣，治學問者可以知矣。”[③]

---

① 《〈內學〉序》，见本书 423 页。

② 《〈內學〉序》，见本书 424 页。

③ 《〈內學〉序》，见本书 424 页。